ONE TO

Bilingual D

English-Greek
Greek-English
Dictionary

Compiled by
Lina Stergiou

STAR Foreign Language BOOKS
55, Warren Street, LONDON W1T 5NW (UK)

© Publishers

ISBN : 978 1 912826 06 3

All rights reserved with the Publishers. No part of this publication may be reproduced or transmitted in any form or by any means, electronic, mechanical, photocopying, recording or otherwise, without the prior written permission of the Publishers.

This Edition : 2024

Published by
STAR Foreign Language BOOKS
a unit of
Star Books
56, Langland Crescent
Stanmore HA7 1NG, U.K.
info@starbooksuk.com
www.bilingualbooks.co.uk

Printed in India at
Star Print-O-Bind, New Delhi-110 020

About this Dictionary

Developments in science and technology today have narrowed down distances between countries, and have made the world a small place. A person living thousands of miles away can learn and understand the culture and lifestyle of another country with ease and without travelling to that country. Languages play an important role as facilitators of communication in this respect.

To promote such an understanding, STAR Foreign Language BOOKS has planned to bring out a series of bilingual dictionaries in which important English words have been translated into other languages, with Roman transliteration in case of languages that have different scripts. This is a humble attempt to bring people of the word closer through the medium of language, thus making communication easy and convenient.

Under this series of *one-to-one dictionaries*, we have published almost 59 languages, the list of which has been given in the opening pages. These have all been compiled and edited by teachers and scholars of the relative languages.

Publishers

ONE TO ONE

Bilingual Dictionaries in this Series

English-Afrikaans / Afrikaans-English	Abraham Venter
English-Albanian / Albanian-English	Theodhora Blushi
English-Amharic / Amharic-English	Girun Asanke
English-Arabic / Arabic-English	Rania-al-Qass
English-Bengali / Bengali-English	Amit Majumdar
English-Bosnian / Bosnian-English	Boris Kazanegra
English-Bulgarian / Bulgarian-English	Vladka Kocheshkova
English-Burmese (Myanmar) / Burmese (Myanmar)-English	Kyaw Swar Aung
English-Cambodian / Cambodian-English	Engly Sok
English-Cantonese / Cantonese-English	Nisa Yang
English-Chinese (Mandarin) / Chinese (Mandarin)-Eng	Y. Shang & R. Yao
English-Croatian / Croatain-English	Vesna Kazanegra
English-Czech / Czech-English	Jindriska Poulova
English-Danish / Danish-English	Rikke Wend Hartung
English-Dari / Dari-English	Amir Khan
English-Dutch / Dutch-English	Lisanne Vogel
English-Estonian / Estonian-English	Lana Haleta
English-Farsi / Farsi-English	Maryam Zaman Khani
English-French / French-English	Aurélie Colin
English-Georgian / Georgina-English	Eka Goderdzishvili
English-Gujarati / Gujarati-English	Sujata Basaria
English-German / German-English	Bicskei Hedwig
English-Greek / Greek-English	Lina Stergiou
English-Hindi / Hindi-English	Sudhakar Chaturvedi
English-Hungarian / Hungarian-English	Lucy Mallows
English-Italian / Italian-English	Eni Lamllari
English-Japanese / Japanese-English	Miruka Arai & Hiroko Nishimura
English-Korean / Korean-English	Mihee Song
English-Latvian / Latvian-English	Julija Baranovska
English-Levantine Arabic / Levantine Arabic-English	Ayman Khalaf
English-Lithuanian / Lithuanian-English	Regina Kazakeviciute
English-Malay / Malay-English	Azimah Husna
English-Malayalam - Malayalam-English	Anjumol Babu
English-Nepali / Nepali-English	Anil Mandal
English-Norwegian / Norwegian-English	Samuele Narcisi
English-Pashto / Pashto-English	Amir Khan
English-Polish / Polish-English	Magdalena Herok
English-Portuguese / Portuguese-English	Dina Teresa
English-Punjabi / Punjabi-English	Teja Singh Chatwal
English-Romanian / Romanian-English	Georgeta Laura Dutulescu
English-Russian / Russian-English	Katerina Volobuyeva
English-Serbian / Serbian-English	Vesna Kazanegra
English-Sinhalese / Sinhalese-English	Naseer Salahudeen
English-Slovak / Slovak-English	Zuzana Horvathova
English-Slovenian / Slovenian-English	Tanja Turk
English-Somali / Somali-English	Ali Mohamud Omer
English-Spanish / Spanish-English	Cristina Rodriguez
English-Swahili / Swahili-English	Abdul Rauf Hassan Kinga
English-Swedish / Swedish-English	Madelene Axelsson
English-Tagalog / Tagalog-English	Jefferson Bantayan
English-Tamil / Tamil-English	Sandhya Mahadevan
English-Thai / Thai-English	Suwan Kaewkongpan
English-Tigrigna / Tigrigna-English	Tsegazeab Hailegebriel
English-Turkish / Turkish-English	Nagme Yazgin
English-Twi / Twi-English	Nathaniel Alonsi Apadu
English-Ukrainian / Ukrainian-English	Katerina Volobuyeva
English-Urdu / Urdu-English	S. A. Rahman
English-Vietnamese / Vietnamese-English	Hoa Hoang
English-Yoruba / Yoruba-English	O. A. Temitope

STAR Foreign Language BOOKS

ENGLISH-GREEK

A

a *a.* ένα ena
aback *adv.* πίσω piso
abaction *n* ζωοκλοπή zooklopi
abactor *n* ζωοκλέφτης zookleftis
abandon *v.t.* εγκαταλείπω egatalipo
abase *v.t.* εξευτελίζομαι ekseftelizome
abasement *n* εξευτελισμός ekseftelismos
abash *v.t.* πτοώ ptoo
abate *v.t.* μετριάζω metriazo
abatement *n.* ελάττωση elatosi
abbey *n.* αββαείο avaio
abbreviate *v.t.* συντέμνω sintemno
abbreviation *n* σύντμηση sintmisi
abdicate *v.t.* παραιτούμαι paretoume
abdication *n* παραίτηση paretisi
abdomen *n* κοιλιά kilia
abdominal *a.* κοιλιακός kiliakos
abduct *v.t.* απάγω apago
abduction *n* απαγωγή apagoyi
abed *adv.* κλινήρης kliniris
aberrance *n.* παρεκτροπή parektropi
abet *v.t.* υποκινώ ipokino
abetment *n.* υποκίνηση ipokinisi
abeyance *n.* εκκρεμότητα ekremotita
abhor *v.t.* απεχθάνομαι apehthanome
abhorrence *n.* απέχθεια apehthia
abide *v.i* τηρώ tiro
abiding *a* μόνιμος monimos
ability *n* ικανότητα ikanotita
abject *a.* άθλιος athlios
ablaze *adv.* φλεγόμενος flegomenos
ablactate *v. t* απογαλακτίζω apogalaktizo
ablactation *n* απογαλακτισμός apogalaktismos
able *a* ικανός ikanos
ablepsy *n* τύφλωση tiflosi
ablush *adv* ροδοκόκκινος rodokokinos
ablution *n* πλύσιμο plisimo
abnegate *v. t* έχω αυταπάρνηση eho aftaparnisi
abnegation *n* αυταπάρνηση aftaparnisi
abnormal *a* ανώμαλος anomalos
aboard *adv* επί του πλοίου/ αεροπλάνου epi tou pliou/ aeroplanou
abode *n* κατοικία katikia
abolish *v.t* καταργώ katargo
abolition *v* κατάργηση kataryisi
abominable *a* απαίσιος apesios
aboriginal *a* ιθαγενής ithayenis
aborigines *n. pl* ιθαγενής (της Αυστραλίας) ithayenis (tis Afstralias)
abort *v.i* κάνω έκτρωση kano ektrosi
abortion *n* έκτρωση ektrosi
abortive *adv* ανεπιτυχής anepitihis
abound *v.i.* αφθονώ afthono
about *adv & prep* περίπου peripou
above *adv* πάνω από pano apo
above *prep.* υπεράνω iperano
abreast *adv* παραπλεύρως paraplevros
abridge *v.t* συντομεύω sintomevo
abridgement *n* σύντμηση sintmisi
abroad *adv* στο εξωτερικό sto eksoteriko

abrogate *v. t.* καταργώ katargo
abrupt *a* απότομος apotomos
abruption *n* αποκόλληση apokolisi
abscess *n* απόστημα apostima
absonant *adj* παράφωνος parafonos
abscond *v.i* δραπετεύω drapetevo
absence *n* απουσία apousia
absent *a* απών apon
absent *v.t* απουσιάζω (από) apousiazo (apo)
absolute *a* απόλυτος apolitos
absolutely *adv* απολύτως apolitos
absolve *v.t* απαλλάσσω apalaso
absorb *v.t* απορροφώ aporofo
abstain *v.i.* απέχω apeho
abstract *a* αφηρημένος afirimenos
abstract *n* περίληψη perilipsi
abstract *v.t* αφαιρώ afero
abstraction *n.* αφαίρεση aferesi
absurd *a* παράλογος paralogos
absurdity *n* παραλογισμός paraloyismos
abundance *n* αφθονία afthonia
abundant *a* άφθονος afthonos
abuse *v.t.* καταχρώμαι katahrome
abuse *n* κατάχρηση katahrisi
abusive *a* υβριστικός ivristikos
abutted *v* γειτονικός yitonikos
abyss *n* άβυσσος avisos
academic *a* ακαδημαϊκός akadimaïkos
academy *n* ακαδημία akadimia
acarpous *adj.* άκαρπος akarpos
accede *v.t.* ανέρχομαι anerhome
accelerate *v.t* επιταχύνω epitahino
acceleration *n* επιτάχυνση epitahinsi
accent *n* τόνος tonos
accent *v.t* τονίζω tonizo
accept & δέχομαι dehome

acceptable *a* αποδεκτός apodektos
acceptance *n* αποδοχή apodohi
access *n* πρόσβαση prosvasi
accession *n* άνοδος anodos
accessory *n* αξεσουάρ aksesouar
accident *n* ατύχημα atihima
accidental *a* τυχαίος tiheos
accipitral *adj* γερακίσιος yerakisios
acclaim *v.t* επευφημώ epefimo
acclaim *n* επευφημία epefimia
acclamation *n* ζητωκραυγή zitokravyi
acclimatise *v.t* εγκλιματίζω eglimatizo
accommodate *v.t* φιλοξενώ filokseno
accommodation *n.* κατάλυμα katalima
accompaniment *n* συνοδεία sinodia
accompany *v.t.* συνοδεύω sinodevo
accomplice *n* συνεργός sinergos
accomplish *v.t.* κατορθώνω katorthono
accomplished *a* τέλειος telios
accomplishment *n.* πραγματοποίηση pragmatopiisi
accord *v.t.* συμφωνώ simfono
accord *n.* συμφωνία simfonia
accordingly *adv.* αναλόγως analogos
account *n.* λογαριασμός logariasmos
account *v.t.* θεωρώ theoro
accountable *a* υπεύθυνος ipefthinos
accountancy *n.* λογιστική loyistiki
accountant *n.* λογιστής loyistis
accredit *v.t.* διαπιστεύω diapistevo

accrementition n αύξηση afksisi
accrete v.t. προσθέτω prostheto
accrue v.i. προκύπτω prokipto
accumulate v.t. συσσωρεύω sisorevo
accumulation n συσσώρευση sisorefsi
accuracy n. ακρίβεια akrivia
accurate a. ακριβής akrivis
accursed a. καταραμένος kataramenos
accusation n κατηγορία katigoria
accuse v.t. κατηγορώ katigoro
accused n. κατηγορούμενος katigoroumenos
accustom v.t. συνηθίζω sinithizo
accustomed a. συνηθισμένος sinithismenos
ace n άσσος asos
acentric adj ακεντρικό akentriko
acephalous adj. ακέφαλος akefalos
acephalus n. έμβρυο χωρίς κεφάλι emvrio horis kefali
acetify v. οξειδώνω oksidono
ache n. πόνος ponos
ache v.i. πονώ pono
achieve v.t. λαχταρώ lahtaro
achievement n. επίτευγμα epitevgma
achromatic adj αχρωματικός ahromatikos
acid a ξινός ksinos
acid n οξύ oksi
acidity n. οξύτητα oksitita
acknowledge v. αναγνωρίζω anagnorizo
acknowledgement n. αναγνώριση anagnorisi
acne n ακμή akmi
acorn n. βελανίδι velanidi
acoustic a ακουστικός akoustikos
acoustics n. ακουστική akoustiki

acquaint v.t. εξοικειώνω eksikiono
acquaintance n. γνωριμία gnorimia
acquest n απόκτημα apoktima
acquiesce v.i. συναινώ sineno
acquiescence n. συναίνεση sinenesi
acquire v.t. αποκτώ apokto
acquirement n. απόκτημα apoktima
acquisition n. απόκτηση apoktisi
acquit v.t. αθωώνω athoono
acquittal n. αθώωση athoosi
acre n. ακρ akr
acreage n. εμβαδόν emvadon
acrimony n πικρία pikria
acrobat n. ακροβάτης akrovatis
across adv. δια μέσου dia mesou
across prep. κατά πλάτος kata platos
act n. πράξη praksi
act v.i. ενεργώ energo
acting n. αναπληρωματικός anapliromatikos
action n. ενέργεια eneryia
activate v.t. ενεργοποιώ energopio
active a. ενεργητικός eneryitikos
activity n. δραστηριότητα drastiriotita
actor n. ο ηθοποιός o ithopios
actress n. η ηθοποιός i ithopios
actual a. πραγματικός pragmatikos
actually adv. πραγματικά pragmatika
acumen n. ευφυΐα efiia
acute a. οξύς oksis
adage n. γνωμικό gnomiko
adamant a. άκαμπτος akamptos
adamant n. αδάμας adamas
adapt v.t. προσαρμόζω prosarmozo

adaptation *n.* προσαρμογή prosarmoyi
adays *adv* ημερησίως imerisios
add *v.t.* προσθέτω prostheto
addict *v.t.* κυριέυω kirievo
addict *n.* κυριευμένος kirievmenos
addiction *n.* εθισμός ethismos
addition *n.* πρόσθεση prosthesi
additional *a.* πρόσθετος prosthetos
addle *adj* θολώνω tholono
address *v.t.* απευθύνω apefthino
address *n.* διεύθυνση diefthinsi
addressee *n.* παραλήπτης paraliptis
adduce *v.t.* επικαλούμαι epikaloume
adept *n.* ειδήμων idimon
adept *a.* πεπειραμένος pepiramenos
adequacy *n.* επάρκεια eparkia
adequate *a.* επαρκής eparkis
adhere *v.i.* προσκολλώμαι proskolome
adherence *n.* προσκόλληση proskolisi
adhesion *n.* υποστήριξη ipostiriksi
adhesive *n.* κόλλα kola
adhesive *a.* κολλώδης kolodis
adhibit *v.t.* απονέμω aponemo
adieu *n.* αντίο antio
adieu *interj.* αντίο antio
adjacent *a.* γειτονικός yitonikos
adjective *n.* επίθετο epitheto
adjoin *v.t.* γειτονέυω yitonevo
adjourn *v.t.* αναβάλλω/-ομαι anavalo/-ome
adjournment *n.* αναβολή anavoli
adjudge *v.t.* καταδικάζω katadikazo
adjunct *n.* επεξήγηση epeksiyisi
adjuration *n* εξορκισμός eksorkismos
adjust *v.t.* προσαρμόζω prosarmozo
adjustment *n.* προσαρμογή prosarmoyi
administer *v.t.* διοικώ diiko
administration *n.* διοίκηση diikisi
administrative *a.* διοικητικός diikitikos
administrator *n.* διαχειριστής diahiristis
admirable *a.* θαυμάσιος thavmasios
admiral *n.* ναύαρχος navarhos
admiration *n.* θαυμασμός thavmasmos
admire *v.t.* θαυμάζω thavmazo
admissible *a.* επιτρεπτός epitreptos
admission *n.* είσοδος isodos
admit *v.t.* επιτρέπω είσοδο epitrepo isodo
admittance *n.* είσοδος isodos
admonish *v.t.* νουθετώ noutheto
admonition *n.* νουθεσία nouthesia
adnascent *adj.* παρασιτικός parasitikos
ado *n.* φασαρία fasaria
adobe *n.* πλίθα plitha
adolescence *n.* εφηβεία efivia
adolescent *a.* έφηβος efivos
adopt *v.t.* υιοθετώ iiotheto
adoption *n* υιοθεσία iiothesia
adorable *a.* αξιολάτρευτος aksiolatreftos
adoration *n.* λατρεία latria
adore *v.t.* λατρεύω latrevo
adorn *v.t.* στολίζω stolizo
adscititious *adj* επιπρόσθετος epiprosthetos

adscript *adj.* ο δεσμευμένος σε μια περιοχή ο desmevmenos se mia periohi
adulation *n* κολακεία kolakia
adult *a & n.* ενήλικος enilikos
adulterate *v.t.* νοθεύω nothevo
adulteration *n.* νόθευση nothefsi
adultery *n.* μοιχεία mihia
advance *v.t.* προχωρώ prohoro
advance *n.* πρόοδος proodos
advancement *n.* προαγωγή proagoyi
advantage *n.* πλεονέκτημα pleonektima
advantage *v.t.* επωφελούμαι epofeloume
advantageous *a.* επωφελής epofelis
advent *n.* άφιξη afiksi
adventure *n* περιπέτεια peripetia
adventurous *a.* περιπετειώδης peripetiodis
adverb *n.* επίρρημα epirima
adverbial *a.* επιρρηματικός epirimatikos
adversary *n.* αντίπαλος antipalos
adverse *a* ενάντιος enantios
adversity *n.* αντιξοότητα adiksootita
advert *v.* διαφημίζω diafimizo
advertise *v.t.* διαφημίζω diafimizo
advertisement *n* διαφήμιση diafimisi
advice *n* συμβουλή simvouli
advisable *a.* ενδεδειγμένος endedigmenos
advisability *n* ορθότητα orthotita
advise *v.t.* συμβουλεύω simvoulevo
advocacy *n.* υπεράσπιση iperaspisi
advocate *n* συνήγορος sinigoros
advocate *v.t.* υποστηρίζω ipostirizo

aerial *a.* εναέριος enaerios
aerial *n.* κεραία kerea
aeriform *adj.* ονειρικός (figurative) onirikos
aerify *v.t.* μετατρέπω σε αέρα metatrepo se aera
aerodrome *n* αεροδρόμιο aerodromio
aeronautics *n.pl.* αεροναυπηγική aeronafpiyiki
aeroplane *n.* αεροπλάνο aeroplano
aesthetic *a.* αισθητικός esthitikos
aesthetics *n.pl.* αισθητική esthitiki
aestival *adj* θερινός therinos
afar *adv.* μακριά makria
affable *a.* καταδεκτικός katadektikos
affair *n.* υπόθεση ipothesi
affect *v.t.* επηρεάζω epireazo
affectation *n* προσποίηση prospiisi
affection *n.* στοργή storyi
affectionate *a.* στοργικός storyikos
affidavit *n* ένορκη κατάθεση enorki katathesi
affiliation *n.* δεσμός desmos
affinity *n* στενή σχέση steni shesi
affirm *v.t.* επιβεβαιώνω epiveveono
affirmation *n* βεβαίωση veveosi
affirmative *a* καταφατικός katafatikos
affix *v.t.* επισυνάπτω episinapto
afflict *v.t.* θλίβω thlivo
affliction *n.* θλίψη thlipsi
affluence *n.* ευημερία evimeria
affluent *a.* άφθονος afthonos
afford *v.t.* διαθέτω diatheto
afforest *v.t.* αναδασώνω anadasono
affray *n* συμπλοκή sibloki

affront *v.t.* προσβάλλω prosvalo
affront *n* προσβολή prosvoli
afield *adv.* σε απόσταση se apostasi
aflame *adj.* φλεγόμενος flegomenos
afloat *adj.* επιπλέων epipleon
afoot *adj.* προετοιμαζόμενος proetimazomenos
afore *prep.* πριν prin
afraid *a.* φοβισμένος fovismenos
afresh *adv.* πάλι pali
after *prep.* μετά από meta apo
after *adv* αργότερα argotera
after *conj.* αφού afou
after *adj.* επόμενος epomenos
afterwards *adv.* κατόπιν katopin
again *adv.* πάλι pali
against *prep.* εναντίον enantion
agamist *n* ανύπαντρος anipantros
agape *adv.*, χάσκοντας haskontas
agaze *adv* γουρλωμένα gourlomena
age *n.* ηλικία ilikia
aged *a.* ηλικιωμένος ilikiomenos
agency *n.* πρακτορείο praktorio
agenda *n.* σημειωματάριο simiomatario
agent *n* πράκτορας praktoras
aggravate *v.t.* χειροτερεύω hiroterevo
aggravation *n.* επιδείνωση epidinosi
aggregate *v.t.* συγκεντρώνω sigentrono
aggression *n* επίθεση epithesi
aggressive *a.* επιθετικός epithetikos
aggressor *n.* επιδρομέας epidromeas
aggrieve *v.t.* θλίβω thlivo
aghast *a.* κατάπληκτος katapliktos
agile *a.* ευκίνητος efkinitos
agility *n.* ευκινησία efkinisia
agitate *v.t.* ταράσσω taraso
agitation *n* ταραχή tarahi
agist *v.t.* βοσκώ vosko
aglow *adj.* φλογερός floyeros
ago *adv.* πριν prin
agog *adj.* ανυπόμονος anipomonos
agonist *n* αγωνιστής agonistis
agonize *v.t.* αγωνιώ agonio
agony *n.* αγωνία agonia
agronomy *n.* γεωπονία yeoponia
agoraphobia *n.* αγοραφοβία agorafovia
agrarian *adj.* αγροτικός agrotikos
agree *v.i.* συμφωνώ simfono
agreeable *a.* ευχάριστος efharistos
agreement *n.* συμφωνία simfonia
agricultural *a* γεωργικός yeoryikos
agriculture *n* γεωργία yeoryia
agriculturist *n.* γεωπόνος yeoponos
ague *n* ρίγος rigos
ahead *adv.* εμπρός ebros
aheap *adv* σωριασμένα soriasmena
aid *n* βοήθεια voithia
aid *v.t* βοηθώ voitho
aigrette *n* λοφίο lofio
ail *v.t.* πονώ pono
ailment *n.* αδιαθεσία adiathesia
aim *n.* σκοπός skopos
aim *v.i.* σκοπεύω skopevo
air *n* αέρας aeras
aircraft *n.* αεροσκάφος aeroskafos
airy *a.* ευάερος evaeros
ajar *adj.* μισάνοιχτη misanihti
akin *adj.* παρόμοιος προς paromio pros
alacrious *adj* ζωηρός zoiros
alacrity *n.* προθυμία prothimia

alamort *adj.* θανατηφόρα thanatifora
alarm *n* συναγερμός sinayermos
alarm *v.t* τρομάζω tromazo
alas *interj.* αλλοίμονο alimono
albeit *conj.* μολονότι molonoti
albion *n* Αλβιόνα alviona
album *n.* λεύκωμα lefkoma
albumen *n* ασπράδι αυγού aspradi avgou
alchemy *n.* αλχημεία alhimia
alcohol *n* αλκοόλ alkool
ale *n* είδος μπύρας idos biras
alegar *n* στυφό είδος μπύρας stifo ithos biras
alert *adj.* άγρυπνος agripnos
alertness *n.* ετοιμότητα etimotita
algebra *n.* άλγεβρα alyevra
alias *n.* ψευδώνυμο psevdonimo
alias *adv.* γνωστός ως gnostos os
alibi *n.* άλλοθι alothi
alien *adj.* ξένος ksenos
alienate *v.t.* αποξενώνω apoksenono
aliferous *adj.* πτερωτός pterotos
alight *v.i.* αφιππέυω afipevo
align *v.t.* ευθυγραμμίζω efthigramizo
alignment *n.* ευθυγράμμιση efthigramisi
alike *adj.* όμοιος omios
alike *adv* όμοια omia
aliment *n.* τροφή trofi
alimony *n.* διατροφή diatrofi
aliquot *n.* διαιρέτης dieretis
alive *adj.* ζωντανός zodanos
alkali *n* αλκαλικό υλικό alkaliko iliko
all *adj.* όλος olos
all *n* το παν to pan
all *adv* εντελώς entelos
all *pron* όλος olos
allay *v.t.* μετριάζω metriazo
allegation *n.* ισχυρισμός ishirismos
allege *v.t.* ισχυρίζομαι ishirizome
allegiance *n.* υποταγή ipotayi
allegorical *a.* αλληγορικός aligorikos
allegory *n.* αλληγορία aligoria
allergy *n.* αλλεργία aleryia
alleviate *v.t.* ανακουφίζω anakoufizo
alleviation *n.* ανακούφιση anakoufisi
alley *n.* δρομάκι dromaki
alliance *n.* συμμαχία simahia
alligator *n* αλιγάτορας aligatoras
alliterate *v.* παρηχώ pariho
alliteration *n.* παρήχηση parihisi
allocate *v.t.* επιμερίζω epimerizo
allocation *n.* μερίδιο merithio
allot *v.t.* ορίζω orizo
allotment *n.* παροχή parohi
allow *v.t.* επιτρέπω epitrepo
allowance *n.* επίδομα epidoma
alloy *n.* κράμα krama
allude *v.i.* υπαινίσσομαι ipenisome
allure *v.t.* σαγηνεύω sayinevo
allurement *n* γοητεία goitia
allusion *n* υπαινιγμός ipenigmos
allusive *a.* υπαινικτικός ipeniktikos
ally *v.t.* συνδέω sindeo
ally *n.* σύμμαχος simahos
almanac *n.* καζαμίας kazamias
almighty *a.* παντοδύναμος pantodinamos
almond *n.* αμύγδαλο amigdalo
almost *adv.* σχεδόν shedon
alms *n.* ελεημοσύνη eleimosini
aloft *adv.* ψηλά psila
alone *adj.* μόνος monos
along *adv.* εμπρός ebros
along *prep.* κατά μήκος kata mikos

aloof *adv.* μακριά makria
aloud *adv.* δυνατά dinata
alp *n.* ψηλό βουνό psilo vouno
alpha *n* άλφα alfa
alphabet *n.* αλφάβητο alfavito
alphabetical *a.* αλφαβητικός alfavitikos
alpinist *n* αλπινιστής alpinistis
already *adv.* ήδη idi
also *adv.* επίσης episis
altar *n.* βωμός vomos
alter *v.t.* μεταποιώ metapio
alteration *n* μετατροπή metatropi
altercation *n.* λογομαχία logomahia
alternate *adj.* εναλλασσόμενος enalasomenos
alternate *v.t.* εναλλάσω/-ομαι enalaso/-ome
alternative *n.* εναλλακτική λύση enalaktiki lisi
alternative *a.* εναλλακτικός enalaktikos
although *conj.* μολονότι molonoti
altimeter *n* όργανο μετρήσεως του υψόμετρου organo metriseos tou ipsometrou
altitude *n.* ύψος ipsos
alto *n* άλτο alto
altogether *adv.* συνολικά sinolika
aluminium *n.* αλουμίνιο alouminio
alumna *n* απόφοιτος/η apofitos
always *adv* πάντα pada
alveary *n* κυψέλη kipseli
alvine *adj.* εντερικός/ή enterikos
am είμαι ime
amalgam *n* αμάλγαμα amalgama
amalgamate *v.t.* συγχωνεύω sinhonevo
amalgamation *n* συγχώνευση sinhonefsi
amass *v.t.* συσσωρεύω sisorevo

amateur *n.* ερασιτέχνης erasitehnis
amatory *adj* ερωτικός erotikos
amaze *v.t.* καταπλήσσω katapliso
amazement *n.* κατάπληξη katapliksi
ambassador *n.* πρεσβευτής presveftis
ambient *adj.* περιβάλλων perivalon
ambiguity *n.* αμφιβολία amfivolia
ambiguous *a.* ασαφής asafis
ambition *n.* φιλοδοξία filodoksia
ambitious *a.* φιλόδοξος filodoksos
ambry *n.* αποθήκη apothiki
ambulance *n.* ασθενοφόρο asthenoforo
ambulant *adj* περιπλανώμενος periplanomenos
ambulate *v.t* περπατώ perpato
ambush *n.* ενέδρα enedra
ameliorate *v.t.* καλλιτερεύω kaliterevo
amelioration *n.* καλλιτέρευση kaliterefsi
amen *interj.* αμήν amin
amenable *a* πρόθυμος prothimos
amend *v.t.* διορθώνω diorthono
amendment *n.* τροποποίηση tropopiisi
(make) amends *n.pl.* επανορθώνω epanorthono
amenorrhoea *n* αμηνόρροια aminoria
amiability *n.* φιλοφροσύνη filofrosini
amiable *a.* αξιαγάπητος aksiagapitos
amicable *adj.* φιλικός filikos
amid *prep.* μεταξύ metaksi
amiss *adv.* κακά kaka
amity *n.* φιλία filia

ammunition n. πολεμοφόδια polemofodia
amnesia n αμνησία amnisia
amnesty n. αμνηστία amnistia
among prep. ανάμεσα anamesa
amongst prep. ανάμεσα anamesa
amoral a. χωρίς συνείδηση ηθικής horis sinidisi ithikis
amount n ποσό poso
amount v.i ανέρχομαι anerhome
amount v. ισοδυναμώ isothinamo
amorous a. ερωτικός erotikos
amour n αγάπη agapi
ampere n αμπέρ aber
amphibious adj αμφίβιος amfivios
amphitheatre n αμφιθέατρο amfitheatro
ample a. αρκετός arketos
amplification n ενίσχυση enishisi
amplifier n ενισχυτής enishitis
amplify v.t. ενισχύω enishio
amuck adv. αμόκ amok
amulet n. φυλαχτό filahto
amuse v.t. διασκεδάζω diaskedazo
amusement n διασκέδαση diaskedasi
an art ένα ena
anabaptism n αναβαπτισμός anavaptismos
anachronism n αναχρονισμός anahronismos
anaclisis n εξάρτηση eksartisi
anadem n ανάδημα anadima
anaemia n αναιμία anemia
anaesthesia n αναισθησία anesthisia
anaesthetic n. αναισθητικός anesthitikos
anal adj. πρωκτικός proktikos
analogous a. ανάλογος με analogos me
analogy n. αναλογία analoyia
analyse v.t. αναλύω analio

analysis n. ανάλυση analisi
analyst n αναλυτής analitis
analytical a αναλυτικός analitikos
anamnesis n ανάμνηση anamnisi
anarchism n. αναρχισμός anarhismos
anarchist n αναρχικός anarhikos
anarchy n αναρχία anarhia
anatomy n. ανατομία anatomia
ancestor n. πρόγονος progonos
ancestral a. προγονικός progonikos
ancestry n. καταγωγή katagoyi
anchor n. άγκυρα agira
anchorage n αγκυροβόλιο agirovolio
ancient a. αρχαίος arheos
ancon n υποστήριγμα ipostirigma
and conj. και ke
androphagi n. καννίβαλοι kanivali
anecdote n. ανέκδοτο anekdoto
anemometer n ανεμόμετρο anemometro
anew adv. πάλι pali
anfractuous adj ελικοειδής elikoidis
angel n άγγελος agelos
anger n. θυμός thimos
angina n στηθάγχη stithanhi
angle n. γωνία gonia
angle n άποψη apopsi
angry a. θυμωμένος thimomenos
anguish n. άγχος anhos
angular a. γωνιακός goniakos
anigh adv. κοντά konta
animal n. ζώο zoo
animate v.t. ζωντανεύω zontanevo
animate a. έμψυχος empsihos
animation n ζωντάνια zontania
animosity n εχθρότητα ehthrotita
animus n σκοπός skopos
aniseed n γλυκάνισο glikaniso

ankle *n.* αστράγαλος astragalos
anklet *n* κοντή κάλτσα konti kalcha
annalist *n.* χρονικογράφος hronikografos
annals *n.pl.* χρονικό hroniko
annectant *adj.* που συνδέεται pou sindeete
annex *v.t.* προσαρτώ prosarto
annexation *n* προσάρτηση prosartisi
annihilate *v.t.* εξοντώνω eksontono
annihilation *n* αφανισμός afanismos
anniversary *n.* επέτειος epetios
announce *v.t.* αναγγέλλω anagelo
announcement *n.* ανακοίνωση anakinosi
annoy *v.t.* ενοχλώ enohlo
annoyance *n.* ενόχληση enohlisi
annual *a.* ετήσιος etisios
annuitant *n* λαμβάνων ετήσιο ποσό lamvanon etisio poso
annuity *n.* ετήσια πρόσοδος etisia prosodos
annul *v.t.* ακυρώνω akirono
annulet *n* δαχτυλιδάκι dahtilidaki
anoint *v.t.* χρίω hrio
anomalous *a* ανώμαλος anomalos
anomaly *n* ανωμαλία anomalia
anon *adv.* εντός ολίγου entos oligou
anonymity *n.* ανωνυμία anonimia
anonymous *a.* ανώνυμος anonimos
another *a* άλλος alos
answer *n* απάντηση apantisi
answer *v.t* απαντώ apado
answerable *a.* υπεύθυνος ipefthinos
ant *n* μυρμήγκι mirmigi
antacid *adj.* αντιοξικός antioksikos

antagonism *n* ανταγωνισμός antagonismos
antagonist *n.* ανταγωνιστής antagonistis
antagonize *v.t.* ανταγωνίζομαι antagonizome
antarctic *a.* ανταρκτικός antarktikos
antecede *v.t.* προηγούμαι proigoume
antecedent *n.* ηγούμενο igoumeno
antecedent *a.* προηγούμενος proigoumenos
antedate *n* προχρονολογώ prohronologo
antelope *n.* αντιλόπη antilopi
antenatal *adj.* προ του τοκετού pro tou toketou
antennae *n.* κεραίες kerees
antenuptial *adj.* προγαμιαίος progamieos
anthem *n* ύμνος imnos
anthology *n.* ανθολογία antholoyia
anthropoid *adj.* ανθρωποϊδής anthropoidis
anti *pref.* αντί anti
anti-aircraft *a.* αντιαεροπορικός antiaeroporikos
antic *n* αστείο astio
anticipate *v.t.* προσδοκώ prosdoko
anticipation *n.* προσδοκία prosdokia
antidote *n.* αντίδοτο antidoto
antinomy *n.* αντινομία antinomia
antipathy *n.* αντιπάθεια antipathia
antiphony *n.* αντιφωνία antifonia
antipodes *n.* αντίποδες antipodes
antiquarian *a.* αρχαιοδιφικός arheodifikos

antiquarian *n* αρχαιοδίφης arheodifis
antiquary *n.* αρχαιοδίφης arheodifis
antiquated *a.* απαρχαιωμένος aparheomenos
antique *a.* αρχαίος arheos
antiquity *n.* αρχαιότητα arheotita
antiseptic *n.* αντισηπτικό antisiptiko
antiseptic *a.* αντισηπτικός antisiptikos
antithesis *n.* αντίθεση antithesi
antitheist *n* άθεος atheos
antler *n.* κλαδωτό κέρατο kladoto kerato
antonym *n.* αντώνυμο antonimo
anus *n.* πρωκτός proktos
anvil *n.* αμόνι amoni
anxiety *a* ανησυχία anisihia
anxious *a.* ανήσυχος anisihos
any *a.* καθόλου katholou
any *adv.* πλέον pleon
anyhow *adv.* όπως-όπως opos-opos
apace *adv.* γρήγορα grigora
apart *adv.* μακρυά makria
apartment *n.* διαμέρισμα diamerisma
apathy *n.* απάθεια apathia
ape *n* πίθηκος pithikos
ape *v.t.* μιμούμαι mimoume
aperture *n.* άνοιγμα anigma
apex *n.* αποκορύφωμα apokorifoma
aphorism *n* απόφθεγμα apofthegma
apiary *n.* μελισσοτροφείο melisotrofio
apiculture *n.* μελισσοκομία melisokomia
apish *a.* πιθηκοειδής pithikoidis
apnoea *n* άπνοια apnia

apologize *v.i.* ζητώ συγνώμη zito signomi
apologue *n* μύθος mithos
apology *n.* συγνώμη signomi
apostle *n.* απόστολος apostolos
apostrophe *n.* απόστροφος apostrofos
apotheosis *n.* αποθέωση apotheosi
apparatus *n.* μηχανισμός mihanismos
apparel *n.* ένδυμα endima
apparel *v.t.* ντύνω dino
apparent *a.* φαινομενικός fenomenikos
appeal *n.* έκκληση eklisi
appeal *v.t.* προσφεύγω prosfevgo
appear *v.i.* εμφανίζομαι emfanizome
appearance *n* εμφάνιση emfanisi
appease *v.t.* κατευνάζω katevnazo
appellant *n.* ικετευτικός iketeftikos
append *v.t.* προσαρτώ prosarto
appendage *n.* παράρτημα parartima
appendicitis *n.* σκωληκοειδίτιδα skolikoiditida
appendix *n.* παράρτημα parartima
appetence *n.* όρεξη oreksi
appetent *adj.* επιθυμών epithimon
appetite *n.* όρεξη oreksi
appetite *n.* επιθυμία epithimia
appetizer *n.* ορεκτικό orektiko
applaud *v.t.* χειροκροτώ hirokroto
applause *n.* χειροκρότημα hirokrotima
apple *n.* μήλο milo
appliance *n.* εργαλείο ergalio
applicable *a.* κατάλληλος katalilos
applicant *n.* υποψήφιος ipopsifios
application *n.* αίτηση etisi

apply *v.t.* απευθύνομαι apefthinome
appoint *v.t.* διορίζω diorizo
appointment *n.* διορισμός diorismos
apportion *v.t.* διανέμω dianemo
apposite *adj* εύστοχος efstohos
apposite *a.* αρμόδιος armodios
appositely *adv* αρμοδίως armodios
approbate *v.t* εγκρίνω egrino
appraise *v.t.* υπολογίζω ipoloyizo
appreciable *a.* υπολογίσιμος ipoloyisimos
appreciate *v.t.* εκτιμώ ektimo
appreciation *n.* εκτίμηση ektimisi
apprehend *v.t.* αντιλαμβάνομαι antilamvanome
apprehension *n.* αντίληψη antilipsi
apprehensive *a.* ανήσυχος anisihos
apprentice *n.* μαθητευόμενος mathitevomenos
apprise *v.t.* πληροφορώ pliroforo
approach *v.t.* πλησιάζω plisiazo
approach *n.* προσέγγιση prosegisi
approbation *n.* επιδοκιμασία epidokimasia
appropriate *v.t.* οικειοποιούμαι ikiopioume
appropriate *a.* κατάλληλος katalilos
appropriation *n.* σφετερισμός sfeterismos
approval *n.* έγκριση egrisi
approve *v.t.* εγκρίνω egrino
approximate *a.* κατά προσέγγιση kata prosegisi
apricot *n.* βερίκοκο verikoko
appurtenance *n* εξάρτημα eksartima
apron *n.* ποδιά podia
apt *a.* ικανός ikanos
aptitude *n.* κλίση klisi
aquarium *n.* ενυδρείο enidrio
aquarius *n.* υδροχόος idrohoos
aqueduct *n* υδραγωγείο idragoyio
arable *adj* καλλιεργήσιμος kalieryisimos
arbiter *n.* διαιτητής dietitis
arbitrary *a.* αυθαίρετος aftheretos
arbitrate *v.t.* διαιτητεύω dietitevo
arbitration *n.* διαιτησία dietisia
arbitrator *n.* διαιτητής dietitis
arc *n.* τόξο tokso
arcade *n* στοά stoa
arch *n.* αψίδα apsida
arch *v.t.* κάνω αψίδα kano apsida
arch *a* τσαχπίνης tsahpinis
archaic *a.* αρχαϊκός arhaikos
archangel *n* αρχάγγελος arhagelos
archbishop *n.* αρχιεπίσκοπος arhiepiskopos
archer *n* τοξότης toksotis
architect *n.* αρχιτέκτονας arhitektonas
architecture *n.* αρχιτεκτονική arhitektoniki
archives *n.pl.* αρχεία arhia
Arctic *n* Αρκτική arktiki
ardent *a.* φλογερός floyeros
ardour *n.* φλόγα floga
arduous *a.* επίπονος epiponos
area *n* περιοχή periohi
areca *n* αρέκα areka
arefaction *n* ξήρανση ksiransi
arena *n* αρένα arena
argil *n* άργιλος aryilos
argue *v.t.* φιλονικώ filoniko
argument *n.* επιχείρημα epihirima
argute *adj* οξύς oksis
arid *adj.* άνυδρος anidros
aries *n* κριός krios
aright *adv* σωστά sosta

arise *v.i.* παρουσιάζομαι parousiazome
aristocracy *n.* αριστοκρατία aristokratia
aristocrat *n.* αριστοκράτης aristokratis
aristophanic *adj* αριστοφανικός aristofanikos
arithmetic *n.* αριθμητική arithmitiki
arithmetical *a.* αριθμητικός arithmitikos
ark *n* κιβωτός kivotos
arm *n.* μπράτσο bratso
arm *n.* όπλο oplo
arm *v.t.* εξοπλίζω/-ομαι eksoplizo/-ome
armada *n.* αρμάδα armada
armament *n.* εξοπλισμός eksoplismos
armature *n.* οπλισμός oplismos
armistice *n.* ανακωχή anakohi
armlet *a* περιβραχιόνιο perivrahionio
armour *n.* πανοπλία panoplia
armoury *n.* οπλοστάσιο oplostasio
army *n.* στρατός stratos
around *prep.* γύρω από yiro apo
arouse *v.t.* διεγείρω dieyiro
arraign *v.* καταγγέλω katagelo
arrange *v.t.* τακτοποιώ taktopio
arrangement *n.* τακτοποίηση taktopiisi
arrant *n.* διαβόητος diavoitos
array *v.t.* παρατάσσω parataso
array *n.* παράταξη parataksi
arrears *n.pl.* καθυστερούμενα kathisteroumena
arrest *v.t.* συλλαμβάνω silamvano
arrest *n.* σύλληψη silipsi
arrival *n.* άφιξη afiksi
arrive *v.i.* φθάνω fthano
arrogance *n.* αλαζονία alazonia

arrogant *a.* αλαζόνας alazonas
arrow *n* βέλος velos
arrowroot *n.* αρραρούτη ararouti
arsenal *n.* οπλοστάσιο oplostasio
arsenic *n* αρσενικό arseniko
arson *n* εμπρησμός ebrismos
art *n.* τέχνη tehni
artery *n.* αρτηρία artiria
artful *a.* πανούργος panourgos
arthritis *n* αρθρίτιδα arthritida
artichoke *n.* αγγινάρα aginara
article *n* άρθρο arthro
articulate *a.* ευκρινής efkrinis
artifice *n.* τέχνασμα tehnasma
artificial *a.* τεχνητός tehnitos
artillery *n.* πυροβολικό pirovoliko
artisan *n.* τεχνίτης tehnitis
artist *n.* καλλιτέχνης kalitehnis
artistic *a.* καλλιτεχνικός kalitehnikos
artless *a.* απονήρευτος aponireftos
as *adv.* τόσο toso
as *conj.* καθώς kathos
as *pron.* όπως opos
asafoetida *n.* σίλιο silio
asbestos *n.* άσβεστος asvestos
ascend *v.t.* ανέρχομαι anerhome
ascent *n.* άνοδος anodos
ascertain *v.t.* εξακριβώνω eksakrivono
ascetic *n.* ασκητής askitis
ascetic *a.* ασκητικός askitikos
ascribe *v.t.* αποδίδω apodido
ash *n.* στάχτη stahti
ashamed *a.* ντροπιασμένος ntropiasmenos
ashore *adv.* στην ξηρά stin ksira
aside *adv.* παράμερα paramera
aside *n.* μονόλογος monologos
asinine *adj.* γαϊδουρινός gaidourinos
ask *v.t.* ρωτώ roto

asleep *adj.* κοιμισμένος kimismenos
aspect *n.* όψη opsi
asperse *v.* δυσφημώ disfimo
aspirant *n.* υποψήφιος ipopsifios
aspiration *n.* φιλοδοξία filodoksia
aspire *v.t.* φιλοδοξώ filothokso
ass *n.* γάιδαρος gaidaros
assail *v.* επιτίθεμαι epititheme
assassin *n.* δολοφόνος dolofonos
assassinate *v.t.* δολοφονώ dolofono
assassination *n* δολοφονία dolofonia
assault *n.* επίθεση epithesi
assault *v.t.* κάνω έφοδο kano efodo
assemble *v.t.* συγκεντρώνω/-ομαι sigentrono/-ome
assembly *n.* συνέλευση sinelefsi
assent *v.i.* συγκατατίθεμαι sigatitheme
assent *n.* συγκατάθεση sigatathesi
assert *v.t.* υποστηρίζω ipostirizo
assess *v.t.* καταλογίζω kataloyizo
assessment *n.* εκτίμηση ektimisi
asset *n.* περιουσιακό στοιχείο periousiako stihio
assibilate *v.* συρίζω sirizo
assign *v.t.* αναθέτω anatheto
assignee *n.* εντολοδόχος entolodohos
assimilate *v.* αφομοιώνω/-ομαι afomiono/-ome
assimilation *n* αφομοίωση afomiosi
assist *v.t.* βοηθώ voitho
assistance *n.* βοήθεια voithia
assistant *n.* βοηθός voithos
associate *v.t.* συσχετίζω sishetizo
associate *a.* πρόσεδρος prosedros
associate *n.* συνεργάτης sinergatis
association *n.* εταιρεία eteria
association *n.* οργάνωση organosi

assoil *v.t.* αθωώνω athoono
assort *v.t.* εναρμονίζομαι enarmonizome
assuage *v.t.* καταπραΰνω katapraino
assume *v.t.* υποθέτω ipotheto
assumption *n.* υπόθεση ipothesi
assurance *n.* ασφάλεια asfalia
assure *v.t.* διαβεβαιώ diaveveo
astatic *adj.* ασταθής astathis
asterisk *n.* αστερίσκος asteriskos
asterism *n.* αστερισμός asterismos
asteroid *adj.* αστεροειδής asteroidis
asthma *n.* άσθμα asthma
astir *adv.* ανάστατος anastatos
astonish *v.t.* καταπλήσσω katapliso
astonishment *n.* κατάπληξη katapliksi
astound *v.t* εκπλήσσω ekpliso
astray *adv.*, παραστρατημένος parastratimenos
astrologer *n.* αστρολόγος astrologos
astrology *n.* αστρολογία astroloyia
astronaut *n.* αστροναύτης astronaftis
astronomer *n.* αστρονόμος astronomos
astronomy *n.* αστρονομία astronomia
asunder *adv.* χωριστά horista
asylum *n* άσυλο asilo
at *prep.* σε se
atheism *n* αθεϊσμός atheismos
atheist *n* άθεος atheos
athirst *adj.* διακαής diakais
athlete *n.* αθλητής athlitis
athletic *a.* αθλητικός athlitikos
athletics *n.* αθλητισμός athlitismos

athwart *prep.* ενάντια enantia
atlas *n.* άτλας atlas
atmosphere *n.* ατμόσφαιρα atmosfera
atoll *n.* κοραλλιογενής νήσος koralioyenis nisos
atom *n.* άτομο atomo
atomic *a.* ατομικός atomikos
atone *v.i.* εξιλεώνω/-ομαι eksileono/-ome
atonement *n.* εξιλέωση eksileosi
atrocious *a.* φρικτός friktos
atrocity *n* φρικαλεότητα frikaleotita
attach *v.t.* επισυνάπτω episinapto
attache *n.* ακόλουθος akolouthos
attachment *n.* κατάσχεση katashesi
attack *n.* επίθεση epithesi
attack *v.t.* επιτίθεμαι epititheme
attain *v.t.* επιτυγχάνω epitighano
attainment *n.* επίτευξη epitefksi
attaint *v.t.* ατιμάζω atimazo
attempt *v.t.* επιχειρώ epihiro
attempt *n.* απόπειρα apopira
attend *v.t.* παρακολουθώ parakoloutho
attendance *n.* παρουσία parousia
attendant *n.* ακόλουθος akolouthos
attention *n.* προσοχή prosohi
attentive *a.* προσεχτικός prosehtikos
attest *v.t.* επικυρώνω epikirono
attire *n.* ενδυμασία endimasia
attire *v.t.* ενδύω/-ομαι endio/-ome
attitude *n.* στάση stasi
attorney *n.* πληρεξούσιος plireksousios
attract *v.t.* έλκω elko
attraction *n.* έλξη elksi
attractive *a.* ελκυστικός elkistikos
attribute *v.t.* αποδίδω apodido

attribute *n.* ιδιότητα idiotita
auction *n* πλειστηριασμός plistiriasmos
auction *v.t.* βγάζω στο σφυρί vgazo sto sfiri
audible *a* ακουστικός akoustikos
audience *n.* κοινό kino
audit *n.* έλεγχος elenhos
audit *v.t.* ελέγχω elenho
auditive *adj.* ακουστικός akoustikos
auditor *n.* ορκωτός λογιστής orkotos loyistis
auditorium *n.* αίθουσα ethousa
auger *n.* τρυπάνι tripani
aught *n.* τίποτα tipota
augment *v.t.* αυξάνω afksano
augmentation *n.* αύξηση afksisi
August *n.* Αύγουστος Avgoustos
august *n* μεγαλοπρεπής megaloprepis
aunt *n.* θεία thia
auriform *adj.* έχων το σχήμα αφτιού ehon to shima aftiou
aurora *n* Αυγή Avyi
auspicate *v.t.* προσέχω οιωνούς για καλοτυχία proseho ionous yia kalotihia
auspice *n.* οιωνός ionos
auspicious *a.* ευοίωνος evionos
austere *a.* αυστηρός afstiros
authentic *a.* αυθεντικός afthedikos
author *n.* συγγραφέας sigrafeas
authoritative *a.* επιτακτικός epitaktikos
authority *n.* εξουσία eksousia
authorize *v.t.* εξουσιοδοτώ eksousiodoto
autobiography *n.* αυτοβιογραφία aftoviografia
autocracy *n* απολυταρχία apolitarhia
autocrat *n* μονάρχης monarhis

autocratic *a* απολυταρχικός apolitarhikos
autograph *n.* αυτόγραφο aftografo
automatic *a.* αυτόματος aftomatos
automobile *n.* αυτοκίνητο aftokinito
autonomous *a* αυτόνομος aftonomos
autumn *n.* φθινόπωρο fthinoporo
auxiliary *a.* βοηθητικός voithitikos
auxiliary *n.* βοηθός voithos
avale *v.t.* κατέρχομαι katerhome
avail *v.t.* ωφελώ ofelo
available *a* διαθέσιμος diathesimos
avarice *n.* φιλαργυρία filaryiria
avenge *v.t.* εκδικούμαι ekdikoume
avenue *n.* λεωφόρος leoforos
average *n.* μέσος όρος mesos oros
average *a.* μέσος mesos
average *v.t.* αναλογώ analogo
averse *a.* ενάντιος enantios
aversion *n.* αποστροφή apostrofi
avert *v.t.* αποστρέφω apostrefo
aviary *n.* πτηνοτροφείο ptinotrofio
aviation *n.* αεροπορία aeroporia
aviator *n.* αεροπόρος aeroporos
avid *adj.* άπληστος aplistos
avidity *adv.* απληστία aplistia
avidly *adv* αχόρταγα ahortaga
avoid *v.t.* αποφεύγω apofevgo
avoidance *n.* αποφυγή apofiyi
avow *v.t.* ομολογώ omologo
avulsion *n.* αποκοπή apokopi
await *v.t.* περιμένω perimeno
awake *v.t.* ξυπνώ ksipno
awake *a* ξύπνιος ksipnios
award *v.t.* απονέμω aponemo
award *n.* βραβείο vravio

aware *a.* ενήμερος enimeros
away *adv.* μακριά makria
awe *n.* δέος theos
awful *a.* φοβερός foveros
awhile *adv.* λίγο ligo
awkward *a.* άβολος avolos
axe *n.* τσεκούρι tsekouri
axis *n.* άξονας aksonas
axle *n.* άξονας τροχού aksonas trohou

B

babble *n.* φλυαρία fliaria
babble *v.i.* φλυαρώ fliaro
babe *n.* μωρό moro
babel *n* βαβέλ vavel
baboon *n.* μεγάλος πίθηκος megalos pithikos
baby *n.* μωρό moro
bachelor *n.* εργένης eryenis
back *n.* πλάτη plati
back *adv.* πίσω piso
backbite *v.t.* κακολογώ kakologo
backbone *n.* σπονδυλική στήλη spondiliki stili
background *n.* φόντο fonto
backhand *n.* ανάποδος anapodos
backslide *v.i.* υποτροπιάζω ipotropiazo
backward *a.* προς τα πίσω pros ta piso
backward *adv.* προς τα πίσω pros ta piso
bacon *n.* μπέικον beikon
bacteria *n.* μικρόβια mikrovia
bad *a.* κακός kakos
badge *n.* σήμα sima
badger *n.* ασβός asvos
badly *adv.* άσχημα ashima

badminton *n.* μπάντμιντον bantminton
baffle *v. t.* φέρω σε αμηχανία fero se amihania
bag *n.* τσάντα chanta
bag *v. i.* βάζω σε σακί vazo se saki
baggage *n.* αποσκευές aposkeves
bagpipe *n.* γκάιντα gainta
bail *n.* χρηματική εγγύηση hrimatiki egiisi
bail *v. t.* βγάζω νερά από βάρκα vgazo nera apo varka
bailable *a.* εγγυήσιμος egiisimos
bailiff *n.* δικαστικός κλητήρας dikastikos klitiras
bait *n* δόλωμα doloma
bait *v.t.* δολώνω dolono
bake *v.t.* ψήνω/-ομαι psino/-ome
baker *n.* αρτοποιός artopios
bakery *n* αρτοποιείο artopiio
balance *n.* ζυγαριά zigaria
balance *v.t.* ζυγίζω ziyizo
balcony *n.* μπαλκόνι balkoni
bald *a.* φαλακρός falakros
bale *n.* μπάλα bala
bale *v.t.* πέφτω με αλεξίπτωτο pefto me aleksiptoto
baleful *a.* αμαρτωλός amartolos
baleen *n.* κόκαλο φάλαινας kokalo falenas
ball *n.* μπάλα bala
ballad *n.* μπαλάντα balanta
ballet *sn.* μπαλέτο baleto
balloon *n.* αερόστατο aerostato
ballot *n* ψηφοδέλτιο psifodeltio
ballot *v.i.* διενεργώ ψηφοφορία dienergo psifoforia
balm *n.* βάλσαμο valsamo
balsam *n.* βάλσαμο valsamo
bamboo *n.* μπαμπού babou
ban *n.* απαγόρευση apagorefsi
ban *v.t* απαγορεύω apagorevo
banal *a.* κοινός kinos
banana *n.* μπανάνα banana
band *n.* ορχήστρα orhistra
bandage *~n.* επίδεσμος epidesmos
bandage *v.t* επιδένω πληγή epideno pliyi
bandit *n.* ληστής listis
bang *v.t.* χτυπώ htipo
bang *n.* βίαιο χτύπημα vieo htipima
bangle *n.* βραχιόλι vrahioli
banish *v.t.* εξορίζω eksorizo
banishment *n.* εξορία eksoria
banjo *n.* μπάντζο banjo
bank *n.* τράπεζα trapeza
bank *v.t.* καταθέτω katatheto
banker *n.* τραπεζίτης trapezitis
bankrupt *n.* πτωχεύσας ptohefsas
bankruptcy *n.* πτώχευση ptohefsi
banner *n.* λάβαρο lavaro
banquet *n.* συμπόσιο simbosio
banquet *v.t.* γιορτάζω με επίσημο γεύμα yiortazo me episimo yevma
bantam *n.* κόκορας kokoras
banter *v.t.* πειράζω pirazo
banter *n.* αστεϊσμός asteismos
bantling *n.* παιδάκι pedaki
banyan *n.* μπάνυαν banian
baptism *n.* βάπτισμα vaptisma
baptize *+v.t.* βαπτίζω vaptizo
bar *n.* μπαρ bar
bar *v.t* αποκλείω apoklio
barb *n.* ακίδα akida
barbarian *a.* βάρβαρος varvaros
barbarian *n.* βάρβαρος varvaros
barbarism *n.* βαρβαρισμός varvarismos
barbarity *n* βαρβαρότητα varvarotita
barbarous *a.* βάρβαρος varvaros
barbed *a.* αγκαθωτός agkathotos
barber *n.* κουρέας koureas
bard *n.* βάρδος vardos

bare *a.* γυμνός yimnos
bare *v.t.* γυμνώνω yimnono
barely *adv.* σχεδόν shedon
bargain *n.* συμφωνία simfonia
bargain *v.t.* παζαρεύω pazarevo
barge *n.* φορτηγίδα fortiyida
bark *n.* φλούδα flouda
bark *v.t.* γαυγίζω gavyizo
barley *n.* κριθάρι krithari
barn *n.* σιταποθήκη sitapothiki
barnacles *n* στρείδια stridia
barometer *n* βαρόμετρο varometro
barouche *n.* ταχυδρομική άμαξα με άλογα tahidromiki amaksa me aloga
barrack *n.* στρατώνας stratonas
barrage *n.* φράγμα fragma
barrator *ns.* εμπλεκόμενος σε ναυταπάτη eblekomenos se naftapati
barrel *n.* βαρέλι vareli
barren *n* άκαρπος akarpos
barricade *n.* οδόφραγμα odofragma
barrier *n.* φράγμα fragma
barrister *n.* δικηγόρος dikigoros
barter *v.t.* ξεπουλώ ksepoulo
barter *n.* ανταλλαγή adalayi
basal *adj.* βασικός vasikos
base *n.* βάση vasi
base *a.* ταπεινός tapinos
base *v.t.* βασίζω vasizo
baseless *a.* αβάσιμος avasimos
basement *n.* υπόγειο ipoyio
bashful *a.* ντροπαλός ntropalos
basion *n.* βάσιον vasion
basic *a.* βασικός vasikos
basil *n.* βασιλικός vasiklikos
basin *n.* λεκάνη lekani
basis *n.* βάση vasi
bask *v.i.* λιάζομαι liazome
basket *n.* καλάθι kalathi
bass *n.* μπάσος basos

bastard *n.* μπάσταρδος bastardos
bastard *a* νόθος nothos
bat *n* νυχτερίδα nihterida
bat *n* ρόπαλο ropalo
bat *v. i* ανοιγοκλείνω τα μάτια anigoklino ta matia
batch *n* στοίβα stiva
bath *n* μπάνιο banio
bathe *v. t* λούω/-ομαι louo/-ome
baton *n* ράβδος ravdos
batsman *n.* σφαιριστής sferistis
battalion *n* τάγμα tagma
battery *n* μπαταρία bataria
battle *n* μάχη mahi
battle *v. i.* αγωνίζομαι agonizome
bawd *n.* πόρνη porni
bawl *n.i.* κραυγάζω kravgazo
bawn *n.* μεγάλο σπίτι megalo spiti
bay *n* όρμος ormos
bayard *n.* κοκκινωπό άλογο kokinopo alogo
bayonet *n* ξιφολόγχη ksifolonhi
be *v.t.* είμαι ime
be *pref.* παντού pantou
beach *n* παραλία paralia
beacon *n* φάρος faros
bead *n* χάντρα hantra
beadle *n.* επίτροπος epitropos
beak *n* ράμφος ramfos
beaker *n* γυάλινο κύπελο yialino kipelo
beam *n* δοκός dokos
beam *v. i* ακτινοβολώ aktinovolo
bean *n.* φασόλι fasoli
bear *n* αρκούδα arkouda
bear *v.t* μεταφέρω metafero
beard *n* γένι yeni
bearing *n* παρουσιαστικό parousiastiko
beast *n* κτήνος ktinos
beastly *a* κτηνώδης ktinodis
beat *v. t.* χτυπώ htipo
beat *n* χτύπος htipos

beautiful *a* όμορφος omorfos
beautify *v. t* εξωραΐζω eksoraizo
beauty *n* ομορφιά omorfia
beaver *n* κάστορας kastoras
because *conj.* επειδή epidi
beckon *v.t.* γνέφω gnefo
beckon *v. t* ελκύω elkio
become *v. i* γίνομαι yinome
becoming *a* ταιριαστός teriastos
bed *n* κρεββάτι krevati
bedevil *v. t* ταλαιπωρώ taleporo
bedding *n.* κλινοσκεπάσματα klinoskepasmata
bedight *v.t.* στολίζω stolizo
bed-time *n.* ώρα για ύπνο ora yia ipno
bee *n.* μέλισσα melisa
beech *n.* οξιά oksia
beef *n* βοδινό κρέας vodino kreas
beehive *n.* κυψέλη kipseli
beer *n* μπύρα bira
beet *n* παντζάρι pajari
beetle *n* σκαθάρι skathari
befall *v. t* συμβαίνω simveno
before *prep* μπροστά brosta
before *adv.* εμπρός ebros
before *conj* πριν prin
beforehand *adv.* εκ των προτέρων ek ton proteron
befriend *v. t.* υποστηρίζω ipostirizo
beg *v. t.* παρακαλώ parakalo
beget *v. t* γεννώ yeno
beggar *n* ζητιάνος zitianos
begin *n* αρχίζω arhizo
beginning *n.* αρχή arhi
begird *v.t.* περικυκλώνω perikiklono
beguile *v. t* εξαπατώ eksapato
behalf *n* εκ μέρους ek merous
behave *v. i.* συμπεριφέρομαι siberiferome
behaviour *n* συμπεριφορά siberifora
behead *v. t.* αποκεφαλίζω apokefalizo
behind *adv* όπισθεν opisthen
behind *prep* πίσω piso
behold *v. t* βλέπω vlepo
being *n* ον on
belabour *v. t* ξυλοφορτώνω ksilofortono
belated *adj.* αργοπορημένος argoporimenos
belch *v. t* ρεύομαι revome
belch *n* ρέψιμο repsimo
belief *n* πεποίθηση pepithisi
believe *v. t* πιστεύω pistevo
bell *n* καμπάνα kabana
belle *n* ωραία orea
bellicose *a* φιλοπόλεμος filopolemos
belligerency *n* εμπόλεμη κατάσταση ebolemi katastasi
belligerent *a* εμπόλεμος ebolemos
belligerent *n* εμπόλεμος ebolemos
bellow *v. i* μουγκρίζω mougkrizo
bellows *n.* φυσερό fisero
belly *n* κοιλιά kilia
belong *v. i* ανήκω aniko
belongings *n.* τα υπάρχοντα ta iparhonta
beloved *a* αγαπημένος agapimenos
beloved *n* αγαπημένος agapimenos
below *adv* από κάτω apo kato
below *prep* χαμηλότερα από hamilotera apo
belt *n* ζώνη zoni
belvedere *n* κιόσκι kioski
bemask *v. t* κρύβω krivo
bemire *v. t* βρομίζω με λάσπη vromizo me laspi
bemuse *v. t* συγχίζομαι sinhizome
bench *n* πάγκος pagkos

bend *n* στροφή strofi
bend *v. t* λυγίζω liyizo
beneath *adv* κάτωθεν katothen
beneath *prep* κατώτερος katoteros
benefaction *n.* ευεργεσία everyesia
benefice *n* φέουδο feoudo
beneficial *a* ωφέλιμος ofelimos
benefit *n* όφελος ofelos
benefit *v. t.* ωφελώ/-ούμαι ofelo/-oume
benevolence *n* φιλανθρωπία filanthropia
benevolent *a* φιλάνθρωπος filanthropos
benight *v. t* συσκοτίζω siskotizo
benign *adj* ήπιος ipios
benignly *adv* γλυκά glika
benison *n* ευλογία evloyia
bent *n* κλίση klisi
bequeath *v. t.* κληροδοτώ klirodoto
bereave *v. t.* στερώ stero
bereavement *n* απώλεια apolia
berth *n* κουκέτα kouketa
beside *prep.* πλάι plai
besides *prep* εκτός από ektos apo
besides *adv* επιπλέον epipleon
beslaver *v. t* σκλαβώνω sklavono
besiege *v. t* πολιορκώ poliorko
bestow *v. t* δίνω dino
bestrew *v. t* στρώνω strono
bet *v.i* στοιχηματίζω stihimatizo
bet *n* στοίχημα stihima
betel *n.* πιπεριά μπέτελ piperia betel
betray *v.t.* προδίδω prodido
betrayal *n* προδοσία prodosia
betroth *v. t* αρραβωνιάζω aravoniazo
betrothal *n.* αρραβώνας aravonas
better *a* καλύτερος kaliteros
better *adv.* καλύτερα kalitera

better *v. t* βελτιώνω veltiono
betterment *n* βελτίωση veltiosi
between *prep* μεταξύ metaksi
beverage *n* ρόφημα rofima
bewail *v. t* θρηνολογώ thrinologo
beware *v.i.* προσέχω proseho
bewilder *v. t* ζαλίζω zalizo
bewitch *v.t* μαγεύω mayevo
beyond *prep.* πέραν peran
beyond *adv.* πέρα από pera apo
bi *pref* εξαμηνιαίος eksaminieos
biangular *adj.* με δυο γωνίες me dio gonies
bias *n* προκατάληψη prokatalipsi
bias *v. t* παραθέτω paratheto
biaxial *adj* διαξονικός diaksonikos
bibber *n* μέθυσος methisos
Bible *n* Βίβλος vivlos
bibliography +*n* βιβλιογραφία vivliografia
bibliographer *n* βιβλιογράφος vivliografos
bicentenary *adj* δισεκατονταετής disekatontaetis
biceps *n* δικέφαλος dikefalos
bicker *v. t* καυγαδίζω kavgadizo
bicycle *n.* ποδήλατο podilato
bid *v.t* προσφέρω prosfero
bid *n* προσφορά prosfora
bidder *n* πλειοδότης pliodotis
bide *v. t* περιμένω την ευκαιρία perimeno tin efkeria
biennial *adj* διετής dietis
bier *n* νεκροφόρα nekrofora
big *a* μεγάλος megalos
bigamy *n* διγαμία digamia
bight *n* κόλπος kolpos
bigot *n* φανατικός fanatikos
bigotry *n* φανατισμός fanatismos
bile *n* κακοκεφιά kakokefia
bilingual *a* δίγλωσσος diglosos
bill *n* λογαριασμός logariasmos

billion *n* τρισεκατομμύριο trisekatomirio
billow *n* μεγάλο κύμα megalo kima
billow *v.i* κινούμαι κυματοειδώς kinoume kimatoidos
biliteral *adj* με δυο γράμματα me dio gramata
bilk *v. t.* ξεγλιστρώ kseglistro
bimonthly *adj.* διμηνιαίος diminieos
binary *adj* δυαδικός diadikos
bind *v.t* δένω deno
binding *a* δέσιμο desimo
binoculars *n.* κιάλια kialia
biographer *n* βιογράφος viografos
biography *n* βιογραφία viografia
biologist *n* βιολόγος viologos
biology *n* βιολογία violoyia
biped *n* δίποδο ζώο dipodo zoo
birch *n.* σημύδα simida
bird *n* πουλί pouli
birdlime *n* κόλλα ίξου kola iksou
birth *n.* γέννηση yenisi
biscuit *n* μπισκότο biskoto
bisect *v. t* διχοτομώ dihotomo
bisexual *adj.* αμφισεξουαλικός amfiseksoualikos
bishop *n* επίσκοπος episkopos
bison *n* βίσων vison
bisque *n* κρεμώδης σούπα kremodis soupa
bit *n* κομματάκι komataki
bitch *n* σκύλα skila
bite *v. t.* δαγκώνω dagkono
bite *n* δάγκωμα dagkoma
bitter *a* πικρός pikros
bi-weekly *adj* ο δυο φορές την εβδομάδα o dio fores tin evdomada
bizarre *adj* παράξενος paraksenos
blab *v. t. & i* φλυαρώ fliaro
black *a* μαύρος mavros

blacken *v. t.* μαυρίζω mavrizo
blackmail *n* εκβιασμός ekviasmos
blackmail *v.t* εκβιάζω ekviazo
blacksmith *n* σιδηρουργός sidirourgos
bladder *n* κύστη kisti
blade *n.* λεπίδα lepida
blain *n* πρήξιμο priksimo
blame *v. t* κατηγορώ katigoro
blame *n* φταίξιμο fteksimo
blanch *v. t. & i* ασπρίζω asprizo
bland *adj.* πράος praos
blank *a* κενός kenos
blank *n* κενό keno
blanket *n* κουβέρτα kouverta
blare *v. t* σαλπίζω salpizo
blast *n* έκρηξη ekriksi
blast *v.i* ανατινάσσω anatinaso
blaze *n* φλόγα floga
blaze *v.i* φλέγομαι flegome
bleach *v. t* λευκαίνω lefkeno
blear *v. t* δακρύζω dekrizo
bleat *n* βέλασμα velasma
bleat *v. i* βελάζω velazo
bleb *n* φούσκα fouska
bleed *v. i* αιμορραγώ emorago
blemish *n* κηλίδα kilida
blend *v. t* αναμιγνύω/-ομαι anamignio/-ome
blend *n* χαρμάνι harmani
bless *v. t* ευλογώ evlogo
blether *v. i* μιλώ ανόητα milo anoita
blight *n* καπνιά kapnia
blind *a* τυφλός tiflos
blindage *n* κάλυμμα kalima
blindfold *v. t* δένω τα μάτια deno ta matia
blindness *n* τυφλότητα tiflotita
blink *v. t. & i* ανοιγοκλείνω τα βλέφαρα anigoklino ta vlefara
bliss *n* ευδαιμονία evdemonia
blister *n* φουσκάλα fouskala

blizzard *n* χιονοθύελλα hionothiela
bloc *n* ομάδα omada
block *n* κομμάτι komati
block *v.t* παρεμποδίζω parebodizo
blockade *n* αποκλεισμός apoklismos
blockhead *n* χοντροκέφαλος hontrokefalos
blood *n* αίμα ema
bloodshed *n* αιματοχυσία ematohisia
bloody *a* αιματηρός ematiros
bloom *n* λουλούδι louloudi
bloom *v.i.* ανθίζω anthizo
blossom *n* άνθος anthos
blossom *v.i* ανθίζω anthizo
blot *n.* λεκές lekes
blot *v. t* λεκιάζω lekiazo
blouse *n* μπλούζα blouza
blow *v.i.* φυσώ fiso
blow *n* φύσημα fisima
blue *n* μπλε ble
blue *a* γαλάζιος galazios
bluff *v. t* μπλοφάρω blofaro
bluff *n* μπλόφα blofa
blunder *n* γκάφα gkafa
blunder *v.i* κάνω γκάφες kano gkafes
blunt *a* απότομος apotomos
blur *n* θολούρα tholoura
blurt *v. t* ξεφουρνίζω ksefournizo
blush *n* κοκκίνισμα kokinisma
blush *v.i* κοκκινίζω kokinizo
boar *n* κάπρος kapros
board *n* συμβούλιο simvoulio
board *v. t.* σανιδώνω sanidono
boast *v.i* καυχιέμαι kafhieme
boast *n* κομπασμός kobasmos
boat *n* πλοίο plio
boat *v.i* πηγαίνω με πλοίο piyeno me plio
bodice *n* κορσάζ korsaz

bodily *a* σωματικός somatikos
bodily *adv.* ομαδικώς omadikos
body *n* σώμα soma
bodyguard *n.* σωματοφύλακας somatofilakas
bog *n* βάλτος valtos
bog *v.i* κολλώ kolo
bogle *n* φάντασμα fantasma
bogus *a* ψεύτικος pseftikos
boil *n* βρασμός vrasmos
boil *v.i.* βράζω vrazo
boiler *n* λέβητας levitas
bold *a.* τολμηρός tolmiros
boldness *n* τόλμη tolmi
bolt *n* αστραπή astrapi
bolt *v. t* ορμώ ormo
bomb *n* βόμβα vomva
bomb *v. t* βομβαρδίζω vomvardizo
bombard *v. t* βομβαρδίζω vomvardizo
bombardment *n* βομβαρδισμός vomvardismos
bomber *n* βομβαρδιστικό αεροπλάνο vomvardistiko aeroplano
bonafide *adv* καλής πίστεως kalis pisteos
bonafide *a* καλόπιστος kalopistos
bond *n* γραμμάτιο gramatio
bondage *n* σκλαβιά sklavia
bone *n.* κόκαλο kokalo
bonfire *n* φωτιά fotia
bonnet *n* σκούφος skoufos
bonus *n* δώρο doro
book *n* βιβλίο vivlio
book *v. t.* κλείνω klino
book-keeper *n* λογιστής loyistis
book-mark *n.* σελιδοδείκτης selidodiktis
book-seller *n* βιβλιοπώλης vivliopolis
book-worm *n* βιβλιοφάγος vivliofagos

bookish *n.* μελετηρός meletiros
booklet *n* βιβλιαράκι vivliaraki
boon *n* πλεονέκτημα pleonektima
boor *n* αγροίκος agrikos
boost *n* ενίσχυση enishisi
boost *v. t* ενισχύω enishio
boot *n* μπότα bota
booth *n* θάλαμος thalamos
booty *n* λάφυρο lafiro
booze *v. i* μεθοκοπώ methokopo
border *n* σύνορο sinoro
border *v.t* συνορεύω sinorevo
bore *v. t* τρυπώ tripo
bore *n* πληκτικός pliktikos
born *adj.* γεννημένος yenimenos
born rich *adj.* γεννημένος πλούσιος yenimenos plousios
borrow *v. t* δανείζομαι danizome
bosom *n* στήθος stithos
boss *n* αφεντικό afentiko
botany *n* βοτανική votaniki
botch *v. t* κακοφτιάχνω kakoftiahno
both *a & pron* και οι δυο ke i dio
bother *v. t* ενοχλώ/-ούμαι enohlo/-oume
botheration *n* ενόχληση enohlisi
bottle *n* μπουκάλι boukali
bottler *n* εμφιαλωτής emfialotis
bottom *n* πάτος patos
bough *n* κλάδος klados
boulder *n* βότσαλο votsalo
bouncer *n* πορτιέρης portieris
bound *n.* πήδημα pidima
boundary *n* όριο orio
bountiful *a* γενναιόδωρος yeneodoros
bounty *n* γενναιοδωρία yeneodoria
bouquet *n* μπουκέτο bouketo
bout *n* αγώνας agonas
bow *v. t* υποκλίνομαι ipoklinome
bow *n* τόξο tokso
bow *n* υπόκλιση ipoklisi

bowel *n.* σπλάχνο splahno
bower *n* κληματαριά klimataria
bowl *n* μπωλ bol
bowl *v.i* κυλώ kilo
box *n* κουτί kouti
boxing *n* πυγμαχία pigmahia
boy *n* αγόρι agori
boycott *v. t.* μποϋκοτάρω boikotaro
boycott *n* μποϋκοτάζ boikotaz
boyhood *n* παιδική ηλικία pediki ilikia
brace *n* στύλωμα stiloma
bracelet *n* βραχιόλι vrahioli
brag *v. i* καυχιέμαι kafhieme
brag *n* αλαζονική συμπεριφορά alazoniki siberifora
braille *n* μπράιγ braig
brain *n* εγκέφαλος egefalos
brake *n* φρένο freno
brake *v. t* φρενάρω frenaro
branch *n* κλαδί kladi
brand *n* μάρκα marka
brandy *n* κονιάκ koniak
brangle *v. t* λογομαχώ logomaho
brass *n.* μπρούτζος broutzos
brave *a* γενναίος yeneos
bravery *n* γενναιότητα yeneotita
brawl *v. i. & n* συμπλέκομαι siblekome
bray *n* γκάρισμα gkarisma
bray *v. i* γκαρίζω gkarizo
breach *n* ρήγμα rigma
bread *n* ψωμί psomi
breaden *a* ο από ψωμί o apo psomi
breadth *n* πλάτος platos
break *v. t* σπάζω spazo
break *n* σπάσιμο spasimo
breakage *n* σπάσιμο spasimo
breakdown *n* βλάβη vlavi
breakfast *n* πρωινό proino
breakneck *n* επικίνδυνος epikindinos

breast n στήθος stithos
breath n αναπνοή anapnoi
breathe v. i. αναπνέω anapneo
breeches n. ανδρική κυλότα andriki kilota
breed v.t αναπαράγω anaparago
breed n ράτσα ratsa
breeze n αεράκι aeraki
breviary n. ωρολόγιο oroloyio
brevity n βραχύτητα vrahitita
brew v. t. παρασκευάζω paraskevazo
brewery n ζυθοποιείο zithopio
bribe n δώρο doro
bribe v. t. δωροδοκία dorodokia
brick n τούβλο touvlo
bride n νύφη nifi
bridegroom n. γαμπρός gabros
bridge n γέφυρα yefira
bridle n χαλινάρι halinari
brief a. σύντομος sintomos
brigade n. ταξιαρχία taksiarhia
brigadier n ταξίαρχος taksiarhos
bright a φωτεινός fotinos
brighten v. t λάμπω labo
brilliance n ευφυΐα efiia
brilliant a εκτυφλωτικός ektiflotikos
brim n χείλος hilos
brine n άλμη almi
bring v. t φέρω fero
brinjal n μελιτζάνα melijana
brink n. χείλος hilos
brisk adj γρήγορος grigoros
bristle n γουρουνότριχα gourounotriha
british adj βρετανικός vretanikos
brittle a. εύθραυστος efthrafstos
broad a πλατύς platis
broadcast n εκπομπή ekpobi
broadcast v. t εκπέμπω ραδιοφωνικώς ekpebo radiofonikos
brocade n μπροκάρ brokar

broccoli n. μπρόκολο brokolo
brochure n φυλλάδιο filadio
broker n μεσίτης mesitis
brood n κουτσούβελα koutsouvela
brook n. ρυάκι riaki
broom n σκούπα skoupa
bronze n. & adj μπρούτζινος broujinos
broth n ζωμός κρέατος zomos kreatos
brothel n μπορντέλο borntelo
brother n αδερφός aderfos
brotherhood n αδελφότητα adelfotita
brow n φρύδι fridi
brown a καστανός kastanos
brown n καφέ kafe
browse n βοσκή voski
bruise n μελανιά melania
bruit n θόρυβος thorivos
brush n βούρτσισμα vourtsisma
brustle v. t τρίζω trizo
brutal a σκληρός skliros
brute n κτήνος ktinos
bubble n φουσκάλα fouskala
bucket n κάδος kados
buckle n αγκράφα agkrafa
bud n μπουμπούκι boubouki
budge v. i. σαλεύω salevo
budget n προϋπολογισμός proipoloyismos
buff n γυμνό δέρμα yimno derma
buffalo n. βουβάλι vouvali
buffoon n παλιάτσος paliatsos
bug n. κοριός korios
bugle n σάλπιγγα salpigka
build v. t χτίζω htizo
build n κορμοστασιά kormostasia
building n κτίριο ktirio
bulb n. βολβός volvos
bulk n όγκος ogkos
bulky a ογκώδης ogkodis

bull *n* ταύρος tavros
bulldog *n* μπουλντόγκ bouldogk
bull's eye *n* κέντρο του στόχου kedro tou stohou
bullet *n* σφαίρα sfera
bulletin *n* δελτίο deltio
bullock *n* ευνουχισμένος ταύρος evnouhismenos tavros
bully *n* νταής dais
bully *v. t.* εκφοβίζω ekfovizo
bulwark *n* προπύργιο propiryio
bumper *n.* προφυλακτήρας profilaktiras
bumpy *adj* ανώμαλος anomalos
bunch *n* τσαμπί tsabi
bundle *n* δέμα dema
bungalow *n* μπάγκαλοου bagkaloou
bungle *v. t* κακοφτιάχνω kakoftiahno
bungle *n* αδέξια δουλειά adeksia doulia
bunk *n* κουκέτα kouketa
bunker *n* καταφύγιο katafiyio
buoy *n* σημαδούρα simadoura
buoyancy *n* πλευστότητα plefstotita
burden *n* βάρος varos
burden *v. t* φορτώνω fortono
burdensome *a* επαχθής epahthis
bureau *n.* γραφείο grafio
Bureacuracy *n.* γραφειοκρατία grafiokratia
bureaucrat *n* γραφειοκράτης grafiokratis
burglar *n* διαρρήκτης diariktis
burglary *n* διάρρηξη diariksi
burial *n* ταφή tafi
burk *a* χαζός hazos
burn *v. t* καίω keo
burn *n* έγκαυμα egkavma
burrow *n* τρύπα tripa
burst *v. i.* σκάω skao
burst *n* έκρηξη ekriksi
bury *v. t.* θάβω thavo
bus *n* λεωφορείο leoforio
bush *n* θάμνος thamnos
business *n* επιχείρηση epihirisi
businessman *n* επιχειρηματίας epihirimatias
bustle *v. t* πηγαινοέρχομαι βιαστικά piyenoerhome viastika
busy *a* απασχολημένος apasholimenos
but *prep* εκτός ektos
but *conj.* αλλά ala
butcher *n* κρεοπώλης kreopolis
butcher *v. t* σφάζω sfazo
butter *n* βούτυρο voutiro
butter *v. t* βουτυρώνω voutirono
butterfly *n* πεταλούδα petalouda
buttermilk *n* βουτυρόγαλο voutirogalo
buttock *n* γλουτός gloutos
button *n* κουμπί koubi
button *v. t.* κουμπώνω koubono
buy *v. t.* αγοράζω agorazo
buyer *n.* αγοραστής agorastis
buzz *v. i* βομβώ vomvo
buzz *n.* βόμβος vomvos
by *prep* κοντά koda
by *adv* πλάι plai
bye-bye *interj.* αντίο adio
by-election *n* επαναληπτική εκλογή epanaliptiki ekloyi
bylaw, bye-law *n* εσωτερικός κανονισμός esoterikos kanonismos
bypass *n* παρακαμπτήρια οδός parakamptiria odos
by-product *n* υποπροϊόν ipoproion
byre *n* σταύλος stavlos
byword *n* απόφθεγμα apofthegma

C

cab *n.* ταξί taksi
cabaret *n.* καμπαρέ kabare
cabbage *n.* λάχανο lahano
cabin *n.* καμπίνα kabina
cabinet *n.* ντουλάπι ntoulapi
cable *n.* καλώδιο kalodio
cable *v. t.* τηλεγραφώ tilegrafo
cache *n* κρύπτη kripti
cackle *v. i* κακαρίζω kakarizo
cactus *n.* κάκτος kaktos
cad *n* παλιάνθρωπος palianthropos
cadet *n.* μαθητής στρατιωτικής σχολής mathitis stratiotikis sholis
cadge *v. i* ζητιανεύω zitianevo
cadmium *n* κάδμιο kadmio
cafe *n.* καφενείο kafenio
cage *n.* κλουβί klouvi
cain *n* κάιν kain
cake *n.* κέικ keik
calamity *n.* πανωλεθρία panolethria
calcium *n* ασβέστιο asvestio
calculate *v. t.* υπολογίζω ipoloyizo
calculator *n* κομπιουτεράκι kobiouteraki
calculation *n.* υπολογισμός ipoloyismos
calendar *n.* ημερολόγιο imeroloyio
calf *n.* μοσχάρι moshari
call *v. t.* καλώ kalo
call *n.* κλήση klisi
caller *n* επισκέπτης episkeptis
calligraphy *n* καλλιγραφία kaligrafia
calling *n.* επάγγελμα epagelma
callow *adj* άπειρος apiros
callous *a.* αναίσθητος anesthitos
calm *n.* γαλήνη galini
calm *adj* ήρεμος iremos
calm *v. t.* γαληνεύω galinevo
calmative *adj* ηρεμιστικός iremistikos
calorie *n.* θερμίδα thermida
calumniate *v. t.* συκοφαντώ sikofanto
camel *n.* καμήλα kamila
camera *n.* φωτογραφική μηχανή fotografiki mihani
camlet *n* καμηλό ύφασμα kamilo ifasma
camp *n.* κατασκήνωση kataskinosi
camp *v. i.* κατασκηνώνω kataskinono
campaign *n.* εκστρατεία ekstratia
camphor *n.* καμφορά kamfora
can *n.* τενεκές tenekes
can *v. t.* κονσερβοποιώ konservopio
can *v.* μπορώ boro
canal *n.* κανάλι kanali
canard *n* πλαστή διάδοση plasti diadosi
cancel *v. t.* ακυρώνω akirono
cancellation *n* ακύρωση akirosi
cancer *n.* καρκίνος karkinos
candid *a.* ειλικρινής ilikrinis
candidate *n.* υποψήφιος ipopsifios
candle *n.* κερί keri
candour *n.* ειλικρίνεια ilikrinia
candy *n.* καραμέλα karamela
candy *v. t.* ζαχαρώνω zaharono
cane *n.* καλάμι kalami
cane *v. t.* ραβδίζω ravdizo
canister *n.* κουτί kouti
cannon *n.* κανόνι kanoni
cannonade *n.* κανονιοβολισμός kanoniovolismos
canon *n* κανόνας kanonas

canopy n. θόλος tholos
canteen n. καντίνα kantina
canter n ελαφρός καλπασμός elafros kalpasmos
canton n καντόνι kantoni
cantonment n. καταυλισμός στρατιωτών katavlismos stratioton
canvas n. καραβόπανο karavopano
canvass v. t. ψηφοθηρώ psifothiro
cap n. σκούφος skoufos
cap v. t. ξεπερνώ kseperno
capability n. ικανότητα ikanotita
capable a. ικανός ikanos
capacious a. ευρύχωρος evrihoros
capacity n. χωρητικότητα horitikotita
cape n. ακρωτήριο akrotirio
capital n. πρωτεύουσα protevousa
capital a. κεφαλαίος kefaleos
capitalist n. κεφαλαιοκράτης kefaleokratis
capitulate v. t συνθηκολογώ sinthikologo
caprice n. καπρίτσιο kapritsio
capricious a. ιδιότροπος idiotropos
Capricorn n Αιγόκερως egokeros
capsicum n κοκκινοπίπερο kokinopipero
capsize v. i. ανατρέπω anatrepo
capsular adj καψουλοειδής kapsouloidis
captain n. αρχηγός arhigos
captaincy n. αρχηγία arhiyia
caption n. επικεφαλίδα epikefalida
captivate v. t. αιχμαλωτίζω ehmalotizo
captive n. αιχμάλωτος ehmalotos
captive a. δέσμιος desmios
captivity n. αιχμαλωσία ehmalosia

capture v. t. συλλαμβάνω silamvano
capture n. σύλληψη silipsi
car n. αυτοκίνητο aftokinito
carat n. καράτι karati
caravan n. τροχόσπιτο trohospito
carbide n. καρβίδιο karvidio
carbon n. άνθρακας anthrakas
card n. κάρτα karta
cardamom n. κάρδαμο kardamo
cardboard n. χαρτόνι hartoni
cardiac adjs καρδιακός kardiakos
cardinal a. κύριος kirios
cardinal n. καρδινάλιος kardinalios
care n. φροντίδα frontida
care v. i. ενδιαφέρομαι endiaferome
career n. καριέρα kariera
careful a προσεχτικός prosehtikos
careless a. απρόσεχτος aprosehtos
caress v. t. χαϊδεύω haidevo
cargo n. φορτίο fortio
caricature n. γελοιογραφία yeliografia
caries n. τερηδόνα teridona
carious adj σάπιος sapios
carl n κοινός άνθρωπος kinos anthropos
carnage n σφαγή sfayi
carnival n καρναβάλι karnavali
carol n κάλαντα kalanta
carpal adj καρπικός karpikos
carpenter n. ξυλουργός ksilourgos
carpentry n. ξυλουργική ksilouryiki
carpet n. χαλί hali
carriage n. μεταφορά metafora
carrier n. μεταφορέας metaforeas
carrot n. καρότο karoto
carry v. t. μεταφέρω metafero
cart n. καροτσάκι karotsaki
cartage n. αγώγι agoyi

carton *n* χαρτόκουτο hartokouto
cartoon *n.* σκίτσο skitso
cartridge *n.* φυσίγγι fisigi
carve *v. t.* σκαλίζω skalizo
cascade *n.* μικρός καταρράκτης mikros kataraktis
case *n.* περίπτωση periptosi
cash *n.* μετρητά metrita
cash *v. t.* εξαργυρώνω eksaryirono
cashier *n.* ταμίας tamias
casing *n.* επένδυση ependisi
cask *n* βαρελάκι varelaki
casket *n* φέρετρο feretro
cassette *n.* κασέτα kaseta
cast *v. t.* ρίχνω rihno
cast *n.* ρίξιμο riksimo
caste *n* κάστα kasta
castigate *v. t.* μαστιγώνω mastigono
casting *n* διανομή ρόλων dianomi rolon
cast-iron *adj* σιδερένιος siderenios
castle *n.* κάστρο kastro
castor oil *n.* ρετσινόλαδο retsinolado
casual *a.* τυχαίος tiheos
casualty *n.* ατύχημα atihima
cat *n.* γάτα gata
catalogue *n.* κατάλογος katalogos
cataract *n.* καταρράκτης kataraktis
catch *v. t.* πιάνω piano
catch *n.* πιάσιμο piasimo
categorical *a.* ρητός ritos
category *n.* κατηγορία katigoria
cater *v. i* φροντίζω frontizo
caterpillar *n* κάμπια kabia
cathedral *n.* καθεδρικός ναός kathedrikos naos
catholic *a.* καθολικός katholikos
cattle *n.* ζωντανά zontana
cauliflower *n.* κουνουπίδι kounoupidi

causal *adj.* αιτιώδης etiodis
causality *n* αιτιότητα etiotita
cause *n.* αιτία etia
cause *v.t* προκαλώ prokalo
causeway *n* ανυψωμένος δρόμος anipsomenos dromos
caustic *a.* καυστικός kafstikos
caution *n.* προσοχή prosohi
caution *v. t.* προειδοποιώ proidopio
cautious *a.* προσεκτικός prosektikos
cavalry *n.* ιππικό ipiko
cave *n.* σπηλιά spilia
cavern *n.* σπήλαιο spileo
cavil *v. t* λεπτολογώ leptologo
cavity *n.* κοιλότητα kilotita
caw *n.* κρώξιμο kroksimo
caw *v. i.* κρώζω krozo
cease *v. i.* σταματώ stamato
ceaseless ~*a.* ακατάπαυστος akatapafstos
cedar *n.* κέδρος kedros
ceiling *n.* ταβάνι tavani
celebrate *v. t. & i.* γιορτάζω yiortazo
celebration *n.* εορτασμός eortasmos
celebrity *n* διασημότητα diasimotita
celestial *adj* ουράνιος ouranios
celibacy *n.* αγαμία agamia
cell *n.* κελί keli
cellar *n* κελάρι kelari
cellular *adj* κυτταρικός kitarikos
cement *n.* τσιμέντο tsimento
cement *v. t.* τσιμεντάρω tsimentaro
cemetery *n.* νεκροταφείο nekrotafio
cense *v. t* λιβανίζω livanizo
censer *n* λιβανιστήρι livanistiri
censor *n.* λογοκριτής logokritis
censor *v. t.* λογοκρίνω logokrino

censorious *adj* αυστηρός afstiros
censorship *n.* λογοκρισία logokrisia
censure *n.* επίκριση epikrisi
censure *v. t.* επίκρινω epikrino
census *n.* απογραφή apografi
cent *n* σεντ sent
centenarian *n* εκατονταετής ekatontaetis
centenary *n.* εκατονταετηρίδα ekatintaetirida
centennial *adj.* εκατονταετής ekatontaetis
center *n* κέντρο kentro
centigrade *a.* εκατοντάβαθμο ekatontavathmo
centipede *n.* σαρανταποδαρούσα sarantapodarousa
central *a.* κεντρικός kentrikos
centre *n* κέντρο kentro
centrifugal *adj.* φυγόκεντρος figokentros
centuple *n. & adj* εκατονταπλός ekatontaplos
century *n.* αιώνας eonas
ceramics *n* κεραμική keramiki
cereal *n.* δημητριακά dimitriaka
cereal *a* δημητριακός dimitriakos
cerebral *adj* εγκεφαλικός egefalikos
eremonial *a.* εθιμοτυπικός ethimotipikos
ceremonious *a.* τυπικός tipikos
ceremony *n.* τελετή teleti
certain *a* βέβαιος veveos
certainly *adv.* βεβαίως veveos
certainty *n.* βεβαιότητα veveotita
certificate *n.* βεβαίωση veveosi
certify *v. t.* πιστοποιώ pistopio
cerumen *n* κερί (αυτιού) keri (aftiou)
cesspool *n.* βόθρος vothros
chain *n* αλυσίδα alisida
chair *n.* καρέκλα karekla

chairman *n* πρόεδρος proedros
challenge *n.* πρόκληση proklisi
challenge *v. t.* προκαλώ prokalo
chamber *n.* αίθουσα ethousa
chamberlain *n* αρχιθαλαμηπόλος arhithalamipolos
champion *n.* πρωταθλητής protathlitis
champion *v. t.* υπερασπίζομαι iperaspizome
chance *n.* τύχη tihi
chancellor *n.* καγκελλάριος kagelarios
chancery *n* Δημόσιο Αρχείο dimosio arhio
change *v. t.* αλλάζω alazo
change *n.* αλλαγή alayi
channel *n* κανάλι kanali
chant *n* ψαλμωδία psalmodia
chaos *n.* χάος haos
chaotic *adv.* χαώδης haodis
chapel *n.* παρεκκλήσι pareklisi
chapter *n.* κεφάλαιο kefaleo
character *n.* χαρακτήρας haraktiras
charge *v. t.* κατηγορώ katigoro
charge *n.* κατηγορία katigoria
chariot *n* άρμα arma
charitable *a.* φιλάνθρωπος filanthropos
charity *n.* φιλανθρωπία filanthropia
charm *n.* γοητεία goitia
charm *v. t.* γοητεύω goitevo
chart *n.* χάρτης hartis
charter *n* ναύλωση navlosi
chase *v. t.* κυνηγώ kinigo
chase *n.* κυνηγητό kiniyito
chaste *a.* αγνός agnos
chastity *n.* αγνότητα agnotita
chat *n.* κουβέντα kouventa
chat *v. i.* κουβεντιάζω kouventiazo
chatter *v. t.* φλυαρώ fliaro

chauffeur *n.* σωφέρ sofer
cheap *a* φτηνός ftinos
cheapen *v. t.* φτηναίνω ftineno
cheat *v. t.* εξαπατώ eksapato
cheat *n.* απατεώνας apateonas
check *v. t.* ελέγχω elenho
check *n* έλεγχος elenhos
checkmate *n* ματ mat
cheek *n* μάγουλο magoulo
cheep *v. i* κελαηδώ kelaido
cheer *n.* κέφι kefi
cheer *v. t.* ενθαρρύνω entharino
cheerful *a.* κεφάτος kefatos
cheerless *a* άκεφος akefos
cheese *n.* τυρί tiri
chemical *a.* χημικός himikos
chemical *n.* χημική ουσία himiki ousia
chemise *n* γυναικείο πουκάμισο yinekio poukamiso
chemist *n.* φαρμακοποιός farmakopios
chemistry *n.* χημεία himia
cheque *n.* επιταγή epitayi
cherish *v. t.* αγαπώ agapo
cheroot *n* πούρο τσερούτ pouro tserout
chess *n.* σκάκι skaki
chest *n* μπαούλο baoulo
chestnut *n.* κάστανο kastano
chew *v. t* μασώ maso
chevalier *n* ιππότης ipotis
chicken *n.* κοτόπουλο kotopoulo
chide *v. t.* μαλώνω malono
chief *a.* αρχηγός arhigos
chieftain *n.* οπλαρχηγός oplarhigos
child *n* παιδί pedi
childhood *n.* παιδική ηλικία pediki ilikia
childish *a.* παιδαριώδης pedariodis
chill *n.* ψύχρα psihra
chilli *n.* τσίλι tsili
chilly *a* ψυχρός psihros
chiliad *n.* χιλιάδα hiliada
chimney *n.* καμινάδα kaminada
chimpanzee *n.* χιμπαντζής hibanjis
chin *n.* πηγούνι pigouni
china *n.* πορσελάνη porselani
chirp *v.i.* τιτιβίζω titivizo
chirp *n* τιτίβισμα titivisma
chisel *n* σμίλη smili
chisel *v. t.* σμιλεύω smilevo
chit *n.* παιδαρέλι pedareli
chivalrous *a.* ιπποτικός ipotikos
chivalry *n.* ιπποτισμός ipotismos
chlorine *n* χλωρίνη hlorini
chloroform *n* χλωροφόρμιο hloroformio
choice *n.* επιλογή epiloyi
choir *n* χορωδία horodia
choke *v. t.* ασφυκτιώ asfiktio
cholera *n.* χολέρα holera
chocolate *n* σοκολάτα sokolata
choose *v. t.* διαλέγω dialego
chop *v. t* κόβω kovo
chord *n.* χορδή hordi
choroid *n* χοριοειδής χιτώνας horioidis hitonas
chorus *n.* χορωδία horodia
Christ *n.* Χριστός hristos
Christendom *n.* Χριστιανοσύνη hristianosini
Christian *n* χριστιανός hristianos
Christian *a.* χριστιανικός hristianikos
Christianity *n.* χριστιανισμός hristianismos
Christmas *n* Χριστούγεννα hristouyena
chrome *n* χρώμιο hromio
chronic *a.* χρόνιος hronios
chronicle *n.* χρονικό hroniko
chronology *n.* χρονολόγηση hronoloyisi

chronograph *n* χρονογράφημα hronografima
chuckle *v. i* καγχάζω kaghazo
chum *n* παλιόφιλος paliofilos
church *n.* εκκλησία eklisia
churchyard *n.* νεκροταφείο nekrotafio
churl *n* χωρικός horikos
churn *v. t. & i.* αναταράσσω anataraso
churn *n.* καρδάρα kardara
cigar *n.* πούρο pouro
cigarette *n.* τσιγάρο tsigaro
cinema *n.* κινηματογράφος kinimatografos
cinnabar *n* κιννάβαρι kinavari
cinnamon *n* κανέλα kanela
cipher, cypher *n.* μηδενικό mideniko
circle *n.* κύκλος kiklos
circuit *n.* περίμετρος perimetros
circumfluent *n.* περιβάλλων/-ουσα/-ον perivalon/-ousa/-on
circumspect *adj.* προσεκτικός prosektikos
circular *a* κυκλικός kiklikos
circular *n.* εγκύκλιος egiklios
circulate *v. i.* κυκλοφορώ kikloforo
circulation *n* κυκλοφορία kikloforia
circumference *n.* περιφέρεια periferia
circumstance *n* περίπτωση periptosi
circus *n.* τσίρκο tsirko
cist *n* νεολιθικός τάφος neolithikos tafos
citadel *n.* ακρόπολη akropoli
cite *v. t* παραθέτω paratheto
citizen *n* πολίτης politis
citizenship *n* υπηκοότητα ipikootita
citric *adj.* κιτρικός kitrikos

city *n* πόλη poli
civic *a* αστικός astikos
civics *n* αγωγή του πολίτη agoyi tou politi
civil *a* δημόσιος dimosios
civilian *n* πολίτης politis
civilization *n.* πολιτισμός politismos
civilize *v. t* εκπολιτίζω ekpolitizo
clack *n. & v. i* χτυπώ htipo
claim *n* απαίτηση apetisi
claim *v. t* διεκδικώ diekdiko
claimant *n* ενάγων enagon
clamber *v. i* σκαρφαλώνω skarfalono
clamour *n* οχλοβοή ohlovoi
clamour *v. i.* κραυγάζω kravgazo
clamp *n* σφιχτήρας sfihtiras
clandestine *adj.* μυστικός mistikos
clap *v. i.* χειροκροτώ hirokroto
clap *n* χειροκρότημα hirokrotima
clarify *v. t* αποσαφηνίζω aposafinizo
clarification *n* διευκρίνιση diefkrinisi
clarion *n.* σάλπισμα salpisma
clarity *n* διαύγεια diavyia
clash *n.* κρότος krotos
clash *v. t.* κροτώ kroto
clasp *n* καρφίτσα karfitsa
class *n* τάξη taksi
classic *a* κλασσικός klasikos
classical *a* κλασσικός klasikos
classification *n* κατάταξη katataksi
classify *v. t* κατατάσσω katataso
clause *n* ρήτρα ritra
claw *n* νύχι nihi
clay *n* πηλός pilos
clean *adj.* καθαρός katharos
clean *v. t* καθαρίζω katharizo
cleanliness *n* καθαριότητα kathariotita

cleanse v. t καθαρίζω katharizo
clear a καθαρός katharos
clear v. t καθαρίζω katharizo
clearance n καθάρισμα katharisma
clearly adv ολοφάνερα olofanera
cleft n ρωγμή rogmi
clergy n κλήρος kliros
clerical a κληρικός klirikos
clerk n υπάλληλος ipalilos
clever a. έξυπνος eksipnos
clew n. κουβάρι kouvari
click n. κλικ klik
client n.. πελάτης pelatis
cliff n. γκρεμός gkremos
climate n. κλίμα klima
climax n. αποκορύφωμα apokorifoma
climb n. αναρρίχηση anarihisi
climb v.i σκαρφαλώνω skarfalono
cling v. i. προσκολλώμαι proskolome
clinic n. κλινική kliniki
clink n. κουδούνισμα koudounisma
cloak n. μανδύας mandias
clock n. ρολόι roloi
clod n. σβώλος χώμα svolos homa
cloister n. μοναστήρι monastiri
close n. τέλος telos
close a. κοντινός kontinos
close v. t κλείνω klino
closet n. θάλαμος thalamos
closure n. τερματισμός termatismos
clot n. θρόμβος thromvos
clot v. t σβωλιάζω svoliazo
cloth n ύφασμα ifasma
clothe v. t ντύνω ntino
clothes n. ρούχα rouha
clothing n ρουχισμός rouhismos
cloud n. σύννεφο sinefo
cloudy a συννεφιασμένος sinefiasmenos

clove n γαρίφαλο garifalo
clown n κλόουν klooun
club n μπαστούνι bastouni
clue n ένδειξη endiksi
clumsy a αδέξιος adeksios
cluster n δέσμη desmi
cluster v. i. συγκεντρώνομαι σε ομάδα sigentronome se omada
clutch n συμπλέκτης siblektis
clutter v. t φορτώνω fortono
coach n πούλμαν poulman
coach n προπονητής proponitis
coachman n αμαξάς amaksas
coal n κάρβουνο karvouno
coalition n συνασπισμός sinaspismos
coarse a τραχύς trahis
coast n ακτή akti
coat n παλτό palto
coating n στρώμα stroma
coax v. t καλοπιάνω kalopiano
cobalt n κοβάλτιο kovaltio
cobbler n μπαλωματής balomatis
cobra n κόμπρα kobra
cobweb n ιστός αράχνης istos arahnis
cocaine n κοκαΐνη kokaini
cock n κόκκορας kokoras
cocker v. t παραχαϊδεύω parahaidevo
cockle v. i ζαρώνω zarono
cockpit n. πιλοτήριο pilotirio
cockroach n κατσαρίδα katsarida
coconut n καρύδα karida
code n κωδικός kodikos
coeducation n. μικτή εκπαίδευση mikti ekpedefsi
coefficient n. συντελεστής sintelestis
coexist v. i συνυπάρχω siniparho
coexistence n συνύπαρξη siniparksi
coffee n καφές kafes
coffin n φέρετρο feretro

cog *n* δόντι donti
cogent *adj.* πειστικός pistikos
cognate *adj* συγγενικός sigenikos
cognizance *n* γνώση gnosi
cohabit *v. t* συζώ sizo
coherent *a* κατανοητός katanoitos
cohesive *adj* συνεκτικός sinektikos
coif *n* χτένισμα htenisma
coin *n* νόμισμα nomisma
coinage *n* νομισματοκοπή nomismatokopi
coincide *v. i* συμπίπτω sibipto
coir *n* σκληρό ύφασμα από κοκοφοίνικα skliro ifasma apo kokofinika
coke *n* κόκα-κόλα koka-kola
cold *a* κρύος krios
cold *n* κρύο krio
collaborate *v. i* συνεργάζομαι sinergazome
collaboration *n* συνεργασία sinergasia
collapse *v. i* καταρρέω katareo
collar *n* γιακάς yiakas
colleague *n* συνάδελφος sinadelfos
collect *v. t* συλλέγω silego
collection *n* συλλογή siloyi
collective *a* συλλογικός siloyikos
collector *n* συλλέκτης silektis
college *n* κολλέγιο koleyio
collide *v. i.* συγκρούομαι sigkrouome
collision *n* σύγκρουση sigkrousi
collusion *n* συνενόηση sinenoisi
colon *n* άνω και κάτω τελεία ano kai kato telia
colon *n* κόλον kolon
colonel *n.* συνταγματάρχης sintagmatarhis
colonial *a* αποικιακός apikiakos
colony *n* αποικία apikia

colour *n* χρώμα hroma
colour *v. t* χρωματίζω hromatizo
colt *n* πουλάρι poulari
column *n* στήλη stili
coma *n.* κώμα koma
comb *n* χτένι hteni
combat *n* μάχη mahi
combat *v. t.* μάχομαι mahome
combatant *n* μαχητής mahitis
combatant *a.* μάχιμος mahimos
combination *n* συνδυασμός sindiasmos
combine *v. t* συνδυάζω/-ομαι sindiazo/-ome
come *v. i.* έρχομαι erhome
comedian *n.* κωμικός komikos
comedy *n.* κωμωδία komodia
comet *n* κομήτης komitis
comfit *n.* γλειφιτζούρι glifijouri
comfort *n.* άνεση anesi
comfort *v. t* παρηγορώ parigoro
comfortable *a* άνετος anetos
comic *a* κωμικός komikos
comic *n* κωμικός komikos
comical *a* αστείος astios
comma *n* κόμμα koma
command *n* διαταγή diatayi
command *v. t* διατάσσω diataso
commandant *n* διοικητής diikitis
commander *n* αρχηγός arhigos
commemorate *v. t.* τιμώ τη μνήμη timo ti mnimi
commemoration *n.* εορτασμός eortasmos
commence *v. t* αρχίζω arhizo
commencement *n* έναρξη enarksi
commend *v. t* επαινώ epeno
commendable *a.* αξιέπαινος aksiepenos
commendation *n* επιδοκιμασία epidokimasia
comment *v. i* σχολιάζω sholiazo
comment *n* σχόλιο sholio

commentary *n* ερμηνευτικά σχόλια ermineftika sholia
commentator *n* σχολιαστής sholiastis
commerce *n* εμπόριο eborio
commercial *a* εμπορικός eborikos
commiserate *v. t* συμπάσχω sibasho
commission *n.* επιτροπή epitropi
commissioner *n.* μέλος επιτροπής melos epitropis
commissure *n.* σύνδεσμος sindesmos
commit *v. t.* διαπράττω diaprato
committee *n* επιτροπή epitropi
commodity *n.* είδος idos
common *a.* κοινός kinos
commoner *n.* αστός astos
commonplace *a.* κοινός kinos
commonwealth *n.* κοινοπολιτεία kinopolitia
commotion *n* αναταραχή anatarahi
commove *v. t* ταράσσω taraso
communal *a* κοινοτικός kinotikos
commune *v. t* επικοινωνώ epikinono
communicate *v. t* μεταβιβάζω metavivazo
communication *n.* επικοινωνία epikinonia
communiqué *n.* ανακοινωθέν anakinothen
communism *n* κομουνισμός komounismos
community *n.* κοινότητα kinotita
commute *v. t* εναλλάσσω enalaso
compact *a.* συμπαγής sibayis
compact *n.* συμφωνία simfonia
companion *n.* σύντροφος sintrofos
company *n.* εταιρεία eteria

comparative *a* συγκριτικός sigkritikos
compare *v. t* συγκρίνω sigkrino
comparison *n* σύγκριση sigkrisi
compartment *n.* διαμέρισμα diamerisma
compass *n* πυξίδα piksida
compassion *n* συμπόνια sibonia
compel *v. t* υποχρεώνω ipohreono
compensate *v.t* αποζημιώνω apozimiono
compensation *n* αποζημίωση apozimiosi
compete *v. i* διαγωνίζομαι diagonizome
competence *n* ικανότητα ikanotita
competent *a.* ικανός ikanos
competition *n.* συναγωνισμός sinagonismos
competitive *a* ανταγωνιστικός antagonistikos
compile *v. t* συντάσσω sintaso
complacent *adj.* αυτάρεσκος aftareskos
complain *v. i* παραπονούμαι paraponoume
complaint *n* παράπονο parapono
complaisance *n.* ευγένεια evyenia
complaisant *adj.* ευγενικός evyenikos
complement *n* συμπλήρωμα sibliroma
complementary *a* συμπληρωματικός sibliromatikos
complete *a* πλήρης pliris
complete *v. t* ολοκληρώνω oloklirono
completion *n* ολοκλήρωση oloklirosi
complex *a* σύνθετος sinthetos

complex *n* συγκρότημα sigkrotima
complexion *n* χρώμα hroma
compliance *n.* συμμόρφωση simorfosi
compliant *adj.* υποχωρητικός ipohoritikos
complicate *v. t* περιπλέκω peripleko
complication *n.* περιπλοκή periploki
compliment *n.* κοπλιμέντο koplimento
compliment *v. t* επαινώ epeno
comply *v. i* συμμορφώνομαι simorfonome
component *adj.* συστατικός sistatikos
compose *v. t* συνθέτω sintheto
composition *n* σύνθεση sinthesi
compositor *n* στοιχειοθέτης stihiothetis
compost *n* λίπασμα από φύλλα lipasma apo fila
composure *n.* ψυχραιμία psihremia
compound *n* ένωση enosi
compound *a* σύνθετος sinthetos
compound *n* στρατόπεδο αιχμαλώτων πολέμου stratopedo ehmaloton polemou
compound *v. i* αναμιγνύω anamignio
compounder *n.* ζυμωτής zimotis
comprehend *v. t* κατανοώ katanoo
comprehension *n* κατανόηση katanoisi
comprehensive *a* περιεκτικός periektikos
compress *v. t.* συμπιέζω sibiezo
compromise *n* συμβιβασμός simvivasmos

compromise *v. t* συμβιβάζω simvivazo
compulsion *n* εξαναγκασμός eksanagkasmos
compulsory *a* υποχρεωτικός ipohreotikos
compunction *n.* ενδοιασμός endiasmos
computation *n.* υπολογισμός ipoloyismos
compute *v.t.* υπολογίζω ipoloyizo
comrade *n.* σύντροφος sintrofos
conation *n.* παρόρμηση parormisi
concave *adj.* κοίλος kilos
conceal *v. t.* κρύβω krivo
concede *v.t.* παραχωρώ parahoro
conceit *n* έπαρση eparsi
conceive *v. t* συλλαμβάνω silamvano
concentrate *v. t* συγκεντρώνω/-ομαι sigentrono/-ome
concentration *n.* συγκέντρωση sigentrosi
concept *n* έννοια enia
conception *n* σύλληψη silipsi
concern *v. t* αφορώ aforo
concern *n* σχέση shesi
concert *n.* συναυλία sinavlia
concert *v. t* διαπραγματεύομαι diapragmatevome
concession *n* παραχώρηση parahorisi
conch *n.* κοχύλι kohili
conciliate *v.t.* συμφιλιώνω simfiliono
concise *a* συνοπτικός sinoptikos
conclude *v. t* τελειώνω teliono
conclusion *n.* κατάληξη kataliksi
conclusive *a* αδιαμφισβήτητος adiamfisvititos
concoct *v. t* παρασκευάζω paraskevazo
concoction *n.* παρασκεύασμα paraskevasma

concord *n.* ομόνοια omonia
concrescence *n.* συναύξηση sinafksisi
concrete *n* μπετόν beton
concrete *a* συγκεκριμένος sigekrimenos
concrete *v. t* στερεοποιώ stereopio
concubinage *n.* συγκατοίκηση χωρίς γάμο sigkatikisi horis gamo
concubine *n* παλλακίδα palakida
concur *v.t.* συμφωνώ simfono
condemn *v. t.* καταδικάζω katadikazo
condemnation *n* καταδίκη katadiki
condense *v. t* συμπυκνώνω sibiknono
condite *v.t.* συντηρώ sintiro
condition *n* όρος oros
conditional *a* υποθετικός ipothetikos
condole *v. i.* συλλυπούμαι silipoume
condolence *n* συλλυπητήρια silipitiria
condonation *n.* συγχώρεση sinhoresi
conduct *n* συμπεριφορά simperifora
conduct *v. t* οδηγώ odigo
conductor *n* μαέστρος maestros
cone *n.* κώνος konos
confectioner *n* ζαχαροπλάστης zaharoplastis
confectionery *n* ζαχαροπλαστείο zaharoplastio
confer *v. i* παρέχω pareho
conference *n* διάσκεψη diaskepsi
confess *v. t.* ομολογώ omologo
confession *n* ομολογία omoloyia
confidant *n* έμπιστος ebistos

confide *v. i* εμπιστεύομαι ebistevomai
confidence *n* εμπιστοσύνη ebistosini
confident *a.* βέβαιος veveos
confidential *a.* εμπιστευτικός ebisteftikos
confine *v. t* περιορίζω periorizo
confinement *n.* φυλάκιση filakisi
confirm *v. t* επιβεβαιώνω epiveveono
confirmation *n* επιβεβαίωση epiveveosi
confiscate *v. t* κατάσχω katasho
confiscation *n* κατάσχεση katashesi
conflict *n.* διαμάχη diamahi
conflict *v. i* συγκρούομαι sigkrouome
confluence *n* συμβολή simvoli
confluent *adj.* συμβάλλων simvalon
conformity *n.* συμμόρφωση simorfosi
confraternity *n.* αδελφότητα adelfotita
confrontation *n.* αντιμετώπιση antimetopisi
confuse *v. t* συγχέω sinheo
confusion *n* σύγχυση sinhisi
confute *v.t.* ανασκευάζω anaskevazo
conge *n.* αποχαιρετισμός apoheretismos
congenial *a* ευχάριστος efharistos
congestion *n.* συμφόρηση simforisi
congratulate *v. t* συγχαίρω sinhero
congratulation *n* συγχαρητήρια sigharitiria
congress *n* συνέδριο sinedrio
conjecture *n* εικασία ikasia

conjecture *v. t* εικάζω ikazo
conjugal *a* συζυγικός siziyikos
conjugate *v.t. & i.* κλίνω klino
conjunct *adj.* ενωμένος enomenos
conjunctiva *n.* επιπεφυκώς epipefikos
conjuncture *n.* συγκυρία sigiria
conjure *v.t. & i.* κάνω κάτι ως δια μαγείας kano kati os dia mayias
connect *v. t.* συνδέω sindeo
connection *n* σύνδεση sindesi
connivance *n.* συνενοχή sinenohi
conquer *v. t* κατακτώ katakto
conquest *n* κατάκτηση kataktisi
conscience *n* συνείδηση sinidisi
conscious *a* ενσυνείδητος ensiniditos
consecrate *v.t.* αφιερώνω afierono
consecutive *adj.* συνεχής sinehis
consecutively *adv* διαδοχικά diadohika
consensus *n.* ομοφωνία omofonia
consent *n.* συγκατάθεση sigkatathesi
consent *v. i* συναινώ sineno
consequence *n* συνέπεια sinepia
consequent *a* προκύπτων prokipton
conservative *a* συντηρητικός sintiritikos
conservative *n* συντηρητικός sintiritikos
conserve *v. t* συντηρώ sintiro
consider *v. t* μελετώ meleto
considerable *a* σημαντικός simantikos
considerate *a.* διακριτικός diakritikos
consideration *n* μελέτη meleti
considering *prep.* αναλόγως analogos
consign *v.t.* στέλνω stelno
consignment *n.* αποστολή apostoli
consist *v. i* αποτελούμαι apoteloume
consistence,-cy *n.* συνέπεια sinepia
consistent *a* σταθερός statheros
consolation *n* παρηγοριά parigoria
console *v. t* παρηγορώ parigoro
consolidate *v. t.* σταθεροποιώ statheropio
consolidation *n* σταθεροποίηση statheropiisi
consonance *n.* αρμονία armonia
consonant *n.* σύμφωνο simfono
consort *n.* σύζυγος sizigos
conspectus *n.* περίληψη perilipsi
conspicuous *a.* καταφανής katafanis
conspiracy *n.* συνωμοσία sinomosia
conspirator *n.* συνωμότης sinomotis
conspire *v. i.* συνωμοτώ sinomoto
constable *n* αστυνομικός astinomikos
constant *a* συνεχής sinehis
constellation *n.* αστερισμός asterismos
constipation *n.* δυσκοιλιότητα diskiliotita
constituency *n* εκλογική περιφέρεια ekloyiki periferia
constituent *n.* ψηφοφόρος psifoforos
constituent *adj.* συστατικός sistatikos
constitute *v. t* συνιστώ sinisto
constitution *n* σύνταγμα sintagma
constrict *v.t.* περιορίζω periorizo

construct v. t. κατασκευάζω kataskevazo
construction n κατασκευή kataskevi
consult v. t συμβουλεύομαι simvoulevome
consultation n συμβούλιο simvoulio
consume v. t καταναλώνω katanalono
consumption n κατανάλωση katanalosi
consumption n φυματίωση fimatiosi
contact n. επαφή epafi
contact v. t έρχομαι σε επαφή erhome se epafi
contagious a μεταδοτικός metadotikos
contain v.t. περιέχω perieho
contaminate v.t. μολύνω molino
contemplate v. t ατενίζω atenizo
contemplation n διαλογισμός dialoyismos
contemporary a σύγχρονος sighronos
contempt n περιφρόνηση perifronisi
contemptuous a περιφρονητικός perifronitikos
contend v. i αγωνίζομαι agonizome
content a. ικανοποιημένος ikanopiimenos
content v. t ικανοποιώ ikanopio
content n ικανοποίηση ikanopiisi
content n. περιεχόμενο periehomeno
contention n διαμάχη diamahi
contentment n ευχαρίστηση efharistisi
contest v. t αμφισβητώ amfisvito
contest n. αγώνας agonas

context n συμφραζόμενα simfrazomena
continent n ήπειρος ipiros
continental a ηπειρωτικός ipirotikos
contingency n. ενδεχόμενο endehomeno
continual adj. συνεχής sinehis
continuation n. συνέχεια sinehia
continue v. i. συνεχίζω sinehizo
continuity n συνοχή sinohi
continuous a συνεχής sinehis
contour n περίγραμμα perigrama
contra pref. αντι anti
contraception n. αντισύλληψη antisilipsi
contract n συμβόλαιο simvoleo
contract v. t συνάπτω sinapto
contract v. t συστέλλω sistelo
contrapose v.t. αντιτίθεμαι antititheme
contractor n εργολάβος ergolavos
contradict v. t αντιλέγω antilego
contradiction n διάψευση diapsefsi
contrary a αντίθετος antithetos
contrast v. t αντιπαραθέτω antiparatheto
contrast n διαφορά diafora
contribute v. t συνεισφέρω sinisfero
contribution n συμβολή simvoli
control n έλεγχος eleghos
control v. t ελέγχω elegho
controller n. ελεγκτής elegktis
controversy n διαμάχη diamahi
contusion n μώλωπας molopas
conundrum n. αίνιγμα enigma
convene v. t συνέρχομαι sinerhome
convener n υπεύθυνος για την σύγκληση των συνέδρων ipefthinos yia ti sigklisi sinedrion

convenience *n.* άνεση anesi
convenient *a* βολικός volikos
convent *n* γυναικεία μονή yinekia moni
convention *n.* συνέλευση sinelefsi
conversant *a* γνώστης gnostis
conversation *n* συζήτηση sizitisi
converse *v.t.* συνδιαλέγομαι sindialegome
conversion *n* προσηλυτισμός prosilitismos
convert *v. t* προσηλυτίζω prosilitizo
convert *n* προσήλυτος prosilitos
convey *v. t.* μεταβιβάζω metavivazo
conveyance *n* μεταβίβαση metavivasi
convict *v. t.* καταδικάζω katadikazo
convict *n* κατάδικος katadikos
conviction *n* καταδίκη katadiki
convince *v. t* πείθω pitho
convivial *adj.* εύθυμος efthimos
convocation *n.* σύγκληση sigklisi
convoke *v.t.* συγκαλώ sigkalo
convolve *v.t.* τυλίγω μαζί tiligo mazi
coo *n* κουκούρισμα koukourisma
coo *v. i* κουκουρίζω koukourizo
cook *v. t* μαγειρεύω mayirevo
cook *n* μάγειρας mayiras
cooker *n* κουζίνα kouzina
cool *a* δροσερός droseros
cool *v. i.* δροσίζω drosizo
cooler *n* δοχείο ψύξεως dohio psikseos
coolie *n* χαμάλης hamalis
co-operate *v. i* συνεργάζομαι sinergazome
co-operation *n* συνεργασία sinergasia
co-operative *a* συνεργατικός sinergatikos
co-ordinate *a.* ισότιμος isotimos
co-ordinate *v. t* συντονίζω sintonizo
co-ordination *n* συντονισμός sintonismos
coot *n.* φαλαρίδα falarida
co-partner *n* συνέταιρος sineteros
cope *v. i* αντιμετωπίζω antimetopizo
coper *n.* έμπορος αλόγων eboros alogon
copper *n* χαλκός halkos
coppice *n.* δασύλλιο dasilio
copulate *v.i.* συνουσιάζομαι sinousiazome
copy *n* αντίγραφο antigrafo
copy *v. t* αντιγράφω antigrafo
coral *n* κοράλλι korali
cord *n* σχοινί shini
cordial *a* εγκάρδιος egkardios
corbel *n.* διακοσμιτικό υποστήριγμα diakosmitiko ipostirigma
cordate *adj.* σε σχήμα καρδιάς se shima kardias
core *n.* πυρήνας pirinas
coriander *n.* κόλιανδρος koliandros
Corinth *n.* Κόρινθος korinthos
cork *n.* φελλός felos
cormorant *adj.* άπληστος aplistos
corn *n* καλαμπόκι kalampoki
cornea *n* κερατοειδής χιτώνας keratoidis hitonas
corner *n* γωνία gonia
cornet *n.* χωνάκι honaki
cornice *n.* κορνίζα korniza
coronation *n* στέψη stepsi
coronet *n.* γιρλάντα yirlanta
corporal *a* σωματικός somatikos

corporate *adj.* σωματειακός somatiakos
corporation *n* εταιρεία eteria
corps *n* σώμα soma
corpse *n* πτώμα ptoma
correct *a* ορθός orthos
correct *v. t* διορθώνω diorthono
correction *n* διόρθωση diorthosi
correlate *v.t.* συσχετίζω/-ομαι sishetizo/-ome
correlation *n.* συσχετισμός sishetismos
correspond *v. i* αντιστοιχώ antistiho
correspondence *n.* αλληλογραφία alilografia
correspondent *n.* ανταποκριτής antapokritis
corridor *n.* διάδρομος diadromos
corroborate *v.t.* επιβεβαιώνω epiveveono
corrosive *adj.* διαβρωτικός diavrotikos
corrupt *v. t.* διαφθείρω/-ομαι diafthiro/-ome
corrupt *a.* διεφθαρμένος dieftharmenos
corruption *n.* διαφθορά diafthora
cosmetic *a.* αισθητικός esthitikos
cosmetic *n.* καλλυντικό kalintiko
cosmic *adj.* κοσμικός kosmikos
cost *v.t.* κοστίζω kostizo
cost *n.* κόστος kostos
costal *adj.* πλευρικός plevrikos
cote *n.* καλύβι kalivi
costly *a.* ακριβός akrivos
costume *n.* στολή stoli
cosy *a.* άνετος anetos
cot *n.* κρεββατάκι krevataki
cottage *n* εξοχικό aksohiko
cotton *n.* βαμβάκι vamvaki
couch *n.* καναπές kanapes
cough *n.* βήχας vihas
cough *v. i.* βήχω viho

council *n.* συμβούλιο simvoulio
councillor *n.* σύμβουλος simvoulos
counsel *n.* συμβουλή simvouli
counsel *v. t.* συμβουλεύω simvoulevo
counsellor *n.* σύμβουλος simvoulos
count *n.* αρίθμηση arithmisi
count *v. t.* μετρώ metro
countenance *n.* όψη opsi
counter *n.* πάγκος pagkos
counter *v. t* αντιδρώ antidro
counteract *v.t.* εξουδετερώνω eksoudeterono
counterbalance *n.* αντίβαρο antivaro
counterfeit *a.* πλαστός plastos
counterfeiter *n.* παραχαράκτης paraharaktis
countermand *v.t.* ανακαλώ anakalo
counterpart *n.* πανομοιότυπο panomiotipo
countersign *v. t.* παρασύνθημα parasinthima
countess *n.* κόμησσα komisa
countless *a.* αναρίθμητος anarithmitos
country *n.* χώρα hora
county *n.* κομητεία komitia
coup *n.* πραξικόπημα praksikopima
couple *n* ζευγάρι zevgari
couple *v. t* ζευγαρώνω zevgarono
couplet *n.* δίστιχο distiho
coupon *n.* κουπόνι kouponi
courage *n.* θάρρος tharos
courageous *a.* θαρραλέος tharaleos
courier *n.* αγγελιοφόρος agelioforos
course *n.* πορεία poria

court *n.* δικαστήριο dikastirio
court *v. t.* ερωτοτροπώ erototropo
courteous *a.* ευγενικός evyenikos
courtesan *n.* εταίρα etera
courtesy *n.* ευγένεια evyenia
courtier *n.* αυλικός avlikos
courtship *n.* κόρτε korte
courtyard *n.* αυλή avli
cousin *n.* ξάδελφος/-η ksadelfos/-i
covenant *n.* συμβόλαιο simvoleo
cover *v. t.* σκεπάζω skepazo
cover *n.* κάλυμμα kalima
coverlet *n.* κουβέρτα kouverta
covet *v.t.* εποφθαλμιώ epofthalmio
cow *n.* αγελάδα ayelada
cow *v. t.* εκφοβίζω ekfovizo
coward *n.* δειλός dilos
cowardice *n.* δειλία dilia
cower *v.i.* ζαρώνω zarono
crab *n* κάβουρας kavouras
crack *n* ρωγμή rogmi
crack *v. i* ραγίζω rayizo
cracker *n* μπισκότο biskoto
crackle *v.t.* τριζοβολώ trizovolo
cradle *n* κούνια kounia
craft *n* τέχνη tehni
craftsman *n* τεχνίτης tehnitis
crafty *a* πανούργος panourgos
cram *v. t* παραγεμίζω parayemizo
crambo *n.* κράμπο krabo
crane *n* πελαργός pelargos
crankle *v.t.* ζαρώνω zarono
crash *v. i* συγκρούομαι sigkrouome
crash *n* πάταγος patagos
crass *adj.* απύθμενος apithmenos
crate *n.* καφάσι kafasi
crave *v.t.* εκλιπαρώ ekliparo
craw *n.* πρόλοβος πτηνών prolovos ptinon
crawl *v. t* έρπω erpo

crawl *n* σύρσιμο sirsimo
craze *n* τρέλα trela
crazy *a* τρελός trelos
creak *v. i* τρίζω trizo
creak *n* τρίξιμο triksimo
cream *n* κρέμα krema
crease *n* ζάρα zara
create *v. t* δημιουργώ dimiourgo
creation *n* δημιουργία dimiouryia
creative *adj.* δημιουργικός dimiouryikos
creator *n* δημιουργός dimiourgos
creature *n* πλάσμα plasma
credible *a* αξιόπιστος aksiopistos
credit *n* πίστωση pistosi
creditable *a* αξιέπαινος akiepenos
creditor *n* πιστωτής pistotis
credulity *adj.* ευπιστία efpistia
creed *n.* δόγμα dogma
creed *n* θρήσκευμα thriskevma
creek *n.* ορμίσκος ormiskos
creep *v. i* έρπω erpo
creeper *n* ερπετό erpeto
cremate *v. t* καίω keo
cremation *n* αποτέφρωση apotefrosi
crest *n* λειρί liri
crew *n.* πλήρωμα pliroma
crib *n.* κούνια kounia
cricket *n* γρύλλος grilos
crime *n* έγκλημα egklima
crimp *n* κατσαρώνω katsarono
criminal *n* εγκληματίας egklimatias
criminal *a* εγκληματικός egklimatikos
crimson *n* βυσσινής visinis
cringe *v. i.* ζαρώνω zarono
cripple *n* ανάπηρος anapiros
crisis *n* κρίση krisi
crisp *a* τραγανός traganos
criterion *n* κριτήριο kritirio

critic *n* κριτικός kritikos
critical *a* κρίσιμος krisimos
criticism *n* κριτική kritiki
criticize *v. t* κριτικάρω kritikaro
croak *n.* κοάζω koazo
crockery *n.* πήλινα σκεύη pilina skevi
crocodile *n* κροκόδειλος krokodilos
croesus *n.* κροίσος krisos
crook *n.* απατεώνας apateonas
crop *n* σοδειά sodia
cross *v. t* διασχίζω diashizo
cross *n* σταυρός stavros
cross *a* κακόκεφος kakokefos
crossing *n.* διάβαση diavasi
crotchet *n.* τέταρτο τόνου tetarto tonou
crouch *v. i.* ζαρώνω zarono
crow *n* κοράκι koraki
crow *v. i* λαλώ lalo
crowd *n* πλήθος plithos
crown *n* στέμμα stema
crown *v. t* στέφω stefo
crucial *adj.* κρίσιμος krisimos
crude *a* ακατέργαστος akatergastos
cruel *a* σκληρός skliros
cruelty *n* σκληρότητα sklirotita
cruise *v.i.* κάνω κρουαζιέρα kano krouaziera
cruiser *n* καταδρομικό katadromiko
crumb *n* ψίχουλο psihoulo
crumble *v. t* θρυμματίζω thrimatizo
crusade *n* σταυροφορία stavroforia
crush *v. t* συνθλίβω sinthlivo
crust *n.* κρούστα krousta
crutch *n* δεκανίκι dekaniki
cry *n* κλάμα klama
cry *v. i* κλαίω kleo

cryptography *n.* κρυπτογραφία kriptografia
crystal *n* κρυστάλλινος kristalinos
cub *n* νεογνό neogno
cube *n* κύβος kivos
cubical *a* κυβικός kivikos
cubiform *adj.* κυβοειδής kivoidis
cuckold *n.* κερατάς keratas
cuckoo *n* κούκος koukos
cucumber *n* αγγούρι agkouri
cudgel *n* ρόπαλο ropalo
cue *n* σύνθημα sinthima
cuff *n* μανσέτα manseta
cuff *v. t* χαστουκίζω hastoukizo
cuisine *n.* κουζίνα kouzina
cullet *n.* ρινίσματα γυαλιού rinismata yialiou
culminate *v.i.* αποκορυφώνομαι apokorifonome
culpable *a* ένοχος enohos
culprit *n* ένοχος enohos
cult *n* λατρεία latria
cultivate *v. t* καλλιεργώ kaliergo
cultural *a* πολιτιστικός politistikos
culture *n* κουλτούρα koultoura
culvert *n.* αγωγός agogos
cunning *a* πανούργος panourgos
cunning *n* πανουργία panouryia
cup *n.* φλυτζάνι flitzani
cupboard *n* ντουλάπι ntoulapi
Cupid *n* Έρως eros
cupidity *n* απληστία aplistia
curable *a* θεραπεύσιμος therapefsimos
curative *a* θεραπευτικός therapeftikos
curb *n* χαλινάρι halinari
curb *v. t* χαλιναγωγώ halinagogo
curcuma *n.* κούρκουμα kourkouma
curd *n* σβόλος svolos
cure *n* θεραπεία therapia

cure v. t. θεραπεύω therapevo
curfew n απαγόρευση της κυκλοφορίας apagorefsi tis kikloforias
curiosity n περιέργεια perieryia
curious a περίεργος periergos
curl n. μπούκλα boukla
currant n. κορινθιακή σταφίδα korinthiaki stafida
currency n συνάλλαγμα sinalagma
current n ρεύμα revma
current a τρέχων trehon
curriculum n πρόγραμμα programa
curse n κατάρα katara
curse v. t καταριέμαι katarieme
cursory a γρήγορος grigoros
curt a απότομος apotomos
curtail v. t περικόπτω perikopto
curtain n κουρτίνα kourtina
curve n καμπύλη kabili
curve v. t κυρτώνω kirtono
cushion n μαξιλάρι maksilari
cushion v. t προστατεύω prostatevo
custard n κρέμα krema
custodian n επιστάτης epistatis
custody v επιμέλεια epimelia
custom n. έθιμο ethimo
customary a συνήθης sinithis
customer n πελάτης pelatis
cut v. t κόβω kovo
cut n κόψιμο kopsimo
cutis n. δέρμα derma
cuvette n. σωλήνας εργαστηρίου solinas ergastiriou
cycle n κύκλος kiklos
cyclic a κυκλικός kiklikos
cyclist n ποδηλατιστής podilatistis
cyclone n. κυκλώνας kiklonas
cyclostyle n πολύγραφος poligrafos

cyclostyle v. t πολυγραφώ poligrafo
cylinder n κύλινδρος kilindros
cynic n κυνικός kinikos
cypress n κυπαρίσσι kiparisi

D

dabble v. i. πλατσουρίζω platsourizo
dacoit n. κλέφτης kleftis
dacoity n. κλοπή klopi
dad, daddy n μπαμπάς babas
daffodil n. ασφόδελος asfodelos
daft adj. άμυαλος amialos
dagger n. στιλέτο stileto
daily a καθημερινός kathimerinos
daily adv. καθημερινά kathimerina
daily n. καθημερινή εφημερίδα kathimerini efimerida
dainty a. νόστιμος nostimos
dainty n. λιχουδιά lihoudia
dairy n γαλακτοκομείο galaktokomio
dais n. εξέδρα eksedra
daisy n μαργαρίτα margarita
dale n κοιλάδα kilada
dam n φράγμα fragma
damage n. ζημιά zimia
damage v. t. προκαλώ ζημιά prokalo zimia
dame n. κυρία kiria
damn v. t. διαβολοστέλνω diavolostelno
damnation n. καταδίκη katadiki
damp a υγρός igros
damp n υγρασία igrasia
damp v. t. αποθαρρύνω apotharino

damsel *n.* κόρη kori
dance *n* χορός horos
dance *v. t.* χορεύω horevo
dandelion *n.* πικραλίδα pikralida
dandle *v.t.* θωπεύω thopevo
dandruff *n* πιτυρίδα pitirida
dandy *n* δανδής dandis
danger *n.* κίνδυνος kindinos
dangerous *a* επικίνδυνος epikindinos
dangle *v. t* κουνιέμαι kounieme
dank *adj.* υγρός igros
dap *v.i.* αναπηδώ anapido
dare *v. i.* τολμώ tolmo
daring *n.* τόλμη tolmi
daring *a* τολμηρός tolmiros
dark *a* σκοτεινός skotinos
dark *n* σκοτάδι skotadi
darkle *v.i.* σκοτεινιάζω skotiniazo
darling *n* αγαπημένος agapimenos
dart *n.* βέλος velos
dash *v. i.* τινάζομαι tinazome
dash *n* παφλασμός paflasmos
date *n* ημερομηνία imerominia
date *v. t* χρονολογώ/-ουμαι hronologo/-oume
daub *n.* σοβάς sovas
daub *v. t.* αλείφω alifo
daughter *n* κόρη kori
daunt *v. t* αποθαρρύνω apotharino
dauntless *a* ατρόμητος atromitos
dawdle *v.i.* χαζεύω hazevo
dawn *n* αυγή avyi
dawn *v. i.* χαράζω harazo
day *n* μέρα mera
daze *n* σάστισμα sastisma
daze *v. t* ζαλίζω zalizo
dazzle *n* λάμψη lampsi
dazzle *v. t.* θαμπώνω thabono
deacon *n.* διάκονος diakonos
dead *a* νεκρός nekros

deadlock *n* αδιέξοδο adieksodo
deadly *a* θανάσιμος thanasimos
deaf *a* κουφός koufos
deal *n* συμφωνία simfonia
deal *v. i* μοιράζω mirazo
dealer *n* έμπορος eboros
dealing *n.* μοιρασιά mirasia
dean *n.* κοσμήτορας kosmitoras
dear *a* αγαπητός agapitos
dearth *n* έλλειψη elipsi
death *n* θάνατος thanatos
debar *v. t.* απαγορεύω apagorevo
debase *v. t.* υποτιμώ ipotimo
debate *n.* δημόσια συζήτηση dimosia sizitisi
debate *v. t.* συζητώ sizito
debauch *v. t.* διαφθείρω diafthiro
debauch *n* ακολασία akolasia
debauchee *n* ακόλαστος akolastos
debauchery *n* ακολασίες akolasies
debility *n* εξασθένηση eksasthenisi
debit *n* χρέωση hreosi
debit *v. t* χρεώνω hreono
debris *n* ερείπια eripia
debt *n* χρέος hreos
debtor *n* οφειλέτης ofiletis
decade *n* δεκαετία dekaetia
decadent *a* παρακμασμένος parakmasmenos
decamp *v. i* το σκάω to skao
decay *n* παρακμή parakmi
decay *v. i.* παρακμάζω parakmazo
decease *n* θάνατος thanatos
decease *v. i* πεθαίνω petheno
deceit *n* απάτη apati
deceive *v. t* ξεγελώ kseyelo
december *n* Δεκέμβριος dekemvrios
decency *n* ευπρέπεια efprepia
decennary *n.* δεκαετής dekaetis
decent *a* ευπρεπής efprepis
deception *n* εξαπάτηση eksapatisi

decide v. t αποφασίζω apofasizo
decimal a δεκαδικός dekadikos
decimate v.t. αποδεκατίζω apodekatizo
decision n απόφαση apofasi
decisive a αποφασιστικός apofasistikos
deck n κατάστρωμα katastroma
deck v. t διακοσμώ diakosmo
declaration n δήλωση dilosi
declare v. t. δηλώνω dilono
decline n παρακμή parakmi
decline v. t. αρνούμαι arnoume
declivitous adj. κατηφορικός katiforikos
decompose v. t. αποσυνθέτω aposintheto
decomposition n. αποσύνθεση aposinthesi
decontrol v.t. απελευθερώνω από έλεγχο apeleftherono apo elenho
decorate v. t διακοσμώ diakosmo
decoration n διακόσμηση diakosmisi
decorum n ευπρέπεια efprepia
decrease v. t μειώνω/-ομαι miono/-ome
decrease n μείωση miosi
decree n διάταγμα diatagma
decree v. i θεσπίζω thespizo
decrement n. μείωση miosi
dedicate v. t. αφιερώνω afierono
dedication n αφιέρωση afierosi
deduct v.t. αφαιρώ afero
deed n πράξη praksi
deem v.i. θεωρώ theoro
deep a. βαθύς vathis
deer n ελάφι elafi
defamation n δυσφήμηση disfimisi
defame v. t. συκοφαντώ sikofanto
default n. αθέτηση athetisi
defeat n ήττα ita

defeat v. t. νικώ niko
defect n ελάττωμα elatoma
defence n άμυνα amina
defend v. t υπερασπίζω iperaspizo
defendant n εναγόμενος enagomenos
defensive a αμυντικός amintikos
deference n υποχώρηση ipohorisi
defiance n πρόκληση proklisi
deficit n έλλειμμα elima
deficient adj. ελλιπής elipis
defile n. στενωπός stenopos
define v. t ορίζω orizo
definite a σαφής safis
definition n ορισμός orismos
deflation n. ξεφούσκωμα ksefouskoma
deflect v.t. & i. αποκλίνω apoklino
deft adj. έξυπνος eksipnos
degrade v. t υποβιβάζω ipovivazo
degree n βαθμός vathmos
dehorn v.i. αφαιρώ τα κέρατα afero ta kerata
deist n. θεϊστής theistis
deity n. θεότητα theotita
deject v. t απελπίζω apelpizo
dejection n κατήφεια katifia
delay v.t. & i. αναβάλλω anavalo
delegate v. t εξουσιοδοτώ eksousiodoto
delegation n αντιπροσωπεία antiprosopia
delete v. t διαγράφω diagrafo
deliberate v. i μελετώ meleto
deliberate a σκόπιμος skopimos
deliberation n μελέτη meleti
delicate a λεπτός leptos
delicious a υπέροχος iperohos
delight n απόλαυση apolafsi
delight v. t. γοητεύω goitevo
deliver v. t παραδίδω paradido
delivery n διανομή dianomi

delta *n* δέλτα delta
delude *v. t* εξαπατώ eksapato
delusion *n.* απάτη apati
demand *n* απαίτηση apetisi
demand *v. t* απαιτώ apeto
demarcation *n.* διαχωρισμός diahorismos
dement *v.t* τρελαίνω treleno
demerit *n* μειονέκτημα mionektima
democracy *n* δημοκρατία dimokratia
democratic *a* δημοκρατικός dimokratikos
demolish *v. t.* κατεδαφίζω katedafizo
demon *n.* δαίμονας demonas
demonetize *v.t.* υποτιμώ ipotimo
demonstrate *v. t* επιδεικνύω epidiknio
demonstration *n.* επίδειξη epidiksi
demoralize *v. t.* διαφθείρω diafthiro
demur *n* ενδοιασμός endiasmos
demur *v. t* αντιτίθεμαι antititheme
demurrage *n.* αργοπορία argoporia
den *n* κρησφύγετο krisfiyeto
dengue *n.* δάγκειος dagios
denial *n* άρνηση arnisi
denote *v. i* δηλώνω dilono
denounce *v. t* καταγγέλλω katagelo
dense *a* πυκνός piknos
density *n* πυκνότητα piknotita
dentist *n* οδοντίατρος odontiatros
denude *v.t.* απογυμνώνω apoyimnono
denunciation *n.* καταγγελία katagelia
deny *v. t.* αρνούμαι arnoume
depart *v. i.* αναχωρώ anahoro

department *n* τμήμα tmima
departure *n* αναχώρηση anahorisi
depauperate *v.t.* φτωχαίνω ftoheno
depend *v. i.* εξαρτώμαι eksartome
dependant *n* συντηρούμενος sintiroumenos
dependence *n* εξάρτηση eksartisi
dependent *a* εξαρτώμενος eksartomenos
depict *v. t.* απεικονίζω apikonizo
deplorable *a* αξιοθρήνητος aksiothrinitos
deploy *v.t.* αναπτύσσω anaptiso
deponent *n.* μάρτυρας martiras
deport *v.t.* απελαύνω apelavno
depose *v. t* καταθέτω katatheto
deposit *n.* προκαταβολή prokatavoli
deposit *v. t* αποθέτω apotheto
depot *n* αποθήκη apothiki
depreciate *v.t.i.* μειώνω/-ομαι miono/-ome
depredate *v.t.* διαρπάζω diarpazo
depress *v. t* καταπιέζω katapiezo
depression *n* κατάθλιψη katathlipsi
deprive *v. t* αποστερώ apostero
depth *n* βάθος vathos
deputation *n* αντιπροσωπεία antiprosopia
depute *v. t* εξουσιοδοτώ eksousiodoto
deputy *n* εκπρόσωπος ekprosopos
derail *v. t.* εκτροχιάζω ektrohiazo
derive *v. t.* προέρχομαι proerhome
descend *v. i.* κατέρχομαι katerhome
descendant *n* απόγονος apogonos
descent *n.* κάθοδος kathodos
describe *v. t* περιγράφω perigrafo
description *n* περιγραφή perigrafi
descriptive *a* περιγραφικός perigrafikos

desert *v. t.* εγκαταλείπω egkatalipo
desert *n* έρημος erimos
deserve *v. t.* αξίζω aksizo
design *v. t.* σχεδιάζω shediazo
design *n.* σχέδιο shedio
desirable *a* επιθυμητός epithimitos
desire *n* επιθυμία epithimia
desire *v.t* επιθυμώ epithimo
desirous *a* επιθυμών epithimon
desk *n* γραφείο grafio
despair *n* απελπισία apelpisia
despair *v. i* απελπίζομαι apelpizome
desperate *a* απελπισμένος apelpismenos
despicable *a* ποταπός potapos
despise *v. t* περιφρονώ perifrono
despot *n* τύραννος tiranos
destination *n* προορισμός proorismos
destiny *n* μοίρα mira
destroy *v. t* καταστρέφω katastrefo
destruction *n* καταστροφή katastrofi
detach *v. t* αποσπώ apospo
detachment *n* απόσπαση apospasi
detail *n* λεπτομέρεια leptomeria
detail *v. t* περιγράφω λεπτομερώς perigrafo leptomeros
detain *v. t* κρατώ krato
detect *v. t* ανιχνεύω anihnevo
detective *n.* ντετέκτιβ ntentektiv
determination *n.* αποφασιστικότητα apofasistikotita
determine *v. t* καθορίζω kathorizo
dethrone *v. t* εκθρονίζω ekthronizo
develop *v. t.* αναπτύσσω/-ομαι anaptiso/-ome
development *n.* ανάπτυξη anaptiksi
deviate *v. i* παρεκκλίνω pareklino
deviation *n* απόκλιση apoklisi
device *n* συσκεύη siskevi
devil *n* διάβολος diavolos
devise *v. t* επινοώ epinoo
devoid *a* στερημένος sterimenos
devote *v. t* αφιερώνω afierono
devotee *n* λάτρης latris
devotion *n* αφοσίωση afosiosi
devour *v. t* καταβροχθίζω katavrohthizo
dew *n.* δροσιά drosia
diabetes *n* διαβήτης diavitis
diagnose *v. t* κάνω διάγνωση kano diagnosi
diagnosis *n* διάγνωση diagnosi
diagram *n* διάγραμμα diagrama
dial *n.* καντράν kantran
dialect *n* διάλεκτος dialektos
dialogue *n* διάλογος dialogos
diameter *n* διάμετρος diametros
diamond *n* διαμάντι diamanti
diarrhoea *n* διάρροια diaria
diary *n* ημερολόγιο imeroloyio
dice *n.* ζάρι zari
dice *v. i.* κόβω kovo
dictate *v. t* υπαγορεύω ipagorevo
dictation *n* υπαγόρευση ipagorefsi
dictator *n* δικτάτορας diktatoras
diction *n* άρθρωση arthrosi
dictionary *n* λεξικό leksiko
dictum *n* ρητό rito
didactic *a* διδακτικός didaktikos
die *v. i* πεθαίνω petheno
die *n* κύβος kivos
diet *n* διαιτολόγιο dietoloyio
differ *v. i* διαφέρω diafero
difference *n* διαφορά diafora

different *a* διαφορετικός diaforetikos
difficult *a* δύσκολος diskolos
difficulty *n* δυσκολία diskolia
dig *n* μπηχτή bihti
dig *v.t.* σκάβω skavo
digest *v. t.* αφομοιώνω afomiono
digest *n.* περίληψη perilipsi
digestion *n* πέψη pepsi
digit *n* ψηφίο psifio
dignify *v.t* εξευγενίζω eksevyenizo
dignity *n* αξιοπρέπεια aksioprepia
dilemma *n* δίλημμα dilima
diligence *n* επιμέλεια epimelia
diligent *a* επιμελής epimelis
dilute *v. t* αραιώνω areono
dilute *a* αραιωμένος areomenos
dim *a* αμυδρός amidros
dim *v. t* θολώνω tholono
dimension *n* διάσταση diastasi
diminish *v. t* μειώνω/-ομαι miono/-ome
din *n* θόρυβος thorivos
dine *v. t.* γευματίζω yevmatizo
dinner *n* δείπνο dipno
dip *n.* βουτιά voutia
dip *v. t* βυθίζω/-ομαι vithizo/-ome
diploma *n* δίπλωμα diploma
diplomacy *n* διπλωματία diplomatia
diplomat *n* διπλωμάτης diplomatis
diplomatic *a* διπλωματικός diplomatikos
dire *a* τρομερός tromeros
direct *a* άμεσος amesos
direct *v. t* κατευθύνω katefthino
direction *n* διεύθυνση diefthinsi
director *n.* διευθυντής diefthintis
directory *n* τηλεφωνικός κατάλογος tilefonikos katalogos

dirt *n* χώμα homa
dirty *a* βρώμικος vromikos
disability *n* ανικανότητα anikanotita
disable *v. t* αχρηστεύω ahristevo
disabled *a* ανάπηρος anapiros
disadvantage *n* μειονέκτημα mionektima
disagree *v. i* διαφωνώ diafono
disagreeable *a.* δυσάρεστος disarestos
disagreement *n.* διαφωνία diafonia
disappear *v. i* εξαφανίζομαι eksafanizome
disappearance *n* εξαφάνιση eksafanisi
disappoint *v. t.* απογοητεύω apogoitevo
disapproval *n* αποδοκιμασία apodokimasia
disapprove *v. t* αποδοκιμάζω apodokimazo
disarm *v. t* αφοπλίζω/-ομαι afoplizo/-ome
disarmament *n.* αφοπλισμός afoplismos
disaster *n* καταστροφή katastrofi
disastrous *a* καταστρεπτικός katastreptikos
disc *n.* δίσκος diskos
discard *v. t* πετώ peto
discharge *v. t* ξεφορτώνω ksefortono
discharge *n.* εκφόρτωση ekfortosi
disciple *n* οπαδός opados
discipline *n* πειθαρχία pitharhia
disclose *v. t* αποκαλύπτω apokalipto
discomfort *n* ανησυχία anisihia
disconnect *v. t* αποσυνδέω aposindeo
discontent *n* δυσαρέσκεια disareskia

discontinue v. t διακόπτω diakopto
discord n διχόνοια dihonia
discount n έκπτωση ekptosi
discourage v. t. αποθαρρύνω apotharino
discourse n λόγος logos
discourteous a αγενής ayenis
discover v. t ανακαλύπτω anakalipto
discovery n. ανακάλυψη anakalipsi
discretion n σύνεση sinesi
discriminate v. t. διακρίνω diakrino
discrimination n διάκριση diakrisi
discuss v. t. συζητώ sizito
disdain n περιφρόνηση perifronisi
disdain v. t. περιφρονώ perifrono
disease n ασθένεια asthenia
disguise n μεταμφίεση metamfiesi
disguise v. t μεταμφιέζω metamfiezo
dish n πιάτο piato
dishearten v. t αποθαρρύνω apotharino
dishonest a ανέντιμος anentimos
dishonesty n. ατιμία atimia
dishonour v. t ατιμάζω atimazo
dishonour n ατίμωση atimosi
dislike v. t αντιπαθώ antipatho
dislike n αποστροφή apostrofi
disloyal a άπιστος apistos
dismiss v. t. απολύω apolio
dismissal n απόλυση apolisi
disobey v. t παρακούω parakouo
disorder n αταξία ataksia
disparity n διαφορά diafora
dispensary n φαρμακευτικό εργαστήριο farmakeftiko ergastirio

disperse v. t σκορπίζω/-ομαι skorpizo/-ome
displace v. t μετατοπίζω metatopizo
display v. t εκθέτω ektheto
display n επίδειξη epideiksi
displease v. t δυσαρεστώ disaresto
displeasure n δυσαρέσκεια disareskia
disposal n διάθεση diathesi
dispose v. t διαθέτω diatheto
disprove v. t ανασκευάζω anaskevazo
dispute n φιλονικία filonikia
dispute v. i λογομαχώ logomaho
disqualification n ανικανότητα anikanotita
disqualify v. t. αποκλείω apoklio
disquiet n ανησυχία anisihia
disregard n περιφρόνηση perifronisi
disregard v. t περιφρονώ perifrono
disrepute n ανυποληψία anipolipsia
disrespect n αγένεια ayenia
disrupt v. t διασπώ diaspo
dissatisfaction n δυσαρέσκεια disareskia
dissatisfy v. t. δυσαρεστώ disaresto
dissect v. t ανατέμνω anatemno
dissection n ανατομή anatomi
dissimilar a ανόμοιος anomios
dissolve v.t διαλύω/-ομαι dialio/-ome
dissuade v. t μεταπείθω metapitho
distance n απόσταση apostasi
distant a μακρυνός makrinos
distil v. t διυλίζω diilizo
distillery n αποστακτήριο apostaktirio

distinct *a* ευδιάκριτος evdiakritos
distinction *n* διάκριση diakrisi
distinguish *v. i* διακρίνω diakrino
distort *v. t* παραμορφώνω paramorfono
distress *n* εξάντληση eksantlisi
distress *v. t* ταλαιπωρώ taleporo
distribute *v. t* μοιράζω mirazo
distribution *n* διανομή dianomi
district *n* περιφέρεια periferia
distrust *n* δυσπιστία dispistia
distrust *v. t.* δυσπιστώ dispisto
disturb *v. t* ενοχλώ enohlo
ditch *n* χαντάκι hantaki
ditto *n.* το ίδιο to idio
dive *v. i* καταδύομαι katadiome
dive *n* κατάδυση katadisi
diverse *a* ποικίλος pikilos
divert *v. t* εκτρέπω ektrepo
divide *v. t* διαιρώ/-ουμαι diero/-oume
divine *a* θεϊκός theikos
divinity *n* θεότητα theotita
division *n* διαίρεση dieresi
divorce *n* διαζύγιο diaziyio
divorce *v. t* χωρίζω horizo
divulge *v. t* κοινολογώ kinologo
do *v. t* κάνω kano
docile *a* πειθήνιος pithinios
dock *n.* προκυμαία prokimea
doctor *n* γιατρός yiatros
doctorate *n* διδακτορία didaktoria
doctrine *n* θεωρία theoria
document *n* έγγραφο egkrafo
dodge *n* πήδημα pidima
dodge *v. t* αποφεύγω apofevgo
doe *n* ελαφίνα elafina
dog *n* σκύλος skilos
dog *v. t* ακολουθώ κατά πόδας akoloutho kata podas
dogma *n* δόγμα dogma

dogmatic *a* δογματικός dogmatikos
doll *n* κούκλα koukla
dollar *n* δολάριο dolario
domain *n* επικράτεια epikratia
dome *n* θόλος tholos
domestic *a* οικιακός ikiakos
domestic *n* υπηρέτης ipiretis
domicile *n* κατοικία katikia
dominant *a* επικρατέστερος epikratesteros
dominate *v. t* επικρατώ epikrato
domination *n* κυριαρχία kiriarhia
dominion *n* εξουσία eksousia
donate *v. t* δωρίζω dorizo
donation *n.* δωρεά dorea
donkey *n* γάιδαρος gaidaros
donor *n* δωρητής doritis
doom *n* μοίρα mira
doom *v. t.* καταδικάζω katadikazo
door *n* πόρτα porta
dose *n* δόση dosi
dot *n* τελεία trelia
dot *v. t* βάζω στιγμή vazo stigmi
double *a* διπλός diplos
double *v. t.* διπλασιάζω diplasiazo
double *n* διπλό diplo
doubt *v. i* αμφιβάλλω amfivalo
doubt *n* αμφιβολία amfivolia
dough *n* ζυμάρι zimari
dove *n* περιστέρι peristeri
down *adv & prep* κάτω kato
down *v. t* κατεβάζω katevazo
downfall *n* καταιγίδα kateyida
downpour *n* νεροποντή neroponti
downright *adv* τελείως telios
downright *a* ευθύς efthis
downward *a* κατηφορικός katiforikos
downwards *adv* προς τα κάτω pros ta kato

dowry n προίκα prika
doze n. υπνάκος ipnakos
doze v. i λαγοκοιμάμαι lagokimame
dozen n ντουζίνα ntouzina
draft v. t σχεδιάζω shediazo
draft n προσχέδιο proshedio
draftsman a σχεδιαστής shediastis
drag n εμπόδιο ebodio
drag v. t σέρνω serno
dragon n δράκος drakos
drain n οχετός ohetos
drain v. t αποχετεύω apohetevo
drainage n αποχέτευση apohetefsi
dram n δράμι drami
drama n δράμα drama
dramatic a δραματικός dramatikos
dramatist n δραματουργός dramatourgos
draper n υφασματέμπορος ifasmateboros
drastic a δραστικός drastikos
draught n έλξη elksi
draw v.t τραβώ travo
draw n κλήρωση klirosi
drawback n μειονέκτημα mionektima
drawer n συρτάρι sirtari
drawing n σχέδιο shedio
drawing-room n σαλόνι saloni
dread n φόβος fovos
dread v.t τρέμω tremo
dreaded a φοβερός foveros
dream n όνειρο oniro
dream v. i. ονειρεύομαι onirevome
drench v. t μουσκεύω mouskevo
dress n φόρεμα forema
dress v. t ντύνω/-ομαι ntino/-ome
dressing n ντύσιμο ntisimo
drill n τρυπάνι tripani

drill v. t. τρυπώ tripo
drink n ποτό poto
drink v. t πίνω pino
drip n λίπος ψητού lipos psitou
drip v. i στάζω stazo
drive v. t οδηγώ odigo
drive n διαδρομή diadromi
driver n οδηγός odigos
drizzle n ψιχάλα psihala
drizzle v. i ψιχαλίζω psihalizo
drop n σταγόνα stagona
drop v. i στάζω stazo
drought n ξηρασία ksirasia
drown v.i πνίγω/-ομαι pnigo/-ome
drug n φάρμακο farmako
druggist n φαρμακοποιός farmakopios
drum n τύμπανο tibano
drum v.i. χτυπώ το τύμπανο htipo to tibano
drunkard n μέθυσος methisos
dry a στεγνός stegnos
dry v. i. στεγνώνω stegnono
dual a διπλός diplos
duck n. πάπια papia
duck v.i. σκύβω γρήγορα skivo grigora
due a οφειλόμενος ofilomenos
due n οφειλόμενο ofilomeno
due adv κατ'ευθείαν katefthian
duel n μονομαχία monomahia
duel v. i μονομαχώ monomaho
duke n δούκας doukas
dull a μουντός mountos
dull v. t. αμβλύνω amvlino
duly adv δεόντως deontos
dumb a άφωνος afonos
dunce n χοντροκέφαλος hontrokefalos
dung n κοπριά kopria
duplicate a πανομοιότυπος panomiotipos
duplicate n αντίγραφο antigrafo

duplicate v. t αντιγράφω antigrafo
duplicity n διπλοπροσωπία diploprosopia
durable a ανθεκτικός anthektikos
duration n διάρκεια diarkia
during prep κατά τη διάρκεια kata ti diarkia
dusk n λυκόφως likofos
dust n σκόνη skoni
dust v.t. ξεσκονίζω kseskonizo
duster n ξεσκονόπανο kseskonopano
dutiful a υπάκουος ipakouos
duty n καθήκον kathikon
dwarf n νάνος nanos
dwell v. i κατοικώ katiko
dwelling n κατοικία katikia
dwindle v. t φθίνω fthino
dye v. t βάφω vafo
dye n βαφή vafi
dynamic a δυναμικός dinamikos
dynamics n. δυναμική dinamiki
dynamite n δυναμίτης dinamitis
dynamo n δυναμό dinamo
dynasty n δυναστεία dinastia
dysentery n δυσεντερία disenteria

E

each a καθένας kathenas
each pron. έκαστος ekastos
eager a πρόθυμος prothimos
eagle n αετός aetos
ear n αυτί afti
early adv νωρίς noris
early a πρώιμος proimos
earn v. t κερδίζω kerdizo
earnest a σοβαρός sovaros
earth n γη yi

earthen a χωματένιος homatenios
earthly a επίγειος epiyios
earthquake n σεισμός sismos
ease n άνεση anesi
ease v. t μετριάζω metriazo
east n ανατολή anatoli
east adv ανατολικά anatolika
east a ανατολικός anatolikos
easter n Πάσχα pasha
eastern a ανατολικός anatolikos
easy a εύκολος efkolos
eat v. t τρώω troo
eatable n. τροφές trofes
eatable a φαγώσιμος fagosimos
ebb n άμπωτη aboti
ebb v. i υποχωρώ ipohoro
ebony n έβενος evenos
echo n ηχώ iho
echo v. t αντηχώ antiho
eclipse n έκλειψη eklipsi
economic a οικονομικός ikonomikos
economical a οικονόμος ikonomos
economics n. οικονομική ikonomiki
economy n οικονομία ikonomia
edge n κόψη kopsi
edible a φαγώσιμος fagosimos
edifice n οικοδόμημα ikodomima
edit v. t εκδίδω ekdido
edition n έκδοση ekdosi
editor n εκδότης ekdotis
editorial a εκδοτικός ekdotikos
editorial n κύριο άρθρο kirio arthro
educate v. t εκπαιδεύω ekpedevo
education n εκπαίδευση ekpedefsi
efface v. t εξαλείφω eksalifo
effect n συνέπεια sinepia
effect v. t πραγματοποιώ pragmatopio

effective *a* αποτελεσματικός apotelesmatikos
effeminate *a* θηλυπρεπής thiliprepis
efficacy *n* αποτελεσματικότητα apotelesmatikotita
efficiency *n* αποδοτικότητα apodotikotita
efficient *a* ικανός ikanos
effigy *n* ομοίωμα omioma
effort *n* προσπάθεια prospathia
egg *n* αυγό avgo
ego *n* το εγώ to ego
egotism *n* έπαρση eparsi
eight *n* οκτώ okto
eighteen *a* δεκαοκτώ dekaokto
eighty *n* ογδόντα ogdonta
either *a.*, καθένας kathenas
either *adv.* ούτε oute
eject *v. t.* εκδιώκω ekdioko
elaborate *v. t* αναπτύσσω anaptiso
elaborate *a* λεπτομερής leptomeris
elapse *v. t* περνώ perno
elastic *a* ελαστικός elastikos
elbow *n* αγκώνας agkonas
elder *a* μεγαλύτερος megaliteros
elder *n* οι πρεσβύτεροι i presviteri
elderly *a* ηλικιωμένος ilikiomenos
elect *v. t* εκλέγω eklego
election *n* εκλογή ekloyi
electorate *n* εκλογικό σώμα ekloyiko soma
electric *a* ηλεκτρικός ilektrikos
electricity *n* ηλεκτρισμός ilektrismos
electrify *v. t* ηλεκτρίζω ilektrizo
elegance *n* κομψότητα kompsotita
elegant *adj* κομψός kompsos
elegy *n* ελεγείο eleyio
element *n* στοιχείο stihio

elementary *a* στοιχειώδης stihiodis
elephant *n* ελέφαντας elefantas
elevate *v. t* ανυψώνω anipsono
elevation *n* ανύψωση anipsosi
eleven *n* έντεκα enteka
elf *n* ξωτικό ksotiko
eligible *a* εκλόγιμος ekloyimos
eliminate *v. t* εξαλείφω eksalifo
elimination *n* εξάλειψη eksalipsi
elope *v. i* κλέβομαι klevome
eloquence *n* ευγλωττία evglotia
eloquent *a* εύγλωττος evglotos
else *a* άλλος alos
else *adv* αλλού alou
elucidate *v. t* διευκρινίζω diefkrinizo
elude *v. t* αποφεύγω apofevgo
elusion *n* υπεκφυγή ipekfiyi
elusive *a* ασύλληπτος asiliptos
emancipation *n.* χειραφέτηση hirafetisi
embalm *v. t* βαλσαμώνω valsamono
embankment *n* ανάχωμα anahoma
embark *v. t* επιβιβάζω/-ομαι epivivazo/-ome
embarrass *v. t* φέρνω σε αμηχανία ferno se amihania
embassy *n* πρεσβεία presvia
embitter *v. t* πικραίνω pikreno
emblem *n* έμβλημα emvlima
embodiment *n* ενσάρκωση ensarkosi
embody *v. t.* ενσωματώνω ensomatono
embolden *v. t.* ενθαρρύνω entharino
embrace *v. t.* αγκαλιάζω/-ομαι agkaliazo/-ome
embrace *n* αγκάλιασμα agkaliasma
embroidery *n* κέντημα kentima

embryo *n* έμβρυο emvrio
emerald *n* σμαράγδι smaragdi
emerge *v. i* αναδύομαι anadiome
emergency *n* έκτακτη ανάγκη ektakti anagi
eminence *n* διασημότητα diasimotita
eminent *a* διαπρεπής diaprepis
emissary *n* απεσταλμένος apestalmenos
emit *v. t* εκπέμπω ekpempo
emolument *n* απολαυές apolaves
emotion *n* συγκίνηση siginisi
emotional *a* συναισθηματικός sinesthimatikos
emperor *n* αυτοκράτορας aftokratoras
emphasis *n* έμφαση emfasi
emphasize *v. t* τονίζω tonizo
emphatic *a* εμφατικός emfatikos
empire *n* αυτοκρατορία aftokratoria
employ *v. t* απασχολώ apasholo
employee *n* εργαζόμενος ergazomenos
employer *n* εργοδότης ergodotis
employment *n* απασχόληση apasholisi
empower *v. t* εξουσιοδοτώ eksousiodoto
empress *n* αυτοκράτειρα aftokratira
empty *a* άδειος adios
empty *v* αδειάζω adiazo
emulate *v. t* μιμούμαι mimoume
enable *v. t* επιτρέπω epitrepo
enact *v. t* θεσπίζω thespizo
enamel *n* σμάλτο smalto
enamour *v. t* μαγεύω mayevo
encase *v. t* βάζω σε θήκη vazo se thiki
enchant *v. t* γοητεύω goitevo
encircle *v. t.* περιβάλλω perivalo

enclose *v. t* περικλείω periklio
enclosure *n.* περίφραξη perifraksi
encompass *v. t* περιβάλλω perivalo
encounter *n.* απροσδόκητη συνάντηση aprosdokiti sinantisi
encounter *v. t* αντιμετωπίζω antimetopizo
encourage *v. t* ενθαρρύνω entharino
encroach *v. i* καταπατώ katapato
encumber *v. t.* επιβαρύνω epivarino
encyclopaedia *n.* εγκυκλοπαίδεια egiklopedia
end *v. t* τελειώνω teliono
end *n.* τέλος telos
endanger *v. t.* διακινδυνεύω diakindinevo
endear *v. t* καθιστώ προσφιλή kathisto prosfili
endearment *n.* τρυφερότητα triferotita
endeavour *n* προσπάθεια prospathia
endeavour *v. i* προσπαθώ prospatho
endorse *v. t.* οπισθογραφώ opisthografo
endow *v. t* προικίζω prikizo
endurable *a* υποφερτός ipofertos
endurance *n.* αντοχή antohi
endure *v. t.* υποφέρω ipofero
enemy *n* εχθρός ehthros
energetic *a* δραστήριος drastirios
energy *n.* ενέργεια eneryia
enfeeble *v. t.* εξασθενίζω eksasthenizo
enforce *v. t.* επιβάλλω epivalo
enfranchise *v. t.* χειραφετώ hirafeto
engage *v. t* προσλαμβάνω proslamvano

engagement *n.* αρραβώνας aravonas
engine *n* μηχανή mihani
engineer *n* μηχανικός mihanikos
English *n* αγγλικά agklika
engrave *v. t* χαράσσω haraso
engross *v.t* απορροφώ aporofo
engulf *v.t* καταβροχθίζω katavrohthizo
enigma *n* αίνιγμα enigma
enjoy *v. t* απολαμβάνω apolamvano
enjoyment *n* απόλαυση apolafsi
enlarge *v. t* μεγεθύνω meyethino
enlighten *v. t.* διαφωτίζω diafotizo
enlist *v. t* κατατάσσομαι katatasome
enliven *v. t.* ζωντανεύω zontanevo
enmity *n* εχθρότητα ehthrotita
ennoble *v. t.* απονέμω τίτλο ευγενείας aponemo titlo evyenias
enormous *a* τεράστιος terastios
enough *a* αρκετός arketos
enough *adv* αρκετά arketa
enrage *v. t* εξαγριώνω eksagriono
enrapture *v. t* γοητεύω goitevo
enrich *v. t* πλουτίζω ploutizo
enrol *v. t* εγγράφω/-ομαι egkrafo/-ome
enshrine *v. t* φυλάσσω ευλαβικά filaso evlavika
enslave *v.t.* σκλαβώνω sklavono
ensue *v.i* επακολουθώ epakoloutho
ensure *v. t* εγγυώμαι egiome
entangle *v. t* μπλέκω bleko
enter *v. t* εισέρχομαι iserhome
enterprise *n* επιχείρηση epihirisi
entertain *v. t* διασκεδάζω diaskedazo
entertainment *n.* ψυχαγωγία psihagoyia

enthrone *v. t* ενθρονίζω enthronizo
enthusiasm *n* ενθουσιασμός enthousiasmos
enthusiastic *a* ενθουσιώδης enthousiodis
entice *v. t.* παρασύρω parasiro
entire *a* ολόκληρος olokliros
entirely *adv* εξ ολοκλήρου eks oloklirou
entitle *v. t.* τιτλοφορώ titloforo
entity *n* οντότητα ontotita
entomology *n.* εντομολογία entomoloyia
entrails *n.* σωθικά sothika
entrance *n* είσοδος isodos
entrap *v. t.* παγιδεύω payidevo
entreat *v. t.* ικετεύω iketevo
entreaty *n.* ικεσία ikesia
entrust *v. t* αναθέτω anatheto
entry *n* είσοδος isodos
enumerate *v. t.* απαριθμώ aparithmo
envelop *v. t* τυλίγω tiligo
envelope *n* φάκελος fakelos
enviable *a* αξιοζήλευτος aksiozileftos
envious *a* φθονερός fthoneros
environment *n.* περιβάλλον perivalon
envy *n.* φθόνος fthonos
envy *v. t* ζηλεύω zilevo
epic *n* έπος epos
epidemic *n* επιδημία epidimia
epigram *n* επίγραμμα epigrama
epilepsy *n* επιληψία epilipsia
epilogue *n* επίλογος epilogos
episode *n* επεισόδιο episodio
epitaph *n* επιτάφιος επιγραφή epitafios epigrafi
epoch *n* εποχή epohi
equal *a* ίσος isos
equal *v. t* ισούμαι isoume
equal *n* ομότιμος omotimos

equality *n* ισότητα isotita
equalize *v. t.* εξισώνω eksisono
equate *v. t* εξισώνω eksisono
equation *n* εξίσωση eksisosi
equator *n* ισημερινός isimerinos
equilateral *a* ισόπλευρος isoplevros
equip *v. t* εφοδιάζω efodiazo
equipment *n* εξοπλισμός eksoplismos
equitable *a* δίκαιος dikeos
equivalent *a* ισοδύναμος isodinamos
equivocal *a* διφορούμενος diforoumenos
era *n* εποχή epohi
eradicate *v. t* ξεριζώνω kserizono
erase *v. t* εξαλείφω eksalifo
erect *v. t* στήνω stino
erect *a* όρθιος orthios
erection *n* ανέγερση aneyersi
erode *v. t* διαβιβρώσκω diavivrosko
erosion *n* διάβρωση diavrosi
erotic *a* ερωτικός erotikos
err *v. i* πλανώμαι planome
errand *n* θέλημα thelima
erroneous *a* λανθασμένος lanthasmenos
error *n* λάθος lathos
erupt *v. i* εκρήγνυμαι ekrignime
eruption *n* έκρηξη ekriksi
escape *n* δραπέτευση drapetefsi
escape *v.i* δραπετεύω drapetevo
escort *n* συνοδεία sinodia
escort *v. t* συνοδεύω sinodevo
especial *a* ειδικός idikos
essay *n.* δοκιμή dokimi
essay *v. t.* δοκιμάζω dokimazo
essayist *n* δοκιμιογράφος dokimiografos
essence *n* ουσία ousia
essential *a* απαραίτητος aparetitos
establish *v. t.* ιδρύω idrio

establishment *n* ίδρυση idrisi
estate *n* κτήμα ktima
esteem *n* εκτίμηση ektimisi
esteem *v. t* εκτιμώ ektimo
estimate *n.* υπολογισμός ipoloyismos
estimate *v. t* υπολογίζω ipoloyizo
estimation *n* εκτίμηση ektimisi
etcetera και τα λοιπά ke ta lipa
eternal *a* αιώνιος eonios
eternity *n* αιωνιότητα eoniotita
ether *n* αιθέρας etheras
ethical *a* ηθικός ithikos
ethics *n.* ηθική ithiki
etiquette *n* εθιμοτυπία ethimotipia
etymology *n.* ετυμολογία etimoloyia
eunuch *n* ευνούχος evnouhos
evacuate *v. t* εκκενώνω ekenono
evacuation *n* εκκένωση ekenosi
evade *v. t* αποφεύγω apofevgo
evaluate *v. t* εκτιμώ ektimo
evaporate *v. i* εξατμίζω/-ομαι eksatmizo/-ome
evasion *n* αποφυγή apofiyi
even *a* ομαλός omalos
even *v. t* εξισώνω eksisono
even *adv* ακόμη και akomi ke
evening *n* βράδυ vradi
event *n* γεγονός yegonos
eventually *adv.* τελικά telika
ever *adv* ποτέ pote
evergreen *a* αειθαλής aithalis
evergreen *n* αειθαλές aithales
everlasting *a.* αιώνιος eonios
every *a* κάθε kathe
evict *v. t* εκδιώκω ekdioko
eviction *n* έξωση eksosi
evidence *n* απόδειξη apodiksi
evident *a.* προφανής profanis
evil *n* κακό kako
evil *a* κακός kakos
evoke *v. t* προκαλώ prokalo

evolution *n* εξέλιξη ekseliksi
evolve *v.t* αναπτύσσω/-ομαι anaptiso/-ome
ewe *n* προβατίνα provatina
exact *a* ακριβής akrivis
exaggerate *v. t.* υπερβάλλω ipervalo
exaggeration *n.* υπερβολή ipervoli
exalt *v. t* εξυμνώ eksimno
examination *n.* εξέταση eksetasi
examine *v. t* εξετάζω eksetazo
examinee *n* εξεταζόμενος eksetazomenos
examiner *n* εξεταστής eksetastis
example *n* παράδειγμα paradigma
excavate *v. t.* ανασκάπτω anaskapto
excavation *n.* ανασκαφή anaskafi
exceed *v.t* ξεπερνώ kseperno
excel *v.i* διαπρέπω diaprepo
excellence *n.* υπεροχή iperohi
excellency *n* εξοχότητα eksohotita
excellent *a.* έξοχος eksohos
except *v. t* εξαιρώ eksero
except *prep* εκτός ektos
exception *n* εξαίρεση ekseresi
excess *n* υπερβολή ipervoli
excessive *a* υπερβολικός ipervolikos
exchange *n* ανταλλαγή antalayi
exchange *v. t* ανταλλάσσω antalaso
excise *n* έμμεσος φόρος emesos foros
excite *v. t* εξάπτω eksapto
exclaim *v.i* αναφωνώ anafono
exclamation *n* αναφώνηση anafonisi
exclude *v. t* αποκλείω apoklio

exclusive *a* αποκλειστικός apoklistikos
excommunicate *v. t.* αφορίζω aforizo
excursion *n.* εκδρομή ekdromi
excuse *v.t* συγχωρώ sinhoro
excuse *n* δικαιολογία dikeoloyia
execute *v. t* εκτελώ ektelo
execution *n* εκτέλεση ektelesi
executioner *n.* δήμιος dimios
exempt *v. t.* απαλλάσσω apalaso
exempt *a* απαλλαγμένος apalagmenos
exercise *n.* άσκηση askisi
exercise *v. t* ασκούμαι askoume
exhaust *v. t.* εξάτμιση eksatmisi
exhibit *n.* έκθεμα ekthema
exhibit *v. t* εκθέτω ektheto
exhibition *n.* έκθεση ekthesi
exile *n.* εξορία eksoria
exile *v. t* εξορίζω eksorizo
exist *v.i* υπάρχω iparho
existence *n* ύπαρξη iparksi
exit *n.* έξοδος eksodos
expand *v.t.* διαστέλλω/-ομαι diastelo/-ome
expansion *n.* επέκταση epektasi
expect *v. t* περιμένω perimeno
expectation *n.* προσδοκία prosdokia
expedient *a* πρόσφορος prosforos
expedite *v. t.* επισπεύδω epispevdo
expedition *n* αποστολή apostoli
expel *v. t.* εκδιώκω ekdioko
expend *v. t* ξοδεύω ksodevo
expenditure *n* δαπάνη dapani
expense *n.* έξοδο eksodo
expensive *a* ακριβός akrivos
experience *n* πείρα pira
experience *v. t.* δοκιμάζω dokimazo
experiment *n* πείραμα pirama
expert *a* έμπειρος ebiros

expert *n* εμπειρογνώμονας ebirognomonas
expire *v.i.* λήγω ligo
expiry *n* εκπνοή ekpnoi
explain *v. t.* εξηγώ eksigo
explanation *n* εξήγηση eksiyisi
explicit *a.* σαφής safis
explode *v. t.* σκάω skao
exploit *n* κατόρθωμα katorthoma
exploit *v. t* εκμεταλλεύομαι ekmetalevome
exploration *n* εξερεύνηση ekserevnisi
explore *v.t* εξερευνώ ekserevno
explosion *n.* έκρηξη ekriksi
explosive *n.* εκρηκτική ύλη ekriktiki ili
explosive *a* εκρηκτικός ekriktikos
exponent *n* υπέρμαχος ipermahos
export *n* εξαγωγή eksagoyi
export *v. t.* εξάγω eksago
expose *v. t* εκθέτω ektheto
express *v. t.* εκφράζω ekfrazo
express *a* σαφής safis
express *n* ταχεία tahia
expression *n.* έκφραση ekfrasi
expressive *a.* εκφραστικός ekfrastikos
expulsion *n.* αποβολή apovoli
extend *v. t* επεκτείνω epektino
extent *n.* έκταση ektasi
external *a* εξωτερικός eksoterikos
extinct *a* σβησμένος svismenos
extinguish *v.t* σβήνω svino
extol *v. t.* εκθειάζω ekthiazo
extra *a* πρόσθετος prosthetos
extra *adv* ιδιαιτέρως idieteros
extract *n* απόσταγμα apostagma
extract *v. t* βγάζω vgazo
extraordinary *a.* εξαιρετικός ekseretikos

extravagance *n* υπερβολή ipervoli
extravagant *a* υπερβολικός ipervolikos
extreme *a* ακραίος akreos
extreme *n* άκρο akro
extremist *n* εξτρεμιστής ekstrmistis
exult *v. i* πανηγυρίζω paniyirizo
eye *n* μάτι mati
eyeball *n* βολβός ματιού volvos matiou
eyelash *n* βλεφαρίδα vlefarida
eyelet *n* σιδεροθηλειά siderothilia
eyewash *n* κολλύριο kolirio

F

fable *n.* μύθος mithos
fabric *n* ύφασμα ifasma
fabricate *v.t* κατασκευάζω kataskevazo
fabrication *n* κατασκευή kataskevi
fabulous *a* θαυμάσιος thavmasios
facade *n* πρόσοψη prosopsi
face *n* πρόσωπο prosopo
face *v.t* αντικρύζω antikrizo
facet *n* όψη opsi
facial *a* του προσώπου tou prosopou
facile *a* εύκολος efkolos
facilitate *v.t* διευκολύνω diefkolino
facility *n* ευκολία efkolia
facsimile *n* πανομοιότυπο panomiotipo
fact *n* γεγονός yegonos
faction *n* κλίκα klika
factitious *a* τεχνητός tehnitos

factor *n* συντελεστής sintelestis
factory *n* εργοστάσιο ergostasio
faculty *n* ικανότητα ikanotita
fad *n* μανία mania
fade *v.i* μαραίνομαι marenome
faggot *n* δεμάτι demati
fail *v.i* αποτυγχάνω apotinhano
failure *n* αποτυχία apotihia
faint *a* αμυδρός amidros
faint *v.i* λιποθυμώ lipothimo
fair *a* δίκαιος dikeos
fair *n.* εμποροπανήγυρη eboropaniyiri
fairly *adv.* τίμια timia
fairy *n* νεράιδα neraida
faith *n* πίστη pisti
faithful *a* πιστός pistos
falcon *n* γεράκι yeraki
fall *v.i.* πέφτω pefto
fall *n* πτώση ptosi
fallacy *n* σόφισμα sofisma
fallow *n* χέρσος hersos
false *a* ψεύτικος pseftikos
falter *v.i* ταλαντεύομαι talantevome
fame *n* φήμη fimi
familiar *a* οικείος ikios
family *n* οικογένεια ikoyenia
famine *n* λιμός limos
famous *a* διάσημος diasimos
fan *n* θαυμαστής thavmastis
fanatic *a* φανατικός fanatikos
fanatic *n* φανατικός fanatikos
fancy *n* φαντασία fantasia
fancy *v.t* φαντάζομαι fantazome
fantastic *a* έξοχος eksohos
far *adv.* μακρυά makria
far *a* μακρυνός makrinos
far *n* απόσταση apostasi
farce *n* φάρσα farsa
fare *n* εισιτήριο isitirio
farewell *n* αποχαιρετισμός apoheretismos
farewell *interj.* αντίο antio

farm *n* αγρόκτημα agroktima
farmer *n* αγρότης agrotis
fascinate *v.t* γοητεύω goitevo
fascination *n.* γοητεία goitia
fashion *n* μόδα moda
fashionable *a* μοντέρνος monternos
fast *a* γρήγορος grigoros
fast *adv* γρήγορα grigora
fast *n* νηστεία nistia
fast *v.i* νηστεύω nistevo
fasten *v.t* στερεώνω stereono
fat *a* παχύς pahis
fat *n* λίπος lipos
fatal *a* θανατηφόρος thanatiforos
fate *n* μοίρα mira
father *n* πατέρας pateras
fathom *v.t* βυθομετρώ vithometro
fathom *n* οργυιά oryia
fatigue *n* κούραση kourasi
fatigue *v.t* κουράζω kourazo
fault *n* σφάλμα sfalma
faulty *a* ελαττωματικός elatomatikos
fauna *n* πανίδα panida
favour *n* εύνοια evnia
favour *v.t* ευνοώ evnoo
favourable *a* ευνοϊκός evnoikos
favourite *a* ευνοούμενος evnooumenos
fear *n* φόβος fovos
fear *v.i* φοβάμαι fovame
fearful *a.* φοβερός foveros
feasible *a* εφικτός efiktos
feast *n* γιορτή yiorti
feast *v.i* κάνω πλούσιο τραπέζι kano plousio trapezi
feat *n* κατόρθωμα katorthoma
feather *n* φτερό ftero
feature *n* χαρακτηριστικό haraktiristiko
February *n* Φεβρουάριος fevrouarios

federal *a* ομοσπονδιακός omospondiakos
federation *n* ομοσπονδία omospondia
fee *n* αμοιβή amivi
feeble *a* αδύναμος adinamos
feed *v.t* ταΐζω taizo
feed *n* τροφή trofi
feel *v.t* νιώθω niotho
feeling *n* αίσθηση esthisi
feign *v.t* προσποιούμαι prospioume
felicitate *v.t* συγχαίρω sinhero
felicity *n* ευδαιμονία evdemonia
fell *v.t* σωριάζω soriazo
fellow *n* άνθρωπος anthropos
female *a* θηλυκός thilikos
female *n* θηλυκό thiliko
feminine *a* γυναικείος yinekios
fence *n* φράχτης frahtis
fence *v.t* ξιφομαχώ ksifomaho
fend *v.t* αποκρούω apokrouo
ferment *n* μαγιά mayia
ferment *v.t* προκαλώ/παθαίνω ζύμωση prokalo/patheno zimosi
fermentation *n* ζύμωση zimosi
ferocious *a* άγριος agrios
ferry *n* φερυμπότ feribot
ferry *v.t* διαπεραιώνω diapereono
fertile *a* εύφορος eforos
fertility *n* γονιμότητα gonimotita
fertilize *v.t* γονιμοποιώ gonimopio
fertilizer *n* λίπασμα lipasma
fervent *a* διάπυρος diapiros
fervour *n* θέρμη thermi
festival *n* γιορτή yiorti
festive *a* γιορταστικός yiortastikos
festivity *n* γλέντι glenti
festoon *n* γιρλάντα yirlanta
fetch *v.t* φέρνω ferno
fetter *n* πεδούκλι pedoukli
feud *n.* έχθρα ehthra

feudal *a* φεουδαρχικός feoudarhikos
fever *n* πυρετός piretos
few *a* λίγοι liyi
fiasco *n* φιάσκο fiasko
fibre *n* ίνα ina
fickle *a* ευμετάβλητος evmetavlitos
fiction *n* αποκύημα της φαντασίας apokiima tis fantasias
fictitious *a* φανταστικός fantastikos
fiddle *n* βιολί violi
fiddle *v.i* παίζω βιολί pezo violi
fidelity *n* πίστη pisti
fie *interj* ντροπή ntropi
field *n* χωράφι horafi
fiend *n* σατανάς satanas
fierce *a* άγριος agrios
fiery *a* φλογερός floyeros
fifteen *n* δεκαπέντε dekapente
fifty *n.* πενήντα peninta
fig *n* σύκο siko
fight *n* μάχη mahi
fight *v.t* αγωνίζομαι agonizome
figment *n* πλάσμα plasma
figurative *a* μεταφορικός metaforikos
figure *n* αριθμός arithmos
figure *v.t* φαντάζομαι fantazome
file *n* φάκελος fakelos
file *v.t* αρχειοθετώ arhiotheto
file *n* λίμα lima
file *v.t* λιμάρω limaro
file *n* φάλαγγα falagka
file *v.i.* βαδίζω σε φάλαγγα vadizo se falagka
fill *v.t* γεμίζω yemizo
film *n* φιλμ film
film *v.t* κινηματογραφώ kinimatografo
filter *n* φίλτρο filtro
filter *v.t* φιλτράρω filtraro

filth *n* βρωμιά vromia
filthy *a* βρώμικος vromikos
fin *n* πτερύγιο pteriyio
final *a* τελικός telikos
finance *n* οικονομικά ikonomika
finance *v.t* χρηματοδοτώ hrimatodoto
financial *a* χρηματικός hrimatikos
financier *n* οικονομολόγος ikonomologos
find *v.t* βρίσκω vrisko
fine *n* πρόστιμο prostimo
fine *v.t* επιβάλλω πρόστιμο epivalo prostimo
fine *a* καλός kalos
finger *n* δάχτυλο dahtilo
finger *v.t* ψηλαφώ psilafo
finish *v.t* τελειώνω teliono
finish *n* τελευταία φάση teleftea fasi
finite *a* πεπερασμένος peperasmenos
fir *n* έλατο elato
fire *n* φωτιά fotia
fire *v.t* πυρπολώ pirpolo
firm *a* σφιχτός sfihtos
firm *n.* εταιρεία eteria
first *a* πρώτος protos
first *n* πρώτος protos
first *adv* πρώτα prota
fiscal *a* δημοσιονομικός dimosionomikos
fish *n* ψάρι psari
fish *v.i* ψαρεύω psarevo
fisherman *n* ψαράς psaras
fissure *n* ρωγμή rogmi
fist *n* γροθιά grothia
fistula *n* συρίγγιο sirigio
fit *v.t* ταιριάζω teriazo
fit *a* κατάλληλος katalilos
fit *n* παροξυσμός paroksismos
fitful *a* άστατος astatos
fitter *n* ράφτης raftis

five *n* πέντε pente
fix *v.t* στερεώνω stereono
fix *n* μπλέξιμο bleksimo
flabby *a* πλαδαρός pladaros
flag *n* σημαία simea
flagrant *a* κατάφωρος kataforos
flame *n* φλόγα floga
flame *v.i* φλέγομαι flegome
flannel *n* φανέλα fanela
flare *v.i* φεγγοβολώ fegkovolo
flare *n* λάμψη lampsi
flash *n* αστραπή astrapi
flash *v.t* λάμπω labo
flask *n* παγούρι pagouri
flat *a* επίπεδος epipedos
flat *n* διαμέρισμα diamerisma
flatter *v.t* κολακεύω kolakevo
flattery *n* κολακεία kolakia
flavour *n* γεύση yefsi
flaw *n* ελάττωμα elatoma
flea *n.* ψύλλος psilos
flee *v.i* το σκάω to skao
fleece *n* προβιά provia
fleece *v.t* γδέρνω gderno
fleet *n* στόλος stolos
flesh *n* σάρκα sarka
flexible *a* εύκαμπτος efkamptos
flicker *n* αναλαμπή analabi
flicker *v.t* τρεμοσβήνω tremosvino
flight *n* πτήση ptisi
flimsy *a* λεπτός leptos
fling *v.t* εκσφενδονίζω eksfendonizo
flippancy *n* επιπολαιότητα epipoleotita
flirt *n* φλερτ flert
flirt *v.i* φλερτάρω flertaro
float *v.i* επιπλέω epipleo
flock *n* κοπάδι kopadi
flock *v.i* συγκεντρώνομαι sigentronome
flog *v.t* μαστιγώνω mastigono
flood *n* πλημμύρα plimira

flood *v.t* πλημμυρίζω plimirizo
floor *n* πάτωμα patoma
floor *v.t* βάζω πάτωμα vazo patoma
flora *n* χλωρίδα hlorida
florist *n* ανθοπώλης anthopolis
flour *n* αλεύρι alevri
flourish *v.i* ακμάζω akmazo
flow *n* ροή roi
flow *v.i* ρέω reo
flower *n* λουλούδι louloudi
flowery *a* λουλουδιασμένος louloudiasmenos
fluent *a* ευφράδης efradis
fluid *a* ρευστός refstos
fluid *n* υγρό igro
flush *v.i* κοκκινίζω kokinizo
flush *n* χείμαρρος himaros
flute *n* φλάουτο flaouto
flute *v.i* αυλακώνω avlakono
flutter *n* φτεροκόπημα fterokopima
flutter *v.t* φτεροκοπώ fterokopo
fly *n* μύγα miga
fly *v.i* πετώ peto
foam *n* αφρός afros
foam *v.t* αφρίζω afrizo
focal *a* εστιακός estiakos
focus *n* εστία estia
focus *v.t* ρυθμίζω rithmizo
fodder *n* σανός sanos
foe *n* εχθρός ehthros
fog *n* ομίχλη omihli
foil *v.t* ματαιώνω mateono
fold *n* στάνη stani
fold *v.t* διπλώνω diplono
foliage *n* φύλλωμα filoma
follow *v.t* ακολουθώ akoloutho
follower *n* ακόλουθος akolouthos
folly *n* ανοησία anoisia
foment *v.t* υποδαυλίζω ipodavlizo
fond *a* στοργικός storyikos
fondle *v.t* χαϊδεύω haidevo
food *n* φαγητό fayito

fool *n* ανόητος anoitos
foolish *a* ανόητος anoitos
foolscap *n* χαρτί γραφής harti grafis
foot *n* πόδι podi
for *prep* για yia
for *conj.* διότι dioti
forbid *v.t* απαγορεύω apagorevo
force *n* δύναμη dinami
force *v.t* εξαναγκάζω eksanagkazo
forceful *a* ρωμαλέος romaleos
forcible *a* βίαιος vieos
forearm *n* πήχης pihis
forearm *v.t* εξοπλίζω εκ των προτέρων eksoplizo ek ton proteron
forecast *n* πρόβλεψη provlepsi
forecast *v.t* προβλέπω provlepo
forefather *n* προπάτωρ propator
forefinger *n* δείκτης diktis
forehead *n* μέτωπο metopo
foreign *a* ξένος ksenos
foreigner *n* αλλοδαπός alodapos
foreknowledge *n.* γνώση εκ των προτέρων gnosi ek ton proteron
foreleg *n* μπροστινό πόδι brostino podi
forelock *n* αφέλεια afelia
foreman *n* προϊστάμενος ενόρκων proistamenos enorkon
foremost *a* πρώτος protos
forenoon *n* πρωΐ proi
forerunner *n* προάγγελος proagelos
foresee *v.t* προβλέπω provlepo
foresight *n* πρόβλεψη provlepsi
forest *n* δάσος dasos
forestall *v.t* προλαμβάνω prolamvano
forester *n* δασοφύλακας dasofilakas
forestry *n* δασοκομία dasokomia
foretell *v.t* προλέγω prolego

forethought *n* προμελέτη promeleti
forever *adv* διαρκώς diarkos
forewarn *v.t* προειδοποιώ proidopio
foreword *n* πρόλογος prologos
forfeit *v.t* χάνω hano
forfeit *n* τίμημα timima
forfeiture *n* στέρηση sterisi
forge *n* σιδηρουργείο sidirouryio
forge *v.t* σφυρηλατώ sfirilato
forgery *n* πλαστογραφία plastografia
forget *v.t* ξεχνώ ksehno
forgetful *a* επιλήσμων epilismon
forgive *v.t* συγχωρώ sinhoro
forgo *v.t* παραιτούμαι paretoume
forlorn *a* έρημος erimos
form *n* μορφή morfi
form *v.t.* σχηματίζω/-ομαι shimatizo/-ome
formal *a* επίσημος episimos
format *n* σχήμα shima
formation *n* σχηματισμός shimatismos
former *a* προηγούμενος proigoumenos
former *pron* ο πρώτος ο protos
formerly *adv* παλαιότερα paleotera
formidable *a* τρομερός tromeros
formula *n* διατύπωση diatiposi
formulate *v.t* διατυπώνω diatipono
forsake *v.t.* εγκαταλείπω egkatalipo
forswear *v.t.* απαρνούμαι aparnoume
fort *n.* φρούριο frourio
forte *n.* φόρτε forte
forth *adv.* έξω ekso
forthcoming *a.* προσεχής prosehis
forthwith *adv.* πάραυτα parafta

fortify *v.t.* οχυρώνω ohirono
fortitude *n.* καρτερία karteria
fortnight *n.* δεκαπενθήμερο dekapenthimero
fortress *n.* φρούριο frourio
fortunate *a.* τυχερός tiheros
fortune *n.* τύχη tihi
forty *n.* σαράντα saranta
forum *n.* αγορά agora
forward *a.* μπροστινός brostinos
forward *adv* εμπρός ebros
forward *v.t* προωθώ prootho
fossil *n.* απολίθωμα apolithoma
foster *v.t.* ανατρέφω anatrefo
foul *a.* βρώμικος vromikos
found *v.t.* ιδρύω idrio
foundation *n.* ίδρυση idrisi
founder *n.* ιδρυτής idritis
foundry *n.* χυτήριο hitirio
fountain *n.* συντριβάνι sintrivani
four *n.* τέσσερα tesera
fourteen *n.* δεκατέσσερα dekatesera
fowl *n.* πτηνό ptino
fowler *n.* κυνηγός πτηνών kinigos ptinon
fox *n.* αλεπού alepou
fraction *n.* κλάσμα klasma
fracture *n.* κάταγμα katagma
fracture *v.t* σπάζω spazo
fragile *a.* εύθραυστος efthrafstos
fragment *n.* κομμάτι komati
fragrance *n.* ευωδιά evodia
fragrant *a.* ευωδιαστός evodiastos
frail *a.* ασθενικός asthenikos
frame *v.t.* φτιάχνω ftiahno
frame *n* κορνίζα korniza
frachise *n.* προνόμιο pronomio
frank *a.* ειλικρινής ilikrinis
frantic *a.* έξαλλος eksalos
fraternal *a.* αδελφικός adelfikos
fraternity *n.* αδελφότητα adelfotita

fratricide *n.* αδελφοκτονία adelfoktonia
fraud *n.* απάτη apati
fraudulent *a.* απατηλός apatilos
fraught *a.* κατάφορτος katafortos
fray *n* συμπλοκή sibloki
free *a.* ελεύθερος eleftheros
free *v.t* ελευθερώνω eleftherono
freedom *n.* ελευθερία eleftheria
freeze *v.i.* παγώνω pagono
freight *n.* ναύλωση navlosi
French *a.* γαλλικός galikos
French *n* γαλλικά galika
frenzy *n.* τρέλα trela
frequency *n.* συχνότητα sihnotita
frequent *n.* συχνός sihnos
fresh *a.* φρέσκος freskos
fret *n.* δακτυλοθέσιο daktilothesio
fret *v.t.* εκνευρίζομαι eknevrizome
friction *n.* τριβή trivi
Friday *n.* Παρασκευή paraskevi
fridge *n.* ψυγείο psiyio
friend *n.* φίλος filos
fright *n.* τρομάρα tromara
frighten *v.t.* κατατρομάζω katatromazo
frigid *a.* παγερός payeros
frill *n.* βολάν volan
fringe *n.* περιθώριο perithorio
fringe *v.t* πλαισιώνω plesiono
frivolous *a.* επιπόλαιος epipoleos
frock *n.* φόρεμα forema
frog *n.* βάτραχος vatrahos
frolic *n.* γλέντι glenti
frolic *v.i.* κάνω τρέλες kano treles
from *prep.* από apo
front *n.* μέτωπο metopo
front *a* μπροστινός brostinos
front *v.t* βλέπω vlepo
frontier *n.* σύνορο sinoro
frost *n.* παγετός payetos

frown *n.* κατσούφιασμα katsoufiasma
frown *v.i* κατσουφιάζω katsoufiazo
frugal *a.* λιτός litos
fruit *n.* φρούτο frouto
fruitful *a.* καρποφόρος karpoforos
frustrate *v.t.* εμποδίζω ebodizo
frustration *n.* απογοήτευση apogoitefsi
fry *v.t.* τηγανίζω tiganizo
fry *n* γαύρος gavros
fuel *n.* καύσιμο kafsimo
fugitive *a.* πρόσκαιρος proskeros
fugitive *n.* φυγάς figas
fulfil *v.t.* εκπληρώ ekpliro
fulfilment *n.* εκπλήρωση ekplirosi
full *a.* γεμάτος yematos
fullness *n.* πληρότητα plirotita
fully *adv.* πλήρως pliros
fumble *v.i.* ψαχουλεύω psahoulevo
fun *n.* διασκέδαση diaskedasi
function *n.* λειτουργία litouryia
function *v.i* λειτουργώ litourgo
functionary *n.* αξιωματούχος aksiomatouhos
fund *n.* απόθεμα apothema
fundamental *a.* θεμελιώδης themeliodis
funeral *n.* κηδεία kidia
fungus *n.* μύκητας mikitas
funny *n.* άστειος astios
fur *n.* τρίχωμα trihoma
furious *a.* μανιασμένος maniasmenos
furl *v.t.* διπλώνω/-ομαι diplono/-ome
furlong *n.* φέρλον ferlon
furnace *n.* φούρνος fournos
furnish *v.t.* επιπλώνω epiplono
furniture *n.* έπιπλα epipla

furrow *n.* αυλάκι avlaki
further *adv.* μακρύτερα makritera
further *a* πρόσθετος prosthetos
further *v.t* προάγω proago
fury *n.* λύσσα lisa
fuse *v.t.* λιώνω liono
fuse *n* φιτίλι fitili
fusion *n.* τήξη tiksi
fuss *n.* φασαρία fasaria
fuss *v.i* ενοχλώ anohlo
futile *a.* φρούδος froudos
futility *n.* ματαιότητα mateotita
future *a.* μελλοντικός melontikos
future *n* μέλλον melon

G

gabble *v.i.* φλυαρώ fliaro
gadfly *n.* αλογόμυγα alogomiga
gag *v.t.* φιμώνω fimono
gag *n.* φίμωτρο fimotro
gaiety *n.* ευθυμία efthimia
gain *v.t.* κερδίζω kerdizo
gain *n* κέρδος kerdos
gainsay *v.t.* αρνούμαι arnoume
gait *n.* βάδισμα vadisma
galaxy *n.* γαλαξίας galaksias
gale *n.* θύελλα thiela
gallant *a.* γενναίος yeneos
gallant *n* δανδής dandis
gallantry *n.* αβροφροσύνη avrofrosini
gallery *n.* γκαλερί gkaleri
gallon *n.* γαλόνι galoni
gallop *n.* καλπασμός kalpasmos
gallop *v.t.* καλπάζω kalpazo
gallows *n.* . κρεμάλα kremala
galore *adv.* σε αφθονία se afthonia

galvanize *v.t.* γαλβανίζω galvanizo
gamble *v.i.* χαρτοπαίζω hartopezo
gamble *n* τυχερό παιχνίδι tihero pehnidi
gambler *n.* χαρτοπαίχτης hartopehtis
game *n.* παιχνίδι pehnidi
gander *n.* αρσενική χήνα arseniki hina
gang *n.* ομάδα omada
gangster *n.* γκάνγκστερ gkangkster
gap *n* ρωγμή rogmi
gape *v.i.* χάσκω hasko
garage *n.* γκαράζ gkaraz
garb *n.* ένδυμα endima
garbed *a* ντυμένος ntimenos
garbage *n.* απορρίματα aporimata
garden *n.* κήπος kipos
gardener *n.* κηπουρός kipouros
gargle *v.i.* κάνω γαργάρα kano gargara
garland *n.* στεφάνι stefani
garland *v.t.* στεφανώνω stefanono
garlic *n.* σκόρδο skordo
garment *n.* ρούχο rouho
garter *n.* καλτσοδέτα kaltsodeta
gas *n.* αέριο aerio
gasket *n.* φλάντζα flaja
gasp *n.* αγκομαχητό agkomahito
gasp *v.i* ασθμαίνω asthmeno
gassy *a.* αεριούχος aeriouhos
gastric *a.* γαστρικός gastrikos
gate *n.* πύλη pili
gather *v.t.* μαζεύω/-ομαι mazevo/-ome
gaudy *a.* φανταχτερός fantahteros
gauge *n.* μέτρο metro
gauntlet *n.* γάντι ganti

gay *a.* χαρούμενος haroumenos
gaze *v.t.* καρφώνω τα μάτια karfono ta matia
gaze *n* ατενές βλέμμα atenes vlema
gazette *n.* Εφημερίδα efimerida
gear *n.* ταχύτητα tahitita
geld *v.t.* μουνουχίζω mounouhizo
gem *n* πετράδι petradi
gender *n.* γένος yenos
general *a.* γενικός yenikos
generally *adv.* γενικώς yenikos
generate *v.t.* παράγω parago
generation *n.* γενιά yenia
generator *n.* γεννήτρια yenitria
generosity *n.* γενναιοδωρία yeneodoria
generous *a.* γενναιόδωρος yeneodoros
genius *n.* διάνοια diania
gentle *a.* πράος praos
gentleman *n.* τζέντλεμαν jentleman
gentry *n.* κατώτερη αριστοκρατία katoteri aristokratia
genuine *a.* γνήσιος gnisios
geographer *n.* γεωγράφος yeografos
geographical *a.* γεωγραφικός yeografikos
geography *n.* γεωγραφία yeografia
geological *a.* γεωλογικός yeoloyikos
geologist *n.* γεωλόγος yeologos
geology *n.* γεωλογία yeoloyia
geometrical *a.* γεωμετρικός yeometrikos
geometry *n.* γεωμετρία yeometria
germ *n.* μικρόβιο mikrovio
germicide *n.* βακτηριοκτόνο vaktirioktono
germinate *v.i.* βλαστάνω vlastano
germination *n.* βλάστηση vlastisi
gerund *n.* γερούνδιο yeroundio
gesture *n.* χειρονομία hironomia
get *v.t.* γίνομαι yinome
ghastly *a.* κάτωχρος katohros
ghost *n.* φάντασμα fantasma
giant *n.* γίγαντας yigantas
gibbon *n.* γίββων yivon
gibe *v.i.* σαρκάζω sarkazo
gibe *n* μπηχτή bihti
giddy *a.* ζαλισμένος zalismenos
gift *n.* δώρο doro
gifted *a.* προικισμένος prikismenos
gigantic *a.* γιγαντιαίος yigantieos
giggle *v.i.* χαχανίζω hahanizo
gild *v.t.* επιχρυσώνω epihrisono
gilt *a.* επιχρύσωση epihrisosi
ginger *n.* πιπερόριζα piperoriza
giraffe *n.* καμηλοπάρδαλη kamilopardali
gird *v.t.* ζώνομαι zonome
girder *n.* σκελετός skeletos
girdle *n.* ζώνη zoni
girdle *v.t* περιβάλλω perivalo
girl *n.* κορίτσι koritsi
girlish *a.* κοριτσίστικος koritsistikos
gist *n.* νόημα noima
give *v.t.* δίνω dino
glacier *n.* παγετώνας payetonas
glad *a.* ευχαριστημένος efharistimenos
gladden *v.t.* χαροποιώ haropio
glamour *n.* γοητεία goitia
glance *n.* ματιά matia
glance *v.i.* κοιτάζω γρήγορα kitazo grigora
gland *n.* αδένας adenas
glare *n.* λάμψη lampsi
glare *v.i* λάμπω labo

glass n. γυαλί yiali
glaucoma n. γλαύκωμα glafkoma
glaze v.t. τζαμώνω jamono
glaze n βερνίκι verniki
glazier n. τζαμάς jamas
glee n. χαρά hara
glide v.t. γλιστρώ glistro
glider n. ανεμοπλάνο anemoplano
glimpse n. γρήγορη ματιά grigori matia
glitter v.i. λάμπω labo
glitter n λάμψη lampsi
global a. παγκόσμιος pagkosmios
globe n. σφαίρα sfera
gloom n. σκοτεινιά skotinia
gloomy a. σκοτεινός skotinos
glorification n. πανηγυρισμός paniyirismos
glorify v.t. δοξάζω doksazo
glorious a. έξοχος eksohos
glory n. δόξα doksa
gloss n. λούστρο loustro
glossary n. γλωσσάριο glosario
glossy a. γυαλιστερός yialisteros
glove n. γάντι ganti
glow v.i. καίω keo
glow n λάμψη lampsi
glucose n. γλυκόζη glikozi
glue n. κόλλα kola
glut v.t. πλημμυρίζω plimirizo
glut n κορεσμός koresmos
glutton n. φαγάς fagas
gluttony n. λαιμαργία lemaryia
glycerine n. γλυκερίνη glikerini
go v.i. πηγαίνω piyeno
goad n. βουκέντρα voukentra
goad v.t παρακινώ parakino
goal n. σκοπός skopos
goat n. κατσίκα katsika
gobble n. γλουγλούκισμα glougloukisma
goblet n. κύπελο kipelo
god n. θεός theos

goddess n. θεά thea
godhead n. θεότητα theotita
godly a. θρήσκος thriskos
godown n. αποθήκη άπω ανατολής apothiki apo anatolis
godsend n. λαχείο lahio
goggles n. χοντρά γυαλιά hontra yialia
gold n. χρυσός hrisos
golden a. χρυσός hrisos
goldsmith n. χρυσοχόος hrisohoos
golf n. γκολφ gkolf
gong n. γκογκ gkogk
good a. καλός kalos
good n καλό kalo
good-bye interj. αντίο antio
goodness n. καλοσύνη kalosini
goodwill n. φιλικότητα filikotita
goose n. χήνα hina
gooseberry n. φραγκοστάφυλο fragkostafilo
gorgeous a. υπέροχος iperohos
gorilla n. γορίλας gorilas
gospel n. Ευαγγέλιο evagelio
gossip n. κουτσομπολιό koutsobolio
gourd n. νεροκολόκυθο nerokolokitho
gout n. αρθρίτις arthritis
govern v.t. κυβερνώ kiverno
governance n. διοίκηση diikisi
governess n. νταντά ntanta
government n. κυβέρνηση kivernisi
governor n. κυβερνήτης kivernitis
gown n. φόρεμα forema
grab v.t. αρπάζω arpazo
grace n. χάρη hari
grace v.t. τιμώ timo
gracious a. ευχάριστος efharistos

gradation *n.* διαβάθμιση diavathmisi
grade *n.* κατηγορία katigoria
grade *v.t* ταξινομώ taksinomo
gradual *a.* βαθμιαίος vathmieos
graduate *v.i.* βαθμολογώ vathmologo
graduate *n* απόφοιτος apofitos
graft *n.* κεντρί kentri
graft *v.t* κεντρώνω kentrono
grain *n.* δημητριακά dimitriaka
grammar *n.* γραμματική gramatiki
grammarian *n.* γραμματικός gramatikos
gramme *n.* γραμμάριο gramario
gramophone *n.* γραμμόφωνο gramofono
grannary *n.* σιταποθήκη sitapothiki
grand *a.* μεγαλοπρεπής megaloprepis
grandeur *n.* μεγαλείο megalio
grant *v.t.* παρέχω pareho
grant *n* επιχορήγηση epihoriyisi
grape *n.* σταφύλι stafili
graph *n.* διάγραμμα diagrama
graphic *a.* γραφικός grafikos
grapple *v.i.* πιάνομαι pianome
grasp *v.t.* πιάνω piano
grasp *n* λαβή lavi
grass *n* χορτάρι hortari
grate *n.* σχάρα shara
grate *v.t* τρίβω trivo
grateful *a.* ευγνώμων evgnomon
gratification *n.* ικανοποίηση ikanopiisi
gratis *adv.* δωρεάν dorean
gratitude *n.* ευγνωμοσύνη evgnomosini
gratuity *n.* φιλοδώρημα filodorima
grave *n.* τάφος tafos
grave *a.* σοβαρός sovaros

gravitate *v.i.* έλκομαι elkome
gravitation *n.* έλξη elksi
gravity *n.* βαρύτητα varitita
graze *v.i.* βόσκω vosko
graze *n* βοσκή voski
grease *n* λίπος lipos
grease *v.t* γρασσάρω grasaro
greasy *a.* λιπαρός liparos
great *a* μέγας megas
greed *n.* απληστία aplistia
greedy *a.* άπληστος aplistos
Greek *n.* ελληνικά elinika
Greek *a* ελληνικός elinikos
green *a.* πράσινος prasinos
green *n* πράσινο prasino
greenery *n.* βλάστηση vlastisi
greet *v.t.* χαιρετώ hereto
grenade *n.* χειροβομβίδα hirovomvida
grey *a.* γκρίζος gkrizos
greyhound *n.* λαγωνικό lagoniko
grief *n.* στενοχώρια stenohoria
grievance *n.* παράπονο parapono
grieve *v.t.* θλίβω thlivo
grievous *a.* θλιβερός thliveros
grind *v.i.* τρίβω trivo
grinder *n.* μύλος milos
grip *v.t.* σφίγγω sfigko
grip *n* σφίξιμο sfiksimo
groan *v.i.* στενάζω stenazo
groan *n* στεναγμός stenagmos
grocer *n.* μπακάλης bakalis
grocery *n.* μπακαλική bakaliki
groom *n.* γαμπρός gabros
groom *v.t* προετοιμάζω proetimazo
groove *n.* ράβδωση ravdosi
groove *v.t* αυλακώνω avlakono
grope *v.t.* ψηλαφώ psilafo
gross *n.* γρόσα grosa
gross *a* χυδαίος hideos
grotesque *a.* αλλόκοτος alokotos
ground *n.* έδαφος edafos
group *n.* ομάδα omada

group *v.t.* συγκεντρώνω/-ομαι σε ομάδες sigentrono/-ome se omades
grow *v.t.* μεγαλώνω megalono
grower *n.* καλλιεργητής kalieryitis
growl *v.i.* γρυλλίζω grilizo
growl *n* γρύλλισμα grilisma
growth *n.* αύξηση afksisi
grudge *v.t.* δεν είμαι πρόθυμος den ime prothimos
grudge *n* έχθρα ehthra
grumble *v.i.* μουρμουρίζω mourmourizo
grunt *n.* γρύλλισμα grilisma
grunt *v.i.* γρυλλίζω grilizo
guarantee *n.* εγγύηση egiisi
guarantee *v.t* εγγυώμαι egiome
guard *v.i.* φρουρώ frouro
guard *n.* προφύλαξη profilaksi
guardian *n.* φύλακας filakas
guava *n.* γουάβα gouava
guerilla *n.* αντάρτης antartis
guess *n.* εικασία ikasia
guess *v.i* μαντεύω mantevo
guest *n.* καλεσμένος kalesmenos
guidance *n.* καθοδήγηση kathodiyisi
guide *v.t.* καθοδηγώ kathodigo
guide *n.* οδηγός odigos
guild *n.* συντεχνία sintehnia
guile *n.* δόλος dolos
guilt *n.* ενοχή enohi
guilty *a.* ένοχος enohos
guise *n.* αμφίεση amfiesi
guitar *n.* κιθάρα kithara
gulf *n.* κόλπος kolpos
gull *n.* γλάρος glaros
gull *n* κορόϊδο koroido
gull *v.t* εξαπατώ eksapato
gulp *n.* μπουκιά boukia
gum *n.* ούλο oulo
gun *n.* όπλο oplo
gust *n.* μπουρίνι bourini

gutter *n.* λούκι louki
guttural *a.* λαρυγγικός larigikos
gymnasium *n.* γυμναστήριο yimnastirio
gymnast *n.* γυμναστής yimnastis
gymnastic *a.* γυμναστικός yimnastikos
gymnastics *n.* γυμναστική yimnastiki

H

habeas corpus *n.* προστασία των πολιτών κατά της παράνομης κράτησης prostasia ton politon kata tis paranomis kratisis
habit *n.* συνήθεια sinithia
habitable *a.* κατοικήσιμος katikisimos
habitat *n.* φυσικό περιβάλλον fisiko perivalon
habitation *n.* κατοικία katikia
habituate *v. t.* συνηθίζω sinithizo
hack *v.t.* πετσοκόβω petsokovo
hag *n.* μάγισσα mayisa
haggard *a.* καταβεβλημένος katavevlimenos
haggle *v.i.* παζαρεύω pazarevo
hail *n.* χαλάζι halazi
hail *v.i* χαιρετώ hereto
hail *v.t* προέρχομαι proerhome
hair *n* τρίχα triha
hale *a.* κοτσονάτος kotsonatos
half *n.* μισό miso
half *a* μισός misos
hall *n.* χωλ hol
hallmark *n.* γνώρισμα gnorisma
hallow *v.t.* καθαγιάζω kathayiazo
halt *v. t.* σταματώ stamato
halt *n* σταμάτημα stamatima

halve *v.t.* μοιράζω στα δυο mirazo sta dio
hamlet *n.* χωριουδάκι horioudaki
hammer *n.* σφυρί sfiri
hammer *v.t* σφυροκοπώ sfirokopo
hand *n* χέρι heri
hand *v.t* δίνω dino
handbill *n.* φέιγ-βολάν feiy-volan
handbook *n.* εγχειρίδιο enhiridio
handcuff *n.* χειροπέδη hiropedi
handcuff *v.t* περνώ χειροπέδες perno hiropedes
handful *n.* χούφτα houfta
handicap *v.t.* ισοζυγίζω isoziyizo
handicap *n* ισοζυγισμός isoziyismos
handicraft *n.* χειροτεχνία hirotehnia
handiwork *n.* δουλειά με το χέρι doulia me to heri
handkerchief *n.* χειρομάντηλο hiromantilo
handle *n.* λαβή lavi
handle *v.t* πιάνω piano
handsome *a.* ωραίος oreos
handy *a.* επιδέξιος epideksios
hang *v.t.* κρεμώ kremo
hanker *v.i.* λαχταρώ lahtaro
haphazard *a.* τυχαίος tiheos
happen *v.t.* συμβαίνει simveni
happening *n.* συμβάν simvan
happiness *n.* ευτυχία eftihia
happy *a.* ευτυχισμένος eftihismenos
harass *v.t.* ενοχλώ enohlo
harassment *n.* παρενόχληση parenohlisi
harbour *n.* λιμάνι limani
harbour *v.t* κρύβω krivo
hard *a.* σκληρός skliros
harden *v.t.* σκληραίνω sklireno
hardihood *n.* τόλμη tolmi
hardly *adv.* μόλις molis
hardship *n.* κακουχία kakouhia
hardy *adj.* σκληραγωγημένος skliragoyimenos
hare *n.* λαγός lagos
harm *n.* κακό kako
harm *v.t* βλάπτω vlapto
harmonious *a.* μελωδικός melodikos
harmonium *n.* αρμόνιο armonio
harmony *n.* αρμονία armonia
harness *n.* ιπποσκεύη iposkevi
harness *v.t* τιθασεύω tithasevo
harp *n.* άρπα arpa
harsh *a.* τραχύς trahis
harvest *n.* σοδεία sodia
haverster *n.* θεριστής theristis
haste *n.* σπουδή spoudi
hasten *v.i.* σπεύδω spevdo
hasty *a.* βιαστικός viastikos
hat *n.* καπέλο kapelo
hatchet *n.* τσεκουράκι tsekouraki
hate *n.* μίσος misos
hate *v.t.* μισώ miso
haughty *a.* υπεροπτικός iperoptikos
haunt *v.t.* στοιχειώνω stihiono
haunt *n* στέκι steki
have *v.t.* έχω eho
haven *n.* καταφύγιο katafiyio
havoc *n.* καταστροφή katastrofi
hawk *n* γεράκι yeraki
hawker *n* γυρολόγος yirologos
hawthorn *n.* λευκαγκάθα lefkagkatha
hay *n.* άχυρο ahiro
hazard *n.* κίνδυνος kindinos
hazard *v.t* διακινδυνεύω diakindinevo
haze *n.* ομίχλη omihli
hazy *a.* μουντός mountos
he *pron.* αυτός aftos
head *n.* κεφάλι kefali

head *v.t* κατευθύνομαι katefthinome
headache *n.* πονοκέφαλος ponokefalos
heading *n.* επικεφαλίδα epikefalida
headlong *adv.* απερίσκεπτος aperiskeptos
headstrong *a.* χοντροκέφαλος hontrokefalos
heal *v.i.* επουλώνω/-ομαι epoulono/-ome
health *n.* υγεία iyia
healthy *a.* υγιής iyiis
heap *n.* σωρός soros
heap *v.t* σωριάζω soriazo
hear *v.t.* ακούω akouo
hearsay *n.* φήμη fimi
heart *n.* καρδιά kardia
hearth *n.* τζάκι jaki
heartily *adv.* εγκάρδια egkardia
heat *n.* ζέστη zesti
heat *v.t* ζεσταίνω/-ομαι zesteno/-ome
heave *v.i.* σηκώνω sikono
heaven *n.* ουρανός ouranos
heavenly *a.* ουράνιος ouranios
hedge *n.* φράχτης frahtis
hedge *v.t* φράσσω fraso
heed *v.t.* προσέχω proseho
heed *n* προσοχή prosohi
heel *n.* φτέρνα fterna
hefty *a.* γεροδεμένος yerodemenos
height *n.* ύψος ipsos
heighten *v.t.* επιτείνω epitino
heinous *a.* ειδεχθής idehthis
heir *n.* κληρονόμος klironomos
hell *n.* κόλαση kolasi
helm *n.* πηδάλιο pidalio
helmet *n.* κράνος kranos
help *v.t.* βοηθώ voitho
help *n* βοήθεια voithia

helpful *a.* εξυπηρετικός eksipiretikos
helpless *a.* αβοήθητος avoithitos
helpmate *n.* σύντροφος sintrofos
hemisphere *n.* ημισφαίριο imisfairio
hemp *n.* κάνναβις kanavis
hen *n.* κότα kota
hence *adv.* γι'αυτό το λόγο yiafto to logo
henceforth *adv.* εφεξής efeksis
henceforward *adv.* εφεξής efeksis
henchman *n.* πρωτοπαλίκαρο protopalikaro
henpecked *a.* υποζύγιο ισχυρής γυναίκας ipoziyio ishiris yinekas
her *pron.* αυτή afti
her *a* της tis
herald *n.* κήρυκας kirikas
herald *v.t* αναγγέλλω anagelo
herb *n.* χόρτο horto
herculean *a.* ηράκλειος iraklios
herd *n.* αγέλη ayeli
herdsman *n.* βοσκός voskos
here *adv.* εδώ edo
hereabouts *adv.* εδώ γύρω edo yiro
hereafter *adv.* από δω και πέρα apo do kai pera
hereditary *n.* κληρονομικός klironomikos
heredity *n.* κληρονομικότητα klironomikotita
heritable *a.* κληρονομήσιμος klironomisimos
heritage *n.* κληρονομιά klironomia
hermit *n.* ερημίτης erimitis
hermitage *n.* ερημητήριο erimitirio
hernia *n.* κήλη kili
hero *n.* ήρωας iroas

heroic *a.* ηρωικός iroikos
heroine *n.* ηρωίδα iroida
heroism *n.* ηρωισμός iroismos
herring *n.* ρέγγα regka
hesitant *a.* διστακτικός distaktikos
hesitate *v.i.* διστάζω distazo
hesitation *n.* διστακτικότητα distaktikotita
hew *v.t.* πελεκώ peleko
heyday *n.* ακμή akmi
hibernation *n.* χειμερία νάρκη himeria narki
hiccup *n.* λόξυγγας loksigkas
hide *n.* τομάρι tomari
hide *v.t* κρύβω/-ομαι krivo/-ome
hideous *a.* αποκρουστικός apokroustikos
hierarchy *n.* ιεραρχία ierarhia
high *a.* ψηλός psilos
highly *adv.* μεγάλως megalos
Highness *n.* υψηλότατος ipsilotatos
highway *n.* εθνική οδός ethniki odos
hilarious *a.* εύθυμος efthimos
hilarity *n.* ιλαρότητα ilarotita
hill *n.* λόφος lofos
hillock *n.* λοφίσκος lofiskos
him *pron.* αυτόν afton
hinder *v.t.* παρεμποδίζω parebodizo
hindrance *n.* εμπόδιο ebodio
hint *n.* υπαινιγμός ipenigmos
hint *v.i* υπαινίσσομαι ipenisome
hip *n* γοφός gofos
hire *n.* μίσθωση misthosi
hire *v.t* νοικιάζω nikiazo
hireling *n.* μίσθαρνο όργανο mistharno organo
his *pron.* του tou
hiss *n* σφύριγμα sfirigma
hiss *v.i* σφυρίζω sfirizo
historian *n.* ιστορικός istorikos

historic *a.* ιστορικός istorikos
historical *a.* ιστορικός istorikos
history *n.* ιστορία istoria
hit *v.t.* χτυπώ htipo
hit *n* επιτυχία epitihia
hitch *n.* εμπόδιο ebodio
hither *adv.* εδώ edo
hitherto *adv.* μέχρι τούδε mehri toude
hive *n.* κυψέλη kipseli
hoarse *a.* βραχνός vrahnos
hoax *n.* απάτη apati
hoax *v.t* ξεγελώ kseyelo
hobby *n.* χόμπυ hobi
hobby-horse *n.* ξύλινο αλογάκι ksilino alogaki
hockey *n.* χόκεϋ hokei
hoist *v.t.* υψώνω ipsono
hold *n.* στήριγμα stirigma
hold *v.t* κρατώ krato
hole *n* τρύπα tripa
hole *v.t* τρυπώ tripo
holiday *n.* αργία aryia
hollow *a.* κοίλος kilos
hollow *n.* κουφάλα koufala
hollow *v.t* βαθουλώνω vathoulono
holocaust *n.* ολοκαύτωμα olokaftoma
holy *a.* άγιος ayios
homage *n.* φόρος τιμής foros timis
home *n.* σπίτι spiti
homicide *n.* ανθρωποκτονία anthropoktonia
homoeopath *n.* ομοιοπαθητικός omiopathitikos
homeopathy *n.* ομοιοπάθεια omiopathia
homogeneous *a.* ομοιογενής omioyenis
honest *a.* ειλικρινής ilikrinis
honesty *n.* ειλικρίνεια ilikrinia
honey *n.* μέλι meli
honeycomb *n.* κερήθρα kerithra

honeymoon *n.* μήνας του μέλιτος minas tou melitos
honorarium *n.* προαιρετική αμοιβή proeretiki amivi
honorary *a.* τιμητικός timitikos
honour *n.* τιμή timi
honour *v. t* τιμώ timo
honourable *a.* έντιμος entimos
hood *n.* κουκούλα koukoula
hoodwink *v.t.* ξεγελώ kseyelo
hoof *n.* οπλή opli
hook *n.* γάντζος ganjos
hooligan *n.* ταραξίας taraksias
hoot *n.* κορνάρισμα kornarisma
hoot *v.i* κορνάρω kornaro
hop *v. i* χοροπηδώ horopido
hop *n* λυκίσκος likiskos
hope *v.t.* ελπίδα elpida
hope *n* ελπίζω elpizo
hopeful *a.* αισιόδοξος esiodoksos
hopeless *a.* απελπισμένος apelpismenos
horde *n.* ορδή ordi
horizon *n.* ορίζοντας orizontas
horn *n.* κέρατο kerato
hornet *n.* μεγάλη σφήκα megali sfika
horrible *a.* φριχτός frihtos
horrify *v.t.* τρομάζω tromazo
horror *n.* φρίκη friki
horse *n.* άλογο alogo
horticulture *n.* κηπουρική kipouriki
hose *n.* λάστιχο lastiho
hosiery *n.* πλεκτά είδη και κάλτσες plekta idi kai kaltses
hospitable *a.* φιλόξενος filoksenos
hospital *n.* νοσοκομείο nosokomio
hospitality *n.* φιλοξενία filoksenia
host *n.* οικοδεσπότης ikodespotis
hostage *n.* όμηρος omiros

hostel *n.* ξενώνας ksenonas
hostile *a.* εχθρικός ehthrikos
hostility *n.* εχθρικότητα ehthrikotita
hot *a.* ζεστός zestos
hotchpotch *n.* ανακάτωμα anakatoma
hotel *n.* ξενοδοχείο ksenodohio
hound *n.* λαγωνικό lagoniko
hour *n.* ώρα ora
house *n* σπίτι spiti
house *v.t* στεγάζω stegazo
how *adv.* πώς pos
however *adv.* όσο oso
however *conj* ωστόσο ostoso
howl *v.t.* ουρλιάζω ourliazo
howl *n* ουρλιαχτό ourliahto
hub *n.* κεντρικό σημείο kentriko simio
hubbub *n.* φασαρία fasaria
huge *a.* τεράστιος terastios
hum *v. i* βομβώ vomvo
hum *n* βόμβος vomvos
human *a.* ανθρώπινος anthropinos
humane *a.* ανθρωπιστικός anthropistikos
humanitarian *a* ανθρωπιστής anthropistis
humanity *n.* ανθρωπότητα anthropotita
humanize *v.t.* εξανθρωπίζω/-ομαι eksanthropizo/-ome
humble *a.* ταπεινός tapinos
humdrum *a.* πληκτικός pliktikos
humid *a.* υγρός igros
humidity *n.* υγρασία igrasia
humiliate *v.t.* ταπεινώνω tapinono
humiliation *n.* ταπείνωση tapinosi
humility *n.* ταπεινοφροσύνη tapinofrosini

humorist *n.* χιουμορίστας hioumoristas
humorous *a.* αστείος astios
humour *n.* χιούμορ hioumor
hunch *n.* προαίσθημα proesthima
hundred *n.* εκατό ekato
hunger *n* πείνα pina
hungry *a.* πεινασμένος pinasmenos
hunt *v.t.* κυνηγώ kinigo
hunt *n* κυνήγι kiniyi
hunter *n.* κυνηγός kinigos
huntsman *n.* κυνηγός kinigos
hurdle *n.* εμπόδιο ebodio
hurdle *v.t* περιφράσσω perifraso
hurl *v.t.* εξακοντίζω eksakontizo
hurrah *interj.* ζήτω zito
hurricane *n.* τυφώνας tifonas
hurry *v.t.* βιάζομαι viazome
hurry *n* βιασύνη viasini
hurt *v.t.* τραυματίζω travmatizo
hurt *n* χτύπημα htipima
husband *n* σύζυγος sizigos
husbandry *n.* διαχείριση diahirisi
hush *n* σιωπή siopi
hush *v.i* ησυχάζω isihazo
husk *n.* φλούδα flouda
husky *a.* βραχνός vrahnos
hut *n.* καλύβα kaliva
hyaena, hyena *n.* ύαινα iena
hybrid *a.* υβριδικός ivridikos
hybrid *n* υβρίδιο ivridio
hydrogen *n.* υδρογόνο idrogono
hygiene *n.* υγιεινή iyiini
hygienic *a.* υγιεινός iyiinos
hymn *n.* ύμνος imnos
hyperbole *n.* υπερβολή ipervoli
hypnotism *n.* υπνωτισμός ipnotismos
hypnotize *v.t.* υπνωτίζω ipnotizo
hypocrisy *n.* υποκρισία ipokrisia
hypocrite *n.* υποκριτής ipokritis
hypocritical *a.* υποκριτικός ipokritikos
hypothesis *n.* υπόθεση ipothesi
hypothetical *a.* υποθετικός ipothetikos
hysteria *n.* υστερία isteria
hysterical *a.* υστερικός isterikos

I

I *pron.* εγώ ego
ice *n.* πάγος pagos
iceberg *n.* παγόβουνο pagovouno
icicle *n.* σταλακτίτης πάγου stalaktitis pagou
icy *a.* παγωμένος pagomenos
idea *n.* ιδέα idea
ideal *a.* ιδανικός idanikos
ideal *n* ιδανικό idaniko
idealism *n.* ιδεαλισμός idealismos
idealist *n.* ιδεαλιστής idealistis
idealistic *a.* ιδεαλιστικός idealistikos
idealize *v.t.* εξιδανικεύω eksidanikevo
identical *a.* πανομοιότυπος panomiotipos
indentification *n.* αναγνώριση anagnorisi
identify *v.t.* αναγνωρίζω anagnorizo
identity *n.* ταυτότητα taftotita
idiocy *n.* ηλιθιότητα ilithiotita
idiom *n.* ιδίωμα idioma
idiomatic *a.* ιδιωματικός idiomatikos
idiot *n.* ηλίθιος ilithios
idiotic *a.* ηλίθιος ilithios
idle *a.* τεμπέλης tebelis

idleness *n.* αργία aryia
idler *n.* αργόσχολος argosholos
idol *n.* είδωλο idolo
idolater *n.* ειδωλολάτρης idololatris
if *conj.* αν an
ignoble *a.* ανέντιμος anenţimos
ignorance *n.* άγνοια agnia
ignorant *a.* αγνοών agnoon
ignore *v.t.* αγνοώ agnoo
ill *a.* άρρωστος arostos
ill *adv.* άσχημα ashima
ill *n* κακό kako
illegal *a.* παράνομος paranomos
illegibility *n.* το δυσανάγνωστο to disanagnosto
illegible *a.* δυσανάγνωστος disanagnostos
illegitimate *a.* παράνομος paranomos
illicit *a.* παράνομος paranomos
illiteracy *n.* αναλφαβητισμός analfavitismos
illiterate *a.* αναλφάβητος analfavitos
illness *n.* αρρώστια arostia
illogical *a.* παράλογος paralogos
illuminate *v.t.* φωτίζω fotizo
illumination *n.* φώτιση fotisi
illusion *n.* αυταπάτη aftapati
illustrate *v.t.* εικονογραφώ ikonografo
illustration *n.* εικονογράφηση ikonografisi
image *n.* εικόνα ikona
imagery *n.* εικόνες ikones
imaginary *a.* φανταστικός fantastikos
imagination *n.* φαντασία fantasia
imaginative *a.* ευφάνταστος efantastos
imagine *v.t.* φαντάζομαι fantazome
imitate *v.t.* μιμούμαι mimoume

imitation *n.* μίμηση mimisi
imitator *n.* απομιμητής apomimitis
immaterial *a.* ασήμαντος asimantos
immature *a.* ανώριμος anorimos
immaturity *n.* ανωριμότητα anorimotita
immeasurable *a.* ανυπολόγιστος anipoloyistos
immediate *a* άμεσος amesos
immemorial *a.* αμνημόνευτος amnimoneftos
immense *a.* πελώριος pelorios
immensity *n.* απεραντοσύνη aperantosini
immerse *v.t.* βουτώ vouto
immersion *n.* βύθιση vithisi
immigrant *n.* μετανάστης metanastis
immigrate *v.i.* μεταναστεύω metanastevo
immigration *n.* μετανάστευση metanastefsi
imminent *a.* επικείμενος epikimenos
immodest *a.* απρεπής aprepis
immodesty *n.* απρέπεια aprepia
immoral *a.* ανήθικος anithikos
immorality *n.* ανηθικότητα anithikotita
immortal *a.* αθάνατος athanatos
immortality *n.* αθανασία athanasia
immortalize *v.t.* αποθανατίζω apothanatizo
immovable *a.* ακίνητος akinitos
immune *a.* απρόσβλητος aprosvlitos
immunity *n.* ανοσία anosia
immunize *v.t.* ανοσοποιώ anosopio
impact *n.* επίδραση epidrasi
impart *v.t.* μεταδίδω metadido

impartial *a.* αμερόληπτος amerolitpos
impartiality *n.* αμεροληψία amerolipsia
impassable *a.* αδιάβατος adiavatos
impasse *n.* αδιέξοδο adieksodo
impatience *n.* ανυπομονησία anipomonisia
impatient *a.* ανυπόμονος anipomonos
impeach *v.t.* απαγγέλλω κατηγορία apagelo katigoria
impeachment *n.* αμφισβήτηση amfisvitisi
impede *v.t.* παρεμποδίζω parebodizo
impediment *n.* εμπόδιο ebodio
impenetrable *a.* αδιαπέραστος adiaperastos
imperative *a.* προστακτικός prostaktikos
imperfect *a.* ατελής atelis
imperfection *n.* ατέλεια atelia
imperial *a.* αυτοκρατορικός aftokratorikos
imperialism *n.* ιμπεριαλισμός iberialismos
imperil *v.t.* διακινδυνέυω diakindinevo
imperishable *a.* άφθαρτος afthartos
impersonal *a.* απρόσωπος aprosopos
impersonate *v.t.* υποδύομαι ipodiome
impersonation *n.* προσωποποίηση prosopopiisi
impertinence *n.* αυθάδεια afthadia
impertinent *a.* αυθάδης afthadis
impetuosity *n.* παραφορά parafora
impetuous *a.* ορμητικός ormitikos
implement *n.* εργαλείο ergalio
implement *v.t.* πραγματοποιώ pragmatopio
implicate *v.t.* ενοχοποιώ enohopio
implication *n.* ενοχοποίηση enohopiisi
implicit *a.* υπονοούμενος iponooumenos
implore *v.t.* ικετεύω iketevo
imply *v.t.* υπονοώ iponoo
impolite *a.* αγενής ayenis
import *v.t.* εισάγω eisago
import *n.* εισαγωγή eisagoyi
importance *n.* σημασία simasia
important *a.* σημαντικός simantikos
impose *v.t.* επιβάλλω epivalo
imposing *a.* επιβλητικός epivlitikos
imposition *n.* επιβολή epivoli
impossibility *n.* αδυναμία adinamia
impossible *a.* αδύνατος adinatos
impostor *n.* απατεώνας apateonas
imposture *n.* απάτη apati
impotence *n.* ανικανότητα anikanotita
impotent *a.* ανίκανος anikanos
impoverish *v.t.* πτωχαίνω ptoheno
impracticable *a.* ανεφάρμοστος anefarmostos
impress *v.t.* αποτυπώνω apotipono
impression *n.* εντύπωση entiposi
impressive *a.* εντυπωσιακός entiposiakos
imprint *v.t.* αποτυπώνω apotipono

imprint *n.* αποτύπωμα apotipoma
imprison *v.t.* φυλακίζω filakizo
improper *a.* άπρεπος aprepos
impropriety *n.* απρέπεια aprepia
improve *v.t.* βελτιώνω veltiono
improvement *n.* βελτίωση veltiosi
imprudence *n.* απερισκεψία aperiskepsia
imprudent *a.* απερίσκεπτος aperiskeptos
impulse *n.* ώθηση othisi
impulsive *a.* παρορμητικός parormitikos
impunity *n.* ατιμωρησία atimorisia
impure *a.* ακάθαρτος akathartos
impurity *n.* ακαθαρσία akatharsia
impute *v.t.* αποδίδω apodido
in *prep.* μέσα mesa
inability *n.* ανικανότητα anikanotita
inaccurate *a.* ανακριβής anakrivis
inaction *n.* αδράνεια adrania
inactive *a.* αδρανής adranis
inadmissible *a.* απαράδεκτος aparadektos
inanimate *a.* άψυχος apsihos
inapplicable *a.* ανεφάρμοστος anefarmostos
inattentive *a.* απρόσεκτος aprosektos
inaudible *a.* ανεπαίσθητος anepesthitos
inaugural *a.* εναρκτήριος enarktirios
inauguration *n.* εγκαίνια egenia
inauspicious *a.* δυσοίωνος disionos
inborn *a.* έμφυτος emfitos

incalculable *a.* ανυπολόγιστος anipoloyistos
incapable *a.* ανίκανος anikanos
incapacity *n.* ανικανότητα anikanotita
incarnate *a.* ενσαρκωμένος ensarkomenos
incarnate *v.t.* ενσαρκώνω ensarkono
incarnation *n.* ενσάρκωση ensarkosi
incense *v.t.* εξοργίζω eksoryizo
incense *n.* λιβάνι livani
incentive *n.* κίνητρο kinitro
inception *n.* έναρξη enarksi
inch *n.* ίντσα intsa
incident *n.* επεισόδιο episodio
incidental *a.* συμπτωματικός simptomatikos
incite *v.t.* υποκινώ ipokino
inclination *n.* κλίση klisi
incline *v.i.* κλίνω klino
include *v.t.* περιλαμβάνω perilamvano
inclusion *n.* συνυπολογισμός sinipoloyismos
inclusive *a.* συμπεριλαμβανόμενος simperilamvanomenos
incoherent *a.* ασυνάρτητος asinartitos
income *n.* εισόδημα isodima
incomparable *a.* ασύγκριτος asigkritos
incompetent *a.* ανίκανος anikanos
incomplete *a.* ατελής atelis
inconsiderate *a.* απερίσκεπτος aperiskeptos
inconvenient *a.* ακατάλληλος akatalilos
incorporate *v.t.* ενσωματώνω ensomatono

incorporated *a.* αναγνωρισμένος anagnorismenos
incorporation *n.* συγχώνευση sinhonefsi
incorrect *a.* λανθασμένος lanthasmenos
incorrigible *a.* αδιόρθωτος adiorthotos
incorruptible *a.* αδιάφθορος adiafthoros
increase *v.t.* αυξάνω/-ομαι afksano/-ome
increase *n* αύξηση afksisi
incredible *a.* απίστευτος apisteftos
increment *n.* προσαύξηση prosafksisi
incriminate *v.t.* ενοχοποιώ enohopio
incubate *v.i.* εκκολάπτω ekolapto
inculcate *v.t.* εμφυσώ emfiso
incumbent *n.* κάτοχος αξιώματος katohos aksiomatos
incur *v.t.* συνάπτω sinapto
incurable *a.* ανίατος aniatos
indebted *a.* υποχρεωμένος ipohreomenos
indecency *n.* απρέπεια aprepia
indecent *a.* απρεπής aprepis
indecision *n.* αναποφασιστικότητα anapofasistikotita
indeed *adv.* πράγματι pragmati
indefensible *a.* αδικαιολόγητος adikeoloyitos
indefinite *a.* ασαφής asafis
indemnity *n.* ασφάλεια asfalia
independence *n.* ανεξαρτησία aneksartisia
independent *a.* ανεξάρτητος aneksartitos
indescribable *a.* απερίγραπτος aperigraptos
index *n.* ένδειξη endiksi

Indian *a.* Ινδός indos
indicate *v.t.* υποδεικνύω ipodiknio
indication *n.* υπόδειξη ipodiksi
indicative *a.* δηλωτικός dilotikos
indicator *n.* δείκτης diktis
indict *v.t.* μηνύω minio
indictment *n.* μήνυση minisi
indifference *n.* αδιαφορία adiaforia
indifferent *a.* αδιάφορος adiaforos
indigenous *a.* ιθαγενής ithayenis
indigestible *a.* δύσπεπτος dispeptos
indigestion *n.* δυσπεψία dispepsia
indignant *a.* αγανακτισμένος aganaktismenos
indignation *n.* αγανάκτηση aganaktisi
indigo *n.* λουλάκι loulaki
indirect *a.* έμμεσος emesos
indiscipline *n.* απειθαρχία apitharhia
indiscreet *a.* αδιάκριτος adiakritos
indiscretion *n.* αδιακρισία adiakrisia
indiscriminate *a.* γενικός yenikos
indispensable *a.* απαραίτητος aparetitos
indisposed *a.* αδιάθετος adiathetos
indisputable *a.* αναμφισβήτητος anamfisvititos
indistinct *a.* αδιάκριτος adiakritos
individual *a.* ξεχωριστός ksehoristos
individualism *n.* ατομικισμός atomikismos

individuality *n.* ατομικότητα atomikotita
indivisible *a.* αδιαίρετος adieretos
indolent *a.* νωθρός nothros
indomitable *a.* αδάμαστος adamastos
indoor *a.* εσωτερικός esoterikos
indoors *adv.* στο εσωτερικό sto esoteriko
induce *v.t.* πείθω pitho
inducement *n.* παρακίνηση parakinisi
induct *v.t.* εισάγω isago
induction *n.* εισαγωγή isagoyi
indulge *v.t.* ικανοποιώ ikanopio
indulgence *n.* ικανοποίηση ikanopiisi
indulgent *a.* επιεικής epiikis
industrial *a.* βιομηχανικός viomihanikos
industrious *a.* εργατικός ergatikos
industry *n.* βιομηχανία viomihania
ineffective *a.* άκαρπος akarpos
inert *a.* αδρανής adranis
inertia *n.* αδράνεια adrania
inevitable *a.* αναπόφευκτος anapofefktos
inexact *a.* ανακριβής anakrivis
inexorable *a.* αμείλικτος amiliktos
inexpensive *a.* φτηνός ftinos
inexperience *n.* απειρία apiria
inexplicable *a.* ανεξήγητος aneksiyitos
infallible *a.* αλάθητος alathitos
infamous *a.* αχρείος ahrios
infamy *n.* ατιμία atimia
infancy *n.* νηπιακή ηλικία nipiaki ilikia
infant *n.* νήπιο nipio

infanticide *n.* βρεφοκτονία vrefoktonia
infantile *a.* παιδικός pedikos
infantry *n.* πεζικό peziko
infatuate *v.t.* ξεμυαλίζω ksemializo
infatuation *n.* τρέλα trela
infect *v.t.* μολύνω molino
infection *n.* μόλυνση molinsi
infectious *a.* μολυσματικός molismatikos
infer *v.t.* συμπεραίνω sibereno
inference *n.* συμπέρασμα siberasma
inferior *a.* κατώτερος katoteros
inferiority *n.* κατωτερότητα katoterotita
infernal *a.* διαβολικός diavolikos
infinite *a.* άπειρος apiros
infinity *n.* το άπειρο to apiro
infirm *a.* ανάπηρος anapiros
infirmity *n.* αναπηρία anapiria
inflame *v.t.* φλογίζω floyizo
inflammable *a.* εύφλεκτος eflektos
inflammation *n.* ανάφλεξη anafleksi
inflammatory *a.* φλεγμονώδης flegmonodis
inflation *n.* πληθωρισμός plithorismos
inflexible *a.* άκαμπτος akamptos
inflict *v.t.* επιβάλλω epivalo
influence *n.* επιρροή epiroi
influence *v.t.* επηρεάζω epireazo
influential *a.* με επιρροή me epiroi
influenza *n.* γρίπη gripi
influx *n.* εισροή isroi
inform *v.t.* πληροφορώ pliroforo
informal *a.* ανεπίσημος anepisimos
information *n.* πληροφορία pliroforia

informative *a.* πληροφοριακός pliroforiakos
informer *n.* πληροφοριοδότης pliroforiodotis
infringe *v.t.* παραβαίνω paraveno
infringement *n.* παράβαση paravasi
infuriate *v.t.* εξαγριώνω eksagriono
infuse *v.t.* εμποτίζω ebotizo
infusion *n.* εκχύλισμα ekhilisma
ingrained *a.* βαθύς vathis
ingratitude *n.* αγνωμοσύνη agnomosini
ingredient *n.* συστατικό sistatiko
inhabit *v.t.* κατοικώ katiko
inhabitable *a.* κατοικίσιμος katikisimos
inhabitant *n.* κάτοικος katikos
inhale *v.i.* εισπνέω ispneo
inherent *a.* έμφυτος emfitos
inherit *v.t.* κληρονομώ klironomo
inheritance *n.* κληρονομιά klironomia
inhibit *v.t.* εμποδίζω ebodizo
inhibition *n.* αναστολή anastoli
inhospitable *a.* αφιλόξενος afiloksenos
inhuman *a.* απάνθρωπος apanthropos
inimical *a.* εχθρικός ehthrikos
inimitable *a.* αμίμητος amimitos
initial *a.* αρχικός arhikos
initial *n.* αρχικό γράμμα arhiko grama
initial *v.t* μονογραφώ monografo
initiate *v.t.* αρχίζω arhizo
initiative *n.* πρωτοβουλία protovoulia
inject *v.t.* εγχέω enheo
injection *n.* ένεση enesi
injudicious *a.* ασύνετος asinetos
injunction *n.* διαταγή diatayi

injure *v.t.* πληγώνω pligono
injurious *a.* επιβλαβής epivlavis
injury *n.* βλάβη vlavi
injustice *n.* αδικία adikia
ink *n.* μελάνι melani
inkling *n.* νύξη niksi
inland *a.* εσωτερικός esoterikos
inland *adv.* προς το εσωτερικό pros to esoteriko
in-laws *n.* πεθερικά petherika
inmate *n.* τρόφιμος trofimos
inmost *a.* ενδότερος endoteros
inn *n.* πανδοχείο pandohio
innate *a.* έμφυτος emfitos
inner *a.* εσωτερικός esoterikos
innermost *a.* εσώτατος esotatos
innings *n.* περίοδος periodos
innocence *n.* αθωότητα athootita
innocent *a.* αθώος athoos
innovate *v.t.* καινοτομώ kenotomo
innovation *n.* καινοτομία kenotomia
innovator *n.* καινοτόμος kenotomos
innumerable *a.* αναρίθμητος anarithmitos
inoculate *v.t.* εμβολιάζω emvoliazo
inoculation *n.* εμβόλιο emvolio
inoperative *a.* ανενεργός anenergos
inopportune *a.* άκαιρος akeros
input *n.* εισαγωγή isagoyi
inquest *n.* ανάκριση anakrisi
inquire *v.t.* ζητώ να μάθω zito na matho
inquiry *n.* έρευνα erevna
inquisition *n.* ανάκριση anakrisi
inquisitive *a.* περίεργος periergos
insane *a.* παράφρων parafron
insanity *n.* παραφροσύνη parafrosini

insatiable *a.* ακόρεστος akorestos
inscribe *v.t.* γράφω grafo
inscription *n.* επιγραφή epigrafi
insect *n.* έντομο entomo
insecticide *n.* εντομοκτόνο entomoktono
insecure *a.* ανασφαλής anasfalis
insecurity *n.* ανασφάλεια anasfalia
insensibility *n.* αναισθησία anesthisia
insensible *a.* αναίσθητος anesthitos
inseparable *a.* αχώριστος ahoristos
insert *v.t.* εισάγω isago
insertion *n.* παρεμβολή paremvoli
inside *n.* εσωτερικό esoteriko
inside *prep.* μέσα mesa
inside *a* εσωτερικός esoterikos
insight *n.* διορατικότητα dioratikotita
insignificance *n.* ασημαντότητα asimantotita
insignificant *a.* ασήμαντος asimantos
insincere *a.* ανειλικρινής anilikrinis
insincerity *n.* ανειλικρίνεια anilikrinia
insinuate *v.t.* υπαινίσσομὰι ipenisome
insinuation *n.* υπαινιγμός ipenigmos
insipid *a.* άνοστος anostos
insipidity *n.* ανοστιά anostia
insist *v.t.* επιμένω epimeno
insistence *n.* επιμονή epimoni
insistent *a.* επίμονος epimonos
insolence *n.* θρασύτητα thrasitita
insolent *a.* θρασύς thrasis
insoluble *n.* αδιάλυτος adialitos
insolvency *n.* πτώχευση ptohefsi
insolvent *a.* αφερέγγυος aferegios
inspect *v.t.* επιθεωρώ epitheoro
inspection *n.* επιθεώρηση epitheorisi
inspector *n.* επιθεωρητής epitheoritis
inspiration *n.* έμπνευση ebnefsi
inspire *v.t.* εμπνέω ebneo
instability *n.* αστάθεια astathia
install *v.t.* εγκαθιστώ egkathisto
installation *n.* εγκατάσταση egkatastasi
instalment *n.* δόση dosi
instance *n.* παράδειγμα paradigma
instant *n.* στιγμή stigmi
instant *a.* άμεσος amesos
instantaneous *a.* ακαριαίος akarieos
instantly *adv.* αμέσως amesos
instigate *v.t.* υποκινώ ipokino
instigation *n.* υποκίνηση ipokinisi
instil *v.t.* ενσταλλάζω enstalazo
instinct *n.* ένστικτο enstikto
instinctive *a.* ενστικτώδης enstiktodis
institute *n.* ινστιτούτο institouto
institution *n.* θέσπιση thespisi
instruct *v.t.* διδάσκω didasko
instruction *n.* διδασκαλία didaskalia
instructor *n.* εκπαιδευτής ekpedeftis
instrument *n.* όργανο organo
instrumental *a.* ενόργανος enorganos
instrumentalist *n.* παίκτης μουσικού οργάνου pektis mousikou organou
insubordinate *a.* απείθαρχος apitharhos

insubordination *n.* απειθαρχία apitharhia
insufficient *a.* ανεπαρκής aneparkis
insular *a.* νησιωτικός nisiotikos
insularity *n.* στενοκεφαλιά stenokefalia
insulate *v.t.* απομονώνω apomonono
insulation *n.* απομόνωση apomonosi
insulator *n.* μονωτικό monotiko
insult *n.* προσβολή prosvoli
insult *v.t.* προσβάλλω prosvalo
insupportable *a.* ανυπόφορος anipoforos
insurance *n.* ασφάλεια asfalia
insure *v.t.* ασφαλίζω/-ομαι asfalizo/-ome
insurgent *a.* στασιαστικός stasiastikos
insurgent *n.* αντάρτης antartis
insurmountable *a.* ανυπέρβλητος anipervlitos
insurrection *n.* ανταρσία antarsia
intact *a.* άθικτος athiktos
intangible *a.* άπιαστος apiastos
integral *a.* ακέραιος akereos
integrity *n.* ακεραιότητα akereotita
intellect *n.* νοημοσύνη noimosini
intellectual *a.* διανοητικός dianoitikos
intellectual *n.* διανοούμενος dianooumenos
intelligence *n.* ευφυΐα efiia
intelligent *a.* έξυπνος eksipnos
intelligentsia *n.* διανοούμενοι dianooumeni
intelligible *a.* νοητός noitos
intend *v.t.* σκοπεύω skopevo
intense *a.* έντονος entonos
intensify *v.t.* εντείνω entino
intensity *n.* ένταση entasi
intensive *a.* εντατικός entatikos
intent *n.* σκοπός skopos
intent *a.* έντονος entonos
intention *n.* πρόθεση prothesi
intentional *a.* σκόπιμος skopimos
intercept *v.t.* εμποδίζω ebodizo
interception *n.* παρεμπόδιση parebodisi
interchange *n.* ανταλλαγή antalayi
interchange *v.* ανταλλάσσω antalasò
intercourse *n.* επαφή epafi
interdependence *n.* αλληλοεξάρτηση aliloeksartisi
interdependent *a.* αλληλοεξαρτώμενος aliloeksartomenos
interest *n.* ενδιαφέρον endiaferon
interested *a.* ενδιαφερόμενος endiaferomenos
interesting *a.* ενδιαφέρων endiaferon
interfere *v.i.* επεμβαίνω epemveno
interference *n.* παρέμβαση paremvasi
interim *n.* ενδιάμεσο διάστημα endiameso diastima
interior *a.* εσωτερικός esoterikos
interior *n.* εσωτερικό esoteriko
interjection *n.* επιφώνημα epifonima
interlock *v.t.* αλληλοσυνδέω/-ομαι alilosindeo/-ome
interlude *n.* διάλειμμα dialima
intermediary *n.* μεσάζων mesazon
intermediate *a.* μεσαίος meseos
interminable *a.* ατελείωτος ateliotos

intermingle *v.t.* αναμιγνύω/-ομαι anamignio/-ome
intern *v.t.* θέτω υπό περιορισμό theto ipo periorismo
internal *a.* εσωτερικός esoterikos
international *a.* διεθνής diethnis
interplay *n.* αλληλεπίδραση alilepidrasi
interpret *v.t.* ερμηνεύω erminevo
interpreter *n.* διερμηνέας diermineas
interrogate *v.t.* ανακρίνω anakrino
interrogation *n.* ερώτηση erotisi
interrogative *a.* ερωτηματικός erotimatikos
interrupt *v.t.* διακόπτω/-ομαι diakopto/-ome
interruption *n.* διακοπή diakopi
intersect *v.t.* τέμνω/-ομαι temno/-ome
intersection *n.* διασταύρωση diastavrosi
interval *n.* διάλειμμα dialima
intervene *v.i.* μεσολαβώ mesolavo
intervention *n.* μεσολάβηση mesolavisi
interview *n.* συνέντευξη sinentefksi
interview *v.t.* παίρνω συνέντευξη perno sinentefksi
intestinal *a.* εντερικός enterikos
intestine *n.* έντερο entero
intimacy *n.* στενή σχέση steni shesi
intimate *a.* στενός stenos
intimate *v.t.* γνωστοποιώ gnostopio
intimation *n.* γνωστοποίηση gnostopiisi
intimidate *v.t.* εκφοβίζω ekfovizo

intimidation *n.* εκφοβισμός ekfovismos
into *prep.* μέσα σε mesa se
intolerable *a.* αφόρητος aforitos
intolerance *n.* αδιαλλαξία adialaksia
intolerant *a.* αδιάλλακτος adialaktos
intoxicant *n.* οινοπνευματώδες ποτό inopnevmatodes poto
intoxicate *v.t.* μεθώ metho
intoxication *n.* μέθη methi
intransitive *a.* *(verb)* αμετάβατο ametavato
intrepid *a.* ατρόμητος atromitos
intrepidity *n.* αφοβία afovia
intricate *a.* περίπλοκος periplokos
intrigue *v.t.* μηχανορραφώ mihanorafo
intrigue *n* μηχανορραφία mihanorafia
intrinsic *a.* εσωτερικός esoterikos
introduce *v.t.* παρουσιάζω parousiazo
introduction *n.* εισαγωγή isagoyi
introductory *a.* εισαγωγικός isagoyikos
introspect *v.i.* κάνω ενδοσκόπηση kano endoskopisi
introspection *n.* ενδοσκόπηση endoskopisi
intrude *v.t.* εισβάλλω isvalo
intrusion *n.* εισβολή isvoli
intuition *n.* διαίσθηση diesthisi
intuitive *a.* ενστικτώδης enstiktodis
invade *v.t.* εισβάλλω isvalo
invalid *a.* άκυρος akiros
invalid *a.* αβάσιμος avasimos
invalid *n* ασθενής asthenis
invalidate *v.t.* καθιστώ άκυρο kathisto akiro

invaluable *a.* ανεκτίμητος anektimitos
invasion *n.* εισβολή isvoli
invective *n.* υβρεολόγιο ivreoloyio
invent *v.t.* επινοώ epinoo
invention *n.* εφεύρεση efevresi
inventive *a.* εφευρετικός efevretikos
inventor *n.* εφευρέτης efevretis
invert *v.t.* αντιστρέφω antistrefo
invest *v.t.* επενδύω ependio
investigate *v.t.* ερευνώ erevno
investigation *n.* έρευνα erevna
investment *n.* επένδυση ependisi
invigilate *v.t.* επιτηρώ epitiro
invigilation *n.* επιτήρηση epitirisi
invigilator *n.* επιτηρητής epitiritis
invincible *a.* αήττητος aititos
inviolable *a.* απαράβατος aparavatos
invisible *a.* αόρατος aoratos
invitation *n.* πρόσκληση prosklisi
invite *v.t.* προσκαλώ proskalo
invocation *n.* επίκληση epiklisi
invoice *n.* τιμολόγιο timoloyio
invoke *v.t.* επικαλούμαι epikaloume
involve *v.t.* μπλέκω bleko
inward *a.* εσωτερικός esoterikos
inwards *adv.* προς τα μέσα pros ta mesa
irate *a.* οργισμένος oryismenos
ire *n.* οργή oryi
Irish *a.* ιρλανδικός irlandikos
Irish *n.* ιρλανδικά irlandika
irksome *a.* δυσάρεστος disarestos
iron *n.* σίδερο sidero
iron *v.t.* σιδερώνω siderono
ironical *a.* ειρωνικός ironikos
irony *n.* ειρωνία ironia
irradiate *v.i.* ακτινοβολώ aktinovolo
irrational *a.* παράλογος paralogos
irreconcilable *a.* ασυμβίβαστος asimvivastos
irrecoverable *a.* ανεπανόρθωτος anepanorthotos
irrefutable *a.* ακαταμάχητος akatamahitos
irregular *a.* ανώμαλος anomalos
irregularity *n.* ανωμαλία anomalia
irrelevant *a.* άσχετος ashetos
irrespective *prep.* ανεξαρτήτως aneksartitos
irresponsible *a.* ανεύθυνος anefthinos
irrigate *v.t.* αρδεύω ardevo
irrigation *n.* άρδευση ardefsi
irritable *a.* ευερέθιστος everethistos
irritant *a.* ερεθιστικός erethistikos
irritant *n.* ερεθιστικό erethistiko
irritate *v.t.* ερεθίζω erethizo
irritation *n.* εκνευρισμός eknevrismos
irruption *n.* εισβολή isvoli
island *n.* νησί nisi
isle *n.* νήσος nisos
isobar *n.* ισοβαρής isovaris
isolate *v.t.* απομονώνω apomonono
isolation *n.* απομόνωση apomonosi
issue *v.i.* εξέρχομαι ekserhome
issue *n.* έκδοση ekdosi
it *pron.* αυτό afto
Italian *a.* ιταλός italos
Italian *n.* ιταλικά italika
italics *n.* πλάγια τυπογραφικά στοιχεία playia tipografika stihia

itch *n.* φαγούρα fagoura
itch *v.i.* έχω φαγούρα eho fagoura
item *n.* τεμάχιο temahio
ivory *n.* φίλντισι filntisi
ivy *n* κισσός kisos

J

jab *v.t.* χτυπώ htipo
jabber *v.t.* φλυαρώ fliaro
jack *n.* εργάτης ergatis
jack *v.t.* παρατάω paratao
jackal *n.* τσακάλι tsakali
jacket *n.* σακάκι sakaki
jade *n.* νεφρίτης nefritis
jail *n.* φυλακή filaki
jailer *n.* δεσμοφύλακας desmofilakas
jam *n.* μαρμελάδα marmelada
jam *v.t.* σφηνώνω sfinono
jar *n.* βάζο vazo
jargon *n.* επαγγελματική διάλεκτος epagelmatiki dialektos
jasmine, jessamine *n.* γιασεμί yiasemi
jaundice *n.* ίκτερος ikteros
jaundiced *a* προκατειλημμένος prokatilimenos
javelin *n.* ακόντιο akontio
jaw *n.* σαγόνι sagoni
jay *n.* καρακάξα karakaksa
jealous *a.* ζηλιάρης ziliaris
jealousy *n.* ζήλια zilia
jean *n.* τζιν jin
jeer *v.i.* χλευάζω hlevazo
jelly *n.* ζελές zeles
jeopardize *v.t.* διακινδυνεύω diakindinevo
jeopardy *n.* κίνδυνος kindinos

jerk *n.* κόπανος kopanos
jerkin *n.* ζιπούνι zipouni
jerky *a.* απότομος apotomos
jersey *n.* ζέρσεϋ zersei
jest *n.* αστείο astio
jest *v.i.* αστειεύομαι astievome
jet *n.* πίδακας pidakas
Jew *n.* Ιουδαίος ioudeos
jewel *n.* κόσμημα kosmima
jewel *v.t.* στολίζω με πετράδια stolizo me petradia
jeweller *n.* κοσμηματοπώλης kosmimatopolis
jewellery *n.* κοσμήματα kosmimata
jingle *n.* κουδούνισμα koudounisma
jingle *v.i.* κουδουνίζω koudounizo
job *n.* δουλειά doulia
jobber *n.* μεροκαματιάρης merokamatiaris
jobbery *n.* κομπίνα kobina
jocular *a.* αστείος astios
jog *v.t.* σκουντώ ελαφρά skounto elafra
join *v.t.* ενώνω/-ομαι enono/-ome
joiner *n.* ξυλουργός ksilourgos
joint *n.* κοινός kinos
jointly *adv.* από κοινού apo kinou
joke *n.* αστείο astio
joke *v.i.* αστειεύομαι astievome
joker *n.* τζόκερ joker
jollity *n.* ευθυμία efthimia
jolly *a.* χαρούμενος haroumenos
jolt *n.* τίναγμα tinagma
jolt *v.t.* τινάζω/-ομαι tinazo/-ome
jostle *n.* σπρώξιμο sproksimo
jostle *v.t.* σπρώχνω δυνατά sprohno dinata
jot *n.* κόκκος kokos
jot *v.t.* σημειώνω simiono

journal *n.* εφημερίδα efimerida
journalism *n.* δημοσιογραφία dimosiografia
journalist *n.* δημοσιογράφος dimosiografos
journey *n.* ταξίδι taksidi
jovial *a.* κεφάτος kefatos
joviality *n.* κέφι kefi
joy *n.* χαρά hara
joyful, joyous *n.* χαρούμενος haroumenos
jubilant *a.* περιχαρής periharis
jubilation *n.* αγαλλίαση agaliasi
jubilee *n.* εορτή eorti
judge *n.* δικαστής dikastis
judge *v.i.* κρίνω krino
judgement *n.* κρίση krisi
judicature *n.* δικαιοσύνη dikeosini
judicial *a.* δικαστικός dikastikos
judiciary *n.* δικαστικός κλάδος dikastikos klados
judicious *a.* νουνεχής nounehis
jug *n.* κανάτα kanata
juggle *v.t.* ξεγελώ kseyelo
juggler *n.* ταχυδακτυλουργός tahidaktilourgos
juice *n* χυμός himos
juicy *a.* χυμώδης himodis
jumble *n.* σωρός soros
jumble *v.t.* μπερδεύω berdevo
jump *n.* άλμα alma
jump *v.i* πηδώ pido
junction *n.* διασταύρωση diastavrosi
juncture *n.* ένωση enosi
jungle *n.* ζούγκλα zougkla
junior *a.* νεώτερος neoteros
junk *n.* παλιοπράγματα paliopragmata
jupiter *n.* Δίας dias
jurisdiction *n.* δικαιοδοσία dikeodosia
jurisprudence *n.* νομική επιστήμη nomiki epistimi
jurist *n.* νομομαθής nomomathis
juror *n.* ένορκος enorkos
jury *n.* ένορκοι enorki
just *a.* δίκαιος dikeos
just *adv.* μόλις molis
justice *n.* δικαιοσύνη dikeosini
justifiable *a.* εύλογος evlogos
justification *n.* δικαιολογία dikeoloyia
justify *v.t.* δικαιολογώ dikeologo
justly *adv.* δίκαια dikea
jute *n.* γιούτα yiouta
juvenile *a.* νεανικός neanikos

K

keen *a.* οξύς oksis
keenness *n.* οξύτητα oksitita
keep *v.t.* κρατώ krato
keeper *n.* φύλακας filakas
keepsake *n.* ενθύμιο enthimio
kennel *n.* σπιτάκι σκύλου spitaki skilou
kerchief *n.* μαντήλα mantila
kernel *n.* ψύχα psiha
kerosene *n.* πετρέλαιο petreleo
ketchup *n.* κέτσαπ ketsep
kettle *n.* χύτρα hitra
key *n.* κλειδί klidi
key *v.t* κουρδίζω kourdizo
kick *n.* κλωτσιά klotsia
kick *v.t.* κλωτσώ klotso
kid *n.* παιδί pedi
kidnap *v.t.* απάγω apago
kidney *n.* νεφρό nefro
kill *v.t.* σκοτώνω skotono
kill *n.* σκότωμα skotoma
kiln *n.* καμίνι kamini
kin *n.* οικογένεια ikoyenia

93

kind *n.* γένος yenos
kind *a* καλός kalos
kindergarten ; *n.* νηπιαγωγείο nipiagoyio
kindle *v.t.* ανάβω anavo
kindly *adv.* ευγενικά evyenika
king *n.* βασιλιάς vasilias
kingdom *n.* βασίλειο vasilio
kinship *n.* συγγένεια sigenia
kiss *n.* φιλί fili
kiss *v.t.* φιλώ filo
kit *n.* εργαλειοθήκη ergaliothiki
kitchen *n.* κουζίνα kouzina
kite *n.* χαρταετός hartaetos
kith *n.* γνωστοί και φίλοι gnosti ke fili
kitten *n.* γατάκι gataki
knave *n.* απατεώνας apateonas
knavery *n.* απατεωνιά apateonia
knee *n.* γόνατο gonato
kneel *v.i.* γονατίζω gonatizo
knife *n.* μαχαίρι maheri
knight *n.* ιππότης ipotis
knight *v.t.* χειροτονώ ιππότη hirotono ipoti
knit *v.t.* πλέκω pleko
knock *v.t.* χτυπώ htipo
knot *n.* κόμπος kobos
knot *v.t.* δένω deno
know *v.t.* ξέρω ksero
knowledge *n.* γνώση gnosi

L

label *n.* ετικέτα etiketa
label *v.t.* χαρακτηρίζω haraktirizo
labial *a.* χειλικός hilikos
laboratory *n.* εργαστήριο ergastirio
laborious *a.* κοπιώδης kopiodis

labour *n.* μόχθος mohthos
labour *v.i.* μοχθώ mohtho
laboured *a.* βαρύς varis
labourer *n.* μεροκαματιάρης merokamatiaris
labyrinth *n.* λαβύρινθος lavirinthos
lace *n.* δαντέλα dantela
lace *v.t.* δένω deno
lacerate *v.t.* ξεσκίζω kseskizo
lachrymose *a.* δακρυσμένος dakrismenos
lack *n.* έλλειψη elipsi
lack *v.t.* στερούμαι steroume
lackey *n.* λακές lakes
lackluster *a.* ανιαρός aniaros
laconic *a.* λακωνικός lakonikos
lactate *v.i.* παράγω γάλα parago gala
lactose *n.* λακτόζη laktozi
lacuna *n.* κενό keno
lacy *a.* δαντελένιος dantelenios
lad *n.* παλικάρι palikari
ladder *n.* σκάλα skala
lade *v.t.* φορτώνω fortono
ladle *n.* κουτάλα koutala
ladle *v.t.* σερβίρω serviro
lady *n.* κυρία kiria
lag *v.i.* μονώνω monono
laggard *n.* νωθρός nothros
lagoon *n.* λιμνοθάλασσα limnothalasa
lair *n.* φωλιά folia
lake *n.* λίμνη limni
lama *n.* λάμα lama
lamb *n.* αρνί arni
lambaste *v.t.* μαστιγώνω mastigono
lame *a.* κουτσός koutsos
lame *v.t.* κουτσαίνω koutseno
lament *v.i.* θρηνώ thrino
lament *n* θρήνος thrinos
lamentable *a.* αξιοθρήνητος aksiothrinitos

lamentation *n.* θρήνος thrinos
lambkin *n.* αρνάκι γάλακτος arnaki galaktos
laminate *v.t.* ελασματοποιώ elasmatopio
lamp *n.* λάμπα laba
lampoon *n.* σάτιρα satira
lampoon *v.t.* σατιρίζω satirizo
lance *n.* λόγχη lonhi
lance *v.t.* κόβω με νυστέρι kovo me nisteri
lancer *n.* λογχοφόρος lonhoforos
lancet *a.* νυστέρι nisteri
land *n.* στεριά steria
land *v.i.* αποβιβάζω/-ομαι apovivazo/-ome
landing *n.* αποβίβαση apovivasi
landscape *n.* τοπίο topio
lane *n.* πάροδος parodos
language *n.* γλώσσα glosa
languish *v.i.* λιώνω liono
lank *a.* ψιλόλιγνος psilolignos
lantern *n.* φανάρι fanari
lap *n.* γόνατα gonata
lapse *v.i.* γλιστρώ glistro
lapse *n* ολίσθημα olisthima
lard *n.* λαρδί lardi
large *a.* μεγάλος megalos
largesse *n.* γενναιοδωρία yeneodoria
lark *n.* κορυδαλλός koridalos
lascivious *a.* λάγνος lagnos
lash *v.i.* μαστιγώνω mastigono
lash *n* βλεφαρίδα vlefarida
lass *n.* κοπελιά kopelia
last *a.* τελευταίος telefteos
last *adv.* τελευταία teleftea
last *v.i.* διαρκώ diarko
last *n* καλαπόδι kalapodi
lastly *adv.* τελικά telika
lasting *a.* διαρκής diarkis
latch *n.* σύρτης sirtis
late *a.* αργός argos
late *adv.* αργά arga

lately *adv.* πρόσφατα prosfata
latent *a.* λανθάνων lanthanon
lath *n.* πηχάκι pihaki
lathe *n.* τόρνος tornos
lather *n.* σαπουνάδα sapounada
latitude *n.* γεωγραφικό πλάτος yeografiko platos
latrine *n.* αποχωρητήριο apohoritirio
latter *a.* πρόσφατος prosfatos
lattice *n.* καφάσι kafasi
laud *v.t.* υμνώ imno
laud *n* ύμνος imnos
laudable *a.* επαινετός epenetos
laugh *n.* γέλιο yelio
laugh *v.i* γελώ yelo
laughable *a.* αστείος astios
laughter *n.* γέλιο yelio
launch *v.t.* εκτοξεύω ektoksevo
launch *n.* άκατος akatos
launder *v.t.* πλένω και σιδερώνω pleno ke siderono
laundress *n.* πλύστρα plistra
laundry *n.* πλυντήριο plintirio
laurel *n.* δάφνη dafni
laureate *n* δαφνοστεφής dafnostefis
lava *n.* λάβα lava
lavatory *n.* τουαλέτα toualeta
lavender *n.* λεβάντα levanta
lavish *a.* γενναιόδωρος yeneodoros
lavish *v.t.* κατασπαταλώ kataspatalo
law *n.* νόμος nomos
lawful *a.* νόμιμος nomimos
lawless *a.* άνομος anomos
lawn *n.* γκαζόν gkazon
lawyer *n.* δικηγόρος dikigoros
lax *a.* χαλαρός halaros
laxative *n.* καθαρτικό kathartiko
laxative *a* ευκοίλιος efkilios
laxity *n.* χαλαρότητα halarotita
lay *v.t.* τοποθετώ topotheto

lay *a.* λαϊκός laikos
lay *n* μπαλάντα balanta
layer *n.* στρώμα stroma
layman *n.* ανίδεος anideos
laze *v.i.* τεμπελιάζω tebeliazo
laziness *n.* τεμπελιά tebelia
lazy *n.* τεμπέλης tebelis
lea *n.* λειμώνας limonas
leach *v.t.* στραγγίζω stragizo
lead *n.* μόλυβδος molivdos
lead *v.t.* οδηγώ odigo
lead *n.* οδήγηση odiyisi
leaden *a.* μολυβένιος molivenios
leader *n.* ηγέτης iyetis
leadership *n.* ηγεσία iyesia
leaf *n.* φύλλο filo
leaflet *n.* φυλλάδιο filadio
leafy *a.* φυλλώδης filodis
league *n.* ένωση enosi
leak *n.* διαρροή diaroi
leak *v.i.* διαρρέω diareo
leakage *n.* διαρροή diaroi
lean *n.* άπαχος apahos
lean *v.i.* γέρνω yerno
leap *v.i.* πηδώ pido
leap *n* άλμα alma
learn *v.i.* μαθαίνω matheno
learned *a.* σοφός sofos
learner *n.* μαθητής mathitis
learning *n.* μάθηση mathisi
lease *n.* μίσθωση misthosi
lease *v.t.* εκμισθώνω ekmisthono
least *a.* ελάχιστος elahistos
least *adv.* ελάχιστα elahista
leather *n.* δέρμα derma
leave *n.* άδεια adia
leave *v.t.* φεύγω fevgo
lecture *n.* διάλεξη dialeksi
lecture *v* κάνω διάλεξη kano dialeksi
lecturer *n.* λέκτορας lektoras
ledger *n.* καθολικό katholiko
lee *n.* υπήνεμος ipinemos
leech *n.* βδέλλα vdela

leek *n.* πράσο praso
left *a.* αριστερός aristeros
leftist *n* αριστερίζων aristerizon
leg *n.* πόδι podi
legacy *n.* κληρονομιά klironomia
legal *a.* νομικός nomikos
legality *n.* νομιμότητα nomimotita
legalize *v.t.* νομιμοποιώ nomimopio
legend *n.* θρύλος thrilos
legendary *a.* θρυλικός thrilikos
leghorn *n.* ψάθινο καπέλο psathino kapelo
legible *a.* ευανάγνωστος evanagnostos
legibly *adv.* ευανάγνωστα evanagnosta
legion *n.* λεγεώνα leyeona
legionary *n.* λεγεωνάριος leyeonarios
legislate *v.i.* νομοθετώ nomotheto
legislation *n.* νομοθεσία nomothesia
legislative *a.* νομοθετικός nomothetikos
legislator *n.* νομοθέτης nomothetis
legislature *n.* νομοθετικό σώμα nomothetiko soma
legitimacy *n.* νομιμότητα nomimotita
legitimate *a.* νόμιμος nomimos
leisure *n.* ελεύθερος χρόνος eleftheros hronos
leisure *a* αργός argos
leisurely *a.* αργός argos
leisurely *adv.* αργά arga
lemon *n.* λεμόνι lemoni
lemonade *n.* λεμονάδα lemonada
lend *v.t.* δανείζω danizo
length *n.* μήκος mikos
lengthen *v.t.* μακραίνω makreno

lengthy *a.* εκτεταμένος ektetamenos
lenience, leniency *n.* επιείκεια epiikia
lenient *a.* επιεικής epiikis
lens *n.* φακός fakos
lentil *n.* φακή faki
Leo *n.* Λέων leon
leonine *a* λιονταρίσιος liontarisios
leopard *n.* λεοπάρδαλη leopardali
leper *n.* λεπρός lepros
leprosy *n.* λέπρα lepra
leprous *a.* λεπρός lepros
less *a.* λιγότερος ligoteros
less *n* λιγότερο ligotero
less *adv.* λιγότερο ligotero
less *prep.* μείον mion
lessee *n.* μισθωτής misthotis
lessen *v.t* λιγοστεύω ligostevo
lesser *a.* μικρότερος mikroteros
lesson *n.* μάθημα mathima
lest *conj.* για να μη yia na mi
let *v.t.* επιτρέπω epitrepo
lethal *a.* φονικός fonikos
lethargic *a.* κοιμισμένος kimismenos
lethargy *n.* λήθαργος lithargos
letter *n* γράμμα grama
level *n.* στάθμη stathmi
level *a* επίπεδος epipedos
level *v.t.* ισοπεδώνω isopedono
lever *n.* μοχλός mohlos
lever *v.t.* κινώ με μοχλό kino me mohlo
leverage *n.* δύναμη μοχλού dinami mohlou
levity *n.* ελαφρότητα elafrotita
levy *v.t.* επιβάλλω epivalo
levy *n.* φορολογία foroloyia
lewd *a.* λάγνος lagnos
lexicography *n.* λεξικογραφία leksikografia
lexicon *n.* λεξικό leksiko

liability *n.* υποχρέωση ipohreosi
liable *a.* υπεύθυνος ipefthinos
liaison *n.* σύνδεσμος sindesmos
liar *n.* ψεύτης pseftis
libel *n.* δυσφήμηση disfimisi
libel *v.t.* δυσφημώ disfimo
liberal *a.* φιλελεύθερος fileleftheros
liberalism *n.* φιλελευθερισμός fileleftherismos
liberality *n.* γενναιοδωρία yeneodoria
liberate *v.t.* ελευθερώνω eleftherono
liberation *n.* απελευθέρωση apeleftherosi
liberator *n.* ελευθερωτής eleftherotis
libertine *n.* ακόλαστος άνθρωπος akolastos anthropos
liberty *n.* ελευθερία eleftheria
librarian *n.* βιβλιοθηκάριος vivliothikarios
library *n.* βιβλιοθήκη vivliothiki
licence *n.* άδεια adia
license *v.t.* χορηγώ άδεια horigo adia
licensee *n.* κάτοχος της άδειας katohos tis adias
licentious *a.* ασελγής aselyis
lick *v.t.* γλείφω glifo
lick *n* γλείψιμο glipsimo
lid *n.* βλέφαρο vlefaro
lie *v.i.* ψεύδομαι psevdome
lie *v.i* ξαπλώνω ksaplono
lie *n* ψέμα psema
lieu *n.* αντί anti
lieutenant *n.* υπολοχαγός ipolohagos
life *n* ζωή zoi
lifeless *a.* άψυχος apsihos
lifelong *a.* ολόκληρης ζωής olokliris zois
lift *n.* ανύψωση anipsosi

lift *v.t.* ανυψώνω anipsono
light *n.* φως fos
light *a* ελαφρός elafros
light *v.t.* ανάβω anavo
lighten *v.i.* ελαφρύνω elafrino
lighter *n.* αναπτήρας anaptiras
lightly *adv.* ελαφρά elafra
lightning *n.* κεραυνός keravnos
lignite *n.* λιγνίτης lignitis
like *a.* όμοιος omios
like *n.* όμοιος omios
like *v.t.* συμπαθώ sibatho
like *prep* σαν san
likelihood *n.* πιθανότητα pithanotita
likely *a.* πιθανός pithanos
liken *v.t.* παρομοιάζω paromiazo
likeness *n.* ομοιότητα omiotita
likewise *adv.* παρομοίως paromios
liking *n.* συμπάθεια sibathia
lilac *n.* λιλά lila
lily *n.* κρίνος krinos
limb *n.* μέλος melos
limber *v.t.* γίνομαι εύκαμπτος yinome efkamptos
limber *n* εύκαμπτος efkamptos
lime *n.* ασβέστης asvestis
lime *v.t* ασβεστώνω asvestono
lime *n.* λάιμ laim
limelight *n.* δημοσιότητα dimosiotita
limit *n.* όριο orio
limit *v.t.* περιορίζω periorizo
limitation *n.* περιορισμός periorismos
limited *a.* περιορισμένος periorismenos
limitless *a.* απεριόριστος aperioristos
line *n.* γραμμή grami
line *v.t.* χαρακώνω harakono
line *v.t.* επενδύω ependio
lineage *n.* καταγωγή katagoyi

linen *n.* λινό lino
linger *v.i.* παραμένω parameno
lingo *n.* κορακίστικα korakistika
lingua franca *n.* κοινή γλώσσα kini glosa
lingual *a.* γλωσσικός glosikos
linguist *n.* γλωσσολόγος glosologos
linguistic *a.* γλωσσολογικός glosoloyikos
linguistics *n.* γλωσσολογία glosoloyia
lining *n* φόδρα fodra
link *n.* κρίκος krikos
link *v.t* συνδέω/-ομαι sindeo/-ome
linseed *n.* λινόσπορος linosporos
lintel *n.* πρέκι preki
lion *n* λιοντάρι liontari
lioness *n.* λέαινα leena
lip *n.* χείλος hilos
liquefy *v.t.* ρευστοποιώ refstopio
liquid *a.* υγρός igros
liquid *n* υγρό igro
liquidate *v.t.* ρευστοποιώ refstopio
liquidation *n.* ρευστοποίηση refstopiisi
liquor *n.* οινοπνευματώδες ποτό inopnevmatodes poto
lisp *v.t.* ψευδίζω psevdizo
lisp *n* ψεύδισμα psevdisma
list *n.* κατάλογος katalogos
list *v.t.* φτιάχνω κατάλογο ftiahno katalogo
listen *v.i.* ακούω akouo
listener *n.* ακροατής akroatis
listless *a.* κουρασμένος kourasmenos
lists *n.* παλαίστρα palestra
literacy *n.* γνώση γραφής και ανάγνωσης gnosi grafis kai anagnosis

literal *a.* κυριολεκτικός kiriolektikos
literary *a.* φιλολογικός filoloyikos
literate *a.* εγγράματος egkramatos
literature *n.* λογοτεχνία logotehnia
litigant *n.* διαδικός diadikos
litigate *v.t.* διεκδικώ δικαστικώς diekdiko dikastikos
litigation *n.* δίκη diki
litre *n.* λίτρο litro
litter *n.* σκουπίδια skoupidia
litter *v.t.* ρυπαίνω ripeno
litterateur *n.* συγγραφέας sigkrafeas
little *a.* μικρός mikros
little *adv.* πολύ λίγο poli ligo
little *n.* πολύ λίγο poli ligo
littoral *a.* παραθαλάσσιος parathalasios
liturgical *a.* λειτουργικός litouryikos
live *v.i.* ζω zo
live *a.* ζωντανός zontanos
livelihood *n.* πόροι ζωής pori zois
lively *a.* ζωηρός zoiros
liver *n.* συκώτι sikoti
livery *n.* λιβρέα livrea
living *a.* ζωντανός zontanos
living *n* πόροι ζωής pori zois
lizard *n.* σαύρα savra
load *n.* φορτίο fortio
load *v.t.* φορτώνω fortono
loaf *n.* καρβέλι karveli
loaf *v.i.* χαζεύω hazevo
loafer *n.* ακαμάτης akamatis
loan *n.* δάνειο danio
loan *v.t.* δανείζω danizo
loath *a.* απρόθυμος aprothimos
loathe *v.t.* σιχαίνομαι sihenome
loathsome *a.* αηδιαστικός aidiastikos
lobby *n.* είσοδος isodos
lobe *n.* λοβός lovos
lobster *n.* αστακός astakos
local *a.* τοπικός topikos
locale *n.* σκηνή ιστορίας skini istorias
locality *n.* τοποθεσία topothesia
localize *v.t.* εντοπίζω entopizo
locate *v.t.* εντοπίζω entopizo
location *n.* τοποθεσία topothesia
lock *n.* κλειδαριά klidaria
lock *v.t* κλειδώνω klidono
lock *n* μπούκλα boukla
locker *n.* θυρίδα thirida
locket *n.* μενταγιόν mentayion
locomotive *n.* μηχανή τρένου mihani trenou
locus *n.* τόπος topos
locust *n.* ακρίδα akrida
locution *n.* έκφραση ekfrasi
lodge *n.* θυρωρείο thirorio
lodge *v.t.* στεγάζω stegazo
lodging *n.* κατάλυμα katalima
loft *n.* σοφίτα sofita
lofty *a.* ψηλός psilos
log *n.* κούτσουρο koutsouro
logarithim *n.* λογάριθμος logarithmos
logic *n.* λογική loyiki
logical *a.* λογικός loyikos
logistics *n.* επιμελητεία epimelitia
loin *n.* μέση mesi
loiter *v.i.* χασομερώ hasomero
loll *v.i.* ξαπλώνω τεμπέλικα ksaplono tebelika
lollipop *n.* γλειφιτζούρι glifitzouri
lone *a.* μοναχικός monahikos
loneliness *n.* μοναξιά monaksia
lonely *a.* μοναχικός monahikos
lonesome *a.* θλιμμένος thlimenos

long *a.* μακρύς makris
long *adv* πολύ poli
long *v.i* λαχταρώ lahtaro
longevity *n.* μακροζωία makrozoia
longing *n.* λαχτάρα lahtara
longitude *n.* γεωγραφικό μήκος yeografiko mikos
look *v.i* κοιτάζω kitazo
look *n* ματιά matia
loom *n* αργαλειός argalios
loom *v.i.* προβάλλω provalo
loop *n.* θηλειά thilia
loop-hole *n.* παραθυράκι parathiraki
loose *a.* λυμένος limenos
loose *v.t.* λύνω lino
loosen *v.t.* λασκάρω laskaro
loot *n.* λάφυρα lafira
loot *v.i.* λεηλατώ leilato
lop *v.t.* κλαδεύω kladevo
lord *n.* άρχοντας arhontas
lordly *a.* αγέρωχος ayerohos
lordship *n.* κυριαρχία kiriarhia
lore *n.* λαϊκές παραδόσεις laikes paradosis
lorry *n.* φορτηγό fortigo
lose *v.t.* χάνω hano
loss *n.* απώλεια apolia
lot *n.* σύνολο sinolo
lot *n* λαχνός lahnos
lotion *n.* λοσιόν losion
lottery *n.* λαχείο lahio
lotus *n.* λωτός lotos
loud *a.* δυνατός dinatos
lounge *v.i.* τεμπελιάζω tebeliazo
lounge *n.* σαλόνι saloni
louse *n.* ψείρα psira
lovable *a.* αξιαγάπητος aksiagapitos
love *n* αγάπη agapi
love *v.t.* αγαπώ agapo
lovely *a.* θαυμάσιος thavmasios
lover *n.* εραστής erastis

loving *a.* στοργικός storyikos
low *a.* χαμηλός hamilos
low *adv.* χαμηλά hamila
low *v.i.* μουγγανίζω mougkanizo
low *n.* μουγγάνισμα mougkanisma
lower *v.t.* χαμηλώνω hamilono
lowliness *n.* απλότητα aplotita
lowly *a.* απλός aplos
loyal *a.* πιστός pistos
loyalist *n.* νομιμόφρονας nomimofronas
loyalty *n.* πίστη pisti
lubricant *n.* λιπαντικό lipantiko
lubricate *v.t.* λιπαίνω lipeno
lubrication *n.* λίπανση lipansi
lucent *a.* λαμπερός laberos
lucerne *n.* τριφύλλι trifili
lucid *a.* καθαρός katharos
lucidity *n.* διαύγεια diavyia
luck *n.* τύχη tihi
luckily *adv.* ευτυχώς eftihos
luckless *a.* άτυχος atihos
lucky *a.* τυχερός tiheros
lucrative *a.* επικερδής epikerdis
lucre *n.* κέρδος kerdos
luggage *n.* αποσκευές eposkeves
lukewarm *a.* χλιαρός hliaros
lull *v.t.* νανουρίζω nanourizo
lull *n.* γαλήνη galini
lullaby *n.* νανούρισμα nanourisma
luminary *n.* άστρο astro
luminous *a.* φωτεινός fotinos
lump *n.* κομμάτι komati
lump *v.t.* σβολιάζω svoliazo
lunacy *n.* παραφροσύνη parafrosini
lunar *a.* σεληνιακός seliniakos
lunatic *n.* παράφρων parafron
lunatic *a.* τρελός trelos
lunch *n.* μεσημεριανό φαγητό mesimeriano fayito
lunch *v.i.* γευματίζω yevmatizo

lung *n* πνεύμονας pnevmonas
lunge *n.* απότομη κίνηση apotomi kinisi
lunge *v.i* επιτίθεμαι epititheme
lurch *n.* κλυδονισμός klidonismos
lurch *v.i.* κλυδωνίζομαι klidonizome
lure *n.* θέλγητρο thelyitro
lure *v.t.* δελεάζω deleazo
lurk *v.i.* καραδοκώ karadoko
luscious *a.* χυμώδης himodis
lush *a.* άφθονος afthonos
lust *n.* πόθος pothos
lustful *a.* λάγνος lagnos
lustre *n.* λάμψη lampsi
lustrous *a.* στιλπνός stilpnos
lusty *a.* εύρωστος evrostos
lute *n.* λαούτο laouto
luxuriance *n.* αφθονία afthonia
luxuriant *a.* άφθονος afthonos
luxurious *a.* πολυτελής politelis
luxury *n.* πολυτέλεια politelia
lynch *v.t.* λιντσάρω lintsaro
lyre *n.* λύρα lira
lyric *a.* λυρικός lirikos
lyric *n.* λυρικό ποίημα liriko piima
lyrical *a.* λυρικός lirikos
lyricist *n.* στιχουργός stihourgos

M

machine *n* μηχανή mihani
mad *a* τρελός trelos
magic *n.* μαγεία mayia
magical *a.* μαγικός mayikos
magician *n.* μάγος magos
magisterial *a.* δικαστικός dikastikos
magistracy *n.* αξίωμα κατώτερου δικαστή aksioma katoterou dikastikou
magistrate *n.* ειρηνοδίκης irinodikis
magnanimity *n.* μεγαλοψυχία megalopsihia
magnanimous *a.* μεγαλόψυχος megalopsihos
magnate *n.* μεγιστάνας meyistanas
magnet *n.* μαγνήτης magnitis
magnetic *a.* μαγνητικός magnitikos
magnetism *n.* μαγνητισμός magnitismos
magnificent *a.* μεγαλοπρεπής megaloprepis
magnify *v.t.* μεγεθύνω meyethino
magnitude *n.* σπουδαιότητα spoudeotita
magpie *n.* κίσσα kisa
mahogany *n.* μαόνι maoni
mahout *n.* φύλακας και οδηγός ελέφαντα filakas ke odigos elefanta
maid *n.* υπηρέτρια ipiretria
maiden *n.* ανύπαντρη κοπέλα anipantri kopela
maiden *a* παρθενικός parthenikos
mail *n.* ταχυδρομείο tahidromio
mail *v.t.* ταχυδρομώ tahidromo
mail *n* πανοπλία panoplia
main *a* κύριος kirios
main *n* κεντρικός αγωγός kentrikos agogos
mainly *adv.* κυρίως kirios
mainstay *n.* στήριγμα stirigma
maintain *v.t.* διατηρώ diatiro
maintenance *n.* συντήρηση sintirisi
maize *n.* καλαμπόκι kalaboki
majestic *a.* μεγαλοπρεπής megaloprepis

majesty *n.* μεγαλοπρέπεια megaloprepia
major *a.* σημαντικός simantikos
major *n* ταγματάρχης tagmatarhis
majority *n.* πλειοψηφία pliopsifia
make *v.t.* φτιάχνω ftiahno
make *n* κατασκευή kataskevi
maker *n.* κατασκευαστής kataskevastis
maladjusted *a.* απροσάρμοστος aprosarmostos
mal administration *n.* κακοδιοίκηση kakodiikisi
malady *n.* νόσος nosos
malaria *n.* ελονοσία elonosia
maladroit *a.* αδέξιος adeksios
malafide *a.* κακόπιστος kakopistos
malafide *adv* κακόπιστα kakopistia
malaise *n.* αδιαθεσία adiathesia
malcontent *a.* δυσαρεστημένος disarestimenos
malcontent *n* δυσαρεστημένος disarestimenos
male *a.* αρσενικός arsenikos
male *n* αρσενικό arseniko
malediction *n.* κατάρα katara
malefactor *n.* κακοποιός kakopios
maleficent *a.* επιβλαβής epivlavis
malice *n.* κακία kakia
malicious *a.* κακόβουλος kakovoulos
malign *v.t.* κακολογώ kakologo
malign *a* επιζήμιος epizimios
malignancy *n.* κακεντρέχεια kakentrehia
malignant *a.* κακεντρέχης kakentrehis
malignity *n.* κακεντρέχεια kakentrehia
malleable *a.* εύπλαστος efplastos
malnutrition *n.* υποσιτισμός ipositismos
malpractice *n.* αδίκημα adikima
malt *n.* βύνη vini
maltreatment *n.* κακομεταχείριση kakometahirisi
mamma *n.* μαμά mama
mammal *n.* θηλαστικό thilastiko
mammary *a.* μαστικός mastikos
mammon *n.* χρήμα hrima
mammoth *n.* μαμούθ mamouth
mammoth *a* πελώριος pelorios
man *n.* άντρας antras
man *v.t.* επανδρώνω epandrono
manage *v.t.* διευθύνω diefthino
manageable *a.* εύχρηστος efhristos
management *n.* διαχείριση diahirisi
manager *n.* διευθυντής diefthintis
managerial *a.* διευθυντικός diefthintikos
mandate *n.* εντολή entoli
mandatory *a.* υποχρεωτικός ipohreotikos
mane *n.* χαίτη heti
manful *a.* γενναίος yeneos
manganese *n.* μαγγάνιο magkanio
manger *n.* παχνί pahni
mangle *v.t.* κατασπαράσσω katasparaso
mango *n* μάνγκο mangko
manhandle *v.t.* κακοποιώ kakopio
manhole *n.* στόμιο stomio
manhood *n.* ανδρική ηλικία andriki ilikia
mania *n* μανία mania
maniac *n.* μανιακός maniakos

manicure n. μανικιούρ manikiour
manifest a. προφανής profanis
manifest v.t. αποδεικνύω apodiknio
manifestation n. εκδήλωση ekdilosi
manifesto n. μανιφέστο manifesto
manifold a. πολλαπλός polaplos
manipulate v.t. χειρίζομαι hirizome
manipulation n. επιδέξιος χειρισμός epideksios hirismos
mankind n. ανθρωπότητα anthropotita
manlike a. ανδροπρεπής androprepis
manliness n αρρενωπότητα arenopotita
manly a. αρρενωπός arenopos
manna n. μάννα mana
mannequin n. μανεκέν maneken
manner n. τρόπος tropos
mannerism n. ιδιομορφία idiomorfia
mannerly a. ευγενικός evyenikos
manoeuvre n. ελιγμός eligmos
manoeuvre v.i. μανουβράρω manouvraro
manor n. υποστατικό ipostatiko
manorial a. φεουδαλικός feoudalikos
mansion n. αρχοντικό arhontiko
mantel n. κορνίζα korniza
mantle n μανδύας mandias
mantle v.t καλύπτω/-ομαι kalipto/-ome
manual a. χειρωνακτικός hironaktikos
manual n εγχειρίδιο enhiridio
manufacture v.t. παράγω parago
manufacture n παραγωγή paragoyi

manufacturer n κατασκευαστής kataskevastis
manumission n. απελευθέρωση apeleftherosi
manumit v.t. απελευθερώνω apeleftherono
manure n. κοπριά kopria
manure v.t. ρίχνω κοπριά rihno kopria
manuscript n. χειρόγραφο hirografo
many a. πολλοί poli
map n χάρτης hartis
map v.t. χαρτογραφώ hartografo
mar v.t. χαλώ halo
marathon n. μαραθώνιος marathonios
maraud v.i. λεηλατώ leilato
marauder n. πλιατσικολόγος pliatsikologos
marble n. μάρμαρο marmaro
march n Μάρτιος martios
march n. πορεία poria
march v.i βαδίζω vadizo
mare n. φοράδα forada
margarine n. μαργαρίνη margarini
margin n. περιθώριο perithorio
marginal a. περιθωριακός perithoriakos
marigold n. κατιφές katifes
marine a. θαλάσσιος thalasios
mariner n. ναυτικός naftikos
marionette n. μαριονέτα marioneta
marital a. συζυγικός siziyikos
maritime a. ναυτικός naftikos
mark n. σημάδι simadi
mark v.t μαρκάρω markaro
marker n. μαρκαδόρος markadoros
market n αγορά agora
market v.t διαθέτω στην αγορά diatheto stin agora

marketable *a.* εμπορεύσιμος eborefsimos
marksman *n.* δεινός σκοπευτής dinos skopeftis
marmalade *n.* μαρμελάδα marmelada
maroon *n.* καστανόχρωμος kastanohromos
maroon *v.t* εγκαταλείπω σε έρημο νησί egkatalipo se erimo
marriage *n.* γάμος gamos
marriageable *a.* της παντρειάς tis pantrias
marry *v.t.* παντρεύομαι pantrevome
Mars *n* Άρης aris
marsh *n.* έλος elos
marshal *n* στρατάρχης stratarhis
marshal *v.t* συγκεντρώνω sigentrono
marshy *a.* βαλτώδης valtodis
marsupial *n.* μαρσιποφόρος marsipoforos
mart *n.* αγορά agora
marten *n.* νυφίτσα nifitsa
martial *a.* στρατιωτικός stratiotikos
martinet *n.* άτεγκτος ategktos
martyr *n.* μάρτυρας martiras
martyrdom *n.* μαρτύριο martirio
marvel *n.* θαύμα thavma
marvel *v.i* θαυμάζω thavmazo
marvellous *a.* θαυμαστός thavmastos
mascot *n.* μασκότ maskot
masculine *a.* αρρενωπός arenopos
mash *n.* χύλος hilos
mash *v.t* πολτοποιώ poltopio
mask *n.* μασκά maska
mask *v.t.* φορώ μάσκα foro maska
mason *n.* μασόνος masonos
masonry *n.* τεκτονισμός tektonismos

masquerade *n.* μεταμφίεση metamfiesi
mass *n.* μάζα maza
mass *v.i* συγκεντρώνω/-ομαι σε μάζα sigentrono/-ome se maza
massacre *n.* σφαγή sfayi
massacre *v.t.* κατασφάζω katasfazo
massage *n.* μασάζ masaz
massage *v.t.* κάνω μασάζ kano masaz
masseur *n.* μασέρ maser
massive *a.* μεγάλος megalos
massy *a.* μεγάλος megalos
mast *n.* ιστός istos
master *n.* αφεντικό afentiko
master *v.t.* κυριαρχώ kiriarho
masterly *a.* επιδέξιος epideksios
masterpiece *n.* αριστούργημα aristouryima
mastery *n.* δεξιοτεχνία deksiotehnia
masticate *v.t.* μασώ maso
masturbate *v.i.* αυνανίζομαι avnanizome
mat *n.* χαλάκι halaki
matador *n* . ταυρομάχος tavromahos
match *n.* σπίρτο spirto
match *v.i.* ταιριάζω teriazo
match *n* αγώνας agonas
matchless *a.* απαράμιλλος aparamilos
mate *n.* σύντροφος sintrofos
mate *v.t.* ζευγαρώνω zevgarono
material *a.* υλικός ilikos
material *n* υλικό iliko
materialism *n.* υλισμός ilismos
materialize *v.t.* υλοποιούμαι ilopioume
maternal *a.* μητρικός mitrikos
maternity *n.* μητρότητα mitrotita
mathematical *a.* μαθηματικός mathimatikos

mathematician *n.* μαθηματικός mathimatikos
mathematics *n* μαθηματικά mathimatika
matinee *n.* απογευματινή παράσταση apoyevmatini parastasi
matriarch *n.* γυναίκα αρχηγός οικογένειας yineka arhigos ikoyenias
matricidal *a.* μητροκτονικός mitroktonikos
matricide *n.* μητροκτόνος mitroktonos
matriculate *v.t.* εγγράφω/-ομαι στο πανεπιστήμιο egkrafo/-ome sto panepistimio
matriculation *n.* εγγραφή στο πανεπιστήμιο egkrafi sto panepistimio
matrimonial *a.* συζυγικός siziyikos
matrimony *n.* γάμος gamos
matrix *n* μήτρα mitra
matron *n.* οικονόμος ikonomos
matter *n.* ζήτημα zitima
matter *v.i.* ενδιαφέρω endiafero
mattock *n.* τσάπα tsapa
mattress *n.* στρώμα stroma
mature *a.* ώριμος orimos
mature *v.i* ωριμάζω orimazo
maturity *n.* ωριμότητα orimotita
maudlin *a* παραπονιάρης paraponiaris
maul *v.t* τραβολογώ travologo
maulstick *n.* υποστήριγμα ipostirigma
maunder *v.t.* χαζεύω hazevo
mausoleum *n.* μαυσωλείο mafsolio
mawkish *a.* ανούσιος anousios
maxilla *n.* πάνω σαγόνι pano sagoni
maxim *n.* ρητό rito

maximize *v.t.* αυξάνω στο μέγιστο βαθμό afksano sto meyisto vathmo
maximum *a.* ανώτατος anotatos
maximum *n* ανώτατο όριο anotato orio
May *n.* Μάιος maios
may *v* μπορώ boro
mayor *n.* δήμαρχος dimarhos
maze *n.* λαβύρινθος lavirinthos
me *pron.* εγώ ego
mead *n.* υδρόμελι idromeli
meadow *n.* λιβάδι livadi
meagre *a.* ισχνός ishnos
meal *n.* γεύμα yevma
mealy *a.* αλευρώδης alevrodis
mean *a.* άθλιος athlios
mean *n.* μέσο meso
mean *v.t* σημαίνω simeno
meander *v.i.* περιφέρομαι periferome
meaning *n.* σημασία simasia
meaningful *a.* σημαντικός simantikos
meaningless *a.* χωρίς σημασία horis simasia
meanness *n.* αθλιότητα athliotita
means *n* μέσα mesa
meanwhile *adv.* εν τω μεταξύ en to metaksi
measles *n* ιλαρά ilara
measurable *a.* μετρήσιμος metrisimos
measure *n.* μέτρο metro
measure *v.t* μετρώ metro
measureless *a.* αμέτρητος ametritos
measurement *n.* μέτρηση metrisi
meat *n.* κρέας kreas
mechanic *n.* μηχανικός mihanikos
mechanic *a* μηχανικός mihanikos
mechanical *a.* μηχανικός mihanikos

mechanics *n.* μηχανική mihaniki
mechanism *n.* μηχανισμός mihanismos
medal *n.* μετάλλιο metalio
medallist *n.* κάτοχος μεταλλίου katohos metaliou
meddle *v.i.* ανακατεύομαι anakatevome
medieval *a.* μεσαιωνικός meseonikos
median *a.* μέσος mesos
mediate *v.i.* μεσολαβώ mesolavo
mediation *n.* μεσολάβηση mesolavisi
mediator *n.* μεσολαβητής mesolavitis
medical *a.* ιατρικός iatrikos
medicament *n.* φάρμακο farmako
medicinal *a.* θεραπευτικός therapeftikos
medicine *n.* ιατρική iatriki
medico *n.* γιατρός yiatros
mediocre *a.* μέτριος metrios
mediocrity *n.* μετριότητα metriotita
meditate *v.t.* μελετώ meleto
mediation *n.* διαλογισμός dialoyismos
meditative *a.* στοχαστικός stohastikos
medium *n* μέσο meso
medium *a* μεσαίος meseos
meek *a.* πράος praos
meet *v.t.* συναντώ sinanto
meeting *n.* συνάντηση sinantisi
megalith *n.* μεγάλιθος megalithos
megalithic *a.* μεγαλιθικός megalithikos
megaphone *n.* μεγάφωνο megafono
melancholia *n.* μελαγχολία melanholia

melancholic *a.* μελαγχολικός melanholikos
melancholy *n.* μελαγχολία melanholia
melancholy *adj* κατηφής katifis
melee *n.* συμπλοκή sibloki
meliorate *v.t.* βελτιώνω veltiono
mellow *a.* απαλός apalos
melodious *a.* μελωδικός melodikos
melodrama *n.* μελόδραμα melodrama
melodramatic *a.* μελοδραματικός melodramatikos
melody *n.* μελωδία melodia
melon *n.* πεπόνι peponi
melt *v.i.* λιώνω liono
member *n.* μέλος melos
membership *n.* ιδιότητα μέλους idiotita melous
membrane *n.* μεμβράνη memvrani
memento *n.* ενθύμιο enthimio
memoir *n.* βιογραφικό σημείωμα viografiko simioma
memorable *a.* αξιομνημόνευτος aksiomnimoneftos
memorandum *n* μνημόνιο mnimonio
memorial *n.* μνημείο mnimio
memorial *a* αναμνηστικός anamnistikos
memory *n.* μνήμη mnimi
menace *n* απειλή apili
menace *v.t* απειλώ apilo
mend *v.t.* επισκευάζω episkevazo
mendacious *a.* αναληθής analithis
menial *a.* ταπεινός tapinos
menial *n* υπηρέτης ipiretis
meningitis *n.* μηνιγγίτιδα minigitida

menopause *n.* εμμηνόπαυση eminopafsi
menses *n.* έμμηνα emina
menstrual *a.* εμμηνορροϊκός eminoroikos
menstruation *n.* εμμηνόρροια eminoria
mental *a.* πνευματικός pnevmatikos
mentality *n.* νοοτροπία nootropia
mention *n.* μνεία mnia
mention *v.t.* μνημονεύω mnimonevo
mentor *n.* μέντορας mentoras
menu *n.* μενού menou
mercantile *a.* εμπορικός eborikos
mercenary *a.* ιδιοτελής idiotelis
merchandise *n.* εμπορεύματα eborevmata
merchant *n.* έμπορος eboros
merciful *a.* επιεικής epiikis
merciless *adj.* άσπλαχνος asplahnos
mercurial *a.* υδραργιρικός idraryirikos
mercury *n.* υδράργυρος idraryiros
mercy *n.* έλεος eleos
mere *a.* απλός aplos
merge *v.t.* συγχωνέυω/-ομαι sinhonevo/-ome
merger *n.* συγχώνευση sinhonefsi
meridian *a.* μεσημβρινός mesimvrinos
merit *n.* αξία aksia
merit *v.t* αξίζω aksizo
meritorious *a.* αξιέπαινος aksiepenos
mermaid *n.* γοργόνα gorgona
merman *n.* αρσενική γοργόνα arseniki gorgona
merriment *n.* ευθυμία efthimia
merry *a* χαρούμενος haroumenos
mesh *n.* βρόχος vrohos
mesh *v.t* εμπλέκομαι eblekome
mesmerism *n.* υπνωτισμός ipnotismos
mesmerize *v.t.* υπνωτίζω ipnotizo
mess *n.* ακαταστασία akatastasia
mess *v.i* μπερδεύω berdevo
message *n.* μήνυμα minima
messenger *n.* αγγελιοφόρος agelioforos
messiah *n.* Μεσσίας mesias
Messrs *n.* κύριοι kirii
metabolism *n.* μεταβολισμός metavolismos
metal *n.* μέταλλο metalo
metallic *a.* μεταλλικός metalikos
metallurgy *n.* μεταλλουργία metalouryia
metamorphosis *n.* μεταμόρφωση metamorfosi
metaphor *n.* μεταφορά metafora
metaphysical *a.* μεταφυσικός metafisikos
metaphysics *n.* μεταφυσική metafisiki
mete *v.t* απονέμω aponemo
meteor *n.* μετέωρο meteoro
meteoric *a.* μετεωρικός meteorikos
meteorologist *n.* μετεωρολόγος meteorologos
meteorology *n.* μετεωρολογία meteoroloyia
meter *n.* μετρητής metritis
method *n.* μέθοδος methodos
methodical *a.* μεθοδικός methodikos
metre *n.* μέτρο metro
metric *a.* μετρικός metrikos
metrical *a.* μετρικός metrikos
metropolis *n.* μητρόπολη mitropoli
metropolitan *a.* μητροπολιτικός mitropolitikos

metropolitan *n.* πρωτευουσιάνος protevousianos
mettle *n.* κουράγιο kourayio
mettlesome *a.* θαρραλέος tharaleos
mew *v.i.* νιαουρίζω niaourizo
mew *n.* νιαούρισμα niaourisma
mezzanine *n.* ημιώροφος imiorofos
microbiology *n.* μικροβιολογία mikrovioloyia
mica *n.* μίκα mika
microfilm *n.* μικροφίλμ mikrofilm
micrometer *n.* μικρόμετρο mikrometro
microphone *n.* μικρόφωνο mikrofono
microscope *n.* μικροσκόπιο mikroskopio
microscopic *a.* μικροσκοπικός mikroskopikos
microwave *n.* μικρόκυμα mikrokima
mid *a.* μεσαίος meseos
midday *n.* μεσημέρι mesimeri
middle *a.* μέσος mesos
middle *n* μέσο meso
middleman *n.* μεσάζων mesazon
middling *a.* μέτριος metrios
midget *n.* νάνος nanos
midland *n.* κεντρική περιοχή μιας χώρας kentriki periohi mias horas
midnight *n.* μεσάνυχτα mesanihta
midriff *n.* διάφραγμα diafragma
midst στη μέση sth mesi
midsummer *n.* θερινό ηλιοστάσιο therino iliostasio
midwife *n.* μαμή mami
might *n.* δύναμη dinami
mighty *adj.* ισχυρός ishiros
migraine *n.* ημικρανία imikrania

migrant *n.* μετανάστης metanastis
migrate *v.i.* μεταναστεύω metanastevo
migration *n.* μετανάστευση metanastefsi
milch *a.* γαλακτοφόρος galaktoforos
mild *a.* ήπιος ipios
mildew *n.* μούχλα mouhla
mile *n.* μίλι mili
mileage *n.* απόσταση σε μίλια apostasi se milia
milestone *n.* ορόσημο orosimo
milieu *n.* περιβάλλον perivalon
militant *a.* μαχητικός mahitikos
militancy *n* μαχητικότητα mahitikotita
military *a.* στρατιωτικός stratiotikos
military *n* στρατός stratos
militate *v.i.* μάχομαι mahome
militia *n.* εθνοφυλακή ethnofilaki
milk *n.* γάλα gala
milk *v.t.* αρμέγω armego
milky *a.* γαλακτώδης galaktodis
mill *n.* μύλος milos
mill *v.t.* αλέθω aletho
millennium *n.* χιλιετία hilietia
miller *n.* μυλωνάς milonas
millet *n.* κεχρί kehri
milliner *n.* καπελού kapelou
millinery *n.* καπελάδικο kapeladiko
million *n.* εκατομμύριο ekatomirio
millionaire *n.* εκατομμυριούχος ekatomiriouhos
millipede *n.* σαρανταποδαρούσα sarantapodarousa
mime *n.* μίμος mimos
mime *v.i* μιμούμαι mimoume
mimesis *n.* μίμηση mimisi

mimic *a.* απομιμητικός apomimitikos
mimic *n* μίμος mimos
mimic *v.t.* μιμούμαι mimoume
mimicry *n* μίμηση mimisi
minaret *n.* μιναρές minares
mince *v.t.* ψιλοκόβω psilokovo
mind *n.* μυαλό mialo
mind *v.t.* προσέχω proseho
mindful *a.* επιμελής epimelis
mindless *a.* απρόσεκτος aprosektos
mine *pron.* δικός μου dikos mou
mine *n* ορυχείο orihio
miner *n.* εργάτης ορυχείου ergatis orihiou
mineral *n.* ορυκτό orikto
mineral *a* ορυκτός oriktos
mineralogist *n.* ορυκτολόγος oriktologos
mineralogy *n.* ορυκτολογία oriktoloyia
mingle *v.t.* ανακατεύω/-ομαι anakatevo/-ome
miniature *n.* μινιατούρα miniatoura
miniature *a.* μικροσκοπικός mikroskopikos
minim *n.* μισή νότα misi nota
minimal *a.* ελάχιστος elahistos
minimize *v.t.* περιορίζω periorizo
minimum *n.* ελάχιστο elahisto
minimum *a* ελάχιστος elahistos
minion *n.* ευνοούμενος evnooumenos
minister *n.* υπουργός ipourgos
minister *v.i.* υπηρετώ ipireto
ministrant *a.* λειτουργός litourgos
ministry *n.* υπουργείο ipouryio
mink *n.* βιζόν vizon
minor *a.* μικρός mikros
minor *n* ανήλικος anilikos
minority *n.* μειοψηφία miopsifia

minster *n.* μέγας καθεδρικός ναός megas kathedrikos naos
mint *n.* μέντα menta
mint *n* νομισματοκοπείο nomismatokopio
mint *v.t.* κόβω κέρματα kovo kermata
minus *prep.* & *a* & *n* μείον mion
minuscule *a.* μικροσκοπικός mikroskopikos
minute *a.* μικροσκοπικός mikroskopikos
minute *n.* λεπτό lepto
minutely *adv.* λεπτομερέστατα leptomerestata
minx *n.* σουσουράδα sousourada
miracle *n.* θαύμα thavma
miraculous *a.* θαυμαστός thavmastos
mirage *n.* αντικατοπτρισμός antikatoptrismos
mire *n.* βαλτότοπος valtotopos
mire *v.t.* βαλτώνω valtono
mirror *n* καθρέφτης kathreftis
mirror *v.t.* καθρεφτίζω kathreftizo
mirth *n.* ευθυμία efthimia
mirthful *a.* εύθυμος efthimos
misadventure *n.* ατύχημα atihima
misalliance *n.* ανάρμοστος γάμος anarmostos gamos
misanthrope *n.* μισάνθρωπος misanthropos
misapplication *n.* κακή εφαρμογή kaki efarmoyi
misapprehend *v.t.* παρεξηγώ pareksigo
misapprehension *n* παρανόηση paranoisi
misappropriate *v.t.* ιδιοποιούμαι idiopioume
misappropriation *n.* κατάχρηση katahrisi

misbehave *v.i.* συμπεριφέρομαι άσχημα siberiferome ashima
misbehaviour *n.* κακή συμπεριφορά kaki siberifora
misbelief *n.* λαθεμένη πίστη lathemeni pisti
miscalculate *v.t.* υπολογίζω κακώς ipoloyizo kakos
miscalculation *n.* κακός υπολογισμός kakos ipoloyismos
miscall *v.t.* φωνάζω κάποιον με λάθος όνομα fonazo kapion me lathos onoma
miscarriage *n.* αποβολή apovoli
miscarry *v.i.* αποβάλλω apovalo
miscellaneous *a.* ποικίλος pikilos
miscellany *n.* συλλογή siloyi
mischance *n.* ατυχία atihia
mischief *n* βλάβη vlavi
mischievous *a.* βλαβερός vlaveros
misconceive *v.t.* παρανοώ paranoo
misconception *n.* εσφαλμένη αντίληψη esfalmeni antilipsi
misconduct *n.* κακή διαγωγή kaki diagoyi
misconstrue *v.t.* παρερμηνεύω parerminevo
miscreant *n.* αχρείος ahrios
misdeed *n.* παράπτωμα paraptoma
misdemeanour *n.* πταίσμα ptesma
misdirect *v.t.* κατευθύνω λανθασμένα katefthino lanthasmena
misdirection *n.* εσφαλμένη κατεύθυνση esfalmeni katefthinsi
miser *n.* τσιγγούνης tsigkounis
miserable *a.* δυστυχισμένος distihismenos
miserly *a.* τσιγγούνης tsigkounis
misery *n.* δυστυχία distihia
misfire *v.i.* παθαίνω αφλογιστία patheno afloyistia
misfit *n.* κακοφτιαγμένο ρούχο kakoftiagmeno rouho
misfortune *n.* ατυχία atihia
misgive *v.t.* εμπνέω φόβο/υποψία ebneo fovo/ipopsia
misgiving *n.* υποψία ipopsia
misguide *v.t.* παραπλανώ paraplano
mishap *n.* ατύχημα atihima
misjudge *v.t.* παρεξηγώ pareksigo
mislead *v.t.* παραπλανώ paraplano
mismanagement *n.* κακή διαχείριση kaki diahirisi
mismatch *v.t.* κακοταιριάζω kakoteriazo
misnomer *n.* ατυχής χαρακτηρισμός atihis haraktirismos
misplace *v.t.* τοποθετώ λανθασμένα topotheto lanthasmena
misprint *n.* τυπογραφικό λάθος tipografiko lathos
misprint *v.t.* τυπώνω εσφαλμένως tipono esfalmenos
misrepresent *v.t.* διαστρεβλώνω diastrevlono
misrule *n.* αταξία ataksia
miss *n.* αστοχία astohia
miss *v.t.* αστοχώ astoho
missile *n.* ρουκέτα rouketa
mission *n.* αποστολή apostoli
missionary *n.* ιεραπόστολος ierapostolos
missis, missus *n..* κυρία kiria
missive *n.* επιστολή epistoli
mist *n.* ομίχλη omihli
mistake *n.* λάθος lathos

mistake *v.t.* κάνω λάθος kano lathos
mister *n.* κύριος kirios
mistletoe *n.* γκυ gi
mistreat *d* κακομεταχειρίζομαι kakometahirizome
mistress *n.* οικοδέσποινα ikodespina
mistrust *n.* δυσπιστία dispistia
mistrust *v.t.* δυσπιστώ προς dispisto pros
misty *a.* ομιχλώδης omihlodis
misunderstand *v.t.* παρεξηγώ pareksigo
misunderstanding *n.* παρεξήγηση pareksiyisi
misuse *n.* κακή χρήση kaki hrisi
misuse *v.t.* κακομεταχειρίζομαι kakometahirizome
mite *n.* οβολός ovolos
mite *n* σκουληκάκι skoulikaki
mithridate *n.* αντίδοτο antidoto
mitigate *v.t.* καταπραΰνω katapraino
mitigation *n.* ανακούφιση anakoufisi
mitre *n.* μίτρα mitra
mitten *n.* γάντι καρπού ganti karpou
mix *v.i* ανακατεύω/-ομαι anakatevo/-ome
mixture *n.* μίξη miksi
moan *v.i.* βογγώ vogko
moan *n.* βογγητό vogito
moat *n.* τάφρος tafros
moated *a* με τάφρο me tafro
mob *n.* όχλος ohlos
mob *v.t.* πολιορκώ poliorko
mobile *a.* κινητός kinitos
mobility *n.* κινητικότητα kinitikotita
mobilize *v.t.* κινητοποιώ/-ουμαι kinitopio/-oume
mock *v.i.* περιπαίζω peripezo

mock *adj* προσποιητός prospiitos
mockery *n.* γελοιοποίηση yeliopiisi
modality *n.* φόρμα forma
mode *n.* τρόπος tropos
model *n.* μοντέλο montelo
model *v.t.* πλάθω platho
moderate *a.* μέτριος metrios
moderate *v.t.* μετριάζω/-ομαι metriazo/-ome
moderation *n.* μετριασμός metriasmos
modern *a.* μοντέρνος monternos
modernity *n.* νεωτερισμός neoterismos
modernize *v.t.* εκσυγχρονίζω eksinhronizo
modest *a.* μετριόφρων metriofron
modesty *n* μετριοφροσύνη metriofrosini
modicum *n.* μικρή ποσότητα mikri posostita
modification *n.* τροποποίηση tropopiisi
modify *v.t.* τροποποιώ tropopio
modulate *v.t.* κανονίζω kanonizo
moil *v.i.* κοπιάζω kopiazo
moist *a.* ελαφρά υγρός elafra igros
moisten *v.t.* υγραίνω/-ομαι igreno/-ome
moisture *n.* υγρασία igrasia
molar *n.* τραπεζίτης trapezitis
molasses *n* μελάσσα melasa
mole *n.* κρεατοελιά kreatoelia
molecular *a.* μοριακός moriakos
molecule *n.* μόριο morio
molest *v.t.* κακοποιώ kakopio
molestation *n.* κακοποίηση kakopiisi
molten *a.* λυωμένος liomenos
moment *n.* στιγμή stigmi

momentary *a.* στιγμιαίος stigmieos
momentous *a.* σοβαρός sovaros
momentum *n.* ορμή ormi
monarch *n.* μονάρχης monarhis
monarchy *n.* μοναρχία monarhia
monastery *n.* μοναστήρι monastiri
monasticism *n* μοναστικός βίος monastikos vios
Monday *n.* Δευτέρα deftera
monetary *a.* νομισματικός nomismatikos
money *n.* λεφτά lefta
monger *n.* έμπορος eboros
mongoose *n.* μανγκούστα mangkousta
mongrel *a* μιγάς migas
monitor *n.* επιμελητής epimelitis
monitory *a.* προειδοποίηση proidopiisi
monk *n.* μοναχός monahos
monkey *n.* μαϊμού maimou
monochromatic *a.* μονοχρωματικός monohromatikos
monocle *n.* μονόκλ monokl
monocular *a.* μονόφθαλμος monofthalmos
monody *n.* μονωδία monodia
monogamy *n.* μονογαμία monogamia
monogram *n.* μονόγραμμα monograma
monograph *n.* μονογραφία monografia
monogynous *a.* μονογαμικός monogamikos
monolith *n.* μονόλιθος monolithos
monologue *n.* μονόλογος monologos
monopolist *n.* έχων το μονοπώλιο ehon to monopolio
monopolize *v.t.* μονοπολώ monopolo
monopoly *n.* μονοπώλιο monopolio
monosyllable *n.* μονοσύλλαβη λέξη monosilavi leksi
monosyllabic *a.* μονοσύλλαβος monosilavos
monotheism *n.* μονοθεϊσμός monotheismos
monotheist *n.* μονοθεϊστής monotheistis
monotonous *a.* μονότονος monotonos
monotony *n* μονοτονία monotonia
monsoon *n.* μουσώνας mousonas
monster *n.* τέρας teras
monstrous *a.* τερατώδης teratodis
month *n.* μήνας minas
monthly *a.* μηνιαίος minieos
monthly *adv* μηνιαία miniea
monthly *n* μηνιαίο περιοδικό minieo periodiko
monument *n.* μνημείο mnimio
monumental *a.* μνημειακός mnimiakos
moo *v.i* μουγκανίζω mougkanizo
mood *n.* διάθεση diathesi
moody *a.* κακόκεφος kakokefos
moon *n.* φεγγάρι fegkari
moor *n.* χερσότοπος hersotopos
moor *v.t* αγκυροβολώ agirovolo
moorings *n.* αγκυροβόλιο agirovolio
moot *n.* αμφισβητήσιμο θέμα amfisvitisimo thema
mop *n.* ξεσκονιστήρι kseskonistiri
mop *v.t.* σφουγγαρίζω sfougkarizo
mope *v.i.* μελαγχολώ melanholo
moral *a.* ηθικός ithikos

moral *n.* επιμύθιο epimithio
morale *n.* ηθικό ithiko
moralist *n.* ηθικολόγος ithikologos
morality *n.* ηθική ithiki
moralize *v.t.* ηθικολογώ ithikologo
morbid *a.* νοσηρός nosiros
morbidity *n* νοσηρότητα nosirotita
more *a.* περισσότερος perisoteros
more *adv* πιο pio
moreover *adv.* επιπλέον epipleon
morganatic *a.* μοργανατικός morganatikos
morgue *n.* νεκροτομείο nekrotomio
moribund *a.* ετοιμοθάνατος etimothanatos
morning *n.* πρωί proi
moron *n.* βλάκας vlakas
morose *a.* δύστροπος distropos
morphia *n.* μορφίνη morfini
morrow *n.* επαύριο epavrio
morsel *n.* κομματάκι komataki
mortal *a.* θνητός thnitos
mortal *n* άνθρωπος anthropos
mortality *n.* θνητότητα thnitotita
mortar *v.t.* ασβεστοκονίαμα asvestokoniama
mortgage *n.* υποθήκη ipothiki
mortgage *v.t.* υποθηκεύω ipothikevo
mortagagee *n.* ενυπόθηκος δανειστής enipothikos danistis
mortgagor *n.* ενυπόθηκος οφειλέτης enipothikos ofiletis
mortify *v.t.* πληγώνω pligono
mortuary *n.* νεκροθάλαμος nekrothalamos
mosaic *n.* μωσαϊκό mosaiko
mosque *n.* τζαμί jami
mosquito *n.* κουνούπι kounoupi
moss *n.* βρύα vria

most *a.* ο περισσότερος ο perisoteros
most *adv.* πάρα πολύ para poli
mote *n.* μόριο σκόνης morio skonis
motel *n.* μοτέλ motel
moth *n.* πεταλουδίτσα petalouditsa
mother *n* μητέρα mitera
mother *v.t.* κακομαθαίνω kakomatheno
motherhood *n.* μητρότητα mitrotita
motherlike *a.* σαν μητρικός san mitrikos
motherly *a.* μητρικός mitrikos
motif *n.* μοτίβο motivo
motion *n.* κίνηση kinisi
motion *v.i.* υποδεικνύω ipodiknio
motionless *a.* ακίνητος akinitos
motivate *v* παρακινώ parakino
motivation *n.* κίνητρο kinitro
motive *n.* κίνητρο kinitro
motley *a.* πολύχρωμος polihromos
motor *n.* μηχανή mihani
motor *v.i.* ταξιδεύω με αυτοκίνητο taksidevo me aftokinito
motorist *n.* αυτοκινητιστής aftokinitistis
mottle *n.* κηλίδα kilida
motto *n.* ρητό rito
mould *n.* καλούπι kaloupi
mould *v.t.* φτιάχνω ftiahno
mould *n* μούχλα mouhla
mould *n* μαυρόχωμα mavrohoma
mouldy *a.* μουχλιασμένος mouhliasmenos
moult *v.i.* μαδώ mado
mound *n.* ανάχωμα anahoma
mount *n.* όρος oros
mount *v.t.* ανεβαίνω aneveno
mount *n* βάση vasi

mountain n. βουνό vouno
mountaineer n. ορειβάτης orivatis
mountainous a. ορεινός orinos
mourn v.i. πενθώ pentho
mourner n. πενθών penthon
mournful n. πένθιμος penthimos
mourning n. πένθος penthos
mouse n. ποντικός pontikos
moustache n. μουστάκι moustaki
mouth n. στόμα stoma
mouth v.t. ρητορεύω ritorevo
mouthful n. μπουκιά boukia
movable a. κινητός kinitos
move n. κίνηση kinisi
move v.t. κινώ kino
movement n. κίνηση kinisi
mover n. εισηγητής isiyitis
movies n. κινηματογράφος kinimatografos
mow v.t. κουρεύω kourevo
much a πολύς/πολλή/πολύ polis/poli/poli
much adv πολύ poli
mucilage n. φυτική κόλλα fitiki kola
muck n. κοπριά kopria
mucous a. βλεννώδης vlenodis
mucus n. βλέννα vlena
mud n. λάσπη laspi
muddle n. ανακάτωμα anakatoma
muddle v.t. αναστατώνω anastatono
muffle v.t. τυλίγω tiligo
muffler n. σάλι Sali
mug n. μεγάλο κύπελο megalo kipelo
muggy a. πνιγηρός pniyiros
mulatto n. μιγάδας migadas
mulberry n. μούρο mouro
mule n. μουλάρι moulari
mulish a. πεισματάρης pismataris

mull n. ακρωτήριο akrotirio
mull v.t. συλλογίζομαι siloyizome
mullah n. μουλάς moulas
mullion n. κάθετο χώρισμα παραθύρου katheto horisma parathirou
multifarious a. πολυποίκιλος polipikilos
multiform n. πολύμορφος polimorfos
multilateral a. πολύπλευρος poliplevros
multiparous a. πολύτοκος politokos
multiple a. πολλαπλός polaplos
multiple n πολλαπλάσιο polaplasio
multiplex a. πολλαπλός polaplos
multiplicand n. πολλαπλασιαστέος polaplasiasteos
multiplication n. πολλαπλασιασμός polaplasiasmos
multiplicity n. πολλαπλότητα polaplotita
multiply v.t. πολλαπλασιάζω polaplasiazo
multitude n. μέγας αριθμός megas arithmos
mum a. σιωπηλός siopilos
mum n μαμά mama
mumble v.i. μουρμουρίζω mourmourizo
mummer n. μίμος mimos
mummy n. μαμάκα mamaka
mummy n μούμια moumia
mumps n. μαγουλάδες magoulades
munch v.t. μασουλίζω masoulizo
mundane a. γήινος yiinos
municipal a. δημοτικός dimotikos

municipality *n.* δήμος dimos
munificent *a.* γενναιόδωρος yeneodoros
muniment *n.* έγγραφο egkrafo
munitions *n.* πολεμοφόδια polemofodia
mural *a.* του τοίχου tou tihou
mural *n.* τοιχογραφία tihografia
murder *n.* φόνος fonos
murder *v.t.* δολοφονώ dolofono
murderer *n.* δολοφόνος dolofonos
murderous *a.* φονικός fonikos
murmur *n.* ψίθυρος psithiros
murmur *v.t.* ψιθυρίζω psithirizo
muscle *n.* μυς mis
muscovite *n.* μοσχοβίτης moshovitis
muscular *a.* μυϊκός miikos
muse *v.i.* ονειροπολώ oniropolo
muse *n* μούσα mousa
museum *n.* μουσείο mousio
mush *n.* χυλός hilos
mushroom *n.* μανιτάρι manitari
music *n.* μουσική mousiki
musical *a.* μουσικός mousikos
musician *n.* μουσικός mousikos
musk *n.* μόσχος moshos
musket *n.* μουσκέτο mousketo
musketeer *n.* μουσκετοφόρος mousketoforos
muslin *n.* μουσελίν mouselin
must *v.* πρέπει prepi
must *n.* ανάγκη anagi
must *n* μούστος moustos
mustache *n.* μουστάκι moustaki
mustang *n.* αγριάλογο agrialogo
mustard *n.* μουστάρδα moustarda
muster *v.t.* μαζεύω mazevo
musty *a.* μπαγιάτικος bayiatikos
mutation *n.* μεταβολή metavoli

mute *a.* άφωνος afonos
mute *n.* μουγγός mougkos
mutilate *v.t.* ακρωτηριάζω akrotiriazo
mutilation *n.* ακρωτηριασμός akrotiriasmos
mutinous *a.* στασιαστικός stasiastikos
mutiny *n.* στάση stasi
mutiny *v. i* στασιάζω stasiazo
mutter *v.i.* μουρμουρίζω mourmourizo
mutton *n.* αρνίσιο κρέας arnisio kreas
mutual *a.* αμοιβαίος amiveos
muzzle *n.* μουσούδα mousouda
muzzle *v.t* φιμώνω fimono
my *a.* μου mou
myalgia *n.* μυαλγία mialyia
myopia *n.* μυωπία miopia
myopic *a.* μυωπικός miopikos
myosis *n.* μύση misi
myriad *n.* μυριάδα miriada
myrrh *n.* σμύρνα smirna
myrtle *n.* μυρτιά mirtia
myself *pron.* εγώ ο ίδιος ego o idios
mysterious *a.* μυστηριώδης mistiriodis
mystery *n.* μυστήριο mistirio
mystic *a.* απόκρυφος apokrifos
mystic *n* μυημένος miimenos
mysticism *n.* μυστικισμός mistikismos
mystify *v.t.* σαστίζω sastizo
myth *n.* μύθος mithos
mythical *a.* μυθικός mithikos
mythological *a.* μυθολογικός mitholoyikos
mythology *n.* μυθολογία mithloyia

N

nab *v.t.* συλλαμβάνω silamvano
nabob *n.* αγγλοινδός βαθύπλουτος agloindos vathiploutos
nadir *n.* ναδίρ nadir
nag *n.* αλογάκι alogaki
nag *v.t.* γκρινιάζω διαρκώς gkriniazo diarkos
nail *n.* καρφί karfi
nail *n.* νύχι nihi
nail *v.t.* καρφώνω karfono
naive *a.* αφελής afelis
naivete *n.* αφέλεια afelia
naivety *n.* αφέλεια afelia
naked *a.* γυμνός yimnos
name *n.* όνομα onoma
name *v.t.* ονομάζω onomazo
namely *adv.* δηλαδή diladi
namesake *n.* συνονόματος sinonomatos
nap *v.i.* λαγοκοιμάμαι lagokimame
nap *n.* υπνάκος ipnakos
nap *n* χνούδι hnoudi
nape *n.* σβέρκος sverkos
napkin *n.* πετσέτα petseta
narcissism *n.* ναρκισσισμός narkisismos
narcissus *n* νάρκισσος narkisos
narcosis *n.* νάρκωση narkosi
narcotic *n.* ναρκωτικός narkotikos
narrate *v.t.* αφηγούμαι afigoume
narration *n.* αφήγηση afiyisi
narrative *n.* αφήγηση afiyisi
narrative *a.* αφηγηματικός afiyimatikos
narrator *n.* αφηγητής afiyitis
narrow *a.* στενός stenos
narrow *v.t.* στενεύω stenevo

nasal *a.* ρινικός rinikos
nascent *a.* γεννώμενος yenomenos
nasty *a.* δυσάρεστος disarestos
natal *a.* γενέθλιος yenethlios
natant *a.* επιπλέων epipleon
nation *n.* έθνος ethnos
national *a.* εθνικός ethnikos
nationalism *n.* εθνικισμός ethnikismos
nationalist *n.* εθνικιστής ethniskistis
nationality *n.* εθνικότητα ethnikotita
nationalization *n.* εθνικοποίηση ethnikopiisi
nationalize *v.t.* εθνικοποιώ ethnikopio
native *a.* ντόπιος ntopios
native *n* γηγενής yiyenis
nativity *n.* γέννηση yenisi
natural *a.* φυσικός fisikos
naturalist *n.* νατουραλιστής natouralistis
naturalize *v.t.* πολιτογραφώ politografo
naturally *adv.* φυσικά fisika
nature *n.* φύση fisi
naughty *a.* άτακτος ataktos
nausea *n.* ναυτία naftia
nautic(al) *a.* ναυτικός naftikos
naval *a.* ναυτικός naftikos
nave *n.* σηκός sikos
navigable *a.* πλωτός plotos
navigate *v.i.* ταξιδεύω taksidevo
navigation *n.* ναυσιπλοΐα nafsiploia
navigator *n.* πλοηγός ploigos
navy *n.* ναυτικό naftiko
nay *adv.* όχι ohi
neap *a.* άμπωτη aboti
near *a.* κοντινός kontinos
near *prep.* κοντά konta
near *adv.* κοντά konta

near *v.i.* πλησιάζω plisiazo
nearly *adv.* σχεδόν shedon
neat *a.* νοικοκυρεμένος nikokiremenos
nebula *n.* νεφέλωμα nefeloma
necessary *n.* αναγκαία anagea
necessary *a* απαραίτητος aparetitos
necessitate *v.t.* απαιτώ apeto
necessity *n.* ανάγκη anagi
neck *n.* λαιμός lemos
necklace *n.* περιδέραιο peridereo
necklet *n.* κολιέ kolie
necromancer *n.* νεκρομάντης nekromantis
necropolis *n.* νεκρόπολις nekropolis
nectar *n.* νέκταρ nektar
need *n.* ανάγκη anagi
need *v.t.* χρειάζομαι hriazome
needful *a.* αναγκαίος anageos
needle *n.* βελόνα velona
needless *a.* περιττός peritos
needs *adv.* απαραιτήτως aparetitos
needy *a.* άπορος aporos
nefarious *a.* αισχρός eshros
negation *n.* άρνηση arnisi
negative *a.* αρνητικός arnitikos
negative *n.* άρνηση arnisi
negative *v.t.* αποκρούω apokrouo
neglect *v.t.* παραμελώ paramelo
neglect *n* παραμέληση paramelisi
negligence *n.* απροσεξία aproseksia
negligent *a.* αμελής amelis
negligible *a.* αμελητέος ameliteos
negotiable *a.* διαπραγματεύσιμος diapragmatefsimos
negotiate *v.t.* διαπραγματεύομαι diapragmatevome
nagotiation *n.* διαπραγμάτευση diapragmatefsi
negotiator *n.* μεσολαβητής mesolavitis
negress *n.* νέγρα negra
negro *n.* νέγρος negros
neigh *v.i.* χλιμιντρίζω hlimintrizo
neighbour *n.* γείτονας yitonas
neighbourhood *n.* γειτονιά yitonia
neighbourly *a.* γειτονικός yitonikos
neither *conj.* ούτε oute
nemesis *n.* νέμεση nemesi
neolithic *a.* νεολιθικός neolithikos
neon *n.* νέον neon
nephew *n.* ανηψιός anipsios
nepotism *n.* νεποτισμός nepotismos
Neptune *n.* Ποσειδώνας posidonas
nerve *n.* νεύρο nevro
nerveless *a.* άτονος atonos
nervous *a.* νευρικός nevrikos
nescience *n.* άγνοια agnia
nest *n.* φωλιά folia
nest *v.t.* φωλιάζω foliazo
nether *a.* χαμηλότερος hamiloteros
nestle *v.i.* φωλιάζω foliazo
nestling *n.* νεοσσός neosos
net *n.* δίχτυ dihti
net *v.t.* πιάνω με δίχτυα piano me dihtia
net *a* καθαρός katharos
net *v.t.* δικτυώνομαι diktionome
nettle *n.* τσουκνίδα tsouknida
nettle *v.t.* κεντρίζω kentrizo
network *n.* δίκτυο diktio
neurologist *n.* νευρολόγος nevrologos
neurology *n.* νευρολογία nevroloyia
neurosis *n.* νεύρωση nevrosi
neuter *a.* ουδέτερος oudeteros

neuter *n* ουδέτερο oudetero
neutral *a.* ουδέτερος oudeteros
neutralize *v.t.* εξουδετερώνω eksoudeterono
neutron *n.* νετρόνιο netronio
never *adv.* ποτέ pote
nevertheless *conj.* ωστόσο ostoso
new *a.* καινούργιος kenouryios
news *n.* νέα nea
next *a.* επόμενος epomenos
next *adv.* μετά meta
nib *n.* μύτη miti
nibble *v.t.* τσιμπολογώ tsibologo
nibble *n* τσιμπιά tsibia
nice *a.* καλός kalos
nicety *n.* ορθότητα orthotita
niche *n.* κόγχη konhi
nick *n.* χαρακιά harakia
nickel *n.* νικέλιο nikelio
nickname *n.* παρατσούκλι paratsoukli
nickname *v.t.* παρονομάζω paronomazo
nicotine *n.* νικοτίνη nikotini
niece *n.* ανηψιά anipsia
niggard *n.* τσιγγούνης tsigkounis
niggardly *a.* τσιγγούνικος tsigkounikos
nigger *n.* αράπης arapis
nigh *adv. & prep.* πλησίον plision
night *n.* νύχτα nihta
nightingale *n.* αηδόνι aidoni
nightly *adv.* τη νύχτα ti nihta
nightmare *n.* εφιάλτης efialtis
nightie *n.* νυχτικό nihtiko
nihilism *n.* μηδενισμός midenismos
nil *n.* μηδέν miden
nimble *a.* σβέλτος sveltos
nimbus *n.* φωτοστέφανο fotostefano
nine *n.* εννιά enia
nineteen *n.* δεκαεννέα dekaenea

nineteenth *a.* δέκατος ένατος dekatos enatos
ninetieth *a.* ενενηκοστός enenikostos
ninth *a.* ένατος enatos
ninety *n.* ενενήντα eneninta
nip *v.t* τσιμπώ tsibo
nipple *n.* ρώγα roga
nitrogen *n.* άζωτο azoto
no *a.* κανείς kanis
no *adv.* όχι ohi
no *n* ο ψηφίσας όχι o psifisas ohi
nobility *n.* ευγένεια evyenia
noble *a.* ευγενής evyenis
noble *n.* ευγενής evyenis
nobleman *n.* ευπατρίδης efpatridis
nobody *pron.* κανείς kanis
nocturnal *a.* νυχτερινός nihterinos
nod *v.i.* καταφατικό νεύμα katafatiko nevma
node *n.* κόμπος kobos
noise *n.* θόρυβος thorivos
noisy *a.* θορυβώδης thorivodis
nomad *n.* νομάς nomas
nomadic *a.* νομαδικός nomadikos
nomenclature *n.* ονοματολογία onomatoloyia
nominal *a.* ονομαστικός onomastikos
nominate *v.t.* υποδεικνύω ipodiknio
nomination *n.* υποψηφιότητα ipopsifiotita
nominee *n* υποψήφιος ipopsifios
non-alignment *n.* ουδετερότητα oudeterotita
nonchalance *n.* αδιαφορία adiaforia
nonchalant *a.* αδιάφορος adiaforos
none *pron.* κανένας kanenas

none *adv.* καθόλου katholou
nonentity *n.* μηδενικό mideniko
nonetheless *adv.* παρ'όλα αυτά parola afta
nonpareil *a.* ασύγκριτος asigkritos
nonplus *v.t.* σαστίζω sastizo
nonsense *n.* ανοησία anoisia
nonsensical *a.* ανόητος anoitos
nook *n.* γωνιά gonia
noon *n.* μεσημέρι mesimeri
noose *n.* θηλειά thilia
noose *v.t.* φτιάχνω θηλειά ftiahno
nor *conj* ούτε oute
norm *n.* πρότυπο protipo
normal *a.* κανονικός kanonikos
normality *n.* ομαλότητα omalotita
normalcy *n.* κανονικότητα kanonikotita
normalize *v.t.* ομαλοποιώ omalopio
north *n.* βοριάς vorias
north *a* βόρειος vorios
north *adv.* προς το βορρά pros to vora
northerly *a. & adv.* βόρειος vorios
northern *a.* βόρειος vorios
nose *n.* μύτη miti
nose *v.t* προχωρώ prohoro
nosegay *n.* μπουκέτο bouketo
nosey, nosy *a.* αδιάκριτος adiakritos
nostalgia *n.* νοσταλγία nostalyia
nostril *n.* ρουθούνι routhouni
nostrum *n.* γιατροσόφι yiatrosofi
not *adv.* όχι ohi
notability *n.* σοβαρότητα sovarotita
notable *a.* αξιόλογος aksiologos
notary *n.* συμβολαιογράφος simvoleografos

notation *n.* σημειογραφία simiografia
notch *n.* εγκοπή egkopi
note *n.* σημείωση simiosi
note *v.t.* προσέχω proseho
noteworthy *a.* αξιοσημείωτος aksiosimiotos
nothing *n.* τίποτα tipota
nothing *adv.* καθόλου katholou
notice *a.* ανακοίνωση anakinosi
notice *v.t.* παρατηρώ paratiro
notification *n.* ανακοίνωση anakinosi
notify *v.t.* ειδοποιώ idopio
notion *n.* έννοια enia
notional *a.* θεωρητικός theoritikos
notoriety *n.* διασημότητα diasimotita
notorious *a.* περιβόητος perivoitos
notwithstanding *prep.* παρά para
notwithstanding *adv.* παρ'όλα αυτά parola afta
notwithstanding *conj.* μολονότι molonoti
nought *n.* μηδέν miden
noun *n.* ουσιαστικό ousiastiko
nourish *v.t.* τρέφω trefo
nourishment *n.* τροφή trofi
novel *a.* νέος neos
novel *n* μυθιστόρημα mithistorima
novelette *n.* νουβέλα nouvela
novelist *n.* μυθιστοριογράφος mithistoriografos
novelty *n.* καινοφανές kenofanes
november *n.* νοέμβριος noemvrios
novice *n.* αρχάριος arharios
now *adv.* τώρα tora
now *conj.* τώρα που tora pou
nowhere *adv.* πουθενά pouthena
noxious *a.* επιβλαβής epivlavis

nozzle n. μπεκ bek
nuance n. απόχρωση apohrosi
nubile a. της παντρειάς tis pantrias
nuclear a. πυρηνικός pirinikos
nucleus n. πυρήνας pirinas
nude a. γυμνός yimnos
nude n γυμνό yimno
nudity n. γύμνια yimnia
nudge v.t. σκουντώ skounto
nugget n. βώλος volos
nuisance n. μπελάς belas
null a. άκυρος akiros
nullification n. ακύρωση akirosi
nullify v.t. ακυρώνω akirono
numb a. μουδιασμένος moudiasmenos
number n. αριθμός arithmos
number v.t. αριθμώ arithmo
numberless a. αναρίθμητος anarithmitos
numeral a. αριθμητικός arithmitikos
numerator n. αριθμητής arithmitis
numerical a. αριθμητικός arithmitikos
numerous a. πολυάριθμος poliarithmos
nun n. καλόγρια kalogria
nunnery n. γυναικείο μοναστήρι yinekio monastiri
nuptial a. γαμήλιος gamilios
nuptials n. γάμος gamos
nurse n. νοσοκόμος nosokomos
nurse v.t νοσηλεύω nosilevo
nursery n. παιδικό δωμάτιο pediko domatio
nurture n. ανατροφή anatrofi
nurture v.t. ανατρέφω anatrefo
nut n καρύδι karidi
nutrition n. διατροφή diatrofi
nutritious a. θρεπτικός threptikos
nutritive a. θρεπτικός threptikos
nuzzle v. σπρώχνω με τη μούρη sprohno me ti mouri
nylon n. νάυλον nailon
nymph n. νύμφη nimfi

O

oak n. δρυς dris
oar n. κουπί koupi
oarsman n. κωπηλάτης kopilatis
oasis n. όαση oasi
oat n. βρώμη vromi
oath n. όρκος orkos
obduracy n. επιμονή epimoni
obdurate a. άκαμπτος akamptos
obedience n. υπακοή ipakoi
obedient a. υπάκουος ipakouos
obeisance n. προσκύνημα proskinima
obesity n. παχυσαρκία pahisarkia
obey v.t. υπακούω ipakouo
obituary n. νεκρολογία nekroloyia
object n. αντικείμενο antikimeno
object v.t. αντιτίθεμαι antititheme
objection n. αντίρρηση antirisi
objectionable a. απαράδεκτος aparadektos
objective n. στόχος stohos
objective a. αντικειμενικός antikimenikos
oblation n. αφιέρωμα afieroma
obligation n. υποχρέωση ipohreosi
obligatory a. υποχρεωτικός ipohreotikos
oblige v.t. υποχρεώνω ipohreono
oblique a. λοξός loksos

obliterate *v.t.* σβύνω svino
obliteration *n.* εξάλειψη eksalipsi
oblivion *n.* λήθη lithi
oblivious *a.* επιλήσμων epilismon
oblong *a.* στενόμακρος stenomakros
oblong *n.* ορθογώνιο παραλληλόγραμμο orthogonio paralilogramo
obnoxious *a.* απεχθής apehthis
obscene *a.* αισχρός eshros
obscenity *n.* αισχρότητα eshrotita
obscure *a.* σκοτεινός skotinos
obscure *v.t.* συσκοτίζω siskotizo
obscurity *n.* σκοτάδι skotadi
observance *n.* τήρηση tirisi
observant *a.* παρατηρητικός paratiritikos
observation *n.* παρατήρηση paratirisi
observatory *n.* αστεροσκοπείο asteroskopio
observe *v.t.* παρατηρώ paratiro
obsess *v.t.* βασανίζω vasanizo
obsession *n.* εμμονή emoni
obsolete *a.* απαρχαιωμένος aparheomenos
obstacle *n.* εμπόδιο ebodio
obstinacy *n.* επιμονή epimoni
obstinate *a.* πεισματάρης pismataris
obstruct *v.t.* εμποδίζω ebodizo
obstruction *n.* παρεμπόδιση parebodisi
obstructive *a.* παρεμποδιστικός parebodistikos
obtain *v.t.* αποκτώ apokto
obtainable *a.* αποκτήσιμος apoktisimos
obtuse *a.* αμβλύς amvlis
obvious *a.* προφανής profanis
occasion *n.* περίσταση peristasi

occasion *v.t.* προκαλώ prokalo
occasional *a.* τυχαίος tiheos
occasionally *adv.* συμπτωματικά simptomatika
occident *n.* Δύση disi
occidental *a.* δυτικός ditikos
occult *a.* απόκρυφος apokrifos
occupancy *n.* κατοχή kstohi
occupant *n.* ένοικος enikos
occupation *n.* απασχόληση apasholisi
occupier *n.* κάτοχος katohos
occupy *v.t.* κατοικώ katiko
occur *v.i.* συμβαίνω simveno
occurrence *n.* συμβάν simvan
ocean *n.* ωκεανός okeanos
oceanic *a.* ωκεάνειος okeanios
octagon *n.* οκτάγωνο oktagono
octangular *a.* οκταγώνιος oktagonios
octave *n.* οκτάβα oktava
October *n.* Οκτώβριος oktovrios
octogenarian *a.* ογδοντάρης ogdontaris
octroi *n.* φόρος σε αγαθά foros se agatha
ocular *a.* οφθαλμικός ofthalmikos
oculist *n.* οφθαλμίατρος ofthalmiatros
odd *a.* περίεργος periergos
oddity *n.* παραξενιά paraksenia
odds *n.* πιθανότητες pithanotites
ode *n.* ωδή odi
odious *a.* αποκρουστικός apokroustikos
odium *n.* μίσος misos
odorous *a.* εύοσμος evosmos
odour *n.* οσμή osmi
offence *n.* παράβαση paravasi
offend *v.t.* προσβάλλω prosvalo
offender *n.* παραβάτης paravatis
offensive *a.* ενοχλητικός enohlitikos

offensive n. επίθεση epithesi
offer v.t. προσφέρω prosfero
offer n. προσφορά prosfora
offering n. πρόταση protasi
office n. γραφείο grafio
officer n. αξιωματικός aksiomatikos
official a. επίσημος episimos
official n. υπάλληλος ipalilos
officially adv. επισήμως episimos
officiate v.i. ιερουργώ ierourgo
officious a. αυταρχικός aftarhikos
offing n. στο βάθος sto vathos
offset v.t. αντισταθμίζω antistathmizo
offset n. αντιστάθμισμα antistathmisma
offshoot n. βλαστός vlastos
offspring n. απόγονος apogonos
oft adv. συχνά sihna
often adv. συχνά sihna
ogle v.t. γλυκοκοιτάζω glikokitazo
oil n. λάδι ladi
oil v.t. λαδώνω ladono
oily a. λιπαρός liparos
ointment n. αλοιφή alifi
old a. παλιός palios
oligarchy n. ολιγαρχία oligarhia
olive n. ελιά elia
olympiad n. ολυμπιάδα olibiada
omega n. ωμέγα omega
omelette n. ομελέτα omeleta
omen n. οιωνός ionos
ominous a. δυσοίωνος disionos
omission n. παράλειψη paralipsi
omit v.t. παραλείπω paralipo
omnipotence n. παντοδυναμία pantodinamia
omnipotent a. παντοδύναμος pantodinamos
omnipresence n. πανταχού παρουσία pantahou parousia
omnipresent a. πανταχού παρών pantahou paron
omniscience n. παντογνωσία pantognosia
omniscient a. παντογνώστης pantognostis
on prep. πάνω pano
on adv. σε se
once adv. μια φορά mia fora
one a. ένας/μία/ένα enas/mia/ena
one pron. ένα ena
oneness n. μοναδικότητα monadikotita
onerous a. επαχθής epahthis
onion n. κρεμμύδι kremidi
on-looker n. θεατής theatis
only a. μόνος monos
only adv. μόνο mono
only conj. αλλά ala
onomatopoeia n. ονοματοποιία onomatopiia
onrush n. εισβολή isvoli
onset n. επίθεση epithesi
onslaught n. σφοδρή επίθεση sfodri epithesi
onus n. υποχρέωση ipohreosi
onward a. προς τα εμπρός pros ta ebros
ooze n. λάσπη laspi
ooze v.i. διαρρέω diareo
opacity n. αδιαφάνεια adiafania
opal n. οπάλι opali
opaque a. αδιαφανής adiafanis
open a. ανοιχτός anihtos
open v.t. ανοίγω anigo
opening n. άνοιγμα anigma
openly adv. ανοικτά anikta
opera n. όπερα opera
operate v.t. χειρίζομαι hirizome
operation n. λειτουργία litouryia
operative a. σε λειτουργία se litouryia
operator n. χειριστής hiristis

opine *v.t.* αποφαίνομαι apofenome
opinion *n.* γνώμη gnomi
opium *n.* όπιο opio
opponent *n.* αντίπαλος antipalos
opportune *a.* εύθετος efthetos
opportunism *n.* καιροσκοπισμός keroskopismos
opportunity *n.* ευκαιρία efkeria
oppose *v.t.* αντιτίθεμαι antititheme
opposite *a.* αντίθετος antithetos
opposition *n.* αντίθεση antithesi
oppress *v.t.* καταπιέζω katapiezo
oppression *n.* καταπίεση katapiesi
oppressive *a.* καταπιεστικός katapiestikos
oppressor *n.* καταπιεστής katapiestis
opt *v.i.* επιλέγω epilego
optic *a.* οπτικός optikos
optician *n.* οπτικός optikos
optimism *n.* αισιοδοξία esiodoksia
optimist *n.* αισιόδοξος esiodoksos
optimistic *a.* αισιόδοξος esiodoksos
optimum *n.* βέλτιστο veltisto
optimum *a* καλύτερος kaliteros
option *n.* επιλογή epiloyi
optional *a.* προαιρετικός proeretikos
opulence *n.* πλούτος ploutos
opulent *a.* πλούσιος plousios
oracle *n.* μαντείο mantio
oracular *a.* μαντικός mantikos
oral *a.* προφορικός proforikos
orally *adv.* προφορικώς proforikos
orange *n.* πορτοκάλι portokali
orange *a* πορτοκαλής portokalis
oration *n.* δημηγορία dimigoria

orator *n.* ρήτορας ritoras
oratorical *a.* ρητορικός ritorikos
oratory *n.* ρητορεία ritoria
orb *n.* σφαίρα sfera
orbit *n.* τροχιά trohia
orchard *n.* δεντρόκηπος dentrokipos
orchestra *n.* ορχήστρα orhestra
orchestral *a.* ορχεστρικός orhestrikos
ordeal *n.* δοκιμασία dokimasia
order *n.* παραγγελία paragelia
order *v.t* παραγγέλλω paragelo
orderly *a.* μεθοδικός methodikos
orderly *n.* ορντινάντσα orntinantsa
ordinance *n.* διαταγή diatayi
ordinarily *adv.* κανονικά kanonika
ordinary *a.* συνηθισμένος sinithismenos
ordnance *n.* πυροβολικό pirovoliko
ore *n.* μετάλλευμα metalevma
organ *n.* όργανο organo
organic *a.* οργανικός organikos
organism *n.* οργανισμός organismos
organization *n.* οργάνωση organosi
organize *v.t.* οργανώνω organono
orient *n.* Ανατολή anatoli
orient *v.t.* προσανατολίζω prosanatolizo
oriental *a.* ανατολικός anatolikos
oriental *n* ανατολίτης anatolitis
orientate *v.t.* προσανατολίζω prosanatolizo
origin *n.* προέλευση proelefsi
original *a.* αρχικός arhikos
original *n* πρωτότυπο prototipo

originality *n*. πρωτοτυπία prototipia
originate *v.t*. προέρχομαι proerhome
originator *n*. εφευρέτης efevretis
ornament *n*. στολίδι stolidi
ornament *v.t*. στολίζω stolizo
ornamental *a*. διακοσμητικός diakosmitikos
ornamentation *n*. διακόσμηση diakosmisi
orphan *n*. ορφανός orfanos
orphan *v.t* ορφανεύω orfanevo
orphanage *n*. ορφανοτροφείο orfanotrofio
orthodox *a*. ορθόδοξος orthodoksos
orthodoxy *n*. ορθοδοξία orthodoksia
oscillate *v.i*. αιωρούμαι eoroume
oscillation *n*. ταλάντωση talantosi
ossify *v.t*. απολιθώνομαι apolithonome
ostracize *v.t*. εξοστρακίζω eksostrakizo
ostrich *n*. στρουθοκάμηλος strouthokamilos
other *a*. άλλος alos
other *adv*. διαφορετικά diaforetika
otherwise *adv*. διαφορετικά diaforetika
otherwise *conj*. ειδάλλως idalos
otter *n*. βύδρα vidra
ottoman *n*. ντιβανοκασέλα ntivanokasela
ounce *n*. ουγγιά ougia
our *pron*. μας mas
oust *v.t*. εκδιώκω ekdioko
out *adv*. έξω ekso
out-balance *v.t*. υπερέχω ipereho
outbid *v.t*. πλειοδοτώ pliodoto

outbreak *n*. ξέσπασμα ksespasma
outburst *n*. ξέσπασμα ksespasma
outcast *n*. απόβλητος apovlitos
outcast *a* απόβλητος apovlitos
outcome *n*. έκβαση ekvasi
outcry *a*. κατακραυγή katakravyi
outdated *a*. απαρχαιωμένος aparheomenos
outdo *v.t*. υπερτερώ ipertero
outdoor *a*. εξωτερικός eksoterikos
outer *a*. εξωτερικός eksoterikos
outfit *n*. εξοπλισμός eksoplismos
outfit *v.t* εφοδιάζω efodiazo
outgrow *v.t*. μεγαλώνω πολύ megalono poli
outhouse *n*. βοηθητικό κτίριο voithitiko ktirio
outing *n*. εκδρομούλα ekdromoula
outlandish *a*. ξενόφερτος ksenofertos
outlaw *n*. επικηρυγμένος epikirigmenos
outlaw *v.t* θέτω εκτός νόμου theto ektos nomou
outline *n*. περίγραμμα perigrama
outline *v.t*. διαγράφω diagrafo
outlive *v.i*. επιζώ epizo
outlook *n*. θέα thea
outmoded *a*. ντεμοντέ ntemonte
outnumber *v.t*. υπερέχω αριθμητικώς ipereho arithmitikos
outpatient *n*. εξωτερικός ασθενής eksoterikos asthenis
outpost *n*. προφυλακή profilaki
output *n*. παραγωγή paragoyi
outrage *n*. προσβολή prosvoli
outrage *v.t*. προσβάλλω prosvalo
outright *adv*. καθαρά kathara
outright *a* σαφής safis
outrun *v.t*. ξεπερνώ kseperno

outset *n.* αρχή arhi
outshine *v.t.* επισκιάζω episkiazo
outside *a.* εξωτερικός eksoterikos
outside *n* εξωτερικό eksoteriko
outside *adv* έξω ekso
outside *prep* έξω από ekso apo
outsider *n.* ξένος ksenos
outsize *a.* υπερμεγέθης ipermeyethis
outskirts *n.pl.* περίχωρα perihora
outspoken *a.* ειλικρινής ilikrinis
outstanding *a.* περίβλεπτος perivleptos
outward *a.* εξωτερικός eksoterikos
outward *adv* προς τα έξω pros ta ekso
outwards *adv* προς τα έξω pros ta ekso
outwardly *adv.* εξωτερικά eksoterika
outweigh *v.t.* υπερτερώ ipertero
outwit *v.t.* ξεγελώ kseyelo
oval *a.* οβάλ oval
oval *n* οβάλ oval
ovary *n.* ωοθήκη oothiki
ovation *n.* επευφημία epefimia
oven *n.* φούρνος fournos
over *prep.* επάνω epano
over *adv* πέρα pera
over *n* τέλος telos
overact *v.t.* υπερβάλλω ipervalo
overall *n.* ποδιά podia
overall *a* γενικός yenikos
overawe *v.t.* καταπτοώ kataptoo
overboard *adv.* από το πλοίο apo to plio
overburden *v.t.* παραφορτώνω parafortono
overcast *a.* συννεφιασμένος sinefiasmenos
overcharge *v.t.* υπερχρεώνω iperhreono

overcharge *n* υπερφόρτωση iperfortosi
overcoat *n.* παλτό palto
overcome *v.t.* υπερνικώ iperniko
overdo *v.t.* παρακάνω parakano
overdose *n.* υπερβολική δόση ipervoliki dosi
overdose *v.t.* χορηγώ υπερβολική δόση horigo ipervoliki dosi
overdraft *n.* πίστωση pistosi
overdraw *v.t.* υπερβαίνω iperveno
overdue *a.* καθυστερημένος kathisterimenos
overhaul *v.t.* εξετάζω λεπτομερώς eksetazo leptomeros
overhaul *n.* γενική επιθεώρηση yeniki epitheorisi
overhear *v.t.* κρυφακούω krifakouo
overjoyed *a* καταχαρούμενος kataharoumenos
overlap *v.t.* επικαλύπτω epikalipto
overlap *n* επικάλυψη epikalipsi
overleaf *adv.* όπισθεν opisthen
overload *v.t.* παραφορτώνω parafortono
overload *n* υπερφόρτωση iperfortosi
overlook *v.t.* παραβλέπω paravlepo
overnight *adv.* αποβραδίς apovradis
overnight *a* ολονύκτιος oloniktios
overpower *v.t.* ακινητοποιώ akinitopio
overrate *v.t.* υπερτιμώ ipertimo
overrule *v.t.* ανατρέπω anatrepo
overrun *v.t* κατακλύζω kataklizo
oversee *v.t.* επιτηρώ epitiro
overseer *n.* επιστάτης epistatis

overshadow *v.t.* επισκιάζω episkiazo
oversight *n.* αβλεψία avlepsia
overt *a.* φανερός faneros
overtake *v.t.* καταλαμβάνω katalamvano
overthrow *v.t.* ανατρέπω anatrepo
overthrow *n* ανατροπή anatropi
overtime *n* υπερωρία iperoria
overture *n.* εισαγωγή isagoyi
overwhelm *v.t.* κατακλύζω kataklizo
overwork *v.i.* παραδουλεύω paradoulevo
overwork *n.* υπερκόπωση iperkoposi
owe *v.t* οφείλω ofilo
owl *n.* κουκουβάγια koukouvayia
own *a.* δικός dikos
own *v.t.* έχω eho
owner *n.* ιδιοκτήτης idioktitis
ownership *n.* ιδιοκτησία idioktisia
ox *n.* βόδι vodi
oxygen *n.* οξυγόνο oksigono
oyster *n.* στρείδι stridi

P

pace *n* βήμα vima
pace *v.i.* βηματίζω vimatizo
pacific *a.* ειρηνικός irinikos
pacify *v.t.* ειρηνεύω irinevo
pack *n.* δέμα dema
pack *v.t.* πακετάρω paketaro
package *n.* συσκευασία siskevasia
packet *n.* πακέτο paketo
packing *n.* συσκευασία siskevasia

pact *n.* σύμφωνο simfono
pad *n.* μαξιλαράκι maksilaraki
pad *v.t.* περπατώ με απαλά βήματα perpato me apala vimata
padding *n.* παραγέμισμα parayemisma
paddle *v.i.* πλατσουρίζω platsourizo
paddle *n* κωπηλασία kopilasia
paddy *n.* θυμός thimos
page *n.* σελίδα selida
page *v.t.* αριθμώ σελίδες arithmo selides
pageant *n.* μεγαλοπρεπής παρέλαση megaloprepis parelasi
pageantry *n.* πομπή pobi
pagoda *n.* παγόδα pagoda
pail *n.* κουβάς kouvas
pain *n.* πόνος ponos
pain *v.t.* προξενώ πόνο prokseno pono
painful *a.* οδυνηρός odiniros
painstaking *a.* προσεκτικός prosektikos
paint *n.* μπογιά boyia
paint *v.t.* χρωματίζω hromatizo
painter *n.* ζωγράφος zografos
painting *n.* ζωγραφική zografiki
pair *n.* ζευγάρι zevgari
pair *v.t.* ζευγαρώνω zevgarono
pal *n.* φίλος filos
palace *n.* παλάτι palati
palanquin *n.* ανατολίτικο σκεπαστό φορείο anatolitiko skepasto forio
palatable *a.* νόστιμος nostimos
palatal *a.* ουρανισκόφωνος ouraniskofonos
palate *n.* ουρανίσκος ouraniskos
palatial *a.* ανακτορικός anaktorikos
pale *n.* παλούκι palouki

pale *a* χλωμός hlomos
pale *v.i.* ωχριώ ohrio
palette *n.* παλέτα paleta
palm *n.* παλάμη palami
palm *v.t.* κρύβω στην παλάμη krivo stin palami
palm *n.* φοίνικας finikas
palmist *n.* χειρομάντης hiromantis
palmistry *n.* χειρομαντεία hiromantia
palpable *a.* ψηλαφητός psilafitos
palpitate *v.i.* πάλλω palo
palpitation *n.* χτυποκάρδι htipokardi
palsy *n.* παράλυση paralisi
paltry *a.* ασήμαντος asimantos
pamper *v.t.* κανακεύω kanakevo
pamphlet *n.* φυλλάδιο filadio
pamphleteer *n.* φυλλαδιογράφος filadiografos
panacea *n.* πανάκεια panakia
pandemonium *n.* πανδαιμόνιο pandemonio
pane *n.* τζάμι jami
panegyric *n.* πανηγυρικός paniyirikos
panel *n.* χώρισμα horisma
panel *v.t.* επενδύω τοίχο με ξύλα ependio tiho me ksila
pang *n.* σουβλιά souvlia
panic *n.* πανικός panikos
panorama *n.* πανόραμα panorama
pant *v.i.* ασθμαίνω asthmeno
pant *n.* λαχάνιασμα lahaniasma
pantaloon *n.* πανταλόνε pantalone
pantheism *n.* πανθεϊσμός pantheismos
pantheist *n.* πανθεϊστής pantheistis
panther *n.* πάνθηρας panthiras

pantomime *n.* παντομίμα pantomima
pantry *n.* αποθήκη apothiki
papacy *n.* παπισμός papismos
papal *a.* παπικός papikos
paper *n.* χαρτί harti
par *n.* ισοτιμία isotimia
parable *n.* παραβολή paravoli
parachute *n.* αλεξίπτωτο aleksiptoto
parachutist *n.* αλεξιπτωτιστής aleksiptotistis
parade *n.* παρέλαση parelasi
parade *v.t.* παρελαύνω parelavno
paradise *n.* παράδεισος paradisos
paradox *n.* αντίφαση antifasi
paradoxical *a.* παράδοξος paradoksos
paraffin *n.* παραφίνη parafini
paragon *n.* υπόδειγμα ipodigma
paragraph *n.* παράγραφος paragrafos
parallel *a.* παράλληλος paralilos
parallel *v.t.* είμαι παράλληλος προς ime paralilos pros
parallelism *n.* παραλληλισμός paralilismos
parallelogram *n.* παραλληλόγραμμο paralilogramo
paralyse *v.t.* παραλύω paralio
paralysis *n.* παράλυση paralisi
paralytic *a.* παράλυτος paralitos
paramount *n.* υπέρτατος ipertatos
paramour *n.* εραστής erastis
paraphernalia *n. pl* σύνεργα sinerga
paraphrase *n.* παράφραση parafrasi
paraphrase *v.t.* παραφράζω parafrazo
parasite *n.* παράσιτο parasito
parcel *n.* δέμα dema

parcel *v.t.* τεμαχίζω temahizo
parch *v.t.* καψαλίζω kapsalizo
pardon *v.t.* συγχωρώ sinhoro
pardon *n.* συγνώμη signomi
pardonable *a.* συγχωρητέος sinhoriteos
parent *n.* γονιός gonios
parentage *n.* καταγωγή katagoyi
parental *a.* γονικός gonikos
parenthesis *n.* παρένθεση parenthesi
parish *n.* ενορία enoria
parity *n.* ισότητα isotita
park *n.* πάρκο parko
park *v.t.* παρκάρω parkaro
parlance *n.* διάλεκτος dialektos
parley *n.* διαπραγμάτευση diapragmatefsi
parley *v.i* διαπραγματεύομαι diapragmatevome
parliament *n.* κοινοβούλιο kinovoulio
parliamentarian *n.* βουλευτής vouleftis
parliamentary *a.* κοινοβουλευτικός kinovouleftikos
parlour *n.* σαλόνι saloni
parody *n.* παρωδία parodia
parody *v.t.* παρωδώ parodo
parole *n.* λόγος τιμής logos timis
parole *v.t.* ελευθερώνω με λόγο τιμής eleftherono me logo timis
parricide *n.* πατροκτονία patroktonia
parrot *n.* παπαγάλος papagalos
parry *v.t.* αποκρούω apokrouo
parry *n.* απόκρουση apokrousi
parson *n.* εφημέριος efimerios
part *n.* μέρος meros
part *v.t.* χωρίζω/-ομαι horizo/-ome
partake *v.i.* συμμετέχω simeteho
partial *a.* μερικός merikos

partiality *n.* μεροληψία merolipsia
participate *v.i.* συμμετέχω simeteho
participant *n.* συμμετέχων simetehon
participation *n.* συμμετοχή simetohi
particle *a.* μόριο morio
particular *a.* συγκεκριμένος sigekrimenos
particular *n.* λεπτομέρεια leptomeria
partisan *n.* οπαδός opados
partisan *a.* φανατικός fanatikos
partition *n.* διαίρεση dieresi
partition *v.t.* διαιρώ diero
partner *n.* συνέταιρος sineteros
partnership *n.* συνεταιρισμός sineterismos
party *n.* κόμμα koma
pass *v.i.* περνώ perno
pass *n* πάσο paso
passage *n.* πέρασμα perasma
passenger *n.* επιβάτης epivatis
passion *n.* πάθος pathos
passionate *a.* παθιασμένος pathiasmenos
passive *a.* παθητικός pathitikos
passport *n.* διαβατήριο diavatirio
past *a.* περασμένος perasmenos
past *n.* παρελθόν parelthon
past *prep.* πέρα από pera apo
paste *n.* πολτός poltos
paste *v.t.* κολλώ kolo
pastel *n.* παστέλ pastel
pastime *n.* απασχόληση apasholisi
pastoral *a.* ποιμενικός pimenikos
pasture *n.* βοσκοτόπι voskotopi
pasture *v.t.* βόσκω vosko
pat *v.t.* χτυπώ χαϊδευτικά htipo haideftika

pat n χαϊδευτικό χτύπημα haideftiko htipima
pat adv στην ώρα του stin ora tou
patch v.t. μπαλώνω balono
patch n μπάλωμα baloma
patent a. προφανής profanis
patent n πατέντα patenta
patent v.t. πατεντάρω patentaro
paternal a. πατρικός patrikos
path n. μονοπάτι monopati
pathetic a. αξιολύπητος aksiolipitos
pathos n. πάθος pathos
patience n. υπομονή ipomoni
patient a. υπομονετικός ipomonetikos
patient n ασθενής asthenis
patricide n. πατροκτονία patroktonia
patrimony n. πατρική κληρονομιά patriki klironomia
patriot n. πατριώτης patriotis
patriotic a. πατριωτικός patriotikos
partiotism n. πατριωτισμός patriotismos
patrol v.i. περιπολώ peripolo
patrol n περιπολία peripolia
patron n. προστάτης prostatis
patronage n. προστασία prostasia
patronize v.t. προστατεύω prostatevo
pattern n. πρότυπο protipo
paucity n. ελαχιστότητα elahistotita
pauper n. άπορος aporos
pause n. παύση pafsi
pause v.i. σταματώ stamato
pave v.t. στρώνω strono
pavement n. πεζοδρόμιο pezodromio
pavilion n. περίπτερο periptero
paw n. πόδι podi

paw v.t. ξύνω το χώμα με το πόδι ksino to homa me to podi
pay v.t. πληρώνω plirono
pay n πληρωμή pliromi
payable a. πληρωτέος pliroteos
payee n. δικαιούχος dikeouhos
payment n. πληρωμή pliromi
pea n. αρακάς arakas
peace n. ειρήνη irini
peaceable a. ειρηνικός irinikos
peaceful a. ειρηνικός irinikos
peach n. ροδάκινο rodakino
peacock n. παγώνι pagoni
peak n. κορυφή korifi
pear n. αχλάδι ahladi
pearl n. μαργαριτάρι margaritari
peasant n. χωρικός horikos
peasantry n. χωρικοί horiki
pebble n. χαλίκι haliki
peck n. ράμφισμα ramfisma
peck v.i. ραμφίζω ramfizo
peculiar a. χαρακτηριστικός haraktiristikos
peculiarity n. ιδιομορφία idiomorfia
pecuniary a. χρηματικός hrimatikos
pedagogue n. παιδαγωγός pedagogos
pedagogy n. παιδαγωγική pedagoyiki
pedal n. πεντάλ pental
pedal v.t. ποδηλατώ podilato
pedant n. σχολαστικός sholastikos
pedantic a. σχολαστικός sholastikos
pedantry n. σχολαστικότητα sholastikotita
pedestal n. βάθρο vathro
pedestrian n. πεζός pezos
pedigree n. καταγωγή katagoyi
peel v.t. ξεφλουδίζω/-ομαι ksefloudizo/-ome

peel *n.* φλούδα flouda
peep *v.i.* κρυφοκοιτάζω krifokitazo
peep *n* κρυφοκοίταγμα krifokitagma
peer *n.* ταίρι teri
peerless *a.* ασύγκριτος asigkritos
peg *n.* παλούκι palouki
peg *v.t.* στερεώνω stereono
pelf *n.* χρήματα hrimata
pell-mell *adv.* μπερδεμένα berdemena
pen *n.* πένα pena
pen *v.t.* γράφω grafo
penal *a.* ποινικός pinikos
penalize *v.t.* τιμωρώ timoro
penalty *n.* ποινή pini
pencil *n.* μολύβι molivi
pencil *v.t.* γράφω με μολύβι grafo me molivi
pending *prep.* διαρκούντος diarkountos
pending *a* εκκρεμής ekremis
pendulum *n.* εκκρεμές ekremes
penetrate *v.t.* διαπερνώ diaperno
penetration *n.* διείσδυση diisdisi
penis *n.* πέος peos
penniless *a.* απένταρος apentaros
penny *n.* πένα pena
pension *n.* σύνταξη sintaksi
pension *v.t.* συνταξιοδοτώ sintaksiodoto
pensioner *n.* συνταξιούχος sintaksiouhos
pensive *a.* συλλογισμένος siloyismenos
pentagon *n.* πεντάγωνο pentagono
peon *n.* δούλος doulos
people *n.* άνθρωποι anthropi
people *v.t.* οικίζω ikizo
pepper *n.* πιπέρι piperi
pepper *v.t.* πιπερώνω piperono
per *prep.* ανά ana

perambulator *n.* καροτσάκι μωρού karotsaki morou
perceive *v.t.* αντιλαμβάνομαι antilamvanome
perceptible *adj* αντιληπτός antiliptos
per cent *adv.* τοις εκατό tis ekato
percentage *n.* ποσοστό pososto
perception *n.* αντίληψη antilipsi
perceptive *a.* αισθητήριος esthitirios
perch *n.* πέρκα perka
perch *v.i.* κουρνιάζω kourniazo
perennial *a.* αιώνιος eonios
perennial *n.* πολυετές φυτό polietes fito
perfect *a.* τέλειος telios
perfect *v.t.* τέλειος telios
perfection *n.* τελειοποίηση teliopiisi
perfidy *n.* απιστία apistia
perforate *v.t.* διατρυπώ diatripo
perforce *adv.* αναγκαστικά anagkastika
perform *v.t.* εκτελώ ektelo
performance *n.* εκτέλεση ektelesi
performer *n.* εκτελεστής ektelestis
perfume *n.* άρωμα aroma
perfume *v.t.* αρωματίζω aromatizo
perhaps *adv.* ίσως isos
peril *n.* κίνδυνος kindinos
peril *v.t.* θέτω σε κίνδυνο theto se kindino
perilous *a.* επικίνδυνος epikindinos
period *n.* περίοδος periodos
periodical *n.* περιοδικό periodiko
periodical *a.* περιοδικός periodikos
periphery *n.* περιφέρεια periferia

perish *v.i.* πεθαίνω petheno
perishable *a.* φθαρτός fthartos
perjure *v.i.* ψευδορκώ psevdorko
perjury *n.* ψευδορκία psevdorkia
permanence *n.* μονιμότητα monimotita
permanent *a.* μόνιμος monimos
permissible *a.* επιτρεπόμενος epitrepomenos
permission *n.* άδεια adia
permit *v.t.* επιτρέπω epitrepo
permit *n.* άδεια adia
permutation *n.* μετάθεση metathesi
pernicious *a.* επιβλαβής epivlavis
perpendicular *a.* κάθετος kathetos
perpendicular *n.* κάθετος kathetos
perpetual *a.* αέναος aenaos
perpetuate *v.t.* διαιωνίζω dieonizo
perplex *v.t.* σαστίζω sastizo
perplexity *n.* αμηχανία amihania
persecute *v.t.* διώκω dioko
persecution *n.* διωγμός diogmos
perseverance *n.* επιμονή epimoni
persevere *v.i.* εμμένω emeno
persist *v.i.* επιμένω epimeno
persistence *n.* επιμονή epimoni
persistent *a.* επίμονος epimonos
person *n.* άτομο atomo
personage *n.* προσωπικότητα prosopikotita
personal *a.* προσωπικός prosopikos
personality *n.* προσωπικότητα prosopikotita
personification *n.* προσωποποίηση prosopopiisi
personify *v.t.* προσωποποιώ prosopopio

personnel *n.* προσωπικό prosopiko
perspective *n.* προοπτική prooptiki
perspiration *n.* ιδρώτας idrotas
perspire *v.i.* ιδρώνω idrono
persuade *v.t.* πείθω pitho
persuasion *n.* πειθώ pitho
pertain *v.i.* αναφέρομαι anaferome
pertinent *a.* πρέπων prepon
perturb *v.t.* διαταράσσω diataraso
perusal *n.* μελέτη meleti
peruse *v.t.* μελετώ meleto
pervade *v.t.* διαποτίζω diapotizo
perverse *a.* διεστραμμένος diestramenos
perversion *n.* διαστροφή diastrofi
perversity *n.* διαστροφή diastrofi
pervert *v.t.* διαστρεβλώνω diastrevlono
pessimism *n.* απαισιοδοξία apesiodoksia
pessimist *n.* απαισιόδοξος apesiodoksos
pessimistic *a.* απαισιόδοξος apesiodoksos
pest *n.* παράσιτο parasito
pesticide *n.* εντομοκτόνο entomoktono
pestilence *n.* πανούκλα panoukla
pet *n.* κατοικίδιο katikidio
pet *v.t.* πασπατεύω paspatevo
petal *n.* πέταλο petalo
petition *n.* παράκληση paraklisi
petition *v.t.* αιτούμαι etoume
petitioner *n.* παράκληση paraklisi
petrol *n.* βενζίνη venzini
petroleum *n.* πετρέλαιο petreleo
petticoat *n.* μεσοφόρι mesofori
petty *a.* ασήμαντος asimantos

petulance *n.* οργή orgi
petulant *a.* νευρικός nevrikos
phantom *n.* φάντασμα fantasma
pharmacy *n.* φαρμακείο farmakio
phase *n.* φάση fasi
phenomenal *a.* φαινομενικός fenomenikos
phenomenon *n.* φαινόμενο fenomeno
phial *n.* φιαλίδιο fialidio
philanthropic *a.* φιλανθρωπικός filanthropikos
philanthropist *n.* φιλάνθρωπος filanthropos
philanthropy *n.* φιλανθρωπία filanthropia
philological *a.* φιλολογικός filoloyikos
philologist *n.* φιλόλογος filologos
philology *n.* φιλολογία filoloyia
philosopher *n.* φιλόσοφος filosofos
philosophical *a.* φιλοσοφικός filosofikos
philosophy *n.* φιλοσοφία filosofia
phone *n.* τηλέφωνο tilefono
phonetic *a.* φωνητικός fonitikos
phonetics *n.* φωνητική fonitiki
phosphate *n.* φωσφορικόν αλάς fosforikon alas
phosphorus *n.* φώσφορος fosforos
photo *n* φωτογραφία fotografia
photograph *v.t.* φωτογραφίζω fotografizo
photograph *n* φωτογραφία fotografia
photographer *n.* φωτογράφος fotografos
photographic *a.* φωτογραφικός fotografikos
photography *n.* φωτογράφηση fotografisi
phrase *n.* φράση frasi
phrase *v.t.* διατυπώνω diatipono
phraseology *n.* φρασεολογία fraseoloyia
physic *n.* φάρμακο farmako
physic *v.t.* δίνω φάρμακο σε dino farmako se
physical *a.* φυσικός fisikos
physician *n.* γιατρός yiatros
physicist *n.* φυσικός fisikos
physics *n.* φυσική fisiki
physiognomy *n.* φυσιογνωμία fisiognomia
physique *n.* κράση krasi
pianist *n.* πιανίστας pianistas
piano *n.* πιάνο piano
pick *v.t.* διαλέγω dialego
pick *n.* επιλογή epiloyi
picket *n.* στύλος stilos
picket *v.t.* περιφράσσω perifraso
pickle *n.* άλμη almi
pickle *v.t* βάζω τουρσί vazo toursi
picnic *n.* πικνίκ piknik
picnic *v.i.* κάνω πικνίκ kano piknik
pictorial *a.* εικονογραφημένος ikonografimenos
picture *n.* εικόνα ikona
picture *v.t.* απεικονίζω apikonizo
picturesque *a.* γραφικός grafikos
piece *n.* κομμάτι komati
piece *v.t.* ενώνω enono
pierce *v.t.* τρυπώ tripo
piety *n.* ευσέβεια efsevia
pig *n.* γουρούνι gourouni
pigeon *n.* περιστέρι peristeri
pigmy *n.* πυγμαίος pigmeos
pile *n.* σωρός soros
pile *v.t.* σωριάζω soriazo
piles *n.* αιμορροΐδες emoroides
pilfer *v.t.* σουφρώνω soufrono

pilgrim *n.* προσκυνητής proskinitis
pilgrimage *n.* προσκύνημα proskinima
pill *n.* χάπι hapi
pillar *n.* κίονας kionas
pillow *n* μαξιλάρι maksilari
pillow *v.t.* ακουμπώ akoubo
pilot *n.* πιλότος pilotos
pilot *v.t.* οδηγώ odigo
pimple *n.* εξάνθημα eksanthima
pin *n.* καρφίτσα karfitsa
pin *v.t.* καρφιτσώνω karfitsono
pinch *v.t.* τσιμπώ tsibo
pinch *v.* τσιμπιά tsibia
pine *n.* πεύκο pefko
pine *v.i.* αδυνατίζω adinatizo
pineapple *n.* ανανάς ananas
pink *n.* γαρύφαλο garifalo
pink *a* ροζ roz
pinkish *a.* ροζέ roze
pinnacle *n.* αποκορύφωμα apokorifoma
pioneer *n.* πρωτοπόρος protoporos
pioneer *v.t.* καινοτομώ kenotomo
pious *a.* ευσεβής efsevis
pipe *n.* σωλήνας solinas
pipe *v.i* μεταφέρω metafero
piquant *a.* πικάντικος pikantikos
piracy *n.* πειρατεία piratia
pirate *n.* πειρατής piratis
pirate *v.t* πειρατεύω piratevo
pistol *n.* πιστόλι pistoli
piston *n.* έμβολο emvolo
pit *n.* λάκκος lakos
pit *v.t.* ανοίγω λάκους anoigo lakous
pitch *n.* στέκι steki
pitch *v.t.* ρίχνω rihno
pitcher *n.* στάμνα stamna
piteous *a.* θλιβερός thliveros
pitfall *n.* παγίδα payida

pitiable *a.* αξιολύπητος aksiolipitos
pitiful *a.* συμπονετικός sibonetikos
pitiless *a.* άσπλαχνος asplahnos
pitman *n.* ανθρακωρύχος anthrakorihos
pittance *n.* εξευτελιστική αμοιβή ekseftelistiki amivi
pity *n.* έλεος eleos
pity *v.t.* λυπάμαι lipame
pivot *n.* άξονας aksonas
pivot *v.t.* περιστρέφω/-ομαι peristrefo/-ome
placard *n.* αφίσα afisa
place *n.* τόπος topos
place *v.t.* τοποθετώ topotheto
placid *a.* γαλήνιος galinios
plague *a.* πανούκλα panoukla
plague *v.t.* μαστίζω mastizo
plain *a.* ολοφάνερος olofaneros
plain *n.* πεδιάδα pediada
plaintiff *n.* ενάγων enagon
plan *n.* σχέδιο shedio
plan *v.t.* σχεδιάζω shediazo
plane *n.* πλάτανος platanos
plane *v.t.* πλανίζω planizo
plane *n* πλάνη plani
plane *n* αεροπλάνο aeroplano
planet *n.* πλανήτης planitis
planetary *a.* πλανητικός planitikos
plank *n.* μαδέρι maderi
plank *v.t.* στρώνω strono
plant *n.* φυτό fito
plant *v.t.* φυτεύω fitevo
plantain *n.* μπανάνα banana
plantation *n.* φυτεία fitia
plaster *n.* έμπλαστρο eblastro
plaster *v.t.* σοβατίζω sovatizo
plate *n.* πιάτο piato
plate *v.t.* επενδύω ependio
plateau *n.* υψίπεδο ipsipedo
platform *n.* αποβάθρα apovathra

platonic *a.* πλατωνικός
 platonikos
platoon *n.* διμοιρία dimiria
play *n.* παιχνίδι pehnidi
play *v.i.* παίζω pezo
player *n.* παίκτης pektis
plea *n.* ισχυρισμός ishirismos
plead *v.i.* αγορεύω agorevo
pleader *n.* συνήγορος sinigoros
pleasant *a.* ευχάριστος efharistos
pleasantry *n.* ευθυμία efthimia
please *v.t.* παρακαλώ parakalo
pleasure *n.* ευχαρίστηση efharistisi
plebiscite *n.* δημοψήφισμα dimopsifisma
pledge *n.* ενέχυρο enehiro
pledge *v.t.* ενεχυριάζω enehiriazo
plenty *n.* αφθονία afthonia
plight *n.* θέση thesi
plod *v.i.* περπατώ βαριά perpato varia
plot *n.* κομματάκι γης komataki yis
plot *v.t.* συνωμοσία sinomosia
plough *n.* αλέτρι aletri
plough *v.i* οργώνω orgono
ploughman *n.* ζευγολάτης zevgolatis
pluck *v.t.* μαδώ mado
pluck *n* θάρρος tharos
plug *n.* τάπα tapa
plug *v.t.* ταπώνω tapono
plum *n.* δαμάσκηνο damaskino
plumber *n.* υδραυλικός idravlikos
plunder *v.t.* λεηλατώ leilato
plunder *n* λεηλασία leilasia
plunge *v.t.* βουτώ vouto
plunge *n* βουτιά voutia
plural *a.* πληθυντικός plithintikos
plurality *n.* πλειονότητα plionotita

plus *a.* θετικός thetikos
plus *n* συν sin
ply *v.t.* χειρίζομαι hirizome
ply *n* φύλλο κόντρα-πλακέ filo kontraplake
pneumonia *n.* πνευμονία pnevmonia
pocket *n.* τσέπη tsepi
pocket *v.t.* τσεπώνω tsepono
pod *n.* φλούδα flouda
poem *n.* ποίημα piima
poesy *n.* ποίηση piisi
poet *n.* ποιητής piitis
poetaster *n.* κατώτερος ποιητής katoteros piitis
poetess *n.* ποιήτρια piitria
poetic *a.* ποιητικός piitikos
poetics *n.* ποιητική piitiki
poetry *n.* ποίηση piisi
poignancy *n.* σφοδρότητα sfodrotita
poignant *a.* ζωηρός zoiros
point *n.* αιχμή ehmi
point *v.t.* δείχνω dihno
poise *v.t.* ισορροπώ isoropo
poise *n* ισορροπία isoropia
poison *n.* δηλητήριο dilitirio
poison *v.t.* δηλητηριάζω dilitiriazo
poisonous *a.* δηλητηριώδης dilitiriodis
poke *v.t.* τσιγκλάω tsigklao
poke *n.* τσίγκλημα tsigklima
polar *a.* πολικός polikos
pole *n.* πόλος polos
police *n.* αστυνομία astinomia
policeman *n.* αστυνομικός astinomikos
policy *n.* πολιτική politiki
polish *v.t.* γυαλίζω yializo
polish *n* γυαλάδα yialada
polite *a.* ευγενικός evyenikos
politeness *n.* ευγένεια evyenia
politic *a.* πολιτικός politikos

political *a.* πολιτικός politikos
politician *n.* πολιτικός politikos
politics *n.* πολιτική politiki
polity *n.* πολιτεία politia
poll *n.* ψηφοφορία psifoforia
poll *v.t.* ψηφίζω psifizo
pollen *n.* γύρη yiri
pollute *v.t.* μολύνω molino
pollution *n.* μόλυνση molinsi
polo *n.* πόλο polo
polygamous *a.* πολύγαμος poligamos
polygamy *n.* πολυγαμία poligamia
polyglot *n.* πολύγλωσσος poliglosos
polyglot *a.* πολύγλωσσος poliglosos
polytechnic *a.* πολυτεχνικός politehnikos
polytechnic *n.* πολυτεχνείο politehnio
polytheism *n.* πολυθεϊσμός politheismos
polytheist *n.* πολυθεϊστής politheistis
polytheistic *a.* πολυθεϊστικός politheistikos
pomp *n.* πομπή pobi
pomposity *n.* στόμφος stomfos
pompous *a.* πομπώδης pobodis
pond *n.* λιμνούλα limnoula
ponder *v.t.* συλλογίζομαι siloyizome
pony *n.* πόνυ poni
poor *a.* φτωχός ftohos
pop *v.i.* ξερός κρότος kseros krotos
pop *n* σκάζω με ξερό κρότο skazo me ksero kroto
pope *n.* πάπας papas
poplar *n.* λεύκα lefka
poplin *n.* ποπλίνα poplina
populace *n.* όχλος ohlos

popular *a.* δημοφιλής dimofilis
popularity *n.* δημοτικότητα dimotikotita
popularize *v.t.* εκλαϊκεύω eklaikevo
populate *v.t.* κατοικώ katiko
population *n.* πληθυσμός plithismos
populous *a.* πολυάνθρωπος polianthropos
porcelain *n.* πορσελάνη porselani
porch *n.* βεράντα veranta
pore *n.* πόρος poros
pork *n.* χοιρινό hirino
porridge *n.* χυλός hilos
port *n.* λιμάνι limani
portable *a.* φορητός foritos
portage *n.* μεταφορά metafora
portal *n.* πύλη pili
portend *v.t.* προμηνύω prominio
porter *n.* αχθοφόρος ahthoforos
portfolio *n.* χαρτοφύλακας hartofilakas
portico *n.* είσοδος isodos
portion *n* μερίδιο meridio
portion *v.t.* μοιράζω mirazo
portrait *n.* πορτραίτο portreto
portraiture *n.* προσωπογραφία prosopografia
portray *v.t.* απεικονίζω apikonizo
portrayal *n.* απεικόνιση apikonisi
pose *v.i.* ποζάρω pozaro
pose *n.* πόζα poza
position *n.* θέση thesi
position *v.t.* τοποθετώ topotheto
positive *a.* θετικός thetikos
possess *v.t.* κατέχω kateho
possession *n.* κατοχή katohi
possibility *n.* πιθανότητα pithanotita
possible *a.* πιθανός pithanos
post *n.* θέση thesi

135

post *v.t.* τοποθετώ topotheto
post *n* ταχυδρομείο tahidromio
post *v.t.* ταχυδρομώ tahidromo
post *adv.* μετά meta
postage *n.* ταχυδρομικά τέλη tahidromika teli
postal *a.* ταχυδρομικός tahidromikos
post-date *v.t.* μεταχρονολογώ metahronologo
poster *n.* αφίσα afisa
posterity *n.* απόγονοι apogoni
posthumous *a.* μεταθανάτιος metathanatios
postman *n.* ταχυδρόμος tahidromos
postmaster *n.* διευθυντής ταχυδρομείου diefthintis tahidromiou
post-mortem *a.* μεταθανάτιος metathanatios
post-mortem *n.* νεκροψία nekropsia
post-office *n.* ταχυδρομικό γραφείο tahidromiko grafio
postpone *v.t.* αναβάλλω anavalo
postponement *n.* αναβολή anavoli
postscript *n.* υστερόγραφο isterografo
posture *n.* στάση stasi
pot *n.* δοχείο dohio
pot *v.t.* παστώνω pastono
potash *n.* ποτάσα potasa
potassium *n.* κάλιο kalio
potato *n.* πατάτα patata
potency *n.* ισχύς ishis
potent *a.* ισχυρός ishiros
potential *a.* ενδεχόμενος endehomenos
potential *n.* τάση tasi
pontentiality *n.* δυνατότητα dinatotita

potter *n.* αγγειοπλάστης agioplastis
pottery *n.* αγγειοπλαστική agioplastiki
pouch *n.* σάκος sakos
poultry *n.* πουλερικά poulerika
pounce *v.i.* επιπίπτω epipipto
pounce *n* εφόρμηση eformisi
pound *n.* λίβρα livra
pound *v.t.* τρίβω trivo
pour *v.i.* ρίχνω rihno
poverty *n.* φτώχεια ftohia
powder *n.* σκόνη skoni
powder *v.t.* πουδράρω poudraro
power *n.* δύναμη dinami
powerful *a.* δυνατός dinatos
practicability *n.* εφικτό efikto
practicable *a.* δυνατός dinatos
practical *a.* πρακτικός praktikos
practice *n.* πράξη praksi
practise *v.t.* εξασκούμαι eksaskoume
practitioner *n.* επαγγελματίας epagelmatias
pragmatic *a.* ρεαλιστικός realistikos
pragmatism *n.* ρεαλισμός realismos
praise *n.* έπαινος epenos
praise *v.t.* επαινώ epeno
praiseworthy *a.* αξιέπαινος aksiepenos
prank *n.* φάρσα farsa
prattle *v.i.* φλυαρώ fliaro
prattle *n.* φλυαρία fliaria
pray *v.i.* προσεύχομαι prosefhome
prayer *n.* προσευχή prosefhi
preach *v.i.* κηρύσσω kiriso
preacher *n.* ιεροκήρυκας ierokirikas
preamble *n.* προοίμιο proimio
precaution *n.* προνοητικότητα pronoitikotita

precautionary *a.* προφυλακτικός profilaktikos
precede *v.* προηγούμαι proigoume
precedence *n.* προτεραιότητα protereotita
precedent *n.* προηγούμενο proigoumeno
precept *n.* κανόνας kanonas
preceptor *n.* διδάσκαλος didaskalos
precious *a.* πολύτιμος politimos
precis *n.* σύνοψη sinopsi
precise *n.* ακριβής akrivis
precision *n.* ακρίβεια akrivia
precursor *n.* προάγγελος proagelos
predecessor *n.* προκάτοχος prokatohos
predestination *n.* προορισμός proorismos
predetermine *v.t.* προδιαθέτω prodiatheto
predicament *n.* δυσχέρεια disheria
predicate *n.* υποστηρίζω ipostirizo
predict *v.t.* προλέγω prolego
prediction *n.* προφητεία profitia
predominance *n.* υπεροχή iperohi
predominant *a.* υπερισχύων iperishion
predominate *v.i.* επικρατώ epikrato
pre-eminence *n.* υπεροχή iperohi
pre-eminent *a.* διαπρεπής diaprepis
preface *n.* πρόλογος prologos
preface *v.t.* προλογίζω proloyizo
prefect *n.* επιμελητής epimelitis
prefer *v.t.* προτιμώ protimo
preference *n.* προτίμηση protimisi

preferential *a.* προνομιακός pronomiakos
prefix *n.* πρόθεμα prothema
prefix *v.t.* προτάσσω protaso
pregnancy *n.* εγκυμοσύνη egimosini
pregnant *a.* έγκυος egios
prehistoric *a.* προϊστορικός proistorikos
prejudice *n.* προκατάληψη prokatalipsi
prelate *n.* ιεράρχης ierarhis
preliminary *a.* προκαταρκτικός prokatarktikos
preliminary *n* προκαταρκτικά prokatarktika
prelude *n.* πρελούδιο preloudio
prelude *v.t.* προαγγέλω proagelo
premarital *a.* προγαμιαίος progamieos
premature *a.* πρόωρος prooros
premeditate *v.t.* προμελετώ promeleto
premeditation *n.* προμελέτη promeleti
premier *a.* πρώτος protos
premier *n* πρωθυπουργός prothipourgos
premiere *n.* πρεμιέρα premiera
premium *n.* ασφάλιστρο asfalistro
premonition *n.* προαίσθημα proesthima
preoccupation *n.* απασχόληση apasholisi
preoccupy *v.t.* απασχολώ apasholo
preparation *n.* προετοιμασία proetimasia
preparatory *a.* προπαρασκευαστικός proparaskevastikos
prepare *v.t.* ετοιμάζω etimazo

preponderance *n.* υπεροχή
iperohi
preponderate *v.i.*
επικρατέστερος epikratesteros
preposition *n.* πρόθεση prothesi
prerequisite *a.* προαπαιτούμενος
proapetoumenos
prerequisite *n* αναγκαία
προϋπόθεση anagea proipothesi
prerogative *n.* δικαίωμα
dikeoma
prescience *n.* πρόγνωση prognosi
prescribe *v.t.* ορίζω orizo
prescription *n.* συνταγή sintayi
presence *n.* παρουσία parousia
present *a.* παρών paron
present *n.* παρόν paron
present *n.* δώρο doro
present *v.t.* παρουσιάζω
parousiazo
presentation *n.* παρουσίαση
parousiasi
presently *adv.* σύντομα sintoma
preservation *n.* συντήρηση
sintirisi
preservative *n.* συντηρητικό
sintiritiko
preservative *a.* συντηρητικός
sintiritikos
preserve *v.t.* προστατεύω
prostatevo
preserve *n.* κομπόστα kobosta
preside *v.i.* προεδρεύω
proedrevo
president *n.* πρόεδρος poroedros
presidential *a.* προεδρικός
proedrikos
press *v.t.* πιέζω piezo
press *n* πίεση piesi
pressure *n.* πίεση piesi
pressurize *v.t.* αναγκάζω
anagkazo
prestige *n.* γόητρο goitro

prestigious *a.* περίβλεπτος
perivleptos
presume *v.t.* θεωρώ theoro
presumption *n.* υπόθεση ipothesi
presuppose *v.t.* προϋποθέτω
proipotheto
presupposition *n.* προϋπόθεση
proipothesi
pretence *n.* πρόσχημα proshima
pretend *v.t.* προσποιούμαι
prospioume
pretension *n.* αξίωση aksiosi
pretentious *a.* ξιππασμένος
ksipasmenos
pretext *n* πρόφαση profasi
prettiness *n.* χάρη hari
pretty *a* χαριτωμένος
haritomenos
pretty *adv.* αρκετά arketa
prevail *v.i.* υπερισχύω iperishio
prevalance *n.* επικράτηση
epikratisi
prevalent *a.* επικρατών epikraton
prevent *v.t.* εμποδίζω ebodizo
prevention *n.* πρόληψη prolipsi
preventive *a.* προληπτικός
proliptikos
previous *a.* προηγούμενος
proigoumenos
prey *n.* λεία lia
prey *v.i.* κυνηγώ kinigo
price *n.* τιμή timi
price *v.t.* τιμολογώ timologo
prick *n.* μικρό τρύπημα mikro
tripima
prick *v.t.* τρυπώ tripo
pride *n.* περηφάνια perifania
pride *v.t.* καμαρώνω kamarono
priest *n.* ιερέας iereas
priestess *n.* ιέρεια ieria
priesthood *n.* ιερωσύνη ierosini
prima facie *adv.* εκ πρώτης
όψεως ek protis opseos

primarily *adv.* πρωταρχικά proterhika
primary *a.* πρωταρχικός protarhikos
prime *a.* πρώτιστος prostistos
prime *n.* ακμή akmi
primer *n.* αναγνωστικό anagnostiko
primeval *a.* αρχέγονος arhegonos
primitive *a.* πρωτόγονος protogonos
prince *n.* πρίγκηπας prigipas
princely *a.* πριγκηπικός prigipikos
princess *n.* πριγκήπισσα prigipisa
principal *n.* διευθυντής diefthintis
principal *a* κύριος kirios
principle *n.* άρχη arhi
print *v.t.* εκτυπώνω ektipono
print *n* τυπογραφικά στοιχεία tipografika stihia
printer *n.* εκτυπωτής ektipotis
prior *a.* προγενέστερος proyenesteros
prior *n* ηγούμενος igoumenos
prioress *n.* ηγουμένη igoumeni
priority *n.* προτεραιότητα protereotita
prison *n.* φυλακή filaki
prisoner *n.* φυλακισμένος filakismenos
privacy *n.* ησυχία isihia
private *a.* ιδιαίτερος idieteros
privation *n.* στέρηση sterisi
privilege *n.* προνόμιο pronomio
prize *n.* βραβείο vravio
prize *v.t.* εκτιμώ ektimo
probability *n.* πιθανότητα pithanotita
probable *a.* πιθανός pithanos

probably *adv.* πιθανότατα pithanotata
probation *n.* μαθητεία mathitia
probationer *n.* υπό επιτήρηση ipo epitirisi
probe *v.t.* καθετηριάζω kathetiriazo
probe *n* καθετήρας kathetiras
problem *n.* πρόβλημα provlima
problematic *a.* προβληματικός provlimatikos
procedure *n.* διαδικασία diadikasia
proceed *v.i.* συνεχίζω sinehizo
proceeding *n.* ενέργεια eneryia
proceeds *n.* είσπραξη ispraksi
process *n.* διαδικασία diadikasia
procession *n.* παρέλαση parelasi
proclaim *v.t.* ανακηρύσσω anakiriso
proclamation *n.* προκήρυξη prokiriksi
proclivity *n.* τάση tasi
procrastinate *v.i.* αναβάλλω anavalo
procrastination *n.* αναβολή anavoli
proctor *n.* κοσμήτορας kosmitoras
procure *v.t.* προμηθεύω promithevo
procurement *n.* προμήθεια promithia
prodigal *a.* σπάταλος spatalos
prodigal *a.* γενναιόδωρος yeneodoros
prodigality *n.* σπατάλη spatali
produce *v.t.* παράγω parago
produce *n.* προϊόντα proionta
product *n.* προϊόν proion
production *n.* παραγωγή paragoyi
productive *a.* παραγωγικός paragoyikos

productivity *n.* παραγωγικότητα paragoyikotita
profane *a.* εγκόσμιος egkosmios
profane *v.t.* βλασφημώ vlasfimo
profess *v.t.* προσποιούμαι prospioume
profession *n.* επάγγελμα epagelma
professional *a.* επαγγελματικός epagelmatikos
professor *n.* καθηγητής kathiyitis
proficiency *n.* επάρκεια eparkia
proficient *a.* ικανός ikanos
profile *n.* προφίλ profil
profile *v.t.* διαγράφω diagrafo
profit *n.* όφελος ofelos
profit *v.t.* επωφελούμαι epofeloume
profitable *a.* επωφελής epofelis
profiteer *n.* κερδοσκόπος kerdoskopos
profiteer *v.i.* κερδοσκοπώ kerdoskopo
profligacy *n.* ακολασία akolasia
profligate *a.* ακόλαστος akolastos
profound *a.* βαθύς vathis
profundity *n.* βάθος vathos
profuse *a.* άφθονος afthonos
profusion *n.* αφθονία afthonia
progeny *n.* απόγονοι apogoni
programme *n.* πρόγραμμα programa
programme *v.t.* προγραμματίζω programatizo
progress *n.* πρόοδος proodos
progress *v.i.* προοδεύω proodevo
progressive *a.* προοδευτικός proodeftikos
prohibit *v.t.* απαγορεύω apagorevo
prohibition *n.* απαγόρευση apagorefsi

prohibitive *a.* απαγορευτικός apagoreftikos
prohibitory *a.* απαγορευτικός apagoreftikos
project *n.* σχέδιο shedio
project *v.t.* σχεδιάζω shediazo
projectile *n.* βλήμα vlima
projectile *a* προωστικός proostikos
projection *n.* προβολή provoli
projector *n.* προβολέας provoleas
proliferate *v.i.* εξαπλώνομαι eksaplonome
proliferation *n.* εξάπλωση eksaplosi
prolific *a.* γόνιμος gonimos
prologue *n.* πρόλογος prologos
prolong *v.t.* παρατείνω paratino
prolongation *n.* παράταση paratasi
prominence *n.* διάκριση diakrisi
prominent *a.* προεξέχων proeksehon
promise *n* υπόσχεση iposhesi
promise *v.t* υπόσχομαι iposhome
promising *a.* φέρελπις ferelpis
promissory *a.* υποσχετικός iposhetikos
promote *v.t.* προάγω proago
promotion *n.* προαγωγή proagoyi
prompt *a.* άμεσος amesos
prompt *v.t.* παρακινώ parakino
prompter *n.* υποβολέας ipovoleas
prone *a.* επιρρεπής epirepis
pronoun *n.* αντωνυμία antonimia
pronounce *v.t.* προφέρω profero
pronunciation *n.* προφορά profora
proof *n.* απόδειξη apodiksi
proof *a* ανθεκτικός anthektikos
prop *n.* υποστήριγμα ipostirigma

prop *v.t.* υποστηρίζω ipostirizo
propaganda *n.* προπαγάνδα propaganda
propagandist *n.* προπαγανδιστής propagandistis
propagate *v.t.* αναπαράγω anaparago
propagation *n.* διάδοση diadosi
propel *v.t.* προωθώ prootho
proper *a.* κατάλληλος katalilos
property *n.* κυριότητα kiriotita
prophecy *n.* προφητεία profitia
prophesy *v.t.* προφητεύω profitevo
prophet *n.* προφήτης profitis
prophetic *a.* προφητικός profitikos
proportion *n.* αναλογία analoyia
proportion *v.t.* ρυθμίζω αναλογικά rithmizo analoyika
proportional *a.* ανάλογος analogos
proportionate *a.* ανάλογος analogos
proposal *n.* πρόταση protasi
propose *v.t.* προτείνω protino
proposition *n.* δήλωση dilosi
propound *v.t.* εισηγούμαι isigoume
proprietary *a.* ιδιόκτητος idioktitos
proprietor *n.* ιδιοκτήτης idioktitis
propriety *n.* ευπρέπεια efprepia
prorogue *v.t.* αναβάλλω anavalo
prosaic *a.* πεζός pezos
prose *n.* πρόζα proza
prosecute *v.t.* μηνύω minio
prosecution *n.* μήνυση minisi
prosecutor *n.* μηνυτής minitis
prosody *n.* προσωδία prosodia
prospect *n.* θέα thea
prospective *a.* μελλοντικός melontikos

prospsectus *n.* φυλλάδιο filadio
prosper *v.i.* ευημερώ evimero
prosperity *n.* ευημερία evimeria
prosperous *a.* επιτυχής epitihis
prostitute *n.* πόρνη porni
prostitute *v.t.* εκπορνεύω ekpornevo
prostitution *n.* πορνεία pornia
prostrate *a.* πρηνής prinis
prostrate *v.t.* καταβάλλω katavalo
prostration *n.* προσκύνημα proskinima
protagonist *n.* πρωταγωνιστής protagonistis
protect *v.t.* προστατεύω prostatevo
protection *n.* προστασία prostasia
protective *a.* προστατευτικός prostateftikos
protector *n.* προστάτης prostatis
protein *n.* πρωτεΐνη proteini
protest *n.* διαμαρτυρία diamartiria
protest *v.i.* διαμαρτύρομαι diamartirome
protestation *n.* διακήρυξη diakiriksi
prototype *n.* πρωτότυπο prototipo
proud *a.* περήφανος perifanos
prove *v.t.* αποδεικνύω apodiknio
proverb *n.* παροιμία parimia
proverbial *a.* παροιμιώδης parimiodis
provide *v.i.* εξασφαλίζω eksasfalizo
providence *n.* οικονομία ikonomia
provident *a.* προνοητικός pronoitikos
providential *a.* θεόσταλτος theostaltos

province *n.* επαρχία eparhia
provincial *a.* επαρχιακός eparhiakos
provincialism *n.* επαρχιωτισμός eparhiotismos
provision *n.* πρόβλεψη provlepsi
provisional *a.* προσωρινός prosorinos
proviso *n.* όρος oros
provocation *n.* πρόκληση proklisi
provocative *a.* προκλητικός proklitikos
provoke *v.t.* προκαλώ prokalo
prowess *n.* ανδρεία andria
proximate *a.* άμεσος amesos
proximity *n.* εγγύτητα egitita
proxy *n.* πληρεξούσιο plireksousio
prude *n.* σεμνότυφος semnotifos
prudence *n.* σύνεση sinesi
prudent *a.* συνετός sinetos
prudential *a.* συνετός sinetos
prune *v.t.* κλαδεύω kladevo
pry *v.i.* ψαχουλεύω psahoulevo
psalm *n.* ψαλμός psalmos
pseudonym *n.* ψευδώνυμο psevdonimo
psyche *n.* ψυχή psihi
psychiatrist *n.* ψυχιάτρος psihiatros
psychiatry *n.* ψυχιατρική psihiatriki
psychic *a.* ψυχικός psihikos
psychological *a.* ψυχολογικός pshiholoyikos
psychologist *n.* ψυχολόγος psihologos
psychology *n.* ψυχολογία psiholoyia
psychopath *n.* ψυχοπαθής psihopathis
psychosis *n.* ψύχωση psihosi
psychotherapy *n.* ψυχοθεραπεία psihotherapia
puberty *n.* εφηβεία efivia
public *a.* δημόσιος dimosios
public *n.* κοινό kino
publication *n.* δημοσίευση dimosiefsi
publicity *n.* δημοσιότητα dimosiotita
publicize *v.t.* διαφημίζω diafimizo
publish *v.t.* εκδίδω ekdido
publisher *n.* εκδότης ekdotis
pudding *n.* πουτίγκα poutigka
puddle *n.* λάσπη laspi
puddle *v.t.* ανακατεύω anakatevo
puerile *a.* παιδαριώδης pedariodis
puff *n.* πνοή pnoi
puff *v.i.* ασθμαίνω asthmeno
pull *v.t.* τραβώ travo
pull *n.* τράβηγμα travigma
pulley *n.* τροχαλία trohalia
pullover *n.* πουλόβερ poulover
pulp *n.* πολτός poltos
pulp *v.t.* πολτοποιώ poltopio
pulpit *a.* άμβωνας amvonas
pulpy *a.* πολτώδης poltodis
pulsate *v.i.* σφύζω sfizo
pulsation *n.* παλμός palmos
pulse *n.* σφυγμός sfigmos
pulse *v.i.* σφύζω sfizo
pulse *n* συγκίνηση siginisi
pump *n.* αντλία antlia
pump *v.t.* αντλώ antlo
pumpkin *n.* γλυκοκολοκύθα glikokolokitha
pun *n.* λογοπαίγνιο logopegnio
pun *v.i.* κάνω λογοπαίγνιο kano logopegnio
punch *n.* γροθιά grothia
punch *v.t.* χτυπώ htipo
punctual *a.* ακριβής akrivis
punctuality *n.* ακρίβεια akrivia

punctuate *v.t.* βάζω σημεία στίξης vazo simia stiksis
punctuation *n.* στίξη stiksi
puncture *n.* παρακέντηση parakentisi
puncture *v.t.* παρακεντώ parakento
pungency *n.* δριμύτητα drimitita
pungent *a.* οξύς oksis
punish *v.t.* τιμωρώ timoro
punishment *n.* τιμωρία timoria
punitive *a.* τιμωρητικός timoritikos
puny *a.* μικροκαμωμένος mikrokamomenos
pupil *n.* μαθητής mathitis
puppet *n.* κούκλα koukla
puppy *n.* κουτάβι koutavi
purblind *n.* μισόστραβος misostravos
purchase *n.* αγορά agora
purchase *v.t.* αγοράζω agorazo
pure *a* αγνός agnos
purgation *n.* κάθαρση katharsi
purgative *n.* καθαρτικό kathartiko
purgative *a* καθαρτικός kathartikos
purgatory *n.* καθαρτήριο kathartirio
purge *v.t.* εξαγνίζω eksagnizo
purification *n.* εξαγνισμός eksagnismos
purify *v.t.* εξαγνίζω eksagnizo
purist *n.* καθαρευουσιάνος katharevousianos
puritan *n.* πουριτανός pouritanos
puritanical *a.* πουριτανικός pouritanikos
purity *n.* αγνότητα agnotita
purple *adj./n.* βυσσινίς visinis
purport *n.* νόημα noima
purport *v.t.* παριστάνω paristano
purpose *n.* σκοπός skopos

purpose *v.t.* σκοπεύω skopevo
purposefully *adv.* σκόπιμα skopima
purr *n.* γουργούρισμα gourgourisma
purr *v.i.* γουργουρίζω gourgourizo
purse *n.* πορτοφόλι portofoli
purse *v.t.* σουφρώνω soufrono
pursuance *n.* σε εκτέλεση se ektelesi
pursue *v.t.* κυνηγώ kinigo
pursuit *n.* καταδίωξη katadioksi
purview *n.* πεδίο pedio
pus *n.* πύο pio
push *v.t.* σπρώχνω sprohno
push *n.* σπρώξιμο sproksimo
put *v.t.* βάζω vazo
puzzle *n.* σπαζοκεφαλιά spazokefalia
puzzle *v.t.* περιπλέκω peripleko
pygmy *n.* πυγμαίος pigmeos
pyorrhoea *n.* πυόρροια pioria
pyramid *n.* πυραμίδα piramida
pyre *n.* πυρά pira
python *n.* πύθωνας pithonas

Q

quack *v.i.* κρώζω krozo
quack *n* τσαρλατάνος tsarlatanos
quackery *n.* γιατροσόφια yiatrosofia
quadrangle *n.* τετράπλευρο tetraplevro
quadrangular *a.* τετράπλευρος tetraplevros
quadrilateral *a. & n.* τετράπλευρος tetraplevros
quadruped *n.* τετράποδο tetrapodo

quadruple *a.* τετραπλάσιος tetraplasios
quadruple *v.t.* τετραπλασιάζω tetraplasiazo
quail *n.* ορτύκι ortiki
quaint *a.* ιδιόρρυθμος idiorithmos
quake *v.i.* τρέμω tremo
quake *n* σεισμός sismos
qualification *n.* ικανότητα ikanotita
qualify *v.i.* καθιστώ ικανό kathisto ikano
qualitative *a.* ποιοτικός piotikos
quality *n.* ποιότητα piotita
quandary *n.* δίλημμα dilima
quantitative *a.* ποσοτικός posotikos
quantity *n.* ποσότητα posotita
quantum *n.* ποσοστό pososto
quarrel *n.* φιλονικία filonikia
quarrel *v.i.* φιλονικώ filoniko
quarrelsome *a.* καυγατζής kavgajis
quarry *n.* λεία lia
quarry *n.* λατομείο latomio
quarry *v.i.* λατομώ latomo
quarter *n.* τέταρτο tetarto
quarter *v.t.* κόβω στα τέσσερα kovo sta tesera
quarterly *a.* τριμηνιαίος triminieos
queen *n.* βασίλισσα vasilisa
queer *a.* αλλόκοτος alokotos
quell *v.t.* καταπνίγω katapnigo
quench *v.t.* σβήνω svino
query *n.* ερώτημα erotima
query *v.t* ρωτώ roto
quest *n.* αναζήτηση anazitisi
quest *v.t.* ψάχνω psahno
question *n.* ερώτηση erotisi
question *v.t.* ρωτώ roto
questionable *a.* αμφισβητήσιμος amfisvitisimos

questionnaire *n.* ερωτηματολόγιο erotimatoloyio
queue *n.* ουρά oura
quibble *n.* υπεκφυγή ipekfiyi
quibble *v.i.* ψιλολογώ psilologo
quick *a.* γρήγορος grigoros
quick *n* σάρκα sarka
quicksand *n.* κινούμενη άμμος kinoumeni amos
quicksilver *n.* υδράργυρος idraryiros
quiet *a.* ήσυχος isihos
quiet *n.* ησυχία isihia
quiet *v.t.* ηρεμώ iremo
quilt *n.* πάπλωμα paploma
quinine *n.* κινίνη kinini
quintessence *n.* πεμπτουσία pemptousia
quit *v.t.* εγκαταλείπω egkatalipo
quite *adv.* αρκετά arketa
quiver *n.* ρίγος rigos
quiver *v.i.* τρέμω tremo
quixotic *a.* δονκιχωτικός donkihotikos
quiz *n.* κουίζ kouiz
quiz *v.t.* κάνω ερωτήσεις kano erotisis
quorum *n.* απαρτία apartia
quota *n.* μερίδιο meridio
quotation *n.* απόσπασμα apospasma
quote *v.t.* παραθέτω paratheto
quotient *n.* πηλίκο piliko

R

rabbit *n.* κουνέλι kouneli
rabies *n.* λύσσα lisa
race *n.* κούρσα koursa
race *n.* γένος yenos

race v.i συναγωνίζομαι sinagonizome
racial a. φυλετικός filetikos
racialism n. ρατσισμός ratsismos
rack v.t. βασανίζω vasanizo
rack n. τροχός βασανιστηρίων trohos vasanistirion
racket n. φασαρία fasaria
radiance n. ακτινοβολία aktinovolia
radiant a. ακτινοβόλος aktinovolos
radiate v.t. ακτινοβολώ aktinovolo
radiation n. ακτινοβολία aktinovolia
radical a. ριζικός rizikos
radio n. ραδιόφωνο radiofono
radio v.t. στέλνω σήμα με τον ασύρματο stelno sima me ton asirmato
radish n. ραπανάκι rapanaki
radium n. ράδιο radio
radius n. ακτίνα aktina
rag n. κουρέλι koureli
rag v.t. πειράζω pirazo
rage n. θυμός thimos
rage v.i. μαίνομαι menome
raid n. επιδρομή epidromi
raid v.t. εισβάλλω isvalo
rail n. φράχτης frahtis
rail v.t. φράσσω με κάγκελα fraso me kagela
railing n. κιγκλίδωμα kigklidoma
raillery n. πείραγμα piragma
railway n. σιδηρόδρομος sidirodromos
rain v.i. βρέχει vrehi
rain n βροχή vrohi
rainy a. βροχερός vroheros
raise v.t. ανεβάζω anevazo
raisin n. σταφίδα stafida
rally v.t. συνέρχομαι sinerhome
rally n ράλι rali

ram n. κριάρι kriari
ram v.t. χώνω hono
ramble v.t. περιπλανώμαι periplanome
ramble n περιπλάνηση periplanisi
rampage v.i. αφηνιάζω afiniazo
rampant a. αχαλίνωτος ahalinotos
rampart n. έπαλξη epalksi
rancour n. έχθρα ehthra
random a. τυχαίος tiheos
range v.t. παρατάσσω parataso
range n. σειρά sira
ranger n. δασοφύλακας dasofilakas
rank n. σειρά sira
rank v.t. κατατάσσω/-ομαι katataso/-ome
rank a πυκνός piknos
ransack v.t. ψάχνω εξονυχιστικά psahno eksonihistika
ransom n. λύτρα litra
ransom v.t. ελευθερώνω έναντι λύτρων eleftherono enanti litron
rape n. βιασμός viasmos
rape v.t. βιάζω viazo
rapid a. ταχύς tahis
rapidity n. ταχύτητα tahitita
rapier n. ξίφος ksifos
rapport n. στενή σχέση steni shesi
rapt a. βυθισμένος vithismenos
rapture n. έκσταση ekstasi
rare a. σπάνιος spanios
rascal n. κάθαρμα katharma
rash a. εξάνθημα eksanthima
rat n. αρουραίος aroureos
rate v.t. εκτιμώ ektimo
rate n. ταχύτητα tahitita
rather adv. μάλλον malon
ratify v.t. επικυρώνω epikirono
ratio n. αναλογία analoyia
ration n. μερίδα merida

rational *a.* λογικός loyikos
rationale *n.* λογική loyiki
rationality *n.* λογική loyiki
rationalize *v.t.* αιτιολογώ etiologo
rattle *v.i.* κροταλίζω krotalizo
rattle *n* κροτάλισμα krotalisma
ravage *n.* λεηλασία leilasia
ravage *v.t.* λεηλατώ leilato
rave *v.i.* παραμιλώ paramilo
raven *n.* κοράκι koraki
ravine *n.* φαράγγι faragi
raw *a.* ωμός omos
ray *n.* ακτίνα aktina
raze *v.t.* ισοπεδώνω isopedono
razor *n.* ξυράφι ksirafi
reach *v.t.* φτάνω ftano
react *v.i.* αντιδρώ antidro
reaction *n.* αντίδραση antidrasi
reactionary *a.* αντιδραστικός antidrastikos
read *v.t.* διαβάζω diavazo
reader *n.* αναγνώστης anagnostis
readily *adv.* πρόθυμα prothima
readiness *n.* προθυμία prothimia
ready *a.* έτοιμος etimos
real *a.* πραγματικός pragmatikos
realism *n.* ρεαλισμός realismos
realist *n.* ρεαλιστής realistis
realistic *a.* ρεαλιστικός realistikos
reality *n.* πραγματικότητα pragmatikotita
realization *n.* πραγματοποίηση pragmatopiisi
realize *v.t.* αντιλαμβάνομαι antilamvanome
really *adv.* πραγματικά pragmatika
realm *n.* βασίλειο vasilio
ream *n.* ένα σωρό ena soro
reap *v.t.* θερίζω therizo
reaper *n.* θεριστής theristis
rear *n.* πίσω μέρος piso meros

rear *v.t.* μεγαλώνω megalono
reason *n.* λόγος logos
reason *v.i.* σκέφτομαι λογικά skeftome loyika
reasonable *a.* λογικός loyikos
reassure *v.t.* καθησυχάζω kathisihazo
rebate *n.* έκπτωση ekptosi
rebel *v.i.* επαναστατώ epanastato
rebel *n.* επαναστάτης epanastatis
rebellion *n.* επανάσταση epanastasi
rebellious *a.* στασιαστικός stasiastikos
rebirth *n.* αναγέννηση anayenisi
rebound *v.i.* αναπηδώ anapido
rebound *n.* αναπήδηση anapidisi
rebuff *n.* προσβλητική άρνηση prosvlitiki arnisi
rebuff *v.t.* αρνούμαι arnoume
rebuke *v.t.* επιπλήττω epiplito
rebuke *n.* επίπληξη epipliksi
recall *v.t.* ανακαλώ anakalo
recall *n.* ανάκληση anaklisi
recede *v.i.* υποχωρώ ipohoro
receipt *n.* απόδειξη apodiksi
receive *v.t.* λαμβάνω lamvano
receiver *n.* παραλήπτης paraliptis
recent *a.* πρόσφατος prosfatos
recently *adv.* πρόσφατα prosfata
reception *n.* υποδοχή ipodohi
receptive *a.* δεκτικός dektikos
recess *n.* διακοπές diakopes
recession *n.* ύφεση ifesi
recipe *n.* συνταγή sintayi
recipient *n.* παραλήπτης paraliptis
reciprocal *a.* αμοιβαίος amiveos
reciprocate *v.t.* ανταποδίδω antapodido
recital *n.* αφήγηση afiyisi
recitation *n.* απαρίθμηση aparithmisi
recite *v.t.* απαγγέλλω apagelo

reckless *a.* παράτολμος paratolmos
reckon *v.t.* υπολογίζω ipoloyizo
reclaim *v.t.* αξιοποιώ aksiopio
reclamation *n* αποκατάσταση apokatastasi
recluse *n.* ερημίτης erimitis
recognition *n.* αναγνώριση anagnorisi
recognize *v.t.* αναγνωρίζω anagnorizo
recoil *v.i.* αναπηδώ anapido
recoil *n.* αναπήδηση anapidisi
recollect *v.t.* ξαναφέρνω στο νου μου ksanaferno sto nou mou
recollection *n.* μνήμη mnimi
recommend *v.t.* προτείνω protino
recommendation *n.* σύσταση sistasi
recompense *v.t.* ανταμείβω antamivo
recompense *n.* ανταμοιβή antamivi
reconcile *v.t.* συμφιλιώνω simfiliono
reconciliation *n.* συμφιλίωση simfiliosi
record *v.t.* καταγράφω katagrafo
record *n.* κατάλογος katalogos
recorder *n.* πλημμελειοδίκης plimeliodikis
recount *v.t.* εξιστορώ eksistoro
recoup *v.t.* αποζημιώνω apozimiono
recourse *n.* προσφυγή prosfiyi
recover *v.t.* ανακτώ anakto
recovery *n.* ανάκτηση anaktisi
recreation *n.* αναψυχή anapsihi
recruit *n.* νεοσύλλεκτος neosilektos
recruit *v.t.* στρατολογώ stratologo
rectangle *n.* ορθογώνιο orthogonio

rectangular *a.* ορθογώνιος orthogonios
rectification *n.* διόρθωση diorthosi
rectify *v.i.* επανορθώνω epanorthono
rectum *n.* πρωκτός proktos
recur *v.i.* επανεμφανίζομαι epanemfanizome
recurrence *n.* επανεμφάνιση epanemfanisi
recurrent *a.* περιοδικός periodikos
red *a.* κόκκινος kokinos
red *n.* κόκκινο kokino
redden *v.t.* κοκκινίζω kokinizo
reddish *a.* κοκκινωπός kokinopos
redeem *v.t.* εξοφλώ eksoflo
redemption *n.* εξαγορά eksagora
redouble *v.t.* διπλασιάζω/-ομαι diplasiazo/-ome
redress *v.t.* επανορθώνω epanorthono
redress *n* επανόρθωση epanorthosi
reduce *v.t.* μειώνω miono
reduction *n.* μείωση miosi
redundance *n.* αφθονία afthonia
redundant *a.* άφθονος afthonos
reel *n.* καρούλι karouli
reel *v.i.* ζαλίζομαι zalizome
refer *v.t.* παραπέμπω parapebo
referee *n.* διαιτητής dietitis
reference *n.* αναφορά anafora
referendum *n.* δημοψήφισμα dimopsifisma
refine *v.t.* διυλίζω diilizo
refinement *n.* διύλιση diilisi
refinery *n.* διυλιστήριο diilistirio
reflect *v.t.* αντανακλώ antanaklo
reflection *n.* αντανάκλαση antanaklasi

reflective *a.* ανακλαστικός anaklastikos
reflector *n.* ανακλαστήρας anaklastiras
reflex *n.* αντανακλαστικά antanaklastika
reflexive *a* αυτοπαθής aftopathis
reform *v.t.* μεταρρυθμίζω/-ομαι metarithmizo/-ome
reform *n.* μεταρρύθμιση metarithmisi
reformation *n.* μεταρρύθμιση metarithmisi
reformatory *n.* αναμορφωτήριο anamorfotirio
reformatory *a* μεταρρυθμιστικός metarithmistikos
reformer *n.* μεταρρυθμιστής metarithmistis
refrain *v.i.* συγκρατούμαι sigkratoume
refrain *n* ρεφραίν refren
refresh *v.t.* φρεσκάρω freskaro
refreshment *n.* ξεκούραση ksekourasi
refrigerate *v.t.* ψύχω psiho
refrigeration *n.* κατάψυξη katapsiksi
refrigerator *n.* ψυγείο psiyio
refuge *n.* καταφύγιο katafiyio
refugee *n.* πρόσφυγας prosfygas
refulgence *n.* λαμπρότητα labrotita
refulgent *a.* λαμπρός labros
refund *v.t.* επιστρέφω χρήματα epistrefo hrimata
refund *n.* επιστροφή χρημάτων epistrofi hrimaton
refusal *n.* άρνηση arnisi
refuse *v.t.* αρνούμαι arnoume
refuse *n.* απορρίματα aporimata
refutation *n.* ανασκευή anaskevi
refute *v.t.* αντικρούω antikrouo
regal *a.* βασιλικός vasilikos
regard *v.t.* κοιτάζω kitazo
regard *n.* βλεμμα vlema
regenerate *v.t.* αναπλάθω anaplatho
regeneration *n.* ανάπλαση anaplasi
regicide *n.* βασιλοκτονία vasiloktonia
regime *n.* καθεστώς kathestos
regiment *n.* σύνταγμα sintagma
regiment *v.t.* υποβάλλω σε αυστηρή πειθαρχία ipovalo se afstiri pitharhia
region *n.* περιοχή periohi
regional *a.* τοπικός topikos
register *n.* μητρώο mitroo
register *v.t.* εγγράφω/-ομαι egkrafo/-ome
registrar *n.* ληξίαρχος liksiarhos
registration *n.* εγγραφή egkrafi
registry *n.* ληξιαρχείο liksiarhio
regret *v.i.* λυπούμαι lipoume
regret *n* λύπη lipi
regular *a.* κανονικός kanonikos
regularity *n.* ομαλότητα omalotita
regulate *v.t.* ρυθμίζω rithmizo
regulation *n.* ρύθμιση rithmisi
regulator *n.* ρυθμιστής rithmistis
rehabilitate *v.t.* αποκαθιστώ apokathisto
rehabilitation *n.* αναμόρφωση anamorfosi
rehearsal *n.* πρόβα prova
rehearse *v.t.* κάνω πρόβα kano prova
reign *v.i.* βασιλεύω vasilevo
reign *n* κυριαρχία kiriarhia
reimburse *v.t.* αποδίδω apodido
rein *n.* χαλινάρι halinari
rein *v.t.* χαλιναγωγώ halinagogo
reinforce *v.t.* ενισχύω enishio
reinforcement *n.* ενίσχυση enishisi

reinstate *v.t.* αποκαθιστώ apokathisto
reinstatement *n.* επαναφορά epanafora
reiterate *v.t.* επαναλαμβάνω epanalamvano
reiteration *n.* επανάληψη epanalipsi
reject *v.t.* απορρίπτω aporipto
rejection *n.* απόρριψη aporipsi
rejoice *v.i.* χαίρομαι herome
rejoin *v.t.* αντικρούω antikrouo
rejoinder *n.* ανταπάντηση antapantisi
rejuvenate *v.t.* ξανανιώνω ksananiono
rejuvenation *n.* ανανέωση ananeosi
relapse *v.i.* υποτροπιάζω ipotropiazo
relapse *n.* υποτροπή ipotropi
relate *v.t.* αφηγούμαι afigoume
relation *n.* σχέση shesi
relative *a.* σχετικός shetikos
relative *n.* συγγενής sigenis
relax *v.t.* χαλαρώνω halarono
relaxation *n.* χαλάρωση halarosi
relay *n.* εφεδρεία efedria
relay *v.t.* ξαναβάζω ksanavazo
release *v.t.* αποδεσμεύω apodesmevo
release *n* απελευθέρωση apeleftherosi
relent *v.i.* μαλακώνω malakono
relentless *a.* άκαμπτος akamptos
relevance *n.* συνάφεια sinafia
relevant *a.* σχετικός shetikos
reliable *a.* αξιόπιστος aksiopistos
reliance *n.* εμπιστοσύνη ebistosini
relic *n.* λείψανο lipsano
relief *n.* ανακούφιση anakoufisi
relieve *v.t.* ανακουφίζω anakoufizo

religion *n.* θρησκεία thriskia
religious *a.* θρησκευτικός thriskeftikos
relinquish *v.t.* εγκαταλείπω egkatalipo
relish *v.t.* απολαμβάνω apolamvano
relish *n* νοστιμάδα nostimada
reluctance *n.* απροθυμία aprothimia
reluctant *a.* απρόθυμος aprothimos
rely *v.i.* βασίζομαι vasizome
remain *v.i.* απομένω apomeno
remainder *n.* υπόλοιπο ipolipo
remains *n.* υπολείμματα ipolimata
remand *v.t.* παραπέμπω σε άλλη δικάσιμο parapebo se ali dikasimo
remand *n* προφυλάκιση profilakisi
remark *n.* σχόλιο sholio
remark *v.t.* παρατηρώ paratiro
remarkable *a.* αξιοσημείωτος aksiosimiotos
remedial *a.* θεραπευτικός therapeftikos
remedy *n.* φάρμακο farmako
remedy *v.t* θεραπεύω therapevo
remember *v.t.* θυμάμαι thimame
remembrance *n.* μνήμη mnimi
remind *v.t.* θυμίζω thimizo
reminder *n.* υπενθύμιση ipenthimisi
reminiscence *n.* αναπόληση anapolisi
reminiscent *a.* αναπολών anapolon
remission *n.* άφεση afesi
remit *v.t.* συγχωρώ sinhoro
remittance *n.* έμβασμα emvasma
remorse *n.* τύψη tipsi

remote *a.* απομακρυσμένος apomakrismenos
removable *a.* μεταθετός metathetos
removal *n.* μετακόμιση metakomisi
remove *v.t.* απομακρύνω apomakrino
remunerate *v.t.* αποζημιώνω apozimiono
remuneration *n.* πληρωμή pliromi
remunerative *a.* επικερδής epikerdis
renaissance *n.* αναγέννηση anayenisi
render *v.t.* δίνω dino
rendezvous *n.* ραντεβού rantevou
renew *v.t.* ανανεώνω ananeono
renewal *n.* ανανέωση ananeosi
renounce *v.t.* απαρνούμαι aparnoume
renovate *v.t.* ανακαινίζω anakenizo
renovation *n.* ανακαίνιση anakenisi
renown *n.* φήμη fimi
renowned *a.* διάσημος diasimos
rent *n.* ενοίκιο enikio
rent *v.t.* νοικιάζω/-ομαι nikiazo/-ome
renunciation *n.* απάρνηση aparnisi
repair *v.t.* επισκευάζω episkevazo
repair *n.* επισκευή episkevi
reparable *a.* επανορθώσιμος epanorthosimos
repartee *n.* ετοιμολογία etimoloyia
repatriate *v.t.* επαναπατρίζω epanapatrizo
repatriation *n.* επαναπατρισμός epanapatrismos

repay *v.t.* εξοφλώ eksoflo
repayment *n.* εξόφληση eksoflisi
repeal *v.t.* ανακαλώ anakalo
repeal *n* ανάκληση anaklisi
repeat *v.t.* επαναλαμβάνω epanalamvano
repel *v.t.* αποκρούω apokrouo
repellent *a.* αποκρουστικός apokroustikos
repellent *n* απωθητική αλοιφή apothitiki alifi
repent *v.i.* μετανοιώνω metaniono
repentance *n.* μεταμέλεια metamelia
repentant *a.* μετανοών metanoon
repercussion *n.* αντίκτυπος antiktipos
repetition *n.* επανάληψη epanalipsi
replace *v.t.* αντικαθιστώ antikathisto
replacement *n.* αντικατάσταση antikatastasi
replenish *v.t.* ανανεώνω ananeono
replete *a.* πλήρης pliris
replica *n.* αντίγραφο antigrafo
reply *v.i.* απαντώ apanto
reply *n* απάντηση apantisi
report *v.t.* αναφέρω anafero
report *n.* έκθεση ekthesi
reporter *n.* ρεπόρτερ reporter
repose *n.* ανάπαυση anapafsi
repose *v.i.* αναπαύω/-ομαι anapavo/-ome
repository *n.* αποθήκη apothiki
represent *v.t.* αναπαριστώ anaparisto
representation *n.* αναπαράσταση anaparastasi
representative *n.* αντιπρόσωπος antiprosopos

representative *a.*
αντιπροσωπευτικός
antiprosopeftikos
repress *v.t.* καταστέλλω katastelo
repression *n.* καταστολή
katastoli
reprimand *n.* μομφή momfi
reprimand *v.t.* επιπλήττω
epiplito
reprint *v.t.* ανατυπώνω
anatipono
reprint *n.* ανατύπωση anatiposi
reproach *v.t.* προσάπτω prosapto
reproach *n.* κατηγορία katigoria
reproduce *v.t.* αναπαράγω
anaparago
reproduction *n* αναπαραγωγή
anaparagoyi
reproductive *a.* αναπαραγωγικός
anaparagoyikos
reproof *n.* επίκριση epikrisi
reptile *n.* ερπετό erpeto
republic *n.* δημοκρατία
dimokratia
republican *a.* δημοκρατικός
dimokratikos
republican *n* δημοκρατικός
dimokratikos
repudiate *v.t.* απαρνούμαι
aparnoume
repudiation *n.* αποκήρυξη
apokiriksi
repugnance *n.* αποστροφή
apostrofi
repugnant *a.* αποκρουστικός
apokroustikos
repulse *v.t.* απωθώ apotho
repulse *n.* απώθηση apothisi
repulsion *n.* απέχθεια apehthia
repulsive *a.* αποκρουστικός
apokroustikos
reputation *n.* φήμη fimi
repute *n.* υπόληψη ipolipsi
request *v.t.* ζητώ zito

request *n* αίτηση etisi
requiem *n.* ρέκβιεμ rekviem
require *v.t.* χρειάζομαι hriazome
requirement *n.* ανάγκη anagi
requisite *a.* απαιτούμενος
apetoumenos
requisite *n* προϋπόθεση
proipothesi
requisition *n.* ζήτηση zitisi
requisition *v.t.* επιτάσσω epitaso
requite *v.t.* ανταποδίδω
antapodido
rescue *v.t.* σώζω sozo
rescue *n* διάσωση diasosi
research *v.i.* ερευνώ erevno
research *n* έρευνα erevna
resemblance *n.* ομοιότητα
omiotita
resemble *v.t.* μοιάζω miazo
resent *v.t.* δυσανασχετώ
disanasheto
resentment *n.* έχθρα ehthra
reservation *n.* κράτηση kratisi
reserve *v.t.* κρατώ krato
reservoir *n.* δεξαμενή deksameni
reside *v.i.* διαμένω diameno
residence *n.* κατοικία katikia
resident *a.* διαμένων diamenon
resident *n* ένοικος enikos
residual *a.* υπολειμματικός
ipolimatikos
residue *n.* υπόλειμμα ipolima
resign *v.t.* παραιτούμαι
paretoume
resignation *n.* παραίτηση paretisi
resist *v.t.* αντιστέκομαι
antistekome
resistance *n.* αντίσταση antistasi
resistant *a.* ανθεκτικός
anthektikos
resolute *a.* αποφασιστικός
apofasistikos
resolution *n.* αποφασιστικότητα
apofasistikotita

resolve v.t. αποφασίζω apofasizo
resonance n. ηχώ iho
resonant a. ηχηρός ihiros
resort v.i. καταφεύγω katafevgo
resort n καταφύγιο katafiyio
resound v.i. αντηχώ antiho
resource n. πόροι pori
resourceful a. πολυμήχανος polimihanos
respect v.t. σέβομαι sevome
respect n. σεβασμός sevasmos
respectful a. γεμάτος σεβασμό yematos sevasmo
respective a. αντίστοιχος antistihos
respiration n. αναπνοή anapnoi
respire v.i. αναπνέω anapneo
resplendent a. περίλαμπρος perilabros
respond v.i. απαντώ apanto
respondent n. εναγόμενος enagomenos
response n. απάντηση apantisi
responsibility n. ευθύνη efthini
responsible a. υπεύθυνος ipefthinos
rest v.i. αναπαύομαι anapavome
rest n ανάπαυση anapafsi
restaurant n. εστιατόριο estiatorio
restive a. δύστροπος distropos
restoration n. αποκατάσταση apokatastasi
restore v.t. επαναφέρω epanafero
restrain v.t. συγκρατώ sigkrato
restrict v.t. περιορίζω periorizo
restriction n. περιορισμός periorismos
restrictive a. περιοριστικός perioristikos
result v.i. προκύπτω prokipto
result n. αποτέλεσμα apotelesma
resume v.t. συνεχίζω sinehizo
resume n. περίληψη perilipsi

resumption n. συνέχιση sinehisi
resurgence n. αναγέννηση anayenisi
resurgent a. αναδυόμενος anadiomenos
retail v.t. πουλώ λιανικώς poulo lianikos
retail n. λιανική πώληση lianiki polisi
retail adv. λιανικώς lianikos
retail a λιανικός lianikos
retailer n. έμπορος λιανικής πωλήσεως eboros lianikis poliseos
retain v.t. συγκρατώ sigkrato
retaliate v.i. εκδικούμαι ekdikoume
retaliation n. αντεκδίκηση antekdikisi
retard v.t. καθυστερώ kathistero
retardation n. καθυστέρηση kathisterisi
retention n. κράτηση kratisi
retentive a. ισχυρός ishiros
reticence n. επιφυλακτικότητα epifilaktikotita
reticent a. επιφυλακτικός epifilaktikos
retina n. αμφιβληστροειδής χιτώνας amfivlistroidis hitonas
retinue n. συνοδεία sinodia
retire v.i. αποσύρομαι aposirome
retirement n. συνταξιοδότηση sintaksiodotisi
retort v.t. απαντώ apanto
retort n. απάντηση apantisi
retouch v.t. ρετουσάρω retousaro
retrace v.t. αναπολώ anapolo
retread v.t. αναγομώνω λάστιχο anagomono lastiho
retread n. αναγομωμένο λάστιχο anagomomeno lastiho
retreat v.i. υποχωρώ ipohoro

retrench *v.t.* κάνω οικονομίες kano ikonomies
retrenchment *n.* περικοπή δαπανών perikopi dapanon
retrieve *v.t.* ξαναβρίσκω ksanavrisko
retrospect *n.* αναδρομική εξέταση anadromiki eksetasi
retrospection *n.* ανασκόπηση anaskopisi
retrospective *a.* αναδρομικός anadromikos
return *v.i.* επιστρέφω epistrefo
return *n.* επιστροφή epistrofi
revel *v.i.* γλεντοκοπώ glentokopo
revel *n.* ξεφάντωμα ksefantoma
revelation *n.* αποκάλυψη apokalipsi
reveller *n.* γλεντζές glenjes
revelry *n.* ξεφάντωμα ksefantoma
revenge *v.t.* εκδικούμαι ekdikoume
revenge *n.* εκδίκηση ekdikisi
revengeful *a.* εκδικητικός ekdikitikos
revenue *n.* έσοδο esodo
revere *v.t.* σέβομαι sevome
reverence *n.* ευλάβεια evlavia
reverend *a.* σεβάσμιος sevasmios
reverent *a.* ταπεινός tapinos
reverential *a.* ευλαβικός evlavikos
reverie *n.* ονειροπόληση oniropolisi
reversal *n.* αντιστροφή antistrofi
reverse *a.* αντίστροφος antistrofos
reverse *n* αντίθετο antitheto
reverse *v.t.* αντιστρέφω antistrefo
reversible *a.* αναστρεπτός anastreptos
revert *v.i.* επανέρχομαι epanerhome
review *v.t.* ανασκοπώ anaskopo
review *n* ανασκόπηση anaskopisi
revise *v.t.* αναθεωρώ anatheoro
revision *n.* αναθεώρηση anatheorisi
revival *n.* αναγέννηση anayenisi
revive *v.i.* αναζωογονώ/-ούμαι anazoogono/-oume
revocable *a.* ανακλητός anaklitos
revocation *n.* ανάκληση anaklisi
revoke *v.t.* ανακαλώ anakalo
revolt *v.i.* επαναστατώ epanastato
revolt *n.* εξέγερση ekseyersi
revolution *n.* επανάσταση epanastasi
revolutionary *a.* επαναστατικός epanastatikos
revolutionary *n* επαναστάτης epanastatis
revolve *v.i.* γυρίζω yirizo
revolver *n.* περίστροφο peristrofo
reward *n.* ανταμοιβή antamivi
reward *v.t.* ανταμείβω antamivo
rhetoric *n.* ρητορική ritoriki
rhetorical *a.* ρητορικός ritorikos
rheumatic *a.* ρευματικός revmatikos
rheumatism *n.* ρευματισμός revmatismos
rhinoceros *n.* ρινόκερος rinokeros
rhyme *n.* ομοικαταληξία omiokataliksia
rhyme *v.i.* ομοικαταληκτώ omiokatalikto
rhymester *n.* στιχοπλόκος stihoplokos
rhythm *b.* ρυθμός rithmos
rhythmic *a.* ρυθμικός rithmikos
rib *n.* πλευρό plevro
ribbon *n.* κορδέλα kordela

rice *n.* ρύζι rizi
rich *a.* πλούσιος plousios
riches *n.* πλούτη plouti
richness *a.* πλούτος ploutos
rick *n.* θημωνιά thimonia
rickets *n.* ραχίτιδα rahitida
rickety *a.* ξεχαρβαλωμένος kseharvalomenos
rickshaw *n.* καρότσι μεταφοράς ανθρώπων karotsi metaforas anthropon
rid *v.t.* απαλάσσω apalaso
riddle *n.* γρίφος grifos
riddle *v.i.* κοσκινίζω koskinizo
ride *v.t.* ιππεύω ipevo
ride *n* διαδρομή diadromi
rider *n.* αναβάτης anavatis
ridge *n.* κορυφογραμμή korifogrami
ridicule *v.t.* γελοιοποιώ yeliopio
ridicule *n.* γελιοποίηση yeliopiisi
ridiculous *a.* γελοίος yelios
rifle *v.t.* ψάχνω psahno
rifle *n* αυλάκι avlaki
rift *n.* σχισμή shismi
right *a.* σωστός sostos
right *adv* σωστά sosta
right *n* σωστό sosto
right *v.t.* επανορθώνω epanorthono
righteous *a.* δίκαιος dikeos
rigid *a.* άκαμπτος akamptos
rigorous *a.* αυστηρός afstiros
rigour *n.* αυστηρότητα afstirotita
rim *n.* στεφάνι stefani
ring *n.* δαχτυλίδι dahtilidi
ring *v.t.* χτυπώ htipo
ringlet *n.* μπούκλα boukla
ringworm *n.* τριχοφυτίαση trigofitiasi
rinse *v.t.* ξεπλένω kseplenο
riot *n.* ταραχή tarahi
riot *v.t.* πανηγυρίζω paniyirizo
rip *v.t.* ξεσκίζω/-ομαι kseskizo/-ome
ripe *a* ώριμος orimos
ripen *v.i.* ωριμάζω orimazo
ripple *n.* ρυτίδωση ritidosi
ripple *v.t.* κυματίζω kimatizo
rise *v.* ανατέλλω anatelo
rise *n.* ύψωμα ipsoma
risk *v.t.* κινδυνεύω kindinevo
risk *n.* κίνδυνος kindinos
risky *a.* επικίνδυνος epikindinos
rite *n.* ιεροτελεστία ierotelestia
ritual *n.* τελετουργικό teletouryiko
ritual *a.* τελετουργικός teletouryikos
rival *n.* αντίπαλος antipalos
rival *v.t.* συναγωνίζομαι sinagonizome
rivalry *n.* ανταγωνισμός antagonismos
river *n.* ποταμός potamos
rivet *n.* πριτσίνι pritsini
rivet *v.t.* καρφώνω karfono
rivulet *n.* ρυάκι riaki
road *n.* δρόμος dromos
roam *v.i.* τριγυρίζω triyirizo
roar *n.* βρυχηθμός vrihithmos
roar *v.i.* βρυχώμαι vrihome
roast *v.t.* ψήνω psino
roast *a* ψητός psitos
roast *n* ψητό psito
rob *v.t.* ληστεύω listevo
robber *n.* ληστής listis
robbery *n.* ληστεία listia
robe *n.* ρόμπα roba
robe *v.t.* ενδύω endio
robot *n.* ρομπότ robot
robust *a.* ρωμαλέος romaleos
rock *v.t.* λικνίζω/-ομαι liknizo/-ome
rock *n.* βράχος vrahos
rocket *n.* πύραυλος piravlos
rod *n.* βέργα verga

rodent *n.* τρωκτικό troktiko
roe *n.* αυγοτάραχο avgotaraho
rogue *n.* κακοποιός kakopios
roguery *n.* ζαβολιά zavolia
roguish *a.* ζαβολιάρικος zavoliarikos
role *n.* ρόλος rolos
roll *n.* κύλινδρος kilindros
roll *v.i.* κυλώ kilo
roll-call *n.* εκφώνηση ονομάτων ekfonisi onomaton
roller *n.* κύλινδρος kilindros
romance *n.* ρομάντσο romantso
romantic *a.* ρομαντικός romantikos
romp *v.i.* παίζω pezo
romp *n.* φασαρία fasaria
rood *n.* Εσταυρωμένος estavromenos
roof *n.* σκεπή skepi
roof *v.t.* σκεπάζω skepazo
rook *n.* κοράκι koraki
rook *v.t.* κλέβω στα χαρτιά klevo sta hartia
room *n.* δωμάτιο domatio
roomy *a.* ευρύχωρος evrihoros
roost *n.* κούρνια kournia
roost *v.i.* κουρνιάζω kourniazo
root *n.* ρίζα riza
root *v.i.* ριζώνω rizono
rope *n.* σκοινί skini
rope *v.t.* δένω deno
rosary *n.* προσευχή prosefhi
rosary *n.* κήπος με τριανταφυλλιές kipos me triantafilies
rose *n.* τριαντάφυλλο triantafilo
roseate *a.* ρόδινος rodinos
rostrum *n.* εξέδρα eksedra
rosy *a.* ρόδινος rodinos
rot *n.* σαπίλα sapila
rot *v.i.* σαπίζω sapizo
rotary *a.* περιστροφικός peristrofikos

rotate *v.i.* περιστρέφω peristrefo
rotation *n.* περιστροφή peristrofi
(by) rote *n.* παπαγαλίστικα papagalistika
rouble *n.* ρούβλι rouvli
rough *a.* τραχύς trahis
round *a.* στρογγυλός strogilos
round *adv.* γύρω yiro
round *n.* κύκλος kiklos
round *v.t.* στρογγυλεύω strogilevo
rouse *v.i.* ξυπνώ ksipno
rout *v.t.* κατατροπώνω katatropono
rout *n* φυγή fiyi
route *n.* πορεία poria
routine *n.* ρουτίνα routina
rove *v.i.* γυρίζω yirizo
rover *n.* πρόσκοπος proskopos
row *n.* σειρά sira
row *v.t.* κωπηλατώ kopilato
row *n* κωπηλασία kopilasia
row *n.* φασαρία fasaria
rowdy *a.* θορυβώδης thorivodis
royal *a.* βασιλικός vasilikos
royalist *n.* βασιλόφρονας vasilofronas
royalty *n.* μέλος της βασιλικής οικογένειας melos tis vasilikis ikoyenias
rub *v.t.* τρίβω trivo
rub *n* τρίψιμο tripsimo
rubber *n.* λάστιχο lastiho
rubbish *n.* σκουπίδια skoupidia
rubble *n.* χαλίκι haliki
ruby *n.* ρουμπίνι roubini
rude *a.* αγενής ayenis
rudiment *n.* στοιχεία stihia
rudimentary *a.* στοιχειώδης stihiodis
rue *v.t.* μετανοιώνω metaniono
rueful *a.* θλιμμένος thlimenos
ruffian *n.* κακοποιός kakopios
ruffle *v.t.* ανακατεύω anakatevo

rug n. χαλάκι halaki
rugged a. ανώμαλος anomalos
ruin n. καταστροφή katastrofi
ruin v.t. καταστρέφω katastrefo
rule n. κανόνας kanonas
rule v.t. κυβερνώ kiverno
ruler n. κυβερνήτης kivernitis
ruler n. χάρακας harakas
ruling n. απόφαση apofasi
rum n. ρούμι roumi
rum a παράξενος paraksenos
rumble v.i. γουργουρίζω gourgourizo
rumble n. βροντώ υπόκωφα vronto ipokofa
ruminant a. μηρυκαστικός mirikastikos
ruminant n. μηρυκαστικό mirikastiko
ruminate v.i. μηρυκάζω mirikazo
rumination n. μηρυκασμός mirikasmos
rummage v.i. ψάχνω psahno
rummage n ψάξιμο psaksimo
rummy n. ραμί rami
rumour n. φήμη fimi
rumour v.t. διαδίδω diadido
run v.i. τρέχω treho
run n. τρέξιμο treksimo
rung n. σκαλί skali
runner n. δρομέας dromeas
rupee n. ρουπία roupia
rupture n. ρήξη riksi
rupture v.t. διακόπτω diakopto
rural a. αγροτικός agrotikos
ruse n. πανουργία panouryia
rush n. βιασύνη viasini
rush v.t. σπεύδω spevdo
rush n ψαθί psathi
rust n. σκουριά skouria
rust v.i σκουριάζω skouriazo
rustic a. αγροτικός agrotikos
rustic n χωριάτης horiatis

rusticate v.t. ζω αγροτική ζωή zo agrotiki zoi
rustication n. αγροτική ζωή agrotiki zoi
rusticity n. χωριατοσύνη horiatosini
rusty a. σκουριασμένος skouriasmenos
rut n. αυλάκι avlaki
ruthless a. ανηλεής anileis
rye n. σίκαλη sikali

S

sabbath n. ημέρα αργίας και προσευχής imera aryias kai prosefhis
sabotage n. σαμποτάζ sabotaz
sabotage v.t. σαμποτάρω sabotaro
sabre n. σπάθη spathi
sabre v.t. σπαθίζω spathizo
saccharin n. σακχαρίνη sakharini
saccharine a. σακχαρώδης sakharodis
sack n. σακί saki
sack v.t. σακιάζω sakiazo
sacrament n. μυστήριο mistirio
sacred a. ιερός ieros
sacrifice n. θυσία thisia
sacrifice v.t. θυσιάζω thisiazo
sacrificial a. θυσιαστήριος thisiastirios
sacrilege n. ιεροσυλία ierosilia
sacrilegious a. ιερόσυλος ierosilos
sacrosanct a. ιερός και απαραβίαστος ieros kai aparaviastos
sad a. θλιμμένος thlimenos
sadden v.t. λυπώ lipo

saddle *n.* σέλα sela
saddle *v.t.* σελώνω selono
sadism *n.* σαδισμός sadismos
sadist *n.* σαδιστής sadistis
safe *a.* ασφαλής asfalis
safe *n.* χρηματοκιβώτιο hrimatokivotio
safeguard *n.* εγγύηση egiisi
safety *n.* ασφάλεια asfalia
saffron *n.* κρόκος krokos
sagacious *a.* οξυδερκής oksiderkis
sagacity *n.* οξύνοια oksinia
sage *n.* σοφός sofos
sage *a.* φρόνιμος fronimos
sail *n.* πανί pani
sail *v.i.* πλέω pleo
sailor *n.* ναύτης naftis
saint *n.* άγιος ayios
saintly *a.* αγιοπρεπής ayioprepis
sake *n.* χάρη hari
salable *a.* πωλήσιμος polisimos
salad *n.* σαλάτα salata
salary *n.* μισθός misthos
sale *n.* πώληση polisi
salesman *n.* πωλητής politis
salient *a.* προεξέχων proeksehon
saline *a.* αλμυρός almiros
salinity *n.* αρμυράδα armirada
saliva *n.* σάλιο salio
sally *n.* εξόρμηση eksormisi
sally *v.i.* εξορμώ eksormo
saloon *n.* αίθουσα ethousa
salt *n.* αλάτι alati
salt *v.t* αλατίζω alatizo
salty *a.* αλμυρός almiros
salutary *a.* ωφέλιμος ofelimos
salutation *n.* χαιρετισμός heretismos
salute *v.t.* χαιρετίζω heretizo
salute *n* χαιρετισμός heretismos
salvage *n.* διάσωση diasosi
salvage *v.t.* διασώζω diasozo
salvation *n.* σωτηρία sotiria

same *a.* ίδιος idios
sample *n.* δείγμα digma
sample *v.t.* δοκιμάζω dokimazo
sanatorium *n.* σανατόριο sanatorio
sanctification *n.* καθαγίαση kathayiasi
sanctify *v.t.* αγιοποιώ ayiopio
sanction *n.* έγκριση egkrisi
sanction *v.t.* επικυρώνω epikirono
sanctity *n.* αγιότητα ayiotita
sanctuary *n.* άδυτο adito
sand *n.* άμμος amos
sandal *n.* σανδάλι sandali
sandalwood *n.* σανταλόξυλο santaloksilo
sandwich *n.* σάντουιτς santouits
sandwich *v.t.* στριμώχνω strimohno
sandy *a.* αμμώδης amodis
sane *a.* υγιής iyiis
sanguine *a.* κόκκινος kokinos
sanitary *a.* υγιεινός iyiinos
sanity *n.* λογική loyiki
sap *n.* χυμός himos
sap *v.t.* υπονομεύω iponomevo
sapling *n.* δενδρύλλιο dendrilio
sapphire *n.* ζαφείρι zafiri
sarcasm *n.* σαρκασμός sarkasmos
sarcastic *a.* σαρκαστικός sarkastikos
sardonic *a.* σαρδόνιος sardonios
satan *n.* σατανάς satanas
satchel *n.* σχολική τσάντα sholiki tsanta
satellite *n.* δορυφόρος doriforos
satiate *v.t.* μπουχτίζω bouhtizo
satiety *n.* κορεσμός koresmos
satire *n.* σάτιρα satira
satirical *a.* σατιρικός satirikos
satirist *n.* σατιρικός satirikos
satirize *v.t.* σατιρίζω satirizo

satisfaction *n.* ικανοποίηση ikanopiisi
satisfactory *a.* ικανοποιητικός ikanopiitikos
satisfy *v.t.* ικανοποιώ ikanopio
saturate *v.t.* κορεννύω korenio
saturation *n.* κορεσμός koresmos
Saturday *n.* Σάββατο Savato
sauce *n.* σάλτσα saltsa
saucer *n.* πιατάκι piataki
saunter *v.t.* σουλατσάρω soulatsaro
savage *a.* άγριος agrios
savage *n* πρωτόγονος protogonos
savagery *n.* βαρβαρότητα varvarotita
save *v.t.* σώζω sozo
save *prep* εκτός ektos
saviour *n.* σωτήρας sotiras
savour *n.* γεύση yefsi
savour *v.t.* γεύομαι yevome
saw *n.* πριόνι prioni
saw *v.t.* πριονίζω/-ομαι prionizo/-ome
say *v.t.* λέω leo
say *n.* λόγος logos
scabbard *n.* θηκάρι thikari
scabies *n.* ψώρα psora
scaffold *n.* σκαλωσιά skalosia
scale *n.* λέπι lepi
scale *n.* κλίμακα klimaka
scale *v.t.* κλιμακώνω klimakono
scale *v.t.* ξελεπιάζω kselepiazo
scalp *n* τριχωτό της κεφαλής trihoto tis kefalis
scamper *v.i* το βάζω στα πόδια to vazo sta podia
scamper *n* τρεχάλα trehala
scan *v.t.* ρίχνω βιαστική ματιά rihno viastiki matia
scandal *n* σκάνδαλο skandalo
scandalize *v.t.* σκανδαλίζω skandalizo

scant *a.* ανεπαρκής aneparkis
scanty *a.* ανεπαρκής aneparkis
scapegoat *n.* αποδιοπομπαίος τράγος apodiopobeos tragos
scar *n* ουλή ouli
scar *v.t.* σημαδεύω simadevo
scarce *a.* σπάνιος spanios
scarcely *adv.* σχεδόν καθόλου shedon katholou
scarcity *n.* σπάνις spanis
scare *n.* φόβος fovos
scare *v.t.* φοβίζω fovizo
scarf *n.* κασκόλ kaskol
scatter *v.t.* διασκορπίζω/-ομαι diaskorpizo/-ome
scavenger *n.* ζώο που τρώει ψοφίμια zoo pou troi psofimia
scene *n.* σκηνή skini
scenery *n.* τοπίο topio
scenic *a.* φυσικός fisikos
scent *n.* μυρωδιά mirodia
scent *v.t.* μυρίζομαι mirizome
sceptic *n.* σκεπτικιστής skeptikistis
sceptical *a.* σκεπτικιστικός skeptikistikos
scepticism *n.* σκεπτικισμός skeptikismos
sceptre *n.* σκήπτρο skiptro
schedule *n.* πρόγραμμα programa
schedule *v.t.* προγραμματίζω programatizo
scheme *n.* διάταξη diataksi
scheme *v.i.* μηχανορραφώ mihanorafo
schism *n.* σχίσμα shisma
scholar *n.* επιστήμων epistimon
scholarly *a.* λόγιος loyios
scholarship *n.* υποτροφία ipotrofia
scholastic *a.* σχολαστικός sholastikos
school *n.* σχολείο sholio
science *n.* επιστήμη epistimi

scientific *a.* επιστημονικός epistimonikos
scientist *n.* επιστήμων epistimon
scintillate *v.i.* σπινθηροβολώ spinthirovolo
scintillation *n.* σπινθηροβόλημα spinthirovolima
scissors *n.* ψαλίδι psalidi
scoff *n.* χλευασμός hlevasmos
scoff *v.i.* χλευάζω hlevazo
scold *v.t.* κατσαδιάζω katsadiazo
scooter *n.* σκούτερ skouter
scope *n.* πεδίο pedio
scorch *v.t.* καψαλίζω kapsalizo
score *n.* βαθμολογία vathmoloyia
score *v.t.* σημαδεύω simadevo
scorer *n.* σκόρερ skorer
scorn *n.* περιφρόνηση perifronisi
scorn *v.t.* περιφρονώ perifrono
scorpion *n.* σκορπιός skorpios
Scot *n.* Σκωτσέζος skotsezos
scotch *a.* σκωτσέζικος skotsezikos
scotch *v.t.* ματαιώνω mateono
scot-free *a.* ατιμώρητος atimoritos
scoundrel *n.* αχρείος ahrios
scourge *n.* μάστιγα mastiga
scourge *v.t.* μαστιγώνω mastigono
scout *n* κυνηγός ταλέντων kinigos talenton
scout *v.i* ανιχνεύω anihnevo
scowl *v.i.* κοιτάζω βλοσυρά kitazo vlosira
scowl *n.* κατσούφιασμα katsoufiasma
scramble *v.i.* σκαρφαλώνω skarfalono
scramble *n* σκαρφάλωμα skarfaloma
scrap *n.* κομματάκι komataki
scratch *n.* γρατσουνιά gratsounia

scratch *v.t.* γρατσουνίζω gratsounizo
scrawl *v.t.* κακογράφω kakografo
scrawl *n* ορνιθοσκαλίσματα ornithoskalismata
scream *v.i.* ουρλιάζω ourliazo
scream *n* ουρλιαχτό ourliahto
screen *n.* οθόνη othoni
screen *v.t.* προστατεύω prostatevo
screw *n.* βίδα vida
screw *v.t.* βιδώνω vidono
scribble *v.t.* γράφω βιαστικά grafo viastika
scribble *n.* βιαστικό γράψιμο viastiko grapsimo
script *n.* γραφή grafi
scripture *n.* Γραφή grafi
scroll *n.* πάπυρος papiros
scrutinize *v.t.* περιεργάζομαι periergazome
scrutiny *n.* λεπτομερής εξέταση leptomeris eksetasi
scuffle *n.* συμπλοκή sibloki
scuffle *v.i.* τσακώνομαι tsakonome
sculptor *n.* γλύπτης gliptis
sculptural *a.* γλυπτός gliptos
sculpture *n.* γλυπτό glipto
scythe *n.* δρεπάνι drepani
scythe *v.t.* θερίζω therizo
sea *n.* θάλασσα thalasa
seal *n.* φώκια fokia
seal *n.* σφραγίδα sfrayida
seal *v.t.* σφραγίζω sfrayizo
seam *n.* ραφή rafi
seamy *a.* άσχημη πλευρά της ζωής ashimi plevra tis zois
search *n.* έρευνα erevna
search *v.t.* ερευνώ erevno
season *n.* εποχή epohi
season *v.t.* προσαρμόζω prosarmozo

seasonable *a.* κανονικός kanonikos
seasonal *a.* εποχιακός epohiakos
seat *n.* θέση thesi
seat *v.t.* κάθομαι kathome
secede *v.i.* αποχωρώ apohoro
secession *n.* αποχώρηση apohorisi
secessionist *n.* οπαδός χωριστικού κινημάτος opados horistikou kinimatos
seclude *v.t.* απομονώνω apomonono
secluded *a.* απομονωμένος apomonomenos
seclusion *n.* απομόνωση apomonosi
second *a.* δεύτερος defteros
second *n* δευτερόλεπτο defterolepto
second *v.t.* βοηθώ voitho
secondary *a.* δευτερεύων defterevon
secrecy *n.* μυστικότητα mistikotita
secret *a.* μυστικός mistikos
secret *n.* μυστικό mistiko
secretariat (e) *n.* γραμματεία gramatia
secretary *n.* γραμματέας gramateas
secrete *v.t.* εκκρίνω ekrino
secretion *n.* έκκριση ekrisi
secretive *a.* εχέμυθος ehemithos
sect *n.* αίρεση eresi
sectarian *a.* φανατικός fanatikos
section *n.* τμήμα tmima
sector *n.* τομέας tomeas
secure *a.* ασφαλής asfalis
secure *v.t.* σιγουρεύω sigourevo
security *n.* ασφάλεια asfalia
sedan *n.* σεντάν sentan
sedate *a.* ήρεμος iremos
sedate *v.t.* ναρκώνω narkono
sedative *a.* ηρεμιστικός iremistikos
sedative *n* ηρεμιστικό iremistiko
sedentary *a.* καθιστικός kathistikos
sediment *n.* κατακάθι katakathi
sedition *n.* στάση stasi
seditious *a.* στασιαστικός stasiastikos
seduce *v.t.* δελεάζω deleazo
seduction *n.* αποπλάνηση apoplanisi
seductive *a* γοητευτικός goiteftikos
see *v.t.* βλέπω vlepo
seed *n.* σπόρος sporos
seed *v.t.* σπέρνω sperno
seek *v.t.* ψάχνω psahno
seem *v.i.* φαίνομαι fenome
seemly *a.* κόσμιος kosmios
seep *v.i.* διαρρέω diareo
seer *n.* προφήτης profitis
seethe *v.i.* βράζω vrazo
segment *n.* τεμάχιο temahio
segment *v.t.* τεμαχίζω/-ομαι temahizo/-ome
segregate *v.t.* απομονώνω apomonono
segregation *n.* διαχωρισμός diahorismos
seismic *a.* σεισμικός sismikos
seize *v.t.* κατάσχω katasho
seizure *n.* κατάσχεση katashesi
seldom *adv.* σπανίως spanios
select *v.t.* επιλέγω epilego
select *a* εκλεκτός eklektos
selection *n.* επιλογή epiloyi
selective *a.* εκλεκτικός eklektikos
self *n.* εαυτός eaftos
selfish *a.* εγωιστής egoistis
selfless *a.* ανιδιοτελής anidiotelis
sell *v.t.* πουλάω poulao
seller *n.* πωλητής politis
semblance *n.* ομοιότητα omiotita

semen *n.* σπέρμα sperma
semester *n.* εξάμηνο eksamino
seminal *a.* σπερματικός spermatikos
seminar *n.* σεμινάριο seminario
senate *n.* σύγκλητος sigklitos
senator *n.* γερουσιαστής yerousiastis
senatorial *a.* γερουσιαστικός yerousiastikos
send *v.t.* στέλνω stelno
senile *a.* γεροντικός yerontikos
senility *n.* άνοια ania
senior *a.* πρεσβύτερος presviteros
senior *n.* πρεσβύτερος presviteros
seniority *n.* αρχαιότητα arheotita
sensation *n.* αίσθηση esthisi
sensational *a.* εκπληκτικός ekpliktikos
sense *n.* λογική loyiki
sense *v.t.* αισθάνομαι esthanome
senseless *a.* άσκοπος askopos
sensibility *n.* ευαισθησία evesthisia
sensible *a.* λογικός loyikos
sensitive *a.* ευαίσθητος evesthitos
sensual *a.* αισθησιακός esthisiakos
sensualist *n.* φιλήδονος filidonos
sensuality *n.* αισθησιασμός esthisiazmos
sensuous *a.* αισθησιακός esthisiakos
sentence *n.* πρόταση protasi
sentence *v.t.* καταδικάζω katadikazo
sentience *n.* ποινή pini
sentient *a.* αισθανόμενος esthanomenos
sentiment *n.* συναίσθημα sinesthima

sentimental *a.* συναισθηματικός sinesthimatikos
sentinel *n.* φρουρός frouros
sentry *n.* φρουρός frouros
separable *a.* είμαι ξεχωριστός από ime ksehoristos apo
separate *v.t.* χωρίζω horizo
separate *a.* διαφορετικός diaforetikos
separation *n.* χωρισμός horizmos
sepsis *n.* σήψη sipsi
September *n.* Σεπτέμβριος septemvrios
septic *a.* σηπτικός siptikos
sepulchre *n.* τάφος tafos
sepulture *n.* ενταφιασμός entafiasmos
sequel *n.* συνέχεια sinehia
sequence *n.* διαδοχή diadohi
sequester *v.t.* διαχωρίζω diahorizo
serene *a.* γαλήνιος galinios
serenity *n.* ηρεμία iremia
serf *n.* δουλοπάροικος douloparikos
serge *n.* ύφασμα 'σερζ' ifazma serz
sergeant *n.* λοχίας lohias
serial *a.* σειριακός siriakos
serial *n.* σήριαλ sirial
series *n.* σειρά sira
serious *a* σοβαρός sovaros
sermon *n.* κήρυγμα kirigma
sermonize *v.i.* κάνω κήρυγμα kano kirigma
serpent *n.* φίδι fidi
serpentine *n.* φιδίσιος fidisios
servant *n.* υπηρέτης ipiretis
serve *v.t.* υπηρετώ ipireto
serve *n.* σερβίρισμα servirisma
service *n.* υπηρεσία ipiresia
service *v.t* συντηρώ sintiro
serviceable *a.* χρησιμοποιήσιμος hrisimopiisimos

servile *a.* δουλοπρεπής doulouprepis
servility *n.* δουλικότητα doulikotit
session *n.* συνεδρίαση sinedriasi
set *v.t* τοποθετώ topotheto
set *v.t* θέτω theto
set *a* καθορισμένος kathorizmenos
set *n* ρύθμιση rithmisi
settle *v.i.* εγκαθίσταμαι egathistame
settle *v.i.* διευθετώ dieftheto
settlement *n.* αποικία apikia
settler *n.* διευθέτηση diefthetisi
settler *n.* άποικος apikos
seven *n.* επτά epta
seventeen *n., a* δεκαεπτά dekaepta
seventeenth *a.* δέκατος έβδομος dekatos evdomos
seventh *a.* έβδομος evdomos
seventieth *a.* εβδομηκοστός evdomikostos
seventy *n., a* εβδομήντα evdomida
sever *v.t.* αποχωρίζω apohorizo
several *a* ξεχωριστός ksehoristos
severance *n.* διακοπή diakopi
severe *a.* αυστηρός afstiros
severity *n.* αυστηρότητα afstirotita
sew *v.t.* ράβω ravo
sewage *n.* νερό αποχετεύσεως nero apohetefseos
sewer *n* υπόνομος iponomos
sewerage *n.* αποχετευτικό σύστημα apoheteftiko sistima
sex *n.* φύλο filo
sex *n.* σεξ seks
sexual *a.* σεξουαλικός seksoualikos
sexuality *n.* σεξουαλικότητα seksoualikotita
sexy *n.* προκλητικός proklitikos
shabby *a.* κουρελής kourelis
shackle *n.* χειροπέδη hiropedi
shackle *v.t.* δεσμεύω dezmevo
shade *n.* σκιά skia
shade *v.t.* σκιάζω skiazo
shadow *n.* σκιά skia
shadow *v.t* ρίχνω σκιά rihno skia
shadowy *a.* σκιερός skieros
shaft *n.* άξονας aksonas
shake *v.i.* κουνώ kouno
shake *n* κούνημα kounima
shaky *a.* τρεμουλιάρης tremouliaris
shallow *a.* ρηχός rihos
sham *v.i.* προσποιούμαι prospioume
sham *n* προσποίηση prospiisi
sham *n* απομίμηση apomimisi
sham *a* πλαστός plastos
shame *n.* ντροπή ntropi
shame *v.t.* ντροπιάζω ntropiazo
shameful *a.* επαίσχυντος epeshintos
shameless *a.* αναίσχυντος aneshintos
shampoo *n.* σαμπουάν sabouan
shampoo *v.t.* λούζομαι με σαμπουάν louzome me sabouan
shanty *n.* παράγκα paragka
shape *n.* σχήμα shima
shape *v.t* διαμορφώνω diamorfono
shapely *a.* καλοσχηματισμένος kaloshimatizmenos
share *n.* μερίδιο meridio
share *v.t.* μοιράζομαι mirazome
shark *n.* καρχαρίας karharias
sharp *a.* κοφτερός kofteros
sharp *adv.* ακριβώς akrivos
sharpen *v.t.* κάνω μυτερό kano mitero
sharpener *n.* ξύστρα ksistra
sharper *n.* απατεώνας apateonas

shatter *v.t.* συντρίβω sintrivo
shave *v.t.* ξυρίζω ksirizo
shave *n* ξύρισμα ksirizma
shawl *n.* εσάρπα esarpa
she *pron.* αυτή afti
sheaf *n.* δέσμη dezmi
shear *v.t.* ψαλιδίζω psalidizo
shears *n. pl.* μεγάλο ψαλίδι megalo psalidi
shed *v.t.* αποβάλλω apovalo
shed *n* υπόστεγο ipostego
sheep *n.* πρόβατο provato
sheepish *a.* συνεσταλμένος sinestalmenos
sheer *a.* διαφανής diafanis
sheet *n.* σεντόνι sentoni
sheet *n.* φύλλο χαρτιού filo hartiou
shelf *n.* ράφι rafi
shell *n.* κέλυφος kelifos
shell *v.t.* βομβαρδίζω vomvardizo
shelter *n.* καταφύγιο katafiyio
shelter *v.t.* προστατεύω prostatevo
shelve *v.t.* αναβάλλω anavalo
shelve *v.t.* τοποθετώ σε ράφι topotheto se rafi
shepherd *n.* βοσκός voskos
shield *n.* ασπίδα aspida
shield *v.t.* προστατεύω prostatevo
shift *v.t.* μετατοπίζω metatopizo
shift *n* μετατόπιση metatopisi
shifty *a.* πανούργος panourgos
shilling *n.* σελίνι selini
shilly-shally *v.i.* είμαι αναποφάσιστος ime anapofasistos
shilly-shally *n.* διασταγμός distagmos
shin *n.* αντικνήμιο adiknimio
shine *v.i.* λάμπω labo
shine *n* λάμψη lampsi
shiny *a.* λαμπερός laberos
ship *n.* πλοίο plio

ship *v.t.* επιβιβάζω epivivazo
ship *v.t.* αποστέλλω apostelo
shipment *n.* αποστολή apostoli
shire *n.* κομητεία komitia
shirk *v.t.* αποφεύγω apofevgo
shirker *n.* φυγόπονος figoponos
shirt *n.* πουκάμισο poukamiso
shiver *v.i.* τρέμω tremo
shoal *n.* ρηχό μέρος riho meros
shoal *n* κοπάδι kopadi
shock *n.* σοκ sok
shock *v.t.* συγκλονίζω sigklonizo
shoe *n.* παπούτσι papoutsi
shoe *v.t.* πεταλώνω petalono
shoot *v.t.* πυροβολώ pirovolo
shoot *n* τροχιά trohia
shop *n.* κατάστημα katastima
shop *v.i.* ψωνίζω psonizo
shore *n.* ακτή akti
short *a.* κοντός kontos
short *adv.* απότομα apotoma
shortage *n.* έλλειψη elipsi
shortcoming *n.* ατέλεια atelia
shorten *v.t.* κονταίνω konteno
shortly *adv.* σύντομα sintoma
shorts *n. pl.* σορτς sorts
shot *n.* βολή voli
shoulder *n.* ώμος omos
shoulder *v.t.* επωμίζομαι epomizome
shout *n.* κραυγή kravyi
shout *v.i.* φωνάζω fonazo
shove *v.t.* σπρώχνω sprohno
shove *n.* σπρωξιά sproksia
shovel *n.* φτυάρι ftiari
shovel *v.t.* φτυαρίζω ftiarizo
show *v.t.* δείχνω dihno
show *n.* παράσταση parastasi
shower *n.* μπόρα bora
shower *n.* ντους ntous
shower *v.t.* κάνω ντους kano ntous
shrew *n.* στρίγγλα strigkla
shrewd *a.* οξυδερκής oksiderkis

shriek *n.* τσιρίδα tsirida
shriek *v.i.* τσιρίζω tsirizo
shrill *a.* οξύς oksis
shrine *n.* βωμός vomos
shrink *v.i* συστέλλομαι sistelome
shrinkage *n.* συρρίκνωση siriknosi
shroud *n.* κάλυμμα kalima
shroud *v.t.* σκεπάζω skepazo
shrub *n.* θάμνος thamnos
shrug *v.t.* σηκώνω τους ώμους sikono tous omous
shrug *n* ανασήκωμα των ώμων anasikoma ton omon
shudder *v.i.* τρέμω tremo
shudder *n* τρεμούλα tremoula
shuffle *v.i.* σέρνω τα πόδια serno ta podia
shuffle *v.i.* ανακατεύω anakatevo
shuffle *n.* ανακάτεμα anakatema
shuffle *n.* σύρσιμο sirsimo
shun *v.t.* αποφεύγω apofevgo
shunt *v.t.* μανουβράρω manouvraro
shut *v.t.* κλείνω klino
shutter *n.* παραθυρόφυλλο parathirofilo
shuttle *n.* σαΐτα saita
shuttle *v.t.* πηγαινοέρχομαι piyenoerhome
shuttlecock *n.* φτερωτή σφαίρα fteroti sfera
shy *n.* ντροπαλός ntropalos
shy *v.i.* λοξοδρομώ loksodromo
sick *a.* ασθενής asthenis
sickle *n.* δρεπάνι drepani
sickly *a.* ασθενικός asthenikos
sickness *n.* ασθένεια asthenia
side *n.* πλευρά plevra
side *v.i.* τοποθετώ πλευρές topotheto pleures
siege *n.* πολιορκία poliorkia
siesta *n.* μεσημβρινή ανάπαυση mesimvrini anapafsi

sieve *n.* κόσκινο koskino
sieve *v.t.* κοσκινίζω koskinizo
sift *v.t.* διαχωρίζω diahorizo
sigh *n.* αναστεναγμός anastenagmos
sigh *v.i.* αναστενάζω anastenazo
sight *n.* όραση orasi
sight *v.t.* βλέπω vlepo
sightly *a.* ευχάριστος efharistos
sign *n.* σημείο simio
sign *v.t.* υπογράφω ipografo
signal *n.* σήμα sima
signal *a.* εξαιρετικός ekseretikos
signal *v.t.* σηματοδοτώ simatodoto
signatory *n.* υπογράφων ipografon
signature *n.* υπογραφή ipografi
significance *n.* σπουδαιότητα spoudeotita
significant *a.* σημαντικός simadikos
signification *n.* ένδειξη endiksi
signify *v.t.* σημαίνω simeno
silence *n.* σιωπή siopi
silence *v.t.* σιωπώ siopo
silencer *n.* σιγαστήρας sigastiras
silent *a.* σιωπηλός siopilos
silhouette *n.* περίγραμμα perigrama
silk *n.* μετάξι metaksi
silken *a.* μεταξωτός metaksotos
silky *a.* μεταξένιος metaksenios
silly *a.* ανόητος anoitos
silt *n.* πρόσχωση proshosi
silt *v.t.* προσχώνω proshono
silver *n.* ασήμι asimi
silver *a* ασημένιος asimenios
silver *v.t.* επαργυρώνω eparyirono
similar *a.* όμοιος omios
similarity *n.* ομοιότητα omiotita
simile *n.* παρομοίωση paromiosi
similitude *n.* ομοιότητα omiotita

simmer *v.i.* σιγοβράζω sigovrazo
simple *a.* απλός aplos
simpleton *n.* βλάκας vlakas
simplicity *n.* απλότητα aplotita
simplification *n.* απλοποίηση aplopiisi
simplify *v.t.* απλοποιώ aplopio
simultaneous *a.* ταυτόχρονος taftohronos
sin *n.* αμαρτία amartia
sin *v.i.* αμαρτάνω amartano
since *prep.* από apo
since *conj.* & *adv.* από τότε apo tote
sincere *a.* ειλικρινής ilikrinis
sincerity *n.* ειλικρίνεια ilikrinia
sinful *a.* αμαρτωλός amartolos
sing *v.i.* τραγουδώ tragoudo
singe *v.t.* καψαλίζω kapsalizo
singe *n* καψάλισμα kapsalizma
singer *n.* τραγουδιστής tragoudistis
single *a.* μόνος monos
single *n.* χωριστός horistos
single *v.t.* επιλέγω epilego
single *n.* ενικός αριθμός enikos arithmos
singular *a.* μοναδικός monadikos
singularity *n.* μοναδικότητα monadikotita
singularly *adv.* μοναδικά monadika
sinister *a.* δαβολικός diavolikos
sink *v.i.* βυθίζω -ομαι vithizo/-ome
sink *n* νεροχύτης nerohitis
sinner *n.* αμαρτωλός amartolos
sinuous *a.* ελικοειδής elikoidis
sip *v.t.* ρουφώ roufo
sip *n.* γουλιά goulia
sir *n.* κύριε kirie
sir *n.* Σερ ser
siren *n.* σειρήνα sirina
sister *n.* αδελφή adelfi

sisterhood *n.* αδελφότητα adelfotita
sisterly *a.* αδελφικός adelfikos
sit *v.i.* κάθομαι kathome
site *n.* τοποθεσία topothesia
situation *n.* θέση thesi
six *n.*, *a* έξι eksi
sixteen *n.*, *a.* δεκαέξι dekaeksi
sixteenth *a.* δέκατος έκτος dekatos ektos
sixth *a.* έκτος ektos
sixtieth *a.* εξηκοστός eksikostos
sixty *n.*, *a.* εξήντα eksinta
sizable *a.* ογκώδης ogkodis
size *n.* μέγεθος meyethos
size *v.t.* διευθετώ κατά διάσταση dieftheto kata diastasi
sizzle *v.i.* σιγοσφυρίζω sigosfirizo
sizzle *n.* σιγοσφύριγμα sigosfirigma
skate *n.* παγοπέδιλο pagopedilo
skate *n.* πατίνι patini
skate *v.t.* παγοδρομώ pagodromo
skein *n.* κουβάρι kouvari
skeleton *n.* σκελετός skeletos
sketch *n.* πρόχειρο σχέδιο prohiro shedio
sketch *v.t.* σχεδιάζω shediazo
sketchy *a.* προχειροσχεδιασμένος prohiroshediazmenos
skid *v.i.* γλιστρώ προς τα πλάγια glistro pros ta playia
skid *n* πλάγιο γλίστρημα playio glistrima
skilful *a.* επιδέξιος epideksios
skill *n.* ικανότητα ikanotita
skin *n.* δέρμα derma
skin *v.t* γδέρνω gderno
skip *v.i.* παραλείπω paralipo
skip *v.i.* αναπηδώ anapido
skip *n* παράλειψη paralipsi
skip *n* χοροπήδημα horopidima
skipper *n.* κυβερνήτης kivernitis

skirmish *n.* αψιμαχία apsimahia
skirmish *v.t.* αψιμαχώ apsimaho
skirt *n.* φούστα fousta
skirt *v.t.* περιβάλλω perivalo
skit *n.* παρωδία parodia
skull *n.* κρανίο kranio
sky *n.* ουρανός ouranos
sky *v.t.* ανεβαίνω στα ύψη aneveno sta ipsi
slab *n.* πλάκα plaka
slack *a.* χαλαρός halaros
slacken *v.t.* μετριάζω metriazo
slacks *n.* σπορ παντελόνι spor panteloni
slake *v.t.* σβήνω svino
slam *v.t.* χτυπώ με δύναμη htipo me dinami
slam *n* βρόντος vrontos
slander *n.* συκοφαντία sikofantia
slander *v.t.* συκοφαντώ sikofanto
slanderous *a.* συκοφαντικός sikofantikos
slang *n.* αργκό argko
slant *v.t.* κλίνω klino
slant *n* κλίση klisi
slap *n.* χαστούκι hastouki
slap *v.t.* χαστουκίζω hastoukizo
slash *v.t.* πετσοκόβω petsokovo
slash *n* βίαιο χτύπημα vieo htipima
slash *n* κατακόρυφη διαχωριστική γραμμή katakorifi diahoristiki grami
slate *n.* σχιστόλιθος shistolithos
slattern *n.* βρωμιάρα vromiara
slatternly *a.* ακατάστατος akatastatos
slaughter *n.* σφαγή sfayi
slaughter *v.t.* σφάζω sfazo
slave *n.* σκλάβος sklavos
slave *v.i.* δουλεύω σκληρά doulevo sklira
slavery *n.* δουλεία doulia
slavish *a.* δουλικός doulikos

slay *v.t.* σφάζω sfazo
sleek *a.* στιλπνός stilpnos
sleep *v.i.* κοιμάμαι kimame
sleep *n.* ύπνος ipnos
sleeper *n.* κοιμισμένος kimizmenos
sleepy *a.* νυσταγμένος nistagmenos
sleeve *n* μανίκι maniki
sleight *n.* επιδεξιότητα epideksiotita
slender *n.* λεπτοκαμωμένος leptokamomenos
slice *n.* φέτα feta
slice *v.t.* κόβω σε μερίδια kovo se meridia
slick *a* επιτήδειος epitidios
slide *v.i.* γλιστρώ glistro
slide *n* κατολίσθηση katolisthisi
slight *a.* μικροσκοπικός mikroskopikos
slight *n.* υποτίμηση ipotimisi
slight *v.t.* θίγω thigo
slim *a.* λεπτός leptos
slim *v.i.* λεπταίνω lepteno
slime *n.* λάσπη laspi
slimy *a.* λασπωμένος laspomenos
sling *n.* σφεντόνα sfentona
slip *v.i.* γλιστρώ glistro
slip *n.* γλίστρημα glistrima
slipper *n.* παντόφλα pantofla
slippery *a.* ολισθηρός olisthiros
slipshod *a.* κακοφτιαγμένος kakoftiagmenos
slit *n.* σχισμή shizmi
slit *v.t.* τέμνω temno
slogan *n.* σύνθημα sinthima
slope *n.* πλαγιά playia
slope *v.i.* κλίνω klino
sloth *n.* οκνηρία okniria
slothful *n.* οκνηρός okniros
slough *n.* βάλτος valtos
slough *n.* φιδοπουκάμισο fidopoukamiso

slough v.t. αποβάλλω/-ομαι apovalo/-ome
slovenly a. τσαπατσούλικος tsapatsoulikos
slow a αργός argos
slow v.i. βραδύνω vradino
slowly adv. αργά arga
slowness n. βραδύτητα vraditita
sluggard n. τεμπέλης tebelis
sluggish a. αδρανής adranis
sluice n. θυρίδα thirida
slum n. φτωχογειτονιά ftohoyeitonia
slumber v.i. κοιμάμαι kimame
slumber n. ύπνος ipnos
slump n. πτώση ptosi
slump v.i. πέφτω pefto
slur n. ύβρις ivris
slush n. λασπόχιονο laspohiono
slushy a. λασπώδης laspodis
slut n. τσούλα tsoula
sly a. πονηρός poniros
smack n. ηχηρό φίλημα ihiro filima
smack v.i. φιλώ ηχηρά filo ihira
smack n πλατάγιασμα platayiazma
smack v.t. πλαταγιάζω τα χείλη platayiazo ta hili
small a. μικρός mikros
smallness n. μικρότητα mikrotita
smallpox n. ευλογιά evloyia
smart a. έξυπνος eksipnos
smart v.i τσούζω tsouzo
smart n τσούξιμο tsouksimo
smash v.t. συντρίβω sintrivo
smash n συντριβή sintrivi
smear v.t. κηλιδώνω kilidono
smear n. κηλίδα kilida
smell n. μυρωδιά mirodia
smell v.t. μυρίζω mirizo
smelt v.t. λιώνω liono
smile n. χαμόγελο hamoyelo
smile v.i. χαμογελώ hamoyelo

smith n. σιδεράς sideras
smock n. ποδιά εργασίας podia ergasias
smog n. αιθαλομίχλη ethalomihli
smoke n. κάπνισμα kapnizma
smoke v.i. καπνίζω kapnizo
smoky a. καπνισμένος kapnizmenos
smooth a. λείος lios
smooth v.t. εξομαλύνω eksomalino
smother v.t. πνίγω pnigo
smoulder v.i. σιγοκαίω sigokeo
smug a. ανόητα αυτάρεσκος anoita aftareskos
smuggle v.t. κάνω λαθρεμπόριο kano lathreborio
smuggler n. λαθρέμπορος lathreboros
snack n. κολατσιό kolatsio
snag n. εμπόδιο ebodio
snail n. σαλιγκάρι saligkari
snake n. φίδι fidi
snake v.i. προχωρώ έρποντας prohoro erpontas
snap v.t. κροταλίζω krotalizo
snap n κροτάλισμα krotalizma
snap a βιαστικός viastikos
snare n. παγίδα payida
snare v.t. παγιδεύω payidevo
snarl n. γρύλισμα grilizma
snarl v.i. γρυλίζω grilizo
snatch v.t. αρπάζω απότομα arpazo apotoma
snatch n. αρπαγή arpayi
sneak v.i. κινούμαι/ φέρομαι υπούλα kinoume/ ferome ipoula
sneak n ύπουλος ipoulos
sneer v.i ειρωνεύομαι ironevome
sneer n ειρωνεία ironia
sneeze v.i. φτερνίζομαι fternizome
sneeze n φτέρνισμα fternizma

sniff *v.i.* μυρίζω mirizo
sniff *n* μυρωδιά mirodia
snob *n.* σνομπ snob
snobbery *n.* σνομπισμός snobizmos
snobbish *a.* φαντασμένος fantasmenos
snore *v.i.* ροχαλίζω rohalizo
snore *n* ροχαλητό rohalito
snort *v.i.* ρουθουνίζω routhounizo
snort *n.* ρουθούνισμα routhounizma
snout *n.* ρύγχος rinhos
snow *n.* χιόνι hioni
snow *v.i.* χιονίζω hionizo
snowy *a.* χιονάτος hionatos
snub *v.t.* φέρομαι υποτιμητικά ferome ipotimitika
snub *n.* περιφρόνηση perifronisi
snuff *n.* μυρωδιά mirodia
snug *a.* άνετος anetos
so *adv.* έτσι etsi
so *conj.* ούτως ώστε outos oste
soak *v.t.* μουσκεύω mouskevo
soak *n.* μούσκεμα mouskema
soap *n.* σαπούνι sapouni
soap *v.t.* σαπουνίζω sapounizo
soapy *a.* σαπουνισμένος sapounizmenos
soar *v.i.* ανεβαίνω ψηλά aneveno psila
sob *v.i.* κλαίω με λυγμούς kleo me ligmous
sob *n* λυγμός ligmos
sober *a.* νηφάλιος nifalios
sobriety *n.* νηφαλιότητα nifaliotita
sociability *n.* κοινωνικότητα koinonikotita
sociable *a.* κοινωνικός kinonikos
social *n.* κοινωνικός kinonikos
socialism *n* σοσιαλισμός sosialismos
socialist *n,a* σοσιαλιστής sosialistis
society *n.* κοινωνία kinonia
sociology *n.* κοινωνιολογία kinonioloyia
sock *n.* κάλτσα kaltsa
socket *n.* πρίζα prisa
sod *n.* γρασίδι grasidi
sodomite *n.* σοδομιστής sodomistis
sodomy *n.* σοδομισμός sodomismos
sofa *n.* καναπές kanapes
soft *n.* λευκά είδη lefka idi
soften *v.t.* μαλακώνω malakono
soil *n.* έδαφος edafos
soil *v.t.* ρυπαίνω ripeno
sojourn *v.i.* διαμένω diameno
sojourn *n* διαμονή diamoni
solace *v.t.* παρηγορώ parigoro
solace *n.* παρηγοριά parigoria
solar *a.* ηλιακός iliakos
solder *n.* κασσιτεροκόλληση kasiterokolisi
solder *v.t.* κασσιτεροκολώ kasiterokolo
soldier *n.* στρατιώτης stratiotis
soldier *v.i.* εκτελώ στρατιωτικά καθήκοντα ektelo stratiotika kathikonta
sole *n.* σόλα sola
sole *v.t* απομονώνω apomonono
sole *a* μόνος monos
solemn *a.* σοβαρός sovaros
solemnity *n.* επισημότητα episimotita
solemnize *v.t.* επισημοποιώ episimopio
solicit *v.t.* διαφημίζω diafimizo
solicitation *n.* παράκληση paraklisi
solicitor *n.* δικηγόρος dikigoros
solicitious *a.* διαφημιζόμενος diafimizomenos

solicitude *n.* επιδίωξη epidioksi
solid *a.* συμπαγής simpayis
solid *n* στερεό stereo
solidarity *n.* αλληλεγγύη alilegii
soliloquy *n.* μονόλογος monologos
solitary *a.* μοναχικός monahikos
solitude *n.* μοναξιά monaksia
solo *n* σόλο solo
solo *a.* μόνος monos
solo *adv.* σόλο solo
soloist *n.* σολίστας solistas
solubility *n.* διαλυτότητα dialitotita
soluble *a.* διαλυτός dialitos
solution *n.* λύση lisi
solve *v.t.* επιλύω epilio
solvency *n.* φερεγγυότητα feregiotita
solvent *a.* διαλυτικός dialitikos
solvent *n* διαλύτης dialitis
sombre *a.* σκοτεινός skotinos
some *a.* μερικός merikos
some *pron.* μερικά merika
somebody *pron.* κάποιος kapios
somebody *n.* κάποιος kapios
somehow *adv.* κάπως kapos
someone *pron.* κάποιος kapios
somersault *n.* επιτυχία epitihia
somersault *v.i.* επιτυχής epitihis
something *pron.* κάτι kati
something *adv.* κάτι kati
sometime *adv.* κάποτε kapote
sometimes *adv.* κάποιες στιγμές kapies stigmes
somewhat *adv.* κάπως kapos
somewhere *adv.* κάπου kapou
somnambulism *n.* υπνοβατισμός ipnovatismos
somnambulist *n.* υπνοβάτης ipnovatis
somnolence *n.* λήθαργος lithargos

somnolent *n.* κοιμισμένος kimismenos
son *n.* υιός ios
song *n.* τραγούδι tragoudi
songster *n.* τραγουδιστής tragoudistis
sonic *a.* φυσικός fisikos
sonnet *n.* σονέτο soneto
sonority *n.* ηχηρότητα ihirotita
soon *adv.* σύντομα sintoma
soot *n.* κάπνα kapna
soot *v.t.* καπνίζω kapnizo
soothe *v.t.* καλμάρω kalmaro
sophism *n.* σοφισμός sofismos
sophist *n.* σοφιστής sofistis
sophisticate *v.t.* πονηρεύω ponirevo
sophisticated *a.* πονηρεμένος poniremenos
sophistication *n.* επιτήδευση epitidefsi
sorcerer *n.* μάγος magos
sorcery *n.* μαγεία mayia
sordid *a.* πρόστυχος prostihos
sore *a.* πονεμένος ponemenos
sore *n* έλκος elkos
sorrow *n.* θλίψη thlipsi
sorrow *v.i.* θλίβω thlivo
sorry *a.* συγγνώμη signomi
sort *n.* είδος idos
sort *v.t* ταξινομώ taksinomo
soul *n.* ψυχή psihi
sound *a.* ηχητικός ihitikos
sound *v.i.* ηχώ iho
sound *n* ήχος ihos
soup *n.* σούπα soupa
sour *a.* ξινός ksinos
sour *v.t.* ξινίζω ksinizo
source *n.* πηγή piyi
south *n.* Νότος notos
south *n.* Νότος notos
south *adv* νότια notia
southerly *a.* νοτιότερα notiotera
southern *a.* νότιος notios

souvenir *n.* αναμνηστικό anamnistiko
sovereign *n.* μονάρχης monarhis
sovereign *a* αυτοκέφαλος aftokefalos
sovereignty *n.* κυριαρχία kiriarhia
sow *v.t.* σπέρνω sperno
sow *n.* γουρούνα gourouna
space *n.* διάστημα diastima
space *v.t.* κανονίζω kanonizo
spacious *a.* ευρύχωρος evrihoros
spade *n.* μπαστούνι bastouni
spade *v.t.* σκάβω skavo
span *n.* διάρκεια diarkia
span *v.t.* συνδέω sindeo
Spaniard *n.* Ισπανός ispanos
spaniel *n.* σπάνιελ spaniel
Spanish *a.* ισπανικός ispanikos
Spanish *n.* Ισπανός ispanos
spanner *n.* μηχανικό κλειδί mihaniko klidi
spare *v.t.* περισσεύω perisevo
spare *a* εφεδρικός efedrikos
spare *n.* εξάρτημα eksartima
spark *n.* σπίθα spitha
spark *v.i.* σπινθιρίζω spinthirizo
spark *n.* σπινθήρας spinthiras
sparkle *v.i.* απαστράπτω apastrapto
sparkle *n.* λάμψη lampsi
sparrow *n.* σπουργίτι spouryiti
sparse *a.* διάσπαρτος diaspartos
spasm *n.* σπασμός spasmos
spasmodic *a.* σπασμοδικός spasmodikos
spate *n.* συρροή siroi
spatial *a.* χωρικός horikos
spawn *n.* γόνος gonos
spawn *v.i.* γεννάω yenao
speak *v.i.* μιλάω milao
speaker *n.* ομιλητής omilitis
spear *n.* λόγχη lonhi
spear *v.t.* λογχίζω lonhizo

spearhead *n.* αιχμή ehmi
spearhead *v.t.* ηγούμαι igoume
special *a.* ειδικός idikos
specialist *n.* ειδικός idikos
speciality *n.* ειδικότητα idikotita
specialization *n.* ειδίκευση idikefsi
specialize *v.i.* ειδικεύομαι idikevome
species *n.* είδος idos
specific *a.* ακριβής akrivis
specification *n.* προσδιορισμός prosdiorismos
specify *v.t.* προδιαγράφω prodiagrafo
specimen *n.* δείγμα digma
speck *n.* κόκκος kokos
spectacle *n.* θέαμα theama
spectacular *a.* θεαματικός theamatikos
spectator *n.* θεατής theatis
spectre *n.* φάντασμα fantasma
speculate *v.i.* υποθέτω ipotheto
speculation *n.* εικασία ikasia
speech *n.* λόγος logos
speed *n.* ταχύτητα tahitita
speed *v.i.* τρέχω treho
speedily *adv.* γρήγορα grigora
speedy *a.* γρήγορος grigoros
spell *n.* ξόρκι ksorki
spell *v.t.* συλλαβίζω silavizo
spell *n* μάγια mayia
spend *v.t.* ξοδεύω ksodevo
spendthrift *n.* σπάταλος spatalos
sperm *n.* σπέρμα sperma
sphere *n.* σφαίρα sfera
spherical *a.* σφαιρικός sferikos
spice *n.* μπαχαρικό bahariko
spice *v.t.* βάζω μπαχαρικά vazo baharika
spicy *a.* πικάντικος pikantikos
spider *n.* άραχνη arahni
spike *n.* καρφί karfi
spike *v.t.* καρφώνω karfono

spill *v.i.* χύνω hino
spill *n* πτώση ptosi
spin *v.i.* στροβιλίζομαι strovilizome
spin *n.* στροφή strofi
spinach *n.* σπανάκι spanaki
spinal *a.* σπονδυλικός spondilikos
spindle *n.* αδράχτι adrahti
spine *n.* ραχοκοκαλιά rahokokalia
spinner *n.* σβούρα svoura
spinster *n.* γεροντοκόρη yerontokori
spiral *n.* έλικας elikas
spiral *a.* σπιράλ spiral
spirit *n.* πνεύμα pnevma
spirited *a.* ζοηρός zoiros
spiritual *a.* πνευματικός pnevmatikos
spiritualism *n.* πνευματισμός pnevmatismos
spiritualist *n.* πνευματιστής pnevmatistis
spirituality *n.* πνευματικότητα pnevmatikotita
spit *v.i.* φτύνω ftino
spit *n* σούβλα souvla
spite *n.* εμπάθεια ebathia
spittle *n* σάλιο salio
spittoon *n.* φτύστρα ftistra
splash *v.i.* πιτσιλίζω pitsilizo
splash *n* πιτσιλιά pitsilia
spleen *n.* σπλήνα splina
splendid *a.* πολυτελής politelis
splendour *n.* πολυτέλεια politelia
splinter *n.* ακίδα akida
splinter *v.t.* θρυμματίζω thrimatizo
split *v.i.* σχίζομαι shizome
split *n* ρήξη riksi
spoil *v.t.* χαλάω halao
spoil *n* λάφυρα lafira
spoke *n.* ακτίνα aktina

spokesman *n.* εκπρόσωπος ekprosopos
sponge *n.* σφουγγάρι sfougkari
sponge *v.t.* σφουγγίζω sfougizo
sponsor *n.* σπόνσορας sponsoras
sponsor *v.t.* χορηγώ horigo
spontaneity *n.* αυθορμητισμός afthormitismos
spontaneous *a.* αυθόρμητος afthormitos
spoon *n.* κουτάλι koutali
spoon *v.t.* σερβίρω serviro
spoonful *n.* κουταλιά koutalia
sporadic *a.* σποραδικός sporadikos
sport *n.* άθλημα athlima
sport *v.i.* αθλούμαι athloume
sportive *a.* αθλητικός athlitikos
sportsman *n.* αθλητής athlitis
spot *n.* στίγμα stigma
spot *v.t.* λεκιάζω lekiazo
spotless *a.* αψεγάδιαστος apsegadiastos
spousal *n.* γάμος gamos
spouse *n.* σύζυγος sizigos
spout *n.* πίδακας pidakas
spout *v.i.* αναβλύζω anavlizo
sprain *n.* διάστρεμμα diastrema
sprain *v.t.* στραμπουλίζω straboulizo
spray *n.* ψεκασμός psekasmos
spray *n* σταγόνες stagones
spray *v.t.* ψεκάζω psekazo
spread *v.i.* εξαπλώνομαι eksaplonome
spread *n.* εξάπλωση eksaplosi
spree *n.* κέφι kefi
sprig *n.* κλαδί kladi
sprightly *a.* ζωηρός zoiros
spring *v.i.* πετάγομαι petagome
spring *n* εποχή epohi
sprinkle *v. t.* ψιχαλίζει psihalizi
sprint *v.i.* σπριντάρω sprintaro
sprint *n* σπριντ sprint

sprout *v.i.* βλασταίνω vlasteno
sprout *n* βλαστάρι vlastari
spur *n.* κίνητρο kinitro
spur *v.t.* προτρέπω protrepo
spurious *a.* ψευδής psevdis
spurn *v.t.* αποκρούω apokrouo
spurt *v.i.* αναβλύζω anavlizo
spurt *n* ανάβλυση anavlisi
sputnik *n.* σπούτνικ spoutnik
sputum *n.* σάλιο salio
spy *n.* κατάσκοπος kataskopos
spy *v.i.* κατασκοπεύω kataskopevo
squad *n.* διμοιρία dimiria
squadron *n.* διμοιρία dimiria
squalid *a.* άθλιος athlios
squalor *n.* αθλιότητα athliotita
squander *v.t.* σπαταλώ spatalo
square *n.* τετράγωνο tetragono
square *a* τετραγωνισμένος tetragonismenos
square *v.t.* τετραγωνίζω tetragonizo
squash *v.t.* καταστέλλω katastelo
squash *n* σκουός skouos
squat *v.i.* ζαρώνω zarono
squeak *v.i.* τσιρίζω tsirizo
squeak *n* τσιρίδα tsirida
squeeze *v.t.* στίβω stivo
squint *v.i.* αλληθωρίζω alithorizo
squint *n* αλληθωρισμός alithorismos
squire *n.* τσιφλικάς tsiflikas
squirrel *n.* σκίουρος skiouros
stab *v.t.* καρφώνω karfono
stab *n.* μαχαιριά maheria
stability *n.* σταθερότητα statherotita
stabilization *n.* σταθεροποίηση statheropiisi
stabilize *v.t.* σταθεροποιώ statheropio
stable *a.* σταθερός statheros
stable *n* στάβλος stavlos
stable *v.t.* σταβλίζω stavlizo
stadium *n.* στάδιο stadio
staff *n.* προσωπικό prosopiko
staff *v.t.* στελεχώνω stelehono
stag *n.* ελάφι elafi
stage *n.* σκηνή skini
stage *v.t.* σκηνοθετώ skinotheto
stagger *v.i.* παραπαίω parapeo
stagger *n.* τρέκλισμα treklisma
stagnant *a.* στάσιμος stasimos
stagnate *v.i.* μένω στάσιμος meno stasimos
stagnation *n.* στασιμότητα stasimotita
staid *a.* νηφάλιος nifalios
stain *n.* κηλίδα kilida
stain *v.t.* λερώνω lerono
stainless *a.* ανοξείδωτος anoksidotos
stair *n.* σκαλί skali
stake *n* πάσαλος pasalos
stake *v.t.* ρισκάρω riskaro
stale *a.* μπαγιάτικος bayiatikos
stale *v.t.* χαλάω halao
stalemate *n.* αδιέξοδο adieksodo
stalk *n.* βλαστός vlastos
stalk *v.i.* ενεδρεύω enedrevo
stalk *n* μίσχος mishos
stall *n.* παχνί pahni
stall *v.t.* καθυστερώ τη λειτουργία kathistero ti litouryia
stallion *n.* επιβήτορας epivitoras
stalwart *a.* γεροδεμένος yerodemenos
stalwart *n* γενναιότητα yeneotita
stamina *n.* αντοχή antohi
stammer *v.i.* τραυλίζω travlizo
stammer *n* τραύλισμα travlisma
stamp *n.* γραμματόσημο gramatosimo
stamp *v.i.* σφραγίζω sfrayizo

stampede *n.* ποδοβολητό podovolito
stampede *v.i.* αφηνιάζω afiniazo
stand *v.i.* στέκομαι stekome
stand *n.* στάση stasi
standard *n.* πρότυπο protipo
standard *a* κανονικός kanonikos
standardization *n.* προτυποποίηση protipopiisi
standardize *v.t.* προτυποποιώ protipopio
standing *n.* φήμη fimi
standpoint *n.* σκοπιά skopia
standstill *n.* ακινητοποίηση akinitopiisi
stanza *n.* στροφή ποιήματος strofi piimatos
staple *n.* συρραπτικό siraptiko
staple *a* κύριος kirios
star *n.* αστέρι asteri
star *v.t.* επιβραβεύω epivravevo
starch *n.* ενέργεια eneryia
starch *v.t.* κολλάρω kolaro
stare *v.i.* ατενίζω atenizo
stare *n.* απλανές βλέμμα aplanes vlema
stark *n.* σκέτος sketos
stark *adv.* ολοσχερώς olosheros
starry *a.* έναστρος enastros
start *v.t.* ξεκινώ ksekino
start *n* εκκίνηση ekinisi
startle *v.t.* ξαφνιάζω ksafniazo
starvation *n.* πείνα pina
starve *v.i.* πεινάω pinao
state *n.* κατάσταση katastasi
state *v.t* δηλώνω dilono
stateliness *n.* αρχοντιά arhontia
stately *a.* αρχοντικός arhontikos
statement *n.* κατάσταση katastasi
statesman *n.* πολιτικός politikos
static *n.* στατικός statikos
statics *n.* ηλεκτρισμός ilektrismos
station *n.* στάση stasi
station *v.t.* τοποθετώ topotheto

stationary *a.* ακίνητος akinitos
stationer *n.* έμπορος χαρτικών eboros hartikon
stationery *n.* χαρτικά hartika
statistical *a.* στατιστικός statistikos
statistician *n.* στατιστικός statistikos
statistics *n.* στατιστικά statistika
statue *n.* άγαλμα agalma
stature *n.* ανάστημα anastima
status *n.* κατάσταση katastasi
statute *n.* καταστατικό katastatiko
statutory *a.* θεσπισμένος thespismenos
staunch *a.* αφοσιωμένος afosiomenos
stay *v.i.* μένω meno
stay *n* παραμονή paramoni
steadfast *a.* ακλόνητος aklonitos
steadiness *n.* σταθερότητα statherotita
steady *a.* σταθερός statheros
steady *v.t.* σταθεροποιώ statheropio
steal *v.i.* κλέβω klevo
stealthily *adv.* κρυφά krifa
steam *n* ατμός atmos
steam *v.i.* μαγειρεύω ατμό mayirevo me atmo
steamer *n.* ατμόπλοιο atmoplio
steed *n.* άλογο alogo
steel *n.* χάλυβας halivas
steep *a.* απόκρημνος apokrimnos
steep *v.t.* εμποτίζω empotizo
steeple *n.* καμπαναριό kabanario
steer *v.t.* κατευθύνω katefthino
stellar *a.* λαμπρός labros
stem *n.* στέλεχος stelehos
stem *v.i.* στελεχώνω stelehono
stench *n.* δυσοσμία disosmia
stencil *n.* αχνάρι ahnari

stencil *v.i.* αποτυπώνω με αχνάρι apotipono me ahnari
stenographer *n.* στενογράφος stenografos
stenography *n.* στενογραφία stenografia
step *n.* βήμα vima
step *v.i.* βηματίζω vimatizo
steppe *n.* στέπα stepa
stereotype *n.* στερεότυπο stereotipo
stereotype *v.t.* τυποποιώ tipopio
stereotyped *a.* τυποποιημένος tipopiimenos
sterile *a.* άγονος agonos
sterility *n.* στειρότητα stirotita
sterilization *n.* αποστείρωση apostirosi
sterilize *v.t.* αποστειρώνω apostirono
sterling *a.* στερλίνας sterlinas
sterling *n.* στερλίνα sterlina
stern *a.* αυστηρός afstiros
stern *n.* πρύμνη primni
stethoscope *n.* στηθοσκόπιο stithoskopio
stew *n.* στιφάδο stifado
stew *v.t.* σιγοβράζω sigovrazo
steward *n.* συντονιστής sintonistis
stick *n.* κλαδί kladi
stick *v.t.* χώνω hono
sticker *n.* αυτοκόλλητο aftokolito
stickler *n.* επίμονος epimonos
sticky *n.* κολλώδης kolodis
stiff *n.* πιασμένος piasmenos
stiffen *v.t.* σκληραίνω sklireno
stifle *v.t.* καταπνίγω katapnigo
stigma *n.* στίγμα stigma
still *a.* στάσιμος stasimos
still *adv.* ακόμα akoma
still *v.t.* στέκω steko
still *n.* καρέ kare
stillness *n.* ηρεμία iremia

stilt *n.* πάσσαλος pasalos
stimulant *n.* τονωτικό tonotiko
stimulate *v.t.* διεγείρω dieyiro
stimulus *n.* κίνητρο kinitro
sting *v.t.* κεντρίζω kentrizo
sting *n.* κεντρί kentri
stingy *a.* τσιγγούνης tsigkounis
stink *v.i.* βρωμάω vromao
stink *n* βρώμα vroma
stipend *n.* μισθός misthos
stipulate *v.t.* συνομολογώ sinomologo
stipulation *n.* όρος oros
stir *v.i.* σαλεύω salevo
stirrup *n.* αναβολέας anavoleas
stitch *n.* βελονιά velonia
stitch *v.t.* ράβω ravo
stock *n.* εμπορεύματα eborevmata
stock *v.t.* εφοδιάζω efodiazo
stock-still *a.* ακίνητος akinitos
stocking *n.* γυναικεία κάλτσα yinekia kaltsa
stoic *n.* στωικός stoikos
stoke *v.t.* τροφοδοτώ trofodoto
stoker *n.* θερμαστής thermastis
stomach *n.* στομάχι stomahi
stomach *v.t.* ανέχομαι anehome
stone *n.* πέτρα petra
stone *v.t.* λιθοβολώ lithovolo
stony *a.* πετρώδης petrodis
stool *n.* σκαμνί skamni
stoop *v.i.* σκύβω skivo
stoop *n* σκύψιμο skipsimo
stop *v.t.* σταματώ stamato
stop *n* σταμάτημα stamatima
stoppage *n* διακοπή diakopi
storage *n.* αποθήκευση apothikefsi
store *n.* κατάστημα katastima
store *v.t.* αποθηκεύω apothikevo
storey *n.* όροφος orofos
stork *n.* πελαργός pelargos
storm *n.* καταιγίδα kateyida

storm *v.i.* λυσσομανώ lisomano
stormy *a.* θυελλώδης thielodis
story *n.* ιστορία istoria
stout *a.* εύσωμος efsomos
stove *n.* θερμάστρα thermastra
stow *v.t.* τακτοποιώ taktopio
straggle *v.i.* μένω πίσω meno piso
straggler *n.* βραδυπορών vradiporon
straight *a.* ευθύς efthis
straight *adv.* ίσια isia
straighten *v.t.* ισιώνω isiono
straightforward *a.* ευθύς efthis
straightway *adv.* άμεσα amesa
strain *v.t.* τεντώνω/-ομαι tentono/-ome
strain *n* τέντωμα tentoma
strait *n.* στενό steno
straiten *v.t.* στενεύω stenevo
strand *v.i.* ξεμένω ksemeno
strand *n* νήμα nima
strange *a.* παράξενος paraksenos
stranger *n.* ξένος ksenos
strangle *v.t.* στραγγαλίζω stragkalizo
strangulation *n.* στραγγαλισμός stragkalismos
strap *n.* λουρίδα lourida
strap *v.t.* δένω deno
strategem *n.* στρατήγημα stratiyima
strategic *a.* στρατηγικός stratiyikos
strategist *n.* γνώστης της στρατηγικής gnostis tis stratiyikis
strategy *n.* στρατηγική stratiyiki
stratum *n.* στρώμα stroma
straw *n.* άχυρο ahiro
strawberry *n.* φράουλα fraoula
stray *v.i.* περιπλανώμαι periplanome
stray *a* αδέσποτος adespotos

stray *n* αδέσποτο adespoto
stream *n.* χείμαρρος himaros
stream *v.i.* κυλώ kilo
streamer *n.* μακρόστενο λάβαρο makrosteno lavaro
streamlet *n.* ποταμάκι potamaki
street *n.* δρόμος dromos
strength *n.* δύναμη dinami
strengthen *v.t.* δυναμώνω dinamono
strenuous *a.* επίπονος epiponos
stress *n.* πίεση piesi
stress *v.t* τονίζω tonizo
stretch *v.t.* τεντώνω tentono
stretch *n* τέντωμα tentoma
stretcher *n.* φορείο forio
strew *v.t.* σκορπίζω skorpizo
strict *a.* αυστηρός afstiros
stricture *n.* μομφή momfi
stride *v.i.* δρασκελίζω draskelizo
stride *n* δρασκελιά draskelia
strident *a.* στριγγός strigkos
strife *n.* πάλη pali
strike *v.t.* χτυπώ htipo
strike *n* απεργία aperyia
striker *n.* απεργός apergos
string *n.* σπάγγος spagkos
string *v.t.* περνώ χορδή perno hordi
stringency *n.* αυστηρότητα afstirotita
stringent *a.* αυστηρός afstiros
strip *n.* ταινία tenia
strip *v.t.* αφαιρώ afero
stripe *n.* ρίγα riga
stripe *v.t.* βάζω ρίγες vazo riyes
strive *v.i.* αγωνίζομαι agonizome
stroke *n.* χτύπημα htipima
stroke *v.t.* χαϊδεύω haidevo
stroke *n* χάδι hadi
stroll *v.i.* κάνω βόλτα kano volta
stroll *n* περίπατος peripatos
strong *a.* δυνατός dinatos
stronghold *n.* φρούριο frourio

structural *a.* δομικός domikos
structure *n.* κατασκευή kataskevi
struggle *v.i.* αγωνίζομαι agonizome
struggle *n* αγώνας agonas
strumpet *n.* πόρνη porni
strut *v.i.* περπατώ αγέρωχα perpato ayeroha
strut *n* στύλος stilos
stub *n.* απομεινάρι apominari
stubble *n.* καλαμιά kalamia
stubborn *a.* πεισματάρης pismataris
stud *n.* κουμπί κολάρου koubi kolarou
stud *v.t.* διακοσμώ με κουμπιά diakosmo me koubia
student *n.* μαθητής mathitis
studio *n.* στούντιο stountio
studious *a.* επιμελής epimelis
study *v.i.* μελετώ meleto
study *n.* μελέτη meleti
stuff *n.* υλικό iliko
stuff *v.t.* παραγεμίζω parayemizo
stuffy *a.* αποπνικτικός apopniktikos
stumble *v.i.* σκοντάφτω skontafto
stumble *n.* παραπάτημα parapatima
stump *n.* κούτσουρο koutsouro
stump *v.t* περπατώ βαριά και άχαρα perpato varia kai ahara
stun *v.t.* ρίχνω αναίσθητο rihno anesthito
stunt *v.t.* κατσιάζω katsiazo
stunt *n* κόλπο kolpo
stupefy *v.t.* αποβλακώνω apovlakono
stupendous *a.* τεράστιος terastios
stupid *a* ανόητος anoitos
stupidity *n.* ανοησία anoisia
sturdy *a.* γεροδεμένος yerodemenos
sty, stye *n.* χαλάζιο halazio
style *n.* στυλ stil
subdue *v.t.* καθυποτάσσω kathipotaso
subject *n.* θέμα thema
subject *a* υποτελής ipotelis
subject *v.t.* υποτάσσω ipotaso
subjection *n.* υποταγή ipotayi
subjective *a.* υποκειμενικός ipokimenikos
sub judice *a.* υπό εκδίκαση ipo ekdikasi
subjugate *v.t.* υποδουλώνω ipodoulono
subjugation *n.* υποδούλωση ipodoulosi
sublet *v.t.* υπενοικιάζω ipenikiazo
sublimate *v.t.* εξευγενίζω eksevyenizo
sublime *a.* θείος thios
sublime *n* θείο thio
sublimity *n.* μεγαλείο megalio
submarine *n.* υποβρύχιο ipovrihio
submarine *a* υποβρύχιος ipovrihios
submerge *v.i.* βυθίζω/-ομαι vithizo/-ome
submission *n.* υποταγή ipotayi
submissive *a.* υπάκουος ipakouos
submit *v.t.* υποβάλλω ipovalo
subordinate *a.* κατώτερος katoteros
subordinate *n* υφιστάμενος ifistamenos
subordinate *v.t.* υποτάσσω ipotaso
subordination *n.* υποταγή ipotayi
subscribe *v.t.* εγγράφομαι egkrafome

subscription *n.* εγγραφή egkrafi
subsequent *a.* επόμενος epomenos
subservience *n.* δουλοπρέπεια douloprepia
subservient *a.* δουλοπρεπής douloprepis
subside *v.i.* υποχωρώ ipohoro
subsidiary *a.* βοηθητικός voithitikos
subsidize *v.t.* επιδοτώ epidoto
subsidy *n.* επιχορήγηση epihoriyisi
subsist *v.i.* τρέφομαι trefome
subsistence *n.* ύπαρξη iparksi
substance *n.* ουσία ousia
substantial *a.* ουσιώδης ousiodis
substantially *adv.* σημαντικά simantika
substantiate *v.t.* αποδεικνύω apodiknio
substantiation *n.* απόδειξη apodiksi
substitute *n.* υποκατάστατο ipokatastato
substitute *v.t.* υποκαθιστώ ipokathisto
substitution *n.* αντικατάσταση antikatastasi
subterranean *a.* υπόγειος ipoyios
subtle *n.* λεπτός leptos
subtlety *n.* λεπτότητα leptotita
subtract *v.t.* αφαιρώ afero
subtraction *n.* αφαίρεση aferesi
suburb *n.* προάστειο proastio
suburban *a.* μικροαστικός mikroastikos
subversion *n.* ανατροπή anatropi
subversive *a.* ανατρεπτικός anatreptikos
subvert *v.t.* ανατρέπω anatrepo
succeed *v.i.* επιτυγχάνω epitighano

success *n.* επιτυχία epitihia
successful *a.* επιτυχημένος epitihimenos
succession *n.* διαδοχή diadohi
successive *a.* διαδοχικός diadohikos
successor *n.* διάδοχος diadohos
succour *n.* αρωγή aroyi
succour *v.t.* συνδράμω sindramo
succumb *v.i.* υποκύπτω ipokipto
such *a.* τέτοιος tetios
suck *v.t.* ρουφάω roufao
suck *n.* βύζαγμα vizagma
suckle *v.t.* θηλάζω thilazo
sudden *a.* ξαφνικός ksafnikos
suddenly *adv.* ξαφνικά ksafnika
sue *v.t.* κάνω αγωγή kano agoyi
suffer *v.t.* υποφέρω ipofero
suffice *v.i.* επαρκώ eparko
sufficiency *n.* επάρκεια eparkia
sufficient *a.* επαρκής eparkis
suffix *n.* πρόσφυμα prosfima
suffix *v.t.* επισυνάπτω κατάληξη episinapto kataliksi
suffocate *v.t* ασφυκτιώ asfiktio
suffocation *n.* ασφυξία asfiksia
suffrage *n.* ψήφος psifos
sugar *n.* ζάχαρη zahari
sugar *v.t.* ζαχαρώνω zaharono
suggest *v.t.* προτείνω protino
suggestion *n.* πρόταση protasi
suggestive *a.* υπαινισσόμενος ipenisomenos
suicidal *a.* αυτοκαταστροφικός aftokatastrofikos
suicide *n.* αυτοκτονία aftoktonia
suit *n.* κοστούμι kostoumi
suit *v.t.* βολεύω volevo
suitability *n.* καταλληλότητα katalilotita
suitable *a.* κατάλληλος katalilos
suite *n.* συνοδεία sinodia
suitor *n.* ενάγων enagon
sullen *a.* σκυθρωπός skithropos

sulphur *n.* θειάφι thiafi
sulphuric *a.* θειικός thiikos
sultry *a.* αποπνικτικός apopniktikos
sum *n.* ποσό poso
sum *v.t.* ανακεφαλαιώνω anakefaleono
summarily *adv.* συνοπτικά sinoptika
summarize *v.t.* συνοψίζω sinopsizo
summary *n.* περίληψη perilipsi
summary *a* συνοπτικός sinoptikos
summer *n.* καλοκαίρι kalokeri
summit *n.* κορυφή korifi
summon *v.t.* συγκαλώ sigkalo
summons *n.* κλήτευση klitefsi
sumptuous *a.* πολυτελής politelis
sun *n.* ήλιος ilios
sun *v.t.* λιάζω liazo
Sunday *n.* Κυριακή kiriaki
sunder *v.t.* χωρίζω horizo
sundry *a.* διάφορος diaforos
sunny *a.* ηλιόλουστος ilioloustos
sup *v.i.* ρουφώ σιγά-σιγά roufo siga siga
superabundance *n.* πληθώρα plithora
superabundant *a.* υπεραρκετός iperarketos
superb *a.* έξοχος eksohos
superficial *a.* επιφανειακός epifaniakos
superficiality *n.* επιπολαιότητα epipoleotita
superfine *a.* λεπτότατος leptotatos
superfluity *n.* πλεονασμός pleonasmos
superfluous *a.* περιττός peritos
superhuman *a.* υπεράνθρωπος iperanthropos

superintend *v.t.* διευθύνω diefthino
superintendence *n.* διεύθυνση diefthinsi
superintendent *n.* διευθύνω diefthino
superior *a.* ανώτερος anoteros
superiority *n.* ανωτερότητα anoterotita
superlative *a.* έξοχος eksohos
superlative *n.* υπερθετικός iperthetikos
superman *n.* υπεράνθρωπος iperanthropos
supernatural *a.* υπερφυσικός iperfisikos
supersede *v.t.* αντικαθιστώ antikathisto
supersonic *a.* υπερηχητικός iperihitikos
superstition *n.* δεισιδαιμονία disidemonia
superstitious *a.* δεισιδαίμων disidemon
supertax *n.* πρόσθετος φόρος prosthetos foros
supervise *v.t.* διευθύνω diefthino
supervision *n.* επιτήρηση epitirisi
supervisor *n.* επόπτης epoptis
supper *n.* δείπνο dipno
supple *a.* εύκαμπτος efkamptos
supplement *n.* συμπλήρωμα sibliroma
supplement *v.t.* συμπληρώνω siblirono
supplementary *a.* συμπληρωματικός sibliromatikos
supplier *n.* προμηθευτής promitheftis
supply *v.t.* προμηθεύω promithevo
supply *n* προμήθεια promithia

support *v.t.* υποστηρίζω ipostirizo
support *n.* υποστήριξη ipostiriksi
suppose *v.t.* υποθέτω ipotheto
supposition *n.* υπόθεση ipothesi
suppress *v.t.* καταπνίγω katapnigo
suppression *n.* καταστολή katastoli
supremacy *n.* υπεροχή iperohi
supreme *a.* υπέρτατος ipertatos
surcharge *n.* υπερφόρτωση iperfortosi
surcharge *v.t.* υπερφορτώνω iperfortono
sure *a.* σίγουρος sigouros
surely *adv.* σίγουρα sigoura
surety *n.* βεβαιότητα veveotita
surf *n.* αντιμάμαλο antimamalo
surface *n.* επιφάνεια epifania
surface *v.i* στρώνω strono
surfeit *n.* πληθώρα plithora
surge *n.* ορμητική κίνηση ormitiki kinisi
surge *v.i.* ξεχύνομαι σε κύματα ksehinome se kimata
surgeon *n.* χειρούργος hirourgos
surgery *n.* χειρουργική hirouryiki
surmise *n.* εικασία ikasia
surmise *v.t.* εικάζω ikazo
surmount *v.t.* υπερνικώ iperniko
surname *n.* επώνυμο eponimo
surpass *v.t.* ξεπερνώ kseperno
surplus *n.* πλεόνασμα pleonasma
surprise *n.* έκπληξη ekpliksi
surprise *v.t.* εκπλήσσω ekpliso
surrender *v.t.* παραδίνω/-ομαι paradino/-ome
surrender *n* παράδοση paradosi
surround *v.t.* περιβάλλω perivalo
surroundings *n.* περιβάλλον perivalon

surtax *n.* πρόσθετος φόρος prosthetos foros
surveillance *n.* επιτήρηση epitirisi
survey *n.* έρευνα erevna
survey *v.t.* εξετάζω eksetazo
survival *n.* επιβίωση epiviosi
survive *v.i.* επιβιώνω epiviono
suspect *v.t.* υποπτεύομαι ipoptevome
suspect *a.* ύποπτος ipoptos
suspect *n* ύποπτος ipoptos
suspend *v.t.* αναρτώ anarto
suspense *n.* αγωνία agonia
suspension *n.* ανάρτηση anartisi
suspicion *n.* υποψία ipopsia
suspicious *a.* ύποπτος ipoptos
sustain *v.t.* συγκρατώ sigkrato
sustenance *n.* συντήρηση sintirisi
swagger *v.i.* κορδώνομαι kordonome
swagger *n* καμάρι kamari
swallow *v.t.* καταπίνω katapino
swallow *n.* καταβρόχθισμα katavrohthisma
swallow *n.* χελιδόνι helidoni
swamp *n.* έλος elos
swamp *v.t.* πλημμυρίζω plimirizo
swan *n.* κύκνος kiknos
swarm *n.* σμήνος sminos
swarm *v.i.* συγκεντρώνομαι sigentronome
swarthy *a.* μελαψός melapsos
sway *v.i.* ταλαντεύομαι talantevome
sway *n* ταλάντευση talantefsi
swear *v.t.* ορκίζω/-ομαι orkizo/-ome
sweat *n.* ιδρώτας idrotas
sweat *v.i.* ιδρώνω idrono
sweater *n.* πουλόβερ poulover
sweep *v.i.* σκουπίζω skoupizo
sweep *n.* σκούπισμα skoupisma

sweeper *n.* καθαριστής katharistis
sweet *a.* γλυκός glikos
sweet *n* καραμέλα karamela
sweeten *v.t.* γλυκαίνω glikeno
sweetmeat *n.* ζαχαρωτό zaharoto
sweetness *n.* γλυκύτητα glikitita
swell *v.i.* φουσκώνω fouskono
swell *n* φουσκοθαλασσιά fouskothalasia
swift *a.* ταχύς tahis
swim *v.i.* κολυμπώ kolibo
swim *n* κολύμπι kolibi
swimmer *n.* κολυμβητής kolimvitis
swindle *v.t.* κοροϊδεύω koroidevo
swindle *n.* απάτη apati
swindler *n.* απατεώνας apateonas
swine *n.* χοίρος hiros
swing *v.i.* αιωρούμαι eoroume
swing *n* αιώρηση eorisi
Swiss *n.* Ελβετός elvetos
Swiss *a* ελβετικός elvetikos
switch *n.* διακόπτης diakoptis
switch *v.t.* ανοίγω/κλείνω anigo/klino
swoon *n.* λιποθυμία lipothimia
swoon *v.i* σβήνω svino
swoop *v.i.* εφορμώ eformo
swoop *n* βουτιά voutia
sword *n.* σπαθί spathi
sycamore *n.* σφεντάμι sfentami
sycophancy *n.* κολακεία kolakia
sycophant *n.* κόλακας kolakas
syllabic *a* συλλαβικός silavikos
syllable *n.* συλλαβή silavi
syllabus *n.* περίληψη σπουδών perilipsi spoudon
sylph *n.* συλφίδα silfida
sylvan *a.* του δάσους tou dasous
symbol *n.* σύμβολο simvolo
symbolic *a.* συμβολικός simvolikos
symbolism *n.* συμβολισμός simvolismos
symbolize *v.t.* συμβολίζω simvolizo
symmetrical *a.* συμμετρικός simetrikos
symmetry *n.* συμμετρία simetria
sympathetic *a.* συμπονετικός sibonetikos
sympathize *v.i.* συμπονώ sibono
sympathy *n.* συμπόνια sibonia
symphony *n.* συμφωνία simfonia
symposium *n.* συμπόσιο sibosio
symptom *n.* σύμπτωμα simptoma
symptomatic *a.* συμπτωματικός simptomatikos
synonym *n.* συνώνυμο sinonimo
synonymous *a.* συνώνυμος sinonimos
synopsis *n.* σύνοψη sinopsi
syntax *n.* σύνταξη sintaksi
synthesis *n.* σύνθεση sinthesi
synthetic *a.* συνθετικός sinthetikos
synthetic *n* συνθετικό sinthetiko
syringe *n.* σύριγγα sirigka
syringe *v.t.* κάνω ένεση kano enesi
syrup *n.* σιρόπι siropi
system *n.* σύστημα sistima
systematic *a.* συστηματικός sistimatikos
systematize *v.t.* συστηματοποιώ sistimatopio

T

table *n.* τραπέζι trapezi
table *v.t.* καταθέτω για συζήτηση katatheto yia sizitisi
tablet *n.* δισκίο diskio

taboo *n.* ταμπού tabou
taboo *a* απαγορευμένος apagorevmenos
taboo *v.t.* θεωρώ ταμπού theoro tabou
tabular *a.* συνοπτικός sinoptikos
tabulate *v.t.* συνοψίζω sinopsizo
tabulation *n.* σύνοψη sinopsi
tabulator *n.* ρυθμιστής πινάκων rithmistis pinakon
tacit *a.* σιωπηρός siopiros
taciturn *a.* λιγόλογος ligologos
tackle *n.* σύνεργα sinerga
tackle *v.t.* αντιμετωπίζω antimetopizo
tact *n.* τακτ takt
tactful *a.* διακριτικός diakritikos
tactician *n.* ειδικός στην τακτική idikos stin taktiki
tactics *n.* τακτική taktiki
tactile *a.* απτός aptos
tag *n.* ετικέτα etiketa
tag *v.t.* στερεώνω stereono
tail *n.* ουρά oura
tailor *n.* ράφτης raftis
tailor *v.t.* ράβω ravo
taint *n.* μόλυνση molinsi
taint *v.t.* μολύνω/-ομαι molino/-ome
take *v.t* παίρνω perno
tale *n.* παραμύθι paramithi
talent *n.* ταλέντο talento
talisman *n.* φυλαχτό filahto
talk *v.i.* μιλώ milo
talk *n* ομιλία omilia
talkative *a.* ομιλητικός omilitikos
tall *a.* ψηλός psilos
tallow *n.* ξίγκι ksigi
tally *n.* ετικέτα etiketa
tally *v.t.* αντιστοιχώ antistiho
tamarind *n.* ταμάρινδος tamarindos
tame *a.* ήμερος imeros
tame *v.t.* δαμάζω damazo
tamper *v.i.* ανακατεύομαι anakatevome
tan *v.i.* κατεργάζομαι δέρμα katergazome derma
tan *n., a.* μαύρισμα mavrisma
tangent *n.* εφαπτομένη efaptomeni
tangible *a.* απτός aptos
tangle *n.* μπλέξιμο bleksimo
tangle *v.t.* μπερδεύω/-ομαι berdevo/-ome
tank *n.* δεξαμενή deksameni
tanker *n.* δεξαμενόπλοιο deksamenoplio
tanner *n.* βυρσοδέψης virsodepsis
tannery *n.* βυρσοδεψία virsodepsia
tantalize *v.t.* ταλανίζω talanizo
tantamount *a.* ισοδύναμος προς isc [illegible]mos pros
tap *n.* βρύση vrisi
tap *v.t.* αντλώ antlo
tape *n.* ταινία tenia
tape *v.t* εγγράφω σε ταινία egkrafo se tenia
taper *v.i.* παίρνω κωνοειδές σχήμα perno konoides shima
taper *n* λαμπαδίτσα labaditsa
tapestry *n.* ταπετσαρία tapetsaria
tar *n.* πίσσα pisa
tar *v.t.* πισσώνω pisono
target *n.* στόχος stohos
tariff *n.* τιμολόγιο timoloyio
tarnish *v.t.* μαυρίζω mavrizo
task *n.* καθήκον kathikon
task *v.t.* επιφορτίζω epifortizo
taste *n.* γεύση yefsi
taste *v.t.* γεύομαι yevome
tasteful *a.* νόστιμος nostimos
tasty *a.* νόστιμος nostimos
tatter *n.* κουρέλι koureli

tatter *v.t* κουρελιάζω/-ομαι koureliazo/-ome
tattoo *n.* τατουάζ tatouaz
tattoo *v.i.* κάνω τατουάζ kano tatouaz
taunt *v.t.* χλευάζω hlevazo
taunt *n* σαρκασμός sarkasmos
tavern *n.* ταβέρνα taverna
tax *n.* φόρος foros
tax *v.t.* φορολογώ forologo
taxable *a.* φορολογητέος foroloyiteos
taxation *n.* φορολογία foroloyia
taxi *n.* ταξί taksi
taxi *v.i.* τροχοδρομώ trohodromo
tea *n* τσάι tsai
teach *v.t.* διδάσκω didasko
teacher *n.* δάσκαλος daskalos
teak *n.* τηκ tik
team *n.* ομάδα omada
tear *v.t.* σκίζω/-ομαι skizo/-ome
tear *n.* σχίσιμο shisimo
tear *n.* δάκρυ dakri
tearful *a.* δακρυσμένος dakrismenos
tease *v.t.* πειράζω pirazo
teat *n.* ρώγα roga
technical *a.* τεχνικός tehnikos
technicality *n.* τεχνική λεπτομέρεια tehniki leptomeria
technician *n.* τεχνικός tehnikos
technique *n.* τεχνική tehniki
technological *a.* τεχνολογικός tehnoloyikos
technologist *n.* τεχνολόγος tehnologos
technology *n.* τεχνολογία tehnoloyia
tedious *a.* κουραστικός kourastikos
tedium *n.* μονοτονία monotonia
teem *v.i.* αφθονώ afthono
teenager *n.* έφηβος efivos
teens *n. pl.* εφηβεία efivia

teethe *v.i.* βγάζω δόντια vgazo dontia
teetotal *a.* αντιαλκοολικός antialkoolikos
teetotaller *n.* απέχων από οινοπνευματώδη apehon apo inopnevmatodi
telecast *n.* τηλεοπτική εκπομπή tileoptiki ekpobi
telecast *v.t.* εκπέμπω με τηλεόραση ekpebo se tileorasi
telecommunications *n.* τηλεπικοινωνίες tilepikinonies
telegram *n.* τηλεγράφημα tilegrafima
telegraph *n.* τηλέγραφος tilegrafos
telegraph *v.t.* τηλεγραφώ tilegrafo
telegraphic *a.* τηλεγραφικός tilegrafikos
telegraphist *n.* τηλεγραφητής tilegrafitis
telegraphy *n.* τηλεγραφία tilegrafia
telepathic *a.* τηλεπαθητικός tilepathitikos
telepathist *n.* άνθρωπος με τηλεπαθητικές ικανότητες anthropos me tilepathitikes ikanotites
telepathy *n.* τηλεπάθεια tilepathia
telephone *n.* τηλέφωνο tilefono
telephone *v.t.* τηλεφωνώ tilefono
telescope *n.* τηλεσκόπιο tileskopio
telescopic *a.* τηλεσκοπικός tileskopikos
televise *v.t.* μεταδίδω τηλεοπτικώς metadido tileoptikos
television *n.* τηλεόραση tileorasi
tell *v.t.* λέω leo

teller *n.* καταμετρητής ψήφων katametritis psifon
temper *n.* χαρακτήρας haraktiras
temper *v.t.* μετριάζω metriazo
temperament *n.* ιδιοσυγκρασία idiosigkrasia
temperamental *a.* ευμετάβλητος evmetavlitos
temperance *n.* μετριοπάθεια metriopathia
temperate *a.* εγκρατής egkratis
temperature *n.* θερμοκρασία thermokrasia
tempest *n.* θύελλα thiela
tempestuous *a.* θυελλώδης thielodis
temple *n.* ναός naos
temple *n* κρόταφος krotafos
temporal *a.* χρονικός hronikos
temporary *a.* προσωρινός prosorinos
tempt *v.t.* ξεγελώ kseyelo
temptation *n.* πειρασμός pirasmos
tempter *n.* πειρασμός pirasmos
ten *n.*, *a* δέκα deka
tenable *a.* υποστηρίξεως ipostirikseos
tenacious *a.* ανθεκτικός anthektikos
tenacity *n.* πείσμα pisma
tenancy *n.* μίσθωση misthosi
tenant *n.* ενοικιαστής enikiastis
tend *v.i.* φροντίζω frontizo
tendency *n.* τάση tasi
tender *n* φροντιστής frontistis
tender *v.t.* προσφέρω prosfero
tender *n* προσφορά prosfora
tender *a* τρυφερός triferos
tenet *n.* αξίωμα aksioma
tennis *n.* τέννις tenis
tense *n.* χρόνος hronos
tense *a.* τεντωμένος tentomenos
tension *n.* ένταση entasi

tent *n.* τέντα tenta
tentative *a.* δοκιμαστικός dokimastikos
tenure *n.* διάρκεια diarkia
term *n.* όρος oros
term *v.t.* ορίζω orizo
terminable *a.* που μπορεί να τερματισθεί pou bori na termatisthi
terminal *a.* τελικός telikos
terminal *n* τελικός σταθμός telikos stathmos
terminate *v.t.* τερματίζω/-ομαι termatizo/-ome
termination *n.* τερματισμός termatismos
terminological *a.* ορολογικός oroloyikos
terminology *n.* ορολογία oroloyia
terminus *n.* τελικός σταθμός telikos stathmos
terrace *n.* ταράτσα taratsa
terrible *a.* τρομερός tromeros
terrier *n.* τεριέ terie
terrific *a.* τρομαχτικός tromahtikos
terrify *v.t.* τρομοκρατώ tromokrato
territorial *a.* εδαφικός edafikos
territory *n.* έδαφος edafos
terror *n.* τρόμος tromos
terrorism *n.* τρομοκρατία tromokratia
terrorist *n.* τρομοκράτης tromokratis
terrorize *v.t.* τρομοκρατώ tromokrato
terse *a.* λιτός litos
test *v.t.* δοκιμάζω dokimazo
test *n* τεστ test
testament *n.* διαθήκη diathiki
testicle *n.* όρχις orhis
testify *v.i.* καταθέτω katatheto

testimonial *n.* βεβαίωση veveosi
testimony *n.* μαρτυρία martiria
tete-a-tete *n.* τετ-α-τετ tet-a-tet
tether *n.* σκοινί skini
tether *v.t.* δένω deno
text *n.* κείμενο kimeno
textile *n* ύφασμα ifasma
textual *n.* κειμενικός kimenikos
texture *n.* υφή ifi
thank *v.t.* ευχαριστώ efharisto
thanks *n.* ευχαριστίες efharisties
thankful *a.* ευγνώμων evgnomon
thankless *a.* αγνώμων agnomon
that *a.* εκείνος ekinos
that *rel. pron.* ο οποίος ο opios
that *adv.* τόσο toso
that *conj.* ότι oti
thatch *n.* αχυροσκεπή ahiroskepi
thatch *v.t.* σκεπάζω με αχυροσκεπή skepazo me ahiroskepi
thaw *v.i* λυώνω liono
thaw *n* τήξη tiksi
theatre *n.* θέατρο theatro
theatrical *a.* θεατρικός theatrikos
theft *n.* κλοπή klopi
their *a.* τους tous
theirs *pron.* δικός τους dikos tous
theism *n.* θεϊσμός theismos
theist *n.* θεϊστής theistis
them *pron.* αυτούς aftous
thematic *a.* θεματικός thematikos
theme *n.* θέμα thema
then *adv.* τότε tote
thence *adv.* εντεύθεν entefthen
theocracy *n.* θεοκρατία theokratia
theologian *n.* θεολόγος theologos
theological *a.* θεολογικός theoloyikos
theology *n.* θεολογία theoloyia
theorem *n.* θεώρημα theorima
theoretical *a.* θεωρητικός theoritikos
theorist *n.* θεωρητικός theoritikos
theorize *v.i.* θεωρητικολογώ theoritikologo
theory *n.* θεωρία theoria
therapy *n.* θεραπεία therapia
there *adv.* εκεί eki
thereabouts *adv.* εκεί γύρω eki yiro
thereafter *adv.* μετά ταύτα meta tafta
thereby *adv.* ως εκ τούτου os ek toutou
therefore *adv.* επομένως epomenos
thermal *a.* θερμικός thermikos
thermometer *n.* θερμόμετρο thermometro
thermos (flask) *n.* θερμός thermos
thesis *n.* διατριβή diatrivi
thick *a.* χοντρός hontros
thick *n.* το πιο πυκνό σημείο to pio pikno simio
thick *adv.* πυκνά pikna
thicken *v.i.* πυκνώνω piknono
thicket *n.* σύδεντρο sidentro
thief *n.* κλέφτης kleftis
thigh *n.* μηρός miros
thimble *n.* δαχτυλήθρα dahtilithra
thin *a.* λεπτός leptos
thin *v.t.* αδυνατίζω adinatizo
thing *n.* πράγμα pragma
think *v.t.* σκέφτομαι skeftome
thinker *n.* στοχαστής stohastis
third *a.* τρίτος tritos
thirdly *adv.* τρίτον triton
thirst *n.* δίψα dipsa
thirst *v.i.* διψώ dipso
thirsty *a.* διψασμένος dipsasmenos

thirteen *n.* & *a* δεκατρία dekatria
thirteenth *a.* δέκατος τρίτος dekatos tritos
thirtieth *n.* & *a* τριακοστός triakostos
thirty *n.* & *a* τριάντα trianta
thistle *n.* γαϊδουράγκαθο gaidouragkatho
thither *adv.* προς τα κει pros ta ki
thorn *n.* αγκάθι agkathi
thorny *a.* αγκαθωτός agkathotos
thorough *a* λεπτομερής leptomeris
thoroughfare *n.* οδός odos
though *conj.* αν και an ke
though *adv.* ωστόσο ostoso
thought *n* σκέψη skepsi
thoughtful *a.* σκεφτικός skeftikos
thousand *n.* & *a* χίλια hilia
thrall *n.* δούλος doulos
thralldom *n.* δουλεία doulia
thrash *v.t.* ραβδίζω ravdizo
thread *n.* κλωστή klosti
thread *v.t* βελονιάζω veloniazo
threadbare *a.* ξεφτισμένος kseftismenos
threat *n.* απειλή apili
threaten *v.t.* απειλώ apilo
three *n.* & *a* τρία tria
thresh *v.t.* αλωνίζω alonizo
thresher *n.* αλωνιστής alonistis
threshold *n.* κατώφλι katofli
thrice *adv.* τρεις φορές tris fores
thrift *n.* οικονομία ikonomia
thrifty *a.* οικονόμος ikonomos
thrill *n.* ρίγος rigos
thrill *v.t.* προκαλώ ρίγη συγκινήσεως prokalo riyi siginiseos
thrive *v.i.* ευδοκιμώ evdokimo
throat *n.* λαιμός lemos
throaty *a.* λαρυγγικός larigikos
throb *v.i.* πάλλομαι palome

throb *n.* παλμός palmos
throes *n. pl* ωδίνες odines
throne *n.* θρόνος thronos
throne *v.t.* ενθρονίζω enthronizo
throng *n.* κοσμοσυρροή kosmosiroi
throng *v.t.* συνωστίζομαι sinostizome
throttle *n.* ρυθμιστική βαλβίδα rithmistiki valvida
throttle *v.t.* στραγγαλίζω stragkalizo
through *prep.* από πλευρά σε πλευρά apo plevra se plevra
through *adv.* δια μέσου dia mesou
throughout *adv.* & *prep.* παντού pantou
throw *v.t.* πετώ peto
throw *n.* βολή voli
thrust *v.t.* σπρώχνω sprohno
thrust *n* σπρώξιμο sproksimo
thud *n.* γδούπος gdoupos
thud *v.i.* κάνω υπόκωφο θόρυβο kano ipokofo thorivo
thug *n.* φονιάς fonias
thumb *n.* αντίχειρας antihiras
thumb *v.t.* φυλλομετρώ filometro
thump *n.* γδούπος gdoupos
thump *v.t.* γρονθοκοπώ gronthokopo
thunder *n.* κεραυνός keravnos
thunder *v.i.* βροντώ vronto
thunderous *a.* θυελλώδης thielodis
Thursday *n.* Πέμπτη pempti
thus *adv.* έτσι etsi
thwart *v.t.* χαλώ halo
tiara *n.* τιάρα tiara
tick *n.* τσιμπούρι tsibouri
tick *v.i.* ηχώ iho
ticket *n.* εισιτήριο isitirio
tickle *v.t.* γαργαλάω gargalao

ticklish *a.* που γαργαλιέται εύκολα pou gargaliete efkola
tidal *a.* παλιρροιακός paliriakos
tide *n.* παλίρροια paliria
tidings *n. pl.* ειδήσεις idisis
tidiness *n.* νοικοκυροσύνη nikokirosini
tidy *a.* περιποιημένος peripiimenos
tidy *v.t.* τακτοποιώ taktopio
tie *v.t.* δένω deno
tie *n* δεσμός desmos
tier *n.* κερκίδα kerkida
tiger *n.* τίγρη tigri
tight *a.* σφιχτός sfihtos
tighten *v.t.* σφίγγω/-ομαι sfigko/-ome
tigress *n.* θηλυκή τίγρη thiliki tigri
tile *n.* πλακάκι plakaki
tile *v.t.* σκεπάζω με πλακάκια skepazo me plakakia
till *prep.* έως eos
till *conj.* έως ότου eos otou
till *v.t.* οργώνω orgono
tilt *n.* κλίση klisi
timber *n.* ξυλεία ksilia
time *n.* χρόνος hronos
time *v.t.* κανονίζω kanonizo
timely *a.* επίκαιρος epikeros
timid *a.* συνεσταλμένος sinestalmenos
timidity *n.* ατολμία atolmia
timorous *a.* φοβιτσιάρης fovitsiaris
tin *n.* κασσίτερος kasiteros
tin *v.t.* γανώνω ganono
tincture *n.* βάμμα vama
tincture *v.t.* χρωματίζω hromatizo
tinge *n.* τόνος tonos
tinge *v.t.* βάφω ελαφρά vafo elafra
tinker *n.* γανωματής ganomatis

tinsel *n.* πούλιες poulies
tint *n.* απόχρωση apohrosi
tint *v.t.* χρωματίζω ελαφρά hromatizo elafra
tiny *a.* μικροσκοπικός mikroskopikos
tip *n.* άκρη akri
tip *v.t.* περπατώ στα νύχια των ποδιών perpato sta nihia ton podion
tip *n.* σκουπιδότοπος skoupidotopos
tip *v.t.* γέρνω yerno
tip *n.* φιλοδώρημα filodorima
tip *v.t.* φιλοδωρώ filodoro
tipsy *a.* ζαλισμένος zalismenos
tirade *n.* εξάψαλμος eksapsalmos
tire *v.t.* κουράζω/-ομαι kourazo/-ome
tiresome *a.* πληκτικός pliktikos
tissue *n.* ιστός istos
titanic *a.* τιτάνιος titanios
tithe *n.* δεκάτη dekati
title *n.* τίτλος titlos
titular *a.* ονομαστικός onomastikos
toad *n.* φρύνος frinos
toast *n.* φρυγανιά frigania
toast *v.t.* φρυγανίζω/-ομαι friganizo/-ome
tobacco *n.* καπνός kapnos
today *adv. & n.* σήμερα simera
toe *n.* δάχτυλο ποδιού dahtilo podiou
toe *v.t.* αγγίζω με τα δάχτυλα του ποδιού agizo me ta dahtila tou podiou
toffee *n.* καραμέλα βουτύρου karamela voutirou
toga *n.* τήβεννος tivenos
together *adv.* μαζί mazi
toil *n.* μόχθος mohthos
toil *v.i.* μοχθώ mohtho
toilet *n.* τουαλέτα toualeta

toils *n. pl.* δίχτυα dihtia
token *n.* τεκμήριο tekmirio
tolerable *a.* ανεκτός anektos
tolerance *n.* ανετικότητα anektikotita
tolerant *a.* ανεκτικός anektikos
tolerate *v.t.* ανέχομαι anehome
toleration *n.* ανοχή anohi
toll *n.* διόδια diodia
toll *n* πένθιμη κωδωνοκρουσία penthimi kodonokrousia
toll *v.t.* χτυπώ πένθιμα htipo penthima
tomato *n.* ντομάτα ntomata
tomb *n.* τάφος tafos
tomboy *n.* αγοροκόριτσο agorokoritso
tomcat *n.* γάτος gatos
tome *n.* ογκώδης τόμος ogkodis tomos
tomorrow *n. & adv.* αύριο avrio
ton *n.* τόνος tonos
tone *n.* τόνος tonos
tone *v.t.* χρωματίζω hromatizo
tongs *n. pl.* τσιμπίδα tsibida
tongue *n.* γλώσσα glosa
tonic *a.* τονωτικός tonotikos
tonic *n.* τονωτικό tonotiko
tonight *n. & adv.* απόψε apopse
tonne *n.* τόνος tonos
tonsil *n.* αμυγδαλή amigdali
tonsure *n.* κουρά koura
too *adv.* επίσης episis
tool *n.* εργαλείο ergalio
tooth *n.* δόντι donti
toothache *n.* πονόδοντος ponodontos
toothsome *a.* γευστικός yefstikos
top *n.* κορυφή korifi
top *v.t.* σκεπάζω την κορυφή skepazo tin korifi
top *n.* σβούρα svoura
topaz *n.* τοπάζι topazi
topic *n.* θέμα thema

topical *a.* επίκαιρος epikeros
topographer *n.* τοπογράφος topografos
topographical *a.* τοπογραφικός topografikos
topography *n.* τοπογραφία topografia
topple *v.i.* σωριάζομαι soriazome
topsy-turvy *a. & adv* άνω-κάτω ano-kato
torch *n.* πυρσός pirsos
torment *n.* μαρτύριο martirio
torment *v.t.* βασανίζω vasanizo
tornado *n.* ανεμοστρόβιλος anemostrovilos
torpedo *n.* τορπίλη torpili
torpedo *v.t.* τορπιλίζω torpilizo
torrent *n.* χείμαρρος himaros
torrential *a.* χειμαρρώδης himarodis
torrid *a.* πολύ ζεστός poli zestos
tortoise *n.* χελώνα helona
tortuous *a.* ελικοειδής elikoidis
torture *n.* βασανιστήριο vasanistirio
torture *v.t.* βασανίζω vasanizo
toss *v.t.* τινάζω tinazo
toss *n* τίναγμα tinagma
total *a.* ολοκληρωτικός oloklirotikos
total *n.* σύνολο sinolo
total *v.t.* ανέρχομαι anerhome
totality *n.* ολότητα olotita
touch *v.t.* αγγίζω agizo
touch *n* άγγιγμα agigma
touchy *a.* εύθικτος efthiktos
tough *a.* σκληρός skliros
toughen *v.t.* σκληραγωγώ/-ούμαι skliragogo/-oume
tour *n.* περιοδεία periodia
tour *v.i.* περιοδεύω periodevo
tourism *n.* τουρισμός tourismos
tourist *n.* τουρίστας touristas

tournament *n.* τουρνουά tournoua
towards *prep.* προς pros
towel *n.* πετσέτα petseta
towel *v.t.* σκουπίζω με πετσέτα skoupizo me petseta
tower *n.* πύργος pirgos
tower *v.i.* δεσπόζω despozo
town *n.* πόλη poli
township *a.* πολίχνη polihni
toy *n.* παιχνίδι pehnidi
toy *v.i.* παίζω pezo
trace *n.* ίχνος ihnos
trace *v.t.* ανακαλύπτω anakalipto
traceable *a.* ανιχνεύσιμος anihnefsimos
track *n.* πατημασιά patimasia
track *v.t.* παρακολουθώ parakoloutho
tract *n.* έκταση ektasi
tract *n* φυλλάδιο filadio
traction *n.* έλξη elksi
tractor *n.* τρακτέρ trakter
trade *n.* εμπόριο eborio
trade *v.i* εμπορεύομαι eborevome
trader *n.* έμπορος eboros
tradesman *n.* έμπορος λιανικής eboros lianikis
tradition *n.* παράδοση paradosi
traditional *a.* παραδοσιακός paradosiakos
traffic *n.* κίνηση kinisi
traffic *v.i.* κάνω εμπόριο kano eborio
tragedian *n.* τραγωδός tragodos
tragedy *n.* τραγωδία tragodia
tragic *a.* τραγικός trayikos
trail *n.* γραμμή grami
trail *v.t.* τραβώ travo
trailer *n.* τροχόσπιτο trohospito
train *n.* τρένο treno
train *v.t.* προπονώ/-ούμαι propono/-oume

trainee *n.* εκπαιδευόμενος ekpedevomenos
training *n.* προπόνηση proponisi
trait *n.* γνώρισμα gnorisma
traitor *n.* προδότης prodotis
tram *n.* τραμ tram
trample *v.t.* ποδοπατώ podopato
trance *n.* έκσταση ekstasi
tranquil *a.* ήρεμος iremos
tranquility *n.* γαλήνη galini
tranquillize *v.t.* ηρεμώ iremo
transact *v.t.* διεκπεραιώνω diekpereono
transaction *n.* συναλλαγή sinalayi
transcend *v.t.* υπερβαίνω iperveno
transcendent *a.* έξοχος eksohos
transcribe *v.t.* μεταγράφω metagrafo
transcription *n.* μεταγραφή metagrafi
transfer *n.* μεταφορά metafora
transfer *v.t.* μεταφέρω metafero
transferable *a.* μεταβιβάσιμος metavivasimos
transfiguration *n.* μεταμόρφωση metamorfosi
transfigure *v.t.* μεταμορφώνω metamorfono
transform *v.* μεταμορφώνω metamorfono
transformation *n.* μεταμόρφωση metamorfosi
transgress *v.t.* υπερβαίνω iperveno
transgression *n.* υπέρβαση ipervasi
transit *n.* μεταφορά metafora
transition *n.* μετάβαση metavasi
transitive *n.* μεταβατικό metavatiko
transitory *n.* εφήμερος efimeros

translate *v.t.* μεταφράζω metafrazo
translation *n.* μετάφραση metafrasi
transmigration *n.* μετανάστευση metanastefsi
transmission *n.* μετάδοση metadosi
transmit *v.t.* μεταδίδω metadido
transmitter *n.* πομπός pobos
transparent *a.* διαφανής diafanis
transplant *v.t.* μεταμοσχεύω metamoshevo
transport *v.t.* μεταφέρω metafero
transport *n.* μεταφορά metafora
transportation *n.* μεταφορά metafora
trap *n.* παγίδα payida
trap *v.t.* παγιδεύω payidevo
trash *n.* τιποτένιος tipotenios
travel *v.i.* ταξιδεύω taksidevo
travel *n* ταξίδι taksidi
traveller *n.* ταξιδιώτης taksidiotis
tray *n.* δίσκος diskos
treacherous *a.* ύπουλος ipoulos
treachery *n.* δολιότητα doliotita
tread *v.t.* βηματίζω vimatizo
tread *n* βήμα vima
treason *n.* προδοσία prodosia
treasure *n.* θησαυρός thisavros
treasure *v.t.* φυλάω filao
treasurer *n.* ταμίας tamias
Treasury *n.* Υπουργείο Οικονομικών ipouryio ikonomikon
treat *v.t.* μεταχειρίζομαι metahirizome
treat *n* κέρασμα kerasma
treatise *n.* πραγματεία pragmatia
treatment *n.* θεραπεία therapia
treaty *n.* συνθήκη sinthiki
tree *n.* δέντρο dentro

trek *v.i.* ταξιδεύω μακριά taksidevo makria
trek *n.* μακρινό επίπονο ταξίδι makrino epipono taksidi
tremble *v.i.* τρέμω tremo
tremendous *a.* τρομερός tromeros
tremor *n.* τρεμούλιασμα tremouliasma
trench *n.* χαράκωμα harakoma
trench *v.t.* ανοίγω χαρακώματα anoigo harakomata
trend *n.* τάση tasi
trespass *v.i.* καταπατώ katapato
trespass *n.* καταπάτηση katapatisi
trial *n.* δοκιμή dokimi
triangle *n.* τρίγωνο trigono
triangular *a.* τριγωνικός trigonikos
tribal *a.* φυλετικός filetikos
tribe *n.* φυλή fili
tribulation *n.* δοκιμασία dokimasia
tribunal *n.* δικαστήριο dikastirio
tributary *n.* παραπόταμος parapotamos
tributary *a.* υποτελής ipotelis
trick *n* κόλπο kolpo
trick *v.t.* ξεγελώ kseyelo
trickery *n.* ζαβολιά zavolia
trickle *v.i.* στάζω stazo
trickster *n.* απατεώνας apateonas
tricky *a.* δύσκολος diskolos
tricolour *a.* τρίχρωμος trihromos
tricolour *n* τρίχρωμη σημαία trihromi simea
tricycle *n.* τρίκυκλο trikiklo
trifle *n.* ασήμαντο πράγμα asimanto pragma
trifle *v.i* παίζω pezo
trigger *n.* σκανδάλη skandali

trim *a.* φροντισμένος frontismenos
trim *n* τάξη taksi
trim *v.t.* περιποιούμαι peripioume
trinity *n.* τριάδα triada
trio *n.* τρίο trio
trip *v.t.* σκοντάφτω skontafto
trip *n.* παραπάτημα parapatima
tripartite *a.* τριμερής trimeris
triple *a.* τριπλός triplos
triple *v.t.* τριπλασιάζω/-ομαι triplasiazo/-ome
triplicate *a.* τριπλός triplos
triplicate *n* τριπλότυπο triplotipo
triplicate *v.t.* τριπλασιάζω triplasiazo
triplication *n.* τριπλασιασμός triplasiasmos
tripod *n.* τρίποδο tripodo
triumph *n.* θρίαμβος thriamvos
triumph *v.i.* θριαμβεύω thriamvevo
triumphal *a.* θριαμβικός thriamvikos
triumphant *a.* θριαμβευτικός thriamveftikos
trivial *a.* ασήμαντος asimantos
troop *n.* στρατεύματα stratevmata
troop *v.i* πάω μπουλούκι pao boulouki
trooper *n.* στρατιώτης ιππικού stratiotis ipikou
trophy *n.* τρόπαιο tropeo
tropic *n.* τροπικός tropikos
tropical *a.* τροπικός tropikos
trot *v.i.* τριποδίζω tripodizo
trot *n* τροχασμός trohasmos
trouble *n.* μπελάς belas
trouble *v.t.* μπαίνω στον κόπο beno ston kopo
troublesome *a.* ενοχλητικός enohlitikos

troupe *n.* θίασος thiasos
trousers *n. pl* παντελόνι panteloni
trowel *n.* μυστρί mistri
truce *n.* ανακωχή anakohi
truck *n.* φορτηγό fortigo
true *a.* αληθινός alithinos
trump *n.* ατού atou
trump *v.t.* παίζω ατού pezo atou
trumpet *n.* σάλπιγγα salpigka
trumpet *v.i.* σαλπίζω salpizo
trunk *n.* κορμός kormos
trust *n.* εμπιστοσύνη ebistosini
trust *v.t* εμπιστεύομαι ebistevome
trustee *n.* θεματοφύλακας thematofilakas
trustful *a.* γεμάτος εμπιστοσύνη yematos ebistosini
trustworthy *a.* αξιόπιστος aksiopistos
trusty *n.* δοκιμασμένος dokimasmenos
truth *n.* αλήθεια alithia
truthful *a.* ειλικρινής ilikrinis
try *v.i.* προσπαθώ prospatho
try *n* προσπάθεια prospathia
trying *a.* δύσκολος diskolos
tryst *n.* ραντεβού rantevou
tub *n.* μπανιέρα baniera
tube *n.* σωλήνας solinas
tuberculosis *n.* φυματίωση fimatiosi
tubular *a.* σωληνοειδής solinoidis
tug *v.t.* τραβώ travo
tuition *n.* μάθημα mathima
tumble *v.i.* πέφτω pefto
tumble *n.* τούμπα touba
tumbler *n.* ποτήρι potiri
tumour *n.* όγκος ogkos
tumult *n.* φασαρία fasaria
tumultuous *a.* θορυβώδης thorivodis
tune *n.* μελωδία melodia
tune *v.t.* κουρδίζω kourdizo

tunnel *n.* τούνελ tounel
tunnel *v.i.* σκάβω σήραγγα skavo siragka
turban *n.* τουρμπάνι tourbani
turbine *n.* τουρμπίνα tourbina
turbulence *n.* αναταραχή anatarahi
turbulent *a.* ταραχώδης tarahodis
turf *n.* πρασινάδα prasinada
turkey *n.* γαλοπούλα galopoula
turmeric *n.* χρυσόρριζα hrisoriza
turmoil *n.* αναστάτωση anastatosi
turn *v.i.* στρίβω strivo
turn *n* στροφή strofi
turner *n.* τορναδόρος tornadoros
turnip *n.* γογγύλι gogili
turpentine *n.* νέφτι nefti
turtle *n.* θαλασσινή χελώνα thalasini helona
tusk *n.* χαυλιόδοντας havliodontas
tussle *n.* καυγάς kavgas
tussle *v.i.* παλεύω palevo
tutor *n.* φροντιστής frontistis
tutorial *a.* προπαρασκευαστικός proparaksevastikos
tutorial *n.* φροντιστήριο frontistirio
twelfth *n. & a.* δωδέκατος dodekatos
twelve *n.* δώδεκα dodeka
twentieth *n. & a.* εικοστός ikostos
twenty *n. & a.* είκοσι ikosi
twice *adv.* δυο φορές dio fores
twig *n.* κλωνάρι klonari
twilight *n* λυκόφως likofos
twin *n. & a.* δίδυμος didimos
twinkle *v.i.* τρεμολάμπω tremolabo
twinkle *n.* σπίθισμα spithisma
twist *v.t.* στρίβω strivo

twist *n.* στραμπούληγμα strabouligma
twitter *n.* τιτίβισμα titivisma
twitter *v.i.* τιτιβίζω titivizo
two *n. & a.* δυο dio
twofold *a.* διπλάσιος diplasios
type *n.* τύπος tipos
type *v.t.* δακτυλογραφώ daktilografo
typhoid *a.* τυφοειδής tifoidis
typhoon *n.* τυφώνας tifonas
typhus *n.* τύφος tifos
typical *a.* τυπικός tipikos
typify *v.t.* συμβολίζω simvolizo
typist *n.* δακτυλογράφος daktilografos
tyranny *n.* τυραννία tirania
tyrant *n.* τύραννος tiranos
tyre *n.* ελαστικό αυτοκινήτου elastiko aftokinitou

U

udder *n.* μαστάρι mastari
uglify *v.t.* ασχημίζω ashimizo
ugliness *n.* ασχήμια ashimia
ugly *a.* άσχημος ashimos
ulcer *n.* έλκος elkos
ulcerous *a.* ελκώδης elkodis
ulterior *a.* απώτερος apoteros
ultimate *a.* ύστατος istatos
ultimately *adv.* τελικά telika
ultimatum *n.* τελεσίγραφο telesigrafo
umbrella *n.* ομπρέλα obrela
umpire *n.* διαιτητής dietitis
umpire *v.t.* διαιτητεύω dietitevo
unable *a.* ανίκανος anikanos
unanimity *n.* ομοφωνία omofonia

unanimous *a.* ομόφωνος omofonos
unaware *a.* ανήξερος anikseros
unawares *adv.* εξαπίνης eksapinis
unburden *v.t.* ξαλαφρώνω ksalafrono
uncanny *a.* αφύσικος afisikos
uncertain *a.* αβέβαιος aveveos
uncle *n.* θείος thios
uncouth *a.* άξεστος aksestos
under *prep.* κάτω kato
under *adv* κάτω από kato apo
undercurrent *n.* υπόγειο ρεύμα ipoyio revma
underdog *n* καταπιεζόμενος katapiezomenos
undergo *v.t.* υφίσταμαι ifistame
undergraduate *n.* φοιτητής fititis
underhand *a.* ύπουλος ipoulos
underline *v.t.* υπογραμμίζω ipogramizo
undermine *v.t.* υπονομεύω iponomevo
underneath *adv. & prep.* κάτω από kato apo
understand *v.t.* καταλαβαίνω katalaveno
undertake *v.t.* αναλαμβάνω analamvano
undertone *n.* χαμηλός τόνος hamilos tonos
underwear *n.* εσώρουχα esorouha
underworld *n.* υπόκοσμος ipokosmos
undo *v.t.* λύνω lino
undue *a.* υπερβολικός ipervolikos
undulate *v.i.* κυματίζω kimatizo
undulation *n.* κυματισμός kimatismos
unearth *v.t.* ξεθάβω ksethavo

uneasy *a.* ταραγμένος taragmenos
unfair *a* άδικος adikos
unfold *v.t.* ξετυλίγω ksetiligo
unfortunate *a.* άτυχος atihos
ungainly *a.* άχαρος aharos
unhappy *a.* δυστυχισμένος distihismenos
unification *n.* ενοποίηση enopiisi
union *n.* ένωση enosi
unionist *n.* συνδικαλιστής sindikalistis
unique *a.* μοναδικός monadikos
unison *n.* αρμονία armonia
unit *n.* μονάδα monada
unite *v.t.* ενώνω enono
unity *n.* σύνολο sinolo
universal *a.* παγκόσμιος pagkosmios
universality *n.* καθολικότητα katholikotita
universe *n.* σύμπαν siban
university *n.* πανεπιστήμιο panapistimio
unjust *a.* άδικος adikos
unless *conj.* εκτός ektos
unlike *a* διαφορετικός diaforetikos
unlike *prep* αντίθετα από antitheta apo
unlikely *a.* απίθανος apithanos
unmanned *a.* χωρίς προσωπικό horis prosopiko
unmannerly *a* αγενής ayenis
unprincipled *a.* αδίσταχτος adistahtos
unreliable *a.* αναξιόπιστος anaksiopistos
unrest *n* αναταραχή anatarahi
unruly *a.* ανυπότακτος anipotaktos
unsettle *v.t.* αναστατώνω anastatono
unsheat *v.t.* ανατρέπω anatrepo

until *prep.* μέχρι mehri
until *conj* έως eos
untoward *a.* δυσμενής dismenis
unwell *a.* αδιάθετος adiathetos
unwittingly *adv.* χωρίς επίγνωση horis epignosi
up *adv.* πάνω pano
up *prep.* προς τα πάνω pros ta pano
upbraid *v.t* επιτιμώ epitimo
upheaval *n.* αναστάτωση anastatosi
uphold *v.t* υποστηρίζω ipostirizo
upkeep *n* συντήρηση sintirisi
uplift *v.t.* υψώνω ipsono
uplift *n* ανάταση anatasi
upper *a.* ανώτερος anoteros
upright *a.* όρθιος orthios
uprising *n.* εξέγερση ekseyersi
uproar *n.* οχλαγωγία ohlagoyia
uproarious *a.* θορυβώδης thorivodis
uproot *v.t.* ξεριζώνω kserizono
upset *v.t.* ανατρέπω anatrepo
upshot *n.* έκβαση ekvasi
upstart *n.* νεόπλουτος neoploutos
up-to-date *a.* μοντέρνος monternos
upward *a.* ανοδικός anodikos
upwards *adv.* προς τα πάνω pros ta pano
urban *a.* αστικός astikos
urbane *a.* αβρός avros
urbanity *n.* αβρότητα avrotita
urchin *n.* διαβολάκος diavolakos
urge *v.t* πιέζω piezo
urge *n* παρόρμηση parormisi
urgency *n.* ανάγκη anagi
urgent *a.* επείγων epigon
urinal *n.* ουροδοχείο ourodohio
urinary *a.* ουρητικός ouritikos
urinate *v.i.* ουρώ ouro
urination *n.* ούρηση ourisi

urine *n.* ούρα oura
urn *n* τεφροδόχος tefrodohos
usage *n.* χρήση hrisi
use *n.* χρήση hrisi
use *v.t.* χρησιμοποιώ hrisimopio
useful *a.* χρήσιμος hrisimos
usher *n.* ταξιθέτης taksithetis
usher *v.t.* οδηγώ odigo
usual *a.* συνήθης sinithis
usually *adv.* συνήθως sinithos
usurer *n.* τοκογλύφος tokoglyfos
usurp *v.t.* σφετερίζομαι sfeterizome
usurpation *n.* σφετερισμός sfeterismos
usury *n.* τοκογλυφία tokoglyifia
utensil *n.* σκεύος skevos
uterus *n.* μήτρα mitra
utilitarian *a.* ωφελιμιστικός ofelimistikos
utility *n.* χρησιμότητα hrisimotita
utilization *n.* χρησιμοποίηση hrisimopiisi
utilize *v.t.* χρησιμοποιώ hrisimopio
utmost *a.* έσχατος eshatos
utmost *n* έπακρο epakro
utopia *n.* ουτοπία outopia
utopian *a.* ουτοπικός outopikos
utter *v.t.* εκβάλλω ekvalo
utter *a* τέλειος telios
utterance *n.* άρθρωση arthrosi
utterly *adv.* τελείως telios

V

vacancy *n.* κενή θέση keni thesi
vacant *a.* κενός kenos
vacate *v.t.* αφήνω afino
vacation *n.* διακοπές diakopes

vaccinate v.t. εμβολιάζω emvoliazo
vaccination n. εμβολιασμός emvoliasmos
vaccinator n. εμβολιαστής amvoliastis
vaccine n. εμβόλιο emvolio
vacillate v.i. ταλαντεύομαι talantevome
vacuum n. κενό keno
vagabond n. αλήτης alitis
vagabond a περιπλανώμενος periplanomenos
vagary n. ιδιοτροπία idiotropia
vagina n. κόλπος kolpos
vague a. ασαφής asafis
vagueness n. ασάφεια asafia
vain a. μάταιος mateos
vainglorious a. ματαιόδοξος mateodoksos
vainglory n. ματαιοδοξία mateodoksia
vainly adv. μάταια matea
vale n. κοιλάδα kilada
valiant a. γενναίος yeneos
valid a. έγκυρος egiros
validate v.t. επικυρώνω epikirono
validity n. εγκυρότητα egirotita
valley n. κοιλάδα kilada
valour n. ανδρεία andria
valuable a. πολύτιμος politimos
valuation n. εκτίμηση ektimisi
value n. αξία aksia
value v.t. εκτιμώ ektimo
valve n. βαλβίδα valvida
van n. καμιόνι kamioni
vanish v.i. εξαφανίζομαι eksafanizome
vanity n. ματαιοδοξία mateodoksia
vanquish v.t. νικώ niko
vaporize v.t. εξατμίζω/-ομαι eksatmizo/-ome
vaporous a. αχνώδης ahnodis

vapour n. ατμός atmos
variable a. μεταβλητός metavlitos
variance n. διαφωνία diafonia
variation n. απόκλιση apoklisi
varied a. ποικίλος pikilos
variety n. ποικιλία pikilia
various a. ποικίλος pikilos
varnish n. βερνίκι verniki
varnish v.t. βερνικώνω vernikono
vary v.t. ποικίλλω pikilo
vasectomy n. αγγειοεκτομή agiektomi
vaseline n. βαζελίνη vazelini
vast a. απέραντος aperantos
vault n. θόλος tholos
vault n. άλμα alma
vault v.i. πηδώ pido
vegetable n. λαχανικό lahaniko
vegetable a. φυτικός fitikos
vegetarian n. χορτοφάγος hortofagos
vegetarian a χορτοφαγικός hortofayikos
vegetation n. βλάστηση vlastisi
vehemence n. βιαιότητα vieotita
vehement a. βίαιος vieos
vehicle n. όχημα ohima
vehicular a. των οχημάτων ton ohimaton
veil n. πέπλος peplos
veil v.t. καλύπτω kalipto
vein n. φλέβα fleva
velocity n. ταχύτητα tahitita
velvet n. βελούδο veloudo
velvety a. απαλός apalos
venal a. εξαγοραζόμενος eksagorazomenos
venality n. δωροληψία dorolipsia
vendor n. πωλητής politis
venerable a. σεβάσμιος sevasmios
venerate v.t. σέβομαι sevome

veneration *n.* σεβασμός sevasmos
vengeance *n.* εκδίκηση ekdikisi
venial *a.* ελαφρός elafros
venom *n.* δηλητήριο dilitirio
venomous *a.* δηλητηριώδης dilitiriodis
vent *n.* τρύπα tripa
ventilate *v.t.* αερίζω aerizo
ventilation *n.* εξαερισμός eksaerismos
ventilator *n.* εξαεριστήρας eksaeristiras
venture *n.* εγχείρημα enhirima
venture *v.t.* διακινδυνεύω diakindinevo
venturesome *a.* ριψοκίνδυνος ripsokindinos
venturous *a.* παράτολμος paratolmos
venue *n.* τόπος συναντήσεως topos sinantiseos
veracity *n.* αλήθεια alithia
verendah *n.* βεράντα veranta
verb *n.* ρήμα rima
verbal *a.* ρηματικός rimatikos
verbally *adv.* προφορικά proforika
verbatim *a. & adv.* αυτολεξεί aftoleksi
verbose *a.* φλύαρος fliaros
verbosity *n.* φλυαρία fliaria
verdant *a.* χλοερός hloeros
verdict *n.* ετυμηγορία etimigoria
verge *n.* άκρο akro
verification *n.* επαλήθευση epalithefsi
verify *v.t.* επαληθεύω epalithevo
verisimilitude *n.* αληθοφάνεια alithofania
veritable *a.* αληθινός alithinos
vermillion *n.* ζωηρό κόκκινο χρώμα zoiro kokino hroma

vermillion *a.* κατακόκκινος katakokinos
vernacular *n.* ιδίωμα idioma
vernacular *a.* ομιλούμενος omiloumenos
vernal *a.* εαρινός earinos
versatile *a.* γόνιμος gonimos
versatility *n.* ευστροφία efstrofia
verse *n.* ποίηση piisi
versed *a.* μυημένος miimenos
versification *n.* στιχουργία stihouryia
versify *v.t.* στιχουργώ stihourgo
version *n.* εκδοχή ekdohi
versus *prep.* εναντίον enantion
vertical *a.* κατακόρυφος katakorifos
verve *n.* οίστρος istros
very *a.* πολύ poli
vessel *n.* αγγείο agio
vest *n.* εσωτερική φανέλα esoteriki fanela
vest *v.t.* περιβάλλω perivalo
vestige *n.* ίχνος ihnos
vestment *n.* άμφιο amfio
veteran *n.* βετεράνος veteranos
veterinary *a.* κτηνιατρικός ktiniatrikos
veto *n.* βέτο veto
veto *v.t.* ασκώ βέτο asko veto
vex *v.t.* πειράζω pirazo
vexation *n* ενόχληση enohlisi
via *prep.* μέσω meso
viable *a.* βιώσιμος viosimos
vial *n.* φιαλίδιο fialidio
vibrate *v.i.* δονώ/-ούμαι dono/-oume
vibration *n.* δόνηση donisi
vicar *n.* εφημέριος efimerios
vicarious *a.* υποκατάστατος ipokatastatos
vice *n.* βίτσιο vitsio
viceroy *n.* αντιβασιλεύς antivasilefs

vice-versa *adv.* αντιστρόφως antistrofos
vicinity *n.* στην περιοχή stin periohi
vicious *a.* μοχθηρός mohthiros
vicissitude *n.* μεταστροφή metastrofi
victim *n.* θύμα thima
victimize *v.t.* κατατρέχω katatreho
victor *n.* νικητής nikitis
victorious *a.* νικηφόρος nikiforos
victory *n.* νίκη niki
victuals *n. pl* τρόφιμα trofima
vie *v.i.* συναγωνίζομαι sinagonizome
view *n.* όψη opsi
view *v.t.* βλέπω vlepo
vigil *n.* ξενύχτι ksenihti
vigilance *n.* επαγρύπνηση epagripnisi
vigilant *a.* άγρυπνος agripnos
vigorous *a.* ρωμαλέος romaleos
vile *a.* ποταπός potapos
vilify *v.t.* διασύρω diasiro
villa *n.* βίλα vila
village *n.* χωριό horio
villager *n.* χωρικός horikos
villain *n.* κακός kakos
vindicate *v.t.* διεκδικώ diekdiko
vindication *n.* διεκδίκηση diekdikisi
vine *n.* κλήμα klima
vinegar *n.* ξίδι ksidi
vintage *n.* τρύγος trigos
violate *v.t.* παραβαίνω paraveno
violation *n.* παραβίαση paraviasi
violence *n.* βία via
violent *a.* βίαιος vieos
violet *n.* βιολέτα violeta
violin *n.* βιολί violi
violinist *n.* βιολιστής violistis
virgin *n.* παρθένος parthenos
virgin *a.* παρθενικός parthenikos

virginity *n.* παρθενικότητα parthenikotita
virile *a.* αρρενωπός arenopos
virility *n.* αρρενωπότητα arenopotita
virtual *a.* ουσιαστικός ousiastikos
virtue *n.* αρετή areti
virtuous *a.* ενάρετος enaretos
virulence *n.* τοξικότητα toksikotita
virulent *a.* τοξικός toksikos
virus *n.* ιός ios
visage *n.* πρόσωπο prosopo
visibility *n.* ορατότητα oratotita
visible *a.* ορατός oratos
vision *n.* όραση orasi
visionary *a.* φανταστικός fantastikos
visionary *n.* ονειροπόλος oniropolos
visit *n.* επίσκεψη episkepsi
visit *v.t.* επισκέπτομαι episkeptome
visitor *n.* επισκέπτης episkeptis
vista *n.* αναπόληση anapolisi
visual *a.* οπτικός optikos
visualize *v.t.* φαντάζομαι fantazome
vital *a.* ζωτικός zotikos
vitality *n.* ζωτικότητα zotikotita
vitalize *v.t.* αναζωογονώ anazoogono
vitamin *n.* βιταμίνη vitamini
vitiate *v.t.* μολύνω molino
vivacious *a.* κεφάτος kefatos
vivacity *n.* ζωηρότητα zoirotita
viva-voce *adv.* προφορικά proforika
viva-voce *a* προφορικός proforikos
vivid *a.* ζωηρός zoiros
vixen *n.* θηλυκιά αλεπού thilikia alepou

vocabulary n. λεξιλόγιο leksiloyio
vocal a. φωνητικός fonitikos
vocalist n. τραγουδιστής tragoudistis
vocation n. αποστολή apostoli
vogue n. μόδα moda
voice n. φωνή foni
voice v.t. εκφράζω ekfrazo
void a. κενός kenos
void v.t. ακυρώνω akirono
void n. κενό keno
volcanic a. ηφαιστειακός ifestiakos
volcano n. ηφαίστειο ifestio
volition n. θέληση thelisi
volley n. βόλεϋ volei
volt n. βολτ volt
voltage n. τάση tasi
volume n. τόμος tomos
voluminous a. πολύτομος politomos
voluntarily adv. εκουσίως ekousios
voluntary a. εθελοντικός ethelontikos
volunteer n. εθελοντής ethelontis
volunteer v.t. προσφέρω εθελοντικώς prosfero ethelontikos
voluptuary n. φιλήδονος filidonos
voluptuous a. φιλήδονος filidonos
vomit v.t. ξερνώ kserno
vomit n εμετός emetos
voracious a. αχόρταγος ahortagos
votary n. πιστός pistos
vote n. ψήφος psifos
vote v.i. ψηφίζω psifizo
voter n. ψηφοφόρος psifoforos
vouch v.i. εγγυώμαι egiome

voucher n. απόδειξη apodiksi
vouchsafe v.t. συγκατατίθεμαι sigkatatitheme
vow n. όρκος orkos
vow v.t. ορκίζομαι orkizome
vowel n. φωνήεν fonien
voyage n. ταξίδι taksidi
voyage v.i. ταξιδεύω taksidevo
voyager n. ταξιδιώτης taksidiotis
vulgar a. χυδαίος hideos
vulgarity n. χυδαιότητα hideotita
vulnerable a. τρωτός trotos
vulture n. γύπας yipas

W

wade v.i. διασχίζω με κόπο diashizo me kopo
waddle v.i. περπατώ σαν πάπια perpato san papia
waft v.t. φέρνω ferno
waft n πνοή pnoi
wag v.i. κουνάω kounao
wag n κούνημα kounima
wage v.t. διεξάγω dieksago
wage n. μισθός misthos
wager n. στοίχημα stihima
wager v.i. στοιχηματίζω stihimatizo
wagon n. βαγόνι vagoni
wail v.i. ουρλιάζω ourliazo
wail n ουρλιαχτό ourliahto
wain n. αγροτικό κάρο agrotiko karo
waist n. μέση mesi
waistband n. ζώνη zoni
waistcoat n. γιλέκο yileko
wait v.i. περιμένω perimeno
wait n. αναμονή anamoni
waiter n. σερβιτόρος servitoros
waitress n. σερβιτόρα servitora

waive *v.t.* αντιπαρέρχομαι antiparerhome
wake *v.t.* ξυπνώ ksipno
wake *n* απόνερα aponera
wakeful *a.* άγρυπνος agripnos
walk *v.i.* περπατώ perpato
walk *n* βόλτα volta
wall *n.* τοίχος tihos
wall *v.t.* περιτοιχίζω peritihizo
wallet *n.* πορτοφόλι portofoli
wallop *v.t.* χτυπώ δυνατά htipo dinata
wallow *v.i.* κυλιέμαι kilieme
walnut *n.* καρύδι karidi
walrus *n.* θαλάσσιος ίππος thalasios ipos
wan *a.* λυπημένος lipimenos
wand *n.* ραβδί ravdi
wander *v.i.* περιπλανιέμαι periplanieme
wane *v.i.* εξασθενώ eksastheno
wane *n* εξασθένηση eksasthenisi
want *v.t.* θέλω thelo
want *n* θέληση thelisi
wanton *a.* αδικαιολόγητος adikeoloyitos
war *n.* πόλεμος polemos
war *v.i.* πολεμώ polemo
warble *v.i.* κελαηδώ kelaido
warble *n* κελάηδημα kelaidima
warbler *n.* ωδικό πτηνό odiko ptino
ward *n.* θάλαμος thalamos
ward *v.t.* θέτω υπό κηδεμονία theto ipo kidemonia
warden *n.* φύλακας filakas
warder *n.* δεσμοφύλακας dezmofilakas
wardrobe *n.* ντουλάπα ntoulapa
wardship *n.* κηδεμονία ανηλίκου kidemonia anilikou
ware *n.* είδη idi
warehouse *v.t* αποθήκη apothiki
warfare *n.* πόλεμος polemos

warlike *a.* φιλοπόλεμος filopolemos
warm *a.* ζεστός zestos
warm *v.t.* ζεσταίνω zesteno
warmth *n.* ζέστη zesti
warn *v.t.* προειδοποιώ proidopio
warning *n.* προειδοποίηση proidopiisi
warrant *n.* ένταλμα entalma
warrant *v.t.* δικαιολογώ dikeologo
warrantee *n.* λαμβάνων εγγύηση lamvanon egiisi
warrantor *n.* εγγυητής egiitis
warranty *n.* εγγύηση egiisi
warren *n.* λαβύρινθος lavirinthos
warrior *n.* πολεμιστής polemistis
wart *n.* κρεατοελιά kreatoelia
wary *a.* επιφυλακτικός epifilaktikos
wash *v.t.* πλένω pleno
wash *n* πλύση plisi
washable *a.* που πλένεται pou plenete
washer *n.* πλυντήριο lastihaki
wasp *n.* σφήκα sfika
waspish *a.* ευέξαπτος eveksaptos
wassail *n.* γλέντι glenti
wastage *n.* απώλεια apolia
waste *a.* άχρηστος ahristos
waste *n.* σπατάλη spatali
waste *v.t.* χάνω hano
wasteful *a.* σπάταλος spatalos
watch *v.t.* κοιτάζω kitazo
watch *n.* ρολόι χεριού roloi heriou
watchful *a.* άγρυπνος agripnos
watchword *n.* σύνθημα sinthima
water *n.* νερό nero
water *v.t.* ποτίζω potizo
waterfall *n.* καταρράκτης kataraktis
watermelon *n.* καρπούζι karpouzi

waterproof *a.* αδιάβροχος adiavrohos
waterproof *n* αδιάβροχο adiavroho
waterproof *v.t.* προστατεύω από το νερό prostatevo apo to nero
watertight *a.* στεγανός steganos
watery *a.* νερουλός neroulos
watt *n.* βατ vat
wave *n.* κύμα kima
wave *v.t.* γνέφω gnefo
waver *v.i.* τρεμοπαίζω tremopezo
wax *n.* κερί keri
wax *v.t.* κερώνω kerono
way *n.* δρόμος dromos
wayfarer *n.* οδοιπόρος odiporos
waylay *v.t.* παραφιλάω parafilao
wayward *a.* δύστροπος distropos
weak *a.* αδύναμος adinamos
weaken *v.t. & i* εξασθενώ eksastheno
weakling *n.* ασθενικό πλάσμα astheniko plasma
weakness *n.* αδυναμία adinamia
weal *n.* ίχνος ihnos
wealth *n.* πλούτος ploutos
wealthy *a.* εύπορος efporos
wean *v.t.* αποτραβώ apotravo
weapon *n.* όπλο oplo
wear *v.t.* φοράω forao
weary *a.* εξουθενωμένος eksouthenomenos
weary *v.t. & i* βαριέμαι varieme
weather *n* καιρός keros
weather *v.t.* ξεπερνώ kseperno
weave *v.t.* υφαίνω ifeno
weaver *n.* υφαντουργός ifantourgos
web *n.* ιστός istos
webby *a.* δικτυωτός diktiotos
wed *v.t.* παντρεύομαι pantrevome
wedding *n.* γάμος gamos
wedge *n.* σφήνα sfina
wedge *v.t.* σφηνώνω sfinono

wedlock *n.* έγγαμος βίος egamos vios
Wednesday *n.* Τετάρτη tetarti
weed *n.* ζιζάνιο zizanio
weed *v.t.* ξεχορταριάζω ksehortariazo
week *n.* εβδομάδα evdomada
weekly *a.* εβδομαδιαίος evdomadieos
weekly *adv.* εβδομαδιαία evdomadiea
weekly *n.* εβδομαδιαία εφημερίδα evdomadiea efimerida
weep *v.i.* κλαίω kleo
weevil *n.* σιταρόψειρα sitaropsira
weigh *v.t.* ζυγίζω ziyizo
weight *n.* βάρος varos
weighty *a.* βαρύς varis
weir *n.* φράγμα fragma
weird *a.* παράξενος paraksenos
welcome *a.* ευπρόσδεκτος efprosdektos
welcome *n* υποδοχή ipodohi
welcome *v.t* καλωσορίζω kalosorizo
weld *v.t.* οξυγονοκολλώ oksigonokolo
weld *n* οξυγονοκόλληση oksigonokolisi
welfare *n.* ευημερία evimeria
well *a.* καλά kala
well *adv.* καλά kala
well *n.* πηγάδι pigadi
well *v.i.* κυλώ kilo
wellignton *n.* γαλότσα galotsa
well-known *a.* γνωστός gnostos
well-read *a.* καλλιεργημένος kalieryimenos
well-timed *a.* σε κατάλληλη στιγμή se katalili stigmi
well-to-do *a.* ευκατάστατος efkatastatos
welt *n.* βουρδουλιά vourdoulia

welter *n.* αναταραχή anatarahi
wen *n.* σμηγματογόνος κύστη smigmatogonos kisti
wench *n.* κοπέλα kopela
west *n.* δύση disi
west *a.* δυτικός ditikos
west *adv.* δυτικά dutika
westerly *a.* δυτικός ditikos
westerly *adv.* προς τα δυτικά pros ta ditika
western *a.* δυτικός ditikos
wet *a.* υγρός igros
wet *v.t.* βρέχω vreho
wetness *n.* υγρότητα igrotita
whack *v.t.* χτυπώ htipo
whale *n.* φάλαινα falena
wharfage *n.* τέλη αποβάθρας teli apovathras
what *a.& pron.* τι ti
what *interj.* τι ti
whatever *pron.* οτιδήποτε otidipote
wheat *n.* σιτάρι sitari
wheedle *v.t.* καλοπιάνω kalopiano
wheel *a.* ρόδα roda
wheel *v.t.* τσουλάω tsoulao
whelm *v.t.* κατακλύζω kataklizo
whelp *n.* μικρό ζώου mikro zoou
when *adv.* πότε pote
when *conj.* όταν otan
whence *adv.* από που apo pou
whenever *adv. conj* όποτε opote
where *adv.* πού pou
where *conj.* πού pou
whereabout *adv.* πού περίπου pou peripou
whereas *conj.* ενώ eno
whereat *conj.* όπου opou
wherein *adv.* στο οποίο sto opio
whereupon *conj.* κατόπιν του οποίου katopin tou opiou
wherever *adv.* οπουδήποτε opoudipote

whet *v.t.* ακονίζω akonizo
whether *conj.* εάν ean
which *pron.* ποιος pios
which *a* ποιος pios
whichever *pron* οποιοδήποτε opiodipote
whiff *n.* τζούρα joura
while *n.* καιρός keros
while *conj.* καθώς kathos
while *v.t.* περνώ perno
whim *n.* καπρίτσιο kapritsio
whimper *v.i.* κλαψουρίζω klapsourizo
whimper *n.* κλαψούρισμα klapsourisma
whimsical *a.* ιδιόρρυθμος idiorithmos
whine *v.i.* βογγάω vogkao
whine *n* βογγητό vogito
whip *v.t.* μαστιγώνω mastigono
whip *n.* μαστίγιο mastiyio
whipcord *n.* στέρεο ριγωτό ύφασμα stereo rigoto ifasma
whir *n.* βόμβος vomvos
whirl *n.i.* δίνη dini
whirl *n* βουητό vouito
whirligig *n.* σβούρα svoura
whirlpool *n.* δίνη dini
whirlwind *n.* ανεμοστρόβιλος anemostrovilos
whisk *v.t.* χτυπώ htipo
whisk *n* χτυπητήρι htipitiri
whisker *n.* μουστάκι moustaki
whisky *n.* ουίσκι ouiski
whisper *v.t.* ψιθυρίζω psithirizo
whisper *n* ψίθυρος psithiros
whistle *v.i.* σφυρίζω sfirizo
whistle *n* σφύριγμα sfirigma
whistle *n* σφυρίχτρα sfirihtra
white *a.* λευκός lefkos
white *n* λευκό lefko
whiten *v.t.* λευκαίνω lefkeno
whitewash *n.* ασβέστης asvestis

whitewash v.t. ασβεστώνω asvestono
whither adv. προς τα που pros ta pou
whitish a. ασπριδερός asprideros
whittle v.t. λαξεύω laksevo
whiz v.i. περνώ σαν σίφουνας perno san sifounas
who pron. ποιος pios
whoever pron. οποιοσδήποτε opiosdipote
whole a. ολόκληρος olokliros
whole n σύνολο sinolo
whole-hearted a. ολόψυχος olopsihos
wholesale n. χονδρική πώληση hondriki polisi
wholesale a χονδρικός hondrikos
wholesale adv. χονδρικά hondrika
wholesaler n. χονδρέμπορος hondreboros
wholesome a. ευεργετικός everyetikos
wholly adv. πλήρως pliros
whom pron. ποιον pion
whore n. πόρνη porni
whose pron. ποιανού pianou
why adv. γιατί yiati
wick n. φυτίλι fitili
wicked a. απαίσιος apesios
wicker n. λυγαριά ligaria
wicket n. γκισές gises
wide a. φαρδύς fardis
wide adv. διάπλατα diaplata
widen v.t. διαπλατύνω diaplatino
widespread a. ευρέως διαδεδομένος evreos diadedomenos
widow n. χήρα hira
widow v.t. χηρεύω hirevo
widower n. χήρος hiros
width n. πλάτος platos
wield v.t. χειρίζομαι hirizome

wife n. η σύζυγος i sizigos
wig n. περούκα perouka
wight n. άτομο atomo
wigwam n. σκηνή Ινδιάνων skini indianon
wild a. άγριος agrios
wilderness n. ερημιά erimia
wile n. τέχνασμα tehnasma
will n. θέληση thelisi
will v.t. θέλω thelo
willing a. πρόθυμος prothimos
willingness n. προθυμία prothimia
willow n. ιτιά itia
wily a. πονηρός poniros
wimble n. εργαλείο ανοίγματος τρύπας ergalio anigmatos tripas
wimple n. καλύπτρα kaliptra
win v.t. κερδίζω kerdizo
win n νίκη niki
wince v.i. σκιρτώ skirto
winch n. βαρούλκο varoulko
wind n. άνεμος anemos
wind v.t. κόβω την ανάσα kovo tin anasa
wind v.t. τυλίγω tiligo
windbag n. φαφλατάς faflatas
winder n. κουρδιστήρι kourdistiri
windlass v.t. βαρούλκο varoulko
windmill n. ανεμόμυλος anemomilos
window n. παράθυρο parathiro
windy a. με πολύ άνεμο me polu anemo
wine n. κρασί krasi
wing n. φτερούγα fterouga
wink v.i. τρεμοπαίζω tremopezo
wink n κλείσιμο του ματιού klisimo tou matiou
winner n. νικητής nikitis
winnow v.t. λιχνίζω lihnizo
winsome a. χαριτωμένος haritomenos

winter n. χειμώνας himonas
winter v.i ξεχειμωνιάζω ksehimoniazo
wintry a. χειμωνιάτικος himoniatikos
wipe v.t. σκουπίζω skoupizo
wipe n. σκούπισμα skoupizma
wire n. καλώδιο kalodio
wire v.t. καλωδιώνω kalodiono
wireless a. ασύρματος asirmatos
wireless n ασύρματος asirmatos
wiring n. ηλεκτρολογική εγκατάσταση ilekrtoloyiki egkatastasi
wisdom n. σοφία sofia
wisdom-tooth n. φρονιμίτης fronimitis
wise a. σοφός sofos
wish n. ευχή efhi
wish v.t. εύχομαι efhome
wishful a. επιθυμών epithimon
wisp n. τούφα toufa
wistful a. μελαγχολικός melanholikos
wit n. πνεύμα pnevma
witch n. μάγισσα mayisa
witchcraft n. μαγεία mayia
witchery n. μαγεία mayia
with prep. μαζί mazi
withal adv. επίσης episis
withdraw v.t. αποσύρω aposiro
withdrawal n. ανάκληση anaklisi
withe n. βέργα verga
wither v.i. μαραίνομαι marenome
withhold v.t. παράκρατώ parakrato
within prep. μέσα σε mesa se
within adv. από μέσα apo mesa
without prep. χωρίς horis
without adv. εκτός ektos
withstand v.t. αντέχω adeho
witless a. χαζός hazos
witness n. μάρτυρας martiras

witness v.i. είμαι παρών ime paron
witticism n. ευφυολόγημα efioloyima
witty a. πνευματώδης pnevmatodis
wizard n. μάγος magos
wobble v.i τρέμω tremo
woe n. οδύνη odini
woebegone a. αξιολύπητος aksiolipitos
woeful n. θλιβερός thliveros
wolf n. λύκος likos
woman n. γύναικα yineka
womanhood n. γυναικεία φύση yinekia fisi
womanish n. θηλυπρεπής thiliprepis
womanise v.t. γκομενίζω gkomenizo
womb n. μήτρα mitra
wonder n θαύμα thavma
wonder v.i. αναρωτιέμαι anarotieme
wonderful a. εκπληκτικός ekpliktikos
wondrous a. θαυμαστός thavmastos
wont a. συνηθισμένος sinithismenos
wont n συνήθειο sinithio
wonted a. συνηθισμένος sinithismenos
woo v.t. φλερτάρω flertaro
wood n. ξύλο ksilo
woods n. δάσος dasos
wooden a. ξύλινος ksilinos
woodland n. δασότοπος dasotopos
woof n. γαύγισμα gavyizma
wool n. μαλλί mali
woollen a. μάλλινος malinos
woollen n μάλλινα malina
word n. λέξη leksi

word *v.t* διατυπώνω diatipono
wordy *a.* εκτενής ektenis
work *n.* δουλειά doulia
work *v.t.* δουλεύω doulevo
workable *a.* πραγματοποιήσιμος pragmatopiisimos
workaday *a.* βαρετός varetos
worker *n.* εργάτης ergatis
workman *n.* μάστορας mastoras
workmanship *n.* μαστοριά mastoria
workshop *n.* εργαστήρι ergasthri
world *n.* κόσμος kozmos
worldly *a.* υλικός ilikos
worm *n.* σκουλήκι skouliki
wormwood *n.* αγριαψιθιά agriapsithia
worn *a.* φθαρμένος ftharmenos
worry *n.* έγνοια egnia
worry *v.i.* ανησυχώ anisiho
worsen *v.t.* επιδεινώνω epidinono
worship *n.* λατρεία latria
worship *v.t.* λατρεύω latrevo
worshipper *n.* λάτρης latris
worst *n.* χειρότερο heirotero
worst *a* χειρότερος heiroteros
worst *v.t.* νικώ niko
worsted *n.* μαλλί πενιέ mali penie
worth *n.* αξία aksia
worth *a* αξίας aksias
worthless *a.* ανάξιος anaksios
worthy *a.* άξιος aksios
would-be *a.* επίδοξος epidoksos
wound *n.* τραύμα travma
wound *v.t.* τραυματίζω travmatizo
wrack *n.* εκβρασθέντα φύκια ekvrasthenta fikia
wraith *n.* φάντασμα fantasma
wrangle *v.i.* τσακώνομαι tsakonome
wrangle *n.* τσακωμός tsakomos
wrap *v.t.* σκεπάζω skepazo

wrap *n* σκέπασμα skepazma
wrapper *n.* περιτύλιγμα peritiligma
wrath *n.* οργή oryi
wreath *n.* στεφάνι stefani
wreathe *v.t.* τυλίγω tiligo
wreck *n.* ναυάγιο navayio
wreck *v.t.* ναυαγώ navago
wreckage *n.* συντρίμμια sidrimia
wrecker *n.* ναυαγοσώστης navagosostis
wren *n.* τρυποφράχτης tripofrahtis
wrench *n.* κλειδί klidi
wrench *v.t.* τραβώ απότομα travo apotoma
wrest *v.t.* αρπάζω με τη βία arpazo me ti via
wrestle *v.i.* παλεύω palevo
wrestler *n.* παλαιστής palestis
wretch *n.* κακομοίρης kakomiris
wretched *a.* άθλιος athlios
wrick *n* στραμπούλισμα straboulisma
wriggle *v.i.* στριφογυρίζω strifoyirizo
wriggle *n* στριφογύρισμα strifoyirizma
wring *v.t* στρίβω strivo
wrinkle *n.* ρυτίδα ritida
wrinkle *v.t.* ρυτιδώνω ritidono
wrist *n.* καρπός (χεριού) karpos (heriou)
writ *n.* δικαστική πράξη dikastiki praksi
write *v.t.* γράφω grafo
writer *n.* συγγραφέας sigrafeas
writhe *v.i.* σπαρταράω spartarao
wrong *a.* λάθος lathos
wrong *adv.* λάθως lathos
wrong *v.t.* αδικώ adiko
wrongful *a.* άδικος adikos
wry *a.* ειρωνικός ironikos

X

xerox *n.* φωτοτυπία fototipia
xerox *v.t.* φωτοτυπώ fototipo
Xmas *n.* Χριστούγεννα hristouyena
x-ray *n.* ακτινογραφία aktinografia
x-ray *v.t.* βγάζω ακτινογραφία vgazo aktinografia
xylophagous *a.* ξυλοφάγος ksilofagos
xylophilous *a.* ξυλόφιλος ksilofilos
xylophone *n.* ξυλόφωνο ksilofono

Y

yacht *n.* ιστιοφόρο istioforo
yacht *v.i.* κάνω ιστιοπλοΐα kano istioploia
yak *n.* αστείο astio
yap *v.i.* γαυγίζω gavyizo
yap *n* γαύγισμα gavyizma
yard *n.* αυλή avli
yarn *n.* κλωστή klosti
yawn *v.i.* χασμουριέμαι hazmourieme
yawn *n.* χασμουρητό hazmourito
year *n.* χρόνος hronos
yearly *a.* ετήσιος etisios
yearly *adv.* ετησίως etisios
yearn *v.i.* λαχταρώ lahtaro
yearning *n.* λαχτάρα lahtara
yeast *n.* μαγιά mayia
yell *v.i.* φωνάζω δυνατά fonazo dinata
yell *n* ουρλιαχτό ourliahto

yellow *a.* κίτρινος kitrinos
yellow *n* κίτρινο kitrino
yellow *v.t.* κιτρινίζω kitrinizo
yellowish *a.* κιτρινωπός kitrinopos
Yen *n.* γιέν yien
yeoman *n.* μέλος της βασιλικής φρουράς melos tis vasilikis frouras
yes *adv.* ναι ne
yesterday *n.* χτες htes
yesterday *adv.* χτες htes
yet *adv.* ακόμα akoma
yet *conj.* αν και an ke
yield *v.t.* παραχωρώ parahoro
yield *n* σοδειά sodia
yoke *n.* ζυγός zigos
yoke *v.t.* ζεύω zevo
yolk *n.* κρόκος krokos
younder *a.* νεαρός nearos
young *a.* νέος neos
young *n* μικρά mikra
youngster *n.* νεαρός nearos
youth *n.* νεότητα neotita
youthful *a.* νεανικός neanikos

Z

zany *a.* τρελός trelos
zeal *n.* ζήλος zilos
zealot *n.* φανατικός fanatikos
zealous *a.* ένθερμος enthermos
zebra *n.* ζέβρα zevra
zenith *n.* ζενίθ zenith
zephyr *n.* ζέφυρος zefiros
zero *n.* μηδέν miden
zest *n.* όρεξη oreksi
zigzag *n.* ζιγκ-ζαγκ zig-zag
zigzag *a.* ζιγκ-ζαγκ zig-zag
zigzag *v.i.* κάνω ζιγκ-ζαγκ kano zig-zag

zinc *n.* ψευδάργυρος
  psevdaryiros
zip *n.* φερμουάρ fermouar
zip *v.t.* ανεβάζω το φερμουάρ
  anevazo to fermouar
zodiac *n* ζωδιακός zodiakos
zone *n.* ζώνη zoni
zoo *n.* ζωολογικός κήπος
  zooloyikos kipos

zoological *a.* ζωολογικός
  zooloyikos
zoologist *n.* ζωολόγος zooloyos
zoology *n.* ζωολογία zooloyia
zoom *n.* ζουμ zoum
zoom *v.i.* περνώ σαν σίφουνας
  perno san sifounas

GREEK-ENGLISH

A

aber *n* αμπέρ ampere
aboti *n* άμπωτη ebb
aboti *a.* άμπωτη neap
adamas *n.* αδάμας adamant
adamastos *a.* αδάμαστος indomitable
adeksia doulia *n* αδέξια δουλειά bungle
adeksios *a* αδέξιος clumsy
adeksios *a.* αδέξιος maladroit
adelfi *n.* αδελφή sister
adelfikos *a.* αδελφικός fraternal
adelfikos *a.* αδελφικός sisterly
adelfoktonia *n.* αδελφοκτονία fratricide
adelfotita *n* αδελφότητα brotherhood
adelfotita *n.* αδελφότητα confraternity
adelfotita *n.* αδελφότητα fraternity
adelfotita *n.* αδελφότητα sisterhood
adenas *n.* αδένας gland
aderfos *n* αδερφός brother
adespoto *n* αδέσποτο stray
adespotos *a* αδέσποτος stray
adia *n.* άδεια leave
adia *n.* άδεια licence
adia *n.* άδεια permission
adia *n.* άδεια permit
adiafania *n.* αδιαφάνεια opacity
adiafanis *a.* αδιαφανής opaque
adiaforia *n.* αδιαφορία indifference
adiaforia *n.* αδιαφορία nonchalance
adiaforos *a.* αδιάφορος indifferent

adiaforos *a.* αδιάφορος nonchalant
adiafthoros *a.* αδιάφθορος incorruptible
adiakrisia *n.* αδιακρισία indiscretion
adiakritos *a.* αδιάκριτος indiscreet
adiakritos *a.* αδιάκριτος indistinct
adiakritos *a.* αδιάκριτος nosey, nosy
adialaksia *n.* αδιαλλαξία intolerance
adialaktos *a.* αδιάλλακτος intolerant
adialitos *n.* αδιάλυτος insoluble
adiamfisvititos *a* αδιαμφισβήτητος conclusive
adiaperastos *a.* αδιαπέραστος impenetrable
adiathesia *n.* αδιαθεσία ailment
adiathesia *n.* αδιαθεσία malaise
adiathetos *a.* αδιάθετος indisposed
adiathetos *a.* αδιάθετος unwell
adiavatos *a.* αδιάβατος impassable
adiavroho *n* αδιάβροχο waterproof
adiavrohos *a.* αδιάβροχος waterproof
adiazo *v* αδειάζω empty
adieksodo *n* αδιέξοδο deadlock
adieksodo *n.* αδιέξοδο impasse
adieksodo *n.* αδιέξοδο stalemate
adieretos *a.* αδιαίρετος indivisible
adikeoloyitos *a.* αδικαιολόγητος indefensible
adikeoloyitos *a.* αδικαιολόγητος wanton
adikia *n.* αδικία injustice
adikima *n.* αδίκημα malpractice

adiko v.t. αδικώ wrong
adikos a άδικος unfair
adikos a. άδικος unjust
adikos a. άδικος wrongful
adinamia n. αδυναμία
  impossibility
adinamia n. αδυναμία weakness
adinamos a αδύναμος feeble
adinamos a. αδύναμος weak
adinatizo v.i. αδυνατίζω pine
adinatizo v.t. αδυνατίζω thin
adinatos a. αδύνατος impossible
adiorthotos a. αδιόρθωτος
  incorrigible
adios a άδειος empty
adistahtos a. αδίσταχτος
  unprincipled
adito n. άδυτο sanctuary
adrahti n. αδράχτι spindle
adrania n. αδράνεια inaction
adrania n. αδράνεια inertia
adranis a. αδρανής inactive
adranis a. αδρανής inert
adranis a. αδρανής sluggish
aenaos a. αέναος perpetual
aeraki n αεράκι breeze
aeras n αέρας air
aerio n. αέριο gas
aeriouhos a. αεριούχος gassy
aerizo v.t. αερίζω ventilate
aerodromio n αεροδρόμιο
  aerodrome
aeronafpiyiki n.pl.
  αεροναυπηγική aeronautics
aeroplano n. αεροπλάνο
  aeroplane
aeroplano n αεροπλάνο plane
aeroporia n. αεροπορία aviation
aeroporos n. αεροπόρος aviator
aeroskafos n. αεροσκάφος
  aircraft
aerostato n. αερόστατο balloon
aetos n αετός eagle

afanismos n αφανισμός
  annihilation
afelia n αφέλεια forelock
afelia n. αφέλεια naivete
afelia n. αφέλεια naivety
afelis a. αφελής naive
afentiko n αφεντικό boss
afentiko n. αφεντικό master
aferegios a. αφερέγγυος insolvent
aferesi n. αφαίρεση abstraction
aferesi n. αφαίρεση subtraction
afero v.t αφαιρώ abstract
afero v.t. αφαιρώ deduct
afero v.t. αφαιρώ strip
afero v.t. αφαιρώ subtract
afero ta kerata v.i. αφαιρώ τα
  κέρατα dehorn
afesi n. άφεση remission
afieroma n. αφιέρωμα oblation
afierono v.t. αφιερώνω consecrate
afierono v. t. αφιερώνω dedicate
afierono v. t αφιερώνω devote
afierosi n αφιέρωση dedication
afigoume v.t. αφηγούμαι narrate
afigoume v.t. αφηγούμαι relate
afiksi n. άφιξη advent
afiksi n. άφιξη arrival
afiloksenos a. αφιλόξενος
  inhospitable
afiniazo v.i. αφηνιάζω rampage
afiniazo v.i αφηνιάζω stampede
afino v.t. αφήνω vacate
afipevo v.i. αφιππεύω alight
afirimenos a αφηρημένος abstract
afisa n. αφίσα placard
afisa n. αφίσα poster
afisikos a. αφύσικος uncanny
afiyimatikos a. αφηγηματικός
  narrative
afiyisi n. αφήγηση narration
afiyisi n. αφήγηση narrative
afiyisi n. αφήγηση recital
afiyitis n. αφηγητής narrator
afksano v.t. αυξάνω augment

afksano sto meyisto vathmo *v.t.*
αυξάνω στο μέγιστο βαθμό
maximize
afksano/-ome *v.t.* αυξάνω/-ομαι
increase
afksisi *n* αύξηση accrementition
afksisi *n.* αύξηση augmentation
afksisi *n.* αύξηση growth
afksisi *n* αύξηση increase
afomiono *v. t.* αφομοιώνω digest
afomiono/-ome *v.* αφομοιώνω/-ομαι assimilate
afomiosi *n* αφομοίωση assimilation
afonos *a* άφωνος dumb
afonos *a.* άφωνος mute
afoplismos *n.* αφοπλισμός disarmament
afoplizo/-ome *v. t* αφοπλίζω/-ομαι disarm
aforitos *a.* αφόρητος intolerable
aforizo *v. t.* αφορίζω excommunicate
aforo *v. t* αφορώ concern
afosiomenos *a.* αφοσιωμένος staunch
afosiosi *n* αφοσίωση devotion
afou *conj.* αφού after
afovia *n.* αφοβία intrepidity
afrizo *v.t* αφρίζω foam
afros *n* αφρός foam
afstiros *a.* αυστηρός austere
afstiros *adj* αυστηρός censorious
afstiros *a.* αυστηρός rigorous
afstiros *a.* αυστηρός severe
afstiros *a.* αυστηρός stern
afstiros *a.* αυστηρός strict
afstiros *a.* αυστηρός stringent
afstirotita *n.* αυστηρότητα rigour
afstirotita *n.* αυστηρότητα severity
afstirotita *n.* αυστηρότητα stringency

aftaparnisi *n* αυταπάρνηση abnegation
aftapati *n.* αυταπάτη illusion
aftareskos *adj.* αυτάρεσκος complacent
aftarhikos *a.* αυταρχικός officious
afthadia *n.* αυθάδεια impertinence
afthadis *a.* αυθάδης impertinent
afthartos *a.* άφθαρτος imperishable
afthentikos *a.* αυθεντικός authentic
aftheretos *a.* αυθαίρετος arbitrary
afthonia *n* αφθονία abundance
afthonia *n.* αφθονία luxuriance
afthonia *n.* αφθονία plenty
afthonia *n.* αφθονία profusion
afthonia *n.* αφθονία redundance
afthono *v.i.* αφθονώ abound
afthono *v.i.* αφθονώ teem
afthonos *a* άφθονος abundant
afthonos *a.* άφθονος affluent
afthonos *a.* άφθονος lush
afthonos *a.* άφθονος luxuriant
afthonos *a.* άφθονος profuse
afthonos *a.* άφθονος redundant
afthormitismos *n.* αυθορμητισμός spontaneity
afthormitos *a.* αυθόρμητος spontaneous
afti *n* αυτί ear
afti *pron.* αυτή her
afti *pron.* αυτή she
afto *pron.* αυτό it
aftografo *n.* αυτόγραφο autograph
aftokatastrofikos *a.* αυτοκαταστροφικός suicidal
aftokefalos *a* αυτοκέφαλος sovereign
aftokinitistis *n.* αυτοκινητιστής motorist

aftokinito *n.* αυτοκίνητο
automobile
aftokinito *n.* αυτοκίνητο car
aftokolito *n.* αυτοκόλλητο sticker
aftokratira *n* αυτοκράτειρα
empress
aftokratoras *n* αυτοκράτορας
emperor
aftokratoria *n* αυτοκρατορία
empire
aftokratorikos *a.*
αυτοκρατορικός imperial
aftoktonia *n.* αυτοκτονία suicide
aftoleksi *a. & adv.* αυτολεξεί
verbatim
aftomatos *a.* αυτόματος
automatic
afton *pron.* αυτόν him
aftonomos *a* αυτόνομος
autonomous
aftopathis *a* αυτοπαθής reflexive
aftos *pron.* αυτός he
aftous *pron.* αυτούς them
aftoviografia *n.* αυτοβιογραφία
autobiography
agaliasi *n.* αγαλλίαση jubilation
agalma *n.* άγαλμα statue
agamia *n.* αγαμία celibacy
aganaktisi *n.* αγανάκτηση
indignation
aganaktismenos *a.*
αγανακτισμένος indignant
agapi *n* αγάπη amour
agapi *n* αγάπη love
agapimenos *a* αγαπημένος
beloved
agapimenos *n* αγαπημένος
beloved
agapimenos *n* αγαπημένος
darling
agapitos *a* αγαπητός dear
agapo *v. t.* αγαπώ cherish
agapo *v.t.* αγαπώ love

agelioforos *n.* αγγελιοφόρος
courier
agelioforos *n.* αγγελιοφόρος
messenger
agelos *n* άγγελος angel
agigma *n* άγγιγμα touch
aginara *n.* αγγινάρα artichoke
agio *n.* αγγείο vessel
agioektomi *n.* αγγειοεκτομή
vasectomy
agioplastiki *n.* αγγειοπλαστική
pottery
agioplastis *n.* αγγειοπλάστης
potter
agira *n.* άγκυρα anchor
agirovolio *n* αγκυροβόλιο
anchorage
agirovolio *n.* αγκυροβόλιο
moorings
agirovolo *v.t* αγκυροβολώ moor
agizo *v.t.* αγγίζω touch
agizo me ta dahtila tou podiou
v.t. αγγίζω με τα δάχτυλα του
ποδιού toe
agkaliasma *n* αγκάλιασμα
embrace
agkaliazo/-ome *v. t.* αγκαλιάζω/-
ομαι embrace
agkathi *n.* αγκάθι thorn
agkathotos *a.* αγκαθωτός barbed
agkathotos *a.* αγκαθωτός thorny
agklika *n* αγγλικά English
agkomahito *n.* αγκομαχητό gasp
agkonas *n* αγκώνας elbow
agkouri *n* αγγούρι cucumber
agkrafa *n* αγκράφα buckle
agloindos vathiploutos *n.*
αγγλοινδός βαθύπλουτος
nabob
agnia *n.* άγνοια ignorance
agnia *n.* άγνοια nescience
agnomon *a.* αγνώμων thankless
agnomosini *n.* αγνωμοσύνη
ingratitude

agnoo *v.t.* αγνοώ ignore
agnoon *a.* αγνοών ignorant
agnos *a.* αγνός chaste
agnos *a* αγνός pure
agnotita *n.* αγνότητα chastity
agnotita *n.* αγνότητα purity
agogos *n.* αγωγός culvert
agonas *n* αγώνας bout
agonas *n.* αγώνας contest
agonas *n* αγώνας match
agonas *n* αγώνας struggle
agonia *n.* αγωνία agony
agonia *n.* αγωνία suspense
agonio *v.t.* αγωνιώ agonize
agonistis *n* αγωνιστής agonist
agonizome *v. i.* αγωνίζομαι battle
agonizome *v. i* αγωνίζομαι contend
agonizome *v.t* αγωνίζομαι fight
agonizome *v.i.* αγωνίζομαι strive
agonizome *v.i.* αγωνίζομαι struggle
agonos *a.* άγονος sterile
agora *n.* αγορά forum
agora *n* αγορά market
agora *n.* αγορά mart
agora *n.* αγορά purchase
agorafovia *n.* αγοραφοβία agoraphobia
agorastis *n.* αγοραστής buyer
agorazo *v. t.* αγοράζω buy
agorazo *v.t.* αγοράζω purchase
agorevo *v.i.* αγορεύω plead
agori *n* αγόρι boy
agorokoritso *n.* αγοροκόριτσο tomboy
agoyi *n.* αγώγι cartage
agoyi tou politi *n* αγωγή του πολίτη civics
agrialogo *n.* αγριάλογο mustang
agriapsithia *n.* αγριαψιθιά wormwood
agrikos *n* αγροίκος boor
agrios *a* άγριος ferocious

agrios *a* άγριος fierce
agrios *a.* άγριος savage
agrios *a.* άγριος wild
agripnos *adj.* άγρυπνος alert
agripnos *a.* άγρυπνος vigilant
agripnos *a.* άγρυπνος wakeful
agripnos *a.* άγρυπνος watchful
agroktima *n* αγρόκτημα farm
agrotiki zoi *n.* αγροτική ζωή rustication
agrotiko karo *n.* αγροτικό κάρο wain
agrotikos *adj.* αγροτικός agrarian
agrotikos *a.* αγροτικός rural
agrotikos *a.* αγροτικός rustic
agrotis *n* αγρότης farmer
ahalinotos *a.* αχαλίνωτος rampant
aharos *a.* άχαρος ungainly
ahiro *n.* άχυρο hay
ahiro *n.* άχυρο straw
ahiroskepi *n.* αχυροσκεπή thatch
ahladi *n.* αχλάδι pear
ahnari *n.* αχνάρι stencil
ahnodis *a.* αχνώδης vaporous
ahoristos *a.* αχώριστος inseparable
ahortaga *adv* αχόρταγα avidly
ahortagos *a.* αχόρταγος voracious
ahrios *a.* αχρείος infamous
ahrios *n.* αχρείος miscreant
ahrios *n.* αχρείος scoundrel
ahristevo *v. t* αχρηστεύω disable
ahristos *a.* άχρηστος waste
ahromatikos *adj* αχρωματικός achromatic
ahthoforos *n.* αχθοφόρος porter
aidiastikos *a.* αηδιαστικός loathsome
aidoni *n.* αηδόνι nightingale
aithales *n* αειθαλές evergreen
aithalis *a* αειθαλής evergreen
aititos *a.* αήττητος invincible
akadimaïkos *a* ακαδημαϊκός academic

akadimia n ακαδημία academy
akamatis n. ακαμάτης loafer
akamptos a. άκαμπτος adamant
akamptos a. άκαμπτος inflexible
akamptos a. άκαμπτος obdurate
akamptos a. άκαμπτος relentless
akamptos a. άκαμπτος rigid
akarieos a. ακαριαίος instantaneous
akarpos adj. άκαρπος acarpous
akarpos n άκαρπος barren
akarpos a. άκαρπος ineffective
akatalilos a. ακατάλληλος inconvenient
akatamahitos a. ακαταμάχητος irrefutable
akatapafstos ~a. ακατάπαυστος ceaseless
akatastasia n. ακαταστασία mess
akatastatos a. ακατάστατος slatternly
akatergastos a ακατέργαστος crude
akatharsia n. ακαθαρσία impurity
akathartos a. ακάθαρτος impure
akatos n. άκατος launch
akefalos adj. ακέφαλος acephalous
akefos a άκεφος cheerless
akentriko adj ακεντρικό acentric
akereos a. ακέραιος integral
akereotita n. ακεραιότητα integrity
akeros a. άκαιρος inopportune
akida n. ακίδα barb
akida n. ακίδα splinter
akinitopiisi n. ακινητοποίηση standstill
akinitopio v.t. ακινητοποιώ overpower
akinitos a. ακίνητος immovable
akinitos a. ακίνητος motionless
akinitos a. ακίνητος stationary

akinitos a. ακίνητος stock-still
akirono v.t. ακυρώνω annul
akirono v. t. ακυρώνω cancel
akirono v.t. ακυρώνω nullify
akirono v.t. ακυρώνω void
akiros a. άκυρος invalid
akiros a. άκυρος null
akirosi n ακύρωση cancellation
akirosi n. ακύρωση nullification
aklonitos a. ακλόνητος steadfast
akmazo v.i ακμάζω flourish
akmi n ακμή acne
akmi n. ακμή heyday
akmi n. ακμή prime
akolasia n ακολασία debauch
akolasia n. ακολασία profligacy
akolasies n ακολασίες debauchery
akolastos n ακόλαστος debauchee
akolastos a. ακόλαστος profligate
akolastos anthropos n. ακόλαστος άνθρωπος libertine
akoloutho v.t ακολουθώ follow
akoloutho kata podas v. t ακολουθώ κατά πόδας dog
akolouthos n. ακόλουθος attache
akolouthos n. ακόλουθος attendant
akolouthos n ακόλουθος follower
akoma adv. ακόμα still
akoma adv. ακόμα yet
akomi ke adv ακόμη και even
akonizo v.t. ακονίζω whet
akontio n. ακόντιο javelin
akorestos a. ακόρεστος insatiable
akoubo v.t. ακουμπώ pillow
akouo v.t. ακούω hear
akouo v.i. ακούω listen
akoustiki n. ακουστική acoustics
akoustikos a ακουστικός acoustic
akoustikos a ακουστικός audible
akoustikos adj. ακουστικός auditive
akr n. ακρ acre
akreos a ακραίος extreme

akri n. άκρη tip
akrida n. ακρίδα locust
akrivia n. ακρίβεια accuracy
akrivia n. ακρίβεια precision
akrivia n. ακρίβεια punctuality
akrivis a. ακριβής accurate
akrivis a ακριβής exact
akrivis n. ακριβής precise
akrivis a. ακριβής punctual
akrivis a. ακριβής specific
akrivos a. ακριβός costly
akrivos a ακριβός expensive
akrivos adv. ακριβώς sharp
akro n άκρο extreme
akro n. άκρο verge
akroatis n. ακροατής listener
akropoli n. ακρόπολη citadel
akrotiriasmos n. ακρωτηριασμός mutilation
akrotiriazo v.t. ακρωτηριάζω mutilate
akrotirio n. ακρωτήριο cape
akrotirio n. ακρωτήριο mull
akrovatis n. ακροβάτης acrobat
aksesouar n αξεσουάρ accessory
aksestos a. άξεστος uncouth
aksia n. αξία merit
aksia n. αξία value
aksia n. αξία worth
aksiagapitos a. αξιαγάπητος amiable
aksiagapitos a. αξιαγάπητος lovable
aksias a αξίας worth
aksiepenos a αξιέπαινος creditable
aksiepenos a. αξιέπαινος commendable
aksiepenos a. αξιέπαινος meritorious
aksiepenos a. αξιέπαινος praiseworthy
aksiolatreftos a. αξιολάτρευτος adorable
aksiolipitos a. αξιολύπητος pathetic
aksiolipitos a. αξιολύπητος pitiable
aksiolipitos a. αξιολύπητος woebegone
aksiologos a. αξιόλογος notable
aksioma n. αξίωμα tenet
aksioma katoterou dikastikou n. αξίωμα κατώτερου δικαστή magistracy
aksiomatikos n. αξιωματικός officer
aksiomatouhos n. αξιωματούχος functionary
aksiomnimoneftos a. αξιομνημόνευτος memorable
aksiopio v.t. αξιοποιώ reclaim
aksiopistos a αξιόπιστος credible
aksiopistos a. αξιόπιστος reliable
aksiopistos a. αξιόπιστος trustworthy
aksioprepia n αξιοπρέπεια dignity
aksios a. άξιος worthy
aksiosi n. αξίωση pretension
aksiosimiotos a. αξιοσημείωτος noteworthy
aksiosimiotos a. αξιοσημείωτος remarkable
aksiothrinitos a αξιοθρήνητος deplorable
aksiothrinitos a. αξιοθρήνητος lamentable
aksiozileftos a αξιοζήλευτος enviable
aksizo v. t. αξίζω deserve
aksizo v.t αξίζω merit
aksohiko n εξοχικό cottage
aksonas n. άξονας axis
aksonas n. άξονας pivot
aksonas n. άξονας shaft
aksonas trohou n. άξονας τροχού axle

akti *n* ακτή coast
akti *n.* ακτή shore
aktina *n.* ακτίνα radius
aktina *n.* ακτίνα ray
aktina *n.* ακτίνα spoke
aktinografia *n.* ακτινογραφία x-ray
aktinovolia *n.* ακτινοβολία radiance
aktinovolia *n.* ακτινοβολία radiation
aktinovolo *v. i* ακτινοβολώ beam
aktinovolo *v.i.* ακτινοβολώ irradiate
aktinovolo *v.t.* ακτινοβολώ radiate
aktinovolos *a.* ακτινοβόλος radiant
ala *conj.* αλλά but
ala *conj.* αλλά only
alathitos *a.* αλάθητος infallible
alati *n.* αλάτι salt
alatizo *v.t* αλατίζω salt
alayi *n.* αλλαγή change
alazo *v. t.* αλλάζω change
alazonas *a.* αλαζόνας arrogant
alazonia *n.* αλαζονία arrogance
alazoniki siberifora *n* αλαζονική συμπεριφορά brag
aleksiptotistis *n.* αλεξιπτωτιστής parachutist
aleksiptoto *n.* αλεξίπτωτο parachute
alepou *n.* αλεπού fox
aleryia *n.* αλλεργία allergy
aletho *v.t.* αλέθω mill
aletri *n.* αλέτρι plough
alevri *n* αλεύρι flour
alevrodis *a.* αλευρώδης mealy
alfa *n* άλφα alpha
alfavitikos *a.* αλφαβητικός alphabetical
alfavito *n.* αλφάβητο alphabet
alhimia *n.* αλχημεία alchemy
alifi *n.* αλοιφή ointment
alifo *v. t.* αλείφω daub
aligatoras *n* αλιγάτορας alligator
aligoria *n.* αλληγορία allegory
aligorikos *a.* αλληγορικός allegorical
alilegii *n.* αλληλεγγύη solidarity
alilepidrasi *n.* αλληλεπίδραση interplay
aliloeksartisi *n.* αλληλοεξάρτηση interdependence
aliloeksartomenos *a.* αλληλοεξαρτώμενος interdependent
alilografia *n.* αλληλογραφία correspondence
alilosindeo/-ome *v.t.* αλληλοσυνδέω/-ομαι interlock
alimono *interj.* αλλοίμονο alas
alisida *n* αλυσίδα chain
alithia *n.* αλήθεια truth
alithia *n.* αλήθεια veracity
alithinos *a.* αληθινός true
alithinos *a.* αληθινός veritable
alithofania *n.* αληθοφάνεια verisimilitude
alithorismos *n* αλληθωρισμός squint
alithorizo *v.i.* αλληθωρίζω squint
alitis *n.* αλήτης vagabond
alkaliko iliko *n* αλκαλικό υλικό alkali
alkool *n* αλκοόλ alcohol
alma *n.* άλμα jump
alma *n* άλμα leap
alma *n.* άλμα vault
almi *n* άλμη brine
almi *n.* άλμη pickle
almiros *a.* αλμυρός saline
almiros *a.* αλμυρός salty
alodapos *n* αλλοδαπός foreigner
alogaki *n.* αλογάκι nag
alogo *n.* άλογο horse
alogo *n.* άλογο steed

alogomiga *n.* αλογόμυγα gadfly
alokotos *a.* αλλόκοτος grotesque
alokotos *a.* αλλόκοτος queer
alonistis *n.* αλωνιστής thresher
alonizo *v.t.* αλωνίζω thresh
alos *a* άλλος another
alos *a* άλλος else
alos *a.* άλλος other
alothi *n.* άλλοθι alibi
alou *adv* αλλού else
alouminio *n.* αλουμίνιο aluminium
alpinistis *n* αλπινιστής alpinist
alto *n* άλτο alto
alviona *n* Αλβιόνα albion
alyevra *n.* άλγεβρα algebra
amaksas *n* αμαξάς coachman
amalgama *n* αμάλγαμα amalgam
amartano *v.i.* αμαρτάνω sin
amartia *n.* αμαρτία sin
amartolos *a.* αμαρτωλός baleful
amartolos *a.* αμαρτωλός sinful
amartolos *n.* αμαρτωλός sinner
amelis *a.* αμελής negligent
ameliteos *a.* αμελητέος negligible
amerolipsia *n.* αμεροληψία impartiality
ameroliptos *a.* αμερόληπτος impartial
amesa *adv.* άμεσα straightway
amesos *a* άμεσος direct
amesos *a* άμεσος immediate
amesos *a.* άμεσος instant
amesos *adv.* αμέσως instantly
amesos *a.* άμεσος prompt
amesos *a.* άμεσος proximate
ametavato *a. (verb)* αμετάβατο intransitive
ametritos *a.* αμέτρητος measureless
amfiesi *n.* αμφίεση guise
amfio *n.* άμφιο vestment
amfiseksoualikos *adj.* αμφισεξουαλικός bisexual
amfisvitisi *n.* αμφισβήτηση impeachment
amfisvitisimo thema *n.* αμφισβητήσιμο θέμα moot
amfisvitisimos *a.* αμφισβητήσιμος questionable
amfisvito *v. t* αμφισβητώ contest
amfitheatro *n* αμφιθέατρο amphitheatre
amfivalo *v. i* αμφιβάλλω doubt
amfivios *adj* αμφίβιος amphibious
amfivlistroidis hitonas *n.* αμφιβληστροειδής χιτώνας retina
amfivolia *n.* αμφιβολία ambiguity
amfivolia *n* αμφιβολία doubt
amialos *adj.* άμυαλος daft
amidros *a* αμυδρός dim
amidros *a* αμυδρός faint
amigdali *n.* αμυγδαλή tonsil
amigdalo *n.* αμύγδαλο almond
amihania *n.* αμηχανία perplexity
amiliktos *a.* αμείλικτος inexorable
amimitos *a.* αμίμητος inimitable
amin *interj.* αμήν amen
amina *n* άμυνα defence
aminoria *n* αμηνόρροια amenorrhoea
amintikos *a* αμυντικός defensive
amiveos *a.* αμοιβαίος mutual
amiveos *a.* αμοιβαίος reciprocal
amivi *n* αμοιβή fee
amnimoneftos *a.* αμνημόνευτος immemorial
amnisia *n* αμνησία amnesia
amnistia *n.* αμνηστία amnesty
amodis *a.* αμμώδης sandy
amok *adv.* αμόκ amuck
amoni *n.* αμόνι anvil
amos *n.* άμμος sand
amvlino *v. t.* αμβλύνω dull
amvlis *a.* αμβλύς obtuse
amvonas *a.* άμβωνας pulpit

an *conj.* αν if
an ke *conj.* αν και though
an ke *conj.* αν και yet
ana *prep.* ανά per
anadasono *v.t.* αναδασώνω
afforest
anadima *n* ανάδημα anadem
anadiome *v. i* αναδύομαι emerge
anadiomenos *a.* αναδυόμενος
resurgent
anadromiki eksetasi *n.*
αναδρομική εξέταση retrospect
anadromikos *a.* αναδρομικός
retrospective
anafero *v.t.* αναφέρω report
anaferome *v.i.* αναφέρομαι
pertain
anafleksi *n.* ανάφλεξη
inflammation
anafonisi *n* αναφώνηση
exclamation
anafono *v.i* αναφωνώ exclaim
anafora *n.* αναφορά reference
anagea *n.* αναγκαία necessary
anagea proipothesi *n* αναγκαία
προϋπόθεση prerequisite
anagelo *v.t.* αναγγέλλω announce
anagelo *v.t* αναγγέλλω herald
anageos *a.* αναγκαίος needful
anagi *n.* ανάγκη must
anagi *n.* ανάγκη necessity
anagi *n.* ανάγκη need
anagi *n.* ανάγκη requirement
anagi *n.* ανάγκη urgency
anagkastika *adv.* αναγκαστικά
perforce
anagkazo *v.t.* αναγκάζω
pressurize
anagnorisi *n.* αναγνώριση
acknowledgement
anagnorisi *n.* αναγνώριση
indentification
anagnorisi *n.* αναγνώριση
recognition

anagnorismenos *a.*
αναγνωρισμένος incorporated
anagnorizo *v.* αναγνωρίζω
acknowledge
anagnorizo *v.t.* αναγνωρίζω
identify
anagnorizo *v.t.* αναγνωρίζω
recognize
anagnostiko *n.* αναγνωστικό
primer
anagnostis *n.* αναγνώστης reader
anagomomeno lastiho *n.*
αναγομωμένο λάστιχο retread
anagomono lastiho *v.t.*
αναγομώνω λάστιχο retread
anahoma *n* ανάχωμα
embankment
anahoma *n.* ανάχωμα mound
anahorisi *n* αναχώρηση departure
anahoro *v. i.* αναχωρώ depart
anahronismos *n* αναχρονισμός
anachronism
anakalipsi *n.* ανακάλυψη
discovery
anakalipto *v. t* ανακαλύπτω
discover
anakalipto *v.t.* ανακαλύπτω trace
anakalo *v.t.* ανακαλώ
countermand
anakalo *v.t.* ανακαλώ recall
anakalo *v.t.* ανακαλώ repeal
anakalo *v.t.* ανακαλώ revoke
anakatema *n.* ανακάτεμα shuffle
anakatevo *v.t.* ανακατεύω puddle
anakatevo *v.t.* ανακατεύω ruffle
anakatevo *v.i.* ανακατεύω shuffle
anakatevo/-ome *v.t.* ανακατεύω/-
ομαι mingle
anakatevo/-ome *v.i* ανακατεύω/-
ομαι mix
anakatevome *v.i.* ανακατεύομαι
meddle
anakatevome *v.i.* ανακατεύομαι
tamper

anakatoma *n.* ανακάτωμα hotchpotch
anakatoma *n.* ανακάτωμα muddle
anakefaleono *v.t.* ανακεφαλαιώνω sum
anakenisi *n.* ανακαίνιση renovation
anakenizo *v.t.* ανακαινίζω renovate
anakinosi *n.* ανακοίνωση announcement
anakinosi *a.* ανακοίνωση notice
anakinosi *n.* ανακοίνωση notification
anakinothen *n.* ανακοινωθέν communiqué
anakiriso *v.t.* ανακηρύσσω proclaim
anaklastikos *a.* ανακλαστικός reflective
anaklastiras *n.* ανακλαστήρας reflector
anaklisi *n.* ανάκληση recall
anaklisi *n* ανάκληση repeal
anaklisi *n.* ανάκληση revocation
anaklisi *n.* ανάκληση withdrawal
anaklitos *a.* ανακλητός revocable
anakohi *n.* ανακωχή armistice
anakohi *n.* ανακωχή truce
anakoufisi *n.* ανακούφιση alleviation
anakoufisi *n.* ανακούφιση mitigation
anakoufisi *n.* ανακούφιση relief
anakoufizo *v.t.* ανακουφίζω alleviate
anakoufizo *v.t.* ανακουφίζω relieve
anakrino *v.t.* ανακρίνω interrogate
anakrisi *n.* ανάκριση inquest
anakrisi *n.* ανάκριση inquisition
anakrivis *a.* ανακριβής inaccurate
anakrivis *a.* ανακριβής inexact
anaksiopistos *a.* αναξιόπιστος unreliable
anaksios *a.* ανάξιος worthless
anaktisi *n.* ανάκτηση recovery
anakto *v.t.* ανακτώ recover
anaktorikos *a.* ανακτορικός palatial
analabi *n* αναλαμπή flicker
analamvano *v.t.* αναλαμβάνω undertake
analfavitismos *n.* αναλφαβητισμός illiteracy
analfavitos *a.* αναλφάβητος illiterate
analio *v.t.* αναλύω analyse
analisi *n.* ανάλυση analysis
analithis *a.* αναληθής mendacious
analitikos *a* αναλυτικός analytical
analitis *n* αναλυτής analyst
analogo *v.t.* αναλογώ average
analogos *adv.* αναλόγως accordingly
analogos *prep.* αναλόγως considering
analogos *a.* ανάλογος proportional
analogos *a.* ανάλογος proportionate
analogos me *a.* ανάλογος με analogous
analoyia *n.* αναλογία analogy
analoyia *n.* αναλογία proportion
analoyia *n.* αναλογία ratio
anamesa *prep.* ανάμεσα among
anamesa *prep.* ανάμεσα amongst
anamfisvititos *a.* αναμφισβήτητος indisputable
anamignio *v. i* αναμιγνύω compound
anamignio/-ome *v. t* αναμιγνύω/-ομαι blend
anamignio/-ome *v.t.* αναμιγνύω/-ομαι intermingle

anamnisi *n.* ανάμνηση anamnesis
anamnistiko *n.* αναμνηστικό souvenir
anamnistikos *a* αναμνηστικός memorial
anamoni *n.* αναμονή wait
anamorfosi *n.* αναμόρφωση rehabilitation
anamorfotirio *n.* αναμορφωτήριο reformatory
ananas *n.* ανανάς pineapple
ananeono *v.t.* ανανεώνω renew
ananeono *v.t.* ανανεώνω replenish
ananeosi *n.* ανανέωση rejuvenation
ananeosi *n.* ανανέωση renewal
anapafsi *n.* ανάπαυση repose
anapafsi *n* ανάπαυση rest
anaparago *v.t* αναπαράγω breed
anaparago *v.t.* αναπαράγω propagate
anaparago *v.t.* αναπαράγω reproduce
anaparagoyi *n* αναπαραγωγή reproduction
anaparagoyikos *a.* αναπαραγωγικός reproductive
anaparastasi *n.* αναπαράσταση representation
anaparisto *v.t.* αναπαριστώ represent
anapavo/-ome *v.i.* αναπαύω/-ομαι repose
anapavome *v.i.* αναπαύομαι rest
anapidisi *n.* αναπήδηση rebound
anapidisi *n.* αναπήδηση recoil
anapido *v.i.* αναπηδώ dap
anapido *v.i.* αναπηδώ rebound
anapido *v.i.* αναπηδώ recoil
anapido *v.i.* αναπηδώ skip
anapiria *n.* αναπηρία infirmity
anapiros *n* ανάπηρος cripple
anapiros *a* ανάπηρος disabled
anapiros *a.* ανάπηρος infirm

anaplasi *n.* ανάπλαση regeneration
anaplatho *v.t.* αναπλάθω regenerate
anapliromatikos *n.* αναπληρωματικός acting
anapneo *v. i.* αναπνέω breathe
anapneo *v.i.* αναπνέω respire
anapnoi *n* αναπνοή breath
anapnoi *n.* αναπνοή respiration
anapodos *n.* ανάποδος backhand
anapofasistikotita *n.* αναποφασιστικότητα indecision
anapofefktos *a.* αναπόφευκτος inevitable
anapolisi *n.* αναπόληση reminiscence
anapolisi *n.* αναπόληση vista
anapolo *v.t.* αναπολώ retrace
anapolon *a.* αναπολών reminiscent
anapsihi *n.* αναψυχή recreation
anaptiksi *n.* ανάπτυξη development
anaptiras *n.* αναπτήρας lighter
anaptiso *v.t.* αναπτύσσω deploy
anaptiso *v. t* αναπτύσσω elaborate
anaptiso/-ome *v. t.* αναπτύσσω/-ομαι develop
anaptiso/-ome *v.t* αναπτύσσω/-ομαι evolve
anarhia *n* αναρχία anarchy
anarhikos *n* αναρχικός anarchist
anarhismos *n.* αναρχισμός anarchism
anarihisi *n.* αναρρίχηση climb
anarithmitos *a.* αναρίθμητος countless
anarithmitos *a.* αναρίθμητος innumerable
anarithmitos *a.* αναρίθμητος numberless

anarmostos gamos *n.*
ανάρμοστος γάμος misalliance
anarotieme *v.i.* αναρωτιέμαι
wonder
anartisi *n.* ανάρτηση suspension
anarto *v.t.* αναρτώ suspend
anasfalia *n.* ανασφάλεια
insecurity
anasfalis *a.* ανασφαλής insecure
anasikoma ton omon *n*
ανασήκωμα των ώμων shrug
anaskafi *n.* ανασκαφή excavation
anaskapto *v. t.* ανασκάπτω
excavate
anaskevazo *v.t.* ανασκευάζω
confute
anaskevazo *v. t* ανασκευάζω
disprove
anaskevi *n.* ανασκευή refutation
anaskopisi *n.* ανασκόπηση
retrospection
anaskopisi *n* ανασκόπηση review
anaskopo *v.t.* ανασκοπώ review
anastatono *v.t.* αναστατώνω
muddle
anastatono *v.t.* αναστατώνω
unsettle
anastatos *adv.* ανάστατος astir
anastatosi *n.* αναστάτωση turmoil
anastatosi *n.* αναστάτωση
upheaval
anastenagmos *n.* αναστεναγμός
sigh
anastenazo *v.i.* αναστενάζω sigh
anastima *n.* ανάστημα stature
anastoli *n.* αναστολή inhibition
anastreptos *a.* αναστρεπτός
reversible
anatarahi *n* αναταραχή
commotion
anatarahi *n.* αναταραχή
turbulence
anatarahi *n* αναταραχή unrest
anatarahi *n.* αναταραχή welter

anataraso *v. t. & i.* αναταράσσω
churn
anatasi *n* ανάταση uplift
anatelo *v.* ανατέλλω rise
anatemno *v. t* ανατέμνω dissect
anatheorisi *n.* αναθεώρηση
revision
anatheoro *v.t.* αναθεωρώ revise
anatheto *v.t.* αναθέτω assign
anatheto *v. t* αναθέτω entrust
anatinaso *v.i* ανατινάσσω blast
anatipono *v.t.* ανατυπώνω reprint
anatiposi *n.* ανατύπωση reprint
anatoli *n* ανατολή east
anatoli *n.* Ανατολή orient
anatolika *adv* ανατολικά east
anatolikos *a* ανατολικός east
anatolikos *a* ανατολικός eastern
anatolikos *a.* ανατολικός oriental
anatolitiko skepasto forio *n.*
ανατολίτικο σκεπαστό φορείο
palanquin
anatolitis *n* ανατολίτης oriental
anatomi *n* ανατομή dissection
anatomia *n.* ανατομία anatomy
anatrefo *v.t.* ανατρέφω foster
anatrefo *v.t.* ανατρέφω nurture
anatrepo *v. i.* ανατρέπω capsize
anatrepo *v.t.* ανατρέπω overrule
anatrepo *v.t.* ανατρέπω overthrow
anatrepo *v.t.* ανατρέπω subvert
anatrepo *v.t.* ανατρέπω unsheat
anatrepo *v.t.* ανατρέπω upset
anatreptikos *a.* ανατρεπτικός
subversive
anatrofi *n.* ανατροφή nurture
anatropi *n* ανατροπή overthrow
anatropi *n.* ανατροπή subversion
anavalo *v.t. & i.* αναβάλλω delay
anavalo *v.t.* αναβάλλω postpone
anavalo *v.i.* αναβάλλω
procrastinate
anavalo *v.t.* αναβάλλω prorogue
anavalo *v.t.* αναβάλλω shelve

anavalo/-ome *v.t.* αναβάλλω/-ομαι adjourn
anavaptismos *n* αναβαπτισμός anabaptism
anavatis *n.* αναβάτης rider
anavlisi *n* ανάβλυση spurt
anavlizo *v.i.* αναβλύζω spout
anavlizo *v.i.* αναβλύζω spurt
anavo *v.t.* ανάβω kindle
anavo *v.t.* ανάβω light
anavoleas *n.* αναβολέας stirrup
anavoli *n.* αναβολή adjournment
anavoli *n.* αναβολή postponement
anavoli *n.* αναβολή procrastination
anayenisi *n.* αναγέννηση rebirth
anayenisi *n.* αναγέννηση renaissance
anayenisi *n.* αναγέννηση resurgence
anayenisi *n.* αναγέννηση revival
anazitisi *n.* αναζήτηση quest
anazoogono *v.t.* αναζωογονώ vitalize
anazoogono/-oume *v.i.* αναζωογονώ/-ούμαι revive
andria *n.* ανδρεία prowess
andria *n.* ανδρεία valour
andriki ilikia *n.* ανδρική ηλικία manhood
andriki kilota *n.* ανδρική κυλότα breeches
androprepis *a.* ανδροπρεπής manlike
anefarmostos *a.* ανεφάρμοστος impracticable
anefarmostos *a.* ανεφάρμοστος inapplicable
anefthinos *a.* ανεύθυνος irresponsible
anehome *v.t.* ανέχομαι stomach
anehome *v.t.* ανέχομαι tolerate
anekdoto *n.* ανέκδοτο anecdote

aneksartisia *n.* ανεξαρτησία independence
aneksartitos *a.* ανεξάρτητος independent
aneksartitos *prep.* ανεξαρτήτως irrespective
aneksiyitos *a.* ανεξήγητος inexplicable
anektikos *a.* ανεκτικός tolerant
anektikotita *n.* ανετικότητα tolerance
anektimitos *a.* ανεκτίμητος invaluable
anektos *a.* ανεκτός tolerable
anemia *n* αναιμία anaemia
anemometro *n* ανεμόμετρο anemometer
anemomilos *n.* ανεμόμυλος windmill
anemoplano *n.* ανεμοπλάνο glider
anemos *n.* άνεμος wind
anemostrovilos *n.* ανεμοστρόβιλος tornado
anemostrovilos *n.* ανεμοστρόβιλος whirlwind
anenergos *a.* ανενεργός inoperative
anentimos *a* ανέντιμος dishonest
anentimos *a.* ανέντιμος ignoble
anepanorthotos *a.* ανεπανόρθωτος irrecoverable
aneparkis *a.* ανεπαρκής insufficient
aneparkis *a.* ανεπαρκής scant
aneparkis *a.* ανεπαρκής scanty
anepesthitos *a.* ανεπαίσθητος inaudible
anepisimos *a.* ανεπίσημος informal
anepitihis *adv* ανεπιτυχής abortive
anerhome *v.t.* ανέρχομαι accede
anerhome *v.i* ανέρχομαι amount

anerhome *v.t.* ανέρχομαι ascend
anerhome *v.t.* ανέρχομαι total
aneshintos *a.* αναίσχυντος
shameless
anesi *n.* άνεση comfort
anesi *n.* άνεση convenience
anesi *n* άνεση ease
anesthisia *n* αναισθησία
anaesthesia
anesthisia *n.* αναισθησία
insensibility
anesthitikos *n.* αναισθητικός
anaesthetic
anesthitos *a.* αναίσθητος callous
anesthitos *a.* αναίσθητος
insensible
anetos *a* άνετος comfortable
anetos *a.* άνετος cosy
anetos *a.* άνετος snug
anevazo *v.t.* ανεβάζω raise
anevazo to fermouar *v.t.*
ανεβάζω το φερμουάρ zip
aneveno *v.t.* ανεβαίνω mount
aneveno psila *v.i.* ανεβαίνω ψηλά
soar
aneveno sta ipsi *v.t.* ανεβαίνω
στα ύψη sky
aneyersi *n* ανέγερση erection
anhos *n.* άγχος anguish
ania *n.* άνοια senility
aniaros *a.* ανιαρός lackluster
aniatos *a.* ανίατος incurable
anideos *n.* ανίδεος layman
anidiotelis *a.* ανιδιοτελής selfless
anidros *adj.* άνυδρος arid
anigma *n.* άνοιγμα aperture
anigma *n.* άνοιγμα opening
anigo *v.t.* ανοίγω open
anigo/klino *v.t.* ανοίγω/κλείνω
switch
anigoklino ta matia *v. i*
ανοιγοκλείνω τα μάτια bat
anigoklino ta vlefara *v. t. & i*
ανοιγοκλείνω τα βλέφαρα
blink

anihnefsimos *a.* ανιχνεύσιμος
traceable
anihnevo *v. t* ανιχνεύω detect
anihnevo *v.i* ανιχνεύω scout
anihtos *a.* ανοιχτός open
anikanos *a.* ανίκανος impotent
anikanos *a.* ανίκανος incapable
anikanos *a.* ανίκανος
incompetent
anikanos *a.* ανίκανος unable
anikanotita *n* ανικανότητα
disability
anikanotita *n* ανικανότητα
disqualification
anikanotita *n.* ανικανότητα
impotence
anikanotita *n.* ανικανότητα
inability
anikanotita *n.* ανικανότητα
incapacity
aniko *v. i* ανήκω belong
anikseros *a.* ανήξερος unaware
anikta *adv.* ανοικτά openly
anileis *a.* ανηλεής ruthless
anilikos *n* ανήλικος minor
anilikrinia *n.* ανειλικρίνεια
insincerity
anilikrinis *a.* ανειλικρινής
insincere
anipantri kopela *n.* ανύπαντρη
κοπέλα maiden
anipantros *n* ανύπαντρος agamist
anipervlitos *a.* ανυπέρβλητος
insurmountable
anipoforos *a.* ανυπόφορος
insupportable
anipolipsia *n* ανυποληψία
disrepute
anipoloyistos *a.* ανυπολόγιστος
immeasurable
anipoloyistos *a.* ανυπολόγιστος
incalculable
anipomonisia *n.* ανυπομονησία
impatience

anipomonos *adj.* ανυπόμονος agog
anipomonos *a.* ανυπόμονος impatient
anipotaktos *a.* ανυπότακτος unruly
anipsia *n.* ανηψιά niece
anipsios *n.* ανηψιός nephew
anipsomenos dromos *n* ανυψωμένος δρόμος causeway
anipsono *v. t* ανυψώνω elevate
anipsono *v.t.* ανυψώνω lift
anipsosi *n* ανύψωση elevation
anipsosi *n.* ανύψωση lift
anisihia *a* ανησυχία anxiety
anisihia *n* ανησυχία discomfort
anisihia *n* ανησυχία disquiet
anisiho *v.i.* ανησυχώ worry
anisihos *a.* ανήσυχος anxious
anisihos *a.* ανήσυχος apprehensive
anithikos *a.* ανήθικος immoral
anithikotita *n.* ανηθικότητα immorality
ano kai kato telia *n* άνω και κάτω τελεία colon
anodikos *a.* ανοδικός upward
anodos *n* άνοδος accession
anodos *n.* άνοδος ascent
anohi *n.* ανοχή toleration
anohlo *v.i* ενοχλώ fuss
anoigo harakomata *v.t.* ανοίγω χαρακώματα trench
anoigo lakous *v.t.* ανοίγω λάκους pit
anoisia *n* ανοησία folly
anoisia *n.* ανοησία nonsense
anoisia *n.* ανοησία stupidity
anoita aftareskos *a.* ανόητα αυτάρεσκος smug
anoitos *n* ανόητος fool
anoitos *a* ανόητος foolish
anoitos *a.* ανόητος nonsensical
anoitos *a.* ανόητος silly
anoitos *a* ανόητος stupid
ano-kato *a. & adv* άνω-κάτω topsy-turvy
anoksidotos *a.* ανοξείδωτος stainless
anomalia *n* ανωμαλία anomaly
anomalia *n.* ανωμαλία irregularity
anomalos *a* ανώμαλος abnormal
anomalos *a* ανώμαλος anomalous
anomalos *adj* ανώμαλος bumpy
anomalos *a.* ανώμαλος irregular
anomalos *a.* ανώμαλος rugged
anomios *a* ανόμοιος dissimilar
anomos *a.* άνομος lawless
anonimia *n.* ανωνυμία anonymity
anonimos *a.* ανώνυμος anonymous
anorimos *a.* ανώριμος immature
anorimotita *n.* ανωριμότητα immaturity
anosia *n.* ανοσία immunity
anosopio *v.t.* ανοσοποιώ immunize
anostia *n.* ανοστιά insipidity
anostos *a.* άνοστος insipid
anotato orio *n* ανώτατο όριο maximum
anotatos *a.* ανώτατος maximum
anoteros *a.* ανώτερος superior
anoteros *a.* ανώτερος upper
anoterotita *n.* ανωτερότητα superiority
anousios *a.* ανούσιος mawkish
antagonismos *n* ανταγωνισμός antagonism
antagonismos *n.* ανταγωνισμός rivalry
antagonistikos *a* ανταγωνιστικός competitive
antagonistis *n.* ανταγωνιστής antagonist
antagonizome *v.t.* ανταγωνίζομαι antagonize

antalaso *v. t* ανταλλάσσω exchange
antalaso *v.* ανταλλάσσω interchange
antalayi *n.* ανταλλαγή barter
antalayi *n* ανταλλαγή exchange
antalayi *n.* ανταλλαγή interchange
antamivi *n.* ανταμοιβή recompense
antamivi *n.* ανταμοιβή reward
antamivo *v.t.* ανταμείβω recompense
antamivo *v.t.* ανταμείβω reward
antanaklasi *n.* αντανάκλαση reflection
antanaklastika *n.* αντανακλαστικά reflex
antanaklo *v.t.* αντανακλώ reflect
antapantisi *n.* ανταπάντηση rejoinder
antapodido *v.t.* ανταποδίδω reciprocate
antapodido *v.t.* ανταποδίδω requite
antapokritis *n.* ανταποκριτής correspondent
antarktikos *a.* ανταρκτικός antarctic
antarsia *n.* ανταρσία insurrection
antartis *n.* αντάρτης guerilla
antartis *n.* αντάρτης insurgent
anteho *v.t.* αντέχω withstand
antekdikisi *n.* αντεκδίκηση retaliation
anthektikos *a* ανθεκτικός durable
anthektikos *a* ανθεκτικός proof
anthektikos *a.* ανθεκτικός resistant
anthektikos *a.* ανθεκτικός tenacious
anthizo *v.i.* ανθίζω bloom
anthizo *v.i* ανθίζω blossom

antholoyia *n.* ανθολογία anthology
anthopolis *n* ανθοπώλης florist
anthos *n* άνθος blossom
anthrakas *n.* άνθρακας carbon
anthrakorihos *n.* ανθρακωρύχος pitman
anthropi *n.* άνθρωποι people
anthropinos *a.* ανθρώπινος human
anthropistikos *a.* ανθρωπιστικός humane
anthropistis *a* ανθρωπιστής humanitarian
anthropoidis *adj.* ανθρωποϊδής anthropoid
anthropoktonia *n.* ανθρωποκτονία homicide
anthropos *n* άνθρωπος fellow
anthropos *n* άνθρωπος mortal
anthropos me tilepathitikes ikanotites *n.* άνθρωπος με τηλεπαθητικές ικανότητες telepathist
anthropotita *n.* ανθρωπότητα humanity
anthropotita *n.* ανθρωπότητα mankind
anti *pref.* αντί anti
anti *pref.* αντι contra
anti *n.* αντί lieu
antiaeroporikos *a.* αντιαεροπορικός anti-aircraft
antialkoolikos *a.* αντιαλκοολικός teetotal
antidoto *n.* αντίδοτο antidote
antidoto *n.* αντίδοτο mithridate
antidrasi *n.* αντίδραση reaction
antidrastikos *a.* αντιδραστικός reactionary
antidro *v. t* αντιδρώ counter
antidro *v.i.* αντιδρώ react
antifasi *n.* αντίφαση paradox
antifonia *n.* αντιφωνία antiphony

antigrafo *n.* αντίγραφο copy
antigrafo *v. t* αντιγράφω copy
antigrafo *n* αντίγραφο duplicate
antigrafo *v. t* αντιγράφω duplicate
antigrafo *n.* αντίγραφο replica
antihiras *n.* αντίχειρας thumb
antiho *v. t* αντηχώ echo
antiho *v.i.* αντηχώ resound
antikatastasi *n.* αντικατάσταση replacement
antikatastasi *n.* αντικατάσταση substitution
antikathisto *v.t.* αντικαθιστώ replace
antikathisto *v.t.* αντικαθιστώ supersede
antikatoptrismos *n.* αντικατοπτρισμός mirage
antikimenikos *a.* αντικειμενικός objective
antikimeno *n.* αντικείμενο object
antiknimio *n.* αντικνήμιο shin
antikrizo *v.t* αντικρύζω face
antikrouo *v.t.* αντικρούω refute
antikrouo *v.t.* αντικρούω rejoin
antiksootita *n.* αντιξοότητα adversity
antiktipos *n.* αντίκτυπος repercussion
antilamvanome *v.t.* αντιλαμβάνομαι apprehend
antilamvanome *v.t.* αντιλαμβάνομαι perceive
antilamvanome *v.t.* αντιλαμβάνομαι realize
antilego *v. t* αντιλέγω contradict
antilipsi *n.* αντίληψη apprehension
antilipsi *n.* αντίληψη perception
antiliptos *adj* αντιληπτός perceptible
antilopi *n.* αντιλόπη antelope

antimamalo *n.* αντιμάμαλο surf
antimetopisi *n.* αντιμετώπιση confrontation
antimetopizo *v. i* αντιμετωπίζω cope
antimetopizo *v. t* αντιμετωπίζω encounter
antimetopizo *v.t.* αντιμετωπίζω tackle
antinomia *n.* αντινομία antinomy
antio *interj.* αντίο bye-bye
antio *n.* αντίο adieu
antio *interj.* αντίο adieu
antio *interj.* αντίο farewell
antio *interj.* αντίο good-bye
antioksikos *adj.* αντιοξικός antacid
antipalos *n.* αντίπαλος adversary
antipalos *n.* αντίπαλος opponent
antipalos *n.* αντίπαλος rival
antiparatheto *v. t* αντιπαραθέτω contrast
antiparerhome *v.t.* αντιπαρέρχομαι waive
antipathia *n.* αντιπάθεια antipathy
antipatho *v. t* αντιπαθώ dislike
antipodes *n.* αντίποδες antipodes
antiprosopeftikos *a.* αντιπροσωπευτικός representative
antiprosopia *n* αντιπροσωπεία delegation
antiprosopia *n* αντιπροσωπεία deputation
antiprosopos *n.* αντιπρόσωπος representative
antirisi *n.* αντίρρηση objection
antisilipsi *n.* αντισύλληψη contraception
antisiptiko *n.* αντισηπτικό antiseptic
antisiptikos *a.* αντισηπτικός antiseptic

antistasi *n.* αντίσταση resistance
antistathmisma *n* αντιστάθμισμα offset
antistathmizo *v.t.* αντισταθμίζω offset
antistekome *v.t.* αντιστέκομαι resist
antistiho *v. i* αντιστοιχώ correspond
antistiho *v.t.* αντιστοιχώ tally
antistihos *a.* αντίστοιχος respective
antistrefo *v.t.* αντιστρέφω invert
antistrefo *v.t.* αντιστρέφω reverse
antistrofi *n.* αντιστροφή reversal
antistrofos *a.* αντίστροφος reverse
antistrofos *adv.* αντιστρόφως vice-versa
antithesi *n.* αντίθεση antithesis
antithesi *n.* αντίθεση opposition
antitheta apo *prep* αντίθετα από unlike
antitheto *n* αντίθετο reverse
antithetos *a* αντίθετος contrary
antithetos *a.* αντίθετος opposite
antititheme *v.t.* αντιτίθεμαι contrapose
antititheme *v. t* αντιτίθεμαι demur
antititheme *v.t.* αντιτίθεμαι object
antititheme *v.t.* αντιτίθεμαι oppose
antivaro *n.* αντίβαρο counterbalance
antivasilefs *n.* αντιβασιλεύς viceroy
antlia *n.* αντλία pump
antlo *v.t.* αντλώ pump
antlo *v.t.* αντλώ tap
antohi *n.* αντοχή endurance
antohi *n.* αντοχή stamina
antonimia *n.* αντωνυμία pronoun
antonimo *n.* αντώνυμο antonym

antras *n.* άντρας man
aoratos *a.* αόρατος invisible
apado *v.t* απαντώ answer
apagelo *v.t.* απαγγέλλω recite
apagelo katigoria *v.t.* απαγγέλλω κατηγορία impeach
apago *v.t.* απάγω abduct
apago *v.t.* απάγω kidnap
apagorefsi *n.* απαγόρευση ban
apagorefsi *n.* απαγόρευση prohibition
apagorefsi tis kikloforias *n* απαγόρευση της κυκλοφορίας curfew
apagoreftikos *a.* απαγορευτικός prohibitive
apagoreftikos *a.* απαγορευτικός prohibitory
apagorevmenos *a* απαγορευμένος taboo
apagorevo *v.t* απαγορεύω ban
apagorevo *v. t.* απαγορεύω debar
apagorevo *v.t* απαγορεύω forbid
apagorevo *v.t.* απαγορεύω prohibit
apagoyi *n* απαγωγή abduction
apahos *n.* άπαχος lean
apalagmenos *a* απαλλαγμένος exempt
apalaso *v.t* απαλλάσσω absolve
apalaso *v. t.* απαλλάσσω exempt
apalaso *v.t.* απαλάσσω rid
apalos *a.* απαλός mellow
apalos *a.* απαλός velvety
apanthropos *a.* απάνθρωπος inhuman
apantisi *n* απάντηση answer
apantisi *n* απάντηση reply
apantisi *n.* απάντηση response
apantisi *n.* απάντηση retort
apanto *v.i.* απαντώ reply
apanto *v.i.* απαντώ respond
apanto *v.t.* απαντώ retort

aparadektos *a.* απαράδεκτος inadmissible
aparadektos *a.* απαράδεκτος objectionable
aparamilos *a.* απαράμιλλος matchless
aparavatos *a.* απαράβατος inviolable
aparetitos *a* απαραίτητος essential
aparetitos *a.* απαραίτητος indispensable
aparetitos *a* απαραίτητος necessary
aparetitos *adv.* απαραιτήτως needs
aparheomenos *a.* απαρχαιωμένος antiquated
aparheomenos *a.* απαρχαιωμένος obsolete
aparheomenos *a.* απαρχαιωμένος outdated
aparithmisi *n.* απαρίθμηση recitation
aparithmo *v. t.* απαριθμώ enumerate
aparnisi *n.* απάρνηση renunciation
aparnoume *v.t.* απαρνούμαι forswear
aparnoume *v.t.* απαρνούμαι renounce
aparnoume *v.t.* απαρνούμαι repudiate
apartia *n.* απαρτία quorum
apasholimenos *a* απασχολημένος busy
apasholisi *n* απασχόληση employment
apasholisi *n.* απασχόληση occupation
apasholisi *n.* απασχόληση pastime
apasholisi *n.* απασχόληση preoccupation
apasholo *v. t* απασχολώ employ
apasholo *v.t.* απασχολώ preoccupy
apastrapto *v.i.* απαστράπτω sparkle
apateonas *n.* απατεώνας cheat
apateonas *n.* απατεώνας crook
apateonas *n.* απατεώνας impostor
apateonas *n.* απατεώνας knave
apateonas *n.* απατεώνας sharper
apateonas *n.* απατεώνας swindler
apateonas *n.* απατεώνας trickster
apateonia *n.* απατεωνιά knavery
apathia *n.* απάθεια apathy
apati *n* απάτη deceit
apati *n.* απάτη delusion
apati *n.* απάτη fraud
apati *n.* απάτη hoax
apati *n.* απάτη imposture
apati *n.* απάτη swindle
apatilos *a.* απατηλός fraudulent
apefthino *v.t.* απευθύνω address
apefthinome *v.t.* απευθύνομαι apply
apeho *v.i.* απέχω abstain
apehon apo inopnevmatodi *n.* απέχων από οινοπνευματώδη teetotaller
apehthanome *v.t.* απεχθάνομαι abhor
apehthia *n.* απέχθεια abhorrence
apehthia *n.* απέχθεια repulsion
apehthis *a.* απεχθής obnoxious
apelavno *v.t.* απελαύνω deport
apeleftherono *v.t.* απελευθερώνω manumit
apeleftherono apo elenho *v.t.* απελευθερώνω από έλεγχο decontrol
apeleftherosi *n.* απελευθέρωση liberation

apeleftherosi *n.* απελευθέρωση manumission
apeleftherosi *n* απελευθέρωση release
apelpisia *n* απελπισία despair
apelpismenos *a* απελπισμένος desperate
apelpismenos *a.* απελπισμένος hopeless
apelpizo *v. t* απελπίζω deject
apelpizome *v. i* απελπίζομαι despair
apentaros *a.* απένταρος penniless
aperantos *a.* απέραντος vast
aperantosini *n.* απεραντοσύνη immensity
apergos *n.* απεργός striker
aperigraptos *a.* απερίγραπτος indescribable
aperioristos *a.* απεριόριστος limitless
aperiskepsia *n.* απερισκεψία imprudence
aperiskeptos *adv.* απερίσκεπτος headlong
aperiskeptos *a.* απερίσκεπτος imprudent
aperiskeptos *a.* απερίσκεπτος inconsiderate
aperyia *n* απεργία strike
apesiodoksia *n.* απαισιοδοξία pessimism
apesiodoksos *n.* απαισιόδοξος pessimist
apesiodoksos *a.* απαισιόδοξος pessimistic
apesios *a* απαίσιος abominable
apesios *a.* απαίσιος wicked
apestalmenos *n* απεσταλμένος emissary
apetisi *n* απαίτηση claim
apetisi *n* απαίτηση demand
apeto *v. t* απαιτώ demand

apeto *v.t.* απαιτώ necessitate
apetoumenos *a.* απαιτούμενος requisite
apiastos *a.* άπιαστος intangible
apikia *n* αποικία colony
apikia *n.* αποικία settlement
apikiakos *a* αποικιακός colonial
apikonisi *n.* απεικόνιση portrayal
apikonizo *v. t.* απεικονίζω depict
apikonizo *v.t.* απεικονίζω picture
apikonizo *v.t.* απεικονίζω portray
apikos *n.* άποικος settler
apili *n* απειλή menace
apili *n.* απειλή threat
apilo *v.t* απειλώ menace
apilo *v.t.* απειλώ threaten
apiria *n.* απειρία inexperience
apiros *adj* άπειρος callow
apiros *a.* άπειρος infinite
apisteftos *a.* απίστευτος incredible
apistia *n.* απιστία perfidy
apistos *a* άπιστος disloyal
apithanos *a.* απίθανος unlikely
apitharhia *n.* απειθαρχία indiscipline
apitharhia *n.* απειθαρχία insubordination
apitharhos *a.* απείθαρχος insubordinate
apithmenos *adj.* απύθμενος crass
aplanes vlema *n.* απλανές βλέμμα stare
aplistia *adv.* απληστία avidity
aplistia *n* απληστία cupidity
aplistia *n.* απληστία greed
aplistos *adj.* άπληστος avid
aplistos *adj.* άπληστος cormorant
aplistos *a.* άπληστος greedy
aplopiisi *n.* απλοποίηση simplification
aplopio *v.t.* απλοποιώ simplify
aplos *a.* απλός lowly
aplos *a.* απλός mere

aplos *a.* απλός simple
aplotita *n.* απλότητα lowliness
aplotita *n.* απλότητα simplicity
apnia *n* άπνοια apnoea
apo *prep.* από from
apo *prep.* από since
apo do kai pera *adv.* από δω και πέρα hereafter
apo kato *adv* από κάτω below
apo kinou *adv.* από κοινού jointly
apo mesa *adv.* από μέσα within
apo plevra se plevra *prep.* από πλευρά σε πλευρά through
apo pou *adv.* από που whence
apo to plio *adv.* από το πλοίο overboard
apo tote *conj. & adv.* από τότε since
apodekatizo *v.t.* αποδεκατίζω decimate
apodektos *a* αποδεκτός acceptable
apodesmevo *v.t.* αποδεσμεύω release
apodido *v.t.* αποδίδω ascribe
apodido *v.t.* αποδίδω attribute
apodido *v.t.* αποδίδω impute
apodido *v.t.* αποδίδω reimburse
apodiknio *v.t.* αποδεικνύω manifest
apodiknio *v.t.* αποδεικνύω prove
apodiknio *v.t.* αποδεικνύω substantiate
apodiksi *n* απόδειξη evidence
apodiksi *n.* απόδειξη proof
apodiksi *n.* απόδειξη receipt
apodiksi *n.* απόδειξη substantiation
apodiksi *n.* απόδειξη voucher
apodiopobeos tragos *n.* αποδιοπομπαίος τράγος scapegoat
apodohi *n* αποδοχή acceptance

apodokimasia *n* αποδοκιμασία disapproval
apodokimazo *v. t* αποδοκιμάζω disapprove
apodotikotita *n* αποδοτικότητα efficiency
apofasi *n* απόφαση decision
apofasi *n.* απόφαση ruling
apofasistikos *a* αποφασιστικός decisive
apofasistikos *a.* αποφασιστικός resolute
apofasistikotita *n.* αποφασιστικότητα determination
apofasistikotita *n.* αποφασιστικότητα resolution
apofasizo *v. t* αποφασίζω decide
apofasizo *v.t.* αποφασίζω resolve
apofenome *v.t.* αποφαίνομαι opine
apofevgo *v.t.* αποφεύγω avoid
apofevgo *v. t* αποφεύγω dodge
apofevgo *v. t* αποφεύγω elude
apofevgo *v. t* αποφεύγω evade
apofevgo *v.t.* αποφεύγω shirk
apofevgo *v.t.* αποφεύγω shun
apofitos *n* απόφοιτος/η alumna
apofitos *n* απόφοιτος graduate
apofiyi *n.* αποφυγή avoidance
apofiyi *n* αποφυγή evasion
apofthegma *n* απόφθεγμα aphorism
apofthegma *n* απόφθεγμα byword
apogalaktismos *n* απογαλακτισμός ablactation
apogalaktizo *v. t* απογαλακτίζω ablactate
apogoitefsi *n.* απογοήτευση frustration
apogoitevo *v. t.* απογοητεύω disappoint

apogoni *n.* απόγονοι posterity
apogoni *n.* απόγονοι progeny
apogonos *n* απόγονος descendant
apogonos *n.* απόγονος offspring
apografi *n.* απογραφή census
apoheretismos *n.* αποχαιρετισμός conge
apoheretismos *n* αποχαιρετισμός farewell
apohetefsi *n* αποχέτευση drainage
apoheteftiko sistima *n.* αποχετευτικό σύστημα sewerage
apohetevo *v. t* αποχετεύω drain
apohorisi *n.* αποχώρηση secession
apohoritirio *n.* αποχωρητήριο latrine
apohorizo *v.t.* αποχωρίζω sever
apohoro *v.i.* αποχωρώ secede
apohrosi *n.* απόχρωση nuance
apohrosi *n.* απόχρωση tint
apokalipsi *n.* αποκάλυψη revelation
apokalipto *v. t* αποκαλύπτω disclose
apokatastasi *n* αποκατάσταση reclamation
apokatastasi *n.* αποκατάσταση restoration
apokathisto *v.t.* αποκαθιστώ rehabilitate
apokathisto *v.t.* αποκαθιστώ reinstate
apokefalizo *v. t.* αποκεφαλίζω behead
apokiima tis fantasias *n* αποκύημα της φαντασίας fiction
apokiriksi *n.* αποκήρυξη repudiation
apoklino *v.t. & i.* αποκλίνω deflect
apoklio *v.t* αποκλείω bar
apoklio *v. t.* αποκλείω disqualify
apoklio *v. t* αποκλείω exclude
apoklisi *n* απόκλιση deviation
apoklisi *n.* απόκλιση variation
apoklismos *n* αποκλεισμός blockade
apoklistikos *a* αποκλειστικός exclusive
apokolisi *n* αποκόλληση abruption
apokopi *n.* αποκοπή avulsion
apokorifoma *n.* αποκορύφωμα apex
apokorifoma *n.* αποκορύφωμα climax
apokorifoma *n.* αποκορύφωμα pinnacle
apokorifonome *v.i.* αποκορυφώνομαι culminate
apokrifos *a.* απόκρυφος mystic
apokrifos *a.* απόκρυφος occult
apokrimnos *a.* απόκρημνος steep
apokrouo *v.t* αποκρούω fend
apokrouo *v.t.* αποκρούω negative
apokrouo *v.t.* αποκρούω parry
apokrouo *v.t.* αποκρούω repel
apokrouo *v.t.* αποκρούω spurn
apokrousi *n.* απόκρουση parry
apokroustikos *a.* αποκρουστικός hideous
apokroustikos *a.* αποκρουστικός odious
apokroustikos *a.* αποκρουστικός repellent
apokroustikos *a.* αποκρουστικός repugnant
apokroustikos *a.* αποκρουστικός repulsive
apoksenono *v.t.* αποξενώνω alienate
apoktima *n* απόκτημα acquest
apoktima *n.* απόκτημα acquirement
apoktisi *n.* απόκτηση acquisition

apoktisimos *a*. αποκτήσιμος
   obtainable
apokto *v.t.* αποκτώ acquire
apokto *v.t.* αποκτώ obtain
apolafsi *n* απόλαυση delight
apolafsi *n* απόλαυση enjoyment
apolamvano *v. t* απολαμβάνω
   enjoy
apolamvano *v.t.* απολαμβάνω
   relish
apolaves *n* απολαυές emolument
apolia *n* απώλεια bereavement
apolia *n*. απώλεια loss
apolia *n*. απώλεια wastage
apolio *v. t*. απολύω dismiss
apolisi *n* απόλυση dismissal
apolitarhia *n* απολυταρχία
   autocracy
apolitarhikos *a* απολυταρχικός
   autocratic
apolithoma *n*. απολίθωμα fossil
apolithonome *v.t.* απολιθώνομαι
   ossify
apolitos *a* απόλυτος absolute
apolitos *adv* απολύτως absolutely
apomakrino *v.t.* απομακρύνω
   remove
apomakrismenos *a*.
   απομακρυσμένος remote
apomeno *v.i.* απομένω remain
apomimisi *n* απομίμηση sham
apomimitikos *a*. απομιμητικός
   mimic
apomimitis *n*. απομιμητής
   imitator
apominari *n*. απομεινάρι stub
apomonomenos *a*.
   απομονωμένος secluded
apomonono *v.t.* απομονώνω
   insulate
apomonono *v.t.* απομονώνω
   isolate
apomonono *v.t.* απομονώνω
   seclude

apomonono *v.t.* απομονώνω
   segregate
apomonono *v.t* απομονώνω sole
apomonosi *n*. απομόνωση
   insulation
apomonosi *n*. απομόνωση
   isolation
apomonosi *n*. απομόνωση
   seclusion
apon *a* απών absent
aponemo *v.t*. απονέμω adhibit
aponemo *v.t*. απονέμω award
aponemo *v.t* απονέμω mete
aponemo titlo evyenias *v. t*.
   απονέμω τίτλο ευγενείας
   ennoble
aponera *n* απόνερα wake
aponireftos *a*. απονήρευτος
   artless
apopira *n*. απόπειρα attempt
apoplanisi *n*. αποπλάνηση
   seduction
apopniktikos *a*. αποπνικτικός
   stuffy
apopniktikos *a*. αποπνικτικός
   sultry
apopse *n. & adv*. απόψε tonight
apopsi *n* άποψη angle
aporimata *n*. απορρίματα
   garbage
aporimata *n*. απορρίματα refuse
aporipsi *n*. απόρριψη rejection
aporipto *v.t*. απορρίπτω reject
aporofo *v.t* απορροφώ absorb
aporofo *v.t* απορροφώ engross
aporos *a*. άπορος needy
aporos *n*. άπορος pauper
aposafinizo *v. t* αποσαφηνίζω
   clarify
aposindeo *v. t* αποσυνδέω
   disconnect
aposinthesi *n*. αποσύνθεση
   decomposition

aposintheto *v. t.* αποσυνθέτω decompose
aposiro *v.t.* αποσύρω withdraw
aposirome *v.i.* αποσύρομαι retire
aposkeves *n.* αποσκευές baggage
apospasi *n* απόσπαση detachment
apospasma *n.* απόσπασμα quotation
apospo *v. t* αποσπώ detach
apostagma *n* απόσταγμα extract
apostaktirio *n* αποστακτήριο distillery
apostasi *n* απόσταση distance
apostasi *n* απόσταση far
apostasi se milia *n.* απόσταση σε μίλια mileage
apostelo *v.t.* αποστέλλω ship
apostero *v. t* αποστερώ deprive
apostima *n* απόστημα abscess
apostirono *v.t.* αποστειρώνω sterilize
apostirosi *n.* αποστείρωση sterilization
apostoli *n.* αποστολή consignment
apostoli *n* αποστολή expedition
apostoli *n.* αποστολή mission
apostoli *n.* αποστολή shipment
apostoli *n.* αποστολή vocation
apostolos *n.* απόστολος apostle
apostrefo *v.t.* αποστρέφω avert
apostrofi *n.* αποστροφή aversion
apostrofi *n* αποστροφή dislike
apostrofi *n.* αποστροφή repugnance
apostrofos *n.* απόστροφος apostrophe
apotefrosi *n* αποτέφρωση cremation
apotelesma *n.* αποτέλεσμα result
apotelesmatikos *a* αποτελεσματικός effective
apotelesmatikotita *n* αποτελεσματικότητα efficacy

apoteloume *v. i* αποτελούμαι consist
apoteros *a.* απώτερος ulterior
apothanatizo *v.t.* αποθανατίζω immortalize
apotharino *v. t.* αποθαρρύνω damp
apotharino *v. t* αποθαρρύνω daunt
apotharino *v. t.* αποθαρρύνω discourage
apotharino *v. t* αποθαρρύνω dishearten
apothema *n.* απόθεμα fund
apotheosi *n.* αποθέωση apotheosis
apotheto *v. t* αποθέτω deposit
apothikefsi *n.* αποθήκευση storage
apothikevo *v.t.* αποθηκεύω store
apothiki *n.* αποθήκη ambry
apothiki *n* αποθήκη depot
apothiki *n.* αποθήκη pantry
apothiki *n.* αποθήκη repository
apothiki *v.t* αποθήκη warehouse
apothiki apo anatolis *n.* αποθήκη άπω ανατολής godown
apothisi *n.* απώθηση repulse
apothitiki alifi *n* απωθητική αλοιφή repellent
apotho *v.t.* απωθώ repulse
apotihia *n* αποτυχία failure
apotinhano *v.i* αποτυγχάνω fail
apotipoma *n.* αποτύπωμα imprint
apotipono *v.t.* αποτυπώνω impress
apotipono *v.t.* αποτυπώνω imprint
apotipono me ahnari *v.i.* αποτυπώνω με αχνάρι stencil
apotoma *adv.* απότομα short
apotomi kinisi *n.* απότομη κίνηση lunge
apotomos *a* απότομος abrupt
apotomos *a* απότομος blunt

apotomos *a* απότομος curt
apotomos *a.* απότομος jerky
apotravo *v.t.* αποτραβώ wean
apousia *n* απουσία absence
apousiazo (apo) *v.t* απουσιάζω (από) absent
apovalo *v.i.* αποβάλλω miscarry
apovalo *v.t.* αποβάλλω shed
apovalo/-ome *v.t.* αποβάλλω/-ομαι slough
apovathra *n.* αποβάθρα platform
apovivasi *n.* αποβίβαση landing
apovivazo/-ome *v.i.* αποβιβάζω/-ομαι land
apovlakono *v.t.* αποβλακώνω stupefy
apovlitos *n.* απόβλητος outcast
apovlitos *a* απόβλητος outcast
apovoli *n.* αποβολή expulsion
apovoli *n.* αποβολή miscarriage
apovradis *adv.* αποβραδίς overnight
apoyevmatini parastasi *n.* απογευματινή παράσταση matinee
apoyimnono *v.t.* απογυμνώνω denude
apozimiono *v.t* αποζημιώνω compensate
apozimiono *v.t.* αποζημιώνω recoup
apozimiono *v.t.* αποζημιώνω remunerate
apozimiosi *n* αποζημίωση compensation
aprepia *n.* απρέπεια immodesty
aprepia *n.* απρέπεια impropriety
aprepia *n.* απρέπεια indecency
aprepis *a.* απρεπής immodest
aprepis *a.* απρεπής indecent
aprepos *a.* άπρεπος improper
aprosarmostos *a.* απροσάρμοστος maladjusted
aprosdokiti sinantisi *n.* απροσδόκητη συνάντηση encounter
aprosehtos *a.* απρόσεχτος careless
aproseksia *n.* απροσεξία negligence
aprosektos *a.* απρόσεκτος inattentive
aprosektos *a.* απρόσεκτος mindless
aprosopos *a.* απρόσωπος impersonal
aprosvlitos *a.* απρόσβλητος immune
aprothimia *n.* απροθυμία reluctance
aprothimos *a.* απρόθυμος loath
aprothimos *a.* απρόθυμος reluctant
apsegadiastos *a.* αψεγάδιαστος spotless
apsida *n.* αψίδα arch
apsihos *a.* άψυχος inanimate
apsihos *a.* άψυχος lifeless
apsimahia *n.* αψιμαχία skirmish
apsimaho *v.t.* αψιμαχώ skirmish
aptos *a.* απτός tactile
aptos *a.* απτός tangible
arahni *n.* άραχνη spider
arakas *n.* αρακάς pea
arapis *n.* αράπης nigger
ararouti *n.* αραρούτη arrowroot
aravonas *n.* αρραβώνας betrothal
aravonas *n.* αρραβώνας engagement
aravoniazo *v. t* αρραβωνιάζω betroth
ardefsi *n.* άρδευση irrigation
ardevo *v.t.* αρδεύω irrigate
areka *n* αρέκα areca
arena *n* αρένα arena
arenopos *a.* αρρενωπός manly

arenopos *a.* αρρενωπός masculine
arenopos *a.* αρρενωπός virile
arenopotita *n* αρρενωπότητα manliness
arenopotita *n.* αρρενωπότητα virility
areomenos *a* αραιωμένος dilute
areono *v. t* αραιώνω dilute
areti *n.* αρετή virtue
arga *adv.* αργά late
arga *adv.* αργά leisurely
arga *adv.* αργά slowly
argalios *n* αργαλειός loom
argko *n.* αργκό slang
argoporia *n.* αργοπορία demurrage
argoporimenos *adj.* αργοπορημένος belated
argos *a.* αργός late
argos *a* αργός leisure
argos *a.* αργός leisurely
argos *a* αργός slow
argosholos *n.* αργόσχολος idler
argotera *adv* αργότερα after
arhagelos *n* αρχάγγελος archangel
arhaikos *a.* αρχαϊκός archaic
arharios *n.* αρχάριος novice
arhegonos *a.* αρχέγονος primeval
arheodifikos *a.* αρχαιοδιφικός antiquarian
arheodifis *n* αρχαιοδίφης antiquarian
arheodifis *n.* αρχαιοδίφης antiquary
arheos *a.* αρχαίος ancient
arheos *a.* αρχαίος antique
arheotita *n.* αρχαιότητα antiquity
arheotita *n.* αρχαιότητα seniority
arhi *n.* αρχή beginning
arhi *n.* αρχή outset
arhi *n.* άρχη principle
arhia *n.pl.* αρχεία archives
arhiepiskopos *n.* αρχιεπίσκοπος archbishop
arhigos *n.* αρχηγός captain
arhigos *a.* αρχηγός chief
arhigos *n* αρχηγός commander
arhiko grama *n.* αρχικό γράμμα initial
arhikos *a.* αρχικός initial
arhikos *a.* αρχικός original
arhiotheto *v.t* αρχειοθετώ file
arhitektonas *n.* αρχιτέκτονας architect
arhitektoniki *n.* αρχιτεκτονική architecture
arhithalamipolos *n* αρχιθαλαμηπόλος chamberlain
arhiyia *n.* αρχηγία captaincy
arhizo *n* αρχίζω begin
arhizo *v.* t αρχίζω commence
arhizo *v.t.* αρχίζω initiate
arhontas *n.* άρχοντας lord
arhontia *n.* αρχοντιά stateliness
arhontiko *n.* αρχοντικό mansion
arhontikos *a.* αρχοντικός stately
aris *n* Άρης Mars
aristerizon *n* αριστερίζων leftist
aristeros *a.* αριστερός left
aristofanikos *adj* αριστοφανικός aristophanic
aristokratia *n.* αριστοκρατία aristocracy
aristokratis *n.* αριστοκράτης aristocrat
aristouryima *n.* αριστούργημα masterpiece
arithmisi *n.* αρίθμηση count
arithmitiki *n.* αριθμητική arithmetic
arithmitikos *a.* αριθμητικός arithmetical
arithmitikos *a.* αριθμητικός numeral
arithmitikos *a.* αριθμητικός numerical

arithmitis *n.* αριθμητής numerator
arithmo *v.t.* αριθμώ number
arithmo selides *v.t.* αριθμώ σελίδες page
arithmos *n* αριθμός figure
arithmos *n.* αριθμός number
arketa *adv* αρκετά enough
arketa *adv.* αρκετά pretty
arketa *adv.* αρκετά quite
arketos *a.* αρκετός ample
arketos *a* αρκετός enough
arkouda *n* αρκούδα bear
arktiki *n* Αρκτική Arctic
arma *n* άρμα chariot
armada *n.* αρμάδα armada
armego *v.t.* αρμέγω milk
armirada *n.* αρμυράδα salinity
armodios *a.* αρμόδιος apposite
armodios *adv* αρμοδίως appositely
armonia *n.* αρμονία consonance
armonia *n.* αρμονία harmony
armonia *n.* αρμονία unison
armonio *n.* αρμόνιο harmonium
arnaki galaktos *n.* αρνάκι γάλακτος lambkin
arni *n.* αρνί lamb
arnisi *n* άρνηση denial
arnisi *n.* άρνηση negation
arnisi *n.* άρνηση negative
arnisi *n.* άρνηση refusal
arnisio kreas *n.* αρνίσιο κρέας mutton
arnitikos *a.* αρνητικός negative
arnoume *v. t.* αρνούμαι decline
arnoume *v. t.* αρνούμαι deny
arnoume *v.t.* αρνούμαι gainsay
arnoume *v.t.* αρνούμαι rebuff
arnoume *v.t.* αρνούμαι refuse
aroma *n.* άρωμα perfume
aromatizo *v.t.* αρωματίζω perfume
arostia *n.* αρρώστια illness
arostos *a.* άρρωστος ill
aroureos *n.* αρουραίος rat
aroyi *n.* αρωγή succour
arpa *n.* άρπα harp
arpayi *n.* αρπαγή snatch
arpazo *v.t.* αρπάζω grab
arpazo apotoma *v.t.* αρπάζω απότομα snatch
arpazo me ti via *v.t.* αρπάζω με τη βία wrest
arseniki gorgona *n.* αρσενική γοργόνα merman
arseniki hina *n.* αρσενική χήνα gander
arseniko *n* αρσενικό arsenic
arseniko *n* αρσενικό male
arsenikos *a.* αρσενικός male
arthritida *n* αρθρίτιδα arthritis
arthritis *n.* αρθρίτις gout
arthro *n* άρθρο article
arthrosi *n* άρθρωση diction
arthrosi *n.* άρθρωση utterance
artiria *n.* αρτηρία artery
artopiio *n* αρτοποιείο bakery
artopios *n.* αρτοποιός baker
aryia *n.* αργία holiday
aryia *n.* αργία idleness
aryilos *n* άργιλος argil
asafia *n.* ασάφεια vagueness
asafis *a.* ασαφής ambiguous
asafis *a.* ασαφής indefinite
asafis *a.* ασαφής vague
aselyis *a.* ασελγής licentious
asfalia *n.* ασφάλεια assurance
asfalia *n.* ασφάλεια indemnity
asfalia *n.* ασφάλεια insurance
asfalia *n.* ασφάλεια safety
asfalia *n.* ασφάλεια security
asfalis *a.* ασφαλής safe
asfalis *a.* ασφαλής secure
asfalistro *n.* ασφάλιστρο premium

asfalizo/-ome v.t. ασφαλίζω/-ομαι insure
asfiksia n. ασφυξία suffocation
asfiktio v. t. ασφυκτιώ choke
asfiktio v.t ασφυκτιώ suffocate
asfodelos n. ασφόδελος daffodil
ashetos a. άσχετος irrelevant
ashima adv. άσχημα badly
ashima adv. άσχημα ill
ashimi plevra tis zois a. άσχημη πλευρά της ζωής seamy
ashimia n. ασχήμια ugliness
ashimizo v.t. ασχημίζω uglify
ashimos a. άσχημος ugly
asigkritos a. ασύγκριτος incomparable
asigkritos a. ασύγκριτος nonpareil
asigkritos a. ασύγκριτος peerless
asiliptos a ασύλληπτος elusive
asilo n άσυλο asylum
asimanto pragma n. ασήμαντο πράγμα trifle
asimantos a. ασήμαντος immaterial
asimantos a. ασήμαντος insignificant
asimantos a. ασήμαντος paltry
asimantos a. ασήμαντος petty
asimantos a. ασήμαντος trivial
asimantotita n. ασημαντότητα insignificance
asimenios a ασημένιος silver
asimi n. ασήμι silver
asimvivastos a. ασυμβίβαστος irreconcilable
asinartitos a. ασυνάρτητος incoherent
asinetos a. ασύνετος injudicious
asirmatos a. ασύρματος wireless
asirmatos n ασύρματος wireless
askisi n. άσκηση exercise
askitikos a. ασκητικός ascetic
askitis n. ασκητής ascetic

asko veto v.t. ασκώ βέτο veto
askopos a. άσκοπος senseless
askoume v. t ασκούμαι exercise
asos n άσσος ace
aspida n. ασπίδα shield
asplahnos adj. άσπλαχνος merciless
asplahnos a. άσπλαχνος pitiless
aspradi avgou n ασπράδι αυγού albumen
asprideros a. ασπριδερός whitish
asprizo v. t. & i ασπρίζω blanch
astakos n. αστακός lobster
astathia n. αστάθεια instability
astathis adj. ασταθής astatic
astatos a άστατος fitful
asteismos n. αστεϊσμός banter
asteri n. αστέρι star
asteriskos n. αστερίσκος asterisk
asterismos n. αστερισμός asterism
asterismos n. αστερισμός constellation
asteroidis adj. αστεροειδής asteroid
asteroskopio n. αστεροσκοπείο observatory
asthenia n ασθένεια disease
asthenia n. ασθένεια sickness
astheniko plasma n. ασθενικό πλάσμα weakling
asthenikos a. ασθενικός frail
asthenikos a. ασθενικός sickly
asthenis n ασθενής invalid
asthenis n ασθενής patient
asthenis a. ασθενής sick
asthenoforo n. ασθενοφόρο ambulance
asthma n. άσθμα asthma
asthmeno v.i ασθμαίνω gasp
asthmeno v.i. ασθμαίνω pant
asthmeno v.i. ασθμαίνω puff
astievome v.i. αστειεύομαι jest
astievome v.i. αστειεύομαι joke

astikos *a* αστικός civic
astikos *a.* αστικός urban
astinomia *n.* αστυνομία police
astinomikos *n* αστυνομικός constable
astinomikos *n.* αστυνομικός policeman
astio *n* αστείο antic
astio *n.* αστείο jest
astio *n.* αστείο joke
astio *n.* αστείο yak
astios *a* αστείος comical
astios *n.* άστειος funny
astios *a.* αστείος humorous
astios *a.* αστείος jocular
astios *a.* αστείος laughable
astohia *n.* αστοχία miss
astoho *v.t.* αστοχώ miss
astos *n.* αστός commoner
astragalos *n.* αστράγαλος ankle
astrapi *n* αστραπή bolt
astrapi *n* αστραπή flash
astro *n.* άστρο luminary
astrologos *n.* αστρολόγος astrologer
astroloyia *n.* αστρολογία astrology
astronaftis *n.* αστροναύτης astronaut
astronomia *n.* αστρονομία astronomy
astronomos *n.* αστρονόμος astronomer
asvestio *n* ασβέστιο calcium
asvestis *n.* ασβέστης lime
asvestis *n.* ασβέστης whitewash
asvestokoniama *v.t.* ασβεστοκονίαμα mortar
asvestono *v.t* ασβεστώνω lime
asvestono *v.t.* ασβεστώνω whitewash
asvestos *n.* άσβεστος asbestos
asvos *n.* ασβός badger
ataksia *n* αταξία disorder

ataksia *n.* αταξία misrule
ataktos *a.* άτακτος naughty
ategktos *n.* άτεγκτος martinet
atelia *n.* ατέλεια imperfection
atelia *n.* ατέλεια shortcoming
ateliotos *a.* ατελείωτος interminable
atelis *a.* ατελής imperfect
atelis *a* . ατελής incomplete
atenes vlema *n* ατενές βλέμμα gaze
atenizo *v.t* ατενίζω contemplate
atenizo *v.i.* ατενίζω stare
athanasia *n.* αθανασία immortality
athanatos *a.* αθάνατος immortal
atheismos *n* αθεϊσμός atheism
atheos *n* άθεος antitheist
atheos *n* άθεος atheist
athetisi *n.* αθέτηση default
athiktos *a.* άθικτος intact
athlima *n.* άθλημα sport
athlios *a.* άθλιος abject
athlios *a.* άθλιος mean
athlios *a.* άθλιος squalid
athlios *a.* άθλιος wretched
athliotita *n.* αθλιότητα meanness
athliotita *n.* αθλιότητα squalor
athlitikos *a.* αθλητικός athletic
athlitikos *a.* αθλητικός sportive
athlitis *n.* αθλητής athlete
athlitis *n.* αθλητής sportsman
athlitismos *n.* αθλητισμός athletics
athloume *v.i.* αθλούμαι sport
athoono *v.t.* αθωώνω acquit
athoono *v.t.* αθωώνω assoil
athoos *a.* αθώος innocent
athoosi *n.* αθώωση acquittal
athootita *n.* αθωότητα innocence
atihia *n.* ατυχία mischance
atihia *n.* ατυχία misfortune
atihima *n* ατύχημα accident
atihima *n.* ατύχημα casualty

atihima n. ατύχημα misadventure
atihima n. ατύχημα mishap
atihis haraktirismos n. ατυχής χαρακτηρισμός misnomer
atihos a. άτυχος luckless
atihos a. άτυχος unfortunate
atimazo v.t. ατιμάζω attaint
atimazo v. t ατιμάζω dishonour
atimia n. ατιμία dishonesty
atimia n. ατιμία infamy
atimorisia n. ατιμωρησία impunity
atimoritos a. ατιμώρητος scot-free
atimosi n ατίμωση dishonour
atlas n. άτλας atlas
atmoplio n. ατμόπλοιο steamer
atmos n ατμός steam
atmos n. ατμός vapour
atmosfera n. ατμόσφαιρα atmosphere
atolmia n. ατολμία timidity
atomikismos n. ατομικισμός individualism
atomikos a. ατομικός atomic
atomikotita n. ατομικότητα individuality
atomo n. άτομο atom
atomo n. άτομο person
atomo n. άτομο wight
atonos a. άτονος nerveless
atou n. ατού trump
atromitos a ατρόμητος dauntless
atromitos a. ατρόμητος intrepid
avaio n. αββαείο abbey
avasimos a. αβάσιμος baseless
avasimos a. αβάσιμος invalid
aveveos a. αβέβαιος uncertain
avgo n αυγό egg
avgotaraho n. αυγοτάραχο roe
Avgoustos n. Αύγουστος August
avisos n άβυσσος abyss
avlaki n. αυλάκι furrow
avlaki n αυλάκι rifle

avlaki n. αυλάκι rut
avlakono v.i αυλακώνω flute
avlakono v.t αυλακώνω groove
avlepsia n. αβλεψία oversight
avli n. αυλή courtyard
avli n. αυλή yard
avlikos n. αυλικός courtier
avnanizome v.i. αυνανίζομαι masturbate
avoithitos a. αβοήθητος helpless
avolos a. άβολος awkward
avrio n. & adv. αύριο tomorrow
avrofrosini n. αβροφροσύνη gallantry
avros a. αβρός urbane
avrotita n. αβρότητα urbanity
Avyi n Αυγή aurora
avyi n αυγή dawn
ayelada n. αγελάδα cow
ayeli n. αγέλη herd
ayenia n αγένεια disrespect
ayenis a αγενής discourteous
ayenis a. αγενής impolite
ayenis a. αγενής rude
ayenis a αγενής unmannerly
ayerohos a. αγέρωχος lordly
ayiopio v.t. αγιοποιώ sanctify
ayioprepis a. αγιοπρεπής saintly
ayios a. άγιος holy
ayios n. άγιος saint
ayiotita n. αγιότητα sanctity
azoto n. άζωτο nitrogen

B

babas n μπαμπάς dad, daddy
babou n. μπαμπού bamboo
bagkaloou n μπάγκαλοου bungalow
bahariko n. μπαχαρικό spice
bakaliki n. μπακαλική grocery
bakalis n. μπακάλης grocer

bala *n.* μπάλα bale
bala *n.* μπάλα ball
balanta *n.* μπαλάντα ballad
balanta *n* μπαλάντα lay
baleto *sn.* μπαλέτο ballet
balkoni *n.* μπαλκόνι balcony
baloma *n* μπάλωμα patch
balomatis *n* μπαλωματής cobbler
balono *v.t.* μπαλώνω patch
banana *n.* μπανάνα banana
banana *n.* μπανάνα plantain
banian *n.* μπάνυαν banyan
baniera *n.* μπανιέρα tub
banio *n* μπάνιο bath
banjo *n.* μπάντζο banjo
bantminton *n.* μπάντμιντον badminton
baoulo *n* μπαούλο chest
bar *n.* μπαρ bar
basos *n.* μπάσος bass
bastardos *n.* μπάσταρδος bastard
bastouni *n* μπαστούνι club
bastouni *n.* μπαστούνι spade
bataria *n* μπαταρία battery
bayiatikos *a.* μπαγιάτικος musty
bayiatikos *a.* μπαγιάτικος stale
beikon *n.* μπέικον bacon
bek *n.* μπεκ nozzle
belas *n.* μπελάς nuisance
belas *n.* μπελάς trouble
beno ston kopo *v.t.* μπαίνω στον κόπο trouble
berdemena *adv.* μπερδεμένα pell-mell
berdevo *v.t.* μπερδεύω jumble
berdevo *v.i* μπερδεύω mess
berdevo/-ome *v.t.* μπερδεύω/-ομαι tangle
beton *n* μπετόν concrete
bihti *n* μπηχτή dig
bihti *n* μπηχτή gibe
bira *n* μπύρα beer
biskoto *n* μπισκότο biscuit

biskoto *n* μπισκότο cracker
ble *n* μπλε blue
bleko *v.* t μπλέκω entangle
bleko *v.t.* μπλέκω involve
bleksimo *n* μπλέξιμο fix
bleksimo *n.* μπλέξιμο tangle
blofa *n* μπλόφα bluff
blofaro *v.* t μπλοφάρω bluff
blouza *n* μπλούζα blouse
boikotaro *v.* t. μποϋκοτάρω boycott
boikotaz *n* μποϋκοτάζ boycott
bol *n* μπωλ bowl
bora *n.* μπόρα shower
borntelo *n* μπορντέλο brothel
boro *v.* μπορώ can
boro *v* μπορώ may
bota *n* μπότα boot
boubouki *n* μπουμπούκι bud
bouhtizo *v.t.* μπουχτίζω satiate
boukali *n* μπουκάλι bottle
bouketo *n* μπουκέτο bouquet
bouketo *n.* μπουκέτο nosegay
boukia *n.* μπουκιά gulp
boukia *n.* μπουκιά mouthful
boukla *n.* μπούκλα curl
boukla *n* μπούκλα lock
boukla *n.* μπούκλα ringlet
bouldogk *n* μπουλντόγκ bulldog
bourini *n.* μπουρίνι gust
boyia *n.* μπογιά paint
braig *n* μπράιγ braille
bratso *n.* μπράτσο arm
brokar *n* μπροκάρ brocade
brokolo *n.* μπρόκολο broccoli
brosta *prep* μπροστά before
brostino podi *n* μπροστινό πόδι foreleg
brostinos *a.* μπροστινός forward
brostinos *a* μπροστινός front
broujinos *n.* *& adj* μπρούτζινος bronze
broutzos *n.* μπρούτζος brass

D

dafni *n.* δάφνη laurel
dafnostefis *n* δαφνοστεφής laureate
dagios *n.* δάγκειος dengue
dagkoma *n* δάγκωμα bite
dagkono *v. t.* δαγκώνω bite
dahtilidaki *n* δαχτυλιδάκι annulet
dahtilidi *n.* δαχτυλίδι ring
dahtilithra *n.* δαχτυλήθρα thimble
dahtilo *n* δάχτυλο finger
dahtilo podiou *n.* δάχτυλο ποδιού toe
dais *n* νταής bully
dakri *n.* δάκρυ tear
dakrismenos *a.* δακρυσμένος lachrymose
dakrismenos *a.* δακρυσμένος tearful
daktilografo *v.t.* δακτυλογραφώ type
daktilografos *n.* δακτυλογράφος typist
daktilothesio *n.* δακτυλοθέσιο fret
damaskino *n.* δαμάσκηνο plum
damazo *v.t.* δαμάζω tame
dandis *n* δανδής dandy
dandis *n* δανδής gallant
danio *n.* δάνειο loan
danizo *v.t.* δανείζω lend
danizo *v.t.* δανείζω loan
danizome *v. t* δανείζομαι borrow
dantela *n.* δαντέλα lace
dantelenios *a.* δαντελένιος lacy
dapani *n* δαπάνη expenditure
dasilio *n.* δασύλλιο coppice
daskalos *n.* δάσκαλος teacher
dasofilakas *n* δασοφύλακας forester
dasofilakas *n.* δασοφύλακας ranger
dasokomia *n* δασοκομία forestry
dasos *n* δάσος forest
dasos *n.* δάσος woods
dasotopos *n.* δασότοπος woodland
deftera *n.* Δευτέρα Monday
defterevon *a.* δευτερεύων secondary
defterolepto *n* δευτερόλεπτο second
defteros *a.* δεύτερος second
dehome *&* δέχομαι accept
deka *n.*, *a* δέκα ten
dekadikos *a* δεκαδικός decimal
dekaeksi *n.*, *a.* δεκαέξι sixteen
dekaenea *n.* δεκαεννέα nineteen
dekaepta *n.*, *a* δεκαεπτά seventeen
dekaetia *n* δεκαετία decade
dekaetis *n.* δεκαετής decennary
dekaniki *n* δεκανίκι crutch
dekaokto *a* δεκαοκτώ eighteen
dekapente *n* δεκαπέντε fifteen
dekapenthimero *n.* δεκαπενθήμερο fortnight
dekatesera *n.* δεκατέσσερα fourteen
dekati *n.* δεκάτη tithe
dekatos ektos *a.* δέκατος έκτος sixteenth
dekatos enatos *a.* δέκατος ένατος nineteenth
dekatos evdomos *a.* δέκατος έβδομος seventeenth
dekatos tritos *a.* δέκατος τρίτος thirteenth
dekatria *n.* *& a* δεκατρία thirteen
dekemvrios *n* Δεκέμβριος december
dekrizo *v. t* δακρύζω blear
deksameni *n.* δεξαμενή reservoir
deksameni *n.* δεξαμενή tank

deksamenoplio *n.* δεξαμενόπλοιο tanker
deksiotehnia *n.* δεξιοτεχνία mastery
dektikos *a.* δεκτικός receptive
deleazo *v.t.* δελεάζω lure
deleazo *v.t.* δελεάζω seduce
delta *n* δέλτα delta
deltio *n* δελτίο bulletin
dema *n* δέμα bundle
dema *n.* δέμα pack
dema *n.* δέμα parcel
demati *n* δεμάτι faggot
demonas *n.* δαίμονας demon
den ime prothimos *v.t.* δεν είμαι πρόθυμος grudge
dendrilio *n.* δενδρύλλιο sapling
deno *v.t* δένω bind
deno *v.t.* δένω knot
deno *v.t.* δένω lace
deno *v.t.* δένω rope
deno *v.t.* δένω strap
deno *v.t.* δένω tether
deno *v.t.* δένω tie
deno ta matia *v. t* δένω τα μάτια blindfold
dentro *n.* δέντρο tree
dentrokipos *n.* δεντρόκηπος orchard
deontos *adv* δεόντως duly
derma *n.* δέρμα cutis
derma *n.* δέρμα leather
derma *n.* δέρμα skin
desimo *a* δέσιμο binding
desmi *n* δέσμη cluster
desmios *a.* δέσμιος captive
desmofilakas *n.* δεσμοφύλακας jailer
desmos *n.* δεσμός affiliation
desmos *n* δεσμός tie
despozo *v.i.* δεσπόζω tower
dezmevo *v.t.* δεσμεύω shackle
dezmi *n.* δέσμη sheaf

dezmofilakas *n.* δεσμοφύλακας warder
dia mesou *adv.* δια μέσου across
dia mesou *adv.* δια μέσου through
diadido *v.t.* διαδίδω rumour
diadikasia *n.* διαδικασία procedure
diadikasia *n.* διαδικασία process
diadikos *adj* δυαδικός binary
diadikos *n.* διαδικός litigant
diadohi *n.* διαδοχή sequence
diadohi *n.* διαδοχή succession
diadohika *adv* διαδοχικά consecutively
diadohikos *a.* διαδοχικός successive
diadohos *n.* διάδοχος successor
diadosi *n.* διάδοση propagation
diadromi *n* διαδρομή drive
diadromi *n* διαδρομή ride
diadromos *n.* διάδρομος corridor
diafanis *a.* διαφανής sheer
diafanis *a.* διαφανής transparent
diafero *v. i* διαφέρω differ
diafimisi *n* διαφήμιση advertisement
diafimizo *v.* διαφημίζω advert
diafimizo *v.t.* διαφημίζω advertise
diafimizo *v.t.* διαφημίζω publicize
diafimizo *v.t.* διαφημίζω solicit
diafimizomenos *a.* διαφημιζόμενος solicitious
diafonia *n.* διαφωνία disagreement
diafonia *n.* διαφωνία variance
diafono *v. i* διαφωνώ disagree
diafora *n* διαφορά contrast
diafora *n* διαφορά difference
diafora *n* διαφορά disparity
diaforetika *adv.* διαφορετικά other
diaforetika *adv.* διαφορετικά otherwise

diaforetikos *a* διαφορετικός different
diaforetikos *a.* διαφορετικός separate
diaforetikos *a* διαφορετικός unlike
diaforos *a.* διάφορος sundry
diafotizo *v. t.* διαφωτίζω enlighten
diafragma *n.* διάφραγμα midriff
diafthiro *v. t.* διαφθείρω debauch
diafthiro *v. t.* διαφθείρω demoralize
diafthiro/-ome *v. t.* διαφθείρω/-ομαι corrupt
diafthora *n.* διαφθορά corruption
diagnosi *n* διάγνωση diagnosis
diagonizome *v. i* διαγωνίζομαι compete
diagrafo *v. t* διαγράφω delete
diagrafo *v.t.* διαγράφω outline
diagrafo *v.t.* διαγράφω profile
diagrama *n* διάγραμμα diagram
diagrama *n.* διάγραμμα graph
diahirisi *n.* διαχείριση husbandry
diahirisi *n.* διαχείριση management
diahiristis *n.* διαχειριστής administrator
diahorismos *n.* διαχωρισμός demarcation
diahorismos *n.* διαχωρισμός segregation
diahorizo *v.t.* διαχωρίζω sequester
diahorizo *v.t.* διαχωρίζω sift
diakais *adj.* διακαής athirst
diakindinevo *v. t.* διακινδυνεύω endanger
diakindinevo *v.t* διακινδυνεύω hazard
diakindinevo *v.t.* διακινδυνέυω imperil
diakindinevo *v.t.* διακινδυνεύω jeopardize

diakindinevo *v.t.* διακινδυνεύω venture
diakiriksi *n.* διακήρυξη protestation
diakonos *n.* διάκονος deacon
diakopes *n.* διακοπές recess
diakopes *n.* διακοπές vacation
diakopi *n.* διακοπή interruption
diakopi *n.* διακοπή severance
diakopi *n* διακοπή stoppage
diakoptis *n.* διακόπτης switch
diakopto *v. t* διακόπτω discontinue
diakopto *v.t.* διακόπτω rupture
diakopto/-ome *v.t.* διακόπτω/-ομαι interrupt
diakosmisi *n* διακόσμηση decoration
diakosmisi *n.* διακόσμηση ornamentation
diakosmitiko ipostirigma *n.* διακοσμιτικό υποστήριγμα corbel
diakosmitikos *a.* διακοσμητικός ornamental
diakosmo *v. t* διακοσμώ deck
diakosmo *v. t* διακοσμώ decorate
diakosmo me koubia *v.t.* διακοσμώ με κουμπιά stud
diakrino *v. t.* διακρίνω discriminate
diakrino *v. i* διακρίνω distinguish
diakrisi *n* διάκριση discrimination
diakrisi *n* διάκριση distinction
diakrisi *n.* διάκριση prominence
diakritikos *a.* διακριτικός considerate
diakritikos *a.* διακριτικός tactful
diaksonikos *adj* διαξονικός biaxial
dialego *v. t.* διαλέγω choose
dialego *v.t.* διαλέγω pick
dialeksi *n.* διάλεξη lecture

dialektos *n* διάλεκτος dialect
dialektos *n*. διάλεκτος parlance
dialima *n*. διάλειμμα interlude
dialima *n*. διάλειμμα interval
dialio/-ome *v.t* διαλύω/-ομαι dissolve
dialitikos *a*. διαλυτικός solvent
dialitis *n* διαλυτικός solvent
dialitos *a*. διαλυτός soluble
dialitotita *n*. διαλυτότητα solubility
dialogos *n* διάλογος dialogue
dialoyismos *n* διαλογισμός contemplation
dialoyismos *n*. διαλογισμός mediation
diamahi *n*. διαμάχη conflict
diamahi *n* διαμάχη contention
diamahi *n* διαμάχη controversy
diamanti *n* διαμάντι diamond
diamartiria *n*. διαμαρτυρία protest
diamartirome *v.i.* διαμαρτύρομαι protest
diameno *v.i.* διαμένω reside
diameno *v.i.* διαμένω sojourn
diamenon *a*. διαμένων resident
diamerisma *n*. διαμέρισμα apartment
diamerisma *n*. διαμέρισμα compartment
diamerisma *n* διαμέρισμα flat
diametros *n* διάμετρος diameter
diamoni *n* διαμονή sojourn
diamorfono *v.t* διαμορφώνω shape
dianemo *v.t.* διανέμω apportion
diania *n*. διάνοια genius
dianoitikos *a*. διανοητικός intellectual
dianomi *n* διανομή delivery
dianomi *n* διανομή distribution
dianomi rolon *n* διανομή ρόλων casting

dianooumeni *n*. διανοούμενοι intelligentsia
dianooumenos *n*. διανοούμενος intellectual
diapereono *v.t* διαπεραιώνω ferry
diaperno *v.t.* διαπερνώ penetrate
diapiros *a* διάπυρος fervent
diapistevo *v.t.* διαπιστεύω accredit
diaplata *adv.* διάπλατα wide
diaplatino *v.t.* διαπλατύνω widen
diapotizo *v.t.* διαποτίζω pervade
diapragmatefsi *n*. διαπραγμάτευση nagotiation
diapragmatefsi *n*. διαπραγμάτευση parley
diapragmatefsimos *a*. διαπραγματεύσιμος negotiable
diapragmatevome *v. t* διαπραγματεύομαι concert
diapragmatevome *v.t.* διαπραγματεύομαι negotiate
diapragmatevome *v.i* διαπραγματεύομαι parley
diaprato *v. t.* διαπράττω commit
diaprepis *a* διαπρεπής eminent
diaprepis *a*. διαπρεπής pre-eminent
diaprepo *v.i* διαπρέπω excel
diapsefsi *n* διάψευση contradiction
diareo *v.i.* διαρρέω leak
diareo *v.i.* διαρρέω ooze
diareo *v.i.* διαρρέω seep
diaria *n* διάρροια diarrhoea
diariksi *n* διάρρηξη burglary
diariktis *n* διαρρήκτης burglar
diarkia *n* διάρκεια duration
diarkia *n*. διάρκεια span
diarkia *n*. διάρκεια tenure
diarkis *a*. διαρκής lasting
diarko *v.i.* διαρκώ last
diarkos *adv* διαρκώς forever

diarkountos *prep.* διαρκούντος pending
diaroi *n.* διαρροή leak
diaroi *n.* διαρροή leakage
diarpazo *v.t.* διαρπάζω depredate
dias *n.* Δίας jupiter
diashizo *v. t* διασχίζω cross
diashizo me kopo *v.i.* διασχίζω με κόπο wade
diasimos *a* διάσημος famous
diasimos *a.* διάσημος renowned
diasimotita *n* διασημότητα celebrity
diasimotita *n* διασημότητα eminence
diasimotita *n.* διασημότητα notoriety
diasiro *v.t.* διασύρω vilify
diaskedasi *n* διασκέδαση amusement
diaskedasi *n.* διασκέδαση fun
diaskedazo *v.t.* διασκεδάζω amuse
diaskedazo *v. t* διασκεδάζω entertain
diaskepsi *n* διάσκεψη conference
diaskorpizo/-ome *v.t.* διασκορπίζω/-ομαι scatter
diasosi *n* διάσωση rescue
diasosi *n.* διάσωση salvage
diasozo *v.t.* διασώζω salvage
diaspartos *a.* διάσπαρτος sparse
diaspo *v. t* διασπώ disrupt
diastasi *n* διάσταση dimension
diastavrosi *n.* διασταύρωση intersection
diastavrosi *n.* διασταύρωση junction
diastelo/-ome *v.t.* διαστέλλω/-ομαι expand
diastima *n.* διάστημα space
diastrema *n.* διάστρεμμα sprain
diastrevlono *v. t.* διαστρεβλώνω misrepresent
diastrevlono *v.t.* διαστρεβλώνω pervert
diastrofi *n.* διαστροφή perversion
diastrofi *n.* διαστροφή perversity
diatagma *n* διάταγμα decree
diataksi *n.* διάταξη scheme
diataraso *v.t.* διαταράσσω perturb
diataso *v. t* διατάσσω command
diatayi *n* διαταγή command
diatayi *n.* διαταγή injunction
diatayi *n.* διαταγή ordinance
diathesi *n* διάθεση disposal
diathesi *n.* διάθεση mood
diathesimos *a* διαθέσιμος available
diatheto *v.t.* διαθέτω afford
diatheto *v. t* διαθέτω dispose
diatheto stin agora *v.t* διαθέτω στην αγορά market
diathiki *n.* διαθήκη testament
diatipono *v.t* διατυπώνω formulate
diatipono *v.t.* διατυπώνω phrase
diatipono *v.t* διατυπώνω word
diatiposi *n* διατύπωση formula
diatiro *v.t.* διατηρώ maintain
diatripo *v.t.* διατρυπώ perforate
diatrivi *n.* διατριβή thesis
diatrofi *n.* διατροφή alimony
diatrofi *n.* διατροφή nutrition
diavasi *n.* διάβαση crossing
diavathmisi *n.* διαβάθμιση gradation
diavatirio *n.* διαβατήριο passport
diavazo *v.t.* διαβάζω read
diaveveo *v.t.* διαβεβαιώ assure
diavitis *n* διαβήτης diabetes
diavivrosko *v. t* διαβιβρώσκω erode
diavoitos *n.* διαβόητος arrant
diavolakos *n.* διαβολάκος urchin
diavolikos *a.* διαβολικός infernal
diavolikos *a.* δαβολικός sinister
diavolos *n* διάβολος devil

diavolostelno *v. t.* διαβολοστέλνω damn
diavrosi *n* διάβρωση erosion
diavrotikos *adj.* διαβρωτικός corrosive
diavyia *n* διαύγεια clarity
diavyia *n.* διαύγεια lucidity
diaziyio *n* διαζύγιο divorce
didaktikos *a* διδακτικός didactic
didaktoria *n* διδακτορία doctorate
didaskalia *n.* διδασκαλία instruction
didaskalos *n.* διδάσκαλος preceptor
didasko *v.t.* διδάσκω instruct
didasko *v.t.* διδάσκω teach
didimos *n. & a.* δίδυμος twin
diefkolino *v.t* διευκολύνω facilitate
diefkrinisi *n* διευκρίνιση clarification
diefkrinizo *v. t* διευκρινίζω elucidate
diefthermenos *a.* διεφθαρμένος corrupt
diefthetisi *n.* διευθέτηση settler
dieftheto *v.i.* διευθετώ settle
diefteto kata diastasi *v.t.* διευθετώ κατά διάσταση size
diefthino *v.t.* διευθύνω manage
diefthino *v.t.* διευθύνω superintend
diefthino *n.* διευθύνω superintendent
diefthino *v.t.* διευθύνω supervise
diefthinsi *n.* διεύθυνση address
diefthinsi *n* διεύθυνση direction
diefthinsi *n.* διεύθυνση superintendence
diefthintikos *a.* διευθυντικός managerial
diefthintis *n.* διευθυντής director
diefthintis *n.* διευθυντής manager
diefthintis *n.* διευθυντής principal
diefthintis tahidromiou *n.* διευθυντής ταχυδρομείου postmaster
diekdikisi *n.* διεκδίκηση vindication
diekdiko *v. t* διεκδικώ claim
diekdiko *v.t.* διεκδικώ vindicate
diekdiko dikastikos *v.t.* διεκδικώ δικαστικώς litigate
diekpereono *v.t.* διεκπεραιώνω transact
dieksago *v.t.* διεξάγω wage
dienergo psifoforia *v.i.* διενεργώ ψηφοφορία ballot
dieonizo *v.t.* διαιωνίζω perpetuate
dieresi *n* διαίρεση division
dieresi *n.* διαίρεση partition
dieretis *n.* διαιρέτης aliquot
diermineas *n.* διερμηνέας interpreter
diero *v.t.* διαιρώ partition
diero/-oume *v. t* διαιρώ/-ουμαι divide
diesthisi *n.* διαίσθηση intuition
diestramenos *a.* διεστραμμένος perverse
diethnis *a.* διεθνής international
dietis *adj* διετής biennial
dietisia *n.* διαιτησία arbitration
dietitevo *v.t.* διαιτητεύω arbitrate
dietitevo *v.t.* διαιτητεύω umpire
dietitis *n.* διαιτητής arbitrator
dietitis *n.* διαιτητής referee
dietitis *n.* διαιτητής umpire
dietitis *n.* διαιτητής arbiter
dietoloyio *n* διαιτολόγιο diet
dieyiro *v.t.* διεγείρω arouse
dieyiro *v.t.* διεγείρω stimulate
diforoumenos *a* διφορούμενος equivocal
digamia *n* διγαμία bigamy
diglosos *a* δίγλωσσος bilingual
digma *n.* δείγμα sample

digma *n.* δείγμα specimen
dihno *v.t.* δείχνω point
dihno *v.t.* δείχνω show
dihonia *n* διχόνοια discord
dihotomo *v. t* διχοτομώ bisect
dihti *n.* δίχτυ net
dihtia *n. pl.* δίχτυα toils
diikisi *n.* διοίκηση administration
diikisi *n.* διοίκηση governance
diikitikos *a.* διοικητικός administrative
diikitis *n* διοικητής commandant
diiko *v.t.* διοικώ administer
diilisi *n.* διύλιση refinement
diilistirio *n.* διυλιστήριο refinery
diilizo *v. t* διυλίζω distil
diilizo *v.t.* διυλίζω refine
diisdisi *n.* διείσδυση penetration
dikastiki praksi *n.* δικαστική πράξη writ
dikastikos *a.* δικαστικός judicial
dikastikos *a.* δικαστικός magisterial
dikastikos klados *n.* δικαστικός κλάδος judiciary
dikastikos klitiras *n.* δικαστικός κλητήρας bailiff
dikastirio *n.* δικαστήριο court
dikastirio *n.* δικαστήριο tribunal
dikastis *n.* δικαστής judge
dikea *adv.* δίκαια justly
dikefalos *n* δικέφαλος biceps
dikeodosia *n.* δικαιοδοσία jurisdiction
dikeologo *v.t.* δικαιολογώ justify
dikeologo *v.t.* δικαιολογώ warrant
dikeoloyia *n* δικαιολογία excuse
dikeoloyia *n.* δικαιολογία justification
dikeoma *n.* δικαίωμα prerogative
dikeos *a* δίκαιος equitable
dikeos *a* δίκαιος fair
dikeos *a.* δίκαιος just
dikeos *a.* δίκαιος righteous

dikeosini *n.* δικαιοσύνη judicature
dikeosini *n.* δικαιοσύνη justice
dikeouhos *n.* δικαιούχος payee
diki *n.* δίκη litigation
dikigoros *n.* δικηγόρος barrister
dikigoros *n.* δικηγόρος lawyer
dikigoros *n.* δικηγόρος solicitor
dikos *a.* δικός own
dikos mou *pron.* δικός μου mine
dikos tous *pron.* δικός τους theirs
diktatoras *n* δικτάτορας dictator
diktio *n.* δίκτυο network
diktionome *v.t.* δικτυώνομαι net
diktiotos *a.* δικτυωτός webby
diktis *n* δείκτης forefinger
diktis *n.* δείκτης indicator
diladi *adv.* δηλαδή namely
dilia *n.* δειλία cowardice
dilima *n* δίλημμα dilemma
dilima *n.* δίλημμα quandary
dilitiriazo *v.t.* δηλητηριάζω poison
dilitirio *n.* δηλητήριο poison
dilitirio *n.* δηλητήριο venom
dilitiriodis *a.* δηλητηριώδης poisonous
dilitiriodis *a.* δηλητηριώδης venomous
dilono *v. t.* δηλώνω declare
dilono *v. i* δηλώνω denote
dilono *v.t* δηλώνω state
dilos *n.* δειλός coward
dilosi *n* δήλωση declaration
dilosi *n.* δήλωση proposition
dilotikos *a.* δηλωτικός indicative
dimarhos *n.* δήμαρχος mayor
dimigoria *n.* δημηγορία oration
diminieos *adj.* διμηνιαίος bimonthly
dimios *n.* δήμιος executioner
dimiourgo *v. t* δημιουργώ create
dimiourgos *n* δημιουργός creator
dimiouryia *n* δημιουργία creation

dimiouryikos *adj.* δημιουργικός creative
dimiria *n.* διμοιρία platoon
dimiria *n.* διμοιρία squad
dimiria *n.* διμοιρία squadron
dimitriaka *n.* δημητριακά cereal
dimitriaka *n.* δημητριακά grain
dimitriakos *a* δημητριακός cereal
dimofilis *a.* δημοφιλής popular
dimokratia *n* δημοκρατία democracy
dimokratia *n.* δημοκρατία republic
dimokratikos *a* δημοκρατικός democratic
dimokratikos *a.* δημοκρατικός republican
dimokratikos *n* δημοκρατικός republican
dimopsifisma *n.* δημοψήφισμα plebiscite
dimopsifisma *n.* δημοψήφισμα referendum
dimos *n.* δήμος municipality
dimosia sizitisi *n.* δημόσια συζήτηση debate
dimosiefsi *n.* δημοσίευση publication
dimosio arhio *n* Δημόσιο Αρχείο chancery
dimosiografia *n.* δημοσιογραφία journalism
dimosiografos *n.* δημοσιογράφος journalist
dimosionomikos *a* δημοσιονομικός fiscal
dimosios *a* δημόσιος civil
dimosios *a.* δημόσιος public
dimosiotita *n.* δημοσιότητα limelight
dimosiotita *n.* δημοσιότητα publicity
dimotikos *a.* δημοτικός municipal

dimotikotita *n.* δημοτικότητα popularity
dinami *n* δύναμη force
dinami *n.* δύναμη might
dinami *n.* δύναμη power
dinami *n.* δύναμη strength
dinami mohlou *n.* δύναμη μοχλού leverage
dinamiki *n.* δυναμική dynamics
dinamikos *a* δυναμικός dynamic
dinamitis *n* δυναμίτης dynamite
dinamo *n* δυναμό dynamo
dinamono *v.t.* δυναμώνω strengthen
dinastia *n* δυναστεία dynasty
dinata *adv.* δυνατά aloud
dinatos *a.* δυνατός loud
dinatos *a.* δυνατός powerful
dinatos *a.* δυνατός practicable
dinatos *a.* δυνατός strong
dinatotita *n.* δυνατότητα pontentiality
dini *n.i.* δίνη whirl
dini *n.* δίνη whirlpool
dino *v. t* δίνω bestow
dino *v.t.* δίνω give
dino *v.t* δίνω hand
dino *v.t.* δίνω render
dino farmako se *v.t.* δίνω φάρμακο σε physic
dinos skopeftis *n.* δεινός σκοπευτής marksman
dio *n. & a.* δυο two
dio fores *adv.* δυο φορές twice
diodia *n.* διόδια toll
diogmos *n.* διωγμός persecution
dioko *v.t.* διώκω persecute
dioratikotita *n.* διορατικότητα insight
diorismos *n.* διορισμός appointment
diorizo *v.t.* διορίζω appoint
diorthono *v.t.* διορθώνω amend
diorthono *v. t* διορθώνω correct

diorthosi *n* διόρθωση correction
diorthosi *n.* διόρθωση
　rectification
dioti *conj.* διότι for
diplasiazo *v. t.* διπλασιάζω double
diplasiazo/-ome *v.t.* διπλασιάζω/-
　ομαι redouble
diplasios *a.* διπλάσιος twofold
diplo *n* διπλό double
diploma *n* δίπλωμα diploma
diplomatia *n* διπλωματία
　diplomacy
diplomatikos *a* διπλωματικός
　diplomatic
diplomatis *n* διπλωμάτης
　diplomat
diplono *v.t* διπλώνω fold
diplono/-ome *v.t.* διπλώνω/-ομαι
　furl
diploprosopia *n* διπλοπροσωπία
　duplicity
diplos *a* διπλός double
diplos *a* διπλός dual
dipno *n* δείπνο dinner
dipno *n.* δείπνο supper
dipodo zoo *n* δίποδο ζώο biped
dipsa *n.* δίψα thirst
dipsasmenos *a.* διψασμένος
　thirsty
dipso *v.i.* διψώ thirst
disanagnostos *a.* δυσανάγνωστος
　illegible
disanasheto *v.t.* δυσανασχετώ
　resent
disareskia *n* δυσαρέσκεια
　discontent
disareskia *n* δυσαρέσκεια
　displeasure
disareskia *n* δυσαρέσκεια
　dissatisfaction
disarestimenos *a.*
　δυσαρεστημένος malcontent
disarestimenos *n*
　δυσαρεστημένος malcontent

disaresto *v. t* δυσαρεστώ
　displease
disaresto *v. t.* δυσαρεστώ
　dissatisfy
disarestos *a.* δυσάρεστος
　disagreeable
disarestos *a.* δυσάρεστος irksome
disarestos *a.* δυσάρεστος nasty
disekatontaetis *adj*
　δισεκατονταετής bicentenary
disenteria *n* δυσεντερία
　dysentery
disfimisi *n* δυσφήμηση
　defamation
disfimisi *n.* δυσφήμηση libel
disfimo *v.* δυσφημώ asperse
disfimo *v.t.* δυσφημώ libel
disheria *n.* δυσχέρεια
　predicament
disi *n.* Δύση occident
disi *n.* δύση west
disidemon *a.* δεισιδαίμων
　superstitious
disidemonia *n.* δεισιδαιμονία
　superstition
disionos *a.* δυσοίωνος
　inauspicious
disionos *a.* δυσοίωνος ominous
diskiliotita *n.* δυσκοιλιότητα
　constipation
diskio *n.* δισκίο tablet
diskolia *n* δυσκολία difficulty
diskolos *a* δύσκολος difficult
diskolos *a.* δύσκολος tricky
diskolos *a.* δύσκολος trying
diskos *n.* δίσκος disc
diskos *n.* δίσκος tray
dismenis *a.* δυσμενής untoward
disosmia *n.* δυσοσμία stench
dispepsia *n.* δυσπεψία indigestion
dispeptos *a.* δύσπεπτος
　indigestible
dispistia *n* δυσπιστία distrust
dispistia *n.* δυσπιστία mistrust

dispisto v. t. δυσπιστώ distrust
dispisto pros v.t. δυσπιστώ προς mistrust
distagmos n. διασταγμός shilly-shally
distaktikos a. διστακτικός hesitant
distaktikotita n. διστακτικότητα hesitation
distazo v.i. διστάζω hesitate
distihia n. δυστυχία misery
distihismenos a. δυστυχισμένος miserable
distihismenos a. δυστυχισμένος unhappy
distiho n. δίστιχο couplet
distropos a. δύστροπος morose
distropos a. δύστροπος restive
distropos a. δύστροπος wayward
ditikos a. δυτικός occidental
ditikos a. δυτικός west
ditikos a. δυτικός westerly
ditikos a. δυτικός western
dodeka n. δώδεκα twelve
dodekatos n. & a. δωδέκατος twelfth
dogma n. δόγμα creed
dogma n δόγμα dogma
dogmatikos a δογματικός dogmatic
dohio n. δοχείο pot
dohio psikseos n δοχείο ψύξεως cooler
dokimasia n. δοκιμασία ordeal
dokimasia n. δοκιμασία tribulation
dokimasmenos n. δοκιμασμένος trusty
dokimastikos a. δοκιμαστικός tentative
dokimazo v. t. δοκιμάζω essay
dokimazo v. t. δοκιμάζω experience
dokimazo v.t. δοκιμάζω sample

dokimazo v.t. δοκιμάζω test
dokimi n. δοκιμή essay
dokimi n. δοκιμή trial
dokimiografos n δοκιμιογράφος essayist
dokos n δοκός beam
doksa n. δόξα glory
doksazo v.t. δοξάζω glorify
dolario n δολάριο dollar
doliotita n. δολιότητα treachery
dolofonia n δολοφονία assassination
dolofono v.t. δολοφονώ assassinate
dolofono v.t. δολοφονώ murder
dolofonos n. δολοφόνος assassin
dolofonos n. δολοφόνος murderer
doloma n δόλωμα bait
dolono v.t. δολώνω bait
dolos n. δόλος guile
domatio n. δωμάτιο room
domikos a. δομικός structural
donisi n. δόνηση vibration
donkihotikos a. δονκιχωτικός quixotic
dono/-oume v.i. δονώ/-ούμαι vibrate
donti n δόντι cog
donti n. δόντι tooth
dorea n. δωρεά donation
dorean adv. δωρεάν gratis
doriforos n. δορυφόρος satellite
doritis n δωρητής donor
dorizo v. t δωρίζω donate
doro n δώρο bonus
doro n δώρο bribe
doro n. δώρο gift
doro n. δώρο present
dorodokia v. t. δωροδοκία bribe
dorolipsia n. δωροληψία venality
dosi n δόση dose
dosi n. δόση instalment
doukas n δούκας duke
doulevo v.t. δουλεύω work

doulevo sklira *v.i.* δουλεύω σκληρά slave
doulia *n.* δουλειά job
doulia *n.* δουλεία slavery
doulia *n.* δουλεία thralldom
doulia *n.* δουλειά work
doulia me to heri *n.* δουλειά με το χέρι handiwork
doulikos *a.* δουλικός slavish
doulikotit *n.* δουλικότητα servility
douloparikos *n.* δουλοπάροικος serf
douloprepia *n.* δουλοπρέπεια subservience
douloprepis *a.* δουλοπρεπής servile
douloprepis *a.* δουλοπρεπής subservient
doulos *n.* δούλος peon
doulos *n.* δούλος thrall
drakos *n* δράκος dragon
drama *n* δράμα drama
dramatikos *a* δραματικός dramatic
dramatourgos *n* δραματουργός dramatist
drami *n* δράμι dram
drapetefsi *n* δραπέτευση escape
drapetevo *v.i* δραπετεύω abscond
drapetevo *v.i* δραπετεύω escape
draskelia *n* δρασκελιά stride
draskelizo *v.i.* δρασκελίζω stride
drastikos *a* δραστικός drastic
drastirios *a* δραστήριος energetic
drastiriotita *n.* δραστηριότητα activity
drepani *n.* δρεπάνι scythe
drepani *n.* δρεπάνι sickle
drimitita *n.* δριμύτητα pungency
dris *n.* δρυς oak
dromaki *n.* δρομάκι alley
dromeas *n.* δρομέας runner
dromos *n.* δρόμος road

dromos *n.* δρόμος street
dromos *n.* δρόμος way
droseros *a* δροσερός cool
drosia *n.* δροσιά dew
drosizo *v. i.* δροσίζω cool
dutika *adv.* δυτικά west

E

eaftos *n.* εαυτός self
ean *conj.* εάν whether
earinos *a.* εαρινός vernal
ebathia *n.* εμπάθεια spite
ebirognomonas *n* εμπειρογνώμονας expert
ebiros *a* έμπειρος expert
ebisteftikos *a.* εμπιστευτικός confidential
ebistevomai *v. i* εμπιστεύομαι confide
ebistevome *v.t* εμπιστεύομαι trust
ebistos *n* έμπιστος confidant
ebistosini *n* εμπιστοσύνη confidence
ebistosini *n.* εμπιστοσύνη reliance
ebistosini *n.* εμπιστοσύνη trust
eblastro *n.* έμπλαστρο plaster
eblekome *v.t* εμπλέκομαι mesh
eblekomenos se naftapati *ns.* εμπλεκόμενος σε ναυταπάτη barrator
ebnefsi *n.* έμπνευση inspiration
ebneo *v.t.* εμπνέω inspire
ebneo fovo/ipopsia *v.t.* εμπνέω φόβο/υποψία misgive
ebodio *n* εμπόδιο drag
ebodio *n.* εμπόδιο hindrance
ebodio *n.* εμπόδιο hitch
ebodio *n.* εμπόδιο hurdle
ebodio *n.* εμπόδιο impediment

ebodio n. εμπόδιο obstacle
ebodio n. εμπόδιο snag
ebodizo v.t. εμποδίζω frustrate
ebodizo v.t. εμποδίζω inhibit
ebodizo v.t. εμποδίζω intercept
ebodizo v.t. εμποδίζω obstruct
ebodizo v.t. εμποδίζω prevent
ebolemi katastasi n εμπόλεμη κατάσταση belligerency
ebolemos a εμπόλεμος belligerent
ebolemos n εμπόλεμος belligerent
eborefsimos a. εμπορεύσιμος marketable
eborevmata n. εμπορεύματα merchandise
eborevmata n. εμπορεύματα stock
eborevome v.i εμπορεύομαι trade
eborikos a εμπορικός commercial
eborikos a. εμπορικός mercantile
eborio n εμπόριο commerce
eborio n. εμπόριο trade
eboropaniyiri n. εμποροπανήγυρη fair
eboros n έμπορος dealer
eboros n. έμπορος merchant
eboros n. έμπορος monger
eboros n. έμπορος trader
eboros alogon n. έμπορος αλόγων coper
eboros hartikon n. έμπορος χαρτικών stationer
eboros lianikis n. έμπορος λιανικής tradesman
eboros lianikis poliseos n. έμπορος λιανικής πωλήσεως retailer
ebotizo v.t. εμποτίζω infuse
ebrismos n εμπρησμός arson
ebros adv. εμπρός ahead
ebros adv. εμπρός along
ebros adv. εμπρός before
ebros adv εμπρός forward
edafikos a. εδαφικός territorial

edafos n. έδαφος ground
edafos n. έδαφος soil
edafos n. έδαφος territory
edo adv. εδώ here
edo adv. εδώ hither
edo yiro adv. εδώ γύρω hereabouts
efantastos a. ευφάνταστος imaginative
efaptomeni n. εφαπτομένη tangent
efedria n. εφεδρεία relay
efedrikos a εφεδρικός spare
efeksis adv. εφεξής henceforth
efeksis adv. εφεξής henceforward
efevresi n. εφεύρεση invention
efevretikos a. εφευρετικός inventive
efevretis n. εφευρέτης inventor
efevretis n. εφευρέτης originator
efharisties n. ευχαριστίες thanks
efharistimenos a. ευχαριστημένος glad
efharistisi n ευχαρίστηση contentment
efharistisi n. ευχαρίστηση pleasure
efharisto v.t. ευχαριστώ thank
efharistos a. ευχάριστος agreeable
efharistos a ευχάριστος congenial
efharistos a. ευχάριστος gracious
efharistos a. ευχάριστος pleasant
efharistos a. ευχάριστος sightly
efhi n. ευχή wish
efhome v.t. εύχομαι wish
efhristos a. εύχρηστος manageable
efialtis n. εφιάλτης nightmare
efiia n. ευφυΐα acumen
efiia n ευφυΐα brilliance
efiia n. ευφυΐα intelligence
efikto n. εφικτό practicability
efiktos a εφικτός feasible

efimerida n. Εφημερίδα gazette
efimerida n. εφημερίδα journal
efimerios n. εφημέριος parson
efimerios n. εφημέριος vicar
efimeros n. εφήμερος transitory
efioloyima n. ευφυολόγημα witticism
efivia n. εφηβεία adolescence
efivia n. εφηβεία puberty
efivia n. pl. εφηβεία teens
efivos a. έφηβος adolescent
efivos n. έφηβος teenager
efkamptos a εύκαμπτος flexible
efkamptos n εύκαμπτος limber
efkamptos a. εύκαμπτος supple
efkatastatos a. ευκατάστατος well-to-do
efkeria n. ευκαιρία opportunity
efkilios a ευκοίλιος laxative
efkinisia n. ευκινησία agility
efkinitos a. ευκίνητος agile
efkolia n ευκολία facility
efkolos a εύκολος easy
efkolos a εύκολος facile
efkrinis a. ευκρινής articulate
eflektos a. εύφλεκτος inflammable
efodiazo v. t εφοδιάζω equip
efodiazo v.t εφοδιάζω outfit
efodiazo v.t. εφοδιάζω stock
eformisi n εφόρμηση pounce
eformo v.i. εφορμώ swoop
eforos a εύφορος fertile
efpatridis n. ευπατρίδης nobleman
efpistia adj. ευπιστία credulity
efplastos a. εύπλαστος malleable
efporos a. εύπορος wealthy
efprepia n ευπρέπεια decency
efprepia n ευπρέπεια decorum
efprepia n. ευπρέπεια propriety
efprepis a ευπρεπής decent
efprosdektos a. ευπρόσδεκτος welcome

efradis a ευφράδης fluent
efsevia n. ευσέβεια piety
efsevis a. ευσεβής pious
efsomos a. εύσωμος stout
efstohos adj εύστοχος apposite
efstrofia n. ευστροφία versatility
efthetos a. εύθετος opportune
efthigramisi n. ευθυγράμμιση alignment
efthigramizo v.t. ευθυγραμμίζω align
efthiktos a. εύθικτος touchy
efthimia n. ευθυμία gaiety
efthimia n. ευθυμία jollity
efthimia n. ευθυμία merriment
efthimia n. ευθυμία mirth
efthimia n. ευθυμία pleasantry
efthimos adj. εύθυμος convivial
efthimos a. εύθυμος hilarious
efthimos a. εύθυμος mirthful
efthini n. ευθύνη responsibility
efthis a ευθύς downright
efthis a. ευθύς straight
efthis a. ευθύς straightforward
efthrafstos a. εύθραυστος brittle
efthrafstos a. εύθραυστος fragile
eftihia n. ευτυχία happiness
eftihismenos a. ευτυχισμένος happy
eftihos adv. ευτυχώς luckily
egamos vios n. έγγαμος βίος wedlock
egatalipo v.t. εγκαταλείπω abandon
egathistame v.i. εγκαθίσταμαι settle
egefalikos adj εγκεφαλικός cerebral
egefalos n εγκέφαλος brain
egenia n. εγκαίνια inauguration
egiisi n. εγγύηση guarantee
egiisi n. εγγύηση safeguard
egiisi n. εγγύηση warranty
egiisimos a. εγγυήσιμος bailable

egiitis *n.* εγγυητής warrantor
egiklios *n.* εγκύκλιος circular
egiklopedia *n.* εγκυκλοπαίδεια encyclopaedia
egimosini *n.* εγκυμοσύνη pregnancy
egiome *v. t* εγγυώμαι ensure
egiome *v.t* εγγυώμαι guarantee
egiome *v.i.* εγγυώμαι vouch
egios *a.* έγκυος pregnant
egiros *a.* έγκυρος valid
egirotita *n.* εγκυρότητα validity
egitita *n.* εγγύτητα proximity
egkardia *adv.* εγκάρδια heartily
egkardios *a* εγκάρδιος cordial
egkatalipo *v. t.* εγκαταλείπω desert
egkatalipo *v.t.* εγκαταλείπω forsake
egkatalipo *v.t.* εγκαταλείπω quit
egkatalipo *v.t.* εγκαταλείπω relinquish
egkatalipo se erimo *v.t* εγκαταλείπω σε έρημο νησί maroon
egkatastasi *n.* εγκατάσταση installation
egkathisto *v.t.* εγκαθιστώ install
egkavma *n* έγκαυμα burn
egklima *n* έγκλημα crime
egklimatias *n* εγκληματίας criminal
egklimatikos *a* εγκληματικός criminal
egkopi *n.* εγκοπή notch
egkosmios *a.* εγκόσμιος profane
egkrafi *n.* εγγραφή registration
egkrafi *n.* εγγραφή subscription
egkrafi sto panepistimio *n.* εγγραφή στο πανεπιστήμιο matriculation
egkrafo *n* έγγραφο document
egkrafo *n.* έγγραφο muniment
egkrafo se tenia *v.t* εγγράφω σε ταινία tape
egkrafo/-ome *v. t* εγγράφω/-ομαι enrol
egkrafo/-ome *v.t.* εγγράφω/-ομαι register
egkrafo/-ome sto panepistimio *v.t.* εγγράφω/-ομαι στο πανεπιστήμιο matriculate
egkrafome *v.t.* εγγράφομαι subscribe
egkramatos *a.* εγγράματος literate
egkratis *a.* εγκρατής temperate
egkrisi *n.* έγκριση sanction
eglimatizo *v.t* εγκλιματίζω acclimatise
egnia *n.* έγνοια worry
ego *pron.* εγώ I
ego *pron.* εγώ me
ego o idios *pron.* εγώ ο ίδιος myself
egoistis *a.* εγωιστής selfish
egokeros *n* Αιγόκερως Capricorn
egrino *v.t* εγκρίνω approbate
egrino *v.t.* εγκρίνω approve
egrisi *n.* έγκριση approval
ehemithos *a.* εχέμυθος secretive
ehmalosia *n.* αιχμαλωσία captivity
ehmalotizo *v. t.* αιχμαλωτίζω captivate
ehmalotos *n.* αιχμάλωτος captive
ehmi *n.* αιχμή point
ehmi *n.* αιχμή spearhead
eho *v.t.* έχω have
eho *v.t.* έχω own
eho aftaparnisi *v. t* έχω αυταπάρνηση abnegate
eho fagoura *v.i.* έχω φαγούρα itch
ehon to monopolio *n.* έχων το μονοπώλιο monopolist
ehon to shima aftiou *adj.* έχων το σχήμα αφτιού auriform

ehthra *n.* έχθρα feud
ehthra *n* έχθρα grudge
ehthra *n.* έχθρα rancour
ehthra *n.* έχθρα resentment
ehthrikos *a.* εχθρικός hostile
ehthrikos *a.* εχθρικός inimical
ehthrikotita *n.* εχθρικότητα hostility
ehthros *n* εχθρός enemy
ehthros *n* εχθρός foe
ehthrotita *n* εχθρότητα animosity
ehthrotita *n* εχθρότητα enmity
eisago *v.t.* εισάγω import
eisagoyi *n.* εισαγωγή import
ek merous *n* εκ μέρους behalf
ek protis opseos *adv.* εκ πρώτης όψεως prima facie
ek ton proteron *adv.* εκ των προτέρων beforehand
ekastos *pron.* έκαστος each
ekatintaetirida *n.* εκατονταετηρίδα centenary
ekato *n.* εκατό hundred
ekatomirio *n.* εκατομμύριο million
ekatomiriouhos *n.* εκατομμυριούχος millionaire
ekatontaetis *n* εκατονταετής centenarian
ekatontaetis *adj.* εκατονταετής centennial
ekatontaplos *n. & adj* εκατονταπλός centuple
ekatontavathmo *a.* εκατοντάβαθμο centigrade
ekdido *v. t* εκδίδω edit
ekdido *v.t.* εκδίδω publish
ekdikisi *n.* εκδίκηση revenge
ekdikisi *n.* εκδίκηση vengeance
ekdikitikos *a.* εκδικητικός revengeful
ekdikoume *v.t.* εκδικούμαι avenge
ekdikoume *v.i.* εκδικούμαι retaliate
ekdikoume *v.t.* εκδικούμαι revenge
ekdilosi *n.* εκδήλωση manifestation
ekdioko *v. t.* εκδιώκω eject
ekdioko *v. t* εκδιώκω evict
ekdioko *v. t.* εκδιώκω expel
ekdioko *v.t.* εκδιώκω oust
ekdohi *n.* εκδοχή version
ekdosi *n* έκδοση edition
ekdosi *n.* έκδοση issue
ekdotikos *a* εκδοτικός editorial
ekdotis *n* εκδότης editor
ekdotis *n.* εκδότης publisher
ekdromi *n.* εκδρομή excursion
ekdromoula *n.* εκδρομούλα outing
ekenono *v. t* εκκενώνω evacuate
ekenosi *n* εκκένωση evacuation
ekfonisi onomaton *n.* εκφώνηση ονομάτων roll-call
ekfortosi *n.* εκφόρτωση discharge
ekfovismos *n.* εκφοβισμός intimidation
ekfovizo *v. t.* εκφοβίζω bully
ekfovizo *v. t.* εκφοβίζω cow
ekfovizo *v.t.* εκφοβίζω intimidate
ekfrasi *n.* έκφραση expression
ekfrasi *n.* έκφραση locution
ekfrastikos *a.* εκφραστικός expressive
ekfrazo *v. t.* εκφράζω express
ekfrazo *v.t.* εκφράζω voice
ekhilisma *n.* εκχύλισμα infusion
eki *adv.* εκεί there
eki yiro *adv.* εκεί γύρω thereabouts
ekinisi *n* εκκίνηση start
ekinos *a.* εκείνος that
eklaikevo *v.t.* εκλαϊκεύω popularize
eklego *v. t* εκλέγω elect

eklektikos *a.* εκλεκτικός selective
eklektos *a* εκλεκτός select
ekliparo *v.t.* εκλιπαρώ crave
eklipsi *n.* έκλειψη eclipse
eklisi *n.* έκκληση appeal
eklisia *n.* εκκλησία church
ekloyi *n* εκλογή election
ekloyiki periferia *n* εκλογική περιφέρεια constituency
ekloyiko soma *n* εκλογικό σώμα electorate
ekloyimos *a* εκλόγιμος eligible
ekmetalevome *v. t* εκμεταλλεύομαι exploit
ekmisthono *v.t.* εκμισθώνω lease
eknevrismos *n.* εκνευρισμός irritation
eknevrizome *v.t.* εκνευρίζομαι fret
ekolapto *v.i.* εκκολάπτω incubate
ekousios *adv.* εκουσίως voluntarily
ekpebo radiofonikos *v. t* εκπέμπω ραδιοφωνικώς broadcast
ekpebo se tileorasi *v.t.* εκπέμπω με τηλεόραση telecast
ekpedefsi *n* εκπαίδευση education
ekpedeftis *n.* εκπαιδευτής instructor
ekpedevo *v. t* εκπαιδεύω educate
ekpedevomenos *n.* εκπαιδευόμενος trainee
ekpempo *v. t* εκπέμπω emit
ekpliksi *n.* έκπληξη surprise
ekpliktikos *a.* εκπληκτικός sensational
ekpliktikos *a.* εκπληκτικός wonderful
ekpliro *v.t.* εκπληρώ fulfil
ekplirosi *n.* εκπλήρωση fulfilment
ekpliso *v.t* εκπλήσσω astound
ekpliso *v.t.* εκπλήσσω surprise
ekpnoi *n* εκπνοή expiry

ekpobi *n* εκπομπή broadcast
ekpolitizo *v. t* εκπολιτίζω civilize
ekpornevo *v.t.* εκπορνεύω prostitute
ekprosopos *n* εκπρόσωπος deputy
ekprosopos *n.* εκπρόσωπος spokesman
ekptosi *n* έκπτωση discount
ekptosi *n.* έκπτωση rebate
ekremes *n.* εκκρεμές pendulum
ekremis *a* εκκρεμής pending
ekremotita *n.* εκκρεμότητα abeyance
ekrignime *v. i* εκρήγνυμαι erupt
ekriksi *n* έκρηξη blast
ekriksi *n* έκρηξη burst
ekriksi *n* έκρηξη eruption
ekriksi *n.* έκρηξη explosion
ekriktiki ili *n.* εκρηκτική ύλη explosive
ekriktikos *a* εκρηκτικός explosive
ekrino *v.t.* εκκρίνω secrete
ekrisi *n.* έκκριση secretion
eks oloklirou *adv* εξ ολοκλήρου entirely
eksaerismos *n.* εξαερισμός ventilation
eksaeristiras *n.* εξαεριστήρας ventilator
eksafanisi *n* εξαφάνιση disappearance
eksafanizome *v. i* εξαφανίζομαι disappear
eksafanizome *v.i.* εξαφανίζομαι vanish
eksagnismos *n.* εξαγνισμός purification
eksagnizo *v.t.* εξαγνίζω purge
eksagnizo *v.t.* εξαγνίζω purify
eksago *v. t.* εξάγω export
eksagora *n.* εξαγορά redemption
eksagorazomenos *a.* εξαγοραζόμενος venal

eksagoyi *n* εξαγωγή export
eksagriono *v. t* εξαγριώνω enrage
eksagriono *v.t.* εξαγριώνω
    infuriate
eksakontizo *v.t.* εξακοντίζω hurl
eksakrivono *v.t.* εξακριβώνω
    ascertain
eksalifo *v. t* εξαλείφω efface
eksalifo *v. t* εξαλείφω eliminate
eksalifo *v. t* εξαλείφω erase
eksalipsi *n* εξάλειψη elimination
eksalipsi *n.* εξάλειψη obliteration
eksalos *a.* έξαλλος frantic
eksaminieos *pref* εξαμηνιαίος bi
eksamino *n.* εξάμηνο semester
eksanagkasmos *n* εξαναγκασμός
    compulsion
eksanagkazo *v.t* εξαναγκάζω
    force
eksanthima *n.* εξάνθημα pimple
eksanthima *a.* εξάνθημα rash
eksanthropizo/-ome *v.t.*
    εξανθρωπίζω/-ομαι humanize
eksantlisi *n* εξάντληση distress
eksapatisi *n* εξαπάτηση deception
eksapato *v. t* εξαπατώ beguile
eksapato *v. t.* εξαπατώ cheat
eksapato *v. t* εξαπατώ delude
eksapato *v.t* εξαπατώ gull
eksapinis *adv.* εξαπίνης unawares
eksaplonome *v.i.* εξαπλώνομαι
    proliferate
eksaplonome *v.i.* εξαπλώνομαι
    spread
eksaplosi *n.* εξάπλωση
    proliferation
eksaplosi *n.* εξάπλωση spread
eksapsalmos *n.* εξάψαλμος tirade
eksapto *v. t* εξάπτω excite
eksartima *n* εξάρτημα
    appurtenance
eksartima *n.* εξάρτημα spare
eksartisi *n* εξάρτηση anaclisis
eksartisi *n* εξάρτηση dependence

eksartome *v. i.* εξαρτώμαι depend
eksartomenos *a* εξαρτώμενος
    dependent
eksaryirono *v. t.* εξαργυρώνω
    cash
eksasfalizo *v.i.* εξασφαλίζω
    provide
eksaskoume *v.t.* εξασκούμαι
    practise
eksasthenisi *n* εξασθένηση
    debility
eksasthenisi *n* εξασθένηση wane
eksasthenizo *v. t.* εξασθενίζω
    enfeeble
eksastheno *v.i.* εξασθενώ wane
eksastheno *v.t. & i* εξασθενώ
    weaken
eksatmisi *v. t.* εξάτμιση exhaust
eksatmizo/-ome *v. i* εξατμίζω/-
    ομαι evaporate
eksatmizo/-ome *v.t.* εξατμίζω/-
    ομαι vaporize
eksedra *n.* εξέδρα dais
eksedra *n.* εξέδρα rostrum
ekseftelismos *n* εξευτελισμός
    abasement
ekseftelistiki amivi *n.*
    εξευτελιστική αμοιβή pittance
ekseftelizome *v.t.* εξευτελίζομαι
    abase
ekseliksi *n* εξέλιξη evolution
ekseresi *n* εξαίρεση exception
ekseretikos *a.* εξαιρετικός
    extraordinary
ekseretikos *a.* εξαιρετικός signal
ekserevnisi *n* εξερεύνηση
    exploration
ekserevno *v.t* εξερευνώ explore
ekserhome *v.i.* εξέρχομαι issue
eksero *v. t* εξαιρώ except
eksetasi *n.* εξέταση examination
eksetastis *n* εξεταστής examiner
eksetazo *v. t* εξετάζω examine

eksetazo *v.t.* εξετάζω survey
eksetazo leptomeros *v.t.* εξετάζω λεπτομερώς overhaul
eksetazomenos *n* εξεταζόμενος examinee
eksevyenizo *v.t* εξευγενίζω dignify
eksevyenizo *v.t.* εξευγενίζω sublimate
ekseyersi *n.* εξέγερση revolt
ekseyersi *n.* εξέγερση uprising
eksfendonizo *v.t* εκσφενδονίζω fling
eksi *n.*, *a* έξι six
eksidanikevo *v.t.* εξιδανικεύω idealize
eksigo *v. t.* εξηγώ explain
eksikiono *v.t.* εξοικειώνω acquaint
eksikostos *a.* εξηκοστός sixtieth
eksileono/-ome *v.i.* εξιλεώνω/-ομαι atone
eksileosi *n.* εξιλέωση atonement
eksimno *v. t* εξυμνώ exalt
eksinhronizo *v.t.* εκσυγχρονίζω modernize
eksinta *n.*, *a.* εξήντα sixty
eksipiretikos *a.* εξυπηρετικός helpful
eksipnos *a.* έξυπνος clever
eksipnos *adj.* έξυπνος deft
eksipnos *a.* έξυπνος intelligent
eksipnos *a.* έξυπνος smart
eksisono *v. t.* εξισώνω equalize
eksisono *v. t* εξισώνω equate
eksisono *v. t* εξισώνω even
eksisosi *n* εξίσωση equation
eksistoro *v.t.* εξιστορώ recount
eksiyisi *n* εξήγηση explanation
ekso *adv.* έξω forth
ekso *adv.* έξω out
ekso *adv* έξω outside
ekso apo *prep* έξω από outside
eksodo *n.* έξοδο expense

eksodos *n.* έξοδος exit
eksoflisi *n.* εξόφληση repayment
eksoflo *v.t.* εξοφλώ redeem
eksoflo *v.t.* εξοφλώ repay
eksohos *a.* έξοχος excellent
eksohos *a* έξοχος fantastic
eksohos *a.* έξοχος glorious
eksohos *a.* έξοχος superb
eksohos *a.* έξοχος superlative
eksohos *a.* έξοχος transcendent
eksohotita *n* εξοχότητα excellency
eksomalino *v.t.* εξομαλύνω smooth
eksontono *v.t.* εξοντώνω annihilate
eksoplismos *n.* εξοπλισμός armament
eksoplismos *n* εξοπλισμός equipment
eksoplismos *n.* εξοπλισμός outfit
eksoplizo ek ton proteron *v.t* εξοπλίζω εκ των προτέρων forearm
eksoplizo/-ome *v.t.* εξοπλίζω/-ομαι arm
eksoraizo *v. t* εξωραΐζω beautify
eksoria *n.* εξορία banishment
eksoria *n.* εξορία exile
eksorizo *v.t.* εξορίζω banish
eksorizo *v. t* εξορίζω exile
eksorkismos *n* εξορκισμός adjuration
eksormisi *n.* εξόρμηση sally
eksormo *v.i.* εξορμώ sally
eksoryizo *v.t.* εξοργίζω incense
eksosi *n* έξωση eviction
eksostrakizo *v.t.* εξοστρακίζω ostracize
eksoterika *adv.* εξωτερικά outwardly
eksoteriko *n* εξωτερικό outside
eksoterikos *a* εξωτερικός external

eksoterikos a. εξωτερικός outdoor
eksoterikos a. εξωτερικός outer
eksoterikos a. εξωτερικός outside
eksoterikos a. εξωτερικός outward
eksoterikos asthenis n. εξωτερικός ασθενής outpatient
eksoudeterono v.t. εξουδετερώνω counteract
eksoudeterono v.t. εξουδετερώνω neutralize
eksousia n. εξουσία authority
eksousia n εξουσία dominion
eksousiodoto v.t. εξουσιοδοτώ authorize
eksousiodoto v. t εξουσιοδοτώ delegate
eksousiodoto v. t εξουσιοδοτώ depute
eksousiodoto v. t εξουσιοδοτώ empower
eksouthenomenos a. εξουθενωμένος weary
ekstasi n. έκσταση rapture
ekstasi n. έκσταση trance
ekstratia n. εκστρατεία campaign
ekstrmistis n εξτρεμιστής extremist
ektakti anagi n έκτακτη ανάγκη emergency
ektasi n. έκταση extent
ektasi n. έκταση tract
ektelesi n εκτέλεση execution
ektelesi n. εκτέλεση performance
ektelestis n. εκτελεστής performer
ektelo v. t εκτελώ execute
ektelo v.t. εκτελώ perform
ektelo stratiotika kathikonta v.i. εκτελώ στρατιωτικά καθήκοντα soldier
ektenis a. εκτενής wordy

ektetamenos a. εκτεταμένος lengthy
ekthema n. έκθεμα exhibit
ekthesi n. έκθεση exhibition
ekthesi n. έκθεση report
ektheto v. t εκθέτω display
ektheto v. t εκθέτω exhibit
ektheto v. t εκθέτω expose
ekthiazo v. t. εκθειάζω extol
ekthronizo v. t εκθρονίζω dethrone
ektiflotikos a εκτυφλωτικός brilliant
ektimisi n. εκτίμηση appreciation
ektimisi n. εκτίμηση assessment
ektimisi n εκτίμηση esteem
ektimisi n εκτίμηση estimation
ektimisi n. εκτίμηση valuation
ektimo v.t. εκτιμώ appreciate
ektimo v. t εκτιμώ esteem
ektimo v. t εκτιμώ evaluate
ektimo v.t. εκτιμώ prize
ektimo v.t. εκτιμώ rate
ektimo v.t. εκτιμώ value
ektipono v.t. εκτυπώνω print
ektipotis n. εκτυπωτής printer
ektoksevo v.t. εκτοξεύω launch
ektos prep εκτός but
ektos prep εκτός except
ektos prep εκτός save
ektos a. έκτος sixth
ektos conj. εκτός unless
ektos adv. εκτός without
ektos apo prep εκτός από besides
ektrepo v. t εκτρέπω divert
ektrohiazo v. t. εκτροχιάζω derail
ektrosi n έκτρωση abortion
ekvalo v.t. εκβάλλω utter
ekvasi n. έκβαση outcome
ekvasi n. έκβαση upshot
ekviasmos n εκβιασμός blackmail
ekviazo v.t εκβιάζω blackmail
ekvrasthenta fikia n. εκβρασθέντα φύκια wrack

elafi n ελάφι deer
elafi n. ελάφι stag
elafina n ελαφίνα doe
elafra adv. ελαφρά lightly
elafra igros a. ελαφρά υγρός moist
elafrino v.i. ελαφρύνω lighten
elafros a ελαφρός light
elafros a. ελαφρός venial
elafros kalpasmos n ελαφρός καλπασμός canter
elafrotita n. ελαφρότητα levity
elahista adv. ελάχιστα least
elahisto n. ελάχιστο minimum
elahistos a. ελάχιστος least
elahistos a. ελάχιστος minimal
elahistos a ελάχιστος minimum
elahistotita n. ελαχιστότητα paucity
elasmatopio v.t. ελασματοποιώ laminate
elastiko aftokinitou n. ελαστικό αυτοκινήτου tyre
elastikos a ελαστικός elastic
elato n έλατο fir
elatoma n ελάττωμα defect
elatoma n ελάττωμα flaw
elatomatikos a ελαττωματικός faulty
elatosi n. ελάττωση abatement
elefantas n ελέφαντας elephant
eleftheria n. ελευθερία freedom
eleftheria n. ελευθερία liberty
eleftherono v.t ελευθερώνω free
eleftherono v.t. ελευθερώνω liberate
eleftherono enanti litron v.t. ελευθερώνω έναντι λύτρων ransom
eleftherono me logo timis v.t. ελευθερώνω με λόγο τιμής parole
eleftheros a. ελεύθερος free

eleftheros hronos n. ελεύθερος χρόνος leisure
eleftherotis n. ελευθερωτής liberator
elegho v. t ελέγχω control
eleghos n έλεγχος control
elegktis n. ελεγκτής controller
eleimosini n. ελεημοσύνη alms
elenho v.t. ελέγχω audit
elenho v. t. ελέγχω check
elenhos n. έλεγχος audit
elenhos n έλεγχος check
eleos n. έλεος mercy
eleos n. έλεος pity
eleyio n ελεγείο elegy
elia n. ελιά olive
eligmos n. ελιγμός manoeuvre
elikas n. έλικας spiral
elikoidis adj ελικοειδής anfractuous
elikoidis a. ελικοειδής sinuous
elikoidis a. ελικοειδής tortuous
elima n έλλειμμα deficit
elinika n. ελληνικά Greek
elinikos a ελληνικός Greek
elipis adj. ελλιπής deficient
elipsi n έλλειψη dearth
elipsi n. έλλειψη lack
elipsi n. έλλειψη shortage
elkio v. t ελκύω beckon
elkistikos a. ελκυστικός attractive
elko v.t. έλκω attract
elkodis a. ελκώδης ulcerous
elkome v.i. έλκομαι gravitate
elkos n έλκος sore
elkos n. έλκος ulcer
elksi n. έλξη attraction
elksi n έλξη draught
elksi n. έλξη gravitation
elksi n. έλξη traction
elonosia n. ελονοσία malaria
elos n. έλος marsh
elos n. έλος swamp
elpida v.t. ελπίδα hope

elpizo n ελπίζω hope
elvetikos a ελβετικός Swiss
elvetos n. Ελβετός Swiss
ema n αίμα blood
ematiros a αιματηρός bloody
ematohisia n αιματοχυσία bloodshed
emeno v.i. εμμένω persevere
emesos a. έμμεσος indirect
emesos foros n έμμεσος φόρος excise
emetos n εμετός vomit
emfanisi n εμφάνιση appearance
emfanizome v.i. εμφανίζομαι appear
emfasi n έμφαση emphasis
emfatikos a εμφατικός emphatic
emfialotis n εμφιαλωτής bottler
emfiso v.t. εμφυσώ inculcate
emfitos a. έμφυτος inborn
emfitos a. έμφυτος inherent
emfitos a. έμφυτος innate
emina n. έμμηνα menses
eminopafsi n. εμμηνόπαυση menopause
eminoria n. εμμηνόρροια menstruation
eminoroikos a. εμμηνορροϊκός menstrual
emoni n. εμμονή obsession
emorago v. i αιμορραγώ bleed
emoroides n. αιμορροΐδες piles
empotizo v.t. εμποτίζω steep
empsihos a. έμψυχος animate
emvadon n. εμβαδόν acreage
emvasma n. έμβασμα remittance
emvlima n έμβλημα emblem
emvoliasmos n. εμβολιασμός vaccination
emvoliastis n. εμβολιαστής vaccinator
emvoliazo v.t. εμβολιάζω inoculate

emvoliazo v.t. εμβολιάζω vaccinate
emvolio n. εμβόλιο inoculation
emvolio n. εμβόλιο vaccine
emvolo n. έμβολο piston
emvrio n έμβρυο embryo
emvrio horis kefali n. έμβρυο χωρίς κεφάλι acephalus
en to metaksi adv. εν τω μεταξύ meanwhile
ena a. ένα a
ena art ένα an
ena pron. ένα one
ena soro n. ένα σωρό ream
enaerios a. εναέριος aerial
enagomenos n εναγόμενος defendant
enagomenos n. εναγόμενος respondent
enagon n ενάγων claimant
enagon n. ενάγων plaintiff
enagon n. ενάγων suitor.
enalaktiki lisi n. εναλλακτική λύση alternative
enalaktikos a. εναλλακτικός alternative
enalaso v. t εναλλάσσω commute
enalaso/-ome v.t. εναλλάσω/-ομαι alternate
enalasomenos adj. εναλλασσόμενος alternate
enantia prep. ενάντια athwart
enantion prep. εναντίον against
enantion prep. εναντίον versus
enantios a ενάντιος adverse
enantios a. ενάντιος averse
enaretos a. ενάρετος virtuous
enarksi n έναρξη commencement
enarksi n. έναρξη inception
enarktirios a. εναρκτήριος inaugural
enarmonizome v.t. εναρμονίζομαι assort
enas/mia/ena a. ένας/μία/ένα one

enastros *a.* ένανστρος starry
enatos *a.* ένατος ninth
endedigmenos *a.* ενδεδειγμένος advisable
endehomeno *n.* ενδεχόμενο contingency
endehomenos *a.* ενδεχόμενος potential
endiafero *v.i.* ενδιαφέρω matter
endiaferome *v. i.* ενδιαφέρομαι care
endiaferomenos *a.* ενδιαφερόμενος interested
endiaferon *n.* ενδιαφέρον interest
endiaferon *a.* ενδιαφέρων interesting
endiameso diastima *n.* ενδιάμεσο διάστημα interim
endiasmos *n.* ενδοιασμός compunction
endiasmos *n* ενδοιασμός demur
endiksi *n* ένδειξη clue
endiksi *n.* ένδειξη index
endiksi *n.* ένδειξη signification
endima *n.* ένδυμα apparel
endima *n.* ένδυμα garb
endimasia *n.* ενδυμασία attire
endio *v.t.* ενδύω robe
endio/-ome *v.t.* ενδύω/-ομαι attire
endoskopisi *n.* ενδοσκόπηση introspection
endoteros *a.* ενδότερος inmost
enedra *n.* ενέδρα ambush
enedrevo *v.i.* ενεδρεύω stalk
enehiriazo *v.t.* ενεχυριάζω pledge
enehiro *n.* ενέχυρο pledge
enenikostos *a.* ενενηκοστός ninetieth
eneninta *n.* ενενήντα ninety
energo *v.i.* ενεργώ act
energopio *v.t.* ενεργοποιώ activate
eneryia *n.* ενέργεια action
eneryia *n.* ενέργεια energy
eneryia *n.* ενέργεια proceeding
eneryia *n.* ενέργεια starch
eneryitikos *a.* ενεργητικός active
enesi *n.* ένεση injection
enheo *v.t.* εγχέω inject
enhiridio *n.* εγχειρίδιο handbook
enhiridio *n* εγχειρίδιο manual
enhirima *n.* εγχείρημα venture
enia *n* έννοια concept
enia *n.* εννιά nine
enia *n.* έννοια notion
enidrio *n.* ενυδρείο aquarium
enigma *n.* αίνιγμα conundrum
enigma *n* αίνιγμα enigma
enikiastis *n.* ενοικιαστής tenant
enikio *n.* ενοίκιο rent
enikos *n.* ένοικος occupant
enikos *n* ένοικος resident
enikos arithmos *n.* ενικός αριθμός single
enilikos *a & n.* ενήλικος adult
enimeros *a.* ενήμερος aware
enipothikos danistis *n.* ενυπόθηκος δανειστής mortagagee
enipothikos ofiletis *n.* ενυπόθηκος οφειλέτης mortgagor
enishio *v.t.* ενισχύω amplify
enishio *v. t* ενισχύω boost
enishio *v.t.* ενισχύω reinforce
enishisi *n* ενίσχυση amplification
enishisi *n* ενίσχυση boost
enishisi *n.* ενίσχυση reinforcement
enishitis *n* ενισχυτής amplifier
eno *conj.* ενώ whereas
enohi *n.* ενοχή guilt
enohlisi *n.* ενόχληση annoyance
enohlisi *n* ενόχληση botheration
enohlisi *n* ενόχληση vexation
enohlitikos *a.* ενοχλητικός offensive

enohlitikos *a.* ενοχλητικός troublesome
enohlo *v.t.* ενοχλώ annoy
enohlo *v. t* ενοχλώ disturb
enohlo *v.t.* ενοχλώ harass
enohlo/-oume *v. t* ενοχλώ/-ούμαι bother
enohopiisi *n.* ενοχοποίηση implication
enohopio *v.t.* ενοχοποιώ implicate
enohopio *v.t.* ενοχοποιώ incriminate
enohos *a* ένοχος culpable
enohos *n* ένοχος culprit
enohos *a.* ένοχος guilty
enomenos *adj.* ενωμένος conjunct
enono *v.t.* ενώνω piece
enono *v.t.* ενώνω unite
enono/-ome *v.t.* ενώνω/-ομαι join
enopiisi *n.* ενοποίηση unification
enorganos *a.* ενόργανος instrumental
enoria *n.* ενορία parish
enorki *n.* ένορκοι jury
enorki katathesi *n* ένορκη κατάθεση affidavit
enorkos *n.* ένορκος juror
enosi *n* ένωση compound
enosi *n.* ένωση juncture
enosi *n.* ένωση league
enosi *n.* ένωση union
ensarkomenos *a.* ενσαρκωμένος incarnate
ensarkono *v.t.* ενσαρκώνω incarnate
ensarkosi *n* ενσάρκωση embodiment
ensarkosi *n.* ενσάρκωση incarnation
ensiniditos *a* ενσυνείδητος conscious
ensomatono *v. t.* ενσωματώνω embody
ensomatono *v.t.* ενσωματώνω incorporate
enstalazo *v.t.* ενσταλλάζω instil
enstikto *n.* ένστικτο instinct
enstiktodis *a.* ενστικτώδης instinctive
enstiktodis *a.* ενστικτώδης intuitive
entafiasmos *n.* ενταφιασμός sepulture
entalma *n.* ένταλμα warrant
entasi *n.* ένταση intensity
entasi *n.* ένταση tension
entatikos *a.* εντατικός intensive
entefthen *adv.* εντεύθεν thence
enteka *n* έντεκα eleven
entelos *adv* εντελώς all
enterikos *adj.* εντερικός/ή alvine
enterikos *a.* εντερικός intestinal
entero *n.* έντερο intestine
entharino *v. t.* ενθαρρύνω cheer
entharino *v. t.* ενθαρρύνω embolden
entharino *v. t* ενθαρρύνω encourage
enthermos *a.* ένθερμος zealous
enthimio *n.* ενθύμιο keepsake
enthimio *n.* ενθύμιο memento
enthousiasmos *n* ενθουσιασμός enthusiasm
enthousiodis *a* ενθουσιώδης enthusiastic
enthronizo *v. t* ενθρονίζω enthrone
enthronizo *v.t.* ενθρονίζω throne
entimos *a.* έντιμος honourable
entino *v.t.* εντείνω intensify
entiposi *n.* εντύπωση impression
entiposiakos *a.* εντυπωσιακός impressive
entoli *n.* εντολή mandate
entolodohos *n.* εντολοδόχος assignee
entomo *n.* έντομο insect

entomoktono *n.* εντομοκτόνο
  insecticide
entomoktono *n.* εντομοκτόνο
  pesticide
entomoloyia *n.* εντομολογία
  entomology
entonos *a.* έντονος intense
entonos *a.* έντονος intent
entopizo *v.t.* εντοπίζω localize
entopizo *v.t.* εντοπίζω locate
entos oligou *adv.* εντός ολίγου
  anon
eonas *n.* αιώνας century
eonios *a* αιώνιος eternal
eonios *a.* αιώνιος everlasting
eonios *a.* αιώνιος perennial
eoniotita *n* αιωνιότητα eternity
eorisi *n* αιώρηση swing
eoroume *v.i.* αιωρούμαι oscillate
eoroume *v.i.* αιωρούμαι swing
eortasmos *n.* εορτασμός
  celebration
eortasmos *n.* εορτασμός
  commemoration
eorti *n.* εορτή jubilee
eos *prep.* έως till
eos *conj* έως until
eos otou *conj.* έως ότου till
epafi *n.* επαφή contact
epafi *n.* επαφή intercourse
epagelma *n.* επάγγελμα calling
epagelma *n.* επάγγελμα
  profession
epagelmatias *n.* επαγγελματίας
  practitioner
epagelmatiki dialektos *n.*
  επαγγελματική διάλεκτος
  jargon
epagelmatikos *a.* επαγγελματικός
  professional
epagripnisi *n.* επαγρύπνηση
  vigilance
epahthis *a* επαχθής burdensome
epahthis *a.* επαχθής onerous

epakoloutho *v.i* επακολουθώ
  ensue
epakro *n* έπακρο utmost
epalithefsi *n.* επαλήθευση
  verification
epalithevo *v.t.* επαληθεύω verify
epalksi *n.* έπαλξη rampart
epanafero *v.t.* επαναφέρω restore
epanafora *n.* επαναφορά
  reinstatement
epanalamvano *v.t.*
  επαναλαμβάνω reiterate
epanalamvano *v.t.*
  επαναλαμβάνω repeat
epanalipsi *n.* επανάληψη
  reiteration
epanalipsi *n.* επανάληψη
  repetition
epanaliptiki ekloyi *n*
  επαναληπτική εκλογή by-
  election
epanapatrismos *n.*
  επαναπατρισμός repatriation
epanapatrizo *v.t.* επαναπατρίζω
  repatriate
epanastasi *n.* επανάσταση
  rebellion
epanastasi *n.* επανάσταση
  revolution
epanastatikos *a.* επαναστατικός
  revolutionary
epanastatis *n.* επαναστάτης rebel
epanastatis *n* επαναστάτης
  revolutionary
epanastato *v.i.* επαναστατώ rebel
epanastato *v.i.* επαναστατώ revolt
epandrono *v.t.* επανδρώνω man
epanemfanisi *n.* επανεμφάνιση
  recurrence
epanemfanizome *v.i.*
  επανεμφανίζομαι recur
epanerhome *v.i.* επανέρχομαι
  revert

epano *prep.* επάνω over
epanorthono *n.pl.* επανορθώνω (make) amends
epanorthono *v.i.* επανορθώνω rectify
epanorthono *v.t.* επανορθώνω redress
epanorthono *v.t.* επανορθώνω right
epanorthosi *n* επανόρθωση redress
epanorthosimos *a.* επανορθώσιμος reparable
eparhia *n.* επαρχία province
eparhiakos *a.* επαρχιακός provincial
eparhiotismos *n.* επαρχιωτισμός provincialism
eparkia *n.* επάρκεια adequacy
eparkia *n.* επάρκεια proficiency
eparkia *n.* επάρκεια sufficiency
eparkis *a.* επαρκής adequate
eparkis *a.* επαρκής sufficient
eparko *v.i.* επαρκώ suffice
eparsi *n* έπαρση conceit
eparsi *n* έπαρση egotism
eparyirono *v.t.* επαργυρώνω silver
epavrio *n.* επαύριο morrow
epefimia *n* επευφημία acclaim
epefimia *n.* επευφημία ovation
epefimo *v.t* επευφημώ acclaim
epeksiyisi *n.* επεξήγηση adjunct
epektasi *n.* επέκταση expansion
epektino *v. t* επεκτείνω extend
epemveno *v.i.* επεμβαίνω interfere
ependio *v.t.* επενδύω invest
ependio *v.t.* επενδύω line
ependio *v.t.* επενδύω plate
ependio tiho me ksila *v.t.* επενδύω τοίχο με ξύλα panel
ependisi *n.* επένδυση casing
ependisi *n.* επένδυση investment

epenetos *a.* επαινετός laudable
epeno *v. t* επαινώ commend
epeno *v. t* επαινώ compliment
epeno *v.t.* επαινώ praise
epenos *n.* έπαινος praise
epeshintos *a.* επαίσχυντος shameful
epetios *n.* επέτειος anniversary
epi tou pliou/aeroplanou *adv* επί του πλοίου/αεροπλάνου aboard
epideiksi *n* επίδειξη display
epideksios *a.* επιδέξιος handy
epideksios *a.* επιδέξιος masterly
epideksios *a.* επιδέξιος skilful
epideksios hirismos *n.* επιδέξιος χειρισμός manipulation
epideksiotita *n.* επιδεξιότητα sleight
epideno pliyi *v.t* επιδένω πληγή bandage
epidesmos *~n.* επίδεσμος bandage
epidi *conj.* επειδή because
epidiknio *v. t* επιδεικνύω demonstrate
epidiksi *n.* επίδειξη demonstration
epidimia *n* επιδημία epidemic
epidinono *v.t.* επιδεινώνω worsen
epidinosi *n.* επιδείνωση aggravation
epidioksi *n.* επιδίωξη solicitude
epidokimasia *n.* επιδοκιμασία approbation
epidokimasia *n.* επιδοκιμασία commendation
epidoksos *a.* επίδοξος would-be
epidoma *n.* επίδομα allowance
epidoto *v.t.* επιδοτώ subsidize
epidrasi *n.* επίδραση impact
epidromeas *n.* επιδρομέας aggressor
epidromi *n.* επιδρομή raid
epifania *n.* επιφάνεια surface

epifaniakos *a.* επιφανειακός superficial
epifilaktikos *a.* επιφυλακτικός reticent
epifilaktikos *a.* επιφυλακτικός wary
epifilaktikotita *n.* επιφυλακτικότητα reticence
epifonima *n.* επιφώνημα interjection
epifortizo *v.t.* επιφορτίζω task
epigon *a.* επείγων urgent
epigrafi *n.* επιγραφή inscription
epigrama *n.* επίγραμμα epigram
epihirima *n.* επιχείρημα argument
epihirimatias *n* επιχειρηματίας businessman
epihirisi *n* επιχείρηση business
epihirisi *n* επιχείρηση enterprise
epihiro *v.t.* επιχειρώ attempt
epihoriyisi *n* επιχορήγηση grant
epihoriyisi *n.* επιχορήγηση subsidy
epihrisono *v.t.* επιχρυσώνω gild
epihrisosi *a.* επιχρύσωση gilt
epiikia *n.* επιείκεια lenience, leniency
epiikis *a.* επιεικής indulgent
epiikis *a.* επιεικής lenient
epiikis *a.* επιεικής merciful
epikalipsi *n* επικάλυψη overlap
epikalipto *v.t.* επικαλύπτω overlap
epikaloume *v.t.* επικαλούμαι adduce
epikaloume *v.t.* επικαλούμαι invoke
epikefalida *n.* επικεφαλίδα caption
epikefalida *n.* επικεφαλίδα heading
epikerdis *a.* επικερδής lucrative
epikerdis *a.* επικερδής remunerative

epikeros *a.* επίκαιρος timely
epikeros *a.* επίκαιρος topical
epikimenos *a.* επικείμενος imminent
epikindinos *n* επικίνδυνος breakneck
epikindinos *a* επικίνδυνος dangerous
epikindinos *a.* επικίνδυνος perilous
epikindinos *a.* επικίνδυνος risky
epikinonia *n.* επικοινωνία communication
epikinono *v. t* επικοινωνώ commune
epikirigmenos *n.* επικηρυγμένος outlaw
epikirono *v.t.* επικυρώνω attest
epikirono *v.t.* επικυρώνω ratify
epikirono *v.t.* επικυρώνω sanction
epikirono *v.t.* επικυρώνω validate
epiklisi *n.* επίκληση invocation
epikratesteros *a* επικρατέστερος dominant
epikratesteros *v.i.* επικρατέστερος preponderate
epikratia *n* επικράτεια domain
epikratisi *n.* επικράτηση prevalance
epikrato *v. t* επικρατώ dominate
epikrato *v.i.* επικρατώ predominate
epikraton *a.* επικρατών prevalent
epikrino *v. t.* επίκρινω censure
epikrisi *n.* επίκριση censure
epikrisi *n.* επίκριση reproof
epilego *v.i.* επιλέγω opt
epilego *v.t.* επιλέγω select
epilego *v.t.* επιλέγω single
epilio *v.t.* επιλύω solve
epilipsia *n* επιληψία epilepsy
epilismon *a* επιλήσμων forgetful
epilismon *a.* επιλήσμων oblivious
epilogos *n* επίλογος epilogue

epiloyi *n.* επιλογή choice
epiloyi *n.* επιλογή option
epiloyi *n.* επιλογή pick
epiloyi *n.* επιλογή selection
epimelia *v* επιμέλεια custody
epimelia *n* επιμέλεια diligence
epimelis *a* επιμελής diligent
epimelis *a.* επιμελής mindful
epimelis *a.* επιμελής studious
epimelitia *n.* επιμελητεία logistics
epimelitis *n.* επιμελητής monitor
epimelitis *n.* επιμελητής prefect
epimeno *v.t.* επιμένω insist
epimeno *v.i.* επιμένω persist
epimerizo *v.t.* επιμερίζω allocate
epimithio *n.* επιμύθιο moral
epimoni *n.* επιμονή insistence
epimoni *n.* επιμονή obduracy
epimoni *n.* επιμονή obstinacy
epimoni *n.* επιμονή perseverance
epimoni *n.* επιμονή persistence
epimonos *a.* επίμονος insistent
epimonos *a.* επίμονος persistent
epimonos *n.* επίμονος stickler
epinoo *v. t* επινοώ devise
epinoo *v.t.* επινοώ invent
epipedos *a* επίπεδος flat
epipedos *a* επίπεδος level
epipefikos *n.* επιπεφυκώς conjunctiva
epipipto *v.i.* επιπίπτω pounce
epipla *n.* έπιπλα furniture
epipleo *v.i* επιπλέω float
epipleon *adj.* επιπλέων afloat
epipleon *adv* επιπλέον besides
epipleon *adv.* επιπλέον moreover
epipleon *a.* επιπλέων natant
epipliksi *n.* επίπληξη rebuke
epiplito *v.t.* επιπλήττω rebuke
epiplito *v.t.* επιπλήττω reprimand
epiplono *v.t.* επιπλώνω furnish
epipoleos *a.* επιπόλαιος frivolous
epipoleotita *n* επιπολαιότητα flippancy
epipoleotita *n.* επιπολαιότητα superficiality
epiponos *a.* επίπονος arduous
epiponos *a.* επίπονος strenuous
epiprosthetos *adj* επιπρόσθετος adscititious
epireazo *v.t.* επηρεάζω affect
epireazo *v.t.* επηρεάζω influence
epirepis *a.* επιρρεπής prone
epirima *n.* επίρρημα adverb
epirimatikos *a.* επιρρηματικός adverbial
epiroi *n.* επιρροή influence
episimopio *v.t.* επισημοποιώ solemnize
episimos *a* επίσημος formal
episimos *a.* επίσημος official
episimos *adv.* επισήμως officially
episimotita *n.* επισημότητα solemnity
episinapto *v.t.* επισυνάπτω affix
episinapto *v.t.* επισυνάπτω attach
episinapto kataliksi *v.t.* επισυνάπτω κατάληξη suffix
episis *adv.* επίσης also
episis *adv.* επίσης too
episis *adv.* επίσης withal
episkepsi *n.* επίσκεψη visit
episkeptis *n* επισκέπτης caller
episkeptis *n.* επισκέπτης visitor
episkeptome *v.t.* επισκέπτομαι visit
episkevazo *v.t.* επισκευάζω mend
episkevazo *v.t.* επισκευάζω repair
episkevi *n.* επισκευή repair
episkiazo *v.t.* επισκιάζω outshine
episkiazo *v.t.* επισκιάζω overshadow
episkopos *n* επίσκοπος bishop
episodio *n* επεισόδιο episode
episodio *n.* επεισόδιο incident
espevdo *v. t.* επισπεύδω expedite
epistatis *n* επιστάτης custodian

epistatis *n*. επιστάτης overseer
epistimi *n*. επιστήμη science
epistimon *n*. επιστήμων scholar
epistimon *n*. επιστήμων scientist
epistimonikos *a*. επιστημονικός scientific
epistoli *n*. επιστολή missive
epistrefo *v.i*. επιστρέφω return
epistrefo hrimata *v.t*. επιστρέφω χρήματα refund
epistrofi *n*. επιστροφή return
epistrofi hrimaton *n*. επιστροφή χρημάτων refund
epitafios epigrafi *n* επιτάφιος επιγραφή epitaph
epitahino *v.t* επιταχύνω accelerate
epitahinsi *n* επιτάχυνση acceleration
epitaktikos *a*. επιτακτικός authoritative
epitaso *v.t*. επιτάσσω requisition
epitayi *n*. επιταγή cheque
epitefksi *n*. επίτευξη attainment
epitevgma *n*. επίτευγμα achievement
epitheorisi *n*. επιθεώρηση inspection
epitheoritis *n*. επιθεωρητής inspector
epitheoro *v.t*. επιθεωρώ inspect
epithesi *n* επίθεση aggression
epithesi *n*. επίθεση assault
epithesi *n*. επίθεση attack
epithesi *n* επίθεση offensive
epithesi *n*. επίθεση onset
epithetikos *a*. επιθετικός aggressive
epitheto *n*. επίθετο adjective
epithimia *n*. επιθυμία appetite
epithimia *n* επιθυμία desire
epithimitos *a* επιθυμητός desirable
epithimo *v.t* επιθυμώ desire
epithimon *a* επιθυμών desirous

epithimon *a*. επιθυμών wishful
epithimon *adj*. επιθυμών appetent
epitidefsi *n*. επιτήδευση sophistication
epitidios *a* επιτήδειος slick
epitighano *v.t*. επιτυγχάνω attain
epitighano *v.i*. επιτυγχάνω succeed
epitihia *n* επιτυχία hit
epitihia *n*. επιτυχία somersault
epitihia *n*. επιτυχία success
epitihimenos *a* επιτυχημένος successful
epitihis *a*. επιτυχής prosperous
epitihis *v.i*. επιτυχής somersault
epitimo *v.t* επιτιμώ upbraid
epitino *v.t*. επιτείνω heighten
epitirisi *n*. επιτήρηση invigilation
epitirisi *n*. επιτήρηση supervision
epitirisi *n*. επιτήρηση surveillance
epitiritis *n*. επιτηρητής invigilator
epitiro *v.t*. επιτηρώ invigilate
epitiro *v.t*. επιτηρώ oversee
epititheme *v*. επιτίθεμαι assail
epititheme *v.t*. επιτίθεμαι attack
epititheme *v.i* επιτίθεμαι lunge
epitrepo *v.t*. επιτρέπω allow
epitrepo *v. t* επιτρέπω enable
epitrepo *v.t*. επιτρέπω let
epitrepo *v.t*. επιτρέπω permit
epitrepo isodo *v.t*. επιτρέπω είσοδο admit
epitrepomenos *a*. επιτρεπόμενος permissible
epitreptos *a*. επιτρεπτός admissible
epitropi *n*. επιτροπή commission
epitropi *n* επιτροπή committee
epitropos *n*. επίτροπος beadle
epivalo *v. t*. επιβάλλω enforce
epivalo *v.t*. επιβάλλω impose
epivalo *v.t*. επιβάλλω inflict
epivalo *v.t*. επιβάλλω levy

epivalo prostimo v.t επιβάλλω
πρόστιμο fine
epivarino v. t. επιβαρύνω
encumber
epivatis n. επιβάτης passenger
epiveveono v.t. επιβεβαιώνω
affirm
epiveveono v. t επιβεβαιώνω
confirm
epiveveono v.t. επιβεβαιώνω
corroborate
epiveveosi n επιβεβαίωση
confirmation
epiviono v.i. επιβιώνω survive
epiviosi n. επιβίωση survival
epivitoras n. επιβήτορας stallion
epivivazo v.t. επιβιβάζω ship
epivivazo/-ome v. t επιβιβάζω/-
ομαι embark
epivlavis a. επιβλαβής injurious
epivlavis a. επιβλαβής maleficent
epivlavis a. επιβλαβής noxious
epivlavis a. επιβλαβής pernicious
epivlitikos a. επιβλητικός
imposing
epivoli n. επιβολή imposition
epivravevo v.t. επιβραβεύω star
epiyios a επίγειος earthly
epizimios a επιζήμιος malign
epizo v.i. επιζώ outlive
epofelis a. επωφελής
advantageous
epofelis a. επωφελής profitable
epofeloume v.t. επωφελούμαι
advantage
epofeloume v.t. επωφελούμαι
profit
epofthalmio v.t. εποφθαλμιώ
covet
epohi n εποχή epoch
epohi n εποχή era
epohi n. εποχή season
epohi n εποχή spring

epohiakos a. εποχιακός seasonal
epomenos adj. επόμενος after
epomenos a. επόμενος next
epomenos a. επόμενος
subsequent
epomenos adv. επομένως
therefore
epomizome v.t. επωμίζομαι
shoulder
eponimo n. επώνυμο surname
epoptis n. επόπτης supervisor
epos n έπος epic
eposkeves n. αποσκευές luggage
epoulono/-ome v.i. επουλώνω/-
ομαι heal
epta n. επτά seven
erasitehnis n. ερασιτέχνης
amateur
erastis n. εραστής lover
erastis n. εραστής paramour
eresi n. αίρεση sect
erethistiko n. ερεθιστικό irritant
erethistikos a. ερεθιστικός irritant
erethizo v.t. ερεθίζω irritate
erevna n. έρευνα inquiry
erevna n. έρευνα investigation
erevna n έρευνα research
erevna n. έρευνα search
erevna n. έρευνα survey
erevno v.t. ερευνώ investigate
erevno v.i. ερευνώ research
erevno v.t. ερευνώ search
ergalio n. εργαλείο appliance
ergalio n. εργαλείο implement
ergalio n. εργαλείο tool
ergalio anigmatos tripas n.
εργαλείο ανοίγματος τρύπας
wimble
ergaliothiki n. εργαλειοθήκη kit
ergasthri n. εργαστήρι workshop
ergastirio n. εργαστήριο
laboratory
ergatikos a. εργατικός industrious
ergatis n. εργάτης jack

ergatis *n.* εργάτης worker
ergatis orihiou *n.* εργάτης ορυχείου miner
ergazomenos *n* εργαζόμενος employee
ergodotis *n* εργοδότης employer
ergolavos *n* εργολάβος contractor
ergostasio *n* εργοστάσιο factory
erhome *v. i.* έρχομαι come
erhome se epafi *v. t* έρχομαι σε επαφή contact
erimia *n.* ερημιά wilderness
erimitirio *n.* ερημητήριο hermitage
erimitis *n.* ερημίτης hermit
erimitis *n.* ερημίτης recluse
erimos *n* έρημος desert
erimos *a* έρημος forlorn
eripia *n* ερείπια debris
ermineftika sholia *n* ερμηνευτικά σχόλια commentary
erminevo *v.t.* ερμηνεύω interpret
eros *n* Έρως Cupid
erotikos *adj* ερωτικός amatory
erotikos *a.* ερωτικός amorous
erotikos *a* ερωτικός erotic
erotima *n.* ερώτημα query
erotimatikos *a.* ερωτηματικός interrogative
erotimatoloyio *n.* ερωτηματολόγιο questionnaire
erotisi *n.* ερώτηση interrogation
erotisi *n.* ερώτηση question
erototropo *v. t.* ερωτοτροπώ court
erpeto *n* ερπετό creeper
erpeto *n.* ερπετό reptile
erpo *v. t* έρπω crawl
erpo *v. i* έρπω creep
eryenis *n.* εργένης bachelor
esarpa *n.* εσάρπα shawl
esfalmeni antilipsi *n.* εσφαλμένη αντίληψη misconception
esfalmeni katefthinsi *n.* εσφαλμένη κατεύθυνση misdirection
eshatos *a.* έσχατος utmost
eshros *a.* αισχρός nefarious
eshros *a.* αισχρός obscene
eshrotita *n.* αισχρότητα obscenity
esiodoksia *n.* αισιοδοξία optimism
esiodoksos *a.* αισιόδοξος hopeful
esiodoksos *n.* αισιόδοξος optimist
esiodoksos *a.* αισιόδοξος optimistic
esodo *n.* έσοδο revenue
esorouha *n.* εσώρουχα underwear
esotatos *a.* εσώτατος innermost
esoteriki fanela *n.* εσωτερική φανέλα vest
esoteriko *n.* εσωτερικό inside
esoteriko *n.* εσωτερικό interior
esoterikos *a.* εσωτερικός indoor
esoterikos *a.* εσωτερικός inland
esoterikos *a.* εσωτερικός inner
esoterikos *a* εσωτερικός inside
esoterikos *a.* εσωτερικός interior
esoterikos *a.* εσωτερικός internal
esoterikos *a.* εσωτερικός intrinsic
esoterikos *a.* εσωτερικός inward
esoterikos kanonismos *n* εσωτερικός κανονισμός bylaw, bye-law
estavromenos *n.* Εσταυρωμένος rood
esthanome *v.t.* αισθάνομαι sense
esthanomenos *a.* αισθανόμενος sentient
esthisi *n* αίσθηση feeling
esthisi *n.* αίσθηση sensation
esthisiakos *a.* αισθησιακός sensual
esthisiakos *a.* αισθησιακός sensuous
esthisiazmos *n.* αισθησιασμός sensuality
esthitiki *n.pl.* αισθητική aesthetics
esthitikos *a.* αισθητικός aesthetic

esthitikos *a.* αισθητικός cosmetic
esthitirios *a.* αισθητήριος perceptive
estia *n* εστία focus
estiakos *a* εστιακός focal
estiatorio *n.* εστιατόριο restaurant
etera *n.* εταίρα courtesan
eteria *n.* εταιρεία association
eteria *n.* εταιρεία company
eteria *n* εταιρεία corporation
eteria *n.* εταιρεία firm
ethalomihli *n.* αιθαλομίχλη smog
ethelontikos *a.* εθελοντικός voluntary
ethelontis *n.* εθελοντής volunteer
etheras *n* αιθέρας ether
ethimo *n.* έθιμο custom
ethimotipia *n* εθιμοτυπία etiquette
ethimotipikos *a.* εθιμοτυπικός eremonial
ethismos *n.* εθισμός addiction
ethniki odos *n.* εθνική οδός highway
ethnikismos *n.* εθνικισμός nationalism
ethnikopiisi *n.* εθνικοποίηση nationalization
ethnikopio *v.t.* εθνικοποιώ nationalize
ethnikos *a.* εθνικός national
ethnikotita *n.* εθνικότητα nationality
ethniskistis *n.* εθνικιστής nationalist
ethnofilaki *n.* εθνοφυλακή militia
ethnos *n.* έθνος nation
ethousa *n.* αίθουσα auditorium
ethousa *n.* αίθουσα chamber
ethousa *n.* αίθουσα saloon
etia *n.* αιτία cause
etiketa *n.* ετικέτα label
etiketa *n.* ετικέτα tag
etiketa *n.* ετικέτα tally

etimazo *v.t.* ετοιμάζω prepare
etimigoria *n.* ετυμηγορία verdict
etimoloyia *n.* ετυμολογία etymology
etimoloyia *n.* ετοιμολογία repartee
etimos *a.* έτοιμος ready
etimothanatos *a.* ετοιμοθάνατος moribund
etimotita *n.* ετοιμότητα alertness
etiodis *adj.* αιτιώδης causal
etiologo *v.t.* αιτιολογώ rationalize
etiotita *n* αιτιότητα causality
etisi *n.* αίτηση application
etisi *n* αίτηση request
etisia prosodos *n.* ετήσια πρόσοδος annuity
etisios *a.* ετήσιος annual
etisios *a.* ετήσιος yearly
etisios *adv.* ετησίως yearly
etoume *v.t.* αιτούμαι petition
etsi *adv.* έτσι so
etsi *adv.* έτσι thus
evaeros *a.* ευάερος airy
evagelio *n.* Ευαγγέλιο gospel
evanagnosta *adv.* ευανάγνωστα legibly
evanagnostos *a.* ευανάγνωστος legible
evdemonia *n* ευδαιμονία bliss
evdemonia *n* ευδαιμονία felicity
evdiakritos *a* ευδιάκριτος distinct
evdokimo *v.i.* ευδοκιμώ thrive
evdomada *n.* εβδομάδα week
evdomadiea *adv.* εβδομαδιαία weekly
evdomadiea efimerida *n.* εβδομαδιαία εφημερίδα weekly
evdomadieos *a.* εβδομαδιαίος weekly
evdomida *n., a* εβδομήντα seventy

evdomikostos *a.* εβδομηκοστός seventieth
evdomos *a.* έβδομος seventh
eveksaptos *a.* ευέξαπτος waspish
evenos *n* έβενος ebony
everethistos *a.* ευερέθιστος irritable
everyesia *n.* ευεργεσία benefaction
everyetikos *a.* ευεργετικός wholesome
evesthisia *n.* ευαισθησία sensibility
evesthitos *a.* ευαίσθητος sensitive
evglotia *n* ευγλωττία eloquence
evglotos *a* εύγλωττος eloquent
evgnomon *a.* ευγνώμων grateful
evgnomon *a.* ευγνώμων thankful
evgnomosini *n.* ευγνωμοσύνη gratitude
evimeria *n.* ευημερία affluence
evimeria *n.* ευημερία prosperity
evimeria *n.* ευημερία welfare
evimero *v.i.* ευημερώ prosper
evionos *a.* ευοίωνος auspicious
evlavia *n.* ευλάβεια reverence
evlavikos *a.* ευλαβικός reverential
evlogo *v. t* ευλογώ bless
evlogos *a.* εύλογος justifiable
evloyia *n* ευλογία benison
evloyia *n.* ευλογιά smallpox
evmetavlitos *a* ευμετάβλητος fickle
evmetavlitos *a.* ευμετάβλητος temperamental
evnia *n* εύνοια favour
evnoikos *a* ευνοϊκός favourable
evnoo *v.t* ευνοώ favour
evnooumenos *a* ευνοούμενος favourite
evnooumenos *n.* ευνοούμενος minion
evnouhismenos tavros *n* ευνουχισμένος ταύρος bullock
evnouhos *n* ευνούχος eunuch
evodia *n.* ευωδιά fragrance
evodiastos *a.* ευωδιαστός fragrant
evosmos *a.* εύοσμος odorous
evreos diadedomenos *a.* ευρέως διαδεδομένος widespread
evrihoros *a.* ευρύχωρος capacious
evrihoros *a.* ευρύχωρος roomy
evrihoros *a.* ευρύχωρος spacious
evrostos *a.* εύρωστος lusty
evyenia *n.* ευγένεια complaisance
evyenia *n.* ευγένεια courtesy
evyenia *n.* ευγένεια nobility
evyenia *n.* ευγένεια politeness
evyenika *adv.* ευγενικά kindly
evyenikos *adj.* ευγενικός complaisant
evyenikos *a.* ευγενικός courteous
evyenikos *a.* ευγενικός mannerly
evyenikos *a.* ευγενικός polite
evyenis *a.* ευγενής noble
evyenis *n.* ευγενής noble

F

faflatas *n.* φαφλατάς windbag
fagas *n.* φαγάς glutton
fagosimos *a* φαγώσιμος eatable
fagosimos *a* φαγώσιμος edible
fagoura *n.* φαγούρα itch
fakelos *n* φάκελος envelope
fakelos *n* φάκελος file
faki *n.* φακή lentil
fakos *n.* φακός lens
falagka *n* φάλαγγα file
falakros *a.* φαλακρός bald
falarida *n.* φαλαρίδα coot
falena *n.* φάλαινα whale
fanari *n.* φανάρι lantern

fanatikos *n* φανατικός bigot
fanatikos *a* φανατικός fanatic
fanatikos *n* φανατικός fanatic
fanatikos *a.* φανατικός partisan
fanatikos *a.* φανατικός sectarian
fanatikos *n.* φανατικός zealot
fanatismos *n* φανατισμός bigotry
fanela *n* φανέλα flannel
faneros *a.* φανερός overt
fantahteros *a.* φανταχτερός gaudy
fantasia *n* φαντασία fancy
fantasia *n.* φαντασία imagination
fantasma *n* φάντασμα bogle
fantasma *n.* φάντασμα ghost
fantasma *n.* φάντασμα phantom
fantasma *n.* φάντασμα spectre
fantasma *n.* φάντασμα wraith
fantasmenos *a.* φαντασμένος snobbish
fantastikos *a* φανταστικός fictitious
fantastikos *a.* φανταστικός imaginary
fantastikos *a.* φανταστικός visionary
fantazome *v.t* φαντάζομαι fancy
fantazome *v.t* φαντάζομαι figure
fantazome *v.t.* φαντάζομαι imagine
fantazome *v.t.* φαντάζομαι visualize
faragi *n.* φαράγγι ravine
fardis *a.* φαρδύς wide
farmakeftiko ergastirio *n* φαρμακευτικό εργαστήριο dispensary
farmakio *n.* φαρμακείο pharmacy
farmako *n* φάρμακο drug
farmako *n.* φάρμακο medicament
farmako *n.* φάρμακο physic
farmako *n.* φάρμακο remedy
farmakopios *n.* φαρμακοποιός chemist
farmakopios *n* φαρμακοποιός druggist
faros *n* φάρος beacon
farsa *n* φάρσα farce
farsa *n.* φάρσα prank
fasaria *n.* φασαρία ado
fasaria *n.* φασαρία fuss
fasaria *n.* φασαρία hubbub
fasaria *n.* φασαρία racket
fasaria *n.* φασαρία romp
fasaria *n.* φασαρία row
fasaria *n.* φασαρία tumult
fasi *n.* φάση phase
fasoli *n.* φασόλι bean
fayito *n* φαγητό food
fegkari *n.* φεγγάρι moon
fegkovolo *v.i* φεγγοβολώ flare
feiy-volan *n.* φέιγ-βολάν handbill
felos *n.* φελλός cork
fenome *v.i.* φαίνομαι seem
fenomenikos *a.* φαινομενικός apparent
fenomenikos *a.* φαινομενικός phenomenal
fenomeno *n.* φαινόμενο phenomenon
feoudalikos *a.* φεουδαλικός manorial
feoudarhikos *a* φεουδαρχικός feudal
feoudo *n* φέουδο benefice
feregiotita *n.* φερεγγυότητα solvency
ferelpis *a.* φέρελπις promising
feretro *n* φέρετρο casket
feretro *n* φέρετρο coffin
feribot *n* φερυμπότ ferry
ferlon *n.* φέρλον furlong
fermouar *n.* φερμουάρ zip
ferno *v.t* φέρνω fetch
ferno *v.t.* φέρνω waft
ferno se amihania *v. t* φέρνω σε αμηχανία embarrass

fero v. t φέρω bring
fero se amihania v. t. φέρω σε αμηχανία baffle
ferome ipotimitika v.t. φέρομαι υποτιμητικά snub
feta n. φέτα slice
fevgo v.t. φεύγω leave
fevrouarios n Φεβρουάριος February
fialidio n. φιαλίδιο phial
fialidio n. φιαλίδιο vial
fiasko n φιάσκο fiasco
fidi n. φίδι serpent
fidi n. φίδι snake
fidisios n. φιδίσιος serpentine
fidopoukamiso n. φιδοπουκάμισο slough
figas n. φυγάς fugitive
figokentros adj. φυγόκεντρος centrifugal
figoponos n. φυγόπονος shirker
filadio n φυλλάδιο brochure
filadio n. φυλλάδιο leaflet
filadio n. φυλλάδιο pamphlet
filadio n. φυλλάδιο prospsectus
filadio n φυλλάδιο tract
filadiografos n. φυλλαδιογράφος pamphleteer
filahto n. φυλαχτό amulet
filahto n. φυλαχτό talisman
filakas n. φύλακας guardian
filakas n. φύλακας keeper
filakas n. φύλακας warden
filakas ke odigos elefanta n. φύλακας και οδηγός ελέφαντα mahout
filaki n. φυλακή jail
filaki n. φυλακή prison
filakisi n. φυλάκιση confinement
filakismenos n. φυλακισμένος prisoner
filakizo v.t. φυλακίζω imprison
filanthropia n φιλανθρωπία benevolence

filanthropia n. φιλανθρωπία charity
filanthropia n. φιλανθρωπία philanthropy
filanthropikos a. φιλανθρωπικός philanthropic
filanthropos a φιλάνθρωπος benevolent
filanthropos a. φιλάνθρωπος charitable
filanthropos n. φιλάνθρωπος philanthropist
filao v.t. φυλάω treasure
filaryiria n. φιλαργυρία avarice
filaso evlavika v. t φυλάσσω ευλαβικά enshrine
fileleftherismos n. φιλελευθερισμός liberalism
fileleftheros a. φιλελεύθερος liberal
filetikos a. φυλετικός racial
filetikos a. φυλετικός tribal
fili n. φιλί kiss
fili n. φυλή tribe
filia n. φιλία amity
filidonos n. φιλήδονος sensualist
filidonos n. φιλήδονος voluptuary
filidonos a. φιλήδονος voluptuous
filikos adj. φιλικός amicable
filikotita n. φιλικότητα goodwill
film n φιλμ film
filntisi n. φίλντισι ivory
filo v.t. φιλώ kiss
filo n. φύλλο leaf
filo n. φύλο sex
filo hartiou n. φύλλο χαρτί sheet
filo ihira v.i. φιλώ ηχηρά smack
filo kontraplake n φύλλο κόντρα-πλακέ ply
filodis a. φυλλώδης leafy
filodoksia n. φιλοδοξία ambition
filodoksia n. φιλοδοξία aspiration
filodoksos a. φιλόδοξος ambitious

filodorima n. φιλοδώρημα
gratuity
filodorima n. φιλοδώρημα tip
filodoro v.t. φιλοδωρώ tip
filofrosini n. φιλοφροσύνη
amiability
filoksenia n. φιλοξενία hospitality
filokseno v.t φιλοξενώ
accommodate
filoksenos a. φιλόξενος hospitable
filologos n. φιλόλογος philologist
filoloyia n. φιλολογία philology
filoloyikos a. φιλολογικός literary
filoloyikos a. φιλολογικός
philological
filoma n φύλλωμα foliage
filometro v.t. φυλλομετρώ thumb
filonikia n φιλονικία dispute
filonikia n. φιλονικία quarrel
filoniko v.t. φιλονικώ argue
filoniko v.i. φιλονικώ quarrel
filopolemos a φιλοπόλεμος
bellicose
filopolemos a. φιλοπόλεμος
warlike
filos n. φίλος friend
filos n. φίλος pal
filosofia n. φιλοσοφία philosophy
filosofikos a. φιλοσοφικός
philosophical
filosofos n. φιλόσοφος
philosopher
filothokso v.t. φιλοδοξώ aspire
filtraro v.t φιλτράρω filter
filtro n φίλτρο filter
fimatiosi n φυματίωση
consumption
fimatiosi n. φυματίωση
tuberculosis
fimi n φήμη fame
fimi n. φήμη hearsay
fimi n. φήμη renown
fimi n. φήμη reputation
fimi n. φήμη rumour

fimi n. φήμη standing
fimono v.t. φιμώνω gag
fimono v.t φιμώνω muzzle
fimotro n. φίμωτρο gag
finikas n. φοίνικας palm
fisero n. φυσερό bellows
fisi n. φύση nature
fisigi n. φυσίγγι cartridge
fisika adv. φυσικά naturally
fisiki n. φυσική physics
fisiko perivalon n. φυσικό
περιβάλλον habitat
fisikos a. φυσικός natural
fisikos a. φυσικός physical
fisikos n. φυσικός physicist
fisikos a. φυσικός scenic
fisikos a. φυσικός sonic
fisima n φύσημα blow
fisiognomia n. φυσιογνωμία
physiognomy
fiso v.i. φυσώ blow
fitevo v.t. φυτεύω plant
fitia n. φυτεία plantation
fitiki kola n. φυτική κόλλα
mucilage
fitikos a. φυτικός vegetable
fitili n φιτίλι fuse
fitili n. φυτίλι wick
fititis n. φοιτητής undergraduate
fito n. φυτό plant
fiyi n φυγή rout
flaja n. φλάντζα gasket
flaouto n φλάουτο flute
flegmonodis a. φλεγμονώδης
inflammatory
flegome v.i φλέγομαι blaze
flegome v.i φλέγομαι flame
flegomenos adv. φλεγόμενος
ablaze
flegomenos adj. φλεγόμενος
aflame
flert n φλερτ flirt
flertaro v.i φλερτάρω flirt
flertaro v.t. φλερτάρω woo

fleva *n.* φλέβα vein
fliaria *n.* φλυαρία babble
fliaria *n.* φλυαρία prattle
fliaria *n.* φλυαρία verbosity
fliaro *v.i.* φλυαρώ babble
fliaro *v. t. & i* φλυαρώ blab
fliaro *v. t.* φλυαρώ chatter
fliaro *v.i.* φλυαρώ gabble
fliaro *v.t.* φλυαρώ jabber
fliaro *v.i.* φλυαρώ prattle
fliaros *a.* φλύαρος verbose
flitzani *n.* φλυτζάνι cup
floga *n.* φλόγα ardour
floga *n* φλόγα blaze
floga *n* φλόγα flame
flouda *n.* φλούδα bark
flouda *n.* φλούδα husk
flouda *n.* φλούδα peel
flouda *n.* φλούδα pod
floyeros *adj.* φλογερός aglow
floyeros *a.* φλογερός ardent
floyeros *a* φλογερός fiery
floyizo *v.t.* φλογίζω inflame
fodra *n* φόδρα lining
fokia *n.* φώκια seal
folia *n.* φωλιά lair
folia *n.* φωλιά nest
foliazo *v.t.* φωλιάζω nest
foliazo *v.i.* φωλιάζω nestle
fonazo *v.i.* φωνάζω shout
fonazo dinata *v.i.* φωνάζω δυνατά yell
fonazo kapion me lathos onoma *v.t.* φωνάζω κάποιον με λάθος όνομα miscall
foni *n.* φωνή voice
fonias *n.* φονιάς thug
fonien *n.* φωνήεν vowel
fonikos *a.* φονικός lethal
fonikos *a.* φονικός murderous
fonitiki *n.* φωνητική phonetics
fonitikos *a.* φωνητικός phonetic
fonitikos *a.* φωνητικός vocal
fonos *n.* φόνος murder

fonto *n.* φόντο background
forada *n.* φοράδα mare
forao *v.t.* φοράω wear
forema *n* φόρεμα dress
forema *n.* φόρεμα frock
forema *n.* φόρεμα gown
forio *n.* φορείο stretcher
foritos *a.* φορητός portable
forma *n.* φόρμα modality
foro maska *v.t.* φορώ μάσκα mask
forologo *v.t.* φορολογώ tax
foroloyia *n.* φορολογία levy
foroloyia *n.* φορολογία taxation
foroloyiteos *a.* φορολογητέος taxable
foros *n.* φόρος tax
foros se agatha *n.* φόρος σε αγαθά octroi
foros timis *n.* φόρος τιμής homage
forte *n.* φόρτε forte
fortigo *n.* φορτηγό lorry
fortigo *n.* φορτηγό truck
fortio *n.* φορτίο cargo
fortio *n.* φορτίο load
fortiyida *n.* φορτηγίδα barge
fortono *v. t* φορτώνω burden
fortono *v. t* φορτώνω clutter
fortono *v.t.* φορτώνω lade
fortono *v.t.* φορτώνω load
fos *n.* φως light
fosforikon alas *n.* φωσφορικόν αλάς phosphate
fosforos *n.* φώσφορος phosphorus
fotia *n* φωτιά bonfire
fotia *n* φωτιά fire
fotinos *a* φωτεινός bright
fotinos *a.* φωτεινός luminous
fotisi *n.* φώτιση illumination
fotizo *v.t.* φωτίζω illuminate
fotografia *n* φωτογραφία photo
fotografia *n* φωτογραφία photograph

fotografiki mihani *n.*
φωτογραφική μηχανή camera
fotografikos *a.* φωτογραφικός
photographic
fotografisi *n.* φωτογράφηση
photography
fotografizo *v.t.* φωτογραφίζω
photograph
fotografos *n.* φωτογράφος
photographer
fotostefano *n.* φωτοστέφανο
nimbus
fototipia *n.* φωτοτυπία xerox
fototipo *v.t.* φωτοτυπώ xerox
fournos *n.* φούρνος furnace
fournos *n.* φούρνος oven
fouska *n* φούσκα bleb
fouskala *n* φουσκάλα blister
fouskala *n* φουσκάλα bubble
fouskono *v.i.* φουσκώνω swell
fouskothalasia *n*
φουσκοθαλασσιά swell
fousta *n.* φούστα skirt
fovame *v.i* φοβάμαι fear
foveros *a.* φοβερός awful
foveros *a* φοβερός dreaded
foveros *a.* φοβερός fearful
fovismenos *a.* φοβισμένος afraid
fovitsiaris *a.* φοβιτσιάρης
timorous
fovizo *v.t.* φοβίζω scare
fovos *n* φόβος dread
fovos *n* φόβος fear
fovos *n.* φόβος scare
fragkostafilo *n.* φραγκοστάφυλο
gooseberry
fragma *n.* φράγμα barrage
fragma *n.* φράγμα barrier
fragma *n* φράγμα dam
fragma *n.* φράγμα weir
frahtis *n* φράχτης fence
frahtis *n.* φράχτης hedge
frahtis *n.* φράχτης rail
fraoula *n.* φράουλα strawberry

fraseoloyia *n.* φρασεολογία
phraseology
frasi *n.* φράση phrase
fraso *v.t* φράσσω hedge
fraso me kagela *v.t.* φράσσω με
κάγκελα rail
frenaro *v. t* φρενάρω brake
freno *n* φρένο brake
freskaro *v.t.* φρεσκάρω refresh
freskos *a.* φρέσκος fresh
fridi *n* φρύδι brow
frigania *n.* φρυγανιά toast
friganizo/-ome *v.t.* φρυγανίζω/-
ομαι toast
frihtos *a.* φριχτός horrible
frikaleotita *n* φρικαλεότητα
atrocity
friki *n.* φρίκη horror
friktos *a.* φρικτός atrocious
frinos *n.* φρύνος toad
fronimitis *n.* φρονιμίτης wisdom-
tooth
fronimos *a.* φρόνιμος sage
frontida *n.* φροντίδα care
frontismenos *a.* φροντισμένος
trim
frontistirio *n.* φροντιστήριο
tutorial
frontistis *n* φροντιστής tender
frontistis *n.* φροντιστής tutor
frontizo *v. i* φροντίζω cater
frontizo *v.i.* φροντίζω tend
froudos *a.* φρούδος futile
frourio *n.* φρούριο fort
frourio *n.* φρούριο fortress
frourio *n.* φρούριο stronghold
frouro *v.i.* φρουρώ guard
frouros *n.* φρουρός sentinel
frouros *n.* φρουρός sentry
frouto *n.* φρούτο fruit
ftano *v.t.* φτάνω reach
fteksimo *n* φταίξιμο blame
fterna *n.* φτέρνα heel

fternizma *n* φτέρνισμα sneeze
fternizome *v.i.* φτερνίζομαι sneeze
ftero *n* φτερό feather
fterokopima *n* φτεροκόπημα flutter
fterokopo *v.t* φτεροκοπώ flutter
fteroti sfera *n.* φτερωτή σφαίρα shuttlecock
fterouga *n.* φτερούγα wing
fthano *v.i.* φθάνω arrive
ftharmenos *a.* φθαρμένος worn
fthartos *a.* φθαρτός perishable
fthino *v. t* φθίνω dwindle
fthinoporo *n.* φθινόπωρο autumn
fthoneros *a* φθονερός envious
fthonos *n.* φθόνος envy
ftiahno *v.t.* φτιάχνω frame
ftiahno *v.t.* φτιάχνω make
ftiahno *v.t.* φτιάχνω mould
ftiahno *v.t.* φτιάχνω θηλειά noose
ftiahno katalogo *v.t.* φτιάχνω κατάλογο list
ftiari *n.* φτυάρι shovel
ftiarizo *v.t.* φτυαρίζω shovel
ftineno *v. t.* φτηναίνω cheapen
ftino *v.i.* φτύνω spit
ftinos *a* φτηνός cheap
ftinos *a.* φτηνός inexpensive
ftistra *n.* φτύστρα spittoon
ftoheno *v.t.* φτωχαίνω depauperate
ftohia *n.* φτώχεια poverty
ftohos *a.* φτωχός poor
ftohoyeitonia *n.* φτωχογειτονιά slum

G

gabros *n.* γαμπρός bridegroom
gabros *n.* γαμπρός groom
gaidaros *n.* γάιδαρος ass
gaidaros *n* γάιδαρος donkey
gaidouragkatho *n.* γαϊδουράγκαθο thistle
gaidourinos *adj.* γαϊδουρινός asinine
gainta *n.* γκάιντα bagpipe
gala *n.* γάλα milk
galaksias *n.* γαλαξίας galaxy
galaktodis *a.* γαλακτώδης milky
galaktoforos *a.* γαλακτοφόρος milch
galaktokomio *n* γαλακτοκομείο dairy
galazios *a* γαλάζιος blue
galika *n* γαλλικά French
galikos *a.* γαλλικός French
galinevo *v. t.* γαληνεύω calm
galini *n.* γαλήνη calm
galini *n.* γαλήνη lull
galini *n.* γαλήνη tranquility
galinios *a.* γαλήνιος placid
galinios *a.* γαλήνιος serene
galoni *n.* γαλόνι gallon
galopoula *n.* γαλοπούλα turkey
galotsa *n.* γαλότσα wellignton
galvanizo *v.t.* γαλβανίζω galvanize
gamilios *a.* γαμήλιος nuptial
gamos *n.* γάμος marriage
gamos *n.* γάμος matrimony
gamos *n.* γάμος nuptials
gamos *n.* γάμος spousal
gamos *n.* γάμος wedding
ganjos *n.* γάντζος hook
ganomatis *n.* γανωματής tinker
ganono *v.t.* γανώνω tin
ganti *n.* γάντι gauntlet
ganti *n.* γάντι glove
ganti karpou *n.* γάντι καρπού mitten
gargalao *v.t.* γαργαλάω tickle
garifalo *n* γαρίφαλο clove
garifalo *n.* γαρύφαλο pink

gastrikos a. γαστρικός gastric
gata n. γάτα cat
gataki n. γατάκι kitten
gatos n. γάτος tomcat
gavros n γαύρος fry
gavyizma n. γαύγισμα woof
gavyizma n γαύγισμα yap
gavyizo v.t. γαυγίζω bark
gavyizo v.i. γαυγίζω yap
gderno v.t γδέρνω fleece
gderno v.t γδέρνω skin
gdoupos n. γδούπος thud
gdoupos n. γδούπος thump
gi n. γκυ mistletoe
gises n. γκισές wicket
gkafa n γκάφα blunder
gkaleri n. γκαλερί gallery
gkangkster n. γκάνγκστερ gangster
gkaraz n. γκαράζ garage
gkarisma n γκάρισμα bray
gkarizo v. i γκαρίζω bray
gkazon n. γκαζόν lawn
gkogk n. γκογκ gong
gkolf n. γκολφ golf
gkomenizo v.t. γκομενίζω womanise
gkremos n. γκρεμός cliff
gkriniazo diarkos v.t. γκρινιάζω διαρκώς nag
gkrizos a. γκρίζος grey
glafkoma n. γλαύκωμα glaucoma
glaros n. γλάρος gull
glenjes n. γλεντζές reveller
glenti n γλέντι festivity
glenti n. γλέντι frolic
glenti n. γλέντι wassail
glentokopo v.i. γλεντοκοπώ revel
glifijouri n. γλειφιτζούρι comfit
glifitzouri n. γλειφιτζούρι lollipop
glifo v.t. γλείφω lick
glika adv γλυκά benignly
glikaniso n γλυκάνισο aniseed
glikeno v.t. γλυκαίνω sweeten

glikerini n. γλυκερίνη glycerine
glikitita n. γλυκύτητα sweetness
glikokitazo v.t. γλυκοκοιτάζω ogle
glikokolokitha n. γλυκοκολοκύθα pumpkin
glikos a. γλυκός sweet
glikozi n. γλυκόζη glucose
glipsimo n γλείψιμο lick
gliptis n. γλύπτης sculptor
glipto n. γλυπτό sculpture
gliptos a. γλυπτός sculptural
glistrima n. γλίστρημα slip
glistro v.t. γλιστρώ glide
glistro v.i. γλιστρώ lapse
glistro v.i. γλιστρώ slide
glistro v.i. γλιστρώ slip
glistro pros ta playia v.i. γλιστρώ προς τα πλάγια skid
glosa n. γλώσσα language
glosa n. γλώσσα tongue
glosario n. γλωσσάριο glossary
glosikos a. γλωσσικός lingual
glosologos n. γλωσσολόγος linguist
glosoloyia n. γλωσσολογία linguistics
glosoloyikos a. γλωσσολογικός linguistic
glougloukisma n. γλουγλούκισμα gobble
gloutos n γλουτός buttock
gnefo v.t. γνέφω beckon
gnefo v.t. γνέφω wave
gnisios a. γνήσιος genuine
gnomi n. γνώμη opinion
gnomiko n. γνωμικό adage
gnorimia n. γνωριμία acquaintance
gnorisma n. γνώρισμα hallmark
gnorisma n. γνώρισμα trait
gnosi n γνώση cognizance
gnosi n. γνώση knowledge

gnosi ek ton proteron *n.*
γνώση εκ των προτέρων
foreknowledge
gnosi grafis kai anagnosis *n.*
γνώση γραφής και ανάγνωσης
literacy
gnosti ke fili *n.* γνωστοί και φίλοι
kith
gnostis *a* γνώστης conversant
gnostis tis stratiyikis *n.* γνώστης
της στρατηγικής strategist
gnostopiisi *n.* γνωστοποίηση
intimation
gnostopio *v.t.* γνωστοποιώ
intimate
gnostos *a.* γνωστός well-known
gnostos os *adv.* γνωστός ως alias
gofos *n* γοφός hip
gogili *n.* γογγύλι turnip
goiteftikos *a* γοητευτικός
seductive
goitevo *v. t.* γοητεύω charm
goitevo *v. t.* γοητεύω delight
goitevo *v. t* γοητεύω enchant
goitevo *v. t* γοητεύω enrapture
goitevo *v.t* γοητεύω fascinate
goitia *n* γοητεία allurement
goitia *n.* γοητεία charm
goitia *n.* γοητεία fascination
goitia *n.* γοητεία glamour
goitro *n.* γόητρο prestige
gonata *n.* γόνατα lap
gonatizo *v.i.* γονατίζω kneel
gonato *n.* γόνατο knee
gonia *n.* γωνία angle
gonia *n* γωνία corner
gonia *n.* γωνιά nook
goniakos *a.* γωνιακός angular
gonikos *a.* γονικός parental
gonimopio *v.t* γονιμοποιώ
fertilize
gonimos *a.* γόνιμος prolific
gonimos *a.* γόνιμος versatile
gonimotita *n* γονιμότητα fertility

gonios *n.* γονιός parent
gonos *n.* γόνος spawn
gorgona *n.* γοργόνα mermaid
gorilas *n.* γορίλας gorilla
gouava *n.* γουάβα guava
goulia *n.* γουλιά sip
gourgourisma *n.* γουργούρισμα
purr
gourgourizo *v.i.* γουργουρίζω
purr
gourgourizo *v.i.* γουργουρίζω
rumble
gourlomena *adv* γουρλωμένα
agaze
gourouna *n.* γουρούνα sow
gourouni *n.* γουρούνι pig
gourounotriha *n* γουρουνότριχα
bristle
grafi *n.* γραφή script
grafi *n.* Γραφή scripture
grafikos *a.* γραφικός graphic
grafikos *a.* γραφικός picturesque
grafio *n.* γραφείο bureau
grafio *n* γραφείο desk
grafio *n.* γραφείο office
grafiokratia *n.* γραφειοκρατία
Bureacuracy
grafiokratis *n* γραφειοκράτης
bureaucrat
grafo *v.t.* γράφω inscribe
grafo *v.t.* γράφω pen
grafo *v.t.* γράφω write
grafo me molivi *v.t.* γράφω με
μολύβι pencil
grafo viastika *v.t.* γράφω
βιαστικά scribble
grama *n* γράμμα letter
gramario *n.* γραμμάριο gramme
gramateas *n.* γραμματέας
secretary
gramatia *n.* γραμματεία
secretariat (e)
gramatiki *n.* γραμματική
grammar

gramatikos *n.* γραμματικός grammarian
gramatio *n* γραμμάτιο bond
gramatosimo *n.* γραμματόσημο stamp
grami *n.* γραμμή line
grami *n.* γραμμή trail
gramofono *n.* γραμμόφωνο gramophone
grasaro *v.t* γρασσάρω grease
grasidi *n.* γρασίδι sod
gratsounia *n.* γρατσουνιά scratch
gratsounizo *v.t.* γρατσουνίζω scratch
grifos *n.* γρίφος riddle
grigora *adv.* γρήγορα apace
grigora *adv* γρήγορα fast
grigora *adv.* γρήγορα speedily
grigori matia *n.* γρήγορη ματιά glimpse
grigoros *adj* γρήγορος brisk
grigoros *a* γρήγορος cursory
grigoros *a* γρήγορος fast
grigoros *a.* γρήγορος quick
grigoros *a.* γρήγορος speedy
grilisma *n* γρύλλισμα growl
grilisma *n.* γρύλλισμα grunt
grilizma *n.* γρύλισμα snarl
grilizo *v.i.* γρυλλίζω growl
grilizo *v.i.* γρυλλίζω grunt
grilizo *v.i.* γρυλίζω snarl
grilos *n* γρύλλος cricket
gripi *n.* γρίπη influenza
gronthokopo *v.t.* γρονθοκοπώ thump
grosa *n.* γρόσα gross
grothia *n* γροθιά fist
grothia *n.* γροθιά punch

H

hadi *n* χάδι stroke
hahanizo *v.i.* χαχανίζω giggle
haideftiko htipima *n* χαϊδευτικό χτύπημα pat
haidevo *v. t.* χαϊδεύω caress
haidevo *v.t* χαϊδεύω fondle
haidevo *v.t.* χαϊδεύω stroke
halaki *n.* χαλάκι mat
halaki *n.* χαλάκι rug
halao *v.t.* χαλάω spoil
halao *v.t.* χαλάω stale
halarono *v.t.* χαλαρώνω relax
halaros *a.* χαλαρός lax
halaros *a.* χαλαρός slack
halarosi *n.* χαλάρωση relaxation
halarotita *n.* χαλαρότητα laxity
halazi *n.* χαλάζι hail
halazio *n.* χαλάζιο sty, stye
hali *n.* χαλί carpet
haliki *n.* χαλίκι pebble
haliki *n.* χαλίκι rubble
halinagogo *v. t* χαλιναγωγώ curb
halinagogo *v.t.* χαλιναγωγώ rein
halinari *n* χαλινάρι bridle
halinari *n* χαλινάρι curb
halinari *n.* χαλινάρι rein
halivas *n.* χάλυβας steel
halkos *n* χαλκός copper
halo *v.t.* χαλώ mar
halo *v.t.* χαλώ thwart
hamalis *n* χαμάλης coolie
hamila *adv.* χαμηλά low
hamilono *v.t.* χαμηλώνω lower
hamilos *a.* χαμηλός low
hamilos tonos *n.* χαμηλός τόνος undertone
hamilotera apo *prep* χαμηλότερα από below
hamiloteros *a.* χαμηλότερος nether

hamoyelo *n.* χαμόγελο smile
hamoyelo *v.i.* χαμογελώ smile
hano *v.t* χάνω forfeit
hano *v.t.* χάνω lose
hano *v.t.* χάνω waste
hantaki *n* χαντάκι ditch
hantra *n* χάντρα bead
haodis *adv.* χαώδης chaotic
haos *n.* χάος chaos
hapi *n.* χάπι pill
hara *n.* χαρά glee
hara *n.* χαρά joy
harakas *n.* χάρακας ruler
harakia *n.* χαρακιά nick
harakoma *n.* χαράκωμα trench
harakono *v.t.* χαρακώνω line
haraktiras *n.* χαρακτήρας character
haraktiras *n.* χαρακτήρας temper
haraktiristiko *n* χαρακτηριστικό feature
haraktiristikos *a.* χαρακτηριστικός peculiar
haraktirizo *v.t.* χαρακτηρίζω label
haraso *v. t* χαράσσω engrave
harazo *v. i.* χαράζω dawn
hari *n.* χάρη grace
hari *n.* χάρη prettiness
hari *n.* χάρη sake
haritomenos *a* χαριτωμένος pretty
haritomenos *a.* χαριτωμένος winsome
harmani *n* χαρμάνι blend
haropio *v.t.* χαροποιώ gladden
haroumenos *a.* χαρούμενος gay
haroumenos *a.* χαρούμενος jolly
haroumenos *n.* χαρούμενος joyful, joyous
haroumenos *a* χαρούμενος merry
hartaetos *n.* χαρταετός kite
harti *n.* χαρτί paper

harti grafis *n* χαρτί γραφής foolscap
hartika *n.* χαρτικά stationery
hartis *n.* χάρτης chart
hartis *n* χάρτης map
hartofilakas *n.* χαρτοφύλακας portfolio
hartografo *v.t.* χαρτογραφώ map
hartokouto *n* χαρτόκουτο carton
hartoni *n.* χαρτόνι cardboard
hartopehtis *n.* χαρτοπαίχτης gambler
hartopezo *v.i.* χαρτοπαίζω gamble
hasko *v.i.* χάσκω gape
haskontas *adv.*, χάσκοντας agape
hasomero *v.i.* χασομερώ loiter
hastouki *n.* χαστούκι slap
hastoukizo *v. t* χαστουκίζω cuff
hastoukizo *v.t.* χαστουκίζω slap
havliodontas *n.* χαυλιόδοντας tusk
hazevo *v.i.* χαζεύω dawdle
hazevo *v.i.* χαζεύω loaf
hazevo *v.t.* χαζεύω maunder
hazmourieme *v.i.* χασμουριέμαι yawn
hazmourito *n.* χασμουρητό yawn
hazos *a* χαζός burk
hazos *a.* χαζός witless
helidoni *n.* χελιδόνι swallow
helona *n.* χελώνα tortoise
heretismos *n.* χαιρετισμός salutation
heretismos *n* χαιρετισμός salute
heretizo *v.t.* χαιρετίζω salute
hereto *v.t.* χαιρετώ greet
hereto *v.i* χαιρετώ hail
heri *n* χέρι hand
herome *v.i.* χαίρομαι rejoice
hersos *n* χέρσος fallow
hersotopos *n.* χερσότοπος moor
heti *n.* χαίτη mane
hibanjis *n.* χιμπαντζής chimpanzee

hideos *a* χυδαίος gross
hideos *a*. χυδαίος vulgar
hideotita *n*. χυδαιότητα vulgarity
hilia *n*. & *a* χίλια thousand
hiliada *n*. χιλιάδα chiliad
hilietia *n*. χιλιετία millennium
hilikos *a*. χειλικός labial
hilos *n* χείλος brim
hilos *n*. χείλος brink
hilos *n*. χείλος lip
hilos *n*. χύλος mash
hilos *n*. χυλός mush
hilos *n*. χυλός porridge
himarodis *a*. χειμαρρώδης torrential
himaros *n* χείμαρρος flush
himaros *n*. χείμαρρος stream
himaros *n*. χείμαρρος torrent
himeria narki *n*. χειμερία νάρκη hibernation
himia *n*. χημεία chemistry
himiki ousia *n*. χημική ουσία chemical
himikos *a*. χημικός chemical
himodis *a*. χυμώδης juicy
himodis *a*. χυμώδης luscious
himonas *n*. χειμώνας winter
himoniatikos *a*. χειμωνιάτικος wintry
himos *n* χυμός juice
himos *n*. χυμός sap
hina *n*. χήνα goose
hino *v.i.* χύνω spill
hionatos *a*. χιονάτος snowy
hioni *n*. χιόνι snow
hionizo *v.i.* χιονίζω snow
hionothiela *n* χιονοθύελλα blizzard
hioumor *n*. χιούμορ humour
hioumoristas *n*. χιουμορίστας humorist
hira *n*. χήρα widow
hirafetisi *n*. χειραφέτηση emancipation

hirafeto *v.t.* χειραφετώ enfranchise
hirevo *v.t.* χηρεύω widow
hirino *n*. χοιρινό pork
hiristis *n*. χειριστής operator
hirizome *v.t.* χειρίζομαι manipulate
hirizome *v.t.* χειρίζομαι operate
hirizome *v.t.* χειρίζομαι ply
hirizome *v.t.* χειρίζομαι wield
hirografo *n*. χειρόγραφο manuscript
hirokrotima *n*. χειροκρότημα applause
hirokrotima *n* χειροκρότημα clap
hirokroto *v.t.* χειροκροτώ applaud
hirokroto *v. i.* χειροκροτώ clap
hiromantia *n*. χειρομαντεία palmistry
hiromantilo *n*. χειρομάντηλο handkerchief
hiromantis *n*. χειρομάντης palmist
hironaktikos *a*. χειρωνακτικός manual
hironomia *n*. χειρονομία gesture
hiropedi *n*. χειροπέδη handcuff
hiropedi *n*. χειροπέδη shackle
hiros *n*. χοίρος swine
hiros *n*. χήρος widower
hirotehnia *n*. χειροτεχνία handicraft
hiroterevo *v.t.* χειροτερεύω aggravate
hirotero *n*. χειρότερο worst
hiroteros *a* χειρότερος worst
hirotono ipoti *v.t.* χειροτονώ ιππότη knight
hirourgos *n*. χειρούργος surgeon
hirouryiki *n*. χειρουργική surgery
hirovomvida *n*. χειροβομβίδα grenade
hitirio *n*. χυτήριο foundry
hitra *n*. χύτρα kettle

hlevasmos *n.* χλευασμός scoff
hlevazo *v.i.* χλευάζω jeer
hlevazo *v.i.* χλευάζω scoff
hlevazo *v.t.* χλευάζω taunt
hliaros *a.* χλιαρός lukewarm
hlimintrizo *v.i.* χλιμιντρίζω neigh
hloeros *a.* χλοερός verdant
hlomos *a* χλωμός pale
hlorida *n* χλωρίδα flora
hlorini *n* χλωρίνη chlorine
hloroformio *n* χλωροφόρμιο chloroform
hnoudi *n* χνούδι nap
hobi *n.* χόμπυ hobby
hokei *n.* χόκεϋ hockey
hol *n.* χωλ hall
holera *n.* χολέρα cholera
homa *n* χώμα dirt
homatenios *a* χωματένιος earthen
honaki *n.* χωνάκι cornet
hondreboros *n.* χονδρέμπορος wholesaler
hondrika *adv.* χονδρικά wholesale
hondriki polisi *n.* χονδρική πώληση wholesale
hondrikos *a* χονδρικός wholesale
hono *v.t.* χώνω ram
hono *v.t.* χώνω stick
hontra yialia *n.* χοντρά γυαλιά goggles
hontrokefalos *n* χοντροκέφαλος blockhead
hontrokefalos *n* χοντροκέφαλος dunce
hontrokefalos *a.* χοντροκέφαλος headstrong
hontros *a.* χοντρός thick
hora *n.* χώρα country
horafi *n* χωράφι field
hordi *n.* χορδή chord
horevo *v. t.* χορεύω dance
horiatis *n* χωριάτης rustic
horiatosini *n.* χωριατοσύνη rusticity
horigo *v.t.* χορηγώ sponsor
horigo adia *v.t.* χορηγώ άδεια license
horigo ipervoliki dosi *v.t.* χορηγώ υπερβολική δόση overdose
horiki *n.* χωρικοί peasantry
horikos *n* χωρικός churl
horikos *n.* χωρικός peasant
horikos *a.* χωρικός spatial
horikos *n.* χωρικός villager
horio *n.* χωριό village
horioidis hitonas *n* χοριοειδής χιτώνας choroid
horioudaki *n.* χωριουδάκι hamlet
horis *prep.* χωρίς without
horis epignosi *adv.* χωρίς επίγνωση unwittingly
horis prosopiko *a.* χωρίς προσωπικό unmanned
horis simasia *a.* χωρίς σημασία meaningless
horis sinidisi ithikis *a.* χωρίς συνείδηση ηθικής amoral
horisma *n.* χώρισμα panel
horista *adv.* χωριστά asunder
horistos *n.* χωριστός single
horitikotita *n.* χωρητικότητα capacity
horizmos *n.* χωρισμός separation
horizo *v. t* χωρίζω divorce
horizo *v.t.* χωρίζω separate
horizo *v.t.* χωρίζω sunder
horizo/-ome *v.t.* χωρίζω/-ομαι part
horodia *n* χορωδία choir
horodia *n.* χορωδία chorus
horopidima *n* χοροπήδημα skip
horopido *v. i* χοροπηδώ hop
horos *n* χορός dance
hortari *n* χορτάρι grass
horto *n.* χόρτο herb

hortofagos *n.* χορτοφάγος vegetarian
hortofayikos *a* χορτοφαγικός vegetarian
houfta *n.* χούφτα handful
hreono *v. t* χρεώνω debit
hreos *n* χρέος debt
hreosi *n* χρέωση debit
hriazome *v.t.* χρειάζομαι need
hriazome *v.t.* χρειάζομαι require
hrima *n.* χρήμα mammon
hrimata *n.* χρήματα pelf
hrimatiki egiisi *n.* χρηματική εγγύηση bail
hrimatikos *a* χρηματικός financial
hrimatikos *a.* χρηματικός pecuniary
hrimatodoto *v.t* χρηματοδοτώ finance
hrimatokivotio *n.* χρηματοκιβώτιο safe
hrio *v.t.* χρίω anoint
hrisi *n.* χρήση usage
hrisi *n.* χρήση use
hrisimopiisi *n.* χρησιμοποίηση utilization
hrisimopiisimos *a.* χρησιμοποιήσιμος serviceable
hrisimopio *v.t.* χρησιμοποιώ use
hrisimopio *v.t.* χρησιμοποιώ utilize
hrisimos *a.* χρήσιμος useful
hrisimotita *n.* χρησιμότητα utility
hrisohoos *n.* χρυσοχόος goldsmith
hrisoriza *n.* χρυσόρριζα turmeric
hrisos *n.* χρυσός gold
hrisos *a.* χρυσός golden
hristianikos *a.* χριστιανικός Christian
hristianismos *n.* χριστιανισμός Christianity
hristianos *n* χριστιανός Christian
hristianosini *n.* Χριστιανοσύνη Christendom
hristos *n.* Χριστός Christ
hristouyena *n* Χριστούγεννα Christmas
hristouyena *n.* Χριστούγεννα Xmas
hroma *n* χρώμα colour
hroma *n* χρώμα complexion
hromatizo *v. t* χρωματίζω colour
hromatizo *v.t.* χρωματίζω paint
hromatizo *v.t.* χρωματίζω tincture
hromatizo *v.t.* χρωματίζω tone
hromatizo elafra *v.t.* χρωματίζω ελαφρά tint
hromio *n* χρώμιο chrome
hroniko *n.pl.* χρονικό annals
hroniko *n.* χρονικό chronicle
hronikografos *n.* χρονικογράφος annalist
hronikos *a.* χρονικός temporal
hronios *a.* χρόνιος chronic
hronografima *n* χρονογράφημα chronograph
hronologo/-oume *v. t* χρονολογώ/-ουμαι date
hronoloyisi *n.* χρονολόγηση chronology
hronos *n.* χρόνος tense
hronos *n.* χρόνος time
hronos *n.* χρόνος year
hteni *n* χτένι comb
htenisma *n* χτένισμα coif
htes *n.* χτες yesterday
htes *adv.* χτες yesterday
htipima *n* χτύπημα hurt
htipima *n.* χτύπημα stroke
htipitiri *n* χτυπητήρι whisk
htipo *v.t.* χτυπώ bang
htipo *v. t.* χτυπώ beat
htipo *n. & v. i* χτυπώ clack
htipo *v.t.* χτυπώ hit
htipo *v.t.* χτυπώ jab

htipo *v.t.* χτυπώ knock
htipo *v.t.* χτυπώ punch
htipo *v.t.* χτυπώ ring
htipo *v.t.* χτυπώ strike
htipo *v.t.* χτυπώ whack
htipo *v.t.* χτυπώ whisk
htipo dinata *v.t.* χτυπώ δυνατά
　wallop
htipo haideftika *v.t.* χτυπώ
　χαϊδευτικά pat
htipo me dinami *v.t.* χτυπώ με
　δύναμη slam
htipo penthima *v.t.* χτυπώ
　πένθιμα toll
htipo to tibano *v.i.* χτυπώ το
　τύμπανο drum
htipokardi *n.* χτυποκάρδι
　palpitation
htipos *n* χτύπος beat
htizo *v. t* χτίζω build

I

i ithopios *n.* η ηθοποιός actress
i presviteri *n* οι πρεσβύτεροι
　elder
i sizigos *n.* η σύζυγος wife
iatriki *n.* ιατρική medicine
iatrikos *a.* ιατρικός medical
iberialismos *n.* ιμπεριαλισμός
　imperialism
idalos *conj.* ειδάλλως otherwise
idaniko *n* ιδανικό ideal
idanikos *a.* ιδανικός ideal
idea *n.* ιδέα idea
idealismos *n.* ιδεαλισμός idealism
idealistikos *a.* ιδεαλιστικός
　idealistic
idealistis *n.* ιδεαλιστής idealist
idehthis *a.* ειδεχθής heinous
idi *adv.* ήδη already

idi *n.* είδη ware
idieteros *adv* ιδιαιτέρως extra
idieteros *a.* ιδιαίτερος private
idikefsi *n.* ειδίκευση
　specialization
idikevome *v.i.* ειδικεύομαι
　specialize
idikos *a* ειδικός especial
idikos *a.* ειδικός special
idikos *n.* ειδικός specialist
idikos stin taktiki *n.* ειδικός στην
　τακτική tactician
idikotita *n.* ειδικότητα speciality
idimon *n.* ειδήμων adept
idioktisia *n.* ιδιοκτησία
　ownership
idioktitis *n.* ιδιοκτήτης owner
idioktitis *n.* ιδιοκτήτης proprietor
idioktitos *a.* ιδιόκτητος
　proprietary
idioma *n.* ιδίωμα idiom
idioma *n.* ιδίωμα vernacular
idiomatikos *a.* ιδιωματικός
　idiomatic
idiomorfia *n.* ιδιομορφία
　mannerism
idiomorfia *n.* ιδιομορφία
　peculiarity
idiopioume *v.t.* ιδιοποιούμαι
　misappropriate
idiorithmos *a.* ιδιόρρυθμος
　quaint
idiorithmos *a.* ιδιόρρυθμος
　whimsical
idios *a.* ίδιος same
idiosigkrasia *n.* ιδιοσυγκρασία
　temperament
idiotelis *a.* ιδιοτελής mercenary
idiotita *n.* ιδιότητα attribute
idiotita melous *n.* ιδιότητα
　μέλους membership
idiotropia *n.* ιδιοτροπία vagary
idiotropos *a.* ιδιότροπος
　capricious

idisis *n. pl.* ειδήσεις tidings
idolo *n.* είδωλο idol
idololatris *n.* ειδωλολάτρης idolater
idopio *v.t.* ειδοποιώ notify
idos *n.* είδος commodity
idos *n.* είδος sort
idos *n.* είδος species
idos biras *n* είδος μπύρας ale
idragoyio *n* υδραγωγείο aqueduct
idraryirikos *a.* υδραργιρικός mercurial
idraryiros *n.* υδράργυρος mercury
idraryiros *n.* υδράργυρος quicksilver
idravlikos *n.* υδραυλικός plumber
idrio *v. t.* ιδρύω establish
idrio *v.t.* ιδρύω found
idrisi *n* ίδρυση establishment
idrisi *n.* ίδρυση foundation
idritis *n.* ιδρυτής founder
idrogono *n.* υδρογόνο hydrogen
idrohoos *n.* υδροχόος aquarius
idromeli *n.* υδρόμελι mead
idrono *v.i.* ιδρώνω perspire
idrono *v.i.* ιδρώνω sweat
idrotas *n.* ιδρώτας perspiration
idrotas *n.* ιδρώτας sweat
iena *n.* ύαινα hyaena, hyena
ierapostolos *n.* ιεραπόστολος missionary
ierarhia *n.* ιεραρχία hierarchy
ierarhis *n.* ιεράρχης prelate
iereas *n.* ιερέας priest
ieria *n.* ιέρεια priestess
ierokirikas *n.* ιεροκήρυκας preacher
ieros *a.* ιερός sacred
ieros kai aparaviastos *a.* ιερός και απαραβίαστος sacrosanct
ierosilia *n.* ιεροσυλία sacrilege
ierosilos *a.* ιερόσυλος sacrilegious
ierosini *n.* ιερωσύνη priesthood
ierotelestia *n.* ιεροτελεστία rite
ierourgo *v.i.* ιερουργώ officiate
ifantourgos *n.* υφαντουργός weaver
ifasma *n* ύφασμα cloth
ifasma *n* ύφασμα fabric
ifasma *n* ύφασμα textile
ifasmateboros *n* υφασματέμπορος draper
ifazma serz *n.* ύφασμα 'σερζ' serge
ifeno *v.t.* υφαίνω weave
ifesi *n.* ύφεση recession
ifestiakos *a.* ηφαιστειακός volcanic
ifestio *n.* ηφαίστειο volcano
ifi *n.* υφή texture
ifistame *v.t.* υφίσταμαι undergo
ifistamenos *n* υφιστάμενος subordinate
igoume *v.t.* ηγούμαι spearhead
igoumeni *n.* ηγουμένη prioress
igoumeno *n.* ηγούμενο antecedent
igoumenos *n* ηγούμενος prior
igrasia *n* υγρασία damp
igrasia *n.* υγρασία humidity
igrasia *n.* υγρασία moisture
igreno/-ome *v.t.* υγραίνω/-ομαι moisten
igro *n* υγρό fluid
igro *n* υγρό liquid
igros *a* υγρός damp
igros *adj.* υγρός dank
igros *a.* υγρός humid
igros *a.* υγρός liquid
igros *a.* υγρός wet
igrotita *n.* υγρότητα wetness
ihiro filima *n.* ηχηρό φίλημα smack
ihiros *a.* ηχηρός resonant
ihirotita *n.* ηχηρότητα sonority
ihitikos *a.* ηχητικός sound
ihnos *n.* ίχνος trace

ihnos *n.* ίχνος vestige
ihnos *n.* ίχνος weal
iho *n* ηχώ echo
iho *n.* ηχώ resonance
iho *v.i.* ηχώ sound
iho *v.i.* ηχώ tick
ihos *n* ήχος sound
iiothesia *n* υιοθεσία adoption
iiotheto *v.t.* υιοθετώ adopt
ikanopiimenos *a.* ικανοποιημένος content
ikanopiisi *n* ικανοποίηση content
ikanopiisi *n.* ικανοποίηση gratification
ikanopiisi *n.* ικανοποίηση indulgence
ikanopiisi *n.* ικανοποίηση satisfaction
ikanopiitikos *a.* ικανοποιητικός satisfactory
ikanopio *v. t* ικανοποιώ content
ikanopio *v.t.* ικανοποιώ indulge
ikanopio *v.t.* ικανοποιώ satisfy
ikanos *a* ικανός able
ikanos *a.* ικανός apt
ikanos *a.* ικανός capable
ikanos *a.* ικανός competent
ikanos *a* ικανός efficient
ikanos *a.* ικανός proficient
ikanotita *n* ικανότητα ability
ikanotita *n.* ικανότητα capability
ikanotita *n* ικανότητα competence
ikanotita *n* ικανότητα faculty
ikanotita *n.* ικανότητα qualification
ikanotita *n.* ικανότητα skill
ikasia *n* εικασία conjecture
ikasia *n.* εικασία guess
ikasia *n.* εικασία speculation
ikasia *n.* εικασία surmise
ikazo *v. t* εικάζω conjecture
ikazo *v.t.* εικάζω surmise
ikesia *n.* ικεσία entreaty

iketeftikos *n.* ικετευτικός appellant
iketevo *v. t.* ικετεύω entreat
iketevo *v.t.* ικετεύω implore
ikiakos *a* οικιακός domestic
ikiopioume *v.t.* οικειοποιούμαι appropriate
ikios *a* οικείος familiar
ikizo *v.t.* οικίζω people
ikodespina *n.* οικοδέσποινα mistress
ikodespotis *n.* οικοδεσπότης host
ikodomima *n* οικοδόμημα edifice
ikona *n.* εικόνα image
ikona *n.* εικόνα picture
ikones *n.* εικόνες imagery
ikonografimenos *a.* εικονογραφημένος pictorial
ikonografisi *n.* εικονογράφηση illustration
ikonografo *v.t.* εικονογραφώ illustrate
ikonomia *n* οικονομία economy
ikonomia *n.* οικονομία providence
ikonomia *n.* οικονομία thrift
ikonomika *n* οικονομικά finance
ikonomiki *n.* οικονομική economics
ikonomikos *a* οικονομικός economic
ikonomologos *n* οικονομολόγος financier
ikonomos *a* οικονόμος economical
ikonomos *n.* οικονόμος matron
ikonomos *a.* οικονόμος thrifty
ikosi *n. & a.* είκοσι twenty
ikostos *n. & a.* εικοστός twentieth
ikoyenia *n* οικογένεια family
ikoyenia *n.* οικογένεια kin
ikteros *n.* ίκτερος jaundice
ilara *n* ιλαρά measles
ilarotita *n.* ιλαρότητα hilarity

ilekrtoloyiki egkatastasi *n.*
ηλεκτρολογική εγκατάσταση
wiring
ilektrikos *a* ηλεκτρικός electric
ilektrismos *n* ηλεκτρισμός
electricity
ilektrismos *n.* ηλεκτρισμός statics
ilektrizo *v. t* ηλεκτρίζω electrify
iliakos *a.* ηλιακός solar
ilikia *n.* ηλικία age
ilikiomenos *a.* ηλικιωμένος aged
ilikiomenos *a* ηλικιωμένος
elderly
iliko *n* υλικό material
iliko *n.* υλικό stuff
ilikos *a.* υλικός material
ilikos *a.* υλικός worldly
ilikrinia *n.* ειλικρίνεια candour
ilikrinia *n.* ειλικρίνεια honesty
ilikrinia *n.* ειλικρίνεια sincerity
ilikrinis *a.* ειλικρινής candid
ilikrinis *a.* ειλικρινής frank
ilikrinis *a.* ειλικρινής honest
ilikrinis *a.* ειλικρινής outspoken
ilikrinis *a.* ειλικρινής sincere
ilikrinis *a.* ειλικρινής truthful
ilioloustos *a.* ηλιόλουστος sunny
ilios *n.* ήλιος sun
ilismos *n.* υλισμός materialism
ilithios *n.* ηλίθιος idiot
ilithios *a.* ηλίθιος idiotic
ilithiotita *n.* ηλιθιότητα idiocy
ilopioume *v.t.* υλοποιούμαι
materialize
ime είμαι am
ime *v.t.* είμαι be
ime anapofasistos *v.i.* είμαι
αναποφάσιστος shilly-shally
ime ksehoristos apo *a.* είμαι
ξεχωριστός από separable
ime paralilos pros *v.t.* είμαι
παράλληλος προς parallel
ime paron *v.i.* είμαι παρών
witness

imera aryias kai prosefhis *n.*
ημέρα αργίας και προσευχής
sabbath
imerisios *adv* ημερησίως adays
imeroloyio *n.* ημερολόγιο
calendar
imeroloyio *n* ημερολόγιο diary
imerominia *n* ημερομηνία date
imeros *a.* ήμερος tame
imikrania *n.* ημικρανία migraine
imiorofos *n.* ημιώροφος
mezzanine
imisfairio *n.* ημισφαίριο
hemisphere
imno *v.t.* υμνώ laud
imnos *n* ύμνος anthem
imnos *n.* ύμνος hymn
imnos *n* ύμνος laud
ina *n* ίνα fibre
indos *a.* Ινδός Indian
inopnevmatodes poto *n.*
οινοπνευματώδες ποτό
intoxicant
inopnevmatodes poto *n.*
οινοπνευματώδες ποτό liquor
institouto *n.* ινστιτούτο institute
intsa *n.* ίντσα inch
ionos *n.* οιωνός auspice
ionos *n.* οιωνός omen
ios *n.* υιός son
ios *n.* ιός virus
ioudeos *n.* Ιουδαίος Jew
ipagorefsi *n* υπαγόρευση
dictation
ipagorevo *v. t* υπαγορεύω dictate
ipakoi *n.* υπακοή obedience
ipakouo *v.t.* υπακούω obey
ipakouos *a* υπάκουος dutiful
ipakouos *a.* υπάκουος obedient
ipakouos *a.* υπάκουος submissive
ipalilos *n* υπάλληλος clerk
ipalilos *n* υπάλληλος official
iparho *v.i* υπάρχω exist
iparksi *n* ύπαρξη existence

iparksi *n*. ύπαρξη subsistence
ipefthinos *a* υπεύθυνος accountable
ipefthinos *a*. υπεύθυνος answerable
ipefthinos *a*. υπεύθυνος liable
ipefthinos *a*. υπεύθυνος responsible
ipefthinos yia ti sigklisi sinedrion *n* υπεύθυνος για την σύγκληση των συνέδρων convener
ipekfiyi *n* υπεκφυγή elusion
ipekfiyi *n*. υπεκφυγή quibble
ipenigmos *n* υπαινιγμός allusion
ipenigmos *n*. υπαινιγμός hint
ipenigmos *n*. υπαινιγμός insinuation
ipenikiazo *v.t.* υπενοικιάζω sublet
ipeniktikos *a*. υπαινικτικός allusive
ipenisome *v.i.* υπαινίσσομαι allude
ipenisome *v.i* υπαινίσσομαι hint
ipenisome *v.t.* υπαινίσσομαι insinuate
ipenisomenos *a*. υπαινισσόμενος suggestive
ipenthimisi *n*. υπενθύμιση reminder
iperano *prep*. υπεράνω above
iperanthropos *a*. υπεράνθρωπος superhuman
iperanthropos *n*. υπεράνθρωπος superman
iperarketos *a*. υπεραρκετός superabundant
iperaspisi *n*. υπεράσπιση advocacy
iperaspizo *v. t* υπερασπίζω defend
iperaspizome *v. t.* υπερασπίζομαι champion
ipereho *v.t.* υπερέχω out-balance

ipereho arithmitikos *v.t.* υπερέχω αριθμητικώς outnumber
iperfisikos *a*. υπερφυσικός supernatural
iperfortono *v.t.* υπερφορτώνω surcharge
iperfortosi *n* υπερφόρτωση overcharge
iperfortosi *n* υπερφόρτωση overload
iperfortosi *n*. υπερφόρτωση surcharge
iperhreono *v.t.* υπερχρεώνω overcharge
iperihitikos *a*. υπερηχητικός supersonic
iperishio *v.i.* υπερισχύω prevail
iperishion *a*. υπερισχύων predominant
iperkoposi *n*. υπερκόπωση overwork
ipermahos *n* υπέρμαχος exponent
ipermeyethis *a*. υπερμεγέθης outsize
iperniko *v.t.* υπερνικώ overcome
iperniko *v.t.* υπερνικώ surmount
iperohi *n*. υπεροχή excellence
iperohi *n*. υπεροχή predominance
iperohi *n*. υπεροχή pre-eminence
iperohi *n*. υπεροχή preponderance
iperohi *n*. υπεροχή supremacy
iperohos *a* υπέροχος delicious
iperohos *a*. υπέροχος gorgeous
iperoptikos *a*. υπεροπτικός haughty
iperoria *n* υπερωρία overtime
ipertatos *n*. υπέρτατος paramount
ipertatos *a*. υπέρτατος supreme
ipertero *v.t.* υπερτερώ outdo
ipertero *v.t.* υπερτερώ outweigh
iperthetikos *n*. υπερθετικός superlative
ipertimo *v.t.* υπερτιμώ overrate

ipervalo v. t. υπερβάλλω
exaggerate
ipervalo v.t. υπερβάλλω overact
ipervasi n. υπέρβαση
transgression
iperveno v.t. υπερβαίνω overdraw
iperveno v.t. υπερβαίνω transcend
iperveno v.t. υπερβαίνω
transgress
ipervoli n. υπερβολή
exaggeration
ipervoli n υπερβολή excess
ipervoli n υπερβολή extravagance
ipervoli n. υπερβολή hyperbole
ipervoliki dosi n. υπερβολική δόση overdose
ipervolikos a υπερβολικός
excessive
ipervolikos a υπερβολικός
extravagant
ipervolikos a. υπερβολικός undue
ipevo v.t. ιππεύω ride
ipiko n. ιππικό cavalry
ipikootita n υπηκοότητα
citizenship
ipinemos n. υπήνεμος lee
ipios adj ήπιος benign
ipios a. ήπιος mild
ipiresia n. υπηρεσία service
ipiretis n υπηρέτης domestic
ipiretis n υπηρέτης menial
ipiretis n. υπηρέτης servant
ipireto v.i. υπηρετώ minister
ipireto v.t. υπηρετώ serve
ipiretria n. υπηρέτρια maid
ipiros n ήπειρος continent
ipirotikos a ηπειρωτικός
continental
ipnakos n. υπνάκος doze
ipnakos n. υπνάκος nap
ipnos n. ύπνος sleep
ipnos n. ύπνος slumber
ipnotismos n. υπνωτισμός
hypnotism

ipnotismos n. υπνωτισμός
mesmerism
ipnotizo v.t. υπνωτίζω hypnotize
ipnotizo v.t. υπνωτίζω mesmerize
ipnovatis n. υπνοβάτης
somnambulist
ipnovatismos n. υπνοβατισμός
somnambulism
ipo ekdikasi a. υπό εκδίκαση sub judice
ipo epitirisi n. υπό επιτήρηση
probationer
ipodavlizo v.t υποδαυλίζω foment
ipodigma n. υπόδειγμα paragon
ipodiknio v.t. υποδεικνύω
indicate
ipodiknio v.i. υποδεικνύω motion
ipodiknio v.t. υποδεικνύω
nominate
ipodiksi n. υπόδειξη indication
ipodiome v.t. υποδύομαι
impersonate
ipodohi n. υποδοχή reception
ipodohi n υποδοχή welcome
ipodoulono v.t. υποδουλώνω
subjugate
ipodoulosi n. υποδούλωση
subjugation
ipofero v.t. υποφέρω endure
ipofero v.t. υποφέρω suffer
ipofertos a υποφερτός endurable
ipografi n. υπογραφή signature
ipografo v.t. υπογράφω sign
ipografon n. υπογράφων
signatory
ipogramizo v.t. υπογραμμίζω
underline
ipohorisi n υποχώρηση deference
ipohoritikos adj. υποχωρητικός
compliant
ipohoro v. i υποχωρώ ebb
ipohoro v.i. υποχωρώ recede
ipohoro v.i. υποχωρώ retreat
ipohoro v.i. υποχωρώ subside

ipohreomenos a. υποχρεωμένος indebted
ipohreono v. t υποχρεώνω compel
ipohreono v.t. υποχρεώνω oblige
ipohreosi n. υποχρέωση liability
ipohreosi n. υποχρέωση obligation
ipohreosi n. υποχρέωση onus
ipohreotikos a υποχρεωτικός compulsory
ipohreotikos a. υποχρεωτικός mandatory
ipohreotikos a. υποχρεωτικός obligatory
ipokatastato n. υποκατάστατο substitute
ipokatastatos a. υποκατάστατος vicarious
ipokathisto v.t. υποκαθιστώ substitute
ipokimenikos a. υποκειμενικός subjective
ipokinisi n. υποκίνηση abetment
ipokinisi n. υποκίνηση instigation
ipokino v.t. υποκινώ abet
ipokino v.t. υποκινώ incite
ipokino v.t. υποκινώ instigate
ipokipto v.i. υποκύπτω succumb
ipoklinome v. t υποκλίνομαι bow
ipoklisi n υπόκλιση bow
ipokosmos n. υπόκοσμος underworld
ipokrisia n. υποκρισία hypocrisy
ipokritikos a. υποκριτικός hypocritical
ipokritis n. υποκριτής hypocrite
ipolima n. υπόλειμμα residue
ipolimata n. υπολείμματα remains
ipolimatikos a. υπολειμματικός residual
ipolipo n. υπόλοιπο remainder
ipolipsi n. υπόληψη repute

ipolohagos n. υπολοχαγός lieutenant
ipoloyisimos a. υπολογίσιμος appreciable
ipoloyismos n. υπολογισμός calculation
ipoloyismos n. υπολογισμός computation
ipoloyismos n. υπολογισμός estimate
ipoloyizo v.t. υπολογίζω appraise
ipoloyizo v. t. υπολογίζω calculate
ipoloyizo v.t. υπολογίζω compute
ipoloyizo v. t υπολογίζω estimate
ipoloyizo v.t. υπολογίζω reckon
ipoloyizo kakos v.t. υπολογίζω κακώς miscalculate
ipomonetikos a. υπομονετικός patient
ipomoni n. υπομονή patience
iponomevo v.t. υπονομεύω sap
iponomevo v.t. υπονομεύω undermine
iponomos n υπόνομος sewer
iponoo v.t. υπονοώ imply
iponooumenos a. υπονοούμενος implicit
ipoproion n υποπροϊόν by-product
ipopsia n. υποψία misgiving
ipopsia n. υποψία suspicion
ipopsifios n. υποψήφιος applicant
ipopsifios n. υποψήφιος aspirant
ipopsifios n. υποψήφιος candidate
ipopsifios n υποψήφιος nominee
ipopsifiotita n. υποψηφιότητα nomination
ipoptevome v.t. υποπτεύομαι suspect
ipoptos a. ύποπτος suspect
ipoptos n ύποπτος suspect
ipoptos a. ύποπτος suspicious
iposhesi n υπόσχεση promise

iposhetikos *a.* υποσχετικός promissory
iposhome *v.t* υπόσχομαι promise
ipositismos *n.* υποσιτισμός malnutrition
iposkevi *n.* ιπποσκεύη harness
ipostatiko *n.* υποστατικό manor
ipostego *n* υπόστεγο shed
ipostirigma *n* υποστήριγμα ancon
ipostirigma *n.* υποστήριγμα maulstick
ipostirigma *n.* υποστήριγμα prop
ipostirikseos *a.* υποστηρίξεως tenable
ipostiriksi *n.* υποστήριξη adhesion
ipostiriksi *n.* υποστήριξη support
ipostirizo *v.t.* υποστηρίζω advocate
ipostirizo *v.t.* υποστηρίζω assert
ipostirizo *v. t.* υποστηρίζω befriend
ipostirizo *n.* υποστηρίζω predicate
ipostirizo *v.t.* υποστηρίζω prop
ipostirizo *v.t.* υποστηρίζω support
ipostirizo *v.t* υποστηρίζω uphold
ipotaso *v.t.* υποτάσσω subject
ipotaso *v.t.* υποτάσσω subordinate
ipotayi *n.* υποταγή allegiance
ipotayi *n.* υποταγή subjection
ipotayi *n.* υποταγή submission
ipotayi *n.* υποταγή subordination
ipotelis *a* υποτελής subject
ipotelis *a.* υποτελής tributary
ipothesi *n.* υπόθεση affair
ipothesi *n.* υπόθεση assumption
ipothesi *n.* υπόθεση hypothesis
ipothesi *n.* υπόθεση presumption
ipothesi *n.* υπόθεση supposition
ipothetikos *a* υποθετικός conditional
ipothetikos *a.* υποθετικός hypothetical
ipotheto *v.t.* υποθέτω assume
ipotheto *v.i.* υποθέτω speculate
ipotheto *v.t.* υποθέτω suppose
ipothikevo *v.t.* υποθηκεύω mortgage
ipothiki *n.* υποθήκη mortgage
ipotikos *a.* ιπποτικός chivalrous
ipotimisi *n.* υποτίμηση slight
ipotimo *v. t.* υποτιμώ debase
ipotimo *v.t.* υποτιμώ demonetize
ipotis *n* ιππότης chevalier
ipotis *n.* ιππότης knight
ipotismos *n.* ιπποτισμός chivalry
ipotrofia *n.* υποτροφία scholarship
ipotropi *n.* υποτροπή relapse
ipotropiazo *v.i.* υποτροπιάζω backslide
ipotropiazo *v.i.* υποτροπιάζω relapse
ipoulos *n* ύπουλος sneak
ipoulos *a.* ύπουλος treacherous
ipoulos *a.* ύπουλος underhand
ipourgos *n.* υπουργός minister
ipouryio *n.* υπουργείο ministry
ipouryio ikonomikon *n.* Υπουργείο Οικονομικών Treasury
ipovalo *v.t.* υποβάλλω submit
ipovalo se afstiri pitharhia *v.t.* υποβάλλω σε αυστηρή πειθαρχία regiment
ipovivazo *v. t* υποβιβάζω degrade
ipovoleas *n.* υποβολέας prompter
ipovrihio *n.* υποβρύχιο submarine
ipovrihios *a* υποβρύχιος submarine
ipoyio *n.* υπόγειο basement
ipoyio revma *n.* υπόγειο ρεύμα undercurrent
ipoyios *a.* υπόγειος subterranean
ipoziyio ishiris yinekas *a.* υποζύγιο ισχυρής γυναίκας henpecked

ipsilotatos n. υψηλότατος Highness
ipsipedo n. υψίπεδο plateau
ipsoma n. ύψωμα rise
ipsono v.t. υψώνω hoist
ipsono v.t. υψώνω uplift
ipsos n. ύψος altitude
ipsos n. ύψος height
iraklios a. ηράκλειος herculean
iremia n. ηρεμία serenity
iremia n. ηρεμία stillness
iremistiko n ηρεμιστικό sedative
iremistikos adj ηρεμιστικός calmative
iremistikos a. ηρεμιστικός sedative
iremo v.t. ηρεμώ quiet
iremo v.t. ηρεμώ tranquillize
iremos adj ήρεμος calm
iremos a. ήρεμος sedate
iremos a. ήρεμος tranquil
irinevo v.t. ειρηνεύω pacify
irini n. ειρήνη peace
irinikos a. ειρηνικός pacific
irinikos a. ειρηνικός peaceable
irinikos a. ειρηνικός peaceful
irinodikis n. ειρηνοδίκης magistrate
irlandika n. ιρλανδικά Irish
irlandikos a. ιρλανδικός Irish
iroas n. ήρωας hero
iroida n. ηρωίδα heroine
iroikos a. ηρωικός heroic
iroismos n. ηρωισμός heroism
ironevome v.i ειρωνεύομαι sneer
ironia n. ειρωνία irony
ironia n ειρωνεία sneer
ironikos a. ειρωνικός ironical
ironikos a. ειρωνικός wry
isago v.t. εισάγω induct
isago v.t. εισάγω insert
isagoyi n. εισαγωγή induction
isagoyi n. εισαγωγή input
isagoyi n. εισαγωγή introduction
isagoyi n. εισαγωγή overture
isagoyikos a. εισαγωγικός introductory
iserhome v. t εισέρχομαι enter
ishirismos n. ισχυρισμός allegation
ishirismos n. ισχυρισμός plea
ishirizome v.t. ισχυρίζομαι allege
ishiros adj. ισχυρός mighty
ishiros a. ισχυρός potent
ishiros a. ισχυρός retentive
ishis n. ισχύς potency
ishnos a. ισχνός meagre
isia adv. ίσια straight
isigoume v.t. εισηγούμαι propound
isihazo v.i ησυχάζω hush
isihia n. ησυχία privacy
isihia n. ησυχία quiet
isihos a. ήσυχος quiet
isimerinos n ισημερινός equator
isiono v.t. ισιώνω straighten
isitirio n εισιτήριο fare
isitirio n. εισιτήριο ticket
isiyitis n. εισηγητής mover
isodima n. εισόδημα income
isodinamos a ισοδύναμος equivalent
isodinamos pros a. ισοδύναμος προς tantamount
isodos n. είσοδος admission
isodos n. είσοδος admittance
isodos n είσοδος entrance
isodos n είσοδος entry
isodos n. είσοδος lobby
isodos n. είσοδος portico
isopedono v.t. ισοπεδώνω level
isopedono v.t. ισοπεδώνω raze
isoplevros a ισόπλευρος equilateral
isoropia n ισορροπία poise
isoropo v.t. ισορροπώ poise
isos a ίσος equal
isos adv. ίσως perhaps

isothinamo v. ισοδυναμώ amount
isotimia n. ισοτιμία par
isotimos a. ισότιμος co-ordinate
isotita n ισότητα equality
isotita n. ισότητα parity
isoume v. t ισούμαι equal
isovaris n. ισοβαρής isobar
isoziyismos n ισοζυγισμός handicap
isoziyizo v.t. ισοζυγίζω handicap
ispanikos a. ισπανικός Spanish
ispanos n. Ισπανός Spaniard
ispanos n. Ισπανός Spanish
ispneo v.i. εισπνέω inhale
ispraksi n. είσπραξη proceeds
isroi n. εισροή influx
istatos a. ύστατος ultimate
isteria n. υστερία hysteria
isterikos a. υστερικός hysterical
isterografo n. υστερόγραφο postscript
istioforo n. ιστιοφόρο yacht
istoria n. ιστορία history
istoria n. ιστορία story
istorikos n. ιστορικός historian
istorikos a. ιστορικός historic
istorikos a. ιστορικός historical
istos n. ιστός mast
istos n. ιστός tissue
istos n. ιστός web
istos arahnis n ιστός αράχνης cobweb
istros n. οίστρος verve
isvalo v.t. εισβάλλω intrude
isvalo v.t. εισβάλλω invade
isvalo v.t. εισβάλλω raid
isvoli n. εισβολή intrusion
isvoli n. εισβολή invasion
isvoli n. εισβολή irruption
isvoli n. εισβολή onrush
ita n ήττα defeat
italika n. ιταλικά Italian
italos a. ιταλός Italian
ithayenis a ιθαγενής aboriginal
ithayenis a. ιθαγενής indigenous
ithayenis (tis Afstralias) n. pl ιθαγενής (της Αυστραλίας) aborigines
ithiki n. ηθική ethics
ithiki n. ηθική morality
ithiko n. ηθικό morale
ithikologo v.t. ηθικολογώ moralize
ithikologos n. ηθικολόγος moralist
ithikos a ηθικός ethical
ithikos a. ηθικός moral
itia n. ιτιά willow
ivreoloyio n. υβρεολόγιο invective
ivridikos a. υβριδικός hybrid
ivridio n υβρίδιο hybrid
ivris n. ύβρις slur
ivristikos a υβριστικός abusive
iyesia n. ηγεσία leadership
iyetis n. ηγέτης leader
iyia n. υγεία health
iyiini n. υγιεινή hygiene
iyiinos a. υγιεινός hygienic
iyiinos a. υγιεινός sanitary
iyiis a. υγιής healthy
iyiis a. υγιής sane

J

jaki n. τζάκι hearth
jamas n. τζαμάς glazier
jami n. τζαμί mosque
jami n. τζάμι pane
jamono v.t. τζαμώνω glaze
jentleman n. τζέντλεμαν gentleman
jin n. τζιν jean
joker n. τζόκερ joker
joura n. τζούρα whiff

K

kabana *n* καμπάνα bell
kabanario *n*. καμπαναριό steeple
kabare *n*. καμπαρέ cabaret
kabia *n* κάμπια caterpillar
kabili *n* καμπύλη curve
kabina *n*. καμπίνα cabin
kadmio *n* κάδμιο cadmium
kados *n* κάδος bucket
kafasi *n*. καφάσι crate
kafasi *n*. καφάσι lattice
kafe *n* καφέ brown
kafenio *n*. καφενείο cafe
kafes *n* καφές coffee
kafhieme *v.i* καυχιέμαι boast
kafhieme *v*. *i* καυχιέμαι brag
kafsimo *n*. καύσιμο fuel
kafstikos *a*. καυστικός caustic
kagelarios *n*. καγκελλάριος chancellor
kaghazo *v*. *i* καγχάζω chuckle
kain *n* κάιν cain
kaka *adv*. κακά amiss
kakarizo *v*. *i* κακαρίζω cackle
kakentrehia *n*. κακεντρέχεια malignancy
kakentrehia *n*. κακεντρέχεια malignity
kakentrehis *a*. κακεντρέχης malignant
kaki diagoyi *n*. κακή διαγωγή misconduct
kaki diahirisi *n*. κακή διαχείριση mismanagement
kaki efarmoyi *n*. κακή εφαρμογή misapplication
kaki hrisi *n*. κακή χρήση misuse
kaki siberifora *n*. κακή συμπεριφορά misbehaviour
kakia *n*. κακία malice
kako *n* κακό evil

kako *n*. κακό harm
kako *n* κακό ill
kakodiikisi *n*. κακοδιοίκηση mal administration
kakoftiagmeno rouho *n*. κακοφτιαγμένο ρούχο misfit
kakoftiagmenos *a*. κακοφτιαγμένος slipshod
kakoftiahno *v*. *t* κακοφτιάχνω botch
kakoftiahno *v*. *t* κακοφτιάχνω bungle
kakografo *v.t*. κακογράφω scrawl
kakokefia *n* κακοκεφιά bile
kakokefos *a* κακόκεφος cross
kakokefos *a*. κακόκεφος moody
kakologo *v.t*. κακολογώ backbite
kakologo *v.t*. κακολογώ malign
kakomatheno *v.t*. κακομαθαίνω mother
kakometahirisi *n*. κακομεταχείριση maltreatment
kakometahirizome *d* κακομεταχειρίζομαι mistreat
kakometahirizome *v.t*. κακομεταχειρίζομαι misuse
kakomiris *n*. κακομοίρης wretch
kakopiisi *n*. κακοποίηση molestation
kakopio *v.t*. κακοποιώ manhandle
kakopio *v.t*. κακοποιώ molest
kakopios *n*. κακοποιός malefactor
kakopios *n*. κακοποιός rogue
kakopios *n*. κακοποιός ruffian
kakopistia *adv* κακόπιστα malafide
kakopistos *a*. κακόπιστος malafide
kakos *a*. κακός bad
kakos *a* κακός evil
kakos *n*. κακός villain
kakos ipoloyismos *n*. κακός υπολογισμός miscalculation

kakoteriazo *v.t.* κακοταιριάζω mismatch
kakouhia *n.* κακουχία hardship
kakovoulos *a.* κακόβουλος malicious
kaktos *n.* κάκτος cactus
kala *a.* καλά well
kala *adv.* καλά well
kalaboki *n.* καλαμπόκι maize
kalami *n.* καλάμι cane
kalamia *n.* καλαμιά stubble
kalampoki *n* καλαμπόκι corn
kalanta *n* κάλαντα carol
kalapodi *n* καλαπόδι last
kalathi *n.* καλάθι basket
kalesmenos *n.* καλεσμένος guest
kaliergo *v. t* καλλιεργώ cultivate
kalieryimenos *a.* καλλιεργημένος well-read
kalieryisimos *adj* καλλιεργήσιμος arable
kalieryitis *n.* καλλιεργητής grower
kaligrafia *n* καλλιγραφία calligraphy
kalima *n* κάλυμμα blindage
kalima *n.* κάλυμμα cover
kalima *n.* κάλυμμα shroud
kalintiko *n.* καλλυντικό cosmetic
kalio *n.* κάλιο potassium
kalipto *v.t.* καλύπτω veil
kalipto/-ome *v.t* καλύπτω/-ομαι mantle
kaliptra *n.* καλύπτρα wimple
kalis pisteos *adv* καλής πίστεως bonafide
kalitehnikos *a.* καλλιτεχνικός artistic
kalitehnis *n.* καλλιτέχνης artist
kalitera *adv.* καλύτερα better
kaliterefsi *n.* καλλιτέρευση amelioration
kaliterevo *v.t.* καλλιτερεύω ameliorate

kaliteros *a* καλύτερος better
kaliteros *a* καλύτερος optimum
kaliva *n.* καλύβα hut
kalivi *n.* καλύβι cote
kalmaro *v.t.* καλμάρω soothe
kalo *v. t.* καλώ call
kalo *n* καλό good
kalodio *n.* καλώδιο cable
kalodio *n.* καλώδιο wire
kalodiono *v.t.* καλωδιώνω wire
kalogria *n.* καλόγρια nun
kalokeri *n.* καλοκαίρι summer
kalopiano *v. t* καλοπιάνω coax
kalopiano *v.t.* καλοπιάνω wheedle
kalopistos *a* καλόπιστος bonafide
kalos *a* καλός fine
kalos *a.* καλός good
kalos *a* καλός kind
kalos *a.* καλός nice
kaloshimatizmenos *a.* καλοσχηματισμένος shapely
kalosini *n.* καλοσύνη goodness
kalosorizo *v.t* καλωσορίζω welcome
kaloupi *n.* καλούπι mould
kalpasmos *n.* καλπασμός gallop
kalpazo *v.t.* καλπάζω gallop
kaltsa *n.* κάλτσα sock
kaltsodeta *n.* καλτσοδέτα garter
kamari *n* καμάρι swagger
kamarono *v.t.* καμαρώνω pride
kamfora *n.* καμφορά camphor
kamila *n.* καμήλα camel
kamilo ifasma *n* καμηλό ύφασμα camlet
kamilopardali *n.* καμηλοπάρδαλη giraffe
kaminada *n.* καμινάδα chimney
kamini *n.* καμίνι kiln
kamioni *n.* καμιόνι van
kanakevo *v.t.* κανακεύω pamper
kanali *n.* κανάλι canal

kanali *n* κανάλι channel
kanapes *n.* καναπές couch
kanapes *n.* καναπές sofa
kanata *n.* κανάτα jug
kanavis *n.* κάνναβις hemp
kanela *n* κανέλα cinnamon
kanenas *pron.* κανένας none
kanis *a.* κανείς no
kanis *pron.* κανείς nobody
kanivali *n.* καννίβαλοι androphagi
kano *v. t* κάνω do
kano agoyi *v.t.* κάνω αγωγή sue
kano apsida *v.t.* κάνω αψίδα arch
kano diagnosi *v. t* κάνω διάγνωση diagnose
kano dialeksi *v* κάνω διάλεξη lecture
kano eborio *v.i.* κάνω εμπόριο traffic
kano efodo *v.t.* κάνω έφοδο assault
kano ektrosi *v.i* κάνω έκτρωση abort
kano endoskopisi *v.i.* κάνω ενδοσκόπηση introspect
kano enesi *v.t.* κάνω ένεση syringe
kano erotisis *v.t.* κάνω ερωτήσεις quiz
kano gargara *v.i.* κάνω γαργάρα gargle
kano gkafes *v.i* κάνω γκάφες blunder
kano ikonomies *v.t.* κάνω οικονομίες retrench
kano ipokofo thorivo *v.i.* κάνω υπόκωφο θόρυβο thud
kano istioploia *v.i* κάνω ιστιοπλοΐα yacht
kano kati os dia mayias *v.t. & i.* κάνω κάτι ως δια μαγείας conjure
kano kirigma *v.i.* κάνω κήρυγμα sermonize
kano krouaziera *v.i.* κάνω κρουαζιέρα cruise
kano lathos *v.t.* κάνω λάθος mistake
kano lathreborio *v.t.* κάνω λαθρεμπόριο smuggle
kano logopegnio *v.i.* κάνω λογοπαίγνιο pun
kano masaz *v.t.* κάνω μασάζ massage
kano mitero *v.t.* κάνω μυτερό sharpen
kano ntous *v.t.* κάνω ντους shower
kano piknik *v.i.* κάνω πικνίκ picnic
kano plousio trapezi *v.i* κάνω πλούσιο τραπέζι feast
kano prova *v.t.* κάνω πρόβα rehearse
kano tatouaz *v.i.* κάνω τατουάζ tattoo
kano treles *v.i.* κάνω τρέλες frolic
kano volta *v.i.* κάνω βόλτα stroll
kano zig-zag *v.i.* κάνω ζιγκ-ζαγκ zigzag
kanonas *n* κανόνας canon
kanonas *n.* κανόνας precept
kanonas *n.* κανόνας rule
kanoni *n.* κανόνι cannon
kanonika *adv.* κανονικά ordinarily
kanonikos *a.* κανονικός normal
kanonikos *a.* κανονικός regular
kanonikos *a.* κανονικός seasonable
kanonikos *a* κανονικός standard
kanonikotita *n.* κανονικότητα normalcy
kanoniovolismos *n.* κανονιοβολισμός cannonade
kanonizo *v.t.* κανονίζω modulate

kanonizo v.t. κανονίζω time
kanonizo v.t. κανονίζω space
kantina n. καντίνα canteen
kantoni n καντόνι canton
kantran n. καντράν dial
kapeladiko n. καπελάδικο millinery
kapelo n. καπέλο hat
kapelou n. καπελού milliner
kapies stigmes adv. κάποιες στιγμές sometimes
kapios pron. κάποιος somebody
kapios n. κάποιος somebody
kapios pron. κάποιος someone
kapna n. κάπνα soot
kapnia n καπνιά blight
kapnizma n. κάπνισμα smoke
kapnizmenos a. καπνισμένος smoky
kapnizo v.i. καπνίζω smoke
kapnizo v.t. καπνίζω soot
kapnos n. καπνός tobacco
kapos adv. κάπως somehow
kapos adv. κάπως somewhat
kapote adv. κάποτε sometime
kapou adv. κάπου somewhere
kapritsio n. καπρίτσιο caprice
kapritsio n. καπρίτσιο whim
kapros n κάπρος boar
kapsalizma n καψάλισμα singe
kapsalizo v.t. καψαλίζω parch
kapsalizo v.t. καψαλίζω scorch
kapsalizo v.t. καψαλίζω singe
kapsouloidis adj καψουλοειδής capsular
karadoko v.i. καραδοκώ lurk
karakaksa n. καρακάξα jay
karamela n. καραμέλα candy
karamela n καραμέλα sweet
karamela voutirou n. καραμέλα βουτύρου toffee
karati n. καράτι carat
karavopano n. καραβόπανο canvas

kardamo n. κάρδαμο cardamom
kardara n. καρδάρα churn
kardia n. καρδιά heart
kardiakos adjs καρδιακός cardiac
kardinalios n. καρδινάλιος cardinal
kare n. καρέ still
karekla n. καρέκλα chair
karfi n. καρφί nail
karfi n. καρφί spike
karfitsa n καρφίτσα clasp
karfitsa n. καρφίτσα pin
karfitsono v.t. καρφιτσώνω pin
karfono v.t. καρφώνω nail
karfono v.t. καρφώνω rivet
karfono v.t. καρφώνω spike
karfono v.t. καρφώνω stab
karfono ta matia v.t. καρφώνω τα μάτια gaze
karharias n. καρχαρίας shark
karida n καρύδα coconut
karidi n καρύδι nut
karidi n. καρύδι walnut
kariera n. καριέρα career
karkinos n. καρκίνος cancer
karnavali n καρναβάλι carnival
karoto n. καρότο carrot
karotsaki n. καροτσάκι cart
karotsaki morou n. καροτσάκι μωρού perambulator
karotsi metaforas anthropon n. καρότσι μεταφοράς ανθρώπων rickshaw
karouli n. καρούλι reel
karpikos adj καρπικός carpal
karpoforos a. καρποφόρος fruitful
karpos n. καρπός wrist
karpouzi n. καρπούζι watermelon
karta n. κάρτα card
karteria n. καρτερία fortitude
karveli n. καρβέλι loaf
karvidio n. καρβίδιο carbide
karvouno n κάρβουνο coal

kaseta *n.* κασέτα cassette
kasiterokolisi *n.* κασσιτεροκόλληση solder
kasiterokolo *v.t.* κασσιτεροκολώ solder
kasiteros *n.* κασσίτερος tin
kaskol *n.* κασκόλ scarf
kasta *n* κάστα caste
kastano *n.* κάστανο chestnut
kastanohromos *n.* καστανόχρωμος maroon
kastanos *a* καστανός brown
kastoras *n* κάστορας beaver
kastro *n.* κάστρο castle
kata mikos *prep.* κατά μήκος along
kata platos *prep.* κατά πλάτος across
kata prosegisi *a.* κατά προσέγγιση approximate
kata ti diarkia *prep* κατά τη διάρκεια during
katadektikos *a.* καταδεκτικός affable
katadikazo *v.t.* καταδικάζω adjudge
katadikazo *v. t.* καταδικάζω condemn
katadikazo *v. t.* καταδικάζω convict
katadikazo *v. t.* καταδικάζω doom
katadikazo *v.t.* καταδικάζω sentence
katadiki *n* καταδίκη condemnation
katadiki *n* καταδίκη conviction
katadiki *n.* καταδίκη damnation
katadikos *n* κατάδικος convict
katadioksi *n.* καταδίωξη pursuit
katadiome *v. i* καταδύομαι dive
katadisi *n* κατάδυση dive
katadromiko *n* καταδρομικό cruiser

katafanis *a.* καταφανής conspicuous
katafatiko nevma *v.i.* καταφατικό νεύμα nod
katafatikos *a* καταφατικός affirmative
katafevgo *v.i.* καταφεύγω resort
katafiyio *n* καταφύγιο bunker
katafiyio *n.* καταφύγιο haven
katafiyio *n.* καταφύγιο refuge
katafiyio *n* καταφύγιο resort
katafiyio *n.* καταφύγιο shelter
kataforos *a* κατάφωρος flagrant
katafortos *a.* κατάφορτος fraught
katagelia *n.* καταγγελία denunciation
katagelo *v.* καταγγέλω arraign
katagelo *v. t* καταγγέλλω denounce
katagma *n.* κάταγμα fracture
katagoyi *n.* καταγωγή ancestry
katagoyi *n.* καταγωγή lineage
katagoyi *n.* καταγωγή parentage
katagoyi *n.* καταγωγή pedigree
katagrafo *v.t.* καταγράφω record
kataharoumenos *a* καταχαρούμενος overjoyed
katahrisi *n* κατάχρηση abuse
katahrisi *n.* κατάχρηση misappropriation
katahrome *v.t.* καταχρώμαι abuse
katakathi *n.* κατακάθι sediment
kataklizo *v.t* κατακλύζω overrun
kataklizo *v.t.* κατακλύζω overwhelm
kataklizo *v.t.* κατακλύζω whelm
katakokinos *a.* κατακόκκινος vermillion
katakorifi diahoristiki grami *n* κατακόρυφη διαχωριστική γραμμή slash
katakorifos *a.* κατακόρυφος vertical
katakravyi *a.* κατακραυγή outcry

katakτisi *n* κατάκτηση conquest
katakto *v. t* κατακτώ conquer
katalamvano *v.t.* καταλαμβάνω overtake
katalaveno *v.t.* καταλαβαίνω understand
kataliksi *n.* κατάληξη conclusion
katalilos *a.* κατάλληλος applicable
katalilos *a.* κατάλληλος appropriate
katalilos *a* κατάλληλος fit
katalilos *a.* κατάλληλος proper
katalilos *a.* κατάλληλος suitable
katalilotita *n.* καταλληλότητα suitability
katalima *n.* κατάλυμα accommodation
katalima *n.* κατάλυμα lodging
katalogos *n.* κατάλογος catalogue
katalogos *n.* κατάλογος list
katalogos *n.* κατάλογος record
kataloyizo *v.t.* καταλογίζω assess
katametritis psifon *n.* καταμετρητής ψήφων teller
katanalono *v. t* καταναλώνω consume
katanalosi *n* κατανάλωση consumption
katanoisi *n* κατανόηση comprehension
katanoitos *a* κατανοητός coherent
katanoo *v. t* κατανοώ comprehend
katapatisi *n.* καταπάτηση trespass
katapato *v. i* καταπατώ encroach
katapato *v.i.* καταπατώ trespass
katapiesi *n.* καταπίεση oppression
katapiestikos *a.* καταπιεστικός oppressive
katapiestis *n.* καταπιεστής oppressor
katapiezo *v. t* καταπιέζω depress
katapiezo *v.t.* καταπιέζω oppress
katapiezomenos *n* καταπιεζόμενος underdog
katapino *v.t.* καταπίνω swallow
katapliksi *n.* κατάπληξη amazement
katapliksi *n.* κατάπληξη astonishment
katapliktos *a.* κατάπληκτος aghast
katapliso *v.t.* καταπλήσσω amaze
katapliso *v.t.* καταπλήσσω astonish
katapnigo *v.t.* καταπνίγω quell
katapnigo *v.t.* καταπνίγω stifle
katapnigo *v.t.* καταπνίγω suppress
katapraino *v.t.* καταπραΰνω assuage
katapraino *v.t.* καταπραΰνω mitigate
katapsiksi *n.* κατάψυξη refrigeration
kataptoo *v.t.* καταπτοώ overawe
katara *n* κατάρα curse
katara *n.* κατάρα malediction
kataraktis *n.* καταρράκτης cataract
kataraktis *n.* καταρράκτης waterfall
kataramenos *a.* καταραμένος accursed
katareo *v. i* καταρρέω collapse
katargo *v.t* καταργώ abolish
katargo *v. t.* καταργώ abrogate
katarieme *v. t* καταριέμαι curse
kataryisi *v* κατάργηση abolition
katasfazo *v.t.* κατασφάζω massacre
katashesi *n.* κατάσχεση attachment
katashesi *n* κατάσχεση confiscation

katashesi *n.* κατάσχεση seizure
katasho *v. t* κατάσχω confiscate
katasho *v.t.* κατάσχω seize
kataskevastis *n.* κατασκευαστής maker
kataskevastis *n* κατασκευαστής manufacturer
kataskevazo *v. t.* κατασκευάζω construct
kataskevazo *v.t* κατασκευάζω fabricate
kataskevi *n* κατασκευή construction
kataskevi *n* κατασκευή fabrication
kataskevi *n* κατασκευή make
kataskevi *n.* κατασκευή structure
kataskinono *v. i.* κατασκηνώνω camp
kataskinosi *n.* κατασκήνωση camp
kataskopevo *v.i.* κατασκοπεύω spy
kataskopos *n.* κατάσκοπος spy
katasparaso *v.t.* κατασπαράσσω mangle
kataspatalo *v.t.* κατασπαταλώ lavish
katastasi *n.* κατάσταση state
katastasi *n.* κατάσταση statement
katastasi *n.* κατάσταση status
katastatiko *n.* καταστατικό statute
katastelo *v.t.* καταστέλλω repress
katastelo *v.t.* καταστέλλω squash
katastima *n.* κατάστημα shop
katastima *n.* κατάστημα store
katastoli *n.* καταστολή repression
katastoli *n.* καταστολή suppression
katastrefo *v. t* καταστρέφω destroy
katastrefo *v.t.* καταστρέφω ruin

katastreptikos *a* καταστρεπτικός disastrous
katastrofi *n* καταστροφή destruction
katastrofi *n* καταστροφή disaster
katastrofi *n.* καταστροφή havoc
katastrofi *n.* καταστροφή ruin
katastroma *n* κατάστρωμα deck
katataksi *n* κατάταξη classification
katataso *v. t* κατατάσσω classify
katataso/-ome *v.t.* κατατάσσω/-ομαι rank
katatasome *v. t* κατατάσσομαι enlist
katatheto *v.t.* καταθέτω bank
katatheto *v. t* καταθέτω depose
katatheto *v.i.* καταθέτω testify
katatheto yia sizitisi *v.t.* καταθέτω για συζήτηση table
katathlipsi *n* κατάθλιψη depression
katatreho *v.t.* κατατρέχω victimize
katatromazo *v.t.* κατατρομάζω frighten
katatropono *v.t.* κατατροπώνω rout
katavalo *v.t.* καταβάλλω prostrate
katavevlimenos *a.* καταβεβλημένος haggard
katavlismos stratioton *n.* καταυλισμός στρατιωτών cantonment
katavrohthisma *n.* καταβρόχθισμα swallow
katavrohthizo *v. t* καταβροχθίζω devour
katavrohthizo *v.t* καταβροχθίζω engulf
katedafizo *v. t.* κατεδαφίζω demolish
katefthian *adv* κατ'ευθείαν due
katefthino *v. t* κατευθύνω direct

katefthino v.t. κατευθύνω steer
katefthino lanthasmena v.t.
  κατευθύνω λανθασμένα
  misdirect
katefthinome v.t κατευθύνομαι
  head
kateho v.t. κατέχω possess
katergazome derma v.i.
  κατεργάζομαι δέρμα tan
katerhome v.t. κατέρχομαι avale
katerhome v. i. κατέρχομαι
  descend
katevazo v. t κατεβάζω down
katevnazo v.t. κατευνάζω appease
kateyida n καταιγίδα downfall
kateyida n. καταιγίδα storm
kathara adv. καθαρά outright
katharevousianos n.
  καθαρευουσιάνος purist
kathariotita n καθαριότητα
  cleanliness
katharisma n καθάρισμα
  clearance
katharistis n. καθαριστής
  sweeper
katharizo v. t καθαρίζω clean
katharizo v. t καθαρίζω cleanse
katharizo v. t καθαρίζω clear
katharma n. κάθαρμα rascal
katharos adj. καθαρός clean
katharos a καθαρός clear
katharos a. καθαρός lucid
katharos a καθαρός net
katharsi n. κάθαρση purgation
kathartiko n. καθαρτικό laxative
kathartiko n. καθαρτικό
  purgative
kathartikos a καθαρτικός
  purgative
kathartirio n. καθαρτήριο
  purgatory
kathayiasi n. καθαγίαση
  sanctification
kathayiazo v.t. καθαγιάζω hallow

kathe a κάθε every
kathedrikos naos n. καθεδρικός
  ναός cathedral
kathenas a καθένας each
kathenas a., καθένας either
kathestos n. καθεστώς regime
kathetiras n καθετήρας probe
kathetiriazo v.t. καθετηριάζω
  probe
katheto horisma parathirou n.
  κάθετο χώρισμα παραθύρου
  mullion
kathetos a. κάθετος perpendicular
kathetos n. κάθετος perpendicular
kathikon n καθήκον duty
kathikon n. καθήκον task
kathimerina adv. καθημερινά
  daily
kathimerini efimerida n.
  καθημερινή εφημερίδα daily
kathimerinos a καθημερινός
  daily
kathipotaso v.t. καθυποτάσσω
  subdue
kathisihazo v.t. καθησυχάζω
  reassure
kathisterimenos a.
  καθυστερημένος overdue
kathisterisi n. καθυστέρηση
  retardation
kathistero v.t. καθυστερώ retard
kathistero ti litouryia v.t.
  καθυστερώ τη λειτουργία stall
kathisteroumena n.pl.
  καθυστερούμενα arrears
kathistikos a. καθιστικός
  sedentary
kathisto akiro v.t. καθιστώ άκυρο
  invalidate
kathisto ikano v.i. καθιστώ ικανό
  qualify
kathisto prosfili v.t καθιστώ
  προσφιλή endear
kathiyitis n. καθηγητής professor

kathodigo v.t. καθοδηγώ guide
kathodiyisi n. καθοδήγηση guidance
kathodos n. κάθοδος descent
katholiko n. καθολικό ledger
katholikos a. καθολικός catholic
katholikotita n. καθολικότητα universality
katholou a. καθόλου any
katholou adv. καθόλου none
katholou adv. καθόλου nothing
kathome v.t. κάθομαι seat
kathome v.i. κάθομαι sit
kathorizmenos a καθορισμένος set
kathorizo v. t καθορίζω determine
kathos conj. καθώς as
kathos conj. καθώς while
kathreftis n καθρέφτης mirror
kathreftizo v.t. καθρεφτίζω mirror
kati pron. κάτι something
kati adv. κάτι something
katifes n. κατιφές marigold
katifia n κατήφεια dejection
katifis adj κατηφής melancholy
katiforikos adj. κατηφορικός declivitous
katiforikos a κατηφορικός downward
katigoria n κατηγορία accusation
katigoria n. κατηγορία category
katigoria n. κατηγορία charge
katigoria n. κατηγορία grade
katigoria n. κατηγορία reproach
katigoro v.t. κατηγορώ accuse
katigoro v. t κατηγορώ blame
katigoro v. t. κατηγορώ charge
katigoroumenos n. κατηγορούμενος accused
katikia n κατοικία abode
katikia n κατοικία domicile
katikia n κατοικία dwelling
katikia n. κατοικία habitation

katikia n. κατοικία residence
katikidio n. κατοικίδιο pet
katikisimos a. κατοικήσιμος habitable
katikisimos a. κατοικίσιμος inhabitable
katiko v. i κατοικώ dwell
katiko v.t. κατοικώ inhabit
katiko v.t. κατοικώ occupy
katiko v.t. κατοικώ populate
katikos n. κάτοικος inhabitant
kato adv & prep κάτω down
kato prep. κάτω under
kato apo adv κάτω από under
kato apo adv. & prep. κάτω από underneath
katofli n. κατώφλι threshold
katohi n. κατοχή possession
katohos n. κάτοχος occupier
katohos aksiomatos n. κάτοχος αξιώματος incumbent
katohos metaliou n. κάτοχος μεταλλίου medallist
katohos tis adias n. κάτοχος της άδειας licensee
katohros a. κάτωχρος ghastly
katolisthisi n κατολίσθηση slide
katopin adv. κατόπιν afterwards
katopin tou opiou conj. κατόπιν του οποίου whereupon
katorthoma n κατόρθωμα exploit
katorthoma n κατόρθωμα feat
katorthono v.t. κατορθώνω accomplish
katoteri aristokratia n. κατώτερη αριστοκρατία gentry
katoteros prep κατώτερος beneath
katoteros a. κατώτερος inferior
katoteros a. κατώτερος subordinate
katoteros piitis n. κατώτερος ποιητής poetaster

katoterotita n. κατωτερότητα inferiority
katothen adv κάτωθεν beneath
katsadiazo v.t. κατσαδιάζω scold
katsarida n κατσαρίδα cockroach
katsarono n κατσαρώνω crimp
katsiazo v.t. κατσιάζω stunt
katsika n. κατσίκα goat
katsoufiasma n. κατσούφιασμα frown
katsoufiasma n. κατσούφιασμα scowl
katsoufiazo v.i κατσουφιάζω frown
kavgadizo v. t καυγαδίζω bicker
kavgajis a. καυγατζής quarrelsome
kavgas n. καυγάς tussle
kavouras n κάβουρας crab
kazamias n. καζαμίας almanac
ke conj. και and
ke i dio a & pron και οι δυο both
ke ta lipa και τα λοιπά etcetera
kedro tou stohou n κέντρο του στόχου bull's eye
kedros n. κέδρος cedar
kefaleo n. κεφάλαιο chapter
kefaleokratis n. κεφαλαιοκράτης capitalist
kefaleos a. κεφαλαίος capital
kefali n. κεφάλι head
kefatos a. κεφάτος cheerful
kefatos a. κεφάτος jovial
kefatos a. κεφάτος vivacious
kefi n. κέφι cheer
kefi n. κέφι joviality
kefi n. κέφι spree
kehri n. κεχρί millet
keik n. κέικ cake
kelaidima n κελάηδημα warble
kelaido v. i κελαηδώ cheep
kelaido v.i. κελαηδώ warble
kelari n κελάρι cellar
keli n. κελί cell

kelifos n. κέλυφος shell
keni thesi n. κενή θέση vacancy
keno n κενό blank
keno n. κενό lacuna
keno n. κενό vacuum
keno n. κενό void
kenofanes n. καινοφανές novelty
kenos a κενός blank
kenos a. κενός vacant
kenos a. κενός void
kenotomia n. καινοτομία innovation
kenotomo v.t. καινοτομώ innovate
kenotomo v.t. καινοτομώ pioneer
kenotomos n. καινοτόμος innovator
kenouryios a. καινούργιος new
kentima n κέντημα embroidery
kentri n. κεντρί graft
kentri n. κεντρί sting
kentriki periohi mias horas n. κεντρική περιοχή μιας χώρας midland
kentriko simio n. κεντρικό σημείο hub
kentrikos a. κεντρικός central
kentrikos agogos n κεντρικός αγωγός main
kentrizo v.t. κεντρίζω nettle
kentrizo v.t. κεντρίζω sting
kentro n κέντρο center
kentro n κέντρο centre
kentrono v.t κεντρώνω graft
keo v. t καίω burn
keo v. t καίω cremate
keo v.i. καίω glow
keramiki n κεραμική ceramics
kerasma n κέρασμα treat
keratas n. κερατάς cuckold
kerato n. κέρατο horn
keratoidis hitonas n κερατοειδής χιτώνας cornea
keravnos n. κεραυνός lightning

keravnos *n.* κεραυνός thunder
kerdizo *v. t* κερδίζω earn
kerdizo *v.t.* κερδίζω gain
kerdizo *v.t.* κερδίζω win
kerdos *n* κέρδος gain
kerdos *n.* κέρδος lucre
kerdoskopo *v.i.* κερδοσκοπώ profiteer
kerdoskopos *n.* κερδοσκόπος profiteer
kerea *n.* κεραία aerial
kerees *n.* κεραίες antennae
keri *n.* κερί candle
keri *n.* κερί wax
keri (aftiou) *n* κερί (αυτιού) cerumen
kerithra *n.* κερήθρα honeycomb
kerkida *n.* κερκίδα tier
kerono *v.t.* κερώνω wax
keros *n* καιρός weather
keros *n.* καιρός while
keroskopismos *n.* καιροσκοπισμός opportunism
ketsap *n.* κέτσαπ ketchup
kialia *n.* κιάλια binoculars
kidemonia anilikou *n.* κηδεμονία ανηλίκου wardship
kidia *n.* κηδεία funeral
kigklidoma *n.* κιγκλίδωμα railing
kiklikos *a* κυκλικός circular
kiklikos *a* κυκλικός cyclic
kikloforia *n* κυκλοφορία circulation
kikloforo *v. i.* κυκλοφορώ circulate
kiklonas *n.* κυκλώνας cyclone
kiklos *n.* κύκλος circle
kiklos *n* κύκλος cycle
kiklos *n.* κύκλος round
kiknos *n.* κύκνος swan
kilada *n* κοιλάδα dale
kilada *n.* κοιλάδα vale
kilada *n.* κοιλάδα valley
kili *n.* κήλη hernia

kilia *n* κοιλιά abdomen
kilia *n* κοιλιά belly
kiliakos *a.* κοιλιακός abdominal
kilida *n* κηλίδα blemish
kilida *n.* κηλίδα mottle
kilida *n.* κηλίδα smear
kilida *n.* κηλίδα stain
kilidono *v.t.* κηλιδώνω smear
kilieme *v.i.* κυλιέμαι wallow
kilindros *n* κύλινδρος cylinder
kilindros *n.* κύλινδρος roll
kilindros *n.* κύλινδρος roller
kilo *v.i* κυλώ bowl
kilo *v.i.* κυλώ roll
kilo *v.i.* κυλώ stream
kilo *v.i.* κυλώ well
kilos *adj.* κοίλος concave
kilos *a.* κοίλος hollow
kilotita *n.* κοιλότητα cavity
kima *n.* κύμα wave
kimame *v.i.* κοιμάμαι sleep
kimame *v.i.* κοιμάμαι slumber
kimatismos *n.* κυματισμός undulation
kimatizo *v.t.* κυματίζω ripple
kimatizo *v.i.* κυματίζω undulate
kimenikos *n.* κειμενικός textual
kimeno *n.* κείμενο text
kimismenos *adj.* κοιμισμένος asleep
kimismenos *a.* κοιμισμένος lethargic
kimismenos *n.* κοιμισμένος somnolent
kimizmenos *n.* κοιμισμένος sleeper
kinavari *n* κιννάβαρι cinnabar
kindinevo *v.t.* κινδυνεύω risk
kindinos *n.* κίνδυνος danger
kindinos *n.* κίνδυνος hazard
kindinos *n.* κίνδυνος jeopardy
kindinos *n.* κίνδυνος peril
kindinos *n.* κίνδυνος risk

kini glosa *n.* κοινή γλώσσα lingua franca
kinigo *v. t.* κυνηγώ chase
kinigo *v.t.* κυνηγώ hunt
kinigo *v.i.* κυνηγώ prey
kinigo *v.t.* κυνηγώ pursue
kinigos *n.* κυνηγός hunter
kinigos *n.* κυνηγός huntsman
kinigos ptinon *n.* κυνηγός πτηνών fowler
kinigos talenton *n* κυνηγός ταλέντων scout
kinikos *n* κυνικός cynic
kinimatografo *v.t* κινηματογραφώ film
kinimatografos *n.* κινηματογράφος cinema
kinimatografos *n.* κινηματογράφος movies
kinini *n.* κινίνη quinine
kinisi *n.* κίνηση motion
kinisi *n.* κίνηση move
kinisi *n.* κίνηση movement
kinisi *n.* κίνηση traffic
kinitikotita *n.* κινητικότητα mobility
kinitopio/-oume *v.t.* κινητοποιώ/-ουμαι mobilize
kinitos *a.* κινητός mobile
kinitos *a.* κινητός movable
kinitro *n.* κίνητρο incentive
kinitro *n.* κίνητρο motivation
kinitro *n.* κίνητρο motive
kinitro *n.* κίνητρο spur
kinitro *n.* κίνητρο stimulus
kiniyi *n* κυνήγι hunt
kiniyito *n.* κυνηγητό chase
kino *n.* κοινό audience
kino *v.t.* κινώ move
kino *n.* κοινό public
kino me mohlo *v.t.* κινώ με μοχλό lever
kinologo *v. t* κοινολογώ divulge

kinonia *n.* κοινωνία society
kinonikos *a.* κοινωνικός sociable
kinonikos *n.* κοινωνικός social
kinonikotita *n.* κοινωνικότητα sociability
kinonioloyia *n.* κοινωνιολογία sociology
kinopolitia *n.* κοινοπολιτεία commonwealth
kinos *a.* κοινός banal
kinos *a.* κοινός common
kinos *a.* κοινός commonplace
kinos *n.* κοινός joint
kinos anthropos *n* κοινός άνθρωπος carl
kinotikos *a* κοινοτικός communal
kinotita *n.* κοινότητα community
kinoume kimatoidos *v.i* κινούμαι κυματοειδώς billow
kinoume/ ferome ipoula *v.i.* κινούμαι/ φέρομαι υπούλα sneak
kinoumeni amos *n.* κινούμενη άμμος quicksand
kinovouleftikos *a.* κοινοβουλευτικός parliamentary
kinovoulio *n.* κοινοβούλιο parliament
kionas *n.* κίονας pillar
kioski *n* κιόσκι belvedere
kiparisi *n* κυπαρίσσι cypress
kipelo *n.* κύπελο goblet
kipos *n.* κήπος garden
kipos me triantafilies *n.* κήπος με τριανταφυλλιές rosary
kipouriki *n.* κηπουρική horticulture
kipouros *n.* κηπουρός gardener
kipseli *n* κυψέλη alveary
kipseli *n.* κυψέλη beehive
kipseli *n.* κυψέλη hive
kiria *n.* κυρία dame
kiria *n.* κυρία lady

kiria *n..* κυρία missis, missus
kiriaki *n.* Κυριακή Sunday
kiriarhia *n* κυριαρχία domination
kiriarhia *n.* κυριαρχία lordship
kiriarhia *n* κυριαρχία reign
kiriarhia *n.* κυριαρχία sovereignty
kiriarho *v.t.* κυριαρχώ master
kirie *n.* κύριε sir
kirievmenos *n.* κυριευμένος addict
kirievo *v.t.* κυριέυω addict
kirigma *n.* κήρυγμα sermon
kirii *n.* κύριοι Messrs
kirikas *n.* κήρυκας herald
kirio arthro *n* κύριο άρθρο editorial
kiriolektikos *a.* κυριολεκτικός literal
kirios *a.* κύριος cardinal
kirios *a* κύριος main
kirios *adv.* κυρίως mainly
kirios *n.* κύριος mister
kirios *a* κύριος principal
kirios *a* κύριος staple
kiriotita *n.* κυριότητα property
kiriso *v.i.* κηρύσσω preach
kirtono *v. t* κυρτώνω curve
kisa *n.* κίσσα magpie
kisos *n* κισσός ivy
kisti *n* κύστη bladder
kitarikos *adj* κυτταρικός cellular
kitazo *v.i* κοιτάζω look
kitazo *v.t.* κοιτάζω regard
kitazo *v.t.* κοιτάζω watch
kitazo grigora *v.i.* κοιτάζω γρήγορα glance
kitazo vlosira *v.i.* κοιτάζω βλοσυρά scowl
kithara *n.* κιθάρα guitar
kitrikos *adj.* κιτρικός citric
kitrinizo *v.t.* κιτρινίζω yellow
kitrino *n* κίτρινο yellow

kitrinopos *a.* κιτρινωπός yellowish
kitrinos *a.* κίτρινος yellow
kivernisi *n.* κυβέρνηση government
kivernitis *n.* κυβερνήτης governor
kivernitis *n.* κυβερνήτης ruler
kivernitis *n.* κυβερνήτης skipper
kiverno *v.t.* κυβερνώ govern
kiverno *v.t.* κυβερνώ rule
kivikos *a* κυβικός cubical
kivoidis *adj.* κυβοειδής cubiform
kivos *n* κύβος cube
kivos *n* κύβος die
kivotos *n* κιβωτός ark
kladevo *v.t.* κλαδεύω lop
kladevo *v.t.* κλαδεύω prune
kladi *n* κλαδί branch
kladi *n.* κλαδί sprig
kladi *n.* κλαδί stick
klados *n* κλάδος bough
kladoto kerato *n.* κλαδωτό κέρατο antler
klama *n* κλάμα cry
klapsourisma *n.* κλαψούρισμα whimper
klapsourizo *v.i.* κλαψουρίζω whimper
klasikos *a* κλασσικός classic
klasikos *a* κλασσικός classical
klasma *n.* κλάσμα fraction
kleftis *n.* κλέφτης dacoit
kleftis *n.* κλέφτης thief
kleo *v. i* κλαίω cry
kleo *v.i.* κλαίω weep
kleo me ligmous *v.i.* κλαίω με λυγμούς sob
klevo *v.i.* κλέβω steal
klevo sta hartia *v.t.* κλέβω στα χαρτιά rook
klevome *v. i* κλέβομαι elope
klidaria *n.* κλειδαριά lock
klidi *n.* κλειδί key

klidi *n.* κλειδί wrench
klidonismos *n.* κλυδονισμός lurch
klidonizome *v.i.* κλυδωνίζομαι lurch
klidono *v.t* κλειδώνω lock
klik *n.* κλικ click
klika *n* κλίκα faction
klima *n.* κλίμα climate
klima *n.* κλήμα vine
klimaka *n.* κλίμακα scale
klimakono *v.t.* κλιμακώνω scale
klimataria *n* κληματαριά bower
kliniki *n.* κλινική clinic
kliniris *adv.* κλινήρης abed
klino *v. t.* κλείνω book
klino *v. t* κλείνω close
klino *v.t. & i.* κλίνω conjugate
klino *v.i.* κλίνω incline
klino *v.t.* κλείνω shut
klino *v.t.* κλίνω slant
klino *v.i.* κλίνω slope
klinoskepasmata *n.* κλινοσκεπάσματα bedding
klirikos *a* κληρικός clerical
klirodoto *v. t.* κληροδοτώ bequeath
klironomia *n.* κληρονομιά heritage
klironomia *n.* κληρονομιά inheritance
klironomia *n.* κληρονομιά legacy
klironomikos *n.* κληρονομικός hereditary
klironomikotita *n.* κληρονομικότητα heredity
klironomisimos *a.* κληρονομήσιμος heritable
klironomo *v.t.* κληρονομώ inherit
klironomos *n.* κληρονόμος heir
kliros *n* κλήρος clergy
klirosi *n* κλήρωση draw
klisi *n.* κλίση aptitude
klisi *n* κλίση bent
klisi *n.* κλήση call

klisi *n.* κλίση inclination
klisi *n* κλίση slant
klisi *n.* κλίση tilt
klisimo tou matiou *n* κλείσιμο του ματιού wink
klitefsi *n.* κλήτευση summons
klonari *n.* κλωνάρι twig
klooun *n* κλόουν clown
klopi *n.* κλοπή dacoity
klopi *n.* κλοπή theft
klosti *n.* κλωστή thread
klosti *n.* κλωστή yarn
klotsia *n.* κλωτσιά kick
klotso *v.t.* κλωτσώ kick
klouvi *n.* κλουβί cage
koazo *n.* κοάζω croak
kobasmos *n* κομπασμός boast
kobina *n.* κομπίνα jobbery
kobiouteraki *n* κομπιουτεράκι calculator
kobos *n.* κόμπος knot
kobos *n.* κόμπος node
kobosta *n.* κομπόστα preserve
kobra *n* κόμπρα cobra
kodikos *n* κωδικός code
kofteros *a.* κοφτερός sharp
kohili *n.* κοχύλι conch
kokaini *n* κοκαΐνη cocaine
koka-kola *n* κόκα-κόλα coke
kokalo *n.* κόκαλο bone
kokalo falenas *n.* κόκαλο φάλαινας baleen
kokinisma *n* κοκκίνισμα blush
kokinizo *v.i* κοκκινίζω blush
kokinizo *v.i* κοκκινίζω flush
kokinizo *v.t.* κοκκινίζω redden
kokino *n.* κόκκινο red
kokinopipero *n* κοκκινοπίπερο capsicum
kokinopo alogo *n.* κοκκινωπό άλογο bayard
kokinopos *a.* κοκκινωπός reddish
kokinos *a.* κόκκινος red
kokinos *a.* κόκκινος sanguine

kokoras *n.* κόκορας bantam
kokoras *n* κόκκορας cock
kokos *n.* κόκκος jot
kokos *n.* κόκκος speck
kola *n.* κόλλα adhesive
kola *n.* κόλλα glue
kola iksou *n* κόλλα ίξου birdlime
kolakas *n.* κόλακας sycophant
kolakevo *v.t* κολακεύω flatter
kolakia *n* κολακεία adulation
kolakia *n* κολακεία flattery
kolakia *n.* κολακεία sycophancy
kolaro *v.t.* κολλάρω starch
kolasi *n.* κόλαση hell
kolatsio *n.* κολατσιό snack
koleyio *n* κολλέγιο college
koliandros *n.* κόλιανδρος coriander
kolibi *n* κολύμπι swim
kolibo *v.i.* κολυμπώ swim
kolie *n.* κολιέ necklet
kolimvitis *n.* κολυμβητής swimmer
kolirio *n* κολλύριο eyewash
kolo *v.i* κολλώ bog
kolo *v.t.* κολλώ paste
kolodis *a.* κολλώδης adhesive
kolodis *n.* κολλώδης sticky
kolon *n* κόλον colon
kolpo *n* κόλπο stunt
kolpo *n* κόλπο trick
kolpos *n* κόλπος bight
kolpos *n.* κόλπος gulf
kolpos *n.* κόλπος vagina
koma *n.* κώμα coma
koma *n* κόμμα comma
koma *n.* κόμμα party
komataki *n* κομματάκι bit
komataki *n.* κομματάκι morsel
komataki *n.* κομματάκι scrap
komataki yis *n.* κομματάκι γης plot
komati *n* κομμάτι block
komati *n.* κομμάτι fragment
komati *n.* κομμάτι lump
komati *n.* κομμάτι piece
komikos *n.* κωμικός comedian
komikos *a* κωμικός comic
komikos *n* κωμικός comic
komisa *n.* κόμησσα countess
komitia *n.* κομητεία county
komitia *n.* κομητεία shire
komitis *n* κομήτης comet
komodia *n.* κωμωδία comedy
komounismos *n* κομουνισμός communism
kompsos *adj* κομψός elegant
kompsotita *n* κομψότητα elegance
konhi *n.* κόγχη niche
koniak *n* κονιάκ brandy
konos *n.* κώνος cone
konservopio *v. t.* κονσερβοποιώ can
konta *adv.* κοντά anigh
konta *prep* κοντά by
konta *prep.* κοντά near
konta *adv.* κοντά near
konteno *v.t.* κονταίνω shorten
konti kalcha *n* κοντή κάλτσα anklet
kontinos *a.* κοντινός close
kontinos *a.* κοντινός near
kontos *a.* κοντός short
kopadi *n* κοπάδι flock
kopadi *n* κοπάδι shoal
kopanos *n.* κόπανος jerk
kopela *n.* κοπέλα wench
kopelia *n.* κοπελιά lass
kopiazo *v.i.* κοπιάζω moil
kopilasia *n* κωπηλασία paddle
kopilasia *n* κωπηλασία row
kopilatis *n.* κωπηλάτης oarsman
kopilato *v.t.* κωπηλατώ row
kopiodis *a.* κοπιώδης laborious
koplimento *n.* κοπλιμέντο compliment
kopria *n* κοπριά dung

kopria n. κοπριά manure
kopria n. κοπριά muck
kopsi n κόψη edge
kopsimo n κόψιμο cut
koraki n κοράκι crow
koraki n. κοράκι raven
koraki n. κοράκι rook
korakistika n. κορακίστικα lingo
korali n κοράλλι coral
koralioyenis nisos n.
  κοραλλιογενής νήσος atoll
kordela n. κορδέλα ribbon
kordonome v.i. κορδώνομαι
  swagger
korenio v.t. κορεννύω saturate
koresmos n κορεσμός glut
koresmos n. κορεσμός satiety
koresmos n. κορεσμός saturation
kori n. κόρη damsel
kori n κόρη daughter
koridalos n. κορυδαλλός lark
korifi n. κορυφή peak
korifi n. κορυφή summit
korifi n. κορυφή top
korifogrami n. κορυφογραμμή
  ridge
korinthiaki stafida n. κορινθιακή
  σταφίδα currant
korinthos n. Κόρινθος Corinth
korios n. κοριός bug
koritsi n. κορίτσι girl
koritsistikos a. κοριτσίστικος
  girlish
kormos n. κορμός trunk
kormostasia n κορμοστασιά
  build
kornarisma n. κορνάρισμα hoot
kornaro v.i κορνάρω hoot
korniza n. κορνίζα cornice
korniza n κορνίζα frame
korniza n. κορνίζα mantel
koroidevo v.t. κοροϊδεύω swindle
koroido n κορόϊδο gull
korsaz n κορσάζ bodice

korte n. κόρτε courtship
koskinizo v.i. κοσκινίζω riddle
koskinizo v.t. κοσκινίζω sieve
koskino n. κόσκινο sieve
kosmikos adj. κοσμικός cosmic
kosmima n. κόσμημα jewel
kosmimata n. κοσμήματα
  jewellery
kosmimatopolis n.
  κοσμηματοπώλης jeweller
kosmios a. κόσμιος seemly
kosmitoras n. κοσμήτορας dean
kosmitoras n. κοσμήτορας
  proctor
kosmosiroi n. κοσμοσυρροή
  throng
kostizo v.t. κοστίζω cost
kostos n. κόστος cost
kostoumi n. κοστούμι suit
kota n. κότα hen
kotopoulo n. κοτόπουλο chicken
kotsonatos a. κοτσονάτος hale
koubi n κουμπί button
koubi kolarou n. κουμπί κολάρου
  stud
koubono v. t. κουμπώνω button
koudounisma n. κουδούνισμα
  clink
koudounisma n. κουδούνισμα
  jingle
koudounizo v.i. κουδουνίζω
  jingle
koufala n. κουφάλα hollow
koufos a κουφός deaf
kouiz n. κουίζ quiz
kouketa n κουκέτα berth
kouketa n κουκέτα bunk
koukla n κούκλα doll
koukla n. κούκλα puppet
koukos n κούκος cuckoo
koukoula n. κουκούλα hood
koukourisma n κουκούρισμα coo
koukourizo v. i κουκουρίζω coo
koukouvayia n. κουκουβάγια owl

koultoura *n* κουλτούρα culture
kounao *v.i.* κουνάω wag
kouneli *n.* κουνέλι rabbit
kounia *n* κούνια cradle
kounia *n.* κούνια crib
kounieme *v.* t κουνιέμαι dangle
kounima *n* κούνημα shake
kounima *n* κούνημα wag
kouno *v.i.* κουνώ shake
kounoupi *n.* κουνούπι mosquito
kounoupidi *n.* κουνουπίδι cauliflower
koupi *n.* κουπί oar
kouponi *n.* κουπόνι coupon
koura *n.* κουρά tonsure
kourasi *n* κούραση fatigue
kourasmenos *a.* κουρασμένος listless
kourastikos *a.* κουραστικός. tedious
kourayio *n.* κουράγιο mettle
kourazo *v.t* κουράζω fatigue
kourazo/-ome *v.t.* κουράζω/-ομαι tire
kourdistiri *n.* κουρδιστήρι winder
kourdizo *v.t* κουρδίζω key
kourdizo *v.t.* κουρδίζω tune
koureas *n.* κουρέας barber
koureli *n.* κουρέλι rag
koureli *n.* κουρέλι tatter
koureliazo/-ome *v.t* κουρελιάζω/-ομαι tatter
kourelis *a.* κουρελής shabby
kourevo *v.t.* κουρεύω mow
kourkouma *n.* κούρκουμα curcuma
kournia *n.* κούρνια roost
kourniazo *v.i.* κουρνιάζω perch
kourniazo *v.i.* κουρνιάζω roost
koursa *n.* κούρσα race
kourtina *n* κουρτίνα curtain
koutala *n.* κουτάλα ladle
koutali *n.* κουτάλι spoon

koutalia *n.* κουταλιά spoonful
koutavi *n.* κουτάβι puppy
kouti *n* κουτί box
kouti *n.* κουτί canister
koutseno *v.t.* κουτσαίνω lame
koutsobolio *n.* κουτσομπολιό gossip
koutsos *a.* κουτσός lame
koutsouro *n.* κούτσουρο log
koutsouro *n.* κούτσουρο stump
koutsouvela *n* κουτσούβελα brood
kouvari *n.* κουβάρι clew
kouvari *n.* κουβάρι skein
kouvas *n.* κουβάς pail
kouventa *n.* κουβέντα chat
kouventiazo *v. i.* κουβεντιάζω chat
kouverta *n* κουβέρτα blanket
kouverta *n.* κουβέρτα coverlet
kouzina *n* κουζίνα cooker
kouzina *n.* κουζίνα cuisine
kouzina *n.* κουζίνα kitchen
kovaltio *n* κοβάλτιο cobalt
kovo *v. t* κόβω chop
kovo *v. t* κόβω cut
kovo *v. i.* κόβω dice
kovo kermata *v.t.* κόβω κέρματα mint
kovo me nisteri *v.t.* κόβω με νυστέρι lance
kovo se meridia *v.t.* κόβω σε μερίδια slice
kovo sta tesera *v.t.* κόβω στα τέσσερα quarter
kovo tin anasa *v.t.* κόβω την ανάσα wind
kozmos *n.* κόσμος world
krabo *n.* κράμπο crambo
krama *n.* κράμα alloy
kranio *n.* κρανίο skull
kranos *n.* κράνος helmet
krasi *n.* κράση physique

krasi n. κρασί wine
kratisi n. κράτηση reservation
kratisi n. κράτηση retention
krato v. t κρατώ detain
krato v.t κρατώ hold
krato v.t. κρατώ keep
krato v.t. κρατώ reserve
kravgazo n.i. κραυγάζω bawl
kravgazo v. i. κραυγάζω clamour
kravyi n. κραυγή shout
kreas n. κρέας meat
kreatoelia n. κρεατοελιά mole
kreatoelia n. κρεατοελιά wart
krema n κρέμα cream
krema n κρέμα custard
kremala n. . κρεμάλα gallows
kremidi n. κρεμμύδι onion
kremo v.t. κρεμώ hang
kremodis soupa n κρεμώδης σούπα bisque
kreopolis n κρεοπώλης butcher
krevataki n. κρεββατάκι cot
krevati n κρεββάτι bed
kriari n. κριάρι ram
krifa adv. κρυφά stealthily
krifakouo v.t. κρυφακούω overhear
krifokitagma n κρυφοκοίταγμα peep
krifokitazo v.i. κρυφοκοιτάζω peep
krikos n. κρίκος link
krino v.i. κρίνω judge
krinos n. κρίνος lily
krio n κρύο cold
krios n κριός aries
krios a κρύος cold
kripti n κρύπτη cache
kriptografia n. κρυπτογραφία cryptography
krisfiyeto n κρησφύγετο den
krisi n κρίση crisis
krisi n. κρίση judgement
krisimos a κρίσιμος critical

krisimos adj. κρίσιμος crucial
krisos n. κροίσος croesus
kristalinos n κρυστάλλινος crystal
krithari n. κριθάρι barley
kritikaro v. t κριτικάρω criticize
kritiki n κριτική criticism
kritikos n κριτικός critic
kritirio n κριτήριο criterion
krivo v. t κρύβω bemask
krivo v. t. κρύβω conceal
krivo v.t κρύβω harbour
krivo stin palami v.t. κρύβω στην παλάμη palm
krivo/-ome v.t κρύβω/-ομαι hide
krokodilos n κροκόδειλος crocodile
krokos n. κρόκος saffron
krokos n. κρόκος yolk
kroksimo n. κρώξιμο caw
krotafos n κρόταφος temple
krotalisma n κροτάλισμα rattle
krotalizma n κροτάλισμα snap
krotalizo v.i. κροταλίζω rattle
krotalizo v.t. κροταλίζω snap
kroto v. t. κροτώ clash
krotos n. κρότος clash
krousta n. κρούστα crust
krozo v. i. κρώζω caw
krozo v.i. κρώζω quack
ksadelfos/-i n. ξάδελφος/-η cousin
ksafniazo v.t. ξαφνιάζω startle
ksafnika adv. ξαφνικά suddenly
ksafnikos a. ξαφνικός sudden
ksalafrono v.t. ξαλαφρώνω unburden
ksanaferno sto nou mou v.t. ξαναφέρνω στο νου recollect
ksananiono v.t. ξανανιώνω rejuvenate
ksanavazo v.t. ξαναβάζω relay
ksanavrisko v.t. ξαναβρίσκω retrieve

ksaplono *v.i* ξαπλώνω lie
ksaplono tebelika *v.i.* ξαπλώνω τεμπέλικα loll
ksefantoma *n.* ξεφάντωμα revel
ksefantoma *n.* ξεφάντωμα revelry
ksefloudizo/-ome *v.t.* ξεφλουδίζω/-ομαι peel
ksefortono *v. t* ξεφορτώνω discharge
ksefournizo *v. t* ξεφουρνίζω blurt
ksefouskoma *n.* ξεφούσκωμα deflation
kseftismenos *a.* ξεφτισμένος threadbare
kseglistro *v. t.* ξεγλιστρώ bilk
kseharvalomenos *a.* ξεχαρβαλωμένος rickety
ksehimoniazo *v.i* ξεχειμωνιάζω winter
ksehinome se kimata *v.i.* ξεχύνομαι σε κύματα surge
ksehno *v.t* ξεχνώ forget
ksehoristos *a.* ξεχωριστός individual
ksehoristos *a* ξεχωριστός several
ksehortariazo *v.t.* ξεχορταριάζω weed
ksekino *v.t.* ξεκινώ start
ksekourasi *n.* ξεκούραση refreshment
kselepiazo *v.t.* ξελεπιάζω scale
ksemeno *v.i.* ξεμένω strand
ksemializo *v.t.* ξεμυαλίζω infatuate
ksenihti *n.* ξενύχτι vigil
ksenodohio *n.* ξενοδοχείο hotel
ksenofertos *a.* ξενόφερτος outlandish
ksenonas *n.* ξενώνας hostel
ksenos *adj.* ξένος alien
ksenos *a* ξένος foreign
ksenos *n.* ξένος outsider
ksenos *n.* ξένος stranger
kseperno *v. t.* ξεπερνώ cap
kseperno *v.t* ξεπερνώ exceed
kseperno *v.t.* ξεπερνώ outrun
kseperno *v.t.* ξεπερνώ surpass
kseperno *v.t.* ξεπερνώ weather
ksepleno *v.t.* ξεπλένω rinse
ksepoulo *v.t.* ξεπουλώ barter
kserizono *v. t* ξεριζώνω eradicate
kserizono *v.t.* ξεριζώνω uproot
kserno *v.t.* ξερνώ vomit
ksero *v.t.* ξέρω know
kseros krotos *v.i.* ξερός κρότος pop
kseskizo *v.t.* ξεσκίζω lacerate
kseskizo/-ome *v.t.* ξεσκίζω/-ομαι rip
kseskonistiri *n.* ξεσκονιστήρι mop
kseskonizo *v.t.* ξεσκονίζω dust
kseskonopano *n* ξεσκονόπανο duster
ksespasma *n.* ξέσπασμα outbreak
ksespasma *n.* ξέσπασμα outburst
ksethavo *v.t.* ξεθάβω unearth
ksetiligo *v.t.* ξετυλίγω unfold
kseyelo *v. t* ξεγελώ deceive
kseyelo *v.t* ξεγελώ hoax
kseyelo *v.t.* ξεγελώ hoodwink
kseyelo *v.t.* ξεγελώ juggle
kseyelo *v.t.* ξεγελώ outwit
kseyelo *v.t.* ξεγελώ tempt
kseyelo *v.t.* ξεγελώ trick
ksidi *n.* ξίδι vinegar
ksifolonhi *n* ξιφολόγχη bayonet
ksifomaho *v.t* ξιφομαχώ fence
ksifos *n.* ξίφος rapier
ksigi *n.* ξίγκι tallow
ksilia *n.* ξυλεία timber
ksilino alogaki *n.* ξύλινο αλογάκι hobby-horse
ksilinos *a.* ξύλινος wooden
ksilo *n.* ξύλο wood
ksilofagos *a.* ξυλοφάγος xylophagous

ksilofilos *a.* ξυλόφιλος xylophilous
ksilofono *n.* ξυλόφωνο xylophone
ksilofortono *v. t* ξυλοφορτώνω belabour
ksilourgos *n.* ξυλουργός carpenter
ksilourgos *n.* ξυλουργός joiner
ksilouryiki *n.* ξυλουργική carpentry
ksinizo *v.t.* ξινίζω sour
ksino to homa me to podi *v.t.* ξύνω το χώμα με το πόδι paw
ksinos *a* ξινός acid
ksinos *a.* ξινός sour
ksipasmenos *a.* ξιππασμένος pretentious
ksipnios *a* ξύπνιος awake
ksipno *v.t.* ξυπνώ awake
ksipno *v.i.* ξυπνώ rouse
ksipno *v.t.* ξυπνώ wake
ksirafi *n.* ξυράφι razor
ksiransi *n* ξήρανση arefaction
ksirasia *n* ξηρασία drought
ksirizma *n* ξύρισμα shave
ksirizo *v.t.* ξυρίζω shave
ksistra *n.* ξύστρα sharpener
ksodevo *v. t* ξοδεύω expend
ksodevo *v.t.* ξοδεύω spend
ksorki *n.* ξόρκι spell
ksotiko *n* ξωτικό elf
kstohi *n.* κατοχή occupancy
ktima *n* κτήμα estate
ktiniatrikos *a.* κτηνιατρικός veterinary
ktinodis *a* κτηνώδης beastly
ktinos *n* κτήνος beast
ktinos *n* κτήνος brute
ktirio *n* κτίριο building

L

laba *n.* λάμπα lamp
labaditsa *n* λαμπαδίτσα taper
laberos *a.* λαμπερός lucent
laberos *a.* λαμπερός shiny
labo *v. t* λάμπω brighten
labo *v.t* λάμπω flash
labo *v.i* λάμπω glare
labo *v.i.* λάμπω glitter
labo *v.i.* λάμπω shine
labros *a.* λαμπρός refulgent
labros *a.* λαμπρός stellar
labrotita *n.* λαμπρότητα refulgence
ladi *n.* λάδι oil
ladono *v.t* λαδώνω oil
lafira *n.* λάφυρα loot
lafira *n* λάφυρα spoil
lafiro *n* λάφυρο booty
lagnos *a.* λάγνος lascivious
lagnos *a.* λάγνος lewd
lagnos *a.* λάγνος lustful
lagokimame *v. i* λαγοκοιμάμαι doze
lagokimame *v.i.* λαγοκοιμάμαι nap
lagoniko *n.* λαγωνικό greyhound
lagoniko *n.* λαγωνικό hound
lagos *n.* λαγός hare
lahaniasma *n.* λαχάνιασμα pant
lahaniko *n.* λαχανικό vegetable
lahano *n.* λάχανο cabbage
lahio *n.* λαχείο godsend
lahio *n.* λαχείο lottery
lahnos *n* λαχνός lot
lahtara *n.* λαχτάρα longing
lahtara *n.* λαχτάρα yearning
lahtaro *v.t.* λαχταρώ achieve
lahtaro *v.i.* λαχταρώ hanker
lahtaro *v.i* λαχταρώ long

lahtaro *v.i.* λαχταρώ yearn
laikes paradosis *n.* λαϊκές παραδόσεις lore
laikos *a.* λαϊκός lay
laim *n.* λάιμ lime
lakes *n.* λακές lackey
lakonikos *a.* λακωνικός laconic
lakos *n.* λάκκος pit
laksevo *v.t.* λαξεύω whittle
laktozi *n.* λακτόζη lactose
lalo *v. i* λαλώ crow
lama *n.* λάμα lama
lampsi *n* λάμψη dazzle
lampsi *n* λάμψη flare
lampsi *n.* λάμψη glare
lampsi *n* λάμψη glitter
lampsi *n* λάμψη glow
lampsi *n.* λάμψη lustre
lampsi *n* λάμψη shine
lampsi *n.* λάμψη sparkle
lamvano *v.t.* λαμβάνω receive
lamvanon egiisi *n.* λαμβάνων εγγύηση warrantee
lamvanon etisio poso *n* λαμβάνων ετήσιο ποσό annuitant
lanthanon *a.* λανθάνων latent
lanthasmenos *a* λανθασμένος erroneous
lanthasmenos *a.* λανθασμένος incorrect
laouto *n.* λαούτο lute
lardi *n.* λαρδί lard
larigikos *a.* λαρυγγικός guttural
larigikos *a.* λαρυγγικός throaty
laskaro *v.t.* λασκάρω loosen
laspi *n.* λάσπη mud
laspi *n.* λάσπη ooze
laspi *n.* λάσπη puddle
laspi *n.* λάσπη slime
laspodis *a.* λασπώδης slushy
laspohiono *n.* λασπόχιονο słush
laspomenos *a.* λασπωμένος slimy
lastiho *n.* λάστιχο hose
lastiho *n.* λάστιχο rubber
lathemeni pisti *n.* λαθεμένη πίστη misbelief
lathos *n* λάθος error
lathos *n.* λάθος mistake
lathos *a.* λάθος wrong
lathos *adv.* λάθως wrong
lathreboros *n.* λαθρέμπορος smuggler
latomio *n.* λατομείο quarry
latomo *v.i.* λατομώ quarry
latrevo *v.t.* λατρεύω adore
latrevo *v.t.* λατρεύω worship
latria *n.* λατρεία adoration
latria *n* λατρεία cult
latria *n.* λατρεία worship
latris *n* λάτρης devotee
latris *n.* λάτρης worshipper
lava *n.* λάβα lava
lavaro *n.* λάβαρο banner
lavi *n* λαβή grasp
lavi *n.* λαβή handle
lavirinthos *n.* λαβύρινθος labyrinth
lavirinthos *n.* λαβύρινθος maze
lavirinthos *n.* λαβύρινθος warren
leena *n.* λέαινα lioness
lefka *n.* λεύκα poplar
lefka idi *n.* λευκά είδη soft
lefkagkatha *n.* λευκαγκάθα hawthorn
lefkeno *v. t* λευκαίνω bleach
lefkeno *v.t.* λευκαίνω whiten
lefko *n* λευκό white
lefkoma *n.* λεύκωμα album
lefkos *a.* λευκός white
lefta *n.* λεφτά money
leilasia *n* λεηλασία plunder
leilasia *n.* λεηλασία ravage
leilato *v.i.* λεηλατώ loot
leilato *v.i.* λεηλατώ maraud
leilato *v.t.* λεηλατώ plunder
leilato *v.t.* λεηλατώ ravage
lekani *n.* λεκάνη basin

315

lekes *n.* λεκές blot
lekiazo *v. t* λεκιάζω blot
lekiazo *v.t.* λεκιάζω spot
leksi *n.* λέξη word
leksiko *n* λεξικό dictionary
leksiko *n.* λεξικό lexicon
leksikografia *n.* λεξικογραφία lexicography
leksiloyio *n.* λεξιλόγιο vocabulary
lektoras *n.* λέκτορας lecturer
lemaryia *n.* λαιμαργία gluttony
lemonada *n.* λεμονάδα lemonade
lemoni *n.* λεμόνι lemon
lemos *n.* λαιμός neck
lemos *n.* λαιμός throat
leo *v.t.* λέω say
leo *v.t.* λέω tell
leoforio *n* λεωφορείο bus
leoforos *n.* λεωφόρος avenue
leon *n.* Λέων Leo
leopardali *n.* λεοπάρδαλη leopard
lepi *n.* λέπι scale
lepida *n.* λεπίδα blade
lepra *n.* λέπρα leprosy
lepros *n.* λεπρός leper
lepros *a.* λεπρός leprous
lepteno *v.i.* λεπταίνω slim
lepto *n.* λεπτό minute
leptokamomenos *n.* λεπτοκαμωμένος slender
leptologo *v. t* λεπτολογώ cavil
leptomerestata *adv.* λεπτομερέστατα minutely
leptomeria *n* λεπτομέρεια detail
leptomeria *n.* λεπτομέρεια particular
leptomeris *a* λεπτομερής elaborate
leptomeris *a* λεπτομερής thorough
leptomeris eksetasi *n.* λεπτομερής εξέταση scrutiny
leptos *a* λεπτός delicate
leptos *a* λεπτός flimsy
leptos *a.* λεπτός slim
leptos *n.* λεπτός subtle
leptos *a.* λεπτός thin
leptotatos *a.* λεπτότατος superfine
leptotita *n.* λεπτότητα subtlety
lerono *v.t.* λερώνω stain
levanta *n.* λεβάντα lavender
levitas *n* λέβητας boiler
leyeona *n.* λεγεώνα legion
leyeonarios *n.* λεγεωνάριος legionary
lia *n.* λεία prey
lia *n.* λεία quarry
lianiki polisi *n.* λιανική πώληση retail
lianikos *adv.* λιανικώς retail
lianikos *a* λιανικός retail
liazo *v.t.* λιάζω sun
liazome *v.i.* λιάζομαι bask
ligaria *n.* λυγαριά wicker
ligmos *n* λυγμός sob
lignitis *n.* λιγνίτης lignite
ligo *adv.* λίγο awhile
ligo *v.i.* λήγω expire
ligologos *a.* λιγόλογος taciturn
ligostevo *v.t* λιγοστεύω lessen
ligotero *n* λιγότερο less
ligotero *adv.* λιγότερο less
ligoteros *a.* λιγότερος less
lihnizo *v.t.* λιχνίζω winnow
lihoudia *n.* λιχουδιά dainty
likiskos *n* λυκίσκος hop
liknizo/-ome *v.t.* λικνίζω/-ομαι rock
likofos *n* λυκόφως dusk
likofos *n* λυκόφως twilight
likos *n.* λύκος wolf
liksiarhio *n.* ληξιαρχείο registry
liksiarhos *n.* ληξίαρχος registrar
lila *n.* λιλά lilac
lima *n* λίμα file
limani *n.* λιμάνι harbour
limani *n.* λιμάνι port

limaro *v.t* λιμάρω file
limenos *a.* λυμένος loose
limni *n.* λίμνη lake
limnothalasa *n.* λιμνοθάλασσα lagoon
limnoula *n.* λιμνούλα pond
limonas *n.* λειμώνας lea
limos *n* λιμός famine
lino *n.* λινό linen
lino *v.t.* λύνω loose
lino *v.t.* λύνω undo
linosporos *n.* λινόσπορος linseed
lintsaro *v.t.* λιντσάρω lynch
liomenos *a.* λυωμένος molten
liono *v.t.* λιώνω fuse
liono *v.i.* λιώνω languish
liono *v.i.* λιώνω melt
liono *v.t.* λιώνω smelt
liono *v.i* λυώνω thaw
liontari *n* λιοντάρι lion
liontarisios *a* λιονταρίσιος leonine
lios *a.* λείος smooth
lipame *v.t.* λυπάμαι pity
lipansi *n.* λίπανση lubrication
lipantiko *n.* λιπαντικό lubricant
liparos *a.* λιπαρός greasy
liparos *a.* λιπαρός oily
lipasma *n* λίπασμα fertilizer
lipasma apo fila *n* λίπασμα από φύλλα compost
lipeno *v.t.* λιπαίνω lubricate
lipi *n* λύπη regret
lipimenos *a.* λυπημένος wan
lipo *v.t.* λυπώ sadden
lipos *n* λίπος fat
lipos *n* λίπος grease
lipos psitou *n* λίπος ψητού drip
lipothimia *n.* λιποθυμία swoon
lipothimo *v.i* λιποθυμώ faint
lipoume *v.i.* λυπούμαι regret
lipsano *n.* λείψανο relic
lira *n.* λύρα lyre
liri *n* λειρί crest

liriko piima *n.* λυρικό ποίημα lyric
lirikos *a.* λυρικός lyric
lirikos *a.* λυρικός lyrical
lisa *n.* λύσσα fury
lisa *n.* λύσσα rabies
lisi *n.* λύση solution
lisomano *v.i.* λυσσομανώ storm
listevo *v.t.* ληστεύω rob
listia *n.* ληστεία robbery
listis *n.* ληστής bandit
listis *n.* ληστής robber
lithargos *n.* λήθαργος lethargy
lithargos *n.* λήθαργος somnolence
lithi *n.* λήθη oblivion
lithovolo *v.t.* λιθοβολώ stone
litos *a.* λιτός frugal
litos *a.* λιτός terse
litourgo *v.i* λειτουργώ function
litourgos *a.* λειτουργός ministrant
litouryia *n.* λειτουργία function
litouryia *n.* λειτουργία operation
litouryikos *a.* λειτουργικός liturgical
litra *n.* λύτρα ransom
litro *n.* λίτρο litre
livadi *n.* λιβάδι meadow
livani *n.* λιβάνι incense
livanistiri *n* λιβανιστήρι censer
livanizo *v. t* λιβανίζω cense
livra *n.* λίβρα pound
livrea *n.* λιβρέα livery
liyi *a* λίγοι few
liyizo *v. t* λυγίζω bend
lofio *n* λοφίο aigrette
lofiskos *n.* λοφίσκος hillock
lofos *n.* λόφος hill
logariasmos *n.* λογαριασμός account
logariasmos *n* λογαριασμός bill
logarithmos *n.* λογάριθμος logarithim
logokrino *v. t.* λογοκρίνω censor

logokrisia *n.* λογοκρισία censorship
logokritis *n.* λογοκριτής censor
logomahia *n.* λογομαχία altercation
logomaho *v. t* λογομαχώ brangle
logomaho *v. i* λογομαχώ dispute
logopegnio *n.* λογοπαίγνιο pun
logos *n* λόγος discourse
logos *n.* λόγος reason
logos *n.* λόγος say
logos *n.* λόγος speech
logos timis *n.* λόγος τιμής parole
logotehnia *n.* λογοτεχνία literature
lohias *n.* λοχίας sergeant
loksigkas *n.* λόξυγγας hiccup
loksodromo *v.i.* λοξοδρομώ shy
loksos *a.* λοξός oblique
lonhi *n.* λόγχη lance
lonhi *n.* λόγχη spear
lonhizo *v.t.* λογχίζω spear
lonhoforos *n.* λογχοφόρος lancer
losion *n.* λοσιόν lotion
lotos *n.* λωτός lotus
louki *n.* λούκι gutter
loulaki *n.* λουλάκι indigo
louloudi *n* λουλούδι bloom
louloudi *n* λουλούδι flower
louloudiasmenos *a* λουλουδιασμένος flowery
louo/-ome *v. t* λούω/-ομαι bathe
lourida *n.* λουρίδα strap
loustro *n.* λούστρο gloss
louzome me sabouan *v.t.* λούζομαι με σαμπουάν shampoo
lovos *n.* λοβός lobe
loyiki *n.* λογική logic
loyiki *n.* λογική rationale
loyiki *n.* λογική rationality
loyiki *n.* λογική sanity
loyiki *n.* λογική sense
loyikos *a.* λογικός logical
loyikos *a.* λογικός rational
loyikos *a.* λογικός reasonable
loyikos *a.* λογικός sensible
loyios *a.* λόγιος scholarly
loyistiki *n.* λογιστική accountancy
loyistis *n.* λογιστής accountant
loyistis *n* λογιστής book-keeper

M

maderi *n.* μαδέρι plank
mado *v.i.* μαδώ moult
mado *v.t.* μαδώ pluck
maestros *n* μαέστρος conductor
mafsolio *n.* μαυσωλείο mausoleum
magkanio *n.* μαγγάνιο manganese
magnitikos *a.* μαγνητικός magnetic
magnitis *n.* μαγνήτης magnet
magnitismos *n.* μαγνητισμός magnetism
magos *n.* μάγος magician
magos *n.* μάγος sorcerer
magos *n.* μάγος wizard
magoulades *n.* μαγουλάδες mumps
magoulo *n* μάγουλο cheek
maheri *n.* μαχαίρι knife
maheria *n.* μαχαιριά stab
mahi *n* μάχη battle
mahi *n* μάχη combat
mahi *n* μάχη fight
mahimos *a.* μάχιμος combatant
mahitikos *a.* μαχητικός militant
mahitikotita *n* μαχητικότητα militancy
mahitis *n* μαχητής combatant
mahome *v. t.* μάχομαι combat
mahome *v.i.* μάχομαι militate

maimou *n.* μαϊμού monkey
maios *n.* Μάιος May
makreno *v.t.* μακραίνω lengthen
makria *adv.* μακριά afar
makria *adv.* μακριά aloof
makria *adv.* μακρυά apart
makria *adv.* μακριά away
makria *adv.* μακρυά far
makrino epipono taksidi *n.*
  μακρινό επίπονο ταξίδι trek
makrinos *a* μακρυνός distant
makrinos *a* μακρυνός far
makris *a.* μακρύς long
makritera *adv.* μακρύτερα further
makrosteno lavaro *n.*
  μακρόστενο λάβαρο streamer
makrozoia *n.* μακροζωία
  longevity
maksilaraki *n.* μαξιλαράκι pad
maksilari *n* μαξιλάρι cushion
maksilari *n* μαξιλάρι pillow
malakono *v.i.* μαλακώνω relent
malakono *v.t.* μαλακώνω soften
mali *n.* μαλλί wool
mali penie *n.* μαλλί πενιέ worsted
malina *n* μάλλινα woollen
malinos *a.* μάλλινος woollen
malon *adv.* μάλλον rather
malono *v. t.* μαλώνω chide
mama *n.* μαμά mamma
mama *n* μαμά mum
mamaka *n.* μαμάκα mummy
mami *n.* μαμή midwife
mamouth *n.* μαμούθ mammoth
mana *n.* μάννα manna
mandias *n.* μανδύας cloak
mandias *n* μανδύας mantle
maneken *n.* μανεκέν mannequin
mangko *n* μάνγκο mango
mangkousta *n.* μανγκούστα
  mongoose
mania *n* μανία fad
mania *n* μανία mania
maniakos *n.* μανιακός maniac

maniasmenos *a.* μανιασμένος
  furious
manifesto *n.* μανιφέστο manifesto
maniki *n* μανίκι sleeve
manikiour *n.* μανικιούρ manicure
manitari *n.* μανιτάρι mushroom
manouvraro *v.i.* μανουβράρω
  manoeuvre
manouvraro *v.t.* μανουβράρω
  shunt
manseta *n* μανσέτα cuff
mantevo *v.i* μαντεύω guess
mantikos *a.* μαντικός oracular
mantila *n.* μαντήλα kerchief
mantio *n.* μαντείο oracle
maoni *n.* μαόνι mahogany
marathonios *n.* μαραθώνιος
  marathon
marenome *v.i* μαραίνομαι fade
marenome *v.i.* μαραίνομαι wither
margarini *n.* μαργαρίνη
  margarine
margarita *n* μαργαρίτα daisy
margaritari *n.* μαργαριτάρι pearl
marioneta *n.* μαριονέτα
  marionette
marka *n* μάρκα brand
markadoros *n.* μαρκαδόρος
  marker
markaro *v.t* μαρκάρω mark
marmaro *n.* μάρμαρο marble
marmelada *n.* μαρμελάδα jam
marmelada *n.* μαρμελάδα
  marmalade
marsipoforos *n.* μαρσιποφόρος
  marsupial
martios *n* Μάρτιος march
martiras *n.* μάρτυρας deponent
martiras *n.* μάρτυρας martyr
martiras *n.* μάρτυρας witness
martiria *n.* μαρτυρία testimony
martirio *n.* μαρτύριο martyrdom
martirio *n.* μαρτύριο torment
mas *pron.* μας our

masaz n. μασάζ massage
maser n. μασέρ masseur
maska n. μασκά mask
maskot n. μασκότ mascot
maso v. t μασώ chew
maso v.t. μασώ masticate
masonos n. μασόνος mason
masoulizo v.t. μασουλίζω munch
mastari n. μαστάρι udder
mastiga n. μάστιγα scourge
mastigono v. t. μαστιγώνω castigate
mastigono v.t μαστιγώνω flog
mastigono v.t. μαστιγώνω lambaste
mastigono v.i. μαστιγώνω lash
mastigono v.t. μαστιγώνω scourge
mastigono v.t. μαστιγώνω whip
mastikos a. μαστικός mammary
mastiyio n. μαστίγιο whip
mastizo v.t. μαστίζω plague
mastoras n. μάστορας workman
mastoria n. μαστοριά workmanship
mat n ματ checkmate
matea adv. μάταια vainly
mateodoksia n. ματαιοδοξία vainglory
mateodoksia n. ματαιοδοξία vanity
mateodoksos a. ματαιόδοξος vainglorious
mateono v.t ματαιώνω foil
mateono v.t. ματαιώνω scotch
mateos a. μάταιος vain
mateotita n. ματαιότητα futility
matheno v.i. μαθαίνω learn
mathima n. μάθημα lesson
mathima n. μάθημα tuition
mathimatika n μαθηματικά mathematics
mathimatikos a. μαθηματικός mathematical

mathimatikos n. μαθηματικός mathematician
mathisi n. μάθηση learning
mathitevomenos n. μαθητευόμενος apprentice
mathitia n. μαθητεία probation
mathitis n. μαθητής learner
mathitis n. μαθητής pupil
mathitis n. μαθητής student
mathitis stratiotikis sholis n. μαθητής στρατιωτικής σχολής cadet
mati n μάτι eye
matia n. ματιά glance
matia n ματιά look
mavrisma n., a. μαύρισμα tan
mavrizo v. t. μαυρίζω blacken
mavrizo v.t. μαυρίζω tarnish
mavrohoma n μαυρόχωμα mould
mavros a μαύρος black
mayevo v.t μαγεύω bewitch
mayevo v. t μαγεύω enamour
mayia n μαγιά ferment
mayia n. μαγεία magic
mayia n. μαγεία sorcery
mayia n μάγια spell
mayia n. μαγεία witchcraft
mayia n. μαγεία witchery
mayia n. μαγιά yeast
mayikos a. μαγικός magical
mayiras n μάγειρας cook
mayirevo v. t μαγειρεύω cook
mayirevo me atmo v.i. μαγειρεύω με ατμό steam
mayisa n. μάγισσα hag
mayisa n. μάγισσα witch
maza n. μάζα mass
mazevo v.t. μαζεύω muster
mazevo/-ome v.t. μαζεύω/-ομαι gather
mazi adv. μαζί together
mazi prep. μαζί with
me dio gonies adj. με δυο γωνίες biangular

me dio gramata *adj* με δυο γράμματα biliteral
me epiroi *a.* με επιρροή influential
me polu anemo *a.* με πολύ άνεμο windy
me tafro *a* με τάφρο moated
megafono *n.* μεγάφωνο megaphone
megali sfika *n.* μεγάλη σφήκα hornet
megalio *n.* μεγαλείο grandeur
megalio *n.* μεγαλείο sublimity
megaliteros *a* μεγαλύτερος elder
megalithikos *a.* μεγαλιθικός megalithic
megalithos *n.* μεγάλιθος megalith
megalo kima *n* μεγάλο κύμα billow
megalo kipelo *n.* μεγάλο κύπελο mug
megalo psalidi *n. pl.* μεγάλο ψαλίδι shears
megalo spiti *n.* μεγάλο σπίτι bawn
megalono *v.t.* μεγαλώνω grow
megalono *v.t.* μεγαλώνω rear
megalono poli *v.t.* μεγαλώνω πολύ outgrow
megaloprepia *n.* μεγαλοπρέπεια majesty
megaloprepis *n* μεγαλοπρεπής august
megaloprepis *a.* μεγαλοπρεπής grand
megaloprepis *a.* μεγαλοπρεπής magnificent
megaloprepis *a.* μεγαλοπρεπής majestic
megaloprepis parelasi *n.* μεγαλοπρεπής παρέλαση pageant
megalopsihia *n.* μεγαλοψυχία magnanimity
megalopsihos *a.* μεγαλόψυχος magnanimous
megalos *a* μεγάλος big
megalos *adv.* μεγάλως highly
megalos *a.* μεγάλος large
megalos *a.* μεγάλος massive
megalos *a.* μεγάλος massy
megalos pithikos *n.* μεγάλος πίθηκος baboon
megas *a* μέγας great
megas arithmos *n.* μέγας αριθμός multitude
megas kathedrikos naos *n.* μέγας καθεδρικός ναός minster
mehri *prep.* μέχρι until
mehri toude *adv.* μέχρι τούδε hitherto
melanholia *n.* μελαγχολία melancholia
melanholia *n.* μελαγχολία melancholy
melanholikos *a.* μελαγχολικός melancholic
melanholikos *a.* μελαγχολικός wistful
melanholo *v.i.* μελαγχολώ mope
melani *n.* μελάνι ink
melania *n* μελανιά bruise
melapsos *a.* μελαψός swarthy
melasa *n* μελάσσα molasses
meleti *n* μελέτη consideration
meleti *n* μελέτη deliberation
meleti *n.* μελέτη perusal
meleti *n.* μελέτη study
meletiros *n.* μελετηρός bookish
meleto *v. t* μελετώ consider
meleto *v. i* μελετώ deliberate
meleto *v.t.* μελετώ meditate
meleto *v.t.* μελετώ peruse
meleto *v.i.* μελετώ study
meli *n.* μέλι honey
melijana *n* μελιτζάνα brinjal
melisa *n.* μέλισσα bee
melisokomia *n.* μελισσοκομία apiculture

melisotrofio *n.* μελισσοτροφείο apiary
melodia *n.* μελωδία melody
melodia *n.* μελωδία tune
melodikos *a.* μελωδικός harmonious
melodikos *a.* μελωδικός melodious
melodrama *n.* μελόδραμα melodrama
melodramatikos *a.* μελοδραματικός melodramatic
melon *n* μέλλον future
melontikos *a.* μελλοντικός future
melontikos *a.* μελλοντικός prospective
melos *n.* μέλος limb
melos *n.* μέλος member
melos epitropis *n.* μέλος επιτροπής commissioner
melos tis vasilikis frouras *n.* μέλος της βασιλικής φρουράς yeoman
melos tis vasilikis ikoyenias *n.* μέλος της βασιλικής οικογένειας royalty
memvrani *n.* μεμβράνη membrane
meno *v.i.* μένω stay
meno piso *v.i.* μένω πίσω straggle
meno stasimos *v.i.* μένω στάσιμος stagnate
menome *v.i.* μαίνομαι rage
menou *n.* μενού menu
menta *n.* μέντα mint
mentayion *n.* μενταγιόν locket
mentoras *n.* μέντορας mentor
mera *n* μέρα day
merida *n.* μερίδα ration
meridio *n* μερίδιο portion
meridio *n.* μερίδιο quota
meridio *n.* μερίδιο share
meridio *n.* μερίδιο allocation
merika *pron.* μερικά some

merikos *a.* μερικός partial
merikos *a.* μερικός some
merokamatiaris *n.* μεροκαματιάρης jobber
merokamatiaris *n.* μεροκαματιάρης labourer
merolipsia *n.* μεροληψία partiality
meros *n.* μέρος part
mesa *prep.* μέσα in
mesa *prep.* μέσα inside
mesa *n* μέσα means
mesa se *prep.* μέσα σε into
mesa se *prep.* μέσα σε within
mesanihta *n.* μεσάνυχτα midnight
mesazon *n.* μεσάζων intermediary
mesazon *n.* μεσάζων middleman
meseonikos *a.* μεσαιωνικός medieval
meseos *a.* μεσαίος intermediate
meseos *a* μεσαίος medium
meseos *a.* μεσαίος mid
mesi *n.* μέση loin
mesi *n.* μέση waist
mesias *n.* Μεσσίας messiah
mesimeri *n.* μεσημέρι midday
mesimeri *n.* μεσημέρι noon
mesimeriano fayito *n.* μεσημεριανό φαγητό lunch
mesimvrini anapafsi *n.* μεσημβρινή ανάπαυση siesta
mesimvrinos *a.* μεσημβρινός meridian
mesitis *n* μεσίτης broker
meso *n.* μέσο mean
meso *n* μέσο medium
meso *n* μέσο middle
meso *prep.* μέσω via
mesofori *n.* μεσοφόρι petticoat
mesolavisi *n.* μεσολάβηση intervention
mesolavisi *n.* μεσολάβηση mediation

mesolavitis *n.* μεσολαβητής
mediator
mesolavitis *n.* μεσολαβητής
negotiator
mesolavo *v.i.* μεσολαβώ intervene
mesolavo *v.i.* μεσολαβώ mediate
mesos *a.* μέσος average
mesos *a.* μέσος median
mesos *a.* μέσος middle
mesos oros *n.* μέσος όρος average
meta *adv.* μετά next
meta *adv.* μετά post
meta apo *prep.* μετά από after
meta tafta *adv.* μετά ταύτα
thereafter
metadido *v.t.* μεταδίδω impart
metadido *v.t.* μεταδίδω transmit
metadido tileoptikos *v.t.*
μεταδίδω τηλεοπτικώς televise
metadosi *n.* μετάδοση
transmission
metadotikos *a* μεταδοτικός
contagious
metafero *v.t* μεταφέρω bear
metafero *v. t.* μεταφέρω carry
metafero *v.i* μεταφέρω pipe
metafero *v.t.* μεταφέρω transfer
metafero *v.t.* μεταφέρω transport
metafisiki *n.* μεταφυσική
metaphysics
metafisikos *a.* μεταφυσικός
metaphysical
metafora *n.* μεταφορά carriage
metafora *n.* μεταφορά metaphor
metafora *n.* μεταφορά portage
metafora *n.* μεταφορά transfer
metafora *n.* μεταφορά transit
metafora *n.* μεταφορά transport
metafora *n.* μεταφορά
transportation
metaforeas *n.* μεταφορέας carrier
metaforikos *a* μεταφορικός
figurative

metafrasi *n.* μετάφραση
translation
metafrazo *v.t.* μεταφράζω
translate
metagrafi *n.* μεταγραφή
transcription
metagrafo *v.t.* μεταγράφω
transcribe
metahirizome *v.t.* μεταχειρίζομαι
treat
metahronologo *v.t.*
μεταχρονολογώ post-date
metakomisi *n.* μετακόμιση
removal
metaksenios *a.* μεταξένιος silky
metaksi *prep.* μεταξύ amid
metaksi *prep* μεταξύ between
metaksi *n.* μετάξι silk
metaksotos *a.* μεταξωτός silken
metalevma *n.* μετάλλευμα ore
metalikos *a.* μεταλλικός metallic
metalio *n.* μετάλλιο medal
metalo *n.* μέταλλο metal
metalouryia *n.* μεταλλουργία
metallurgy
metamelia *n.* μεταμέλεια
repentance
metamfiesi *n* μεταμφίεση
disguise
metamfiesi *n.* μεταμφίεση
masquerade
metamfiezo *v. t* μεταμφιέζω
disguise
metamorfono *v.t.* μεταμορφώνω
transfigure
metamorfono *v.* μεταμορφώνω
transform
metamorfosi *n.* μεταμόρφωση
metamorphosis
metamorfosi *n.* μεταμόρφωση
transfiguration
metamorfosi *n.* μεταμόρφωση
transformation

metamoshevo v.t. μεταμοσχεύω
transplant
metanastefsi n. μετανάστευση
immigration
metanastefsi n. μετανάστευση
migration
metanastefsi n. μετανάστευση
transmigration
metanastevo v.i. μεταναστεύω
immigrate
metanastevo v.i. μεταναστεύω
migrate
metanastis n. μετανάστης
immigrant
metanastis n. μετανάστης
migrant
metaniono v.i. μετανοιώνω repent
metaniono v.t. μετανοιώνω rue
metanoon a. μετανοών repentant
metapio v.t. μεταποιώ alter
metapitho v. t μεταπείθω
dissuade
metarithmisi n. μεταρρύθμιση
reform
metarithmisi n. μεταρρύθμιση
reformation
metarithmistikos a
μεταρρυθμιστικός reformatory
metarithmistis n.
μεταρρυθμιστής reformer
metarithmizo/-ome v.t.
μεταρρυθμίζω/-ομαι reform
metastrofi n. μεταστροφή
vicissitude
metathanatios a. μεταθανάτιος
posthumous
metathanatios a. μεταθανάτιος
post-mortem
metathesi n. μετάθεση
permutation
metathetos a. μεταθετός
removable
metatopisi n μετατόπιση shift

metatopizo v. t μετατοπίζω
displace
metatopizo v.t. μετατοπίζω shift
metatrepo se aera v.t. μετατρέπω
σε αέρα aerify
metatropi n μετατροπή alteration
metavasi n. μετάβαση transition
metavatiko n. μεταβατικό
transitive
metavivasi n μεταβίβαση
conveyance
metavivasimos a. μεταβιβάσιμος
transferable
metavivazo v. t μεταβιβάζω
communicate
metavivazo v. t. μεταβιβάζω
convey
metavlitos a. μεταβλητός variable
metavoli n. μεταβολή mutation
metavolismos n. μεταβολισμός
metabolism
meteorikos a. μετεωρικός
meteoric
meteoro n. μετέωρο meteor
meteorologos n. μετεωρολόγος
meteorologist
meteoroloyia n. μετεωρολογία
meteorology
methi n. μέθη intoxication
methisos n μέθυσος bibber
methisos n μέθυσος drunkard
metho v.t. μεθώ intoxicate
methodikos a. μεθοδικός
methodical
methodikos a. μεθοδικός orderly
methodos n. μέθοδος method
methokopo v. i μεθοκοπώ booze
metopo n μέτωπο forehead
metopo n. μέτωπο front
metriasmos n. μετριασμός
moderation
metriazo v.t. μετριάζω abate
metriazo v.t. μετριάζω allay
metriazo v. t μετριάζω ease

metriazo *v.t.* μετριάζω slacken
metriazo *v.t.* μετριάζω temper
metriazo/-ome *v.t.* μετριάζω/-ομαι moderate
metrikos *a.* μετρικός metric
metrikos *a.* μετρικός metrical
metriofron *a.* μετριόφρων modest
metriofrosini *n* μετριοφροσύνη modesty
metriopathia *n.* μετριοπάθεια temperance
metrios *a.* μέτριος mediocre
metrios *a.* μέτριος middling
metrios *a.* μέτριος moderate
metriotita *n.* μετριότητα mediocrity
metrisi *n.* μέτρηση measurement
metrisimos *a.* μετρήσιμος measurable
metrita *n.* μετρητά cash
metritis *n.* μετρητής meter
metro *v. t.* μετρώ count
metro *n.* μέτρο gauge
metro *n.* μέτρο measure
metro *v.t* μετρώ measure
metro *n.* μέτρο metre
meyethino *v. t* μεγεθύνω enlarge
meyethino *v.t.* μεγεθύνω magnify
meyethos *n.* μέγεθος size
meyistanas *n.* μεγιστάνας magnate
mia fora *adv.* μια φορά once
mialo *n.* μυαλό mind
mialyia *n.* μυαλγία myalgia
miazo *v.t.* μοιάζω resemble
miden *n.* μηδέν nil
miden *n.* μηδέν nought
miden *n.* μηδέν zero
mideniko *n.* μηδενικό cipher, cypher
mideniko *n.* μηδενικό nonentity
midenismos *n.* μηδενισμός nihilism

miga *n* μύγα fly
migadas *n.* μιγάδας mulatto
migas *a* μιγάς mongrel
mihani *n* μηχανή engine
mihani *n* μηχανή machine
mihani *n.* μηχανή motor
mihani trenou *n.* μηχανή τρένου locomotive
mihaniki *n.* μηχανική mechanics
mihaniko klidi *n.* μηχανικό κλειδί spanner
mihanikos *n* μηχανικός engineer
mihanikos *n.* μηχανικός mechanic
mihanikos *a* μηχανικός mechanic
mihanikos *a.* μηχανικός mechanical
mihanismos *n.* μηχανισμός apparatus
mihanismos *n.* μηχανισμός mechanism
mihanorafia *n* μηχανορραφία intrigue
mihanorafo *v.t.* μηχανορραφώ intrigue
mihanorafo *v.i.* μηχανορραφώ scheme
mihia *n.* μοιχεία adultery
miikos *a.* μυϊκός muscular
miimenos *n* μυημένος mystic
miimenos *a.* μυημένος versed
mika *n.* μίκα mica
mikitas *n.* μύκητας fungus
mikos *n.* μήκος length
mikra *n* μικρά young
mikri posostita *n.* μικρή ποσότητα modicum
mikro tripima *n.* μικρό τρύπημα prick
mikro zoou *n.* μικρό ζώου whelp
mikroastikos *a.* μικροαστικός suburban
mikrofilm *n.* μικροφίλμ microfilm

mikrofono *n.* μικρόφωνο microphone
mikrokamomenos *a.* μικροκαμωμένος puny
mikrokima *n.* μικρόκυμα microwave
mikrometro *n.* μικρόμετρο micrometer
mikros *a.* μικρός little
mikros *a.* μικρός minor
mikros *a.* μικρός small
mikros kataraktis *n.* μικρός καταρράκτης cascade
mikroskopikos *a.* μικροσκοπικός microscopic
mikroskopikos *a.* μικροσκοπικός miniature
mikroskopikos *a.* μικροσκοπικός minuscule
mikroskopikos *a.* μικροσκοπικός minute
mikroskopikos *a.* μικροσκοπικός slight
mikroskopikos *a.* μικροσκοπικός tiny
mikroskopio *n.* μικροσκόπιο microscope
mikroteros *a.* μικρότερος lesser
mikrotita *n.* μικρότητα smallness
mikrovia *n.* μικρόβια bacteria
mikrovio *n.* μικρόβιο germ
mikrovioloyia *n.* μικροβιολογία microbiology
miksi *n.* μίξη mixture
mikti ekpedefsi *n.* μικτή εκπαίδευση coeducation
milao *v.i.* μιλάω speak
mili *n.* μίλι mile
milo *n.* μήλο apple
milo *v.i.* μιλώ talk
milo anoita *v. i* μιλώ ανόητα blether
milonas *n.* μυλωνάς miller

milos *n.* μύλος grinder
milos *n.* μύλος mill
mimisi *n.* μίμηση imitation
mimisi *n.* μίμηση mimesis
mimisi *n* μίμηση mimicry
mimos *n.* μίμος mime
mimos *n* μίμος mimic
mimos *n.* μίμος mummer
mimoume *v.t.* μιμούμαι ape
mimoume *v. t* μιμούμαι emulate
mimoume *v.t.* μιμούμαι imitate
mimoume *v.i* μιμούμαι mime
mimoume *v.t* μιμούμαι mimic
minares *n.* μιναρές minaret
minas *n.* μήνας month
minas tou melitos *n.* μήνας του μέλιτος honeymoon
miniatoura *n.* μινιατούρα miniature
miniea *adv* μηνιαία monthly
minieo periodiko *n* μηνιαίο περιοδικό monthly
minieos *a.* μηνιαίος monthly
minigitida *n.* μηνιγγίτιδα meningitis
minima *n.* μήνυμα message
minio *v.t.* μηνύω indict
minio *v.t.* μηνύω prosecute
minisi *n.* μήνυση indictment
minisi *n.* μήνυση prosecution
minitis *n.* μηνυτής prosecutor
mion *prep.* μείον less
mion *prep. & a & n* μείον minus
mionektima *n* μειονέκτημα demerit
mionektima *n* μειονέκτημα disadvantage
mionektima *n* μειονέκτημα drawback
miono *v.t.* μειώνω reduce
miono/-ome *v. t* μειώνω/-ομαι decrease
miono/-ome *v.t.i.* μειώνω/-ομαι depreciate

miono/-ome v. t μειώνω/-ομαι
   diminish
miopia n. μυωπία myopia
miopikos a. μυωπικός myopic
miopsifia n. μειοψηφία minority
miosi n μείωση decrease
miosi n. μείωση decrement
miosi n. μείωση reduction
mira n μοίρα destiny
mira n μοίρα doom
mira n μοίρα fate
mirasia n. μοιρασιά dealing
mirazo v. i μοιράζω deal
mirazo v. t μοιράζω distribute
mirazo v.t. μοιράζω portion
mirazo sta dio v.t. μοιράζω στα
   δυο halve
mirazome v.t. μοιράζομαι share
miriada n. μυριάδα myriad
mirikasmos n. μηρυκασμός
   rumination
mirikastiko n. μηρυκαστικό
   ruminant
mirikastikos a. μηρυκαστικός
   ruminant
mirikazo v.i. μηρυκάζω ruminate
mirizo v.t. μυρίζω smell
mirizo v.i. μυρίζω sniff
mirizome v.t. μυρίζομαι scent
mirmigi n μυρμήγκι ant
mirodia n. μυρωδιά scent
mirodia n. μυρωδιά smell
mirodia n μυρωδιά sniff
mirodia n. μυρωδιά snuff
miros n. μηρός thigh
mirtia n. μυρτιά myrtle
mis n. μυς muscle
misanihti adj. μισάνοιχτη ajar
misanthropos n. μισάνθρωπος
   misanthrope
mishos n μίσχος stalk
misi n. μύση myosis
misi nota n. μισή νότα minim
miso n. μισό half

miso v.t. μισώ hate
misos a μισός half
misos n. μίσος hate
misos n. μίσος odium
misostravos n. μισόστραβος
   purblind
mistharno organo n. μίσθαρνο
   όργανο hireling
misthos n. μισθός salary
misthos n. μισθός stipend
misthos n. μισθός wage
misthosi n. μίσθωση hire
misthosi n. μίσθωση lease
misthosi n. μίσθωση tenancy
misthotis n. μισθωτής lessee
mistikismos n. μυστικισμός
   mysticism
mistiko n. μυστικό secret
mistikos adj. μυστικός
   clandestine
mistikos a. μυστικός secret
mistikotita n. μυστικότητα
   secrecy
mistirio n. μυστήριο mystery
mistirio n. μυστήριο sacrament
mistiriodis a. μυστηριώδης
   mysterious
mistri n. μυστρί trowel
mitera n μητέρα mother
mithikos a. μυθικός mythical
mithistorima n μυθιστόρημα
   novel
mithistoriografos n.
   μυθιστοριογράφος novelist
mithloyia n. μυθολογία
   mythology
mitholoyikos a. μυθολογικός
   mythological
mithos n μύθος apologue
mithos n. μύθος fable
mithos n. μύθος myth
miti n. μύτη nib
miti n. μύτη nose
mitra n μήτρα matrix

mitra *n.* μίτρα mitre
mitra *n.* μήτρα uterus
mitra *n.* μήτρα womb
mitrikos *a.* μητρικός maternal
mitrikos *a.* μητρικός motherly
mitroktonikos *a.* μητροκτονικός matricidal
mitroktonos *n.* μητροκτόνος matricide
mitroo *n.* μητρώο register
mitropoli *n.* μητρόπολη metropolis
mitropolitikos *a.* μητροπολιτικός metropolitan
mitrotita *n.* μητρότητα maternity
mitrotita *n.* μητρότητα motherhood
mnia *n.* μνεία mention
mnimi *n.* μνήμη memory
mnimi *n.* μνήμη recollection
mnimi *n.* μνήμη remembrance
mnimiakos *a.* μνημειακός monumental
mnimio *n.* μνημείο memorial
mnimio *n.* μνημείο monument
mnimonevo *v.t.* μνημονεύω mention
mnimonio *n* μνημόνιο memorandum
moda *n* μόδα fashion
moda *n.* μόδα vogue
mohlos *n.* μοχλός lever
mohthiros *a.* μοχθηρός vicious
mohtho *v.i.* μοχθώ labour
mohtho *v.i.* μοχθώ toil
mohthos *n.* μόχθος labour
mohthos *n.* μόχθος toil
molino *v.t.* μολύνω contaminate
molino *v.t.* μολύνω infect
molino *v.t.* μολύνω pollute
molino *v.t.* μολύνω vitiate
molino/-ome *v.t.* μολύνω/-ομαι taint
molinsi *n.* μόλυνση infection
molinsi *n.* μόλυνση pollution
molinsi *n.* μόλυνση taint
molis *adv.* μόλις hardly
molis *adv.* μόλις just
molismatikos *a.* μολυσματικός infectious
molivdos *n.* μόλυβδος lead
molivenios *a.* μολυβένιος leaden
molivi *n.* μολύβι pencil
molonoti *conj.* μολονότι albeit
molonoti *conj.* μολονότι although
molonoti *conj.* μολονότι notwithstanding
molopas *n* μώλωπας contusion
momfi *n.* μομφή reprimand
momfi *n.* μομφή stricture
monada *n.* μονάδα unit
monadika *adv.* μοναδικά singularly
monadikos *a.* μοναδικός singular
monadikos *a.* μοναδικός unique
monadikotita *n.* μοναδικότητα oneness
monadikotita *n.* μοναδικότητα singularity
monahikos *a.* μοναχικός lone
monahikos *a.* μοναχικός lonely
monahikos *a.* μοναχικός solitary
monahos *n.* μοναχός monk
monaksia *n.* μοναξιά loneliness
monaksia *n.* μοναξιά solitude
monarhia *n.* μοναρχία monarchy
monarhis *n* μονάρχης autocrat
monarhis *n.* μονάρχης monarch
monarhis *n.* μονάρχης sovereign
monastikos vios *n* μοναστικός βίος monasticism
monastiri *n.* μοναστήρι cloister
monastiri *n.* μοναστήρι monastery
monimos *a* μόνιμος abiding
monimos *a.* μόνιμος permanent
monimotita *n.* μονιμότητα permanence

mono *adv.* μόνο only
monodia *n.* μονωδία monody
monofthalmos *a.* μονόφθαλμος monocular
monogamia *n.* μονογαμία monogamy
monogamikos *a.* μονογαμικός monogynous
monografia *n.* μονογραφία monograph
monografo *v.t* μονογραφώ initial
monograma *n.* μονόγραμμα monogram
monohromatikos *a.* μονοχρωματικός monochromatic
monokl *n.* μονόκλ monocle
monolithos *n.* μονόλιθος monolith
monologos *n.* μονόλογος aside
monologos *n.* μονόλογος monologue
monologos *n.* μονόλογος soliloquy
monomahia *n* μονομαχία duel
monomaho *v. i* μονομαχώ duel
monono *v.i.* μονώνω lag
monopati *n.* μονοπάτι path
monopolio *n.* μονοπώλιο monopoly
monopolo *v.t.* μονοπολώ monopolize
monos *adj.* μόνος alone
monos *a.* μόνος only
monos *a.* μόνος single
monos *a* μόνος sole
monos *a.* μόνος solo
monosilavi leksi *n.* μονοσύλλαβη λέξη monosyllable
monosilavos *a.* μονοσύλλαβος monosyllabic
monotheismos *n.* μονοθεϊσμός monotheism
monotheistis *n.* μονοθεϊστής monotheist
monotiko *n.* μονωτικό insulator
monotonia *n* μονοτονία monotony
monotonia *n.* μονοτονία tedium
monotonos *a.* μονότονος monotonous
montelo *n.* μοντέλο model
monternos *a* μοντέρνος fashionable
monternos *a.* μοντέρνος modern
monternos *a.* μοντέρνος up-to-date
morfi *n* μορφή form
morfini *n.* μορφίνη morphia
morganatikos *a.* μοργανατικός morganatic
moriakos *a.* μοριακός molecular
morio *n.* μόριο molecule
morio *a.* μόριο particle
morio skonis *n.* μόριο σκόνης mote
moro *n.* μωρό babe
moro *n.* μωρό baby
mosaiko *n.* μωσαϊκό mosaic
moshari *n.* μοσχάρι calf
moshos *n.* μόσχος musk
moshovitis *n.* μοσχοβίτης muscovite
motel *n.* μοτέλ motel
motivo *n.* μοτίβο motif
mou *a.* μου my
moudiasmenos *a.* μουδιασμένος numb
mougkanisma *n.* μουγγάνισμα low
mougkanizo *v.i.* μουγγανίζω low
mougkanizo *v.i* μουγκανίζω moo
mougkos *n.* μουγγός mute
mougkrizo *v. i* μουγκρίζω bellow
mouhla *n.* μούχλα mildew
mouhla *n* μούχλα mould

mouhliasmenos *a.* μουχλιασμένος mouldy
moulari *n.* μουλάρι mule
moulas *n.* μουλάς mullah
moumia *n* μούμια mummy
mounouhizo *v.t.* μουνουχίζω geld
mountos *a* μουντός dull
mountos *a.* μουντός hazy
mourmourizo *v.i.* μουρμουρίζω grumble
mourmourizo *v.i.* μουρμουρίζω mumble
mourmourizo *v.i.* μουρμουρίζω mutter
mouro *n.* μούρο mulberry
mousa *n* μούσα muse
mouselin *n.* μουσελίν muslin
mousiki *n.* μουσική music
mousikos *a.* μουσικός musical
mousikos *n.* μουσικός musician
mousio *n.* μουσείο museum
mouskema *n.* μούσκεμα soak
mousketo *n.* μουσκέτο musket
mousketoforos *n.* μουσκετοφόρος musketeer
mouskevo *v. t* μουσκεύω drench
mouskevo *v.t.* μουσκεύω soak
mousonas *n.* μουσώνας monsoon
mousouda *n.* μουσούδα muzzle
moustaki *n.* μουστάκι moustache
moustaki *n.* μουστάκι mustache
moustaki *n.* μουστάκι whisker
moustarda *n.* μουστάρδα mustard
moustos *n* μούστος must

N

nadir *n.* ναδίρ nadir
nafsiploia *n.* ναυσιπλοΐα navigation
naftia *n.* ναυτία nausea

naftiko *n.* ναυτικό navy
naftikos *n.* ναυτικός mariner
naftikos *a.* ναυτικός maritime
naftikos *a.* ναυτικός nautic(al)
naftikos *a.* ναυτικός naval
naftis *n.* ναύτης sailor
nailon *n.* νάυλον nylon
nanos *n* νάνος dwarf
nanos *n.* νάνος midget
nanourisma *n.* νανούρισμα lullaby
nanourizo *v.t.* νανουρίζω lull
naos *n.* ναός temple
narkisismos *n.* ναρκισσισμός narcissism
narkisos *n* νάρκισσος narcissus
narkono *v.t.* ναρκώνω sedate
narkosi *n.* νάρκωση narcosis
narkotikos *n.* ναρκωτικός narcotic
natouralistis *n.* νατουραλιστής naturalist
navago *v.t.* ναυαγώ wreck
navagosostis *n.* ναυαγοσώστης wrecker
navarhos *n.* ναύαρχος admiral
navayio *n.* ναυάγιο wreck
navlosi *n* ναύλωση charter
navlosi *n.* ναύλωση freight
ne *adv.* ναι yes
nea *n.* νέα news
neanikos *a.* νεανικός juvenile
neanikos *a.* νεανικός youthful
nearos *a.* νεαρός younder
nearos *n.* νεαρός youngster
nefeloma *n.* νεφέλωμα nebula
nefritis *n.* νεφρίτης jade
nefro *n.* νεφρό kidney
nefti *n.* νέφτι turpentine
negra *n.* νέγρα negress
negros *n.* νέγρος negro
nekrofora *n* νεκροφόρα bier
nekroloyia *n.* νεκρολογία obituary

nekromantis *n.* νεκρομάντης necromancer
nekropolis *n.* νεκρόπολις necropolis
nekropsia *n.* νεκροψία postmortem
nekros *a* νεκρός dead
nekrotafio *n.* νεκροταφείο cemetery
nekrotafio *n.* νεκροταφείο churchyard
nekrothalamos *n.* νεκροθάλαμος mortuary
nekrotomio *n.* νεκροτομείο morgue
nektar *n.* νέκταρ nectar
nemesi *n.* νέμεση nemesis
neogno *n* νεογνό cub
neolithikos *a.* νεολιθικός neolithic
neolithikos tafos *n* νεολιθικός τάφος cist
neon *n.* νέον neon
neoploutos *n.* νεόπλουτος upstart
neos *a.* νέος novel
neos *a.* νέος young
neosilektos *n.* νεοσύλλεκτος recruit
neosos *n.* νεοσσός nestling
neoterismos *n.* νεωτερισμός modernity
neoteros *a.* νεώτερος junior
neotita *n.* νεότητα youth
nepotismos *n.* νεποτισμός nepotism
neraida *n* νεράιδα fairy
nero *n.* νερό water
nero apohetefseos *n.* νερό αποχετεύσεως sewage
nerohitis *n* νεροχύτης sink
nerokolokitho *n.* νεροκολόκυθο gourd
neroponti *n* νεροποντή downpour
neroulos *a.* νερουλός watery

netronio *n.* νετρόνιο neutron
nevrikos *a.* νευρικός nervous
nevrikos *a.* νευρικός petulant
nevro *n.* νεύρο nerve
nevrologos *n.* νευρολόγος neurologist
nevroloyia *n.* νευρολογία neurology
nevrosi *n.* νεύρωση neurosis
niaourisma *n.* νιαούρισμα mew
niaourizo *v.i.* νιαουρίζω mew
nifalios *a.* νηφάλιος sober
nifalios *a.* νηφάλιος staid
nifaliotita *n.* νηφαλιότητα sobriety
nifi *n* νύφη bride
nifitsa *n.* νυφίτσα marten
nihi *n* νύχι claw
nihi *n.* νύχι nail
nihta *n.* νύχτα night
nihterida *n* νυχτερίδα bat
nihterinos *a.* νυχτερινός nocturnal
nihtiko *n.* νυχτικό nightie
nikelio *n.* νικέλιο nickel
niki *n.* νίκη victory
niki *n* νίκη win
nikiazo *v.t* νοικιάζω hire
nikiazo/-ome *v.t.* νοικιάζω/-ομαι rent
nikiforos *a.* νικηφόρος victorious
nikitis *n.* νικητής victor
nikitis *n.* νικητής winner
niko *v. t.* νικώ defeat
niko *v.t.* νικώ vanquish
niko *v.t.* νικώ worst
nikokiremenos *a.* νοικοκυρεμένος neat
nikokirosini *n.* νοικοκυροσύνη tidiness
nikotini *n.* νικοτίνη nicotine
niksi *n.* νύξη inkling
nima *n* νήμα strand

nimfi n. νύμφη nymph
niotho v.t νιώθω feel
nipiagoyio n. νηπιαγωγείο kindergarten ;
nipiaki ilikia n. νηπιακή ηλικία infancy
nipio n. νήπιο infant
nisi n. νησί island
nisiotikos a. νησιωτικός insular
nisos n. νήσος isle
nistagmenos a. νυσταγμένος sleepy
nisteri a. νυστέρι lancet
nistevo v.i νηστεύω fast
nistia n νηστεία fast
noemvrios n. νοέμβριος november
noima n. νόημα gist
noima n. νόημα purport
noimosini n. νοημοσύνη intellect
noitos a. νοητός intelligible
nomadikos a. νομαδικός nomadic
nomas n. νομάς nomad
nomiki epistimi n. νομική επιστήμη jurisprudence
nomikos a. νομικός legal
nomimofronas n. νομιμόφρονας loyalist
nomimopio v.t. νομιμοποιώ legalize
nomimos a. νόμιμος lawful
nomimos a. νόμιμος legitimate
nomimotita n. νομιμότητα legality
nomimotita n. νομιμότητα legitimacy
nomisma n νόμισμα coin
nomismatikos a. νομισματικός monetary
nomismatokopi n νομισματοκοπή coinage
nomismatokopio n νομισματοκοπείο mint
nomomathis n. νομομαθής jurist

nomos n. νόμος law
nomothesia n. νομοθεσία legislation
nomothetiko soma n. νομοθετικό σώμα legislature
nomothetikos a. νομοθετικός legislative
nomothetis n. νομοθέτης legislator
nomotheto v.i. νομοθετώ legislate
nootropia n. νοοτροπία mentality
noris adv νωρίς early
nosilevo v.t νοσηλεύω nurse
nosiros a. νοσηρός morbid
nosirotita n νοσηρότητα morbidity
nosokomio n. νοσοκομείο hospital
nosokomos n. νοσοκόμος nurse
nosos n. νόσος malady
nostalyia n. νοσταλγία nostalgia
nostimada n νοστιμάδα relish
nostimos a. νόστιμος dainty
nostimos a. νόστιμος palatable
nostimos a. νόστιμος tasteful
nostimos a. νόστιμος tasty
nothefsi n. νόθευση adulteration
nothevo v.t. νοθεύω adulterate
nothos a νόθος bastard
nothros a. νωθρός indolent
nothros n. νωθρός laggard
notia adv νότια south
notios a. νότιος southern
notiotera a. νοτιότερα southerly
notos n. Νότος south
notos n. Νότος south
nounehis a. νουνεχής judicious
nouthesia n. νουθεσία admonition
noutheto v.t. νουθετώ admonish
nouvela n. νουβέλα novelette
ntanta n. νταντά governess
ntemonte a. ντεμοντέ outmoded
ntentektiv n. ντετέκτιβ detective
ntimenos a ντυμένος garbed

ntino *v.t.* ντύνω apparel
ntino *v.* t ντύνω clothe
ntino/-ome *v.* t ντύνω/-ομαι dress
ntisimo *n* ντύσιμο dressing
ntivanokasela *n.* ντιβανοκασέλα ottoman
ntomata *n.* ντομάτα tomato
ntopios *a.* ντόπιος native
ntoulapa *n.* ντουλάπα wardrobe
ntoulapi *n.* ντουλάπι cabinet
ntoulapi *n* ντουλάπι cupboard
ntous *n.* ντους shower
ntouzina *n* ντουζίνα dozen
ntropalos *a.* ντροπαλός bashful
ntropalos *n.* ντροπαλός shy
ntropi *interj* ντροπή fie
ntropi *n.* ντροπή shame
ntropiasmenos *a.* ντροπιασμένος ashamed
ntropiazo *v.t.* ντροπιάζω shame

O

o apo psomi *a* ο από ψωμί breaden
o desmevmenos se mia periohi *adj.* ο δεσμευμένος σε μια περιοχή adscript
o dio fores tin evdomada *adj* ο δυο φορές την εβδομάδα biweekly
o ithopios *n.* ο ηθοποιός actor
o opios *rel. pron.* ο οποίος that
o perisoteros *a.* ο περισσότερος most
o protos *pron* ο πρώτος former
o psifisas ohi *n* ο ψηφίσας όχι no
oasi *n.* όαση oasis
obrela *n.* ομπρέλα umbrella
odi *n.* ωδή ode
odigo *v.* t οδηγώ conduct
odigo *v.* t οδηγώ drive
odigo *v.t.* οδηγώ lead
odigo *v.t.* οδηγώ pilot
odigo *v.t.* οδηγώ usher
odigos *n* οδηγός driver
odigos *n.* οδηγός guide
odiko ptino *n.* ωδικό πτηνό warbler
odines *n. pl* ωδίνες throes
odini *n.* οδύνη woe
odiniros *a.* οδυνηρός painful
odiporos *n.* οδοιπόρος wayfarer
odiyisi *n.* οδήγηση lead
odofragma *n.* οδόφραγμα barricade
odontiatros *n* οδοντίατρος dentist
odos *n.* οδός thoroughfare
ofelimistikos *a.* ωφελιμιστικός utilitarian
ofelimos *a* ωφέλιμος beneficial
ofelimos *a.* ωφέλιμος salutary
ofelo *v.t.* ωφελώ avail
ofelo/-oume *v.* t. ωφελώ/-ούμαι benefit
ofelos *n* όφελος benefit
ofelos *n.* όφελος profit
ofiletis *n* οφειλέτης debtor
ofilo *v.t* οφείλω owe
ofilomeno *n* οφειλόμενο due
ofilomenos *a* οφειλόμενος due
ofthalmiatros *n.* οφθαλμίατρος oculist
ofthalmikos *a.* οφθαλμικός ocular
ogdonta *n* ογδόντα eighty
ogdontaris *a.* ογδοντάρης octogenarian
ogkodis *a* ογκώδης bulky
ogkodis *a.* ογκώδης sizable
ogkodis tomos *n.* ογκώδης τόμος tome
ogkos *n* όγκος bulk
ogkos *n.* όγκος tumour
ohetos *n* οχετός drain
ohi *adv.* όχι nay

ohi *adv.* όχι no
ohi *adv.* όχι not
ohima *n.* όχημα vehicle
ohirono *v.t.* οχυρώνω fortify
ohlagoyia *n.* οχλαγωγία uproar
ohlos *n.* όχλος mob
ohlos *n.* όχλος populace
ohlovoi *n* οχλοβοή clamour
ohrio *v.i.* ωχριώ pale
okeanios *a.* ωκεάνειος oceanic
okeanos *n.* ωκεανός ocean
okniria *n.* οκνηρία sloth
okniros *n.* οκνηρός slothful
oksi *n* οξύ acid
oksia *n.* οξιά beech
oksiderkis *a.* οξυδερκής sagacious
oksiderkis *a.* οξυδερκής shrewd
oksidono *v.* οξειδώνω acetify
oksigono *n.* οξυγόνο oxygen
oksigonokolisi *n* οξυγονοκόλληση weld
oksigonokolo *v.t.* οξυγονοκολλώ weld
oksinia *n.* οξύνοια sagacity
oksis *a.* οξύς acute
oksis *a.* οξύς keen
oksis *a.* οξύς pungent
oksis *a.* οξύς shrill
oksis *adj* οξύς argute
oksitita *n.* οξύτητα acidity
oksitita *n.* οξύτητα keenness
oktagonios *a.* οκταγώνιος octangular
oktagono *n.* οκτάγωνο octagon
oktava *n.* οκτάβα octave
okto *n* οκτώ eight
oktovrios *n.* Οκτώβριος October
olibiada *n.* ολυμπιάδα olympiad
oligarhia *n.* ολιγαρχία oligarchy
olisthima *n* ολίσθημα lapse
olisthiros *a.* ολισθηρός slippery
olofanera *adv* ολοφάνερα clearly
olofaneros *a.* ολοφάνερος plain
olokaftoma *n.* ολοκαύτωμα holocaust
olokliris zois *a.* ολόκληρης ζωής lifelong
oloklirono *v. t* ολοκληρώνω complete
olokliros *a* ολόκληρος entire
olokliros *a.* ολόκληρος whole
oloklirosi *n* ολοκλήρωση completion
oloklirotikos *a.* ολοκληρωτικός total
oloniktios *a* ολονύκτιος overnight
olopsihos *a.* ολόψυχος whole-hearted
olos *adj.* όλος all
olos *pron* όλος all
olosheros *adv.* ολοσχερώς stark
olotita *n.* ολότητα totality
omada *n* ομάδα bloc
omada *n.* ομάδα gang
omada *n.* ομάδα group
omada *n.* ομάδα team
omadikos *adv.* ομαδικώς bodily
omalopio *v.t.* ομαλοποιώ normalize
omalos *a* ομαλός even
omalotita *n.* ομαλότητα normality
omalotita *n.* ομαλότητα regularity
omega *n.* ωμέγα omega
omeleta *n.* ομελέτα omelette
omia *adv* όμοια alike
omihli *n* ομίχλη fog
omihli *n.* ομίχλη haze
omihli *n.* ομίχλη mist
omihlodis *a.* ομιχλώδης misty
omilia *n* ομιλία talk
omilitikos *a.* ομιλητικός talkative
omilitis *n.* ομιλητής speaker
omiloumenos *a.* ομιλούμενος vernacular
omiokataliksia *n.* ομοιοκαταληξία rhyme

omiokatalikto *v.i.* ομοικαταληκτώ rhyme
omioma *n* ομοίωμα effigy
omiopathia *n.* ομοιοπάθεια homeopathy
omiopathitikos *n.* ομοιοπαθητικός homoeopath
omios *adj.* όμοιος alike
omios *a.* όμοιος like
omios *n.* όμοιος like
omios *a.* όμοιος similar
omiotita *n.* ομοιότητα likeness
omiotita *n.* ομοιότητα resemblance
omiotita *n.* ομοιότητα semblance
omiotita *n.* ομοιότητα similarity
omiotita *n.* ομοιότητα similitude
omioyenis *a.* ομοιογενής homogeneous
omiros *n.* όμηρος hostage
omofonia *n.* ομοφωνία consensus
omofonia *n.* ομοφωνία unanimity
omofonos *a.* ομόφωνος unanimous
omologo *v.t.* ομολογώ avow
omologo *v. t.* ομολογώ confess
omoloyia *n* ομολογία confession
omonia *n.* ομόνοια concord
omorfia *n* ομορφιά beauty
omorfos *a* όμορφος beautiful
omos *a.* ωμός raw
omos *n.* ώμος shoulder
omospondia *n* ομοσπονδία federation
omospondiakos *a* ομοσπονδιακός federal
omotimos *n* ομότιμος equal
on *n* ον being
onirevome *v. i.* ονειρεύομαι dream
onirikos *adj.* ονειρικός (figurative) aeriform
oniro *n* όνειρο dream
oniropolisi *n.* ονειροπόληση reverie
oniropolo *v.i.* ονειροπολώ muse
oniropolos *n.* ονειροπόλος visionary
onoma *n.* όνομα name
onomastikos *a.* ονομαστικός nominal
onomastikos *a.* ονομαστικός titular
onomatoloyia *n.* ονοματολογία nomenclature
onomatopiia *n.* ονοματοποιία onomatopoeia
onomazo *v.t.* ονομάζω name
ontotita *n* οντότητα entity
oothiki *n.* ωοθήκη ovary
opados *n* οπαδός disciple
opados *n.* οπαδός partisan
opados horistikou kinimatos *n.* οπαδός χωριστικού κινημάτος secessionist
opali *n.* οπάλι opal
opera *n.* όπερα opera
opio *n.* όπιο opium
opiodipote *pron* οποιοδήποτε whichever
opiosdipote *pron.* οποιοσδήποτε whoever
opisthen *adv* όπισθεν behind
opisthen *adv.* όπισθεν overleaf
opisthografo *v. t.* οπισθογραφώ endorse
oplarhigos *n.* οπλαρχηγός chieftain
opli *n.* οπλή hoof
oplismos *n.* οπλισμός armature
oplo *n.* όπλο arm
oplo *n.* όπλο gun
oplo *n.* όπλο weapon
oplostasio *n.* οπλοστάσιο armoury
oplostasio *n.* οπλοστάσιο arsenal
opos *pron.* όπως as

opos-opos *adv.* όπως-όπως anyhow
opote *adv. conj* όποτε whenever
opou *conj.* όπου whereat
opoudipote *adv.* οπουδήποτε wherever
opsi *n.* όψη aspect
opsi *n.* όψη countenance
opsi *n* όψη facet
opsi *n.* όψη view
optikos *a.* οπτικός optic
optikos *n.* οπτικός optician
optikos *a.* οπτικός visual
ora *n.* ώρα hour
ora yia ipno *n.* ώρα για ύπνο bed-time
orasi *n.* όραση sight
orasi *n.* όραση vision
oratos *a.* ορατός visible
oratotita *n.* ορατότητα visibility
ordi *n.* ορδή horde
orea *n* ωραία belle
oreksi *n.* όρεξη appetence
oreksi *n.* όρεξη appetite
oreksi *n.* όρεξη zest
orektiko *n* ορεκτικό appetizer
oreos *a.* ωραίος handsome
orfanevo *v.t* ορφανεύω orphan
orfanos *n.* ορφανός orphan
orfanotrofio *n.* ορφανοτροφείο orphanage
organikos *a.* οργανικός organic
organismos *n.* οργανισμός organism
organo *n.* όργανο instrument
organo *n.* όργανο organ
organo metriseos tou ipsometrou *n* όργανο μετρήσεως του υψόμετρου altimeter
organono *v.t.* οργανώνω organize
organosi *n.* οργάνωση association
organosi *n.* οργάνωση organization

orgono *v.i* οργώνω plough
orgono *v.t.* οργώνω till
orhis *n.* όρχις testicle
orhistra *n.* ορχήστρα orchestra
orhistra *n.* ορχήστρα band
orhistrikos *a.* ορχηστρικός orchestral
orihio *n* ορυχείο mine
orikto *n.* ορυκτό mineral
oriktologos *n.* ορυκτολόγος mineralogist
oriktoloyia *n.* ορυκτολογία mineralogy
oriktos *a* ορυκτός mineral
orimazo *v.i* ωριμάζω mature
orimazo *v.i.* ωριμάζω ripen
orimos *a.* ώριμος mature
orimos *a* ώριμος ripe
orimotita *n.* ωριμότητα maturity
orinos *a.* ορεινός mountainous
orio *n* όριο boundary
orio *n.* όριο limit
orismos *n* ορισμός definition
orivatis *n.* ορειβάτης mountaineer
orizo *v.t.* ορίζω allot
orizo *v. t* ορίζω define
orizo *v.t.* ορίζω prescribe
orizo *v.t.* ορίζω term
orizontas *n.* ορίζοντας horizon
orkizo/-ome *v.t.* ορκίζω/-ομαι swear
orkizome *v.t.* ορκίζομαι vow
orkos *n.* όρκος oath
orkos *n.* όρκος vow
orkotos loyistis *n.* ορκωτός λογιστής auditor
ormi *n.* ορμή momentum
ormiskos *n.* ορμίσκος creek
ormitiki kinisi *n.* ορμητική κίνηση surge
ormitikos *a.* ορμητικός impetuous
ormo *v. t* ορμώ bolt
ormos *n* όρμος bay

ornithoskalismata *n*
ορνιθοσκαλίσματα scrawl
orntinantsa *n*. ορντινάντσα
orderly
orofos *n*. όροφος storey
oroloyia *n*. ορολογία terminology
oroloyikos *a*. ορολογικός
terminological
oroloyio *n*. ωρολόγιο breviary
oros *n* όρος condition
oros *n*. όρος mount
oros *n*. όρος proviso
oros *n*. όρος stipulation
oros *n*. όρος term
orosimo *n*. ορόσημο milestone
orthios *a* όρθιος erect
orthios *a*. όρθιος upright
orthodoksia *n*. ορθοδοξία
orthodoxy
orthodoksos *a*. ορθόδοξος
orthodox
orthogonio *n*. ορθογώνιο
rectangle
orthogonio paralilogramo *n*.
ορθογώνιο παραλληλόγραμμο
oblong
orthogonios *a*. ορθογώνιος
rectangular
orthos *a* ορθός correct
orthotita *n* ορθότητα advisability
orthotita *n*. ορθότητα nicety
ortiki *n*. ορτύκι quail
oryi *n*. οργή ire
oryi *n*. οργή petulance
oryi *n*. οργή wrath
oryia *n* οργυιά fathom
oryismenos *a*. οργισμένος irate
os ek toutou *adv*. ως εκ τούτου
thereby
osmi *n*. οσμή odour
oso *adv*. όσο however
ostoso *conj* ωστόσο however
ostoso *conj*. ωστόσο nevertheless
ostoso *adv*. ωστόσο though

otan *conj*. όταν when
othisi *n*. ώθηση impulse
othoni *n*. οθόνη screen
oti *conj*. ότι that
otidipote *pron*. οτιδήποτε
whatever
oudetero *n* ουδέτερο neuter
oudeteros *a*. ουδέτερος neuter
oudeteros *a*. ουδέτερος neutral
oudeterotita *n*. ουδετερότητα
non-alignment
ougia *n*. ουγγιά ounce
ouiski *n*. ουίσκι whisky
ouli *n* ουλή scar
oulo *n*. ούλο gum
oura *n*. ουρά queue
oura *n*. ουρά tail
oura *n*. ούρα urine
ouranios *adj* ουράνιος celestial
ouranios *a*. ουράνιος heavenly
ouraniskofonos *a*.
ουρανισκόφωνος palatal
ouraniskos *n*. ουρανίσκος palate
ouranos *n*. ουρανός heaven
ouranos *n*. ουρανός sky
ourisi *n*. ούρηση urination
ouritikos *a*. ουρητικός urinary
ourliahto *n* ουρλιαχτό howl
ourliahto *n* ουρλιαχτό scream
ourliahto *n* ουρλιαχτό wail
ourliahto *n* ουρλιαχτό yell
ourliazo *v.t*. ουρλιάζω howl
ourliazo *v.i*. ουρλιάζω scream
ourliazo *v.i*. ουρλιάζω wail
ouro *v.i*. ουρώ urinate
ourodohio *n*. ουροδοχείο urinal
ousia *n* ουσία essence
ousia *n*. ουσία substance
ousiastiko *n*. ουσιαστικό noun
ousiastikos *a* ουσιαστικός virtual
ousiodis *a*. ουσιώδης substantial
oute *adv*. ούτε either
oute *conj*. ούτε neither
oute *conj* ούτε nor

outopia *n*. ουτοπία utopia
outopikos *a*. ουτοπικός utopian
outos oste *conj*. ούτως ώστε so
oval *a*. οβάλ oval
oval *n* οβάλ oval
ovolos *n*. οβολός mite

P

pada *adv* πάντα always
paflasmos *n* παφλασμός dash
pafsi *n*. παύση pause
pagkos *n* πάγκος bench
pagkos *n*. πάγκος counter
pagkosmios *a*. παγκόσμιος global
pagkosmios *a*. παγκόσμιος universal
pagoda *n*. παγόδα pagoda
pagodromo *v.t.* παγοδρομώ skate
pagomenos *a*. παγωμένος icy
pagoni *n*. παγώνι peacock
pagono *v.i.* παγώνω freeze
pagopedilo *n*. παγοπέδιλο skate
pagos *n*. πάγος ice
pagouri *n* παγούρι flask
pagovouno *n*. παγόβουνο iceberg
pahis *a* παχύς fat
pahisarkia *n*. παχυσαρκία obesity
pahni *n*. παχνί manger
pahni *n*. παχνί stall
pajari *n* παντζάρι beet
paketaro *v.t.* πακετάρω pack
paketo *n*. πακέτο packet
palakida *n* παλλακίδα concubine
palami *n*. παλάμη palm
palati *n*. παλάτι palace
paleotera *adv* παλαιότερα formerly
palestis *n*. παλαιστής wrestler
palestra *n*. παλαίστρα lists
paleta *n*. παλέτα palette

palevo *v.i.* παλεύω tussle
palevo *v.i.* παλεύω wrestle
pali *adv*. πάλι afresh
pali *adv*. πάλι again
pali *adv*. πάλι anew
pali *n*. πάλη strife
palianthropos *n* παλιάνθρωπος cad
paliatsos *n* παλιάτσος buffoon
palikari *n*. παλικάρι lad
paliofilos *n* παλιόφιλος chum
paliopragmata *n*. παλιοπράγματα junk
palios *a*. παλιός old
paliria *n*. παλίρροια tide
paliriakos *a*. παλιρροιακός tidal
palmos *n*. παλμός pulsation
palmos *n*. παλμός throb
palo *v.i.* πάλλω palpitate
palome *v.i.* πάλλομαι throb
palouki *n*. παλούκι pale
palouki *n*. παλούκι peg
palto *n* παλτό coat
palto *n*. παλτό overcoat
panakia *n*. πανάκεια panacea
panapistimio *n*. πανεπιστήμιο university
pandemonio *n*. πανδαιμόνιο pandemonium
pandohio *n*. πανδοχείο inn
pani *n*. πανί sail
panida *n* πανίδα fauna
panikos *n*. πανικός panic
paniyirikos *n*. πανηγυρικός panegyric
paniyirismos *n*. πανηγυρισμός glorification
paniyirizo *v. i* πανηγυρίζω exult
paniyirizo *v.t.* πανηγυρίζω riot
pano *prep*. πάνω on
pano *adv*. πάνω up
pano apo *adv* πάνω από above
pano sagoni *n*. πάνω σαγόνι maxilla

panolethria *n.* πανωλεθρία calamity
panomiotipo *n.* πανομοιότυπο counterpart
panomiotipo *n* πανομοιότυπο facsimile
panomiotipos *a* πανομοιότυπος duplicate
panomiotipos *a.* πανομοιότυπος identical
panoplia *n.* πανοπλία armour
panoplia *n* πανοπλία mail
panorama *n.* πανόραμα panorama
panoukla *n.* πανούκλα pestilence
panoukla *a.* πανούκλα plague
panourgos *a.* πανούργος artful
panourgos *a* πανούργος crafty
panourgos *a* πανούργος cunning
panourgos *a.* πανούργος shifty
panouryia *n* πανουργία cunning
panouryia *n.* πανουργία ruse
pantahou paron *a.* πανταχού παρών omnipresent
pantahou parousia *n.* πανταχού παρουσία omnipresence
pantalone *n.* πανταλόνε pantaloon
panteloni *n. pl* παντελόνι trousers
pantheismos *n.* πανθεϊσμός pantheism
pantheistis *n.* πανθεϊστής pantheist
panthiras *n.* πάνθηρας panther
pantodinamia *n.* παντοδυναμία omnipotence
pantodinamos *a.* παντοδύναμος almighty
pantodinamos *a.* παντοδύναμος omnipotent
pantofla *n.* παντόφλα slipper
pantognosia *n.* παντογνωσία omniscience
pantognostis *a.* παντογνώστης omniscient
pantomima *n.* παντομίμα pantomime
pantou *pref.* παντού be
pantou *adv. & prep.* παντού throughout
pantrevome *v.t.* παντρεύομαι marry
pantrevome *v.t.* παντρεύομαι wed
pao boulouki *v.i* πάω μπουλούκι troop
papagalistika *n.* παπαγαλίστικα (by) rote
papagalos *n.* παπαγάλος parrot
papas *n.* πάπας pope
papia *n.* πάπια duck
papikos *a.* παπικός papal
papiros *n.* πάπυρος scroll
papismos *n.* παπισμός papacy
paploma *n.* πάπλωμα quilt
papoutsi *n.* παπούτσι shoe
para *prep.* παρά notwithstanding
para poli *adv.* πάρα πολύ most
paradido *v. t* παραδίδω deliver
paradigma *n* παράδειγμα example
paradigma *n.* παράδειγμα instance
paradino/-ome *v.t.* παραδίνω/-ομαι surrender
paradisos *n.* παράδεισος paradise
paradoksos *a.* παράδοξος paradoxical
paradosi *n* παράδοση surrender
paradosi *n.* παράδοση tradition
paradosiakos *a.* παραδοσιακός traditional
paradoulevo *v.i.* παραδουλεύω overwork
parafilao *v.t.* παραφιλάω waylay
parafini *n.* παραφίνη paraffin
parafonos *adj* παράφωνος absonant

parafora n. παραφορά
impetuosity
parafortono v.t. παραφορτώνω
overburden
parafortono v.t. παραφορτώνω
overload
parafrasi n. παράφραση
paraphrase
parafrazo v.t. παραφράζω
paraphrase
parafron a. παράφρων insane
parafron n. παράφρων lunatic
parafrosini n. παραφροσύνη
insanity
parafrosini n. παραφροσύνη
lunacy
parafta adv. πάραυτα forthwith
paragelia n. παραγγελία order
paragelo v.t παραγγέλλω order
paragka n. παράγκα shanty
parago v.t. παράγω generate
parago v.t. παράγω manufacture
parago v.t. παράγω produce
parago gala v.i. παράγω γάλα
lactate
paragoyi n παραγωγή
manufacture
paragoyi n. παραγωγή output
paragoyi n. παραγωγή production
paragoyikos a. παραγωγικός
productive
paragoyikotita n.
παραγωγικότητα productivity
paragrafos n. παράγραφος
paragraph
parahaidevo v. t παραχαϊδεύω
cocker
paraharaktis n. παραχαράκτης
counterfeiter
parahorisi n παραχώρηση
concession
parahoro v.t. παραχωρώ concede
parahoro v.t. παραχωρώ yield

parakalo v. t. παρακαλώ beg
parakalo v.t. παρακαλώ please
parakamptiria odos n
παρακαμπτήρια οδός bypass
parakano v.t. παρακάνω overdo
parakentisi n. παρακέντηση
puncture
parakento v.t. παρακεντώ
puncture
parakinisi n. παρακίνηση
inducement
parakino v.t παρακινώ goad
parakino v παρακινώ motivate
parakino v.t. παρακινώ prompt
paraklisi n. παράκληση petition
paraklisi n. παράκληση petitioner
paraklisi n. παράκληση
solicitation
parakmasmenos a
παρακμασμένος decadent
parakmazo v. i παρακμάζω decay
parakmi n παρακμή decay
parakmi n παρακμή decline
parakoloutho v.t. παρακολουθώ
attend
parakoloutho v.t. παρακολουθώ
track
parakouo v. t παρακούω disobey
parakrato v.t. παρακρατώ
withhold
paraksenia n. παραξενιά oddity
paraksenos adj παράξενος
bizarre
paraksenos a παράξενος rum
paraksenos a. παράξενος strange
paraksenos a. παράξενος weird
paralia n παραλία beach
paralilismos n. παραλληλισμός
parallelism
paralilogramo n.
παραλληλόγραμμο
parallelogram
paralilos a. παράλληλος parallel
paralio v.t. παραλύω paralyse

paralipo *v.t.* παραλείπω omit
paralipo *v.i.* παραλείπω skip
paralipsi *n.* παράλειψη omission
paralipsi *n* παράλειψη skip
paraliptis *n.* παραλήπτης
 addressee
paraliptis *n.* παραλήπτης receiver
paraliptis *n.* παραλήπτης
 recipient
paralisi *n.* παράλυση palsy
paralisi *n.* παράλυση paralysis
paralitos *a.* παράλυτος paralytic
paralogos *a* παράλογος absurd
paralogos *a.* παράλογος illogical
paralogos *a.* παράλογος irrational
paraloyismos *n* παραλογισμός
 absurdity
paramelisi *n* παραμέληση neglect
paramelo *v.t.* παραμελώ neglect
parameno *v.i.* παραμένω linger
paramera *adv.* παράμερα aside
paramilo *v.i.* παραμιλώ rave
paramithi *n.* παραμύθι tale
paramoni *n* παραμονή stay
paramorfono *v. t* παραμορφώνω
 distort
paranoisi *n* παρανόηση
 misapprehension
paranomos *a.* παράνομος illegal
paranomos *a.* παράνομος
 illegitimate
paranomos *a.* παράνομος illicit
paranoo *v.t.* παρανοώ
 misconceive
parapatima *n.* παραπάτημα
 stumble
parapatima *n.* παραπάτημα trip
parapebo *v.t.* παραπέμπω refer
parapebo se ali dikasimo *v.t.*
 παραπέμπω σε άλλη δικάσιμο
 remand
parapeo *v.i.* παραπαίω stagger
paraplano *v.t.* παραπλανώ
 misguide

paraplano *v.t.* παραπλανώ
 mislead
paraplevros *adv* παραπλεύρως
 abreast
paraponiaris *a* παραπονιάρης
 maudlin
parapono *n* παράπονο complaint
parapono *n.* παράπονο grievance
paraponoume *v. i* παραπονούμαι
 complain
parapotamos *n.* παραπόταμος
 tributary
paraptoma *n.* παράπτωμα
 misdeed
parartima *n.* παράρτημα
 appendage
parartima *n.* παράρτημα
 appendix
parasinthima *v. t.* παρασύνθημα
 countersign
parasiro *v. t.* παρασύρω entice
parasitikos *adj.* παρασιτικός
 adnascent
parasito *n.* παράσιτο parasite
parasito *n.* παράσιτο pest
paraskevasma *n.* παρασκεύασμα
 concoction
paraskevazo *v. t.* παρασκευάζω
 brew
paraskevazo *v. t* παρασκευάζω
 concoct
paraskevi *n.* Παρασκευή Friday
parastasi *n.* παράσταση show
parastratimenos *adv.*,
 παραστρατημένος astray
parataksi *n.* παράταξη array
paratao *v.t.* παρατάω jack
paratasi *n.* παράταση
 prolongation
parataso *v.t.* παρατάσσω array
parataso *v.t.* παρατάσσω range
parathalasios *a.* παραθαλάσσιος
 littoral
paratheto *v. t* παραθέτω bias

paratheto *v. t* παραθέτω cite
paratheto *v.t.* παραθέτω quote
parathiraki *n.* παραθυράκι loophole
parathiro *n.* παράθυρο window
parathirofilo *n.* παραθυρόφυλλο shutter
paratino *v.t.* παρατείνω prolong
paratirisi *n.* παρατήρηση observation
paratiritikos *a.* παρατηρητικός observant
paratiro *v.t.* παρατηρώ notice
paratiro *v.t.* παρατηρώ observe
paratiro *v.t.* παρατηρώ remark
paratolmos *a.* παράτολμος reckless
paratolmos *a.* παράτολμος venturous
paratsoukli *n.* παρατσούκλι nickname
paravasi *n.* παράβαση infringement
paravasi *n.* παράβαση offence
paravatis *n.* παραβάτης offender
paraveno *v.t.* παραβαίνω infringe
paraveno *v.t.* παραβαίνω violate
paraviasi *n.* παραβίαση violation
paravlepo *v.t.* παραβλέπω overlook
paravoli *n.* παραβολή parable
parayemisma *n.* παραγέμισμα padding
parayemizo *v. t* παραγεμίζω cram
parayemizo *v.t.* παραγεμίζω stuff
parebodisi *n.* παρεμπόδιση interception
parebodisi *n.* παρεμπόδιση obstruction
parebodistikos *a.* παρεμποδιστικός obstructive
parebodizo *v.t* παρεμποδίζω block

parebodizo *v.t.* παρεμποδίζω hinder
parebodizo *v.t.* παρεμποδίζω impede
pareho *v. i* παρέχω confer
pareho *v.t.* παρέχω grant
pareklino *v. i* παρεκκλίνω deviate
pareklisi *n.* παρεκκλήσι chapel
pareksigo *v.t.* παρεξηγώ misapprehend
pareksigo *v.t.* παρεξηγώ misjudge
pareksigo *v.t.* παρεξηγώ misunderstand
pareksiyisi *n.* παρεξήγηση misunderstanding
parektropi *n.* παρεκτροπή aberrance
parelasi *n.* παρέλαση parade
parelasi *n.* παρέλαση procession
parelavno *v.t.* παρελαύνω parade
parelthon *n.* παρελθόν past
paremvasi *n.* παρέμβαση interference
paremvoli *n.* παρεμβολή insertion
parenohlisi *n.* παρενόχληση harassment
parenthesi *n.* παρένθεση parenthesis
parerminevo *v.t.* παρερμηνεύω misconstrue
paretisi *n* παραίτηση abdication
paretisi *n.* παραίτηση resignation
paretoume *v.t,* παραιτούμαι abdicate
paretoume *v.t* παραιτούμαι forgo
paretoume *v.t.* παραιτούμαι resign
parigoria *n* παρηγοριά consolation
parigoria *n.* παρηγοριά solace
parigoro *v. t* παρηγορώ comfort
parigoro *v. t* παρηγορώ console
parigoro *v.t.* παρηγορώ solace
parihisi *n.* παρήχηση alliteration

pariho v. παρηχώ alliterate
parimia n. παροιμία proverb
parimiodis a. παροιμιώδης proverbial
paristano v.t. παριστάνω purport
parkaro v.t. παρκάρω park
parko n. πάρκο park
parodia n. παρωδία parody
parodia n. παρωδία skit
parodo v.t. παρωδώ parody
parodos n. πάροδος lane
parohi n. παροχή allotment
paroksismos n παροξυσμός fit
parola afta adv. παρ'όλα αυτά nonetheless
parola afta adv. παρ'όλα αυτά notwithstanding
paromiazo v.t. παρομοιάζω liken
paromio pros adj. παρόμοιος προς akin
paromios adv. παρομοίως likewise
paromiosi n. παρομοίωση simile
paron a. παρών present
paron n. παρόν present
paronomazo v.t. παρονομάζω nickname
parormisi n. παρόρμηση conation
parormisi n παρόρμηση urge
parormitikos a. παρορμητικός impulsive
parousia n. παρουσία attendance
parousia n. παρουσία presence
parousiasi n. παρουσίαση presentation
parousiastiko n παρουσιαστικό bearing
parousiazo v.t. παρουσιάζω introduce
parousiazo v.t. παρουσιάζω present
parousiazome v.i. παρουσιάζομαι arise
parthenikos a παρθενικός maiden

parthenikos a. παρθενικός virgin
parthenikotita n. παρθενικότητα virginity
parthenos n. παρθένος virgin
pasalos n πάσαλος stake
pasalos n. πάσσαλος stilt
pasha n Πάσχα easter
paso n πάσο pass
paspatevo v.t. πασπατεύω pet
pastel n. παστέλ pastel
pastono v.t. παστώνω pot
patagos n πάταγος crash
patata n. πατάτα potato
patenta n πατέντα patent
patentaro v.t. πατεντάρω patent
pateras n πατέρας father
patheno afloyistia v.i. παθαίνω αφλογιστία misfire
pathiasmenos a. παθιασμένος passionate
pathitikos a. παθητικός passive
pathos n. πάθος passion
pathos n. πάθος pathos
patimasia n. πατημασιά track
patini n. πατίνι skate
patoma n πάτωμα floor
patos n πάτος bottom
patriki klironomia n. πατρική κληρονομιά patrimony
patrikos a. πατρικός paternal
patriotikos a. πατριωτικός patriotic
patriotis n. πατριώτης patriot
patriotismos n. πατριωτισμός partiotism
patroktonia n. πατροκτονία parricide
patroktonia n. πατροκτονία patricide
payeros a. παγερός frigid
payetonas n. παγετώνας glacier
payetos n. παγετός frost
payida n. παγίδα pitfall

payida *n.* παγίδα snare
payida *n.* παγίδα trap
payidevo *v. t.* παγιδεύω entrap
payidevo *v.t.* παγιδεύω snare
payidevo *v.t.* παγιδεύω trap
pazarevo *v.t.* παζαρεύω bargain
pazarevo *v.i.* παζαρεύω haggle
pedagogos *n.* παιδαγωγός pedagogue
pedagoyiki *n.* παιδαγωγική pedagogy
pedaki *n.* παιδάκι bantling
pedareli *n.* παιδαρέλι chit
pedariodis *a.* παιδαριώδης childish
pedariodis *a.* παιδαριώδης puerile
pedi *n* παιδί child
pedi *n.* παιδί kid
pediada *n.* πεδιάδα plain
pediki ilikia *n* παιδική ηλικία boyhood
pediki ilikia *n.* παιδική ηλικία childhood
pediko domatio *n.* παιδικό δωμάτιο nursery
pedikos *a.* παιδικός infantile
pedio *n.* πεδίο purview
pedio *n.* πεδίο scope
pedoukli *n* πεδούκλι fetter
pefko *n.* πεύκο pine
pefto *v.i.* πέφτω fall
pefto *v.i.* πέφτω slump
pefto *v.i.* πέφτω tumble
pefto me aleksiptoto *v.t.* πέφτω με αλεξίπτωτο bale
pehnidi *n.* παιχνίδι game
pehnidi *n.* παιχνίδι play
pehnidi *n.* παιχνίδι toy
pektis *n.* παίκτης player
pektis mousikou organou *n.* παίκτης μουσικού οργάνου instrumentalist

pelargos *n* πελαργός crane
pelargos *n.* πελαργός stork
pelatis *n..* πελάτης client
pelatis *n* πελάτης customer
peleko *v.t.* πελεκώ hew
pelorios *a.* πελώριος immense
pelorios *a* πελώριος mammoth
pempti *n.* Πέμπτη Thursday
pemptousia *n.* πεμπτουσία quintessence
pena *n.* πένα pen
pena *n.* πένα penny
peninta *n.* πενήντα fifty
pentagono *n.* πεντάγωνο pentagon
pental *n.* πεντάλ pedal
pente *n* πέντε five
penthimi kodonokrousia *n* πένθιμη κωδωνοκρουσία toll
penthimos *n.* πένθιμος mournful
pentho *v.i.* πενθώ mourn
penthon *n.* πενθών mourner
penthos *n.* πένθος mourning
peos *n.* πέος penis
peperasmenos *a* πεπερασμένος finite
pepiramenos *a.* πεπειραμένος adept
pepithisi *n* πεποίθηση belief
peplos *n.* πέπλος veil
peponi *n.* πεπόνι melon
pepsi *n* πέψη digestion
pera *adv* πέρα over
pera apo *adv.* πέρα από beyond
pera apo *prep.* πέρα από past
peran *prep.* πέραν beyond
perasma *n.* πέρασμα passage
perasmenos *a.* περασμένος past
peridereo *n.* περιδέραιο necklace
perieho *v.t.* περιέχω contain
periehomeno *n.* περιεχόμενο content
periektikos *a* περιεκτικός comprehensive

periergazome v.t. περιεργάζομαι
scrutinize
periergos a περίεργος curious
periergos a. περίεργος inquisitive
periergos a. περίεργος odd
perieryia n περιέργεια curiosity
perifania n. περηφάνια pride
perifanos a. περήφανος proud
periferia n. περιφέρεια
circumference
periferia n περιφέρεια district
periferia n. περιφέρεια periphery
periferome v.i. περιφέρομαι
meander
perifraksi n. περίφραξη enclosure
perifraso v.t περιφράσσω hurdle
perifraso v.t. περιφράσσω picket
perifronisi n περιφρόνηση
contempt
perifronisi n περιφρόνηση
disdain
perifronisi n περιφρόνηση
disregard
perifronisi n. περιφρόνηση scorn
perifronisi n. περιφρόνηση snub
perifronitikos a περιφρονητικός
contemptuous
perifrono v. t περιφρονώ despise
perifrono v. t. περιφρονώ disdain
perifrono v. t περιφρονώ
disregard
perifrono v.t. περιφρονώ scorn
perigrafi n περιγραφή description
perigrafikos a περιγραφικός
descriptive
perigrafo v. t περιγράφω describe
perigrafo leptomeros v. t
περιγράφω λεπτομερώς detail
perigrama n περίγραμμα contour
perigrama n. περίγραμμα outline
perigrama n. περίγραμμα
silhouette
periharis a. περιχαρής jubilant
perihora n.pl. περίχωρα outskirts

perikiklono v.t. περικυκλώνω
begird
periklio v. t περικλείω enclose
perikopi dapanon n. περικοπή
δαπανών retrenchment
perikopto v. t περικόπτω curtail
perilabros a. περίλαμπρος
resplendent
perilamvano v.t. περιλαμβάνω
include
perilipsi n περίληψη abstract
perilipsi n. περίληψη conspectus
perilipsi n. περίληψη digest
perilipsi n. περίληψη resume
perilipsi n. περίληψη summary
perilipsi spoudon n. περίληψη
σπουδών syllabus
perimeno v.t. περιμένω await
perimeno v. t περιμένω expect
perimeno v.i. περιμένω wait
perimeno tin efkeria v. t
περιμένω την ευκαιρία bide
perimetros n. περίμετρος circuit
periodevo v.i. περιοδεύω tour
periodia n. περιοδεία tour
periodiko n. περιοδικό periodical
periodikos a. περιοδικός
periodical
periodikos a. περιοδικός
recurrent
periodos n. περίοδος innings
periodos n. περίοδος period
periohi n περιοχή area
periohi n. περιοχή region
periorismenos a. περιορισμένος
limited
periorismos n. περιορισμός
limitation
periorismos n. περιορισμός
restriction
perioristikos a. περιοριστικός
restrictive
periorizo v. t περιορίζω confine
periorizo v.t. περιορίζω constrict

periorizo *v.t.* περιορίζω limit
periorizo *v.t.* περιορίζω minimize
periorizo *v.t.* περιορίζω restrict
periousiako stihio *n.* περιουσιακό στοιχείο asset
peripatos *n* περίπατος stroll
peripetia *n* περιπέτεια adventure
peripetiodis *a.* περιπετειώδης adventurous
peripezo *v.i.* περιπαίζω mock
peripiimenos *a.* περιποιημένος tidy
peripioume *v.t.* περιποιούμαι trim
periplanieme *v.i.* περιπλανιέμαι wander
periplanisi *n* περιπλάνηση ramble
periplanome *v.t.* περιπλανώμαι ramble
periplanome *v.i.* περιπλανώμαι stray
periplanomenos *adj* περιπλανώμενος ambulant
periplanomenos *a* περιπλανώμενος vagabond
peripleko *v. t* περιπλέκω complicate
peripleko *v.t.* περιπλέκω puzzle
periploki *n.* περιπλοκή complication
periplokos *a.* περίπλοκος intricate
peripolia *n* περιπολία patrol
peripolo *v.i.* περιπολώ patrol
peripou *adv & prep* περίπου about
periptero *n.* περίπτερο pavilion
periptosi *n.* περίπτωση case
periptosi *n* περίπτωση circumstance
perisevo *v.t.* περισσεύω spare
perisoteros *a.* περισσότερος more
peristasi *n.* περίσταση occasion
peristeri *n* περιστέρι dove

peristeri *n.* περιστέρι pigeon
peristrefo *v.i.* περιστρέφω rotate
peristrefo/-ome *v.t.* περιστρέφω/-ομαι pivot
peristrofi *n.* περιστροφή rotation
peristrofikos *a.* περιστροφικός rotary
peristrofo *n.* περίστροφο revolver
perithoriakos *a.* περιθωριακός marginal
perithorio *n.* περιθώριο fringe
perithorio *n.* περιθώριο margin
peritihizo *v.t.* περιτοιχίζω wall
peritiligma *n.* περιτύλιγμα wrapper
peritos *a.* περιττός needless
peritos *a.* περιττός superfluous
perivalo *v. t.* περιβάλλω encircle
perivalo *v. t* περιβάλλω encompass
perivalo *v.t* περιβάλλω girdle
perivalo *v.t.* περιβάλλω skirt
perivalo *v.t.* περιβάλλω surround
perivalo *v.t.* περιβάλλω vest
perivalon *adj.* περιβάλλων ambient
perivalon *n.* περιβάλλον environment
perivalon *n.* περιβάλλον milieu
perivalon *n.* περιβάλλον surroundings
perivalon/-ousa/-on *n.* περιβάλλων/-ουσα/-ον circumfluent
perivleptos *a.* περίβλεπτος outstanding
perivleptos *a.* περίβλεπτος prestigious
perivoitos *a.* περιβόητος notorious
perivrahionio *a* περιβραχιόνιο armlet
perka *n.* πέρκα perch
perno *v. t* περνώ elapse

perno *v.i.* περνώ pass
perno *v.t* παίρνω take
perno *v.t.* περνώ while
perno hiropedes *v.t* περνώ χειροπέδες handcuff
perno hordi *v.t.* περνώ χορδή string
perno konoides shima *v.i.* παίρνω κωνοειδές σχήμα taper
perno san sifounas *v.i.* περνώ σαν σίφουνας whiz
perno san sifounas *v.i.* περνώ σαν σίφουνας zoom
perno sinentefksi *v.t.* παίρνω συνέντευξη interview
perouka *n.* περούκα wig
perpato *v.t* περπατώ ambulate
perpato *v.i.* περπατώ walk
perpato ayeroha *v.i.* περπατώ αγέρωχα strut
perpato me apala vimata *v.t.* περπατώ με απαλά βήματα pad
perpato san papia *v.i.* περπατώ σαν πάπια waddle
perpato sta nihia ton podion *v.t.* περπατώ στα νύχια των ποδιών tip
perpato varia *v.i.* περπατώ βαριά plod
perpato varia kai ahara *v.t* περπατώ βαριά και άχαρα stump
petagome *v.i.* πετάγομαι spring
petalo *n.* πέταλο petal
petalono *v.t.* πεταλώνω shoe
petalouda *n* πεταλούδα butterfly
petalouditsa *n.* πεταλουδίτσα moth
petheno *v. i* πεθαίνω decease
petheno *v. i* πεθαίνω die
petheno *v.i.* πεθαίνω perish
petherika *n.* πεθερικά in-laws
peto *v. t* πετώ discard
peto *v.i* πετώ fly
peto *v.t.* πετώ throw
petra *n.* πέτρα stone
petradi *n* πετράδι gem
petreleo *n.* πετρέλαιο kerosene
petreleo *n.* πετρέλαιο petroleum
petrodis *a.* πετρώδης stony
petseta *n.* πετσέτα napkin
petseta *n.* πετσέτα towel
petsokovo *v.t.* πετσοκόβω hack
petsokovo *v.t.* πετσοκόβω slash
peziko *n.* πεζικό infantry
pezo *v.i.* παίζω play
pezo *v.i.* παίζω romp
pezo *v.i.* παίζω toy
pezo *v.i* παίζω trifle
pezo atou *v.t.* παίζω ατού trump
pezo violi *v.i* παίζω βιολί fiddle
pezodromio *n.* πεζοδρόμιο pavement
pezos *n.* πεζός pedestrian
pezos *a.* πεζός prosaic
pianistas *n.* πιανίστας pianist
piano *v. t.* πιάνω catch
piano *v.t.* πιάνω grasp
piano *v.t* πιάνω handle
piano *n.* πιάνο piano
piano me dihtia *v.t.* πιάνω με δίχτυα net
pianome *v.i.* πιάνομαι grapple
pianou *pron.* ποιανού whose
piasimo *n.* πιάσιμο catch
piasmenos *n.* πιασμένος stiff
piataki *n.* πιατάκι saucer
piato *n* πιάτο dish
piato *n.* πιάτο plate
pidakas *n.* πίδακας jet
pidakas *n.* πίδακας spout
pidalio *n.* πηδάλιο helm
pidima *n.* πήδημα bound
pidima *n* πήδημα dodge
pido *v.i* πηδώ jump
pido *v.i.* πηδώ leap
pido *v.i.* πηδώ vault
piesi *n* πίεση press

piesi *n.* πίεση pressure
piesi *n.* πίεση stress
piezo *v.t.* πιέζω press
piezo *v.t* πιέζω urge
pigadi *n.* πηγάδι well
pigmahia *n* πυγμαχία boxing
pigmeos *n.* πυγμαίος pigmy
pigmeos *n.* πυγμαίος pygmy
pigouni *n.* πηγούνι chin
pihaki *n.* πηχάκι lath
pihis *n* πήχης forearm
piima *n.* ποίημα poem
piisi *n.* ποίηση poesy
piisi *n.* ποίηση poetry
piisi *n.* ποίηση verse
piitiki *n.* ποιητική poetics
piitikos *a.* ποιητικός poetic
piitis *n.* ποιητής poet
piitria *n.* ποιήτρια poetess
pikantikos *a.* πικάντικος piquant
pikantikos *a.* πικάντικος spicy
pikilia *n.* ποικιλία variety
pikilo *v.t.* ποικίλλω vary
pikilos *a* ποικίλος diverse
pikilos *a.* ποικίλος miscellaneous
pikilos *a.* ποικίλος varied
pikilos *a.* ποικίλος various
pikna *adv.* πυκνά thick
piknik *n.* πικνίκ picnic
piknono *v.i.* πυκνώνω thicken
piknos *a* πυκνός dense
piknos *a* πυκνός rank
piknotita *n* πυκνότητα density
pikralida *n.* πικραλίδα dandelion
pikreno *v. t* πικραίνω embitter
pikria *n* πικρία acrimony
pikros *a* πικρός bitter
piksida *n* πυξίδα compass
pili *n.* πύλη gate
pili *n.* πύλη portal
piliko *n.* πηλίκο quotient
pilina skevi *n.* πήλινα σκεύη crockery
pilos *n* πηλός clay
pilotirio *n.* πιλοτήριο cockpit
pilotos *n.* πιλότος pilot
pimenikos *a.* ποιμενικός pastoral
pina *n* πείνα hunger
pina *n.* πείνα starvation
pinao *v.i.* πεινάω starve
pinasmenos *a.* πεινασμένος hungry
pini *n.* ποινή penalty
pini *n.* ποινή sentience
pinikos *a.* ποινικός penal
pino *v. t* πίνω drink
pio *adv* πιο more
pio *n.* πύο pus
pion *pron.* ποιον whom
pioria *n.* πυόρροια pyorrhoea
pios *pron.* ποιος which
pios *a* ποιος which
pios *pron.* ποιος who
piotikos *a.* ποιοτικός qualitative
piotita *n.* ποιότητα quality
piperi *n.* πιπέρι pepper
piperia betel *n* πιπεριά μπέτελ betel
piperono *v.t.* πιπερώνω pepper
piperoriza *n.* πιπερόριζα ginger
pira *n* πείρα experience
pira *n.* πυρά pyre
piragma *n.* πείραγμα raillery
pirama *n* πείραμα experiment
piramida *n.* πυραμίδα pyramid
pirasmos *n.* πειρασμός temptation
pirasmos *n.* πειρασμός tempter
piratevo *v.t* πειρατεύω pirate
piratia *n.* πειρατεία piracy
piratis *n.* πειρατής pirate
piravlos *n.* πύραυλος rocket
pirazo *v.t.* πειράζω banter
pirazo *v.t.* πειράζω rag
pirazo *v.t.* πειράζω tease
pirazo *v.t.* πειράζω vex
piretos *n* πυρετός fever
pirgos *n.* πύργος tower

pirinas n. πυρήνας core
pirinas n. πυρήνας nucleus
pirinikos a. πυρηνικός nuclear
pirovoliko n. πυροβολικό artillery
pirovoliko n. πυροβολικό ordnance
pirovolo v.t. πυροβολώ shoot
pirpolo v.t πυρπολώ fire
pirsos n. πυρσός torch
pisa n. πίσσα tar
pisma n. πείσμα tenacity
pismataris a. πεισματάρης mulish
pismataris a. πεισματάρης obstinate
pismataris a. πεισματάρης stubborn
piso adv. πίσω aback
piso adv. πίσω back
piso prep πίσω behind
piso meros n. πίσω μέρος rear
pisono v.t. πισσώνω tar
pistevo v. t πιστεύω believe
pisti n πίστη faith
pisti n πίστη fidelity
pisti n. πίστη loyalty
pistikos adj. πειστικός cogent
pistoli n. πιστόλι pistol
pistopio v. t. πιστοποιώ certify
pistos a πιστός faithful
pistos a. πιστός loyal
pistos n. πιστός votary
pistosi n πίστωση credit
pistosi n. πίστωση overdraft
pistotis n πιστωτής creditor
pithanos a. πιθανός likely
pithanos a. πιθανός possible
pithanos a. πιθανός probable
pithanotata adv. πιθανότατα probably
pithanotita n. πιθανότητα likelihood
pithanotita n. πιθανότητα possibility

pithanotita n. πιθανότητα probability
pithanotites n. πιθανότητες odds
pitharhia n πειθαρχία discipline
pithikoidis a. πιθηκοειδής apish
pithikos n πίθηκος ape
pithinios a πειθήνιος docile
pitho v. t πείθω convince
pitho v.t. πείθω induce
pitho v.t. πείθω persuade
pitho n. πειθώ persuasion
pithonas n. πύθωνας python
pitirida n πιτυρίδα dandruff
pitsilia n πιτσιλιά splash
pitsilizo v.i. πιτσιλίζω splash
piyeno v.i. πηγαίνω go
piyeno me plio v.i πηγαίνω με πλοίο boat
piyenoerhome v.t. πηγαινοέρχομαι shuttle
piyenoerhome viastika v. t πηγαινοέρχομαι βιαστικά bustle
piyi n. πηγή source
pladaros a πλαδαρός flabby
plai prep. πλάι beside
plai adv πλάι by
plaka n. πλάκα slab
plakaki n. πλακάκι tile
plani n πλάνη plane
planitikos a. πλανητικός planetary
planitis n. πλανήτης planet
planizo v.t. πλανίζω plane
planome v. i πλανώμαι err
plasma n πλάσμα creature
plasma n πλάσμα figment
plasti diadosi n πλαστή διάδοση canard
plastografia n πλαστογραφία forgery
plastos a. πλαστός counterfeit
plastos a πλαστός sham

platanos *n.* πλάτανος plane
platayiazma *n* πλατάγιασμα smack
platayiazo ta hili *v.t.* πλαταγιάζω τα χείλη smack
platho *v.t.* πλάθω model
plati *n.* πλάτη back
platis *a* πλατύς broad
platonikos *a.* πλατωνικός platonic
platos *n* πλάτος breadth
platos *n.* πλάτος width
platsourizo *v. i.* πλατσουρίζω dabble
platsourizo *v.i.* πλατσουρίζω paddle
playia *n.* πλαγιά slope
playia tipografika stihia *n.* πλάγια τυπογραφικά στοιχεία italics
playio glistrima *n* πλάγιο γλίστρημα skid
plefstotita *n* πλευστότητα buoyancy
pleko *v.t.* πλέκω knit
plekta idi kai kaltses *n.* πλεκτά είδη και κάλτσες hosiery
pleno *v.t.* πλένω wash
pleno ke siderono *v.t.* πλένω και σιδερώνω launder
pleo *v.i.* πλέω sail
pleon *adv.* πλέον any
pleonasma *n.* πλεόνασμα surplus
pleonasmos *n.* πλεονασμός superfluity
pleonektima *n.* πλεονέκτημα advantage
pleonektima *n* πλεονέκτημα boon
plesiono *v.t* πλαισιώνω fringe
plevra *n.* πλευρά side
plevrikos *adj.* πλευρικός costal
plevro *n.* πλευρό rib
pliatsikologos *n.* πλιατσικολόγος marauder

pligono *v.t.* πληγώνω injure
pligono *v.t.* πληγώνω mortify
pliktikos *n* πληκτικός bore
pliktikos *a.* πληκτικός humdrum
pliktikos *a.* πληκτικός tiresome
plimeliodikis *n.* πλημμελειοδίκης recorder
plimira *n* πλημμύρα flood
plimirizo *v.t* πλημμυρίζω flood
plimirizo *v.t.* πλημμυρίζω glut
plimirizo *v.t.* πλημμυρίζω swamp
plintirio *n.* πλυντήριο washer
plintirio *n.* πλυντήριο laundry
plio *n* πλοίο boat
plio *n.* πλοίο ship
pliodotis *n* πλειοδότης bidder
pliodoto *v.t.* πλειοδοτώ outbid
plionotita *n.* πλειονότητα plurality
pliopsifia *n.* πλειοψηφία majority
plireksousio *n.* πληρεξούσιο proxy
plireksousios *n.* πληρεξούσιος attorney
pliris *a* πλήρης complete
pliris *a.* πλήρης replete
pliroforia *n.* πληροφορία information
pliroforiakos *a.* πληροφοριακός informative
pliroforiodotis *n.* πληροφοριοδότης informer
pliroforo *v.t.* πληροφορώ apprise
pliroforo *v.t.* πληροφορώ inform
pliroma *n.* πλήρωμα crew
pliromi *n* πληρωμή pay
pliromi *n.* πληρωμή payment
pliromi *n.* πληρωμή remuneration
plirono *v.t.* πληρώνω pay
pliros *adv.* πλήρως fully
pliros *adv.* πλήρως wholly
pliroteos *a.* πληρωτέος payable
plirotita *n.* πληρότητα fullness
plisi *n* πλύση wash

plisiazo *v.t.* πλησιάζω approach
plisiazo *v.i.* πλησιάζω near
plisimo *n* πλύσιμο ablution
plision *adv. & prep.* πλησίον nigh
plistiriasmos *n* πλειστηριασμός auction
plistra *n.* πλύστρα laundress
plitha *n.* πλίθα adobe
plithintikos *a.* πληθυντικός plural
plithismos *n.* πληθυσμός population
plithora *n.* πληθώρα superabundance
plithora *n.* πληθώρα surfeit
plithorismos *n.* πληθωρισμός inflation
plithos *n* πλήθος crowd
ploigos *n.* πλοηγός navigator
plotos *a.* πλωτός navigable
plousios *a.* πλούσιος opulent
plousios *a.* πλούσιος rich
plouti *n.* πλούτη riches
ploutizo *v. t* πλουτίζω enrich
ploutos *n.* πλούτος opulence
ploutos *a.* πλούτος richness
ploutos *n.* πλούτος wealth
pnevma *n.* πνεύμα spirit
pnevma *n.* πνεύμα wit
pnevmatikos *a.* πνευματικός mental
pnevmatikos *a.* πνευματικός spiritual
pnevmatikotita *n.* πνευματικότητα spirituality
pnevmatismos *n.* πνευματισμός spiritualism
pnevmatistis *n.* πνευματιστής spiritualist
pnevmatodis *a.* πνευματώδης witty
pnevmonas *n* πνεύμονας lung
pnevmonia *n.* πνευμονία pneumonia
pnigo *v.t.* πνίγω smother
pnigo/-ome *v.i* πνίγω/-ομαι drown
pniyiros *a.* πνιγηρός muggy
pnoi *n.* πνοή puff
pnoi *n* πνοή waft
pobi *n.* πομπή pageantry
pobi *n.* πομπή pomp
pobodis *a.* πομπώδης pompous
pobos *n.* πομπός transmitter
podi *n* πόδι foot
podi *n.* πόδι leg
podi *n.* πόδι paw
podia *n.* ποδιά apron
podia *n.* ποδιά overall
podia ergasias *n.* ποδιά εργασίας smock
podilatistis *n* ποδηλατιστής cyclist
podilato *n.* ποδήλατο bicycle
podilato *v.t.* ποδηλατώ pedal
podopato *v.t.* ποδοπατώ trample
podovolito *n.* ποδοβολητό stampede
polaplasiasmos *n.* πολλαπλασιασμός multiplication
polaplasiasteos *n.* πολλαπλασιαστέος multiplicand
polaplasiazo *v.t.* πολλαπλασιάζω multiply
polaplasio *n* πολλαπλάσιο multiple
polaplos *a.* πολλαπλός manifold
polaplos *a.* πολλαπλός multiple
polaplos *a.* πολλαπλός multiplex
polaplotita *n.* πολλαπλότητα multiplicity
polemistis *n.* πολεμιστής warrior
polemo *v.i.* πολεμώ war
polemofodia *n.* πολεμοφόδια ammunition
polemofodia *n.* πολεμοφόδια munitions

polemos *n.* πόλεμος war
polemos *n.* πόλεμος warfare
poli *n* πόλη city
poli *adv* πολύ long
poli *a.* πολλοί many
poli *adv* πολύ much
poli *n.* πόλη town
poli *a.* πολύ very
poli ligo *adv.* πολύ λίγο little
poli ligo *n.* πολύ λίγο little
poli zestos *a.* πολύ ζεστός torrid
polianthropos *a.* πολυάνθρωπος populous
poliarithmos *a.* πολυάριθμος numerous
polietes fito *n.* πολυετές φυτό perennial
poligamia *n.* πολυγαμία polygamy
poligamos *a.* πολύγαμος polygamous
poliglosos *n.* πολύγλωσσος polyglot
poliglosos *a.* πολύγλωσσος polyglot
poligrafo *v. t* πολυγραφώ cyclostyle
poligrafos *n* πολύγραφος cyclostyle
polihni *a.* πολίχνη township
polihromos *a.* πολύχρωμος motley
polikos *a.* πολικός polar
polimihanos *a.* πολυμήχανος resourceful
polimorfos *n.* πολύμορφος multiform
poliorkia *n.* πολιορκία siege
poliorko *v. t* πολιορκώ besiege
poliorko *v.t.* πολιορκώ mob
polipikilos *a.* πολυποίκιλος multifarious
poliplevros *a.* πολύπλευρος multilateral

polis/poli/poli *a* πολύς/πολλή/πολύ much
polisi *n.* πώληση sale
polisimos *a.* πωλήσιμος salable
politehnikos *a.* πολυτεχνικός polytechnic
politehnio *n.* πολυτεχνείο polytechnic
politelia *n.* πολυτέλεια luxury
politelia *n.* πολυτέλεια splendour
politelis *a.* πολυτελής luxurious
politelis *a.* πολυτελής splendid
politelis *a.* πολυτελής sumptuous
politheismos *n.* πολυθεϊσμός polytheism
politheistikos *a.* πολυθεϊστικός polytheistic
politheistis *n.* πολυθεϊστής polytheist
politia *n.* πολιτεία polity
politiki *n.* πολιτική policy
politiki *n.* πολιτική politics
politikos *a.* πολιτικός politic
politikos *a.* πολιτικός political
politikos *n.* πολιτικός politician
politikos *n.* πολιτικός statesman
politimos *a.* πολύτιμος precious
politimos *a.* πολύτιμος valuable
politis *n* πολίτης citizen
politis *n* πολίτης civilian
politis *n.* πωλητής salesman
politis *n.* πωλητής seller
politis *n.* πωλητής vendor
politismos *n.* πολιτισμός civilization
politistikos *a* πολιτιστικός cultural
politografo *v.t.* πολιτογραφώ naturalize
politokos *a.* πολύτοκος multiparous
politomos *a.* πολύτομος voluminous
polo *n.* πόλο polo

polos n. πόλος pole
poltodis a. πολτώδης pulpy
poltopio v.t πολτοποιώ mash
poltopio v.t. πολτοποιώ pulp
poltos n. πολτός paste
poltos n. πολτός pulp
ponemenos a. πονεμένος sore
poni n. πόνυ pony
poniremenos a. πονηρεμένος sophisticated
ponirevo v.t. πονηρεύω sophisticate
poniros a. πονηρός sly
poniros a. πονηρός wily
pono v.i. πονώ ache
pono v.t. πονώ ail
ponodontos n. πονόδοντος toothache
ponokefalos n. πονοκέφαλος headache
ponos n. πόνος ache
ponos n. πόνος pain
pontikos n. ποντικός mouse
poplina n. ποπλίνα poplin
pori n. πόροι resource
pori zois n. πόροι ζωής livelihood
pori zois n πόροι ζωής living
poria n. πορεία course
poria n. πορεία march
poria n. πορεία route
porni n. πόρνη bawd
porni n. πόρνη prostitute
porni n. πόρνη strumpet
porni n. πόρνη whore
pornia n. πορνεία prostitution
poroedros n. πρόεδρος president
poros n. πόρος pore
porselani n. πορσελάνη china
porselani n. πορσελάνη porcelain
porta n πόρτα door
portieris n πορτιέρης bouncer
portofoli n. πορτοφόλι purse
portofoli n. πορτοφόλι wallet
portokali n. πορτοκάλι orange

portokalis a πορτοκαλής orange
portreto n. πορτραίτο portrait
pos adv. πώς how
posidonas n. Ποσειδώνας Neptune
poso n ποσό amount
poso n. ποσό sum
pososto n. ποσοστό percentage
pososto n. ποσοστό quantum
posotikos a. ποσοτικός quantitative
posotita n. ποσότητα quantity
potamaki n. ποταμάκι streamlet
potamos n. ποταμός river
potapos a ποταπός despicable
potapos a. ποταπός vile
potasa n. ποτάσα potash
pote adv ποτέ ever
pote adv. ποτέ never
pote adv. πότε when
pothos n. πόθος lust
potiri n. ποτήρι tumbler
potizo v.t. ποτίζω water
poto n ποτό drink
pou adv. πού where
pou conj. πού where
pou bori na termatisthi a. που μπορεί να τερματισθεί terminable
pou gargaliete efkola a. που γαργαλιέται εύκολα ticklish
pou peripou adv. πού περίπου whereabout
pou plenete a. που πλένεται washable
pou sindeete adj. που συνδέεται annectant
poudraro v.t. πουδράρω powder
poukamiso n. πουκάμισο shirt
poulao v.t. πουλάω sell
poulari n πουλάρι colt
poulerika n. πουλερικά poultry
pouli n πουλί bird
poulies n. πούλιες tinsel

poulman *n* πούλμαν coach
poulo lianikos *v.t.* πουλώ λιανικώς retail
poulover *n.* πουλόβερ pullover
poulover *n.* πουλόβερ sweater
pouritanikos *a.* πουριτανικός puritanical
pouritanos *n.* πουριτανός puritan
pouro *n.* πούρο cigar
pouro tserout *n* πούρο τσερούτ cheroot
pouthena *adv.* πουθενά nowhere
poutigka *n.* πουτίγκα pudding
poza *n.* πόζα pose
pozaro *v.i.* ποζάρω pose
pragma *n.* πράγμα thing
pragmati *adv.* πράγματι indeed
pragmatia *n.* πραγματεία treatise
pragmatika *adv.* πραγματικά actually
pragmatika *adv.* πραγματικά really
pragmatikos *a.* πραγματικός actual
pragmatikos *a.* πραγματικός real
pragmatikotita *n.* πραγματικότητα reality
pragmatopiisi *n.* πραγματοποίηση accomplishment
pragmatopiisi *n.* πραγματοποίηση realization
pragmatopiisimos *a.* πραγματοποιήσιμος workable
pragmatopio *v. t* πραγματοποιώ effect
pragmatopio *v.t.* πραγματοποιώ implement
praksi *n.* πράξη act
praksi *n* πράξη deed
praksi *n.* πράξη practice
praksikopima *n.* πραξικόπημα coup
praktikos *a.* πρακτικός practical
praktoras *n* πράκτορας agent
praktorio *n.* πρακτορείο agency
praos *adj.* πράος bland
praos *a.* πράος gentle
praos *a.* πράος meek
prasinada *n.* πρασινάδα turf
prasino *n* πράσινο green
prasinos *a.* πράσινος green
praso *n.* πράσο leek
preki *n.* πρέκι lintel
preloudio *n.* πρελούδιο prelude
premiera *n.* πρεμιέρα premiere
prepi *v.* πρέπει must
prepon *a.* πρέπων pertinent
presveftis *n.* πρεσβευτής ambassador
presvia *n* πρεσβεία embassy
presviteros *a.* πρεσβύτερος senior
presviteros *n.* πρεσβύτερος senior
prigipas *n.* πρίγκηπας prince
prigipikos *a.* πριγκηπικός princely
prigipisa *n.* πριγκήπισσα princess
prika *n* προίκα dowry
prikismenos *a.* προικισμένος gifted
prikizo *v. t* προικίζω endow
priksimo *n* πρήξιμο blain
primni *n.* πρύμνη stern
prin *prep.* πριν afore
prin *adv.* πριν ago
prin *conj* πριν before
prinis *a.* πρηνής prostrate
prioni *n.* πριόνι saw
prionizo/-ome *v.t.* πριονίζω/-ομαι saw
prisa *n.* πρίζα socket
pritsini *n.* πριτσίνι rivet
pro tou toketou *adj.* προ του τοκετού antenatal
proagelo *v.t.* προαγγέλω prelude
proagelos *n* πρόαγγελος forerunner

proagelos n. προάγγελος precursor
proago v.t προάγω further
proago v.t. προάγω promote
proagoyi n. προαγωγή promotion
proagoyi n. προαγωγή advancement
proapetoumenos a. προαπαιτούμενος prerequisite
proastio n. προάστειο suburb
prodiagrafo v.t. προδιαγράφω specify
prodiatheto v.t. προδιαθέτω predetermine
prodido v.t. προδίδω betray
prodosia n προδοσία betrayal
prodosia n. προδοσία treason
prodotis n. προδότης traitor
proedrevo v.i. προεδρεύω preside
proedrikos a. προεδρικός presidential
proedros n πρόεδρος chairman
proeksehon a. προεξέχων prominent
proeksehon a. προεξέχων salient
proelefsi n. προέλευση origin
proeretiki amivi n. προαιρετική αμοιβή honorarium
proeretikos a. προαιρετικός optional
proerhome v. t. προέρχομαι derive
proerhome v.t προέρχομαι hail
proerhome v.t. προέρχομαι originate
proesthima n. προαίσθημα hunch
proesthima n. προαίσθημα premonition
proetimasia n. προετοιμασία preparation
proetimazo v.t προετοιμάζω groom
proetimazomenos adj. προετοιμαζόμενος afoot

profanis a. προφανής evident
profanis a. προφανής manifest
profanis a. προφανής obvious
profanis a. προφανής patent
profasi n πρόφαση pretext
profero v.t. προφέρω pronounce
profil n. προφίλ profile
profilaki n. προφυλακή outpost
profilakisi n προφυλάκιση remand
profilaksi n. προφύλαξη guard
profilaktikos a. προφυλακτικός precautionary
profilaktiras n. προφυλακτήρας bumper
profitevo v.t. προφητεύω prophesy
profitia n. προφητεία prediction
profitia n. προφητεία prophecy
profitikos a. προφητικός prophetic
profitis n. προφήτης prophet
profitis n. προφήτης seer
profora n. προφορά pronunciation
proforika adv. προφορικά verbally
proforika adv. προφορικά vivavoce
proforikos a. προφορικός oral
proforikos adv. προφορικώς orally
proforikos a προφορικός vivavoce
progamieos adj. προγαμιαίος antenuptial
progamieos a. προγαμιαίος premarital
prognosi n. πρόγνωση prescience
progonikos a. προγονικός ancestral
progonos n. πρόγονος ancestor
programa n πρόγραμμα curriculum

programa *n.* πρόγραμμα
programme
programa *n.* πρόγραμμα schedule
programatizo *v.t.* προγραμματίζω
programme
programatizo *v.t.* προγραμματίζω
schedule
prohiro shedio *n.* πρόχειρο
σχέδιο sketch
prohiroshediazmenos *a.*
προχειροσχεδιασμένος sketchy
prohoro *v.t.* προχωρώ advance
prohoro *v.t* προχωρώ nose
prohoro erpontas *v.i.* προχωρώ
έρποντας snake
prohronologo *n* προχρονολογώ
antedate
proi *n* πρωΐ forenoon
proi *n.* πρωί morning
proidopiisi *a.* προειδοποίηση
monitory
proidopiisi *n.* προειδοποίηση
warning
proidopio *v. t.* προειδοποιώ
caution
proidopio *v.t* προειδοποιώ
forewarn
proidopio *v.t.* προειδοποιώ warn
proigoume *v.t.* προηγούμαι
antecede
proigoume *v.* προηγούμαι
precede
proigoumeno *n.* προηγούμενο
precedent
proigoumenos *a.* προηγούμενος
antecedent
proigoumenos *a* προηγούμενος
former
proigoumenos *a.* προηγούμενος
previous
proimio *n.* προοίμιο preamble
proimos *a* πρώιμος early
proino *n* πρωινό breakfast

proion *n.* προϊόν product
proionta *n.* προϊόντα produce
proipoloyismos *n*
προϋπολογισμός budget
proipothesi *n.* προϋπόθεση
presupposition
proipothesi *n* προϋπόθεση
requisite
proipotheto *v.t.* προϋποθέτω
presuppose
proistamenos enorkon *n*
προϊστάμενος ενόρκων
foreman
proistorikos *a.* προϊστορικός
prehistoric
prokalo *v.t* προκαλώ cause
prokalo *v. t.* προκαλώ challenge
prokalo *v. t* προκαλώ evoke
prokalo *v.t* προκαλώ occasion
prokalo *v.t.* προκαλώ provoke
prokalo riyi siginiseos *v.t.*
προκαλώ ρίγη συγκινήσεως
thrill
prokalo zimia *v. t.* προκαλώ
ζημιά damage
prokalo/patheno zimosi *v.t*
προκαλώ/παθαίνω ζύμωση
ferment
prokatalipsi *n* προκατάληψη bias
prokatalipsi *n.* προκατάληψη
prejudice
prokatarktika *n* προκαταρκτικά
preliminary
prokatarktikos *a.*
προκαταρκτικός preliminary
prokatavoli *n.* προκαταβολή
deposit
prokatilimenos *a*
προκατειλημμένος jaundiced
prokatohos *n.* προκάτοχος
predecessor
prokimea *n.* προκυμαία dock
prokipto *v.i.* προκύπτω accrue
prokipto *v.i.* προκύπτω result

prokipton *a* προκύπτων
consequent
prokiriksi *n.* προκήρυξη
proclamation
proklisi *n.* πρόκληση challenge
proklisi *n* πρόκληση defiance
proklisi *n.* πρόκληση provocation
proklitikos *a.* προκλητικός
provocative
proklitikos *n.* προκλητικός sexy
prokseno pono *v.t.* προξενώ πόνο
pain
proktikos *adj.* πρωκτικός anal
proktos *n.* πρωκτός anus
proktos *n.* πρωκτός rectum
prolamvano *v.t* προλαμβάνω
forestall
prolego *v.t* προλέγω foretell
prolego *v.t.* προλέγω predict
prolipsi *n.* πρόληψη prevention
proliptikos *a.* προληπτικός
preventive
prologos *n* πρόλογος foreword
prologos *n.* πρόλογος preface
prologos *n.* πρόλογος prologue
prolovos ptinon *n.* πρόλοβος
πτηνών craw
proloyizo *v.t.* προλογίζω preface
promeleti *n* προμελέτη
forethought
promeleti *n.* προμελέτη
premeditation
promeleto *v.t.* προμελετώ
premeditate
prominio *v.t.* προμηνύω portend
promitheftis *n.* προμηθευτής
supplier
promithevo *v.t.* προμηθεύω
procure
promithevo *v.t.* προμηθεύω
supply
promithia *n.* προμήθεια
procurement

promithia *n* προμήθεια supply
pronoitikos *a.* προνοητικός
provident
pronoitikotita *n.* προνοητικότητα
precaution
pronomiakos *a.* προνομιακός
preferential
pronomio *n.* προνόμιο frachise
pronomio *n.* προνόμιο privilege
proodeftikos *a.* προοδευτικός
progressive
proodevo *v.i.* προοδεύω progress
proodos *n.* πρόοδος advance
proodos *n.* πρόοδος progress
prooptiki *n.* προοπτική
perspective
proorismos *n* προορισμός
destination
proorismos *n.* προορισμός
predestination
prooros *a.* πρόωρος premature
proostikos *a* προωστικός
projectile
prootho *v.t* προωθώ forward
prootho *v.t.* προωθώ propel
propaganda *n.* προπαγάνδα
propaganda
propagandistis *n.*
προπαγανδιστής propagandist
proparaksevastikos *a.*
προπαρασκευαστικός tutorial
proparaskevastikos *a.*
προπαρασκευαστικός
preparatory
propator *n* προπάτωρ forefather
propiryio *n* προπύργιο bulwark
proponisi *n.* προπόνηση training
proponitis *n* προπονητής coach
propono/-oume *v.t.* προπονώ/-
ούμαι train
pros *prep.* προς towards
pros ta ditika *adv.* προς τα δυτικά
westerly

pros ta ebros *a.* προς τα εμπρός
onward
pros ta ekso *adv* προς τα έξω
outward
pros ta ekso *adv* προς τα έξω
outwards
pros ta kato *adv* προς τα κάτω
downwards
pros ta ki *adv.* προς τα κει thither
pros ta mesa *adv.* προς τα μέσα
inwards
pros ta pano *prep.* προς τα πάνω
up
pros ta pano *adv.* προς τα πάνω
upwards
pros ta piso *a.* προς τα πίσω
backward
pros ta piso *adv.* προς τα πίσω
backward
pros ta pou *adv.* προς τα που
whither
pros to esoteriko *adv.* προς το εσωτερικό inland
pros to vora *adv.* προς το βορρά north
prosafksisi *n.* προσαύξηση
increment
prosanatolizo *v.t.* προσανατολίζω
orient
prosanatolizo *v.t.* προσανατολίζω
orientate
prosapto *v.t.* προσάπτω reproach
prosarmoyi *n.* προσαρμογή
adaptation
prosarmoyi *n.* προσαρμογή
adjustment
prosarmozo *v.t.* προσαρμόζω
adapt
prosarmozo *v.t.* προσαρμόζω
adjust
prosarmozo *v.t.* προσαρμόζω
season
prosartisi *n* προσάρτηση
annexation

prosarto *v.t.* προσάρτώ annex
prosarto *v.t.* προσαρτώ append
prosdiorismos *n.* προσδιορισμός
specification
prosdokia *n.* προσδοκία
anticipation
prosdokia *n.* προσδοκία
expectation
prosdoko *v.t.* προσδοκώ
anticipate
prosedros *a.* πρόσεδρος associate
prosefhi *n.* προσευχή prayer
prosefhi *n.* προσευχή rosary
prosefhome *v.i.* προσεύχομαι
pray
prosegisi *n.* προσέγγιση approach
prosehis *a.* προσεχής forthcoming
proseho *v.i.* προσέχω beware
proseho *v.t.* προσέχω heed
proseho *v.t.* προσέχω mind
proseho *v.t.* προσέχω note
proseho ionous yia kalotihia
v.t. προσέχω οιωνούς για καλοτυχία auspicate
prosehtikos *a.* προσεχτικός
attentive
prosehtikos *a* προσεχτικός
careful
prosektikos *a.* προσεκτικός
cautious
prosektikos *adj.* προσεκτικός
circumspect
prosektikos *a.* προσεκτικός
painstaking
prosfata *adv.* πρόσφατα lately
prosfata *adv.* πρόσφατα recently
prosfatos *a.* πρόσφατος latter
prosfatos *a.* πρόσφατος recent
prosfero *v.t* προσφέρω bid
prosfero *v.t.* προσφέρω offer
prosfero *v.t.* προσφέρω tender
prosfero ethelontikos *v.t.*
προσφέρω εθελοντικώς
volunteer

prosfevgo v.t. προσφεύγω appeal
prosfima n. πρόσφυμα suffix
prosfiyi n. προσφυγή recourse
prosfora n προσφορά bid
prosfora n προσφορά offer
prosfora n προσφορά tender
prosforos a πρόσφορος expedient
prosfygas n. πρόσφυγας refugee
proshedio n προσχέδιο draft
proshima n. πρόσχημα pretence
proshono v.t. προσχώνω silt
proshosi n. πρόσχωση silt
prosilitismos n προσηλυτισμός conversion
prosilitizo v. t προσηλυτίζω convert
prosilitos n προσήλυτος convert
proskalo v.t. προσκαλώ invite
proskeros a. πρόσκαιρος fugitive
proskinima n. προσκύνημα obeisance
proskinima n. προσκύνημα pilgrimage
proskinima n. προσκύνημα prostration
proskinitis n. προσκυνητής pilgrim
prosklisi n. πρόσκληση invitation
proskolisi n. προσκόλληση adherence
proskolome v.i. προσκολλώμαι adhere
proskolome v. i. προσκολλώμαι cling
proskopos n. πρόσκοπος rover
proslamvano v. t προσλαμβάνω engage
prosodia n. προσωδία prosody
prosohi n. προσοχή attention
prosohi n. προσοχή caution
prosohi n προσοχή heed
prosopiko n. προσωπικό personnel

prosopiko n. προσωπικό staff
prosopikos a. προσωπικός personal
prosopikotita n. προσωπικότητα personage
prosopikotita n. προσωπικότητα personality
prosopo n πρόσωπο face
prosopo n. πρόσωπο visage
prosopografia n. προσωπογραφία portraiture
prosopopiisi n. προσωποποίηση impersonation
prosopopiisi n. προσωποποίηση personification
prosopopio v.t. προσωποποιώ personify
prosopsi n πρόσοψη facade
prosorinos a. προσωρινός provisional
prosorinos a. προσωρινός temporary
prospathia n προσπάθεια effort
prospathia n προσπάθεια endeavour
prospathia n προσπάθεια try
prospatho v.i προσπαθώ endeavour
prospatho v.i. προσπαθώ try
prospiisi n προσποίηση affectation
prospiisi n προσποίηση sham
prospiitos adj προσποιητός mock
prospioume v.t προσποιούμαι feign
prospioume v.t. προσποιούμαι pretend
prospioume v.t. προσποιούμαι profess
prospioume v.i. προσποιούμαι sham
prostaktikos a. προστακτικός imperative
prostasia n. προστασία patronage

prostasia *n.* προστασία protection
prostasia ton politon kata tis paranomis kratisis *n.* προστασία των πολιτών κατά της παράνομης κράτησης habeas corpus
prostateftikos *a.* προστατευτικός protective
prostatevo *v.t* προστατεύω cushion
prostatevo *v.t.* προστατεύω patronize
prostatevo *v.t.* προστατεύω preserve
prostatevo *v.t.* προστατεύω protect
prostatevo *v.t.* προστατεύω screen
prostatevo *v.t.* προστατεύω shelter
prostatevo *v.t.* προστατεύω shield
prostatevo apo to nero *v.t.* προστατεύω από το νερό waterproof
prostatis *n.* προστάτης patron
prostatis *n.* προστάτης protector
prosthesi *n.* πρόσθεση addition
prostheto *v.t.* προσθέτω accrete
prostheto *v.t.* προσθέτω add
prosthetos *a.* πρόσθετος additional
prosthetos *a* πρόσθετος extra
prosthetos *a* πρόσθετος further
prosthetos foros *n.* πρόσθετος φόρος supertax
prosthetos foros *n.* πρόσθετος φόρος surtax
prostihos *a.* πρόστυχος sordid
prostimo *n* πρόστιμο fine
prostistos *a.* πρώτιστος prime
prosvalo *v.t.* προσβάλλω affront
prosvalo *v.t.* προσβάλλω insult
prosvalo *v.t.* προσβάλλω offend

prosvalo *v.t.* προσβάλλω outrage
prosvasi *n* πρόσβαση access
prosvlitiki arnisi *n.* προσβλητική άρνηση rebuff
prosvoli *n* προσβολή affront
prosvoli *n.* προσβολή insult
prosvoli *n.* προσβολή outrage
prota *adv* πρώτα first
protagonistis *n.* πρωταγωνιστής protagonist
protarhika *adv.* πρωταρχικά primarily
protarhikos *a.* πρωταρχικός primary
protasi *n.* πρόταση offering
protasi *n.* πρόταση proposal
protasi *n.* πρόταση sentence
protasi *n.* πρόταση suggestion
protaso *v.t.* προτάσσω prefix
protathlitis *n.* πρωταθλητής champion
proteini *n.* πρωτεΐνη protein
protereotita *n.* προτεραιότητα precedence
protereotita *n.* προτεραιότητα priority
protevousa *n.* πρωτεύουσα capital
protevousianos *n.* πρωτευουσιάνος metropolitan
prothema *n.* πρόθεμα prefix
prothesi *n.* πρόθεση intention
prothesi *n.* πρόθεση preposition
prothima *adv.* πρόθυμα readily
prothimia *n.* προθυμία alacrity
prothimia *n.* προθυμία readiness
prothimia *n.* προθυμία willingness
prothimos *a* πρόθυμος amenable
prothimos *a* πρόθυμος eager
prothimos *a.* πρόθυμος willing
prothipourgos *n* πρωθυπουργός premier

protimisi *n.* προτίμηση preference
protimo *v.t.* προτιμώ prefer
protino *v.t.* προτείνω propose
protino *v.t.* προτείνω recommend
protino *v.t.* προτείνω suggest
protipo *n.* πρότυπο norm
protipo *n.* πρότυπο pattern
protipo *n.* πρότυπο standard
protipopiisi *n.* προτυποποίηση standardization
protipopio *v.t.* προτυποποιώ standardize
protogonos *a.* πρωτόγονος primitive
protogonos *n* πρωτόγονος savage
protopalikaro *n.* πρωτοπαλίκαρο henchman
protoporos *n.* πρωτοπόρος pioneer
protos *a* πρώτος first
protos *n* πρώτος first
protos *a* πρώτος foremost
protos *a.* πρώτος premier
prototipia *n.* πρωτοτυπία originality
prototipo *n* πρωτότυπο original
prototipo *n.* πρωτότυπο prototype
protovoulia *n.* πρωτοβουλία initiative
protrepo *v.t.* προτρέπω spur
prova *n.* πρόβα rehearsal
provalo *v.i.* προβάλλω loom
provatina *n* προβατίνα ewe
provato *n.* πρόβατο sheep
provia *n* προβιά fleece
provlepo *v.t* προβλέπω forecast
provlepo *v.t* προβλέπω foresee
provlepsi *n* πρόβλεψη forecast
provlepsi *n* πρόβλεψη foresight
provlepsi *n.* πρόβλεψη provision
provlima *n.* πρόβλημα problem
provlimatikos *a.* προβληματικός problematic

provoleas *n.* προβολέας projector
provoli *n.* προβολή projection
proyenesteros *a.* προγενέστερος prior
proza *n.* πρόζα prose
psahno *v.t.* ψάχνω quest
psahno *v.t.* ψάχνω rifle
psahno *v.i.* ψάχνω rummage
psahno *v.t.* ψάχνω seek
psahno eksonihistika *v.t.* ψάχνω εξονυχιστικά ransack
psahoulevo *v.i.* ψαχουλεύω fumble
psahoulevo *v.i.* ψαχουλεύω pry
psaksimo *n* ψάξιμο rummage
psalidi *n.* ψαλίδι scissors
psalidizo *v.t.* ψαλιδίζω shear
psalmodia *n* ψαλμωδία chant
psalmos *n.* ψαλμός psalm
psaras *n* ψαράς fisherman
psarevo *v.i* ψαρεύω fish
psari *n* ψάρι fish
psathi *n* ψαθί rush
psathino kapelo *n.* ψάθινο καπέλο leghorn
pseftikos *a* ψεύτικος bogus
pseftikos *a* ψεύτικος false
pseftis *n.* ψεύτης liar
psekasmos *n.* ψεκασμός spray
psekazo *v.t.* ψεκάζω spray
psema *n* ψέμα lie
psevdaryiros *n.* ψευδάργυρος zinc
psevdis *a.* ψευδής spurious
psevdisma *n* ψεύδισμα lisp
psevdizo *v.t.* ψευδίζω lisp
psevdome *v.i.* ψεύδομαι lie
psevdonimo *n.* ψευδώνυμο alias
psevdonimo *n.* ψευδώνυμο pseudonym
psevdorkia *n.* ψευδορκία perjury
psevdorko *v.i.* ψευδορκώ perjure
pshiholoyikos *a.* ψυχολογικός psychological

psifio *n* ψηφίο digit
psifizo *v.t.* ψηφίζω poll
psifizo *v.i.* ψηφίζω vote
psifodeltio *n* ψηφοδέλτιο ballot
psifoforia *n.* ψηφοφορία poll
psifoforos *n.* ψηφοφόρος constituent
psifoforos *n.* ψηφοφόρος voter
psifos *n.* ψήφος suffrage
psifos *n.* ψήφος vote
psifothiro *v. t.* ψηφοθηρώ canvass
psiha *n.* ψύχα kernel
psihagoyia *n.* ψυχαγωγία entertainment
psihala *n* ψιχάλα drizzle
psihalizi *v. t.* ψιχαλίζει sprinkle
psihalizo *v. i* ψιχαλίζω drizzle
psihi *n.* ψυχή psyche
psihi *n.* ψυχή soul
psihiatriki *n.* ψυχιατρική psychiatry
psihiatros *n.* ψυχιάτρος psychiatrist
psihikos *a.* ψυχικός psychic
psiho *v.t.* ψύχω refrigerate
psihologos *n.* ψυχολόγος psychologist
psiholoyia *n.* ψυχολογία psychology
psihopathis *n.* ψυχοπαθής psychopath
psihosi *n.* ψύχωση psychosis
psihotherapia *n.* ψυχοθεραπεία psychotherapy
psihoulo *n* ψίχουλο crumb
psihra *n.* ψύχρα chill
psihremia *n.* ψυχραιμία composure
psihros *a* ψυχρός chilly
psila *adv.* ψηλά aloft
psilafitos *a.* ψηλαφητός palpable
psilafo *v.t* ψηλαφώ finger
psilafo *v.t.* ψηλαφώ grope
psilo vouno *n.* ψηλό βουνό alp

psilokovo *v.t.* ψιλοκόβω mince
psilolignos *a.* ψιλόλιγνος lank
psilologo *v.i.* ψιλολογώ quibble
psilos *n.* ψύλλος flea
psilos *a.* ψηλός high
psilos *a.* ψηλός lofty
psilos *a.* ψηλός tall
psino *v.t.* ψήνω roast
psino/-ome *v.t.* ψήνω/-ομαι bake
psira *n.* ψείρα louse
psithirizo *v.t.* ψιθυρίζω murmur
psithirizo *v.t.* ψιθυρίζω whisper
psithiros *n.* ψίθυρος murmur
psithiros *n* ψίθυρος whisper
psito *n* ψητό roast
psitos *a* ψητός roast
psiyio *n.* ψυγείο fridge
psiyio *n.* ψυγείο refrigerator
psomi *n* ψωμί bread
psonizo *v.i.* ψωνίζω shop
psora *n.* ψώρα scabies
pteriyio *n* πτερύγιο fin
pterotos *adj.* πτερωτός aliferous
ptesma *n.* πταίσμα misdemeanour
ptino *n.* πτηνό fowl
ptinotrofio *n.* πτηνοτροφείο aviary
ptisi *n* πτήση flight
ptohefsas *n.* πτωχεύσας bankrupt
ptohefsi *n.* πτώχευση bankruptcy
ptohefsi *n.* πτώχευση insolvency
ptoheno *v.t.* πτωχαίνω impoverish
ptoma *n* πτώμα corpse
ptoo *v.t.* πτοώ abash
ptosi *n* πτώση fall
ptosi *n.* πτώση slump
ptosi *n.* πτώση spill

R

radio *n.* ράδιο radium

radiofono *n.* ραδιόφωνο radio
rafi *n.* ραφή seam
rafi *n.* ράφι shelf
raftis *n* ράφτης fitter
raftis *n.* ράφτης tailor
rahitida *n.* ραχίτιδα rickets
rahokokalia *n.* ραχοκοκαλιά spine
rali *n* ράλι rally
ramfisma *n.* ράμφισμα peck
ramfizo *v.i.* ραμφίζω peck
ramfos *n* ράμφος beak
rami *n.* ραμί rummy
rantevou *n.* ραντεβού rendezvous
rantevou *n.* ραντεβού tryst
rapanaki *n.* ραπανάκι radish
ratsa *n* ράτσα breed
ratsismos *n.* ρατσισμός racialism
ravdi *n.* ραβδί wand
ravdizo *v. t.* ραβδίζω cane
ravdizo *v.t.* ραβδίζω thrash
ravdos *n* ράβδος baton
ravdosi *n.* ράβδωση groove
ravo *v.t.* ράβω sew
ravo *v.t.* ράβω stitch
ravo *v.t.* ράβω tailor
rayizo *v. i* ραγίζω crack
realismos *n.* ρεαλισμός pragmatism
realismos *n.* ρεαλισμός realism
realistikos *a.* ρεαλιστικός pragmatic
realistikos *a.* ρεαλιστικός realistic
realistis *n.* ρεαλιστής realist
refren *n* ρεφραίν refrain
refstopiisi *n.* ρευστοποίηση liquidation
refstopio *v.t.* ρευστοποιώ liquefy
refstopio *v.t.* ρευστοποιώ liquidate
refstos *a* ρευστός fluid
regka *n.* ρέγγα herring
rekviem *n.* ρέκβιεμ requiem
reo *v.i* ρέω flow

reporter *n.* ρεπόρτερ reporter
repsimo *n* ρέψιμο belch
retousaro *v.t.* ρετουσάρω retouch
retsinolado *n.* ρετσινόλαδο castor oil
revma *n* ρεύμα current
revmatikos *a.* ρευματικός rheumatic
revmatismos *n.* ρευματισμός rheumatism
revome *v. t* ρεύομαι belch
riaki *n.* ρυάκι brook
riaki *n.* ρυάκι rivulet
riga *n.* ρίγα stripe
rigma *n* ρήγμα breach
rigos *n* ρίγος ague
rigos *n.* ρίγος quiver
rigos *n.* ρίγος thrill
rihno *v. t.* ρίχνω cast
rihno *v.t.* ρίχνω pitch
rihno *v.i.* ρίχνω pour
rihno anesthito *v.t.* ρίχνω αναίσθητο stun
rihno kopria *v.t.* ρίχνω κοπριά manure
rihno skia *v.t* ρίχνω σκιά shadow
rihno viastiki matia *v.t.* ρίχνω βιαστική ματιά scan
riho meros *n.* ρηχό μέρος shoal
rihos *a.* ρηχός shallow
riksi *n.* ρήξη rupture
riksi *n* ρήξη split
riksimo *n.* ρίξιμο cast
rima *n.* ρήμα verb
rimatikos *a.* ρηματικός verbal
rinhos *n.* ρύγχος snout
rinikos *a.* ρινικός nasal
rinismata yialiou *n.* ρινίσματα γυαλιού cullet
rinokeros *n.* ρινόκερος rhinoceros
ripeno *v.t.* ρυπαίνω litter
ripeno *v.t.* ρυπαίνω soil

ripsokindinos a. ριψοκίνδυνος venturesome
riskaro v.t. ρισκάρω stake
rithmikos a. ρυθμικός rhythmic
rithmisi n. ρύθμιση regulation
rithmisi n ρύθμιση set
rithmistiki valvida n. ρυθμιστική βαλβίδα throttle
rithmistis n. ρυθμιστής regulator
rithmistis pinakon n. ρυθμιστής πινάκων tabulator
rithmizo v.t ρυθμίζω focus
rithmizo v.t. ρυθμίζω regulate
rithmizo analoyika v.t. ρυθμίζω αναλογικά proportion
rithmos b. ρυθμός rhythm
ritida n. ρυτίδα wrinkle
ritidono v.t. ρυτιδώνω wrinkle
ritidosi n. ρυτίδωση ripple
rito n ρητό dictum
rito n. ρητό maxim
rito n. ρητό motto
ritoras n. ρήτορας orator
ritorevo v.t. ρητορεύω mouth
ritoria n. ρητορεία oratory
ritoriki n. ρητορική rhetoric
ritorikos a. ρητορικός oratorical
ritorikos a. ρητορικός rhetorical
ritos a. ρητός categorical
ritra n ρήτρα clause
riza n. ρίζα root
rizi n. ρύζι rice
rizikos a. ριζικός radical
rizono v.i. ριζώνω root
roba n. ρόμπα robe
robot n. ρομπότ robot
roda a. ρόδα wheel
rodakino n. ροδάκινο peach
rodinos a. ρόδινος roseate
rodinos a. ρόδινος rosy
rodokokinos adv ροδοκόκκινος ablush
rofima n ρόφημα beverage
roga n. ρώγα nipple

roga n. ρώγα teat
rogmi n ρωγμή cleft
rogmi n ρωγμή crack
rogmi n ρωγμή fissure
rogmi n ρωγμή gap
rohalito n ροχαλητό snore
rohalizo v.i. ροχαλίζω snore
roi n ροή flow
roloi n. ρολόι clock
roloi heriou n. ρολόι χεριού watch
rolos n. ρόλος role
romaleos a ρωμαλέος forceful
romaleos a. ρωμαλέος robust
romaleos a. ρωμαλέος vigorous
romantikos a. ρομαντικός romantic
romantso n. ρομάντσο romance
ropalo n ρόπαλο bat
ropalo n ρόπαλο cudgel
roto v.t. ρωτώ ask
roto v.t ρωτώ query
roto v.t. ρωτώ question
roubini n. ρουμπίνι ruby
roufao v.t. ρουφάω suck
roufo v.t. ρουφώ sip
roufo siga siga v.i. ρουφώ σιγά-σιγά sup
rouha n. ρούχα clothes
rouhismos n ρουχισμός clothing
rouho n. ρούχο garment
rouketa n. ρουκέτα missile
roumi n. ρούμι rum
roupia n. ρουπία rupee
routhouni n. ρουθούνι nostril
routhounizma n. ρουθούνισμα snort
routhounizo v.i. ρουθουνίζω snort
routina n. ρουτίνα routine
rouvli n. ρούβλι rouble
roz a ροζ pink
roze a. ροζέ pinkish

S

sabotaro *v.t.* σαμποτάρω sabotage
sabotaz *n.* σαμποτάζ sabotage
sabouan *n.* σαμπουάν shampoo
sadismos *n.* σαδισμός sadism
sadistis *n.* σαδιστής sadist
safis *a* σαφής definite
safis *a.* σαφής explicit
safis *a* σαφής express
safis *a* σαφής outright
sagoni *n.* σαγόνι jaw
saita *n.* σαΐτα shuttle
sakaki *n.* σακάκι jacket
sakharini *n.* σακχαρίνη saccharin
sakharodis *a.* σακχαρώδης saccharine
saki *n.* σακί sack
sakiazo *v.t.* σακιάζω sack
sakos *n.* σάκος pouch
salata *n.* σαλάτα salad
salevo *v. i.* σαλεύω budge
salevo *v.i.* σαλεύω stir
Sali *n.* σάλι muffler
saligkari *n.* σαλιγκάρι snail
salio *n.* σάλιο saliva
salio *n* σάλιο spittle
salio *n.* σάλιο sputum
saloni *n* σαλόνι drawing-room
saloni *n.* σαλόνι lounge
saloni *n.* σαλόνι parlour
salpigka *n* σάλπιγγα bugle
salpigka *n.* σάλπιγγα trumpet
salpisma *n.* σάλπισμα clarion
salpizo *v. t* σαλπίζω blare
salpizo *v.i.* σαλπίζω trumpet
saltsa *n.* σάλτσα sauce
san *prep* σαν like
san mitrikos *a.* σαν μητρικός motherlike
sanatorio *n.* σανατόριο sanatorium

sandali *n.* σανδάλι sandal
sanidono *v. t.* σανιδώνω board
sanos *n* σανός fodder
santaloksilo *n.* σανταλόξυλο sandalwood
santouits *n.* σάντουιτς sandwich
sapila *n.* σαπίλα rot
sapios *adj* σάπιος carious
sapizo *v.i.* σαπίζω rot
sapounada *n.* σαπουνάδα lather
sapouni *n.* σαπούνι soap
sapounizmenos *a.* σαπουνισμένος soapy
sapounizo *v.t.* σαπουνίζω soap
saranta *n.* σαράντα forty
sarantapodarousa *n.* σαρανταποδαρούσα centipede
sarantapodarousa *n.* σαρανταποδαρούσα millipede
sardonios *a.* σαρδόνιος sardonic
sarka *n* σάρκα flesh
sarka *n* σάρκα quick
sarkasmos *n.* σαρκασμός sarcasm
sarkasmos *n* σαρκασμός taunt
sarkastikos *a.* σαρκαστικός sarcastic
sarkazo *v.i.* σαρκάζω gibe
sastisma *n* σάστισμα daze
sastizo *v.t.* σαστίζω mystify
sastizo *v.t.* σαστίζω nonplus
sastizo *v.t.* σαστίζω perplex
satanas *n* σατανάς fiend
satanas *n.* σατανάς satan
satira *n.* σάτιρα lampoon
satira *n.* σάτιρα satire
satirikos *a.* σατιρικός satirical
satirikos *n.* σατιρικός satirist
satirizo *v.t.* σατιρίζω lampoon
satirizo *v.t.* σατιρίζω satirize
Savato *n.* Σάββατο Saturday
savra *n.* σαύρα lizard
sayinevo *v.t.* σαγηνεύω allure
se *prep.* σε at
se *adv.* σε on

se afthonia *adv.* σε αφθονία galore
se apostasi *adv.* σε απόσταση afield
se ektelesi *n.* σε εκτέλεση pursuance
se katalili stigmi *a.* σε κατάλληλη στιγμή well-timed
se litouryia *a.* σε λειτουργία operative
se shima kardias *adj.* σε σχήμα καρδιάς cordate
seks *n.* σεξ sex
seksoualikos *a.* σεξουαλικός sexual
seksoualikotita *n.* σεξουαλικότητα sexuality
sela *n.* σέλα saddle
selida *n.* σελίδα page
selidodiktis *n.* σελιδοδείκτης book-mark
selini *n.* σελίνι shilling
seliniakos *a.* σεληνιακός lunar
selono *v.t.* σελώνω saddle
seminario *n.* σεμινάριο seminar
semnotifos *n.* σεμνότυφος prude
sent *n* σεντ cent
sentan *n.* σεντάν sedan
sentoni *n.* σεντόνι sheet
septemvrios *n.* Σεπτέμβριος September
ser *n.* Σερ sir
serno *v.* t σέρνω drag
serno ta podia *v.i.* σέρνω τα πόδια shuffle
servirisma *n.* σερβίρισμα serve
serviro *v.t.* σερβίρω ladle
serviro *v.t.* σερβίρω spoon
servitora *n.* σερβιτόρα waitress
servitoros *n.* σερβιτόρος waiter
sevasmios *a.* σεβάσμιος reverend
sevasmios *a.* σεβάσμιος venerable
sevasmos *n.* σεβασμός respect

sevasmos *n.* σεβασμός veneration
sevome *v.t.* σέβομαι respect
sevome *v.t.* σέβομαι revere
sevome *v.t.* σέβομαι venerate
sfalma *n* σφάλμα fault
sfayi *n* σφαγή carnage
sfayi *n.* σφαγή massacre
sfayi *n.* σφαγή slaughter
sfazo *v.* t σφάζω butcher
sfazo *v.t.* σφάζω slaughter
sfazo *v.t.* σφάζω slay
sfentami *n.* σφεντάμι sycamore
sfentona *n.* σφεντόνα sling
sfera *n* σφαίρα bullet
sfera *n.* σφαίρα globe
sfera *n.* σφαίρα orb
sfera *n.* σφαίρα sphere
sferikos *a.* σφαιρικός spherical
sferistis *n.* σφαιριστής batsman
sfeterismos *n.* σφετερισμός appropriation
sfeterismos *n.* σφετερισμός usurpation
sfeterizome *v.t.* σφετερίζομαι usurp
sfigko *v.t.* σφίγγω grip
sfigko/-ome *v.t.* σφίγγω/-ομαι tighten
sfigmos *n.* σφυγμός pulse
sfihtiras *n* σφιχτήρας clamp
sfihtos *a* σφιχτός firm
sfihtos *a.* σφιχτός tight
sfika *n.* σφήκα wasp
sfiksimo *n* σφίξιμο grip
sfina *n.* σφήνα wedge
sfinono *v.t.* σφηνώνω jam
sfinono *v.t.* σφηνώνω wedge
sfiri *n.* σφυρί hammer
sfirigma *n* σφύριγμα hiss
sfirigma *n* σφύριγμα whistle
sfirihtra *n* σφυρίχτρα whistle
sfirilato *v.t* σφυρηλατώ forge
sfirizo *v.i* σφυρίζω hiss
sfirizo *v.i.* σφυρίζω whistle

sfirokopo *v.t* σφυροκοπώ hammer
sfizo *v.i.* σφύζω pulsate
sfizo *v.i.* σφύζω pulse
sfodri epithesi *n.* σφοδρή επίθεση onslaught
sfodrotita *n.* σφοδρότητα poignancy
sfougizo *v.t.* σφουγγίζω sponge
sfougkari *n.* σφουγγάρι sponge
sfougkarizo *v.t.* σφουγγαρίζω mop
sfrayida *n.* σφραγίδα seal
sfrayizo *v.t.* σφραγίζω seal
sfrayizo *v.i.* σφραγίζω stamp
shara *n.* σχάρα grate
shediastis *a* σχεδιαστής draftsman
shediazo *v. t.* σχεδιάζω design
shediazo *v. t* σχεδιάζω draft
shediazo *v.t.* σχεδιάζω plan
shediazo *v.t.* σχεδιάζω project
shediazo *v.t.* σχεδιάζω sketch
shedio *n.* σχέδιο design
shedio *n* σχέδιο drawing
shedio *n.* σχέδιο plan
shedio *n.* σχέδιο project
shedon *adv.* σχεδόν almost
shedon *adv.* σχεδόν barely
shedon *adv.* σχεδόν nearly
shedon katholou *adv.* σχεδόν καθόλου scarcely
shesi *n* σχέση concern
shesi *n.* σχέση relation
shetikos *a.* σχετικός relative
shetikos *a.* σχετικός relevant
shima *n* σχήμα format
shima *n.* σχήμα shape
shimatismos *n* σχηματισμός formation
shimatizo/-ome *v.t.* σχηματίζω/-ομαι form
shini *n* σχοινί cord
shisimo *n.* σχίσιμο tear
shisma *n.* σχίσμα schism
shismi *n.* σχισμή rift
shistolithos *n.* σχιστόλιθος slate
shizmi *n.* σχισμή slit
shizome *v.i.* σχίζομαι split
sholastikos *n.* σχολαστικός pedant
sholastikos *a.* σχολαστικός pedantic
sholastikos *a.* σχολαστικός scholastic
sholastikotita *n.* σχολαστικότητα pedantry
sholiastis *n* σχολιαστής commentator
sholiazo *v. i* σχολιάζω comment
sholiki tsanta *n.* σχολική τσάντα satchel
sholio *n* σχόλιο comment
sholio *n.* σχόλιο remark
sholio *n.* σχολείο school
siban *n.* σύμπαν universe
sibasho *v. t* συμπάσχω commiserate
sibathia *n.* συμπάθεια liking
sibatho *v.t.* συμπαθώ like
sibayis *a.* συμπαγής compact
siberasma *n.* συμπέρασμα inference
sibereno *v.t.* συμπεραίνω infer
siberiferome *v. i.* συμπεριφέρομαι behave
siberiferome ashima *v.i.* συμπεριφέρομαι άσχημα misbehave
siberifora *n* συμπεριφορά behaviour
sibiezo *v. t.* συμπιέζω compress
sibiknono *v. t* συμπυκνώνω condense
sibipto *v. i* συμπίπτω coincide
siblekome *v. i. & n* συμπλέκομαι brawl
siblektis *n* συμπλέκτης clutch

sibliroma *n* συμπλήρωμα complement
sibliroma *n.* συμπλήρωμα supplement
sibliromatikos *a* συμπληρωματικός complementary
sibliromatikos *a.* συμπληρωματικός supplementary
siblirono *v.t.* συμπληρώνω supplement
sibloki *n* συμπλοκή affray
sibloki *n* συμπλοκή fray
sibloki *n.* συμπλοκή melee
sibloki *n.* συμπλοκή scuffle
sibonetikos *a.* συμπονετικός pitiful
sibonetikos *a.* συμπονετικός sympathetic
sibonia *n* συμπόνια compassion
sibonia *n.* συμπόνια sympathy
sibono *v.i.* συμπονώ sympathize
sibosio *n.* συμπόσιο symposium
sidentro *n.* σύδεντρο thicket
sideras *n.* σιδεράς smith
siderenios *adj* σιδερένιος cast-iron
sidero *n.* σίδερο iron
siderono *v.t.* σιδερώνω iron
siderothilia *n* σιδεροθηλειά eyelet
sidirodromos *n.* σιδηρόδρομος railway
sidirourgos *n* σιδηρουργός blacksmith
sidirouryio *n* σιδηρουργείο forge
sidrimia *n.* συντρίμμια wreckage
sigastiras *n.* σιγαστήρας silencer
sigatathesi *n.* συγκατάθεση assent
sigatitheme *v.i.* συγκατατίθεμαι assent
sigekrimenos *a* συγκεκριμένος concrete
sigekrimenos *a.* συγκεκριμένος particular
sigenia *n.* συγγένεια kinship
sigenikos *adj* συγγενικός cognate
sigenis *n.* συγγενής relative
sigentrono *v.t.* συγκεντρώνω aggregate
sigentrono *v.t* συγκεντρώνω marshal
sigentrono/-ome *v.t.* συγκεντρώνω/-ομαι assemble
sigentrono/-ome *v. t* συγκεντρώνω/-ομαι concentrate
sigentrono/-ome se maza *v.i* συγκεντρώνω/-ομαι σε μάζα mass
sigentrono/-ome se omades *v.t.* συγκεντρώνω/-ομαι σε ομάδες group
sigentronome *v.i* συγκεντρώνομαι flock
sigentronome *v.i.* συγκεντρώνομαι swarm
sigentronome se omada *v. i.* συγκεντρώνομαι σε ομάδα cluster
sigentrosi *n.* συγκέντρωση concentration
sigharitiria *n* συγχαρητήρια congratulation
sighronos *a* σύγχρονος contemporary
siginisi *n* συγκίνηση emotion
siginisi *n* συγκίνηση pulse
sigiria *n.* συγκυρία conjuncture
sigkalo *v.t.* συγκαλώ convoke
sigkalo *v.t.* συγκαλώ summon
sigkatathesi *n.* συγκατάθεση consent
sigkatatitheme *v.t.* συγκατατίθεμαι vouchsafe

sigkatikisi horis gamo *n.*
συγκατοίκηση χωρίς γάμο
concubinage
sigklisi *n.* σύγκληση convocation
sigklitos *n.* σύγκλητος senate
sigklonizo *v.t.* συγκλονίζω shock
sigkrafeas *n.* συγγραφέας
litterateur
sigkrato *v.t.* συγκρατώ restrain
sigkrato *v.t.* συγκρατώ retain
sigkrato *v.t.* συγκρατώ sustain
sigkratoume *v.i.* συγκρατούμαι
refrain
sigkrino *v. t* συγκρίνω compare
sigkrisi *n* σύγκριση comparison
sigkritikos *a* συγκριτικός
comparative
sigkrotima *n* συγκρότημα
complex
sigkrouome *v. i.* συγκρούομαι
collide
sigkrouome *v. i* συγκρούομαι
conflict
sigkrouome *v. i* συγκρούομαι
crash
sigkrousi *n* σύγκρουση collision
signomi *n.* συγνώμη apology
signomi *n.* συγνώμη pardon
signomi *a.* συγγνώμη sorry
sigokeo *v.i.* σιγοκαίω smoulder
sigosfirigma *n.* σιγοσφύριγμα
sizzle
sigosfirizo *v.i.* σιγοσφυρίζω sizzle
sigoura *adv.* σίγουρα surely
sigourevo *v.t.* σιγουρεύω secure
sigouros *a.* σίγουρος sure
sigovrazo *v.i.* σιγοβράζω simmer
sigovrazo *v.t.* σιγοβράζω stew
sigrafeas *n.* συγγραφέας author
sigrafeas *n.* συγγραφέας writer
sihenome *v.t.* σιχαίνομαι loathe
sihna *adv.* συχνά oft
sihna *adv.* συχνά often
sihnos *n.* συχνός frequent

sihnotita *n.* συχνότητα frequency
sikali *n.* σίκαλη rye
siko *n* σύκο fig
sikofantia *n.* συκοφαντία slander
sikofantikos *a.* συκοφαντικός
slanderous
sikofanto *v. t.* συκοφαντώ
calumniate
sikofanto *v. t.* συκοφαντώ defame
sikofanto *v.t.* συκοφαντώ slander
sikono *v.i.* σηκώνω heave
sikono tous omous *v.t.* σηκώνω
τους ώμους shrug
sikos *n.* σηκός nave
sikoti *n.* συκώτι liver
silamvano *v.t.* συλλαμβάνω arrest
silamvano *v. t.* συλλαμβάνω
capture
silamvano *v. t* συλλαμβάνω
conceive
silamvano *v.t.* συλλαμβάνω nab
silavi *n.* συλλαβή syllable
silavikos *a* συλλαβικός syllabic
silavizo *v.t.* συλλαβίζω spell
silego *v. t* συλλέγω collect
silektis *n* συλλέκτης collector
silfida *n.* συλφίδα sylph
silio *n.* σίλιο asafoetida
silipitiria *n* συλλυπητήρια
condolence
silipoume *v. i.* συλλυπούμαι
condole
silipsi *n.* σύλληψη arrest
silipsi *n.* σύλληψη capture
silipsi *n* σύλληψη conception
siloyi *n* συλλογή collection
siloyi *n.* συλλογή miscellany
siloyikos *a* συλλογικός collective
siloyismenos *a.* συλλογισμένος
pensive
siloyizome *v.t.* συλλογίζομαι mull
siloyizome *v.t.* συλλογίζομαι
ponder
sima *n.* σήμα badge

sima *n.* σήμα signal
simadevo *v.t.* σημαδεύω scar
simadevo *v.t.* σημαδεύω score
simadi *n.* σημάδι mark
simadoura *n* σημαδούρα buoy
simahia *n.* συμμαχία alliance
simahos *n.* σύμμαχος ally
simantika *adv.* σημαντικά substantially
simantikos *a.* σημαντικός significant
simantikos *a* σημαντικός considerable
simantikos *a.* σημαντικός important
simantikos *a.* σημαντικός major
simantikos *a.* σημαντικός meaningful
simasia *n.* σημασία importance
simasia *n.* σημασία meaning
simatodoto *v.t.* σηματοδοτώ signal
simbosio *n.* συμπόσιο banquet
simea *n* σημαία flag
simeno *v.t* σημαίνω mean
simeno *v.t.* σημαίνω signify
simera *adv. & n.* σήμερα today
simeteho *v.i.* συμμετέχω partake
simeteho *v.i.* συμμετέχω participate
simetehon *n.* συμμετέχων participant
simetohi *n.* συμμετοχή participation
simetria *n.* συμμετρία symmetry
simetrikos *a.* συμμετρικός symmetrical
simfiliono *v.t.* συμφιλιώνω conciliate
simfiliono *v.t.* συμφιλιώνω reconcile
simfiliosi *n.* συμφιλίωση reconciliation
simfonia *n.* συμφωνία accord
simfonia *n.* συμφωνία agreement
simfonia *n.* συμφωνία bargain
simfonia *n.* συμφωνία compact
simfonia *n* συμφωνία deal
simfonia *n.* συμφωνία symphony
simfono *v.t.* συμφωνώ accord
simfono *v.i.* συμφωνώ agree
simfono *v.t.* συμφωνώ concur
simfono *n.* σύμφωνο consonant
simfono *n.* σύμφωνο pact
simforisi *n.* συμφόρηση congestion
simfrazomena *n* συμφραζόμενα context
simida *n.* σημύδα birch
simio *n.* σημείο sign
simiografia *n.* σημειογραφία notation
simiomatario *n.* σημειωματάριο agenda
simiono *v.t.* σημειώνω jot
simiosi *n.* σημείωση note
simorfonome *v. i* συμμορφώνομαι comply
simorfosi *n.* συμμόρφωση compliance
simorfosi *n.* συμμόρφωση conformity
simpayis *a.* συμπαγής solid
simperifora *n* συμπεριφορά conduct
simperilamvanomenos *a.* συμπεριλαμβανόμενος inclusive
simptoma *n.* σύμπτωμα symptom
simptomatika *adv.* συμπτωματικά occasionally
simptomatikos *a.* συμπτωματικός incidental
simptomatikos *a.* συμπτωματικός symptomatic
simvalon *adj.* συμβάλλων confluent
simvan *n.* συμβάν happening

simvan *n.* συμβάν occurrence
simveni *v.t.* συμβαίνει happen
simveno *v. t* συμβαίνω befall
simveno *v.i.* συμβαίνω occur
simvivasmos *n* συμβιβασμός compromise
simvivazo *v. t* συμβιβάζω compromise
simvoleo *n* συμβόλαιο contract
simvoleo *n.* συμβόλαιο covenant
simvoleografos *n.* συμβολαιογράφος notary
simvoli *n* συμβολή confluence
simvoli *n* συμβολή contribution
simvolikos *a.* συμβολικός symbolic
simvolismos *n.* συμβολισμός symbolism
simvolizo *v.t.* συμβολίζω symbolize
simvolizo *v.t.* συμβολίζω typify
simvolo *n.* σύμβολο symbol
simvoulevo *v.t.* συμβουλεύω advise
simvoulevo *v. t.* συμβουλεύω counsel
simvoulevome *v. t* συμβουλεύομαι consult
simvouli *n* συμβουλή advice
simvouli *n.* συμβουλή counsel
simvoulio *n* συμβούλιο board
simvoulio *n* συμβούλιο consultation
simvoulio *n.* συμβούλιο council
simvoulos *n.* σύμβουλος councillor
simvoulos *n.* σύμβουλος counsellor
sin *n* συν plus
sinadelfos *n* συνάδελφος colleague
sinafia *n.* συνάφεια relevance
sinafksisi *n.* συναύξηση concrescence
sinagonismos *n.* συναγωνισμός competition
sinagonizome *v.i* συναγωνίζομαι race
sinagonizome *v.t.* συναγωνίζομαι rival
sinagonizome *v.i.* συναγωνίζομαι vie
sinalagma *n* συνάλλαγμα currency
sinalayi *n.* συναλλαγή transaction
sinantisi *n.* συνάντηση meeting
sinanto *v.t.* συναντώ meet
sinapto *v. t* συνάπτω contract
sinapto *v.t.* συνάπτω incur
sinaspismos *n* συνασπισμός coalition
sinavlia *n.* συναυλία concert
sinayermos *n* συναγερμός alarm
sindeo *v. t.* συνδέω connect
sindeo *v.t.* συνδέω span
sindeo *v.t.* συνδέω ally
sindeo/-ome *v.t* συνδέω/-ομαι link
sindesi *n* σύνδεση connection
sindesmos *n.* σύνδεσμος commissure
sindesmos *n.* σύνδεσμος liaison
sindialegome *v.t.* συνδιαλέγομαι converse
sindiasmos *n* συνδυασμός combination
sindiazo/-ome *v. t* συνδυάζω/-ομαι combine
sindikalistis *n.* συνδικαλιστής unionist
sindramo *v.t.* συνδράμω succour
sinedriasi *n.* συνεδρίαση session
sinedrio *n* συνέδριο congress
sinefiasmenos *a* συννεφιασμένος cloudy
sinefiasmenos *a.* συννεφιασμένος overcast
sinefo *n.* σύννεφο cloud

sinehia *n.* συνέχεια continuation
sinehia *n.* συνέχεια sequel
sinehis *adj.* συνεχής consecutive
sinehis *a* συνεχής constant
sinehis *adj.* συνεχής continual
sinehis *a* συνεχής continuous
sinehisi *n.* συνέχιση resumption
sinehizo *v. i.* συνεχίζω continue
sinehizo *v.i.* συνεχίζω proceed
sinehizo *v.t.* συνεχίζω resume
sinektikos *adj* συνεκτικός cohesive
sinelefsi *n.* συνέλευση assembly
sinelefsi *n.* συνέλευση convention
sinenesi *n.* συναίνεση acquiescence
sineno *v.i.* συναινώ acquiesce
sineno *v. i* συναινώ consent
sinenohi *n.* συνενοχή connivance
sinenoisi *n* συνενόηση collusion
sinentefksi *n.* συνέντευξη interview
sinepia *n* συνέπεια consequence
sinepia *n.* συνέπεια consistence,-cy
sinepia *n* συνέπεια effect
sinerga *n. pl* σύνεργα paraphernalia
sinerga *n.* σύνεργα tackle
sinergasia *n* συνεργασία collaboration
sinergasia *n* συνεργασία co-operation
sinergatikos *a* συνεργατικός co-operative
sinergatis *n.* συνεργάτης associate
sinergazome *v. i* συνεργάζομαι collaborate
sinergazome *v. i* συνεργάζομαι co-operate
sinergos *n* συνεργός accomplice
sinerhome *v. t* συνέρχομαι convene
sinerhome *v.t.* συνέρχομαι rally
sinesi *n* σύνεση discretion
sinesi *n.* σύνεση prudence
sinestalmenos *a.* συνεσταλμένος sheepish
sinestalmenos *a.* συνεσταλμένος timid
sinesthima *n.* συναίσθημα sentiment
sinesthimatikos *a* συναισθηματικός emotional
sinesthimatikos *a.* συναισθηματικός sentimental
sineterismos *n.* συνεταιρισμός partnership
sineteros *n* συνέταιρος co-partner
sineteros *n.* συνέταιρος partner
sinetos *a.* συνετός prudent
sinetos *a.* συνετός prudential
sinheo *v. t* συγχέω confuse
sinhero *v. t* συγχαίρω congratulate
sinhero *v.t* συγχαίρω felicitate
sinhisi *n* σύγχυση confusion
sinhizome *v. t* συγχίζομαι bemuse
sinhonefsi *n* συγχώνευση amalgamation
sinhonefsi *n.* συγχώνευση incorporation
sinhonefsi *n.* συγχώνευση merger
sinhonevo *v.t.* συγχωνεύω amalgamate
sinhonevo/-ome *v.t.* συγχωνέυω/-ομαι merge
sinhoresi *n.* συγχώρεση condonation
sinhoriteos *a.* συγχωρητέος pardonable
sinhoro *v.t* συγχωρώ excuse
sinhoro *v.t* συγχωρώ forgive
sinhoro *v.t.* συγχωρώ pardon
sinhoro *v.t.* συγχωρώ remit
sinidisi *n* συνείδηση conscience
sinigoros *n* συνήγορος advocate

sinigoros n. συνήγορος pleader
siniparho v. i συνυπάρχω coexist
siniparksi n συνύπαρξη coexistence
sinipoloyismos n. συνυπολογισμός inclusion
sinisfero v. t συνεισφέρω contribute
sinisto v. t συνιστώ constitute
sinithia n. συνήθεια habit
sinithio n συνήθειο wont
sinithis a συνήθης customary
sinithis a. συνήθης usual
sinithismenos a. συνηθισμένος accustomed
sinithismenos a. συνηθισμένος ordinary
sinithismenos a. συνηθισμένος wont
sinithismenos a. συνηθισμένος wonted
sinithizo v.t. συνηθίζω accustom
sinithizo v. t. συνηθίζω habituate
sinithos adv. συνήθως usually
sinodevo v.t. συνοδεύω accompany
sinodevo v. t συνοδεύω escort
sinodia n συνοδεία escort
sinodia n. συνοδεία retinue
sinodia n. συνοδεία suite
sinodia n συνοδεία accompaniment
sinohi n συνοχή continuity
sinolika adv. συνολικά altogether
sinolo n. σύνολο lot
sinolo n. σύνολο total
sinolo n. σύνολο unity
sinolo n σύνολο whole
sinomologo v.t. συνομολογώ stipulate
sinomosia n. συνωμοσία conspiracy
sinomosia v.t. συνωμοσία plot

sinomotis n. συνωμότης conspirator
sinomoto v. i. συνωμοτώ conspire
sinonimo n. συνώνυμο synonym
sinonimos a. συνώνυμος synonymous
sinonomatos n. συνονόματος namesake
sinopsi n. σύνοψη precis
sinopsi n. σύνοψη synopsis
sinopsi n. σύνοψη tabulation
sinopsizo v.t. συνοψίζω summarize
sinopsizo v.t. συνοψίζω tabulate
sinoptika adv. συνοπτικά summarily
sinoptikos a συνοπτικός concise
sinoptikos a συνοπτικός summary
sinoptikos a. συνοπτικός tabular
sinorevo v.t συνορεύω border
sinoro n σύνορο border
sinoro n. σύνορο frontier
sinostizome v.t. συνωστίζομαι throng
sinousiazome v.i. συνουσιάζομαι copulate
sintagma n σύνταγμα constitution
sintagma n. σύνταγμα regiment
sintagmatarhis n. συνταγματάρχης colonel
sintaksi n. σύνταξη pension
sintaksi n. σύνταξη syntax
sintaksiodotisi n. συνταξιοδότηση retirement
sintaksiodoto v.t. συνταξιοδοτώ pension
sintaksiouhos n. συνταξιούχος pensioner
sintaso v. t συντάσσω compile
sintayi n. συνταγή prescription
sintayi n. συνταγή recipe
sintehnia n. συντεχνία guild

sintelestis *n.* συντελεστής coefficient
sintelestis *n* συντελεστής factor
sintemno *v.t.* συντέμνω abbreviate
sinthesi *n* σύνθεση composition
sinthesi *n.* σύνθεση synthesis
sinthetiko *n* συνθετικό synthetic
sinthetikos *a.* συνθετικός synthetic
sintheto *v. t* συνθέτω compose
sinthetos *a* σύνθετος complex
sinthetos *a* σύνθετος compound
sinthiki *n.* συνθήκη treaty
sinthikologo *v. t* συνθηκολογώ capitulate
sinthima *n* σύνθημα cue
sinthima *n.* σύνθημα slogan
sinthima *n.* σύνθημα watchword
sinthlivo *v. t* συνθλίβω crush
sintirisi *n.* συντήρηση maintenance
sintirisi *n.* συντήρηση preservation
sintirisi *n.* συντήρηση sustenance
sintirisi *n* συντήρηση upkeep
sintiritiko *n.* συντηρητικό preservative
sintiritikos *a* συντηρητικός conservative
sintiritikos *n* συντηρητικός conservative
sintiritikos *a.* συντηρητικός preservative
sintiro *v.t.* συντηρώ condite
sintiro *v. t* συντηρώ conserve
sintiro *v.t* συντηρώ service
sintiroumenos *n* συντηρούμενος dependant
sintmisi *n* σύντμηση abbreviation
sintmisi *n* σύντμηση abridgement
sintoma *adv.* σύντομα presently
sintoma *adv.* σύντομα shortly
sintoma *adv.* σύντομα soon

sintomevo *v.t* συντομεύω abridge
sintomos *a.* σύντομος brief
sintonismos *n* συντονισμός coordination
sintonistis *n.* συντονιστής steward
sintonizo *v. t* συντονίζω coordinate
sintrivani *n.* συντριβάνι fountain
sintrivi *n* συντριβή smash
sintrivo *v.t.* συντρίβω shatter
sintrivo *v.t.* συντρίβω smash
sintrofos *n.* σύντροφος companion
sintrofos *n.* σύντροφος comrade
sintrofos *n.* σύντροφος helpmate
sintrofos *n.* σύντροφος mate
siopi *n* σιωπή hush
siopi *n.* σιωπή silence
siopilos *a.* σιωπηλός mum
siopilos *a.* σιωπηλός silent
siopiros *a.* σιωπηρός tacit
siopo *v.t.* σιωπώ silence
sipsi *n.* σήψη sepsis
siptikos *a.* σηπτικός septic
sira *n.* σειρά range
sira *n.* σειρά rank
sira *n.* σειρά row
sira *n.* σειρά series
siraptiko *n.* συρραπτικό staple
siriakos *a.* σειριακός serial
sirial *n.* σήριαλ serial
sirigio *n* συρίγγιο fistula
sirigka *n.* σύριγγα syringe
siriknosi *n.* συρρίκνωση shrinkage
sirina *n.* σειρήνα siren
sirizo *v.* συρίζω assibilate
siroi *n.* συρροή spate
siropi *n.* σιρόπι syrup
sirsimo *n* σύρσιμο crawl
sirsimo *n.* σύρσιμο shuffle
sirtari *n* συρτάρι drawer
sirtis *n.* σύρτης latch

sishetismos *n.* συσχετισμός correlation
sishetizo *v.t.* συσχετίζω associate
sishetizo/-ome *v.t.* συσχετίζω/-ομαι correlate
siskevasia *n.* συσκευασία package
siskevasia *n.* συσκευασία packing
siskevi *n* συσκεύη device
siskotizo *v. t* συσκοτίζω benight
siskotizo *v.t.* συσκοτίζω obscure
sismikos *a.* σεισμικός seismic
sismos *n* σεισμός earthquake
sismos *n* σεισμός quake
sisorefsi *n* συσσώρευση accumulation
sisorevo *v.t.* συσσωρεύω accumulate
sisorevo *v.t.* συσσωρεύω amass
sistasi *n.* σύσταση recommendation
sistatiko *n.* συστατικό ingredient
sistatikos *adj.* συστατικός component
sistatikos *adj.* συστατικός constituent
sistelo *v. t* συστέλλω contract
sistelome *v.i* συστέλλομαι shrink
sistima *n.* σύστημα system
sistimatikos *a.* συστηματικός systematic
sistimatopio *v.t.* συστηματοποιώ systematize
sitapothiki *n.* σιταποθήκη barn
sitapothiki *n.* σιταποθήκη grannary
sitari *n.* σιτάρι wheat
sitaropsira *n.* σιταρόψειρα weevil
sizigos *n.* σύζυγος consort
sizigos *n* σύζυγος husband
sizigos *n.* σύζυγος spouse
sizitisi *n* συζήτηση conversation
sizito *v. t.* συζητώ debate
sizito *v. t.* συζητώ discuss
siziyikos *a* συζυγικός conjugal
siziyikos *a.* συζυγικός marital
siziyikos *a.* συζυγικός matrimonial
sizo *v. t* συζώ cohabit
skaki *n.* σκάκι chess
skala *n.* σκάλα ladder
skali *n.* σκαλί rung
skali *n.* σκαλί stair
skalizo *v. t.* σκαλίζω carve
skalosia *n.* σκαλωσιά scaffold
skamni *n.* σκαμνί stool
skandali *n.* σκανδάλη trigger
skandalizo *v.t.* σκανδαλίζω scandalize
skandalo *n* σκάνδαλο scandal
skao *v. i.* σκάω burst
skao *v. t.* σκάω explode
skarfaloma *n* σκαρφάλωμα scramble
skarfalono *v. i* σκαρφαλώνω clamber
skarfalono *v.i* σκαρφαλώνω climb
skarfalono *v.i.* σκαρφαλώνω scramble
skathari *n* σκαθάρι beetle
skavo *v.t.* σκάβω dig
skavo *v.t.* σκάβω spade
skavo siragka *v.i.* σκάβω σήραγγα tunnel
skazo me ksero kroto *n* σκάζω με ξερό κρότο pop
skeftikos *a.* σκεφτικός thoughtful
skeftome *v.t.* σκέφτομαι think
skeftome loyika *v.i.* σκέφτομαι λογικά reason
skeletos *n.* σκελετός girder
skeletos *n.* σκελετός skeleton
skepazma *n* σκέπασμα wrap
skepazo *v. t.* σκεπάζω cover
skepazo *v.t.* σκεπάζω roof
skepazo *v.t.* σκεπάζω shroud
skepazo *v.t.* σκεπάζω wrap

skepazo me ahiroskepi *v.t.* σκεπάζω με αχυροσκεπή thatch
skepazo me plakakia *v.t.* σκεπάζω με πλακάκια tile
skepazo tin korifi *v.t.* σκεπάζω την κορυφή top
skepi *n.* σκεπή roof
skepsi *n* σκέψη thought
skeptikismos *n.* σκεπτικισμός scepticism
skeptikistikos *a.* σκεπτικιστικός sceptical
skeptikistis *n.* σκεπτικιστής sceptic
sketos *n.* σκέτος stark
skevos *n.* σκεύος utensil
skia *n.* σκιά shade
skia *n.* σκιά shadow
skiazo *v.t.* σκιάζω shade
skieros *a.* σκιερός shadowy
skila *n* σκύλα bitch
skilos *n* σκύλος dog
skini *n.* σκοινί rope
skini *n.* σκηνή scene
skini *n.* σκηνή stage
skini *n.* σκοινί tether
skini indianon *n.* σκηνή Ινδιάνων wigwam
skini istorias *n.* σκηνή ιστορίας locale
skinotheto *v.t.* σκηνοθετώ stage
skiouros *n.* σκίουρος squirrel
skipsimo *n* σκύψιμο stoop
skiptro *n.* σκήπτρο sceptre
skirto *v.i.* σκιρτώ wince
skithropos *a.* σκυθρωπός sullen
skitso *n.* σκίτσο cartoon
skivo *v.i.* σκύβω stoop
skivo grigora *v.i.* σκύβω γρήγορα duck
skizo/-ome *v.t.* σκίζω/-ομαι tear
sklavia *n* σκλαβιά bondage
sklavono *v. t* σκλαβώνω beslaver
sklavono *v.t.* σκλαβώνω enslave
sklavos *n.* σκλάβος slave
skliragogo/-oume *v.t.* σκληραγωγώ/-ούμαι toughen
skliragoyimenos *adj.* σκληραγωγημένος hardy
sklireno *v.t.* σκληραίνω harden
sklireno *v.t.* σκληραίνω stiffen
skliro ifasma apo kokofinika *n* σκληρό ύφασμα από κοκοφοίνικα coir
skliros *a* σκληρός brutal
skliros *a* σκληρός cruel
skliros *a.* σκληρός hard
skliros *a.* σκληρός tough
sklirotita *n* σκληρότητα cruelty
skolikoiditida *n.* σκωληκοειδίτιδα appendicitis
skoni *n* σκόνη dust
skoni *n.* σκόνη powder
skontafto *v.i.* σκοντάφτω stumble
skontafto *v.t.* σκοντάφτω trip
skopevo *v.i.* σκοπέυω aim
skopevo *v.t.* σκοπεύω intend
skopevo *v.t.* σκοπεύω purpose
skopia *n.* σκοπιά standpoint
skopima *adv.* σκόπιμα purposefully
skopimos *a* σκόπιμος deliberate
skopimos *a.* σκόπιμος intentional
skopos *n.* σκοπός aim
skopos *n* σκοπός animus
skopos *n.* σκοπός goal
skopos *n.* σκοπός intent
skopos *n.* σκοπός purpose
skordo *n.* σκόρδο garlic
skorer *n.* σκόρερ scorer
skorpios *n.* σκορπιός scorpion
skorpizo *v.t.* σκορπίζω strew
skorpizo/-ome *v. t* σκορπίζω/-ομαι disperse
skotadi *n* σκοτάδι dark
skotadi *n.* σκοτάδι obscurity
skotinia *n.* σκοτεινιά gloom

skotiniazo v.i. σκοτεινιάζω darkle
skotinos a σκοτεινός dark
skotinos a. σκοτεινός gloomy
skotinos a. σκοτεινός obscure
skotinos a. σκοτεινός sombre
skotoma n. σκότωμα kill
skotono v.t. σκοτώνω kill
skotsezikos a. σκωτσέζικος scotch
skotsezos n. Σκωτσέζος Scot
skoufos n σκούφος bonnet
skoufos n. σκούφος cap
skoulikaki n σκουληκάκι mite
skouliki n. σκουλήκι worm
skounto v.t. σκουντώ nudge
skounto elafra v.t. σκουντώ ελαφρά jog
skouos n σκουός squash
skoupa n σκούπα broom
skoupidia n. σκουπίδια litter
skoupidia n. σκουπίδια rubbish
skoupidotopos n. σκουπιδότοπος tip
skoupisma n. σκούπισμα sweep
skoupizma n. σκούπισμα wipe
skoupizo v.i. σκουπίζω sweep
skoupizo v.t. σκουπίζω wipe
skoupizo me petseta v.t. σκουπίζω με πετσέτα towel
skouria n. σκουριά rust
skouriasmenos a. σκουριασμένος rusty
skouriazo v.i σκουριάζω rust
skouter n. σκούτερ scooter
smalto n σμάλτο enamel
smaragdi n σμαράγδι emerald
smigmatogonos kisti n. σμηγματογόνος κύστη wen
smilevo v. t. σμιλεύω chisel
smili n σμίλη chisel
sminos n. σμήνος swarm
smirna n. σμύρνα myrrh
snob n. σνομπ snob

snobizmos n. σνομπισμός snobbery
sodia n σοδειά crop
sodia n. σοδεία harvest
sodia n σοδειά yield
sodomismos n. σοδομισμός sodomy
sodomistis n. σοδομιστής sodomite
sofer n. σωφέρ chauffeur
sofia n. σοφία wisdom
sofisma n σόφισμα fallacy
sofismos n. σοφισμός sophism
sofistis n. σοφιστής sophist
sofita n. σοφίτα loft
sofos a. σοφός learned
sofos n. σοφός sage
sofos a. σοφός wise
sok n. σοκ shock
sokolata n σοκολάτα chocolate
sola n. σόλα sole
solinas n. σωλήνας pipe
solinas n. σωλήνας tube
solinas ergastiriou n. σωλήνας εργαστηρίου cuvette
solinoidis a. σωληνοειδής tubular
solistas n. σολίστας soloist
solo n σόλο solo
solo adv. σόλο solo
soma n σώμα body
soma n σώμα corps
somatiakos adj. σωματειακός corporate
somatikos a σωματικός bodily
somatikos a σωματικός corporal
somatofilakas n. σωματοφύλακας bodyguard
soneto n. σονέτο sonnet
soriasmena adv σωριασμένα aheap
soriazo v.t σωριάζω fell
soriazo v.t σωριάζω heap
soriazo v.t. σωριάζω pile

soriazome v.i. σωριάζομαι topple
soros n. σωρός heap
soros n. σωρός jumble
soros n. σωρός pile
sorts n. pl. σορτς shorts
sosialismos n σοσιαλισμός socialism
sosialistis n,a σοσιαλιστής socialist
sosta adv σωστά aright
sosta adv σωστά right
sosto n σωστό right
sostos a. σωστός right
sothika n. σωθικά entrails
sotiras n. σωτήρας saviour
sotiria n. σωτηρία salvation
soufrono v.t. σουφρώνω pilfer
soufrono v.t. σουφρώνω purse
soulatsaro v.t. σουλατσάρω saunter
soupa n. σούπα soup
sousourada n. σουσουράδα minx
souvla n σούβλα spit
souvlia n. σουβλιά pang
sovaros a σοβαρός earnest
sovaros a. σοβαρός grave
sovaros a. σοβαρός momentous
sovaros a σοβαρός serious
sovaros a. σοβαρός solemn
sovarotita n. σοβαρότητα notability
sovas n. σοβάς daub
sovatizo v.t. σοβατίζω plaster
sozo v.t. σώζω rescue
sozo v.t. σώζω save
spagkos n. σπάγγος string
spanaki n. σπανάκι spinach
spaniel n. σπάνιελ spaniel
spanios a. σπάνιος rare
spanios a. σπάνιος scarce
spanios adv. σπανίως seldom
spanis n. σπάνις scarcity
spartarao v.i. σπαρταράω writhe
spasimo n σπάσιμο break

spasimo n σπάσιμο breakage
spasmodikos a. σπασμοδικός spasmodic
spasmos n. σπασμός spasm
spatali n. σπατάλη prodigality
spatali n. σπατάλη waste
spatalo v.t. σπαταλώ squander
spatalos a. σπάταλος prodigal
spatalos n. σπάταλος spendthrift
spatalos a. σπάταλος wasteful
spathi n. σπάθη sabre
spathi n. σπαθί sword
spathizo v.t. σπαθίζω sabre
spazo v. t σπάζω break
spazo v.t σπάζω fracture
spazokefalia n. σπαζοκεφαλιά puzzle
sperma n. σπέρμα semen
sperma n. σπέρμα sperm
spermatikos a. σπερματικός seminal
sperno v.t. σπέρνω seed
sperno v.t. σπέρνω sow
spevdo v.i. σπεύδω hasten
spevdo v.t. σπεύδω rush
spileo n. σπήλαιο cavern
spilia n. σπηλιά cave
spinthiras n. σπινθήρας spark
spinthirizo v.i. σπινθιρίζω spark
spinthirovolima n. σπινθηροβόλημα scintillation
spinthirovolo v.i. σπινθηροβολώ scintillate
spiral a. σπιράλ spiral
spirto n. σπίρτο match
spitaki skilou n. σπιτάκι σκύλου kennel
spitha n. σπίθα spark
spithisma n. σπίθισμα twinkle
spiti n. σπίτι home
spiti n σπίτι house
splahno n. σπλάχνο bowel
splina n. σπλήνα spleen

spondiliki stili *n.* σπονδυλική στήλη backbone
spondilikos *a.* σπονδυλικός spinal
sponsoras *n.* σπόνσορας sponsor
spor panteloni *n.* σπορ παντελόνι slacks
sporadikos *a.* σποραδικός sporadic
sporos *n.* σπόρος seed
spoudeotita *n.* σπουδαιότητα magnitude
spoudeotita *n.* σπουδαιότητα significance
spoudi *n.* σπουδή haste
spouryiti *n.* σπουργίτι sparrow
spoutnik *n.* σπούτνικ sputnik
sprint *n* σπριντ sprint
sprintaro *v.i.* σπριντάρω sprint
sprohno *v.t.* σπρώχνω push
sprohno *v.t.* σπρώχνω shove
sprohno *v.t.* σπρώχνω thrust
sprohno dinata *v.t.* σπρώχνω δυνατά jostle
sprohno me ti mouri *v.* σπρώχνω με τη μούρη nuzzle
sproksia *n.* σπρωξιά shove
sproksimo *n.* σπρώξιμο jostle
sproksimo *n.* σπρώξιμο push
sproksimo *n* σπρώξιμο thrust
stadio *n.* στάδιο stadium
stafida *n.* σταφίδα raisin
stafili *n.* σταφύλι grape
stagona *n* σταγόνα drop
stagones *n* σταγόνες spray
stahti *n.* στάχτη ash
stalaktitis pagou *n.* σταλακτίτης πάγου icicle
stamatima *n* σταμάτημα halt
stamatima *n* σταμάτημα stop
stamato *v. i.* σταματώ cease
stamato *v. t.* σταματώ halt
stamato *v.i.* σταματώ pause
stamato *v.t.* σταματώ stop

stamna *n.* στάμνα pitcher
stani *n* στάνη fold
stasi *n.* στάση attitude
stasi *n.* στάση mutiny
stasi *n.* στάση posture
stasi *n.* στάση sedition
stasi *n.* στάση stand
stasi *n.* στάση station
stasiastikos *a.* στασιαστικός insurgent
stasiastikos *a.* στασιαστικός mutinous
stasiastikos *a.* στασιαστικός rebellious
stasiastikos *a.* στασιαστικός seditious
stasiazo *v. i* στασιάζω mutiny
stasimos *a.* στάσιμος stagnant
stasimos *a.* στάσιμος still
stasimotita *n.* στασιμότητα stagnation
statheropiisi *n* σταθεροποίηση consolidation
statheropiisi *n.* σταθεροποίηση stabilization
statheropio *v. t.* σταθεροποιώ consolidate
statheropio *v.t.* σταθεροποιώ stabilize
statheropio *v.t.* σταθεροποιώ steady
statheros *a* σταθερός consistent
statheros *a.* σταθερός stable
statheros *a.* σταθερός steady
statherotita *n.* σταθερότητα stability
statherotita *n.* σταθερότητα steadiness
stathmi *n.* στάθμη level
statikos *n.* στατικός static
statistika *n.* στατιστικά statistics
statistikos *a.* στατιστικός statistical

statistikos *n.* στατιστικός
 statistician
stavlizo *v.t.* σταβλίζω stable
stavlos *n* σταύλος byre
stavlos *n* στάβλος stable
stavroforia *n* σταυροφορία
 crusade
stavros *n* σταυρός cross
stazo *v. i* στάζω drip
stazo *v. i* στάζω drop
stazo *v.i.* στάζω trickle
stefani *n.* στεφάνι garland
stefani *n.* στεφάνι rim
stefani *n.* στεφάνι wreath
stefanono *v.t.* στεφανώνω garland
stefo *v. t* στέφω crown
steganos *a.* στεγανός watertight
stegazo *v.t* στεγάζω house
stegazo *v.t.* στεγάζω lodge
stegnono *v. i.* στεγνώνω dry
stegnos *a* στεγνός dry
steki *n* στέκι haunt
steki *n.* στέκι pitch
steko *v.t.* στέκω still
stekome *v.i.* στέκομαι stand
stelehono *v.t.* στελεχώνω staff
stelehono *v.i.* στελεχώνω stem
stelehos *n.* στέλεχος stem
stelno *v.t.* στέλνω consign
stelno *v.t.* στέλνω send
stelno sima me ton asirmato *v.t.*
 στέλνω σήμα με τον ασύρματο
 radio
stema *n* στέμμα crown
stenagmos *n* στεναγμός groan
stenazo *v.i.* στενάζω groan
stenevo *v.t.* στενεύω narrow
stenevo *v.t.* στενεύω straiten
steni shesi *n* στενή σχέση affinity
steni shesi *n.* στενή σχέση
 intimacy
steni shesi *n.* στενή σχέση rapport
steno *n.* στενό strait

stenografia *n.* στενογραφία
 stenography
stenografos *n.* στενογράφος
 stenographer
stenohoria *n.* στενοχώρια grief
stenokefalia *n.* στενοκεφαλιά
 insularity
stenomakros *a.* στενόμακρος
 oblong
stenopos *n.* στενωπός defile
stenos *a.* στενός intimate
stenos *a.* στενός narrow
stepa *n.* στέπα steppe
stepsi *n* στέψη coronation
stereo *n* στερεό solid
stereo rigoto ifasma *n.* στέρεο
 ριγωτό ύφασμα whipcord
stereono *v.t* στερεώνω fasten
stereono *v.t* στερεώνω fix
stereono *v.t.* στερεώνω peg
stereono *v.t.* στερεώνω tag
stereopio *v. t* στερεοποιώ
 concrete
stereotipo *n.* στερεότυπο
 stereotype
steria *n.* στεριά land
sterimenos *a* στερημένος devoid
sterisi *n* στέρηση forfeiture
sterisi *n.* στέρηση privation
sterlina *n.* στερλίνα sterling
sterlinas *a.* στερλίνας sterling
stero *v. t.* στερώ bereave
steroume *v.t.* στερούμαι lack
sth mesi στη μέση midst
stifado *n.* στιφάδο stew
stifo ithos biras *n* στυφό είδος
 μπύρας alegar
stigma *n.* στίγμα spot
stigma *n.* στίγμα stigma
stigmi *n.* στιγμή instant
stigmi *n.* στιγμή moment
stigmieos *a.* στιγμιαίος
 momentary

stihia *n.* στοιχεία rudiment
stihima *n* στοίχημα bet
stihima *n.* στοίχημα wager
stihimatizo *v.i* στοιχηματίζω bet
stihimatizo *v.i.* στοιχηματίζω wager
stihio *n* στοιχείο element
stihiodis *a* στοιχειώδης elementary
stihiodis *a.* στοιχειώδης rudimentary
stihiono *v.t.* στοιχειώνω haunt
stihiothetis *n* στοιχειοθέτης compositor
stihoplokos *n.* στιχοπλόκος rhymester
stihourgo *v.t.* στιχουργώ versify
stihourgos *n.* στιχουργός lyricist
stihouryia *n.* στιχουργία versification
stiksi *n.* στίξη punctuation
stil *n.* στυλ style
stileto *n.* στιλέτο dagger
stili *n* στήλη column
stiloma *n* στύλωμα brace
stilos *n.* στύλος picket
stilos *n* στύλος strut
stilpnos *a.* στιλπνός lustrous
stilpnos *a.* στιλπνός sleek
stin ksira *adv.* στην ξηρά ashore
stin ora tou *adv* στην ώρα του pat
stin periohi *n.* στην περιοχή vicinity
stino *v. t* στήνω erect
stirigma *n.* στήριγμα hold
stirigma *n.* στήριγμα mainstay
stirotita *n.* στειρότητα sterility
stithanhi *n* στηθάγχη angina
stithos *n* στήθος bosom
stithos *n* στήθος breast
stithoskopio *n.* στηθοσκόπιο stethoscope
stiva *n* στοίβα batch

stivo *v.t.* στίβω squeeze
sto eksoteriko *adv* στο εξωτερικό abroad
sto esoteriko *adv.* στο εσωτερικό indoors
sto opio *adv.* στο οποίο wherein
sto vathos *n.* στο βάθος offing
stoa *n* στοά arcade
stohastikos *a.* στοχαστικός meditative
stohastis *n.* στοχαστής thinker
stohos *n.* στόχος objective
stohos *n.* στόχος target
stoikos *n.* στωικός stoic
stoli *n.* στολή costume
stolidi *n.* στολίδι ornament
stolizo *v.t.* στολίζω adorn
stolizo *v.t.* στολίζω bedight
stolizo *v.t.* στολίζω ornament
stolizo me petradia *v.t.* στολίζω με πετράδια jewel
stolos *n* στόλος fleet
stoma *n.* στόμα mouth
stomahi *n.* στομάχι stomach
stomfos *n.* στόμφος pomposity
stomio *n.* στόμιο manhole
storyi *n.* στοργή affection
storyikos *a.* στοργικός affectionate
storyikos *a* στοργικός fond
storyikos *a.* στοργικός loving
stountio *n.* στούντιο studio
strabouligma *n.* στραμπούληγμα twist
straboulisma *n* στραμπούλισμα wrick
straboulizo *v.t.* στραμπουλίζω sprain
stragizo *v.t.* στραγγίζω leach
stragkalismos *n.* στραγγαλισμός strangulation
stragkalizo *v.t.* στραγγαλίζω strangle

stragkalizo v.t. στραγγαλίζω
throttle
stratarhis n στρατάρχης marshal
stratevmata n. στρατεύματα
troop
stratiotikos a. στρατιωτικός
martial
stratiotikos a. στρατιωτικός
military
stratiotis n. στρατιώτης soldier
stratiotis ipikou n. στρατιώτης
ιππικού trooper
stratiyiki n. στρατηγική strategy
stratiyikos a. στρατηγικός
strategic
stratiyima n. στρατήγημα
strategem
stratologo v.t. στρατολογώ recruit
stratonas n. στρατώνας barrack
stratopedo ehmaloton polemou
n στρατόπεδο αιχμαλώτων
πολέμου compound
stratos n. στρατός army
stratos n στρατός military
stridi n. στρείδι oyster
stridia n στρείδια barnacles
strifoyirizma n στριφογύρισμα
wriggle
strifoyirizo v.i. στριφογυρίζω
wriggle
strigkla n. στρίγγλα shrew
strigkos a. στριγγός strident
strimohno v.t. στριμώχνω
sandwich
strivo v.i. στρίβω turn
strivo v.t. στρίβω twist
strivo v.t στρίβω wring
strofi n στροφή bend
strofi n. στροφή spin
strofi n στροφή turn
strofi piimatos n. στροφή
ποιήματος stanza
strogilevo v.t. στρογγυλεύω round
strogilos a. στρογγυλός round

stroma n στρώμα coating
stroma n. στρώμα layer
stroma n. στρώμα mattress
stroma n. στρώμα stratum
strono v. t στρώνω bestrew
strono v.t. στρώνω pave
strono v.t. στρώνω plank
strono v.i στρώνω surface
strouthokamilos n.
στρουθοκάμηλος ostrich
strovilizome v.i. στροβιλίζομαι
spin
sveltos a. σβέλτος nimble
sverkos n. σβέρκος nape
svino v.t σβήνω extinguish
svino v.t. σβύνω obliterate
svino v.t. σβήνω quench
svino v.t. σβήνω slake
svino v.i σβήνω swoon
svismenos a σβησμένος extinct
svoliazo v. t σβωλιάζω clot
svoliazo v.t. σβολιάζω lump
svolos n σβόλος curd
svolos homa n. σβώλος χώμα
clod
svoura n. σβούρα spinner
svoura n. σβούρα top
svoura n. σβούρα whirligig

T

ta iparhonta n. τα υπάρχοντα
belongings
tabou n. ταμπού taboo
tafi n ταφή burial
tafos n. τάφος grave
tafos n. τάφος sepulchre
tafos n. τάφος tomb
tafros n. τάφρος moat
taftohronos a. ταυτόχρονος
simultaneous
taftotita n. ταυτότητα identity

tagma *n* τάγμα battalion
tagmatarhis *n* ταγματάρχης major
tahia *n* ταχεία express
tahidaktilourgos *n.* ταχυδακτυλουργός juggler
tahidromika teli *n.* ταχυδρομικά τέλη postage
tahidromiki amaksa me aloga *n.* ταχυδρομική άμαξα με άλογα barouche
tahidromiko grafio *n.* ταχυδρομικό γραφείο post-office
tahidromikos *a.* ταχυδρομικός postal
tahidromio *n.* ταχυδρομείο mail
tahidromio *n* ταχυδρομείο post
tahidromo *v.t.* ταχυδρομώ mail
tahidromo *v.t.* ταχυδρομώ post
tahidromos *n.* ταχυδρόμος postman
tahis *a.* ταχύς rapid
tahis *a.* ταχύς swift
tahitita *n.* ταχύτητα gear
tahitita *n.* ταχύτητα rapidity
tahitita *n.* ταχύτητα rate
tahitita *n.* ταχύτητα speed
tahitita *n.* ταχύτητα velocity
taizo *v.t* ταΐζω feed
taksi *n.* ταξί cab
taksi *n* τάξη class
taksi *n.* ταξί taxi
taksi *n* τάξη trim
taksiarhia *n.* ταξιαρχία brigade
taksiarhos *n* ταξίαρχος brigadier
taksidevo *v.i.* ταξιδεύω navigate
taksidevo *v.i.* ταξιδεύω travel
taksidevo *v.i.* ταξιδεύω voyage
taksidevo makria *v.i.* ταξιδεύω μακριά trek
taksidevo me aftokinito *v.i.* ταξιδεύω με αυτοκίνητο motor
taksidi *n.* ταξίδι journey
taksidi *n* ταξίδι travel
taksidi *n.* ταξίδι voyage
taksidiotis *n.* ταξιδιώτης traveller
taksidiotis *n.* ταξιδιώτης voyager
taksinomo *v.t* ταξινομώ grade
taksinomo *v.t* ταξινομώ sort
taksithetis *n.* ταξιθέτης usher
takt *n.* τακτ tact
taktiki *n.* τακτική tactics
taktopiisi *n.* τακτοποίηση arrangement
taktopio *v.t.* τακτοποιώ arrange
taktopio *v.t.* τακτοποιώ stow
taktopio *v.t.* τακτοποιώ tidy
talanizo *v.t.* ταλανίζω tantalize
talantefsi *n* ταλάντευση sway
talantevome *v.i* ταλαντεύομαι falter
talantevome *v.i.* ταλαντεύομαι sway
talantevome *v.i.* ταλαντεύομαι vacillate
talantosi *n.* ταλάντωση oscillation
talento *n.* ταλέντο talent
taleporo *v. t* ταλαιπωρώ bedevil
taleporo *v. t* ταλαιπωρώ distress
tamarindos *n.* ταμάρινδος tamarind
tamias *n.* ταμίας cashier
tamias *n.* ταμίας treasurer
tapa *n.* τάπα plug
tapetsaria *n.* ταπετσαρία tapestry
tapinofrosini *n.* ταπεινοφροσύνη humility
tapinono *v.t.* ταπεινώνω humiliate
tapinos *a.* ταπεινός base
tapinos *a.* ταπεινός humble
tapinos *a.* ταπεινός menial
tapinos *a.* ταπεινός reverent
tapinosi *n.* ταπείνωση humiliation
tapono *v.t.* ταπώνω plug
taragmenos *a.* ταραγμένος uneasy
tarahi *n* ταραχή agitation

tarahi *n.* ταραχή riot
tarahodis *a.* ταραχώδης turbulent
taraksias *n.* ταραξίας hooligan
taraso *v.t.* ταράσσω agitate
taraso *v. t* ταράσσω commove
taratsa *n.* ταράτσα terrace
tasi *n.* τάση potential
tasi *n.* τάση proclivity
tasi *n.* τάση tendency
tasi *n.* τάση trend
tasi *n.* τάση voltage
tatouaz *n.* τατουάζ tattoo
tavani *n.* ταβάνι ceiling
taverna *n.* ταβέρνα tavern
tavromahos *n* . ταυρομάχος matador
tavros *n* ταύρος bull
tebelia *n.* τεμπελιά laziness
tebeliazo *v.i.* τεμπελιάζω laze
tebeliazo *v.i.* τεμπελιάζω lounge
tebelis *a.* τεμπέλης idle
tebelis *n.* τεμπέλης lazy
tebelis *n.* τεμπέλης sluggard
tefrodohos *n* τεφροδόχος urn
tehnasma *n.* τέχνασμα artifice
tehnasma *n.* τέχνασμα wile
tehni *n.* τέχνη art
tehni *n* τέχνη craft
tehniki *n.* τεχνική technique
tehniki leptomeria *n.* τεχνική λεπτομέρεια technicality
tehnikos *a.* τεχνικός technical
tehnikos *n.* τεχνικός technician
tehnitis *n.* τεχνίτης artisan
tehnitis *n* τεχνίτης craftsman
tehnitos *a.* τεχνητός artificial
tehnitos *a* τεχνητός factitious
tehnologos *n.* τεχνολόγος technologist
tehnoloyia *n.* τεχνολογία technology
tehnoloyikos *a.* τεχνολογικός technological
tekmirio *n.* τεκμήριο token

tektonismos *n.* τεκτονισμός masonry
teleftea *adv.* τελευταία last
teleftea fasi *n* τελευταία φάση finish
telefteos *a.* τελευταίος last
telesigrafo *n.* τελεσίγραφο ultimatum
teleti *n.* τελετή ceremony
teletouryiko *n.* τελετουργικό ritual
teletouryikos *a.* τελετουργικός ritual
teli apovathras *n.* τέλη αποβάθρας wharfage
telika *adv.* τελικά eventually
telika *adv.* τελικά lastly
telika *adv.* τελικά ultimately
telikos *a* τελικός final
telikos *a.* τελικός terminal
telikos stathmos *n* τελικός σταθμός terminal
telikos stathmos *n.* τελικός σταθμός terminus
teliono *v. t* τελειώνω conclude
teliono *v. t* τελειώνω end
teliono *v.t* τελειώνω finish
teliopiisi *n.* τελειοποίηση perfection
telios *a* τέλειος accomplished
telios *adv* τελείως downright
telios *a.* τέλειος perfect
telios *v.t.* τέλειος perfect
telios *a* τέλειος utter
telios *adv.* τελείως utterly
telos *n.* τέλος close
telos *n.* τέλος end
telos *n* τέλος over
temahio *n.* τεμάχιο item
temahio *n.* τεμάχιο segment
temahizo *v.t.* τεμαχίζω parcel
temahizo/-ome *v.t.* τεμαχίζω/-ομαι segment

temno *v.t.* τέμνω slit
temno/-ome *v.t.* τέμνω/-ομαι intersect
tenekes *n.* τενεκές can
tenia *n.* ταινία strip
tenia *n.* ταινία tape
tenis *n.* τέννις tennis
tenta *n.* τέντα tent
tentoma *n* τέντωμα strain
tentoma *n* τέντωμα stretch
tentomenos *a.* τεντωμένος tense
tentono *v.t.* τεντώνω stretch
tentono/-ome *v.t.* τεντώνω/-ομαι strain
teras *n.* τέρας monster
terastios *a* τεράστιος enormous
terastios *a.* τεράστιος huge
terastios *a.* τεράστιος stupendous
teratodis *a.* τερατώδης monstrous
teri *n.* ταίρι peer
teriastos *a* ταιριαστός becoming
teriazo *v.t* ταιριάζω fit
teriazo *v.i.* ταιριάζω match
teridona *n.* τερηδόνα caries
terie *n.* τεριέ terrier
termatismos *n.* τερματισμός closure
termatismos *n.* τερματισμός termination
termatizo/-ome *v.t.* τερματίζω/-ομαι terminate
tesera *n.* τέσσερα four
test *n* τεστ test
tetarti *n.* Τετάρτη Wednesday
tetarto *n.* τέταρτο quarter
tetarto tonou *n.* τέταρτο τόνου crotchet
tet-a-tet *n.* τετ-α-τετ tete-a-tete
tetios *a.* τέτοιος such
tetragonismenos *a* τετραγωνισμένος square
tetragonizo *v.t.* τετραγωνίζω square
tetragono *n.* τετράγωνο square
tetraplasiazo *v.t.* τετραπλασιάζω quadruple
tetraplasios *a.* τετραπλάσιος quadruple
tetraplevro *n.* τετράπλευρο quadrangle
tetraplevros *a.* τετράπλευρος quadrangular
tetraplevros *a.* & *n.* τετράπλευρος quadrilateral
tetrapodo *n.* τετράποδο quadruped
thabono *v. t.* θαμπώνω dazzle
thalamos *n* θάλαμος booth
thalamos *n.* θάλαμος closet
thalamos *n.* θάλαμος ward
thalasa *n.* θάλασσα sea
thalasini helona *n.* θαλασσινή χελώνα turtle
thalasios *a.* θαλάσσιος marine
thalasios ipos *n.* θαλάσσιος ίππος walrus
thamnos *n* θάμνος bush
thamnos *n.* θάμνος shrub
thanasimos *a* θανάσιμος deadly
thanatifora *adj.* θανατηφόρα alamort
thanatiforos *a* θανατηφόρος fatal
thanatos *n* θάνατος death
thanatos *n* θάνατος decease
tharaleos *a.* θαρραλέος courageous
tharaleos *a.* θαρραλέος mettlesome
tharos *n.* θάρρος courage
tharos *n* θάρρος pluck
thavma *n.* θαύμα marvel
thavma *n.* θαύμα miracle
thavma *n* θαύμα wonder
thavmasios *a.* θαυμάσιος admirable
thavmasios *a* θαυμάσιος fabulous
thavmasios *a.* θαυμάσιος lovely

thavmasmos *n.* θαυμασμός
admiration
thavmastis *n* θαυμαστής fan
thavmastos *a.* θαυμαστός
marvellous
thavmastos *a.* θαυμαστός
miraculous
thavmastos *a.* θαυμαστός
wondrous
thavmazo *v.t.* θαυμάζω admire
thavmazo *v.i* θαυμάζω marvel
thavo *v. t.* θάβω bury
thea *n.* θεά goddess
thea *n.* θέα outlook
thea *n.* θέα prospect
theama *n.* θέαμα spectacle
theamatikos *a.* θεαματικός
spectacular
theatis *n.* θεατής on-looker
theatis *n.* θεατής spectator
theatrikos *a.* θεατρικός theatrical
theatro *n.* θέατρο theatre
theikos *a* θεϊκός divine
theismos *n.* θεϊσμός theism
theistis *n.* θεϊστής deist
theistis *n.* θεϊστής theist
thelima *n* θέλημα errand
thelisi *n.* θέληση volition
thelisi *n* θέληση want
thelisi *n.* θέληση will
thelo *v.t.* θέλω want
thelo *v.t.* θέλω will
thelyitro *n.* θέλγητρο lure
thema *n.* θέμα subject
thema *n.* θέμα theme
thema *n.* θέμα topic
thematikos *a.* θεματικός thematic
thematofilakas *n.*
θεματοφύλακας trustee
themeliodis *a.* θεμελιώδης
fundamental
theokratia *n.* θεοκρατία
theocracy

theologos *n.* θεολόγος theologian
theoloyia *n.* θεολογία theology
theoloyikos *a.* θεολογικός
theological
theoria *n* θεωρία doctrine
theoria *n.* θεωρία theory
theorima *n.* θεώρημα theorem
theoritikologo *v.i.*
θεωρητικολογώ theorize
theoritikos *a.* θεωρητικός
notional
theoritikos *a.* θεωρητικός
theoretical
theoritikos *n.* θεωρητικός theorist
theoro *v.t.* θεωρώ account
theoro *v.i.* θεωρώ deem
theoro *v.t.* θεωρώ presume
theoro tabou *v.t.* θεωρώ ταμπού
taboo
theos *n.* δέος awe
theos *n.* θεός god
theostaltos *a.* θεόσταλτος
providential
theotita *n.* θεότητα deity
theotita *n* θεότητα divinity
theotita *n.* θεότητα godhead
therapefsimos *a.* θεραπεύσιμος
curable
therapeftikos *a* θεραπευτικός
curative
therapeftikos *a.* θεραπευτικός
medicinal
therapeftikos *a.* θεραπευτικός
remedial
therapevo *v. t.* θεραπεύω cure
therapevo *v.t* θεραπεύω remedy
therapia *n* θεραπεία cure
therapia *n.* θεραπεία therapy
therapia *n.* θεραπεία treatment
therino iliostasio *n.* θερινό
ηλιοστάσιο midsummer
therinos *adj* θερινός aestival
theristis *n.* θεριστής haverster
theristis *n.* θεριστής reaper

therizo *v.t.* θερίζω reap
therizo *v.t.* θερίζω scythe
thermastis *n.* θερμαστής stoker
thermastra *n.* θερμάστρα stove
thermi *n* θέρμη fervour
thermida *n.* θερμίδα calorie
thermikos *a.* θερμικός thermal
thermokrasia *n.* θερμοκρασία temperature
thermometro *n.* θερμόμετρο thermometer
thermos *n.* θερμός thermos (flask)
thesi *n.* θέση plight
thesi *n.* θέση position
thesi *n.* θέση post
thesi *n.* θέση seat
thesi *n.* θέση situation
thespisi *n.* θέσπιση institution
thespismenos *a.* θεσπισμένος statutory
thespizo *v. i* θεσπίζω decree
thespizo *v. t* θεσπίζω enact
thetikos *a.* θετικός plus
thetikos *a.* θετικός positive
theto *v.t* θέτω set
theto ektos nomou *v.t* θέτω εκτός νόμου outlaw
theto ipo kidemonia *v.t.* θέτω υπό κηδεμονία ward
theto ipo periorismo *v.t.* θέτω υπό περιορισμό intern
theto se kindino *v.t.* θέτω σε κίνδυνο peril
thia *n.* θεία aunt
thiafi *n.* θειάφι sulphur
thiasos *n.* θίασος troupe
thiela *n.* θύελλα gale
thiela *n.* θύελλα tempest
thielodis *a.* θυελλώδης stormy
thielodis *a.* θυελλώδης tempestuous
thielodis *a.* θυελλώδης thunderous

thigo *v.t.* θίγω slight
thiikos *a.* θειικός sulphuric
thikari *n.* θηκάρι scabbard
thilastiko *n.* θηλαστικό mammal
thilazo *v.t.* θηλάζω suckle
thilia *n.* θηλειά loop
thilia *n.* θηλειά noose
thiliki tigri *n.* θηλυκή τίγρη tigress
thilikia alepou *n.* θηλυκιά αλεπού vixen
thiliko *n* θηλυκό female
thilikos *a* θηλυκός female
thiliprepis *a* θηλυπρεπής effeminate
thiliprepis *n.* θηλυπρεπής womanish
thima *n.* θύμα victim
thimame *v.t.* θυμάμαι remember
thimizo *v.t.* θυμίζω remind
thimomenos *a.* θυμωμένος angry
thimonia *n.* θημωνιά rick
thimos *n.* θυμός anger
thimos *n.* θυμός paddy
thimos *n.* θυμός rage
thio *n* θείο sublime
thios *a.* θείος sublime
thios *n.* θείος uncle
thirida *n.* θυρίδα locker
thirida *n.* θυρίδα sluice
thirorio *n.* θυρωρείο lodge
thisavros *n.* θησαυρός treasure
thisia *n.* θυσία sacrifice
thisiastirios *a.* θυσιαστήριος sacrificial
thisiazo *v.t.* θυσιάζω sacrifice
thlimenos *a.* θλιμμένος lonesome
thlimenos *a.* θλιμμένος rueful
thlimenos *a.* θλιμμένος sad
thlipsi *n.* θλίψη affliction
thlipsi *n.* θλίψη sorrow
thliveros *a.* θλιβερός grievous
thliveros *a.* θλιβερός piteous
thliveros *n.* θλιβερός woeful

thlivo *v.t.* θλίβω afflict
thlivo *v.t.* θλίβω aggrieve
thlivo *v.t.* θλίβω grieve
thlivo *v.i.* θλίβω sorrow
thnitos *a.* θνητός mortal
thnitotita *n.* θνητότητα mortality
tholono *adj* θολώνω addle
tholono *v. t* θολώνω dim
tholos *n.* θόλος canopy
tholos *n* θόλος dome
tholos *n.* θόλος vault
tholoura *n* θολούρα blur
thopevo *v.t.* θωπεύω dandle
thorivodis *a.* θορυβώδης noisy
thorivodis *a.* θορυβώδης rowdy
thorivodis *a.* θορυβώδης tumultuous
thorivodis *a.* θορυβώδης uproarious
thorivos *n* θόρυβος bruit
thorivos *n* θόρυβος din
thorivos *n.* θόρυβος noise
thrasis *a.* θρασύς insolent
thrasitita *n.* θρασύτητα insolence
threptikos *a.* θρεπτικός nutritious
threptikos *a.* θρεπτικός nutritive
thriamveftikos *a.* θριαμβευτικός triumphant
thriamvevo *v.i.* θριαμβεύω triumph
thriamvikos *a.* θριαμβικός triumphal
thriamvos *n.* θρίαμβος triumph
thrilikos *a.* θρυλικός legendary
thrilos *n.* θρύλος legend
thrimatizo *v. t* θρυμματίζω crumble
thrimatizo *v.t.* θρυμματίζω splinter
thrino *v.i.* θρηνώ lament
thrinologo *v. t* θρηνολογώ bewail
thrinos *n* θρήνος lament
thrinos *n.* θρήνος lamentation

thriskeftikos *a.* θρησκευτικός religious
thriskevma *n* θρήσκευμα creed
thriskia *n.* θρησκεία religion
thriskos *a.* θρήσκος godly
thromvos *n.* θρόμβος clot
thronos *n.* θρόνος throne
ti *a.& pron.* τι what
ti *interj.* τι what
ti nihta *adv.* τη νύχτα nightly
tiara *n.* τιάρα tiara
tibano *n* τύμπανο drum
tiflos *a* τυφλός blind
tiflosi *n* τύφλωση ablepsy
tiflotita *n* τυφλότητα blindness
tifoidis *a.* τυφοειδής typhoid
tifonas *n.* τυφώνας hurricane
tifonas *n.* τυφώνας typhoon
tifos *n.* τύφος typhus
tiganizo *v.t.* τηγανίζω fry
tigri *n.* τίγρη tiger
tiheos *a* τυχαίος accidental
tiheos *a.* τυχαίος casual
tiheos *a.* τυχαίος haphazard
tiheos *a.* τυχαίος occasional
tiheos *a.* τυχαίος random
tihero pehnidi *n* τυχερό παιχνίδι gamble
tiheros *a.* τυχερός fortunate
tiheros *a.* τυχερός lucky
tihi *n.* τύχη chance
tihi *n.* τύχη fortune
tihi *n.* τύχη luck
tihografia *n.* τοιχογραφία mural
tihos *n.* τοίχος wall
tik *n.* τηκ teak
tiksi *n.* τήξη fusion
tiksi *n* τήξη thaw
tilefonikos katalogos *n* τηλεφωνικός κατάλογος directory
tilefono *n.* τηλέφωνο phone
tilefono *n.* τηλέφωνο telephone
tilefono *v.t.* τηλεφωνώ telephone

tilegrafia *n.* τηλεγραφία telegraphy
tilegrafikos *a.* τηλεγραφικός telegraphic
tilegrafima *n.* τηλεγράφημα telegram
tilegrafitis *n.* τηλεγραφητής telegraphist
tilegrafo *v. t.* τηλεγραφώ cable
tilegrafo *v.t.* τηλεγραφώ telegraph
tilegrafos *n.* τηλέγραφος telegraph
tileoptiki ekpobi *n.* τηλεοπτική εκπομπή telecast
tileorasi *n.* τηλεόραση television
tilepathia *n.* τηλεπάθεια telepathy
tilepathitikos *a.* τηλεπαθητικός telepathic
tilepikinonies *n.* τηλεπικοινωνίες telecommunications
tileskopikos *a.* τηλεσκοπικός telescopic
tileskopio *n.* τηλεσκόπιο telescope
tiligo *v. t* τυλίγω envelop
tiligo *v.t.* τυλίγω muffle
tiligo *v.t.* τυλίγω wind
tiligo *v.t.* τυλίγω wreathe
tiligo mazi *v.t.* τυλίγω μαζί convolve
timi *n.* τιμή honour
timi *n.* τιμή price
timia *adv.* τίμια fairly
timima *n* τίμημα forfeit
timitikos *a.* τιμητικός honorary
timo *v.t.* τιμώ grace
timo *v. t* τιμώ honour
timo ti mnimi *v. t.* τιμώ τη μνήμη commemorate
timologo *v.t.* τιμολογώ price
timoloyio *n.* τιμολόγιο invoice
timoloyio *n.* τιμολόγιο tariff
timoria *n.* τιμωρία punishment

timoritikos *a.* τιμωρητικός punitive
timoro *v.t.* τιμωρώ penalize
timoro *v.t.* τιμωρώ punish
tinagma *n.* τίναγμα jolt
tinagma *n* τίναγμα toss
tinazo *v.t.* τινάζω toss
tinazo/-ome *v.t.* τινάζω/-ομαι jolt
tinazome *v. i.* τινάζομαι dash
tipikos *a.* τυπικός ceremonious
tipikos *a.* τυπικός typical
tipografika stihia *n* τυπογραφικά στοιχεία print
tipografiko lathos *n.* τυπογραφικό λάθος misprint
tipono esfalmenos *v.t.* τυπώνω εσφαλμένως misprint
tipopiimenos *a.* τυποποιημένος stereotyped
tipopio *v.t.* τυποποιώ stereotype
tipos *n.* τύπος type
tipota *n.* τίποτα aught
tipota *n.* τίποτα nothing
tipotenios *n.* τιποτένιος trash
tipsi *n.* τύψη remorse
tirania *n.* τυραννία tyranny
tiranos *n* τύραννος despot
tiranos *n.* τύραννος tyrant
tiri *n.* τυρί cheese
tirisi *n.* τήρηση observance
tiro *v.i* τηρώ abide
tis *a* της her
tis ekato *adv.* τοις εκατό per cent
tis pantrias *a.* της παντρειάς marriageable
tis pantrias *a.* της παντρειάς nubile
titanios *a.* τιτάνιος titanic
tithasevo *v.t* τιθασεύω harness
titivisma *n* τιτίβισμα chirp
titivisma *n.* τιτίβισμα twitter
titivizo *v.i.* τιτιβίζω chirp
titivizo *v.i.* τιτιβίζω twitter
titloforo *v. t.* τιτλοφορώ entitle

titlos *n.* τίτλος title
tivenos *n.* τήβεννος toga
tmima *n* τμήμα department
tmima *n.* τμήμα section
to apiro *n.* το άπειρο infinity
to disanagnosto *n.* το δυσανάγνωστο illegibility
to ego *n* το εγώ ego
to idio *n.* το ίδιο ditto
to pan *n* το παν all
to pio pikno simio *n.* το πιο πυκνό σημείο thick
to skao *v. i* το σκάω decamp
to skao *v.i* το σκάω flee
to vazo sta podia *v.i* το βάζω στα πόδια scamper
tokoglyfos *n.* τοκογλύφος usurer
tokoglyifia *n.* τοκογλυφία usury
toksikos *a.* τοξικός virulent
toksikotita *n.* τοξικότητα virulence
tokso *n.* τόξο arc
tokso *n* τόξο bow
toksotis *n* τοξότης archer
tolmi *n* τόλμη boldness
tolmi *n.* τόλμη daring
tolmi *n.* τόλμη hardihood
tolmiros *a.* τολμηρός bold
tolmiros *a* τολμηρός daring
tolmo *v. i.* τολμώ dare
tomari *n.* τομάρι hide
tomeas *n.* τομέας sector
tomos *n.* τόμος volume
ton ohimaton *a.* των οχημάτων vehicular
tonizo *v.t* τονίζω accent
tonizo *v. t* τονίζω emphasize
tonizo *v.t* τονίζω stress
tonos *n* τόνος accent
tonos *n.* τόνος tinge
tonos *n.* τόνος ton
tonos *n.* τόνος tone
tonos *n.* τόνος tonne
tonotiko *n.* τονωτικό stimulant
tonotiko *n.* τονωτικό tonic
tonotikos *a.* τονωτικός tonic
topazi *n.* τοπάζι topaz
topikos *a.* τοπικός local
topikos *a.* τοπικός regional
topio *n.* τοπίο landscape
topio *n.* τοπίο scenery
topografia *n.* τοπογραφία topography
topografikos *a.* τοπογραφικός topographical
topografos *n.* τοπογράφος topographer
topos *n.* τόπος locus
topos *n.* τόπος place
topos sinantiseos *n.* τόπος συναντήσεως venue
topothesia *n.* τοποθεσία locality
topothesia *n.* τοποθεσία location
topothesia *n.* τοποθεσία site
topotheto *v.t.* τοποθετώ lay
topotheto *v.t.* τοποθετώ place
topotheto *v.t.* τοποθετώ position
topotheto *v.t.* τοποθετώ post
topotheto *v.t* τοποθετώ set
topotheto *v.t.* τοποθετώ station
topotheto lanthasmena *v.t.* τοποθετώ λανθασμένα misplace
topotheto pleures *v.i.* τοποθετώ πλευρές side
topotheto se rafi *v.t.* τοποθετώ σε ράφι shelve
tora *adv.* τώρα now
tora pou *conj.* τώρα που now
tornadoros *n.* τορναδόρος turner
tornos *n.* τόρνος lathe
torpili *n.* τορπίλη torpedo
torpilizo *v.t.* τορπιλίζω torpedo
toso *adv.* τόσο as
toso *adv.* τόσο that
tote *adv.* τότε then
tou *pron.* του his
tou dasous *a.* του δάσους sylvan

tou prosopou *a* του προσώπου facial
tou tihou *a.* του τοίχου mural
toualeta *n.* τουαλέτα lavatory
toualeta *n.* τουαλέτα toilet
touba *n.* τούμπα tumble
toufa *n.* τούφα wisp
tounel *n.* τούνελ tunnel
tourbani *n.* τουρμπάνι turban
tourbina *n.* τουρμπίνα turbine
tourismos *n.* τουρισμός tourism
touristas *n.* τουρίστας tourist
tournoua *n.* τουρνουά tournament
tous *a.* τους their
touvlo *n* τούβλο brick
traganos *a* τραγανός crisp
tragodia *n.* τραγωδία tragedy
tragodos *n.* τραγωδός tragedian
tragoudi *n.* τραγούδι song
tragoudistis *n.* τραγουδιστής singer
tragoudistis *n.* τραγουδιστής songster
tragoudistis *n.* τραγουδιστής vocalist
tragoudo *v.i.* τραγουδώ sing
trahis *a* τραχύς coarse
trahis *a.* τραχύς harsh
trahis *a.* τραχύς rough
trakter *n.* τρακτέρ tractor
tram *n.* τραμ tram
trapeza *n.* τράπεζα bank
trapezi *n.* τραπέζι table
trapezitis *n.* τραπεζίτης banker
trapezitis *n.* τραπεζίτης molar
travigma *n.* τράβηγμα pull
travlisma *n* τραύλισμα stammer
travlizo *v.i.* τραυλίζω stammer
travma *n.* τραύμα wound
travmatizo *v.t.* τραυματίζω hurt
travmatizo *v.t.* τραυματίζω wound

travo *v.t* τραβώ draw
travo *v.t.* τραβώ pull
travo *v.t.* τραβώ trail
travo *v.t.* τραβώ tug
travo apotoma *v.t.* τραβώ απότομα wrench
travologo *v.t* τραβολογώ maul
trayikos *a.* τραγικός tragic
trefo *v.t.* τρέφω nourish
trefome *v.i.* τρέφομαι subsist
trehala *n* τρεχάλα scamper
treho *v.i.* τρέχω run
treho *v.i.* τρέχω speed
trehon *a* τρέχων current
treklisma *n.* τρέκλισμα stagger
treksimo *n.* τρέξιμο run
trela *n* τρέλα craze
trela *n.* τρέλα frenzy
trela *n.* τρέλα infatuation
treleno *v.t* τρελαίνω dement
trelia *n* τελεία dot
trelos *a* τρελός crazy
trelos *a.* τρελός lunatic
trelos *a* τρελός mad
trelos *a.* τρελός zany
tremo *v.t* τρέμω dread
tremo *v.i.* τρέμω quake
tremo *v.i.* τρέμω quiver
tremo *v.i.* τρέμω shiver
tremo *v.i.* τρέμω shudder
tremo *v.i.* τρέμω tremble
tremo *v.i* τρέμω wobble
tremolabo *v.i.* τρεμολάμπω twinkle
tremopezo *v.i.* τρεμοπαίζω waver
tremopezo *v.i.* τρεμοπαίζω wink
tremosvino *v.t* τρεμοσβήνω flicker
tremoula *n* τρεμούλα shudder
tremouliaris *a.* τρεμουλιάρης shaky
tremouliasma *n.* τρεμούλιασμα tremor
treno *n.* τρένο train

tria *n. & a* τρία three
triada *n.* τριάδα trinity
triakostos *n. & a* τριακοστός thirtieth
trianta *n. & a* τριάντα thirty
triantafilo *n.* τριαντάφυλλο rose
triferos *a* τρυφερός tender
triferotita *n.* τρυφερότητα endearment
trifili *n.* τριφύλλι lucerne
trigofitiasi *n.* τριχοφυτίαση ringworm
trigonikos *a.* τριγωνικός triangular
trigono *n.* τρίγωνο triangle
trigos *n.* τρύγος vintage
triha *n* τρίχα hair
trihoma *n.* τρίχωμα fur
trihoto tis kefalis *n* τριχωτό της κεφαλής scalp
trihromi simea *n* τρίχρωμη σημαία tricolour
trihromos *a.* τρίχρωμος tricolour
trikiklo *n.* τρίκυκλο tricycle
triksimo *n* τρίξιμο creak
trimeris *a.* τριμερής tripartite
triminieos *a.* τριμηνιαίος quarterly
trio *n.* τρίο trio
tripa *n* τρύπα burrow
tripa *n* τρύπα hole
tripa *n.* τρύπα vent
tripani *n.* τρυπάνι auger
tripani *n* τρυπάνι drill
triplasiasmos *n.* τριπλασιασμός triplication
triplasiazo *v.t.* τριπλασιάζω triplicate
triplasiazo/-ome *v.t.* τριπλασιάζω/-ομαι triple
triplos *a.* τριπλός triple
triplos *a.* τριπλός triplicate
triplotipo *n* τριπλότυπο triplicate
tripo *v. t* τρυπώ bore
tripo *v. t.* τρυπώ drill
tripo *v.t* τρυπώ hole
tripo *v.t.* τρυπώ pierce
tripo *v.t.* τρυπώ prick
tripodizo *v.i.* τριποδίζω trot
tripodo *n.* τρίποδο tripod
tripofrahtis *n.* τρυποφράχτης wren
tripsimo *n* τρίψιμο rub
tris fores *adv.* τρεις φορές thrice
trisekatomirio *n* τρισεκατομμύριο billion
triton *adv.* τρίτον thirdly
tritos *a.* τρίτος third
trivi *n.* τριβή friction
trivo *v.t* τρίβω grate
trivo *v.i.* τρίβω grind
trivo *v.t.* τρίβω pound
trivo *v.t.* τρίβω rub
triyirizo *v.i.* τριγυρίζω roam
trizo *v. t* τρίζω brustle
trizo *v. i* τρίζω creak
trizovolo *v.t.* τριζοβολώ crackle
trofes *n.* τροφές eatable
trofi *n.* τροφή aliment
trofi *n* τροφή feed
trofi *n.* τροφή nourishment
trofima *n. pl* τρόφιμα victuals
trofimos *n.* τρόφιμος inmate
trofodoto *v.t.* τροφοδοτώ stoke
trohalia *n.* τροχαλία pulley
trohasmos *n* τροχασμός trot
trohia *n.* τροχιά orbit
trohia *n* τροχιά shoot
trohodromo *v.i.* τροχοδρομώ taxi
trohos vasanistirion *n.* τροχός βασανιστηρίων rack
trohospito *n.* τροχόσπιτο caravan
trohospito *n.* τροχόσπιτο trailer
troktiko *n.* τρωκτικό rodent
tromahtikos *a.* τρομαχτικός terrific
tromara *n.* τρομάρα fright

tromazo *v.t* τρομάζω alarm
tromazo *v.t.* τρομάζω horrify
tromeros *a* τρομερός dire
tromeros *a* τρομερός formidable
tromeros *a.* τρομερός terrible
tromeros *a.* τρομερός tremendous
tromokratia *n.* τρομοκρατία terrorism
tromokratis *n.* τρομοκράτης terrorist
tromokrato *v.t.* τρομοκρατώ terrify
tromokrato *v.t.* τρομοκρατώ terrorize
tromos *n.* τρόμος terror
troo *v. t* τρώω eat
tropeo *n.* τρόπαιο trophy
tropikos *n.* τροπικός tropic
tropikos *a.* τροπικός tropical
tropopiisi *n.* τροποποίηση amendment
tropopiisi *n.* τροποποίηση modification
tropopio *v.t.* τροποποιώ modify
tropos *n.* τρόπος manner
tropos *n.* τρόπος mode
trotos *a.* τρωτός vulnerable
tsabi *n* τσαμπί bunch
tsahpinis *a* τσαχπίνης arch
tsai *n* τσάι tea
tsakali *n.* τσακάλι jackal
tsakomos *n.* τσακωμός wrangle
tsakonome *v.i.* τσακώνομαι scuffle
tsakonome *v.i.* τσακώνομαι wrangle
tsanta *n.* τσάντα bag
tsapa *n.* τσάπα mattock
tsapatsoulikos *a.* τσαπατσούλικος slovenly
tsarlatanos *n* τσαρλατάνος quack
tsekouraki *n.* τσεκουράκι hatchet
tsekouri *n.* τσεκούρι axe
tsepi *n.* τσέπη pocket

tsepono *v.t.* τσεπώνω pocket
tsibia *n* τσιμπιά nibble
tsibia *v.* τσιμπιά pinch
tsibida *n. pl.* τσιμπίδα tongs
tsibo *v.t* τσιμπώ nip
tsibo *v.t.* τσιμπώ pinch
tsibologo *v.t.* τσιμπολογώ nibble
tsibouri *n.* τσιμπούρι tick
tsiflikas *n.* τσιφλικάς squire
tsigaro *n.* τσιγάρο cigarette
tsigklao *v.t.* τσιγκλάω poke
tsigklima *n.* τσίγκλημα poke
tsigkounikos *a.* τσιγγούνικος niggardly
tsigkounis *n.* τσιγγούνης miser
tsigkounis *a.* τσιγγούνης miserly
tsigkounis *n.* τσιγγούνης niggard
tsigkounis *a.* τσιγγούνης stingy
tsili *n.* τσίλι chilli
tsimentaro *v. t.* τσιμεντάρω cement
tsimento *n.* τσιμέντο cement
tsirida *n.* τσιρίδα shriek
tsirida *n* τσιρίδα squeak
tsirizo *v.i.* τσιρίζω shriek
tsirizo *v.i.* τσιρίζω squeak
tsirko *n.* τσίρκο circus
tsouknida *n.* τσουκνίδα nettle
tsouksimo *n* τσούξιμο smart
tsoula *n.* τσούλα slut
tsoulao *v.t.* τσουλάω wheel
tsouzo *v.i* τσούζω smart

V

vadisma *n.* βάδισμα gait
vadizo *v.i* βαδίζω march
vadizo se falagka *v.i.* βαδίζω σε φάλαγγα file
vafi *n* βαφή dye
vafo *v. t* βάφω dye

vafo elafra v.t. βάφω ελαφρά tinge
vagoni n. βαγόνι wagon
vaktirioktono n. βακτηριοκτόνο germicide
valsamo n. βάλσαμο balm
valsamo n. βάλσαμο balsam
valsamono v. t βαλσαμώνω embalm
valtodis a. βαλτώδης marshy
valtono v.t. βαλτώνω mire
valtos n βάλτος bog
valtos n. βάλτος slough
valtotopos n. βαλτότοπος mire
valvida n. βαλβίδα valve
vama n. βάμμα tincture
vamvaki n. βαμβάκι cotton
vaptisma n. βάπτισμα baptism
vaptizo +v.t. βαπτίζω baptize
vardos n. βάρδος bard
varelaki n βαρελάκι cask
vareli n. βαρέλι barrel
varetos a. βαρετός workaday
varieme v.t. & i βαριέμαι weary
varis a. βαρύς laboured
varis a. βαρύς weighty
varitita n. βαρύτητα gravity
varometro n βαρόμετρο barometer
varos n βάρος burden
varos n. βάρος weight
varoulko n. βαρούλκο winch
varoulko v.t. βαρούλκο windlass
varvarismos n. βαρβαρισμός barbarism
varvaros a. βάρβαρος barbarian
varvaros n. βάρβαρος barbarian
varvaros a. βάρβαρος barbarous
varvarotita n βαρβαρότητα barbarity
varvarotita n. βαρβαρότητα savagery
vasanistirio n. βασανιστήριο torture

vasanizo v.t. βασανίζω obsess
vasanizo v.t. βασανίζω rack
vasanizo v.t. βασανίζω torment
vasanizo v.t. βασανίζω torture
vasi n. βάση base
vasi n. βάση basis
vasi n βάση mount
vasiklikos n. βασιλικός basil
vasikos adj. βασικός basal
vasikos a. βασικός basic
vasilevo v.i. βασιλεύω reign
vasilias n. βασιλιάς king
vasilikos a. βασιλικός regal
vasilikos a. βασιλικός royal
vasilio n. βασίλειο kingdom
vasilio n. βασίλειο realm
vasilisa n. βασίλισσα queen
vasilofronas n. βασιλόφρονας royalist
vasiloktonia n. βασιλοκτονία regicide
vasion n. βάσιον basion
vasizo v.t. βασίζω base
vasizome v.i. βασίζομαι rely
vat n. βατ watt
vathis a. βαθύς deep
vathis a. βαθύς ingrained
vathis a. βαθύς profound
vathmieos a. βαθμιαίος gradual
vathmologo v.i. βαθμολογώ graduate
vathmoloyia n. βαθμολογία score
vathmos n βαθμός degree
vathos n βάθος depth
vathos n. βάθος profundity
vathoulono v.t βαθουλώνω hollow
vathro n. βάθρο pedestal
vatrahos n. βάτραχος frog
vavel n βαβέλ babel
vazelini n. βαζελίνη vaseline
vazo n. βάζο jar
vazo v.t. βάζω put

vazo baharika *v.t.* βάζω μπαχαρικά spice
vazo patoma *v.t* βάζω πάτωμα floor
vazo riyes *v.t.* βάζω ρίγες stripe
vazo se saki *v. i.* βάζω σε σακί bag
vazo se thiki *v. t* βάζω σε θήκη encase
vazo simia stiksis *v.t.* βάζω σημεία στίξης punctuate
vazo stigmi *v. t* βάζω στιγμή dot
vazo toursi *v.t* βάζω τουρσί pickle
vdela *n.* βδέλλα leech
velanidi *n.* βελανίδι acorn
velasma *n* βέλασμα bleat
velazo *v. i* βελάζω bleat
velona *n.* βελόνα needle
velonia *n.* βελονιά stitch
veloniazo *v.t* βελονιάζω thread
velos *n* βέλος arrow
velos *n.* βέλος dart
veloudo *n.* βελούδο velvet
veltiono *v. t* βελτιώνω better
veltiono *v.t.* βελτιώνω improve
veltiono *v.t.* βελτιώνω meliorate
veltiosi *n* βελτίωση betterment
veltiosi *n.* βελτίωση improvement
veltisto *n.* βέλτιστο optimum
venzini *n.* βενζίνη petrol
veranta *n.* βεράντα porch
veranta *n.* βεράντα verendah
verga *n.* βέργα rod
verga *n.* βέργα withe
verikoko *n.* βερίκοκο apricot
verniki *n* βερνίκι glaze
verniki *n.* βερνίκι varnish
vernikono *v.t.* βερνικώνω varnish
veteranos *n.* βετεράνος veteran
veto *n.* βέτο veto
veveos *a* βέβαιος certain
veveos *adv.* βεβαίως certainly
veveos *a.* βέβαιος confident
veveosi *n* βεβαίωση affirmation
veveosi *n.* βεβαίωση certificate
veveosi *n.* βεβαίωση testimonial
veveotita *n.* βεβαιότητα certainty
veveotita *n.* βεβαιότητα surety
vgazo *v. t* βγάζω extract
vgazo aktinografia *v.t.* βγάζω ακτινογραφία x-ray
vgazo dontia *v.i.* βγάζω δόντια teethe
vgazo nera apo varka *v. t.* βγάζω νερά από βάρκα bail
vgazo sto sfiri *v.t.* βγάζω στο σφυρί auction
via *n.* βία violence
viasini *n* βιασύνη hurry
viasini *n.* βιασύνη rush
viasmos *n.* βιασμός rape
viastiko grapsimo *n.* βιαστικό γράψιμο scribble
viastikos *a.* βιαστικός hasty
viastikos *a* βιαστικός snap
viazo *v.t.* βιάζω rape
viazome *v.t.* βιάζομαι hurry
vida *n.* βίδα screw
vidono *v.t.* βιδώνω screw
vidra *n.* βύδρα otter
vieo htipima *n.* βίαιο χτύπημα bang
vieo htipima *n* βίαιο χτύπημα slash
vieos *a* βίαιος forcible
vieos *a.* βίαιος vehement
vieos *a.* βίαιος violent
vieotita *n.* βιαιότητα vehemence
vihas *n.* βήχας cough
viho *v. i.* βήχω cough
vila *n.* βίλα villa
vima *n* βήμα pace
vima *n.* βήμα step
vima *n* βήμα tread
vimatizo *v.i.* βηματίζω pace
vimatizo *v.i.* βηματίζω step
vimatizo *v.t.* βηματίζω tread

vini *n.* βύνη malt
viografia *n* βιογραφία biography
viografiko simioma *n.*
βιογραφικό σημείωμα memoir
viografos *n* βιογράφος biographer
violeta *n.* βιολέτα violet
violi *n* βιολί fiddle
violi *n.* βιολί violin
violistis *n.* βιολιστής violinist
viologos *n* βιολόγος biologist
violoyia *n* βιολογία biology
viomihania *n.* βιομηχανία industry
viomihanikos *a.* βιομηχανικός industrial
viosimos *a.* βιώσιμος viable
virsodepsia *n.* βυρσοδεψία tannery
virsodepsis *n.* βυρσοδέψης tanner
visinis *n* βυσσινής crimson
visinis *adj./n.* βυσσινίς purple
vison *n* βίσων bison
vitamini *n.* βιταμίνη vitamin
vithisi *n.* βύθιση immersion
vithismenos *a.* βυθισμένος rapt
vithizo/-ome *v. t* βυθίζω/-ομαι dip
vithizo/-ome *v.i.* βυθίζω -ομαι sink
vithizo/-ome *v.i.* βυθίζω/-ομαι submerge
vithometro *v.t* βυθομετρώ fathom
vitsio *n.* βίτσιο vice
vivliaraki *n* βιβλιαράκι booklet
vivlio *n* βιβλίο book
vivliofagos *n* βιβλιοφάγος bookworm
vivliografia +*n* βιβλιογραφία bibliography
vivliografos *n* βιβλιογράφος bibliographer
vivliopolis *n* βιβλιοπώλης bookseller
vivliothikarios *n.* βιβλιοθηκάριος librarian

vivliothiki *n.* βιβλιοθήκη library
vivlos *n* Βίβλος Bible
vizagma *n.* βύζαγμα suck
vizon *n.* βιζόν mink
vlakas *n:* βλάκας moron
vlakas *n.* βλάκας simpleton
vlapto *v.t* βλάπτω harm
vlasfimo *v.t.* βλασφημώ profane
vlastano *v.i.* βλαστάνω germinate
vlastari *n* βλαστάρι sprout
vlasteno *v.i.* βλασταίνω sprout
vlastisi *n.* βλάστηση germination
vlastisi *n.* βλάστηση greenery
vlastisi *n.* βλάστηση vegetation
vlastos *n.* βλαστός offshoot
vlastos *n.* βλαστός stalk
vlaveros *a.* βλαβερός mischievous
vlavi *n* βλάβη breakdown
vlavi *n.* βλάβη injury
vlavi *n* βλάβη mischief
vlefarida *n* βλεφαρίδα eyelash
vlefarida *n* βλεφαρίδα lash
vlefaro *n.* βλέφαρο lid
vlema *n.* βλεμμα regard
vlena *n.* βλέννα mucus
vlenodis *a.* βλεννώδης mucous
vlepo *v. t* βλέπω behold
vlepo *v.t* βλέπω front
vlepo *v.t.* βλέπω see
vlepo *v.t.* βλέπω sight
vlepo *v.t.* βλέπω view
vlima *n.* βλήμα projectile
vodi *n.* βόδι ox
vodino kreas *n* βοδινό κρέας beef
vogito *n.* βογγητό moan
vogito *n* βογγητό whine
vogkao *v.i.* βογγάω whine
vogko *v.i.* βογγώ moan
voithia *n* βοήθεια aid
voithia *n.* βοήθεια assistance
voithia *n* βοήθεια help
voithitiko ktirio *n.* βοηθητικό κτίριο outhouse

voithitikos *a.* βοηθητικός auxiliary
voithitikos *a.* βοηθητικός subsidiary
voitho *v.t* βοηθώ aid
voitho *v.t.* βοηθώ assist
voitho *v.t.* βοηθώ help
voitho *v.t.* βοηθώ second
voithos *n.* βοηθός assistant
voithos *n.* βοηθός auxiliary
volan *n.* βολάν frill
volei *n.* βόλεϋ volley
volevo *v.t.* βολεύω suit
voli *n.* βολή shot
voli *n.* βολή throw
volikos *a* βολικός convenient
volos *n.* βώλος nugget
volt *n.* βολτ volt
volta *n* βόλτα walk
volvos *n.* βολβός bulb
volvos matiou *n* βολβός ματιού eyeball
vomos *n.* βωμός altar
vomos *n.* βωμός shrine
vomva *n* βόμβα bomb
vomvardismos *n* βομβαρδισμός bombardment
vomvardistiko aeroplano *n* βομβαρδιστικό αεροπλάνο bomber
vomvardizo *v. t* βομβαρδίζω bomb
vomvardizo *v. t* βομβαρδίζω bombard
vomvardizo *v.t.* βομβαρδίζω shell
vomvo *v. i* βομβώ buzz
vomvo *v. i* βομβώ hum
vomvos *n.* βόμβος buzz
vomvos *n* βόμβος hum
vomvos *n.* βόμβος whir
vorias *n.* βοριάς north
vorios *a* βόρειος north
vorios *a. & adv.* βόρειος northerly
vorios *a.* βόρειος northern

voski *n* βοσκή browse
voski *n* βοσκή graze
vosko *v.t.* βοσκώ agist
vosko *v.i.* βόσκω graze
vosko *v.t.* βόσκω pasture
voskos *n.* βοσκός herdsman
voskos *n.* βοσκός shepherd
voskotopi *n.* βοσκοτόπι pasture
votaniki *n* βοτανική botany
vothros *n.* βόθρος cesspool
votsalo *n* βότσαλο boulder
vouito *n* βουητό whirl
voukentra *n.* βουκέντρα goad
vouleftis *n.* βουλευτής parliamentarian
vouno *n.* βουνό mountain
vourdoulia *n.* βουρδουλιά welt
vourtsisma *n* βούρτσισμα brush
voutia *n.* βουτιά dip
voutia *n* βουτιά plunge
voutia *n* βουτιά swoop
voutiro *n* βούτυρο butter
voutirogalo *n* βουτυρόγαλο buttermilk
voutirono *v. t* βουτυρώνω butter
vouto *v.t.* βουτώ immerse
vouto *v.t.* βουτώ plunge
vouvali *n.* βουβάλι buffalo
vradi *n* βράδυ evening
vradino *v.i.* βραδύνω slow
vradiporon *n.* βραδυπορών straggler
vraditita *n.* βραδύτητα slowness
vrahioli *n.* βραχιόλι bangle
vrahioli *n* βραχιόλι bracelet
vrahitita *n* βραχύτητα brevity
vrahnos *a.* βραχνός hoarse
vrahnos *a.* βραχνός husky
vrahos *n.* βράχος rock
vrasmos *n* βρασμός boil
vravio *n.* βραβείο award
vravio *n.* βραβείο prize
vrazo *v.i.* βράζω boil
vrazo *v.i.* βράζω seethe

vrefoktonia *n.* βρεφοκτονία infanticide
vrehi *v.i.* βρέχει rain
vreho *v.t.* βρέχω wet
vretanikos *adj* βρετανικός british
vria *n.* βρύα moss
vrihithmos *n.* βρυχηθμός roar
vrihome *v.i.* βρυχώμαι roar
vrisi *n.* βρύση tap
vrisko *v.t* βρίσκω find
vroheros *a.* βροχερός rainy
vrohi *n* βροχή rain
vrohos *n.* βρόχος mesh
vroma *n* βρώμα stink
vromao *v.i.* βρωμάω stink
vromi *n.* βρώμη oat
vromia *n* βρωμιά filth
vromiara *n.* βρωμιάρα slattern
vromikos *a* βρώμικος dirty
vromikos *a* βρώμικος filthy
vromikos *a.* βρώμικος foul
vromizo me laspi *v. t* βρομίζω με λάσπη bemire
vronto *v.i.* βροντώ thunder
vronto ipokofa *n.* βροντώ υπόκωφα rumble
vrontos *n* βρόντος slam

Y

yefira *n* γέφυρα bridge
yefsi *n* γεύση flavour
yefsi *n.* γεύση savour
yefsi *n.* γεύση taste
yefstikos *a.* γευστικός toothsome
yegonos *n* γεγονός event
yegonos *n* γεγονός fact
yelio *n.* γέλιο laugh
yelio *n.* γέλιο laughter
yeliografia *n.* γελοιογραφία caricature
yeliopiisi *n.* γελοιοποίηση mockery
yeliopiisi *n.* γελιοποίηση ridicule
yeliopio *v.t.* γελοιοποιώ ridicule
yelios *a.* γελοίος ridiculous
yelo *v.i* γελώ laugh
yematos *a.* γεμάτος full
yematos ebistosini *a.* γεμάτος εμπιστοσύνη trustful
yematos sevasmo *a.* γεμάτος σεβασμό respectful
yemizo *v.t* γεμίζω fill
yenao *v.i.* γεννάω spawn
yeneodoria *n* γενναιοδωρία bounty
yeneodoria *n.* γενναιοδωρία generosity
yeneodoria *n.* γενναιοδωρία largesse
yeneodoria *n.* γενναιοδωρία liberality
yeneodoros *a* γενναιόδωρος bountiful
yeneodoros *a.* γενναιόδωρος generous
yeneodoros *a.* γενναιόδωρος lavish
yeneodoros *a.* γενναιόδωρος munificent
yeneodoros *a.* γενναιόδωρος prodigal
yeneos *a* γενναίος brave
yeneos *a.* γενναίος gallant
yeneos *a.* γενναίος manful
yeneos *a.* γενναίος valiant
yeneotita *n* γενναιότητα bravery
yeneotita *n* γενναιότητα stalwart
yenethlios *a.* γενέθλιος natal
yeni *n* γένι beard
yenia *n.* γενιά generation
yeniki epitheorisi *n.* γενική επιθεώρηση overhaul
yenikos *a.* γενικός general
yenikos *adv.* γενικώς generally

yenikos *a.* γενικός indiscriminate
yenikos *a* γενικός overall
yenimenos *adj.* γεννημένος born
yenimenos plousios *adj.* γεννημένος πλούσιος born rich
yenisi *n.* γέννηση birth
yenisi *n.* γέννηση nativity
yenitria *n.* γεννήτρια generator
yeno *v. t* γεννώ beget
yenomenos *a.* γεννώμενος nascent
yenos *n.* γένος gender
yenos *n.* γένος kind
yenos *n.* γένος race
yeografia *n.* γεωγραφία geography
yeografiko mikos *n.* γεωγραφικό μήκος longitude
yeografiko platos *n.* γεωγραφικό πλάτος latitude
yeografikos *a.* γεωγραφικός geographical
yeografos *n.* γεωγράφος geographer
yeologos *n.* γεωλόγος geologist
yeoloyia *n.* γεωλογία geology
yeoloyikos *a.* γεωλογικός geological
yeometria *n.* γεωμετρία geometry
yeometrikos *a.* γεωμετρικός geometrical
yeoponia *n.* γεωπονία agronomy
yeoponos *n.* γεωπόνος agriculturist
yeoryia *n* γεωργία agriculture
yeoryikos *a* γεωργικός agricultural
yeraki *n* γεράκι falcon
yeraki *n* γεράκι hawk
yerakisios *adj* γερακίσιος accipitral
yerno *v.i.* γέρνω lean
yerno *v.t.* γέρνω tip
yerodemenos *a.* γεροδεμένος hefty
yerodemenos *a.* γεροδεμένος stalwart
yerodemenos *a.* γεροδεμένος sturdy
yerontikos *a.* γεροντικός senile
yerontokori *n.* γεροντοκόρη spinster
yeroundio *n.* γερούνδιο gerund
yerousiastikos *a.* γερουσιαστικός senatorial
yerousiastis *n.* γερουσιαστής senator
yevma *n.* γεύμα meal
yevmatizo *v. t.* γευματίζω dine
yevmatizo *v.i.* γευματίζω lunch
yevome *v.t.* γεύομαι savour
yevome *v.t.* γεύομαι taste
yi *n* γη earth
yia *prep* για for
yia na mi *conj.* για να μη lest
yiafto to logo *adv.* γι'αυτό το λόγο hence
yiakas *n* γιακάς collar
yiałada *n* γυαλάδα polish
yiali *n.* γυαλί glass
yialino kipelo *n* γυάλινο κύπελο beaker
yialisteros *a.* γυαλιστερός glossy
yializo *v.t.* γυαλίζω polish
yiasemi *n.* γιασεμί jasmine, jessamine
yiati *adv.* γιατί why
yiatros *n* γιατρός doctor
yiatros *n.* γιατρός medico
yiatros *n.* γιατρός physician
yiatrosofi *n.* γιατροσόφι nostrum
yiatrosofia *n.* γιατροσόφια quackery
yien *n.* γιέν Yen
yigantas *n.* γίγαντας giant
yigantieos *a.* γιγαντιαίος gigantic
yiinos *a.* γήινος mundane

yileko *n.* γιλέκο waistcoat
yimnastiki *n.* γυμναστική gymnastics
yimnastikos *a.* γυμναστικός gymnastic
yimnastirio *n.* γυμναστήριο gymnasium
yimnastis *n.* γυμναστής gymnast
yimnia *n.* γύμνια nudity
yimno *n* γυμνό nude
yimno derma *n* γυμνό δέρμα buff
yimnono *v.t.* γυμνώνω bare
yimnos *a.* γυμνός bare
yimnos *a.* γυμνός naked
yimnos *a.* γυμνός nude
yineka *n.* γύναικα woman
yineka arhigos ikoyenias *n.* γυναίκα αρχηγός οικογένειας matriarch
yinekia fisi *n.* γυναικεία φύση womanhood
yinekia kaltsa *n.* γυναικεία κάλτσα stocking
yinekia moni *n* γυναικεία μονή convent
yinekio monastiri *n.* γυναικείο μοναστήρι nunnery
yinekio poukamiso *n* γυναικείο πουκάμισο chemise
yinekios *a* γυναικείος feminine
yinome *v. i* γίνομαι become
yinome *v.t.* γίνομαι get
yinome efkamptos *v.t.* γίνομαι εύκαμπτος limber
yiortastikos *a* γιορταστικός festive
yiortazo *v. t. & i.* γιορτάζω celebrate
yiortazo me episimo yevma *v.t.* γιορτάζω με επίσημο γεύμα banquet
yiorti *n* γιορτή feast
yiorti *n* γιορτή festival
yiouta *n.* γιούτα jute
yipas *n.* γύπας vulture
yiri *n.* γύρη pollen
yirizo *v.i.* γυρίζω revolve
yirizo *v.i.* γυρίζω rove
yirlanta *n.* γιρλάντα coronet
yirlanta *n* γιρλάντα festoon
yiro *adv.* γύρω round
yiro apo *prep.* γύρω από around
yirologos *n* γυρολόγος hawker
yitonas *n.* γείτονας neighbour
yitonevo *v.t.* γειτονεύω adjoin
yitonia *n.* γειτονιά neighbourhood
yitonikos *v* γειτονικός abutted
yitonikos *a.* γειτονικός neighbourly
yitonikos *a.* γειτονικός adjacent
yivon *n.* γίββων gibbon
yiyenis *n* γηγενής native

Z

zafiri *n.* ζαφείρι sapphire
zahari *n.* ζάχαρη sugar
zaharono *v. t.* ζαχαρώνω candy
zaharono *v.t.* ζαχαρώνω sugar
zaharoplastio *n* ζαχαροπλαστείο confectionery
zaharoplastis *n* ζαχαροπλάστης confectioner
zaharoto *n.* ζαχαρωτό sweetmeat
zalismenos *a.* ζαλισμένος giddy
zalismenos *a.* ζαλισμένος tipsy
zalizo *v. t* ζαλίζω bewilder
zalizo *v. t* ζαλίζω daze
zalizome *v.i.* ζαλίζομαι reel
zara *n* ζάρα crease
zari *n.* ζάρι dice
zarono *v. i* ζαρώνω cockle
zarono *v.i.* ζαρώνω cower
zarono *v.t.* ζαρώνω crankle
zarono *v. i.* ζαρώνω cringe

zarono *v. i.* ζαρώνω crouch
zarono *v.i.* ζαρώνω squat
zavolia *n.* ζαβολιά roguery
zavolia *n.* ζαβολιά trickery
zavoliarikos *a.* ζαβολιάρικος roguish
zefiros *n.* ζέφυρος zephyr
zeles *n.* ζελές jelly
zenith *n.* ζενίθ zenith
zersei *n.* ζέρσεϋ jersey
zesteno *v.t.* ζεσταίνω warm
zesteno/-ome *v.t* ζεσταίνω/-ομαι heat
zesti *n.* ζέστη heat
zesti *n.* ζέστη warmth
zestos *a.* ζεστός hot
zestos *a.* ζεστός warm
zevgari *n* ζευγάρι couple
zevgari *n.* ζευγάρι pair
zevgarono *v. t* ζευγαρώνω couple
zevgarono *v.t.* ζευγαρώνω mate
zevgarono *v.t.* ζευγαρώνω pair
zevgolatis *n.* ζευγολάτης ploughman
zevo *v.t.* ζεύω yoke
zevra *n.* ζέβρα zebra
zigaria *n.* ζυγαριά balance
zigos *n.* ζυγός yoke
zig-zag *n.* ζιγκ-ζαγκ zigzag
zig-zag *a.* ζιγκ-ζαγκ zigzag
zilevo *v. t* ζηλεύω envy
zilia *n.* ζήλια jealousy
ziliaris *a.* ζηλιάρης jealous
zilos *n.* ζήλος zeal
zimari *n* ζυμάρι dough
zimia *n.* ζημιά damage
zimosi *n* ζύμωση fermentation
zimotis *n.* ζυμωτής compounder
zipouni *n.* ζιπούνι jerkin
zithopio *n* ζυθοποιείο brewery
zitianevo *v. i* ζητιανεύω cadge
zitianos *n* ζητιάνος beggar
zitima *n.* ζήτημα matter
zitisi *n.* ζήτηση requisition

zito *interj.* ζήτω hurrah
zito *v.t.* ζητώ request
zito na matho *v.t.* ζητώ να μάθω inquire
zito signomi *v.i.* ζητώ συγνώμη apologize
zitokravyi *n* ζητωκραυγή acclamation
ziyizo *v.t.* ζυγίζω balance
ziyizo *v.t.* ζυγίζω weigh
zizanio *n.* ζιζάνιο weed
zo *v.i.* ζω live
zo agrotiki zoi *v.t.* ζω αγροτική ζωή rusticate
zodanos *adj.* ζωντανός alive
zodiakos *n* ζωδιακός zodiac
zografiki *n.* ζωγραφική painting
zografos *n.* ζωγράφος painter
zoi *n* ζωή life
zoiro kokino hroma *n.* ζωηρό κόκκινο χρώμα vermillion
zoiros *adj* ζωηρός alacrious
zoiros *a.* ζωηρός lively
zoiros *a.* ζωηρός poignant
zoiros *a.* ζοηρός spirited
zoiros *a.* ζωηρός sprightly
zoiros *a.* ζωηρός vivid
zoirotita *n.* ζωηρότητα vivacity
zomos kreatos *n* ζωμός κρέατος broth
zoni *n* ζώνη belt
zoni *n.* ζώνη girdle
zoni *n.* ζώνη waistband
zoni *n.* ζώνη zone
zonome *v.t.* ζώνομαι gird
zontana *n.* ζωντανά cattle
zontanevo *v.t.* ζωντανεύω animate
zontanevo *v. t.* ζωντανεύω enliven
zontania *n* ζωντάνια animation
zontanos *a.* ζωντανός live
zontanos *a.* ζωντανός living
zoo *n.* ζώο animal

zoo pou troi psofimia *n.* ζώο που τρώει ψοφίμια scavenger
zookleftis *n* ζωοκλέφτης abactor
zooklopi *n* ζωοκλοπή abaction
zooloyia *n.* ζωολογία zoology
zooloyikos *a.* ζωολογικός zoological
zooloyikos kipos *n.* ζωολογικός κήπος zoo
zooloyos *n.* ζωολόγος zoologist
zotikos *a.* ζωτικός vital
zotikotita *n.* ζωτικότητα vitality
zougkla *n.* ζούγκλα jungle
zoum *n.* ζουμ zoom